近世国家における宗教と身分

和田幸司＝著

法藏館

近世国家における宗教と身分　目次

凡例

一、史料の掲載にあたっては、以下の通常の凡例にしたがった。
1　掲載史料には、原本から翻刻したものと、公刊された活字史料から採録したものがある。翻刻したものは所蔵者・所蔵機関を、採録したものについては出典や底本とした刊行物を註に示した。
2　原則として旧漢字・異体字は常用漢字に改めた。ただし、地名・寺院名・人名などはそのまま残している。また、頻出する異体字・俗字・慣用表現の一部はそのままとした。
3　変体仮名はひらがなに改めたが、頻出する一部はそのままとした。者（は）・江（え）・茂（も）・而（て）・与（と）・而巳（のみ）などである。
4　誤記・脱字と思われる場合には右傍に（　）で正字を、文意が通じない箇所にはママを付した。
5　句読点は必要と思われるところに付し、並列点を適宜用いた。繰り返し記号は、漢字は「々」、ひらがなは「ゝ」、カタカナは「ヽ」とした。公刊された活字史料からの引用に際しては、原則としてその公刊物にしたがっている。明らかに間違いと考えられる箇所については註を付した。
6　原史料が虫食・汚損・破損などで判読できない場合には、その字数分を□で示し、字数が不明な場合は［　］で示した。
7　原史料に朱書や付箋、包紙がある場合は、その部分を「　」で囲み、その旨を示した。
8　史料の一部を省略する場合は前・中・後の略記を行った。

一、本文中における年月の表記は、和暦を先に記し、その後に西暦を（　）で示した。同じ節内で繰り返し同じ年次が出てくる場合は西暦を略した。

一、引用・参照文献については、同じ章内にて、同一執筆者の著書あるいは論文を引用する場合は、初出の註にて典拠を示し、後は「前掲」と付して略した。同じ章内にて同一執筆者が重なる場合は註番号を付している。さらに、同じ註内にて同一執筆者が重なる場合は①・②……と順次番号を付して引用を行った。

一、原史料には、今日の人権感覚に照らして不適当あるいは明確に差別表現と思われる表記が見られる。被差別史料の公開や研究の蓄積に鑑み、さらに一層の検討を重ねた上で、差別の行われていた当時の歴史的状況を正しく認識し、その解消に資するため、原文のまま掲載した。これらの史料やそれを基づく考察が差別の再生産に悪用されることがあってはならない。本書が人間の尊厳を自覚し、人間の幸せを築いていく人権の歴史研究として、活用されることを強く期待する。

［カバー・表紙・本扉図版］

「京西六条本願寺御大絵図（宝暦一〇年）」（龍谷大学所蔵）

本願寺門前に正光寺が位置している。正徳二年（一七一二）、この正光寺寺地をめぐる「取上一件」が西本願寺との間で起きる。事件の詳細は本書第三部第一章「正光寺の天皇・朝廷権威への接近」を参照のこと。

近世国家における宗教と身分

序章　本書の課題と研究視角

一　本書の課題

本書は、各身分階層における宗教上の身分上昇志向（以下、本書では「上昇志向」と表記）を明らかにし、近世国家の宗教が天皇に結節される点を考察する。具体的には、①近世被差別民衆、特に、「かわた」[1]村民衆の浄土真宗信仰を近世国家に積極的に位置づけ、世代間で継承される身分を宗教的に克服していこうとする被差別民衆の上昇志向を明らかにする。さらに、②本寺である本願寺や本願寺役寺である有力寺院が天皇・朝廷権威に接近し、近世の国家的認知を獲得していこうとする上昇志向を示す。以上によって、被差別民衆の信仰が本願寺や有力寺院に向かい、本願寺や有力寺院の上昇志向が天皇・朝廷権威に向かうという連関した構造になっており、近世宗教が天皇に収斂されることを明示する。

二　被差別寺院史研究の課題と近世身分制研究・近世仏教史研究

本節では、本書の主研究領域である被差別寺院史研究の課題を、近世身分制研究・近世仏教史研究の二つの研究側面から明らかにする。

近世社会において、「穢多」身分だけを檀徒とする寺院は「穢寺」と呼ばれ、差別制度のもとに差し置かれた。この寺院の宗旨は、西日本の大半が浄土真宗（以下、本書では「真宗」と表記）であり、東日本は多様な宗旨であるという特徴を有していた。また、被差別部落（以下、本書では「部落」と表記）に建てられた寺院は駿河・相模に時宗・日蓮宗のものが数カ寺あるほかは大部分が真宗であった(2)。こうした部落関係寺院をめぐる研究領域が被差別寺院史研究である(3)。

被差別寺院史研究は、被差別寺院の成立と展開、本願寺の被差別寺院への統制機能、被差別寺院門徒の思想・主体的行動など、多様な研究が蓄積されてきた。被差別寺院史の研究史に関する整理として、一九八一年の山本尚友氏による整理(4)と二〇〇九年の藤原豊氏による整理(5)があげられる。山本氏は、部落と真宗との関係性について、戦前からの研究史を教義による主体的受容説と近世政治権力による権力強制説の二極から詳細に把握し、信仰者としての被差別民解明を主張した。氏の考証の背景には部落の成立理論における近世政治権力強制説に否定的な見解があった(6)。藤原氏は本願寺における「穢寺」制度の成立および実態についての研究史を整理した。本願寺教団が作成した末寺帳のうち、被差別民の寺院・道場のみを別帳とした「穢寺帳」を事例として、その制度上の研究を把握した。氏は今後の研究課題として、真宗受容の問題、「穢僧」に関する問題、信仰の問題、差別意識の問題を挙げている。研究史の詳細な検討は両者の論考に譲り、さらに近世身分制研究と近年の被差別寺院史研究を視野に入れた上で、総合的に研究史を俯瞰するならば、次のような論点がみえてこよう。

これまで、被差別寺院史研究は部落と真宗の関係性の深さに問題意識を有し、この解答を得るべく教義による主体的受容説と近世政治権力による権力強制説の如何を問うてきた。特に、安達五男氏の提起した「部落寺院制」[7]に拘わる議論は最も研究史が動態的であった時期である。政治権力による強制説を制度史的に論証しようとした安達氏に対して、信仰者としての被差別民研究を志向した山本氏の論考[8]、また、真宗史研究の側から多様な本願寺史料を駆使して、「部落寺院制」において一定の説得力を有していた源正寺の事例を反証した左右田昌幸氏の論考[9]、地域史研究の側から被差別寺院に残存している史料を中心に、「部落寺院制」に含まれない事例を実証した拙稿など[10]、主体的受容説の実証的意義を明らかにしようとした。この時期は制度史研究が主たる研究分野であった。その後、被差別民衆が真宗に何を求め、どのような態度をとったのかといった信仰を中心とする課題へ、各地域の個別課題へと研究は進行している[11]。また、近年、本願寺教団の側から、近世本願寺の歴史的展開における差別の実態が明示されたことは注目されよう[12]。

このような被差別寺院史研究の流れは、実は近世身分制研究とパラレルな関係にあった。周知のように、近世身分制研究は被差別民史を起点として発展してきた。一九七〇年代以降、被差別民の特徴とされてきた身分・職業・居住地に対する三位一体論が近世社会の武家や百姓・町人などにも通用することが明らかになる[13]。そして、幕藩制国家論の盛んな議論の中で、近世身分制研究にとって、転機となる重要な高木昭作氏と朝尾直弘氏の研究が発表された。

一九七六年、高木昭作氏は、「近世社会における被支配身分と国役負担には対応関係がある[14]」と規定し、近世身分制を近世国家との関係で捉え、国家による役負担と身分との関係性に注目した重要な指摘を行った。高木氏は封建的な土地所有関係とは異なる国家的支配として国役賦課があることを明示し、身分が封建的な土地所有関係である石高制の問題ではなく、社会的分業に関わることを指摘した。なお、高木氏は後述する朝尾氏の「地縁的・職業的身分共同体」論を全面的に否定しているわけではなく、充分に賛意を示した上で、身分の決定は国家によるものだと主張している(15)。一方、高木氏の立論に対して、異なる視角からのぞんだのが朝尾直弘氏であった。朝尾氏は一九八〇年の部落問題研究者全国集会にて、「近世の身分制と賤民」を発表し(16)、町人身分・百姓身分の決定は町や村が行ったとする「地縁的・職業的身分共同体」論を提示した。氏は中世社会には個々の町や村、町と町、村と村との間に多様な差別・秩序・序列があり、近世「当初はきわめて複雑な身分関係であったものが、次第に整理されていく、むしろ均質化していく(17)」と捉えた。こうした氏の議論が身分的周縁論に展開し、〈所有（職分）・役・共同組織〉の分析概念によって社会集団を捉えることで、様々な周縁身分の研究が進展したのは周知のところである。

無論、現在では両者の研究を、身分制社会における支配権力と社会動向との相互関係は「双務的」あるいは「相互規定的」と捉える見方が定着しつつある(18)。しかし、発表当時における学界の認識として、両者の見解を「上からの編成」と「下からの形成」と対立的に捉えたことは事実であろう。近世身分制研究に影響を受けた被差別寺院史研究も同様に、「上からの編成」としての政治権力強制説と「下からの形成」としての主体的受容説が対立構図をもって研究が進展したのである。

しかしながら、被差別寺院史研究においては数少ない研究者によって進められたこともあり、こうした両極の議論が補充・深化・統合されることはなかった。事実、「部落寺院制」論への評価についても、拙稿以降は等閑なまとなっている。両者の何を批判し、何を継承していくのかといった研究視角が、今後は重要となってこよう。つまり、被差別民衆と真宗との関係性を、「上からの編成」として本願寺の被差別寺院政策がどのように展開していったのか、「下からの形成」として被差別民衆が何を本寺の本願寺に求めていったのかを明らかにし、その両者の相互関係を分析することが重要なのである。

次に、被差別寺院史研究を日本仏教史研究の側面からみていきたい。研究対象として被差別寺院を扱うことは、当然のことながら対象の教団組織や集団（個人）の信仰に立ち入ることにほかならない。しかも、被差別寺院史研究は、身分社会の中で近世被差別民衆が何を求め、どのような思想をもち、どのような行動をとったのかを実証的に明らかにしていくことが問われる。ともすれば、為政者側の歴史の中に埋没してしまう小規模の被差別寺院や在地の被差別民衆の史料を丹念に収集・精査し、考察していくことが大切な研究視角となる。このような方法論は、幕府・藩・本山などの中央史料を博捜することで得られた辻善之助氏の「近世仏教堕落論」と対極に位置する。換言するならば、近世国家権力の統制論・制度論という視角ではなく、被差別民衆の信仰や行動を社会構造の中で捉えていくことが重要となる。社会構造の中に定置させるということは、被差別寺院史を仏教史あるいは近世史の中に位置づけた研究を進めるということにほかならない。澤博勝氏は個別分野史から全体史に位置づける試みを、近世仏教史研究の成果と課題を整理する中で明確に論じられているが[19]、氏の論じた分野史から全体史への問題提起は被差別寺院史研究にも通底するものであろう。以下に、澤氏の論述を引用しながら、被差別寺院史研究の課題を明らかにしたい。

澤氏は戦後近世仏教社会史研究の潮流を客観的に整理し、近世仏教史研究の成果と問題点、宗教的社会関係に着目する有効性を論じた。被差別寺院史研究にはふれてはいないが、被差別寺院史研究と同様の方法論をもつ千葉乗隆氏や児玉識氏らによる地域社会分析から真宗信仰の特質を描き出そうとした研究については「信仰主体である共同体（同行中・講中）の信仰レベルの『平等性』を強調しすぎたため、仏教統制論では真宗信者の共同体は反体制であったというかたちでしか対象にされず、また階級間対立や農民層分解といった議論が隆盛をきわめていた近世村落史・地域史からは無視されるか特殊事例とされ、反封建的な共同体論レベルの議論で援用されるのみであった」と評した。(20) この評価については議論が分かれるところだが、前述した山本氏の研究背景や左右田氏の研究根幹には千葉氏の研究成果が大きな影響を与えていることは事実である。(21) また、播磨国と丹波国をフィールドとして、被差別寺院の展開を論じた拙著の方法論にも、「家」制度との対比において地域社会の特質を論じた森岡清美氏の方法論、および、児玉氏の方法論がその背景にある。(22) 他の被差別寺院史研究の成果にも強弱はあっても、「かわた」村の社会分析から被差別民の真宗信仰の特質を描き出そうとしていたことに変わりはない。そこで、今後は被差別寺院が内包した様々な機能面はもちろん、その機能を支えた社会構造分析が重要となる。そのためには、あらゆる属性を視野に入れた〈集団〉と〈集団〉、〈人〉と〈集団〉、さらには、〈国家〉と〈集団〉の関係性を論じる研究視角が重要である。

以上、被差別寺院史研究の課題を、近世身分制研究と近世仏教史研究の往復運動の中に位置づけ、その双方の研究領域の課題の上に成り立っていることを示した。次節では、この課題を前提としての本書での研究視角と方法を述べていきたい。

三　本書の研究視角と方法

前節で示した被差別寺院史研究の課題から、本書の研究視角を二点指摘したい。

第一は、身分を支配権力と社会動向の相互作用として捉えることである。具体的には、本願寺の被差別寺院への制度化（あるいは、幕府の本願寺への制度化）を「上からの編成」としてのみ捉えるのではなく、「下からの形成」との相互関係において捉えていくことである。第二に、被差別寺院に関わる事象や被差別民の信仰や行動を社会構造の中で捉えていくことである。具体的には、あらゆる属性を視野に入れて、〈集団〉と〈集団〉、〈人〉と〈集団〉、〈国家〉と〈集団〉などの関係性から社会構造分析を行うことが求められる。

そこで、本書ではこの二点の研究視角から課題に取り組むため、「身分上昇」を鍵概念とする。身分上昇には属する身分の内側での昇格と、格上の身分への移動が想定されるが、ここで論じる身分上昇とは政治的・制度的に編成された身分のみを前提としていない。社会的身分のひとつである宗教上の身分、教団内の身分をも視野に入れている。ここには、深谷克己氏が「身分・身分制とは、社会における個人や集団の固定的先験的な価値づけのことである。人の側からいうと、当事者の身体的な機能をはじめとして、当事者を取り巻く環境的な事象・物象のすべてに身分コードを張り付けることである」[23]という規定を前提としている。つまり、あらゆる属性を視野に入れた身分を想定しながら、宗教上の身分が社会的身分のひとつとして、重要な要素となることを提示していく方向で論証を進めたい。

特に、本書が対象とする真宗では本願寺法主〈人〉に対する明確な信仰が存在した。かつて、森竜吉氏は本願寺法主に対する一神教的信仰を「人神」的崇敬と捉えていたように[24]、強い信仰の方向性があった。例えば、播磨国と丹波国の被差別寺院の展開を論じた拙著では、播磨国における被差別寺院のみの寄講である「播州十一日講」にて、法主からの消息を講中にて大切に護持・信仰し、現在まで承継している状況を明らかにした[25]。こうした事例からも理解できるように、法主から与えられた諸免物はまさに法主〈人〉であった。このように、法主への接近が信仰となり、宗教的身分上昇となって具現化した。本願寺における僧階が、内陣・余間・三之間など、法主との距離的な着座位置に表れるのはその最たる例である。ここには、現世での宗教上の身分上昇が来世での身分上昇へと昇華していく性質があったからにほかならない。

このような上昇志向がかえって身分秩序を「下からの形成」となって動揺させながらもつくり出し、本願寺からの身分統制機能が「上からの編成」となって、その相互作用により身分を成り立たせていたことを本書において示していきたい。また、被差別寺院と本寺本願寺との機能面を支えた社会構造について、天皇・朝廷を含み込んだ近世国家との関係性の上に実証的に分析していきたい。

さて、身分上昇論、ならびに、関連する天皇・朝廷論の先行研究について、ここで加筆しておこう。深谷克己氏は近世における上昇志向を大きく二点（「士分化」願望と「百姓化」願望）から捉えて、その身分上昇の様々な様相を明らかにした(26)。氏は「近世の社会には、差別化の力に対して、逆の方向を向く平等化の力が休むことなく生起し、その衝突が社会の活動力でもあった。近世人は、身分差別の秩序をつくりながら、身上り（身分上昇）のために行動(27)」したことを提起し、個人に身分の主語を置き換え、〈集団〉ではなく〈人〉と身分との関係性に言及した。このような〈人〉と身分という着想のもと、あらゆる属性を視野にいれた身分論への転換を提起しようとしたのが、『〈江戸〉の人と身分』シリーズである(28)。このシリーズでは、①職業・居住地とならんで、性別・年齢・世代・貴賤など、人の多様な属性に注目し、②近世人のライフコースにおける身分変更や身分意識という課題を提示している。また、③近世の身分制を東アジアの身分制的展開をふまえて捉え直している。本書の研究課題から述べるならば、本シリーズが強固な身分制を柔軟性と表裏なものとして提示した点は注目される。ただし、横田冬彦氏が指摘しているように(29)、広げられた課題は大きく、今後の研究の積み上げが必要である。

身分上昇論と関連する天皇・朝廷研究についてふれておく。大桑斉氏は近世国家の宗教性を検討する研究視角を提示する中で、「近世国家の宗教性は、何らかの形で天皇に結節する側面をもっている。天皇は近世国家の宗教性の直接の表象ではないが、それらと各々関係性を持つ媒介的存在である」と述べた。深谷の天皇金冠論である[30]。深谷克己氏の天皇金冠論とは「天皇・朝廷は公儀の構造的一環、すなわち『金冠』部分を構成し、それをふくんだ全幕藩権力が人民を支配したと考えるべきであって、幕藩制の外部に排除されていたと考えるべきではない[31]」とするもので、深谷氏は「宗教的諸観念を国家的序列のうちに総括するものとしての天皇・朝廷の位置を考える[32]」ことに重点を置いている。このように近世の国家権力が朝廷を含み込んだ形で理解する方向性が支持されると、近世の国家権力と宗教との関係性はより深い形での理解を得る。特に、近世身分制研究と密接に展開した宗教者研究は、朝幕関係史研究とも連関し、神職や陰陽師などこれまで取り上げることのなかった宗教者を国家の統制体系の中に位置づけた。この研究の起点となったのが高埜利彦氏であることは言うまでもない[33]。現在、天皇・朝廷をめぐる研究は活況を呈しているが[34]、澤氏が指摘しているように仏教以外の諸宗教の研究の進展に比して、本書の背景にある仏教史研究と天皇・朝廷研究との共有する研究基盤の構築には、未だ至っていない[35]。

また、本書が対象とする前近代の真宗と天皇・朝廷権威との関連においても、その研究蓄積は豊富とは言い難い。顕著な研究としては、時代は遡るが辻善之助氏の研究がある。氏は、「貴族化」の概念を提起し、覚如の本願寺中心主義から始まり、蓮如の武家接近、そして、実如・証如による天皇・朝廷への接近を示し、顕如の門跡補任に至る「貴族化」の過程を明らかにした[36]。この「貴族化」の概念を天皇による寺社の編成として再定義を行ったのが脇田晴子氏である。氏は戦国期に天皇権威を中心に進展していく事情を明らかにする中で、本願寺が勅願寺となり、「貴族化」によって寺内町における特権を獲得していく過程を示している[37]。国家権力と宗教との関係性に深い理解が得られた現在こそ、こうした「貴族化」の論旨を宗教と天皇・朝廷権威との関連性という新しい枠組みで捉えなおすことが可能となってきているのではないだろうか。

以上、本書が本願寺教団の最下辺に位置づけられた被差別寺院から本寺の本願寺に至る宗教上の上昇志向を明らかにし、近世国家の宗教が天皇に結節される点を考察する有効性について述べた。具体的には、被差別民衆の真宗信仰を近世国家に積極的に位置づけ、世代間で継承される身分を宗教的に克服していこうとする被差別民衆の上昇志向、さらに、本寺である本願寺や本願寺役寺である有力寺院が天皇・朝廷権威に接近し、近世の国家的認知を獲得していこうとする上昇志向を示していきたい。以上によって、被差別民衆の信仰が本願寺や有力寺院に向かい、本願寺や有力寺院の上昇志向が天皇・朝廷権威に向かうという連関した構造になっており、近世宗教が天皇に収斂されることを明らかにできればと考える。

四　本書の構成

本書は、序章・終章を除き一九章で構成する。内容と対象によって四部構成で配列した。第一部と第二部は被差別寺院の上昇志向と信仰の様相を考察したものである。特に、第一部は身分の境界部分を生き抜いた渡辺村真宗寺院に特化して論じている。第三部は本願寺有力寺院の正光寺と正光寺に所縁のある定衆西光寺、御用掛廣泉寺を扱い、天皇・朝廷権威への接近を明らかにした。第四部では本寺である本願寺の上昇志向を検討し、天皇・朝廷権威への接近が「下からの形成」として、身分の制度化を推し進めている様相を明らかにしている。

以下、それぞれの章について簡単に説明する。

第一部では、脱賤民化を図る大坂渡辺村門徒に焦点化し、上昇志向を検討する。第一章においては皮革業を中心とした経済力を背景に、宗教上の身分上昇を行う全体像を示した。なかでも「色衣御免」に特化し、その状況を明らかにしたのが第二章である。補論として、本願寺法衣の変遷を天皇・朝廷権威との関連性から論じている。第三章においては「御用」と「御免」との関係性に、渡辺村の上昇志向と西本願寺の政治的戦略を位置づけている。補論として、有力門徒の大和屋又兵衛と播磨屋五兵衛の確執に積極的に関与していく西本願寺の姿勢を示した。

第二部では、近世身分制の底辺に位置づけられた被差別寺院門徒の強い本願寺法主への人神的信仰と法主への接近を論じている。第一章では「丹州寄講」の成立と展開を明らかにして、法主からの消息披露が重要な儀式として承継されている状況を明らかにした。補論として、丹州多紀郡西本願寺派では真宗寺院が番衆であった尊宝寺を除き、すべて被差別寺院である特質を考察した。第二章では、丹波国にて毛坊主として寺院運営を行っている西誓寺門徒の合力的結合を示し、第三章では播磨国の加東郡・明石郡・加古郡の事例から、本末関係において直末寺院化を図る様相を明らかにした。補論では、加東郡の事例が名塩教行寺を上寺としていることから、一家衆である教行寺を政治史的に考察している。特に、興正寺との縁戚関係、元禄八年（一六九五）の光善寺・教行寺異義事件、「承応の鬩牆」を通して、実証的に明らかにした。

第三部では、本願寺有力寺院の天皇・朝廷権威への接近を明らかにしている。第一章では本願寺門前の正光寺が薩摩・琉球の「かくれ念仏」を唱える民衆の取り次ぎ寺院となり、多くの懇志を獲得すると共に天皇・朝廷権威に接近していく状況を明らかにした。補論として、正光寺と縁戚関係にある『法流故実条々秘録』で著名な西光寺祐俊の本願寺での役割と位置を示している。第二章では、正光寺同居寺院である廣泉寺が被差別寺院の統括寺院となり、明治期に鹿児島に移転していく状況を明らかにしている。本願寺教団内身分の底辺の門徒から有力寺院へと連関し天皇・朝廷権威に結節する状況を示した。補論として、幕末期の西本願寺教団の被差別寺院政策を取り上げ、財政上の理由から、被差別寺院を自己の中に組織化していく状況を明らかにした。

第四部では、西本願寺の上昇志向と天皇・朝廷権威への接近について論じている。第一章では寛永一二年（一六三五）以降の東西本願寺の禁裏への参内順をめぐる一件（「参内一件」）を通して、東西本願寺の天皇・朝廷権威の獲得の様相を追究した。第二章では元禄三年（一六九〇）霊元上皇が西本願寺に対して四足門透垣外で乗輿下輿するように仰せ渡した一件（「西本願寺下乗一件」）を通して、准門跡とされる西本願寺の天皇・朝廷権威の獲得過程を明らかにしている。補論として、本一件の要因と背景を朝廷内人間関係をもとに論じた。第三章では東西本願寺の競合による誓詞提出の様相から、誓詞提出が一方的な国家権力による統制ではなく、本願寺教団からの国家権力への接近が一要因であったことを明らかにした。

以上、本書では近世国家の宗教性を問うことを第一義とし、真宗信仰を通して上昇志向が各身分階層において連関し、天皇・朝廷権威に収斂される過程を明らかにしている。

註

（1） 革多・皮多とも記し、またあて字で川田などもあり、「かわた」とひらがなで記すこともあった。部落解放・人権研究所編『部落問題・人権事典』（部落解放・人権研究所、二〇〇一年）一九三〜一九四頁。本書においては「かわた」と表記する。

（2） 部落解放・人権研究所編『部落問題・人権事典』（部落解放・人権研究所、二〇〇一年）九二頁。

（3） 研究用語としては「部落関係寺院」は、「部落寺院」「被差別部落寺院」「『穢多』村寺院」「被差別寺院」として使用されてきている。なかでも、筆者を含めて「部落寺院」を使用する研究者は多い。しかしながら、近世本願寺教団で差別を受けたのは「穢寺」だけでなく「夙寺」もそのひとつであったし（左右田昌幸「幕末期におけるある被差別寺院の動向―「夙寺」をめぐる史料とその注目点―」〈『種智院大学研究紀要』第二号、種智院大学、二〇〇一年〉）、「穢寺」との本末関係によって差別的状況が生み出される場合もあった（拙稿「『本願寺末寺帳』における身分的特質」〈『翰苑』第二号、近大姫路大学人文学・人権教育研究所、二〇一四年〉）。二〇一五年に、学術的立場から近世本願寺の歴史的展開における差別の実態を教団として明らかにした、本願寺史料研究所編『増補改訂本願寺史』第二巻（浄土真宗本願寺派、二〇一五年）においては、「被差別寺院」として表記している。以上から鑑みて、本書においては「被差別寺院」と表記する。

（4）山本尚友「近世部落寺院の成立について（上）」（『京都部落史研究所紀要』一、京都部落史研究所、一九八一年）。のちに、同『被差別部落史の研究』（岩田書院、一九九九年）に所収。

（5）藤原豊「仏教と差別―本願寺と穢寺制度―」（寺木伸明・中尾健次編著『部落史研究からの発信』第一巻、解放出版社、二〇〇九年）。

（6）山本尚友「中世末・近世初頭の洛南における賤民集落の地理的研究」（『研究紀要』二・三、世界人権問題研究センター、一九九七・九八年）。山本前掲書に所収。本論考より中世から近世を連続して捉えようとする立場がうかがえる。

（7）「部落寺院制」は次のように整理できる。①被差別寺院を真宗の本寺・末寺の一般的体系から外した。②固有の中本山（「穢寺頭寺」）の下に被差別寺院（「穢寺」）を下寺として位置付けた。③本願寺の末寺帳から被差別寺院を外し、別帳化した。④金福寺・万宣寺・教徳寺・福専寺（「四ケ之本寺」）を中本山（「穢寺頭寺」）の基本寺とした。⑤「四ケ之本寺」の及ばない地域では、地域の中本山（「穢寺頭寺」）を編成した。安達五男「江戸時代における部落寺院制の確立と身分支配―被差別身分の形成論ノート―」（『兵庫の部落解放史』第三号、兵庫の部落解放史研究会、一九七八年）。のちに、同『被差別部落の史的研究』（明石書店、一九八〇年）所収。

（8）　山本尚友「近世部落寺院の成立について」（『京都部落史研究所紀要』一・二、京都部落史研究所、一九八一・八二年）。のちに、山本前掲書所収。
（9）　左右田昌幸「近世『部落寺院制』をめぐって―播磨国亀山源正寺を中心に―」（『龍谷史壇』九三・九四合併号、龍谷大学史学会、一九八九年）。
（10）　拙稿「『部落寺院制』論への疑問―播磨国加東郡部落寺院を中心に―」（『法政論叢』第三八巻第一号、日本法政学会、二〇〇一年）。のちに、拙著『浄土真宗と部落寺院の展開』（法藏館、二〇〇七年）所収。
（11）　信仰を目的としたものとして、藤本信隆「近世大和の部落と真宗―信仰の状況と差別の諸相―」（仲尾俊博先生古稀記念会編『仏教と社会』永田文昌堂、一九九〇年）、平田厚志「近世本願寺教団と被差別部落の信仰」（『教学研究所紀要』五、浄土真宗教学研究所、一九九七年）がある。各地域の研究として、布引敏雄「長州藩部落寺院史の基礎的考察」（『部落解放研究』一四一、部落解放・人権研究所、二〇〇一年）、吉田徳夫「丹波国の寺院史料の基礎的考察―部落寺院の改派と寺号獲得を巡る問題について―」（『関西大学人権問題研究室紀要』四四、関西大学人権問題研究室、二〇〇二年）、高市光男「愛媛における『部落寺院』をめぐって」（『部落問題研究』一七三・一七四、部落問題研究所、二〇〇五年）などがある。
（12）　本願寺史料研究所編『増補改訂本願寺史』第二巻（浄土真宗本願寺派、二〇一五年）。本書脱稿後に接したため、各部の論文内に充分に生かすことができなかった。本書では註にて補足を行うに留めたい。
（13）　脇田修「近世封建制と部落の成立」（『部落問題研究』第三三輯、部落問題研究所、一九七二年）。また、脇田氏は「身分的所有」という観点から近世社会の身分制度を捉えようとした。この身分的所有論は吉田伸之氏によって、批判的に発展がされている。吉田伸之「所有と身分的周縁」（久留島浩他編『シリーズ近世の身分的周縁（6）身分を問い直す』吉川弘文館、二〇〇〇年）。
（14）　高木昭作「幕藩初期の身分と国役」（『歴史学研究』別冊、青木書店、一九七六年）。のちに、同『日本近世国家史の研究』（岩波書店、一九九〇年）に所収、該当箇所は一二七頁。
(15) 高木前掲書冒頭の「はしがき―問題の所在―」において、高木氏は「近世における諸身分は、近世国家によって強力に編成された側面とともに、それぞれの身分を成り立たせている基盤である集団（必ずしも身分集団だけではなく、大名・家臣・農家・商家などの「家」をも含む）が中世以来の自律性を保持している側面を有している」（ｖ頁）と述べている。
(16) 朝尾直弘「近世の身分制と賤民」（『部落問題研究』六八、部落問題研究所、一九八一年）。のちに、『朝尾直弘著作集』七（岩波書店、二〇〇四年）に所収。
(17) 『朝尾直弘著作集』七（岩波書店、二〇〇四年）四六頁。
(18) 母利美和「高木昭作『日本近世国家史の研究』―『役』による政治的身分編成の再考―」（『日本史研究』第五九一号、日本史研究会、二〇一一年）四九頁。
(19) 澤博勝『近世宗教社会論』（吉川弘文館、二〇〇八年）序章。
(20) 同右、七頁。
(21) 一九九九年、筆者が山本氏にご教示を受けた際に、山本前掲論文の背景に千葉氏の研究成果があったことを山本氏自身が述べている。また、左右田氏の研究に千葉氏の学問的系譜があるのは周知のところである。
(22) 拙著の方法論は、前掲拙著序章にて論じている。
(23) 深谷克己「士農工商と近世身分制」（大橋幸泰・深谷克己編『〈江戸〉の人と身分（6）身分論をひろげる』吉川弘文館、二〇一一年）二一～二二頁。
(24) 森竜吉「幕藩体制と宗教―本願寺教団を対象とした封建的宗教の思想史的な試論―」（家永三郎他監修『日本宗教史講座』第一巻、三一書房、一九五九年）。
(25) 拙稿「『播州寄講』の成立と展開」（『ひょうご部落解放』第九八号、兵庫部落解放研究所、二〇〇一年）、のちに、前掲拙著に所収。
(26) 深谷克己『江戸時代の身分願望—身上りと上下無し—』(吉川弘文館、二〇〇六年)。
(27) 深谷註(23)前掲論文、三五頁。
(28) 『〈江戸〉の人と身分』一~六(吉川弘文館、二〇一〇・一一年)として刊行されている。
(29) 横田冬彦「近世の身分制」(『岩波講座日本歴史』第一〇巻、岩波書店、二〇一四年)二七九頁。
(30) 大桑斉「近世国家の宗教性」(『日本史研究』六〇〇号、日本史研究会、二〇一二年)一一六頁。
(31) 深谷克己『近世の国家・社会と天皇』(校倉書房、一九九一年)二三六頁。
(32) 同右、八一頁。
(33) 高埜利彦『近世日本の国家権力と宗教』(東京大学出版会、一九八九年)。
(34) この間の研究状況は久保貴子氏、山口和夫氏によって詳細に検討されている。久保貴子『近世の朝廷運営』(岩田書院、一九九八年)五~二八頁、山口和夫「近世天皇・朝廷研究の軌跡と課題」(石上英一他編『講座前近代の天皇』五、青木書店、一九九五年)。
(35) 澤前掲書、四頁。
(36) 辻善之助『本願寺論』(中外出版、一九三〇年)。のちに、同『日本仏教史研究』五(岩波書店、一九八四年)所収。
(37) 脇田晴子『天皇と中世文化』(吉川弘文館、二〇〇三年)四四~六一頁。

第一部　被差別寺院の身分上昇志向

第一章　渡辺村真宗寺院の特質と地位獲得

はじめに

本章は、一八世紀後半以降の近世大坂渡辺村を対象として、被差別寺院であった渡辺村真宗寺院の特質と門徒の上昇志向を検討する。

渡辺村に関する歴史研究は古くからその重要性が指摘され、原田伴彦氏・野田只夫氏の論考をはじめとして、盛田嘉徳氏による「摂津役人村文書」の解説・編集がなされた(1)。近年は各所に分散していた「木津村文書」の整理と分析が進み(2)、加えて皮革関係や寺院関係の史料発掘がなされている(3)。こうした史料の整理とともに、研究は大きく進展している(4)。

本章との関係から重要な研究を三点挙げておく。第一に、塚田孝氏の近世都市史としての研究である。氏は渡辺村年寄のあり方に注目して、一八世紀後半の構造変容を明らかにした。そして、渡辺村皮革業を斃牛馬処理制、皮革関連業（細工）、流通構造の三層構造で把握することを提示した(5)。第二に、のびしょうじ氏の渡辺村の空間構造の分析、および、皮革業の歴史的展開を明らかにした研究である。氏はこれまで刊本絵図などを用いた空間構成分析であったことに鑑み、「木津村文書」によって、渡辺村の土地・空間構成を復元した。また、一九世紀において西日本の皮革業は、西日本一帯から大坂に原皮が集中し革製品が販売される局面、畿内皮多町ならびに有力皮多問のネットワークと渡辺村有力問屋・商人との局面、渡辺村と皮鞣しの村と業者の局面の三極構造があったことを指摘した。(6) 第三に、左右田昌幸氏の真宗と渡辺村との関係性の研究である。氏は西本願寺末の渡辺村徳浄寺・正宣寺・阿弥陀寺を事例に、本山である西本願寺との関係や阿弥陀寺の成立を明らかにした。(7) 特筆されるのは、渡辺村真宗寺院と西本願寺、大坂津村御坊との三者の往復書簡などを留めた、所謂「諸国記」を精査し、渡辺村真宗史を分析する基礎史料群として整理を行ったことである。(8) 氏の先駆的研究と今後の多角的研究のための史料整理には学ぶべき点が多い。本章は氏の研究が「信仰の興隆」を視点としており限定的な分析であったことに対し、さらに、氏の研究を「身分上昇」という視点から実証的に発展させようとするものである。

さて、本章を検討するにあたって、近世渡辺村の基本情報を示しておきたい。渡辺村は摂津国西成郡に属し、役人村の別称がある。木津村西部の十三間川に沿った湿地に位置する。そのためか、西本願寺史料には「西木津村」との表記が散見される。この表記については左右田昌幸氏が「在地から上申されてくる文書の地名表記によってその寺院の所在地名を認識していたのであり、西本願寺の文書における地名記載はかなり在地の地名認識を反映したものであると考えられる」と指摘した点に異論はない。(9) 渡辺村からの上申によって、西本願寺も「西木津村」を使用したと考えてよいだろう。次に、渡辺村寺院状況を「五畿内穢寺下帳」(10) から確認しておく。万宣寺末徳浄寺は享保三年（一七一八）に本尊が下付され、弘化二年（一八四五）に直末寺院となる。寺号免許の期日は記されていない。北之町・南之町・十軒町・八軒町・新屋敷町の惣道場であった。(11) 万宣寺末正宣寺は元和九年（一六二三）に本尊が下付され、天和三年（一六八三）に寺号免許、文化六年（一八〇九）に直末寺院となる中之町の惣道場である。順正寺は徳浄寺中寺院とあり、文化一四年（一八一七）に本尊と寺号が下付されている。徳浄寺の境内に存在したと考えられる。他に、「五畿内穢寺下帳」成立後、徳浄寺より分立した阿弥陀寺が存在している。四カ寺はすべて真宗寺院で西本願寺派に属していた。

渡辺村の成立と特質については後述するが、本稿では、深谷克己氏が「近世の賤民身分は、その存在と業務が、国家と社会にきわめて近いところにあった。ことに警衛的業務や、皮革処理などを中心にして、実質的には半ば公民化の地位を獲得しており、しだいに再生産活動が公民身分と紛争を起こす方向に拡大した[12]」と指摘した身分の境界部分を意識できる存在としての渡辺村門徒を想定したい。渡辺村門徒という特質上においてこそ、あるいは、渡辺村門徒という特質上においてもなお、宗教上の上昇志向がいかなる様相をもって表出されるのかという点を実証的に明らかにしていくことが本稿の主旨である。そうすることで、深谷氏の述べる「国家と社会、さらには自然や人間の作出物、超越的存在、歴史の記憶などが身分的コードをまとって、生身の人間社会の身分的上下と組み合わさっている現れ方を、より広い視野から解明すること[13]」に言及できるものと考える。また、氏の指摘した「身分コード」の中で、宗教的な視点が重要であることを指摘できればと考える。

研究方法としては、まず、渡辺村真宗寺院と皮革業の関係を塚田氏の研究成果に学びながら[14]、寺院運営と皮革業の担い手との関連性を明らかにする。次に、渡辺村真宗寺院と西本願寺、大坂津村御坊との三者の往復書簡を留めた、所謂「諸国記」によって、幕藩体制下の本末制度に左右されない西本願寺における渡辺村真宗寺院の位置、および、それと連動する形での西本願寺の渡辺村真宗寺院への信任を検討する[15]。特に、渡辺村徳浄寺と連枝寺院の本照寺、「四ケ之本寺[16]」である万宣寺との関係性を通して考察していく。最後に、左右田氏の研究に学びながら、渡辺村真宗寺院の西本願寺内における身分上昇への願書と西本願寺の対応を通して、渡辺村真宗寺院が先例となり、被差別寺院の身分上昇が実現していく様相を明らかにする。その中で、渡辺村門徒の身分上昇の心性も考察したい。

一　渡辺村真宗寺院と皮革業

渡辺村の成立の概要と特質は吉田伸之氏によって明快に整理されている。(17) 氏の整理によれば、渡辺村は座摩神社に神役を奉仕するキヨメ集団の居所を淵源とし、大坂築城に伴い市域の周辺に分散させられた後、元和年間（一六一五～二四）に道頓堀川南の難波村領内に集住することで成立した。渡辺村は皮多身分のもののみが集住する社会であったが、以下の四点の特質があった。

（一）渡辺村は大坂町奉行所支配のもとで、皮役・死体片付・行刑役・火消役などの諸役を負担する役人村であった。

（二）木津村領の旧地以来、小規模ではあるが、六町からなる惣町としての性格をもつこと。村には二人の世襲年寄が存在し、これが一八世紀末以降、六町各町に年寄がおかれる形に変化する。そして固有の「村法」のもとで、独自の領域を有する自治団体として運営された。

（三）村の構成主体は家持層であるが、彼らの町屋敷には多数の「身軽の者共」が借家として存在した。

（四）渡辺村には西日本全域から牛馬の皮革が集まり、有力な皮問屋を中核とする流通センターとしての役割を果たした。また村内には、雪踏などの皮革細工に携わる手工業の諸工程が展開した。

氏は、以上のような特質をもつ渡辺村を、複数の町共同体を内包する事実上の都市であるにもかかわらず、行政的には「村」であるという「町村《まちむら》」の一形態である「皮多町村」として一般化している。ここでは（二）の在り方に注目し、特に塚田氏の成果に学びながら[18]、本稿が対象とする一八世紀後半以降の渡辺村の構造基盤を確認しておきたい。

　塚田氏は渡辺村の基本的性格として役（行刑・皮役など身分制的性格）と皮革業（経済的・都市的性格―町）という二つの柱を設定し、一八世紀前期と後期において前者から後者の柱への構造変容があったことを明らかにした。具体的には、前期の渡辺村年寄にとって役は絶対的意味を持っており、渡辺村は第二の柱を内在させつつも第一の柱が優越する形で並存していたという。一八世紀後半以降は、渡辺村内部の経済変動により、新興有力者層が登場し、後期の「町」の年寄は渡辺村の中でも最有力の問屋たちによって担われている。後期には第二の柱が第一の柱に優越していく方向で並存していたとしている。氏はこの変容の契機を天明六年（一七八六）の年寄の二人制から六人制への人数増加にとどまらない性格変化に求めている[19]。

　この渡辺村における構造変容については、役と皮革業を一連の流れで捉えるべきか、別の体系として捉えるべきかは議論の分かれるところであるが、ここでは渡辺村内で政治力を有していたと考えられる渡辺村年寄と、渡辺村真宗寺院の有力者であった門徒惣代との関連から考察していく[20]。以下に、**表一**を示す。

　表一より「讃岐屋仁兵衛」「豊後屋喜左衛門」「大和屋又兵衛」「榎並屋惣助」の四名が、年寄と門徒惣代とを兼ねて任じていたことが分かる。塚田氏が一八世紀前・中期において、有力者層とそのネットワークがあったことを指摘している通り[21]、渡辺村の政治的中心人物と寺院運営の中心人物は、ある程度、重複していることが分かる。しかしながら、一八世紀後半以降の渡辺村構造変容を支えた皮革業の担い手（年寄）と寺院運営との直接的な関連を見出すことはできない。わずかに、同時期に同じ屋号を有する門徒惣代名との関連をみると、天保期以降は一三名中一一名の年寄名に関連性をみることができる。

表一　享保二〇年（一七三五）～安政五年（一八五八）における渡辺村年寄名・門徒惣代名

	年	渡辺村年寄名	渡辺村真宗寺院（徳浄寺・正宣寺）門徒惣代名
年寄二人制	享保二〇年（一七三五）	（記載なし）	讃岐屋仁兵衛　豊後屋喜左衛門　岸辺屋久左衛門　河内屋吉兵衛
	元文元年（一七三六）～宝暦九年（五九）	讃岐屋仁兵衛　豊後屋喜左衛門	（記載なし）
	宝暦一一年（一七六一）	讃岐屋政治郎　〃	〃
	宝暦一三年（一七六三）・明和六年（六九）	讃岐屋治郎兵衛　〃	〃
	明和七年（一七七〇）～安永三年（七四）	讃岐屋治兵衛　〃	〃
	安永四年（一七七五）	讃岐屋仁兵衛　〃	〃
	安永五年（一七七六）・天明四年（八四）	〃	〃
年寄六人制	寛政一一年（一七九九）・享和三年（一八〇三）	讃岐屋仁兵衛　出雲屋太右衛門　播磨屋吉兵衛　和泉屋利兵衛　住吉屋喜右衛門　住吉屋喜右衛門	（記載なし）
	文化五年（一八〇八）	（記載なし）	京屋佐右衛門　大と屋庄兵衛
	文化一三年（一八一六）・文政五年（二二）	出雲屋六右衛門	（記載なし）
	文政二年（一八一九）	（記載なし）	池田屋庄兵衛
	天保二年（一八三一）	岸辺屋三右衛門	（記載なし）
	天保七年（一八三六）	明石屋助右衛門	〃
	天保八年（一八三七）	岸辺屋三右衛門	京屋佐右衛門　岸辺屋伊右衛門　大和屋又兵衛　榎並屋惣助
	天保一〇年（一八三九）	和泉屋利兵衛	（記載なし）
	天保一一年（一八四〇）	（記載なし）	岸辺屋伊右衛門　大和屋吉郎兵衛　大和屋又兵衛　榎並屋惣助
	天保一二年（一八四一）	大和屋又兵衛　岸辺屋龍助	池田屋藤五郎　吹田屋庄兵衛
	天保一四年（一八四三）	池田屋佐兵衛	（記載なし）
	天保一五年（一八四四）	（記載なし）	池田屋五郎兵衛
	弘化二年（一八四五）・嘉永元年（四八）	〃	大和屋又兵衛
	嘉永四年（一八五一）	〃	池田屋小右衛門　明石屋伊右衛門　日向屋喜右衛門　住吉屋久右衛門　淡路屋平右衛門
	嘉永五年（一八五二）	明石屋助右衛門	〃　〃　〃　大和屋又兵衛　讃岐屋利三郎
	嘉永六年（一八五三）	〃　大和屋喜右衛門　河内屋源兵衛　榎並屋惣助	〃　〃
	嘉永七年（一八五四）	（記載なし）	〃　大和屋忠蔵
	安政元年（一八五四）・二年（五五）	〃	奈良屋新助　〃
	安政三年（一八五六）	〃	〃
	安政四年（一八五七）	住吉屋治兵衛　榎並屋惣助	〃　岸辺屋伝兵衛　播磨屋五兵衛
	安政五年（一八五八）	（記載なし）	〃　〃　大和屋吉郎兵衛　池田屋利兵衛

（出典）「浪速部落の歴史」編纂委員会編『史料集　浪速部落の歴史』、塚田孝『近世大坂の都市社会』（吉川弘文館、二〇〇六年）表33

皮革業と寺院運営の関連性を検討するために、以下に四史料を示す。

ア　「大坂堺往返書状留」寛政四年（一七九二）六月二六日条(22)

然者先達而乗念寺御差下御用金等之儀駆合之節、西木津徳浄寺并正宣寺夫々江茂申聞候処、其後此儀ニ付意味合在之候故、先暫見合置候様乗念寺ゟ申越候ニ付、其段又々申聞置候、然ル処正宣寺門徒此度之御用金之儀種々心配仕、金百両調達仕、則今晩門徒共上京仕度旨申出候

イ　「大坂諸記」文政三年（一八二〇）三月条(23)

私共儀往古より去寅年迄、御灯明講料毎年銀四百三十目宛、是迄無怠御上納奉差上候処、去寅十二月大晦日暮過ゟ卯正月朔日ニ至、村中一統御存之通焼失仕候ニ付、甚以難渋ニ奉存候、乍併御太切成御講名乍受奉御上納不仕候而ハ、仏祖之御恩も余り勿体なく奉存候ニ付、此度私共一統熟談仕候儀者、仮令村中一統焼失仕候共、講名之儀者等閑ニも何相成候得共、寺者勿論、私共住家も今ニ成就不仕、千万歎ケ敷仕合ニ奉存候間、依之当年ゟ五カ年之間、右御灯明講料半銀弐百拾五匁宛御上納仕度奉存候間、何卒此段御聞届被為成下候

ウ　「大坂諸記」弘化二年（一八四五）正月一七日条(24)

然者富田御坊所御堂修復被成度ニ付、与力之向江茂御達被成御願、則御聞済ニ相成、今般西木津両寺江報恩寺御差向御願ニ相成、委曲前田武左衛門江申含有之候間、可然様示談可被致候

エ　同右、安政四年（一八五七）一一月二三日条(25)

然者西木津徳浄寺御遠忌御受之儀、先般得雄寺御差向ニ相成、跡常満寺共示談之上、段々御受記帳之義出精為仕候処、千金御受申出候義先便申上候、尚又同寺老僧・檀頭分大和屋又兵衛等相招、御修復多端莫太之御用途被為相懸り候始末逐一細々演達仕候処、一統敬承御受申上、末々ニ至り御趣意致貫通、右御受之上ニ尚又七百

金増進、都合千七百金御受申出候ニ付、何卒弐千金之都合ニ為致度と此中毎々右両人呼出、十分之請方宜敷、最中且ハ先達而御影御下ケニ相成候兼々程克申聞候処、三百金尚又増進、都合弐千金速ニ御受為致治定候

史料ア～エのいずれも西本願寺と在地との往復書簡の留である。念のため、差出人と宛所を確認するならば、アは在坂の中嶋右兵衛(26)から本山家司の富島頼母宛書簡、イは正宣寺門徒物代池田屋庄兵衛から本山役人宛書簡、ウは本山坊官の下間少進から大坂津村御坊の進藤左源太宛書簡、エは大坂津村御坊の田口大炊から本山坊官下間少進ならびに家司嶋田左兵衛宛書簡である。

アでは西本願寺より「御用金」の依頼に対して、しばらく懇志上納を見合わせていたが、正宣寺門徒から一〇〇両の調達の申し出をしていることが分かる。イでは渡辺村御灯明講において、例年銀四三〇目を上納していたところ、火災によって村内が混乱し、未だ「寺者勿論、私共住家も今ニ成就不仕」という状況の中、五年間を半銀二一五匁として上納しようとしていることが分かる。史料ア・イともに、渡辺村門徒の懇志上納（「御用」）の姿がみえると共に、渡辺村の経済力が着目されよう。

ウでは富田本照寺の御堂修復に際して、渡辺村徳浄寺と正宣寺を与力寺院に命じている。おそらく懇志上納の指示があったと推察できよう。連枝寺院である本照寺御堂修復に対し、本山からの指示があったことは注目される。この点は後述する。エでは文久元年（一八六一）の親鸞六〇〇回忌に際して、徳浄寺から「千金御受」の申出があったが、老僧と大和屋又兵衛に莫大な費用が必要であることを示すと、「七百金」の上積みがなされたという。さらに、「三百金」の増進があり、計「二千金」という多額の上納金が約束されている(27)。このように、本山からの指示により多大な上納金が渡辺村に宛がわれようとしていたことが分かる。これらは左右田昌幸氏が指摘するように(28)、無計画に渡辺村に指示したはずはなく、渡辺村の経済力、つまり、渡辺村に構造変容をもたらした皮革業の担

い手の存在があったからにほかならない。

以上の史料検討から、**表一**によって検討した寺院運営と皮革業担い手との関連、換言するならば、寺院基盤と皮革業との関連性の若干の検証はできたのではないかと考える。

二　西本願寺内での渡辺村真宗寺院の位置

渡辺村徳浄寺・正宣寺の門徒は皮革業を経済的基盤として、本山への御用によって特別な地位を獲得していった。決して良好とは言えないが、本山役人との近接な関係を有し、他の被差別寺院とは異なる優位性を持つこととなる。その優位性こそが渡辺村門徒にとって、宗教的に身分上昇を具現化するものであった。御用と宗教的身分上昇とは表裏一体を成すものであり、この表裏は本山である西本願寺と渡辺村門徒の対抗関係とその微妙なバランスによって成り立っていた。

渡辺村徳浄寺と正宣寺の基本的寺院状況は「五畿内穢寺下帳」によって理解できる。東成郡徳浄寺条[29]には「万宣寺下生玉庄大坂船場町惣道場徳浄寺、御免物帳ニ、一、木仏享保三戊戌年十月、一、上寺離末弘化二乙巳年正月」の記事があり、東成郡正宣寺条[30]には「出玉庄大坂船場町惣道場正宣寺、免、一、木仏~~天明八戊申十一月十四日~~元和九年九月廿八日、一、寺号天和三癸亥年四月七日、一、万宣寺離末文化六十二月」との記事がある。徳浄寺は享保三年（一七一八）に木仏下付があり、上寺である万宣寺からの離末は弘化二年（一八四五）となっている。正宣寺は元和九年（一六二三）に木仏下付があり、天和三年（一六八三）に寺号が免許されている。上寺である万宣寺からの離末は文化六年（一八〇九）である。両寺ともに、上寺は「四ケ之本寺」と呼ばれた万宣寺であった。

宝暦五年（一七五五）、その万宣寺末の両寺院に西本願寺は富田本照寺への与力を命じる。すでに左右田氏によって示された史料であるが、「諸国所々江遣書状留」宝暦五年三月四日条に「然者其地門徒中本照寺殿江与力被仰付被為置候事ニ候間、弥古来之通富田江二季参詣初穂等不相替馳走可有之候(31)」とあることから理解できる。また、留役所「摂津国諸記」天保一〇年（一八三九）二月条に「西木津村之義光照寺門徒ニ而候処、久々無住ニ付、万宣寺・福専寺江寺役相頼候(32)」とあり、本照寺と渡辺村門徒との関係性は一定程度存在していた。これは万宣寺がもと光照寺（本照寺）門徒であって、紆余曲折を経た後、正保三年（一六四六）に西本願寺より本照寺の与力寺院として命じられていることにも関係していると推察できる(33)。

森岡清美氏によると、与力寺院は上寺下寺関係ほどの従属性はなく、独立性は高くないとの評価を行っているが(34)、徳浄寺・正宣寺の与力寺院の場合は経済力と皮革業を媒介とした広範なネットワークを背景にして(35)、与力寺院としての存在価値は突出したものであった。事実、史料**ウ**で示したように、弘化二年には本照寺御堂修復のための使僧が派遣されたり、嘉永二年（一八四九）には本照寺の凶事に関しての動員が宛がわれたりしている(36)。本照寺は、渡辺村の経済力と広範なネットワークを生かした労働力に期待していたのである。

注目したいのは、「美作改宗一件(37)」に関わって徳浄寺が改宗寺院の受け入れに動いていることである。備前・備中・美作の対象寺院七カ寺のうち、一カ寺だけは本照寺末寺となることが決定していたが、残る六カ寺は本照寺末になることを好まず、未だ東西本願寺のいずれに属するかも決定していない状況であった(38)。そうした状況下、西本願寺より大坂津村御坊松井巡蔵に、「何レニも御当派御直参ニ成共望次第取請候様急々執計之儀、西木津徳浄寺等江茂相働候様可被申渡候(39)」との指示が下りる。本一件での対象寺院を直末寺院としてでも西本願寺派に属させようとして、徳浄寺にその仲介役を任じさせているのである。ここには、東西本願寺が互いの末寺へと誘引しようとする様相が理解でき、西本願寺派の中心的担当として徳浄寺が任命されていることが分かる。また、「大坂堺諸記」寛政一一年（一七九九）八月五日条には、次の記事がある。(40)

備中国穢村之分御当山江改宗仕候ニ付、右一件掛り当地西木津徳浄寺江被仰付候趣承知仕候、然ル処其砌相残り有之候同国上房郡六名村増福寺幷同寺付門徒廿　ケ村改宗仕、御本山御門徒ニ御差加被成下度趣、前以徳浄寺隠居申出候ニ付、先年之手続も御座候ヘ者随分出精仕候様申渡置候処、此度右増福寺幷門徒惣代同道ニ而罷登り弥御門徒ニ御差加江被成下度相願候ニ付、徳浄寺隠居右之者共召連れ、明夜船ニ上京仕御役宅江向罷出可申と奉存候、猶先年之御振合も御座候得者、徳浄寺隠居ゟ得と御聞取被成下、先年改宗仕候者とも始而御礼仕候節之御振ニ而御取計被成遣候ハ丶、別而難有可奉存候、尤右一件ニ付而者当春以来徳浄寺隠居幷門徒ともニも種々之心配仕候御儀ニ御座候

（後略）

本史料は大坂津村御坊の北村音門から西本願寺坊官の下間宮内卿への書簡である。「右一件掛り当地西木津徳浄寺江被仰付候」より、徳浄寺が本一件の担当寺院であったことは間違いない。今回は増福寺が西本願寺派として入派するにあたり、仲介役をするよう仰せ渡している。そして、既に改宗した寺院ともども上京するように指示している。

安達五男氏によれば、天明四年（一七八四）、増福寺は仮檀那寺として教善寺を依頼していたが、教善寺門徒からの反対によって村中一致で渡辺村徳浄寺に宗判を任せることで評議一決し、寛政四年（一七九二）には徳浄寺が増福寺門徒を受け入れることに同意したという。(41)氏の評価によれば、「宗判寺の移動は教善寺や酒津村の総領新八が中心になって」(42)推し進めたとされているが、「摂津国諸記」天明五年（一七八五）一〇月条には、「去ル寅之年、

備前・備中・作州三カ国改宗一件御用被為仰付奉畏、右御用相勤候為御褒美、大品九字・十字御名号被為仰付、身ニ余冥加至極難有頂戴仕候」とあり、天明二年（一七八二）の時点で、西本願寺は「美作改宗一件」に関わって、徳浄寺をこの任に当たらせていたことは確かである。「美作改宗一件」の端を発することになった大法寺僧侶海順の越訴が取り上げられるのは、本照寺の指導があったからであり、本照寺教線拡大のねらいがその背景にあったことが指摘されていることからも、本照寺と関係の深い徳浄寺が、本照寺あるいは本寺の本願寺の指示によって積極的に動いたと考えてよいだろう。

それればかりではない。「美作改宗一件」の七カ寺が西本願寺派に入派して以降も徳浄寺は影響力を発揮した。備中国大円坊が無住の際には、徳浄寺弟子僧の了恵が入寺し、本尊下付においても仲介役を行っている。以上から鑑みて、渡辺村徳浄寺自身が被差別寺院のネットワーク拠点の役割を任じ、本末関係の諸制度の枠を越えた強い指導力を有していたことを指摘することができる。

このように、「美作改宗一件」において、徳浄寺は本照寺の与力寺院として、西本願寺教線拡大のために奔走していた。備前・備中・美作の七カ寺が西本願寺派に所属後も影響力を発揮していることから、本照寺与力寺院としての範疇を越えた被差別寺院の拠点寺院としての徳浄寺の姿を明らかにすることができた。さらに、徳浄寺の西本願寺内での位置づけを明確にするため、幕藩体制下の宗教的支配体系であった本末関係、特に、直接の上寺である万宣寺との関係を次に検討する。

嘉永元年（一八四八）、万宣寺住持の徳順は、「身持不宜」とされ、借金が重なり仏具を売り払うなど門徒からの信用を失っていた。この徳順の身柄をめぐって、万宣寺地門徒ならびに末寺四〇カ寺と徳順の親類である徳浄寺の間で混乱が起きる。徳順は西本願寺から「入牢被仰付」るほどであったが、再教育を施すことによって、更生を図ろうとした(47)。

留役所「大坂諸記」嘉永元年一一月条には徳浄寺了忍ならびに門徒惣代大和屋又兵衛から「御本殿御用懸御役人中」宛の書簡が存在する。本書簡には「徳順相続辺彼是混雑之儀出来候由、乍内々粗承知仕候間不得止事、此度親類之族拙寺致上京候而、夫々始末聞合候処相違無之由、甚以驚入当惑仕候、然ル処徳順儀拙寺江御預ケ可相成り哉与御沙汰振被為在候趣、内実福専寺ゟ承候得共、末々何共万宣寺門徒共ゟ通達無之（中略）都而御預ケ相成候様御下知被下置候ハヽ、難有仕合奉存候、猶又徳順心底改心致候様急度致教諭、亦々再住相成候様精々為申聞候(48)」とあり、徳浄寺了忍の当惑している様子とともに、徳順を預り改心すべく教育を行う意思が記されている。こうした徳順預りについては「万宣寺門徒」からではなく、「四ケ之本寺」のひとつである「福専寺」より伝え聞いたことが記されており、万宣寺門徒末寺四〇カ寺と徳浄寺との間に何らかの軋轢があったことは想像に難くない。

嘉永元年九月、徳順は万宣寺末寺の教宣寺・正願寺・最光寺らの強い願いにより、三カ寺によって預り身分となる。西本願寺御用掛はその条件として、①徳順の教育、②万宣寺再興のための経済的整理と寺内改善策の提示を求めた(49)。しかし、一〇月になっても「何等之儀も不申出(50)」「漸々十月中ニ至り甚タ不束之取締方申出(51)」という状況のため、御用掛は三カ寺と近村の門徒を呼び出し、徳順が改心すべき旨を記した血判を提出させ、徳順を徳浄寺に預ける裁断を行う。万宣寺再興にあたっての借財対応を含めた寺内を取り仕切る実権については末寺に差し置いた。つまり、①については徳浄寺に、②については万宣寺末寺中に任せたのである(52)。

一二月、万宣寺末寺の三カ寺は未だ具体的な方策を西本願寺に示さなかった。西本願寺は「内実者教宣寺外二ケ寺ニおゐても色々所目論見候事共有之、且其他万宣寺寺跡相続方付、色々望居者も有之由ニ相聞申候(53)」として、三カ寺が万宣寺後住を自分たちの側から、つまり、末寺から擁立しようとする動きを感じ取っていた。御用掛はこのままではさらなる「混雑筋可引起哉[54]」と判断し、徳浄寺に万宣寺再興に向けた実権を移譲するため、徳浄寺を呼び出す。徳浄寺は御用掛に対して「親類之儀ニ付決而望筋無御座、得《（徳）》順儀此儘住職ニ被仰付、両三年之間篤与異見を加へ、弥改心仕候ハヽ、永住ハ勿論之儀、万一不致改心節ハ其段言上仕、御殿御取計ニ御任可申上、尚又寺内立行方借財済方等之儀急度引受心配可仕旨[55]」と述べた。①についても親類故に寓意はなく、②についても確かに引き受ける旨を伝えた。ここにおいて、判断材料の揃った御用掛は「右取締寺役法用相任候儀ハ差戻し候段申渡し、大坂徳浄寺江親類之廉を以、万宣寺内取締方万端御任相成候条、得《（徳）》順底意相改候様篤与教諭を加へ、同人之修学中門徒寺役法用宗判共、其寺ゟ代勤致し、寺内立行方借財済方等無等閑可尽心配段申候[56]」と裁定を下した。万宣寺地門徒ならびに末寺には万宣寺寺役について差戻すことを申渡し、徳順の「修学中」において、寺役・法要・宗判などをすべて徳浄寺に任せることとしたのである。つまり、①・②の全権を徳浄寺が担うことになったのである。事実上、万宣寺末寺とその門徒たちは、徳浄寺の末寺となったに等しい。

弘化二年に万宣寺から離末した徳浄寺は、その三年後の嘉永元年には上寺であった万宣寺とそのすべての末寺の宗教的な統括を意味する宗判権と寺役・法要などの実質的な寺務を担うことになったのである。

こうした裁定に対して、万宣寺門徒中は強硬手段に出る。嘉永三年（一八五〇）三月二二日、万宣寺地門徒の惣代ならびに播州・摂州・丹州・淡州に及ぶ門徒惣代あるいは組頭といった二八カ寺の全一一八名から、本山である西本願寺に願書を提出している。この願書によると、「一往御本山様江も御願不奉申上、自儘ニ連帰り来り候、其節下寺法中も御届奉申上候儀も失念仕候[57]」とあり、万宣寺門徒は渡辺村に出向き徳順を許可なく連れ帰ったのである。さらに「徳順之儀者改心以後行状等も甚宜敷相成候ニ付、下寺法中幷門徒末々迄大悦仕り[58]」と、連れ戻して以後は改心したことを強調し、好結果を主張している。そして、今後は本山に「御苦労」をかけることなく寺務を行い、本山への不都合があった場合には「御詫調印之拙寺ニも如何体之御咎被仰付与も、其節少も御恨不奉申上候」[59]と結んでいる。このように、①の権限を強硬に手に入れたのであった。また、本願書では万宣寺の借財についても言及されており、徳浄寺に対して、嘉永二年に金子五〇両を支払い、嘉永三年には七〇両を支払っていることが記されている。こうした万宣寺の借財の出納関係の書類を西本願寺に提出し、万宣寺末寺中は行為の正当性を述べているのである。さらに、万宣寺末寺中は、②の権限についても西本願寺に対し交渉を行う。留役所「摂津諸記」嘉永三年一二月五日条には、徳浄寺に対して支払った七〇両をめぐる争論が記されており[60]、「自然御本山御苦労筋預之段奉恐入候、右等之訳柄ニ御座候間、何卒万宣寺寺跡当時暫小浜御坊所へ御預ケ被為仰付度候」[61]として、摂州小浜毫摂寺にての宗判と寺役・法要を西本願寺に願っていることが分かる。

このように、万宣寺末寺中と徳浄寺の対立構図は非常に明らかである。本一件は、最終的には万宣寺後住として、徳浄寺弟子である正焉を任じることで落着するのであるが[62]、本事例からは渡辺村徳浄寺の西本願寺内での特別な地位を確認できる。次の二点が指摘できよう。

第一に、本末関係を越えた徳浄寺の被差別寺院内における影響力である。すでに検討したように、徳浄寺の万宣寺からの離末は弘化二年である。その三年後の嘉永元年には上寺であった万宣寺とそのすべての末寺が徳浄寺の影響下に差し置かれる。これは三年間で徳浄寺が影響力をもつようになったということは考えにくく、離末以前において、すでに渡辺村経済力と皮革業のネットワークを背景にした被差別寺院への多大な影響力を有していたと考えるべきであろう。だからこそ、史料アにみられる「御用金」の依頼があったのであり、万宣寺後住には備後国御調郡後地村生まれの徳浄寺弟子正焉を選出できたのである[63]。

第二に、第一と連動する形での西本願寺からの信任である。本一件は万宣寺地門徒・末寺中と渡辺村徳浄寺との対立であった。万宣寺の後住を万宣寺末寺中と徳浄寺のいずれより選出するかという政治的な争論といえよう。万宣寺は「四ケ之本寺」と呼ばれ、被差別寺院の上寺の一つとして近世初期より被差別寺院に対する強い影響力を有していた。しかしながら、本一件では最終的には徳浄寺から後住が選出されている。また、本一件の経緯をみても、本山である西本願寺は徳浄寺の側に常に位置している。こうした点からも、西本願寺の徳浄寺への信任を認めることができる。寛政八年（一七九六）一一月に西本願寺は渡辺村徳浄寺に対して改派押を発令し、文政一〇年（一八二七）三月に渡辺村門徒の改派の計画が調査されるなどもその証左となろう。(64)しかしながら、この信任は被差別寺院の政治的支配力と経済力への信任であった。西本願寺の渡辺村真宗寺院への評価は「元来彼之ものとも人我強盛ニ而是迄迚も毎々左様之義申立、約定異変仕候義間々有之信用者難相成存候」(65)というものであったことを付言しておきたい。

三　渡辺村門徒の身分上昇志向

前節までの検討によって、渡辺村真宗寺院の経済的基盤と西本願寺内での位置を明らかにできた。こうした検討を通して、本節では渡辺村真宗寺院の宗教上における上昇志向について考察したい。

寛政一二年（一八〇〇）八月、徳浄寺は一代限りの浅黄唐草緞子五条袈裟を自坊限りで許可される。(66)寛政六年（一七九四）の法衣規定によると、筋目院家・准院家では茶地、内陣は萌黄地、余間は藍海松茶、廿四輩・三之間は紋黄紺地、飛檐は白唐草花色緞子、初中後は白綾、国絹袈裟は袈裟黒緞子、平僧は黒袈裟緞子となっていることから、(67)平僧・国絹袈裟・初中後以上の僧階を一代・自坊限りではあるが与えられていた。これは徳浄寺の西本願寺内での上昇志向が具現化されたものといえるが、後年に他の被差別寺院が同様の五条袈裟を下付されたことによって、渡辺村徳浄寺と正宣寺は西本願寺に対して被差別寺院間での別格の扱いを求めている。「御改革以来大坂諸記」天保八年（一八三七）一二月一七日条の記事を以下に示す。(68)

私手次両寺之儀、先年格別之思召を以浅黄唐草緞子五条袈裟御免被成、外類村類寺者格別差別相立有之難有奉存罷在候処、近来追々類例出来、先年格別以思召被仰付候規模も相失、一統相歎罷在候、中ニも末々之者ニ至而者前後相不弁、外之者格別御取扱被為成下、私共村方之義者御頓着不被下様相心得、大ニ気前取失ひ騒々敷申立、右ニ付愚昧之もの共如何躰卜之失敬成義出来候程も難計候

（後略）

本史料は、近年に他の被差別寺院にも浅黄唐草緞子五条袈裟が下付されたことにより、渡辺村両真宗寺院が特別の名誉を失い、他の被差別寺院と差別化された地位が揺らいでいることを訴えた願書である。門徒たちが騒々しくなり、何事が起こるかわからないという状況を交渉上に定置させ、西本願寺内における渡辺村の差別化された地位を保守しようとしていることが窺える。その地位獲得要望は新たな上昇志向と結びつく。渡辺村門徒は五条袈裟が他の被差別寺院にて採用されたことから、翌年の天保九年（一八三八）には「色衣御免」を要求する。渡辺村徳浄寺の色衣御免の動向については次章にて論じるが、渡辺村門徒は「色衣御免」によって、再び他の被差別寺院と差別化された地位を獲得する。ところが、安政五年（一八五八）三月、再び河内国称名寺が色衣許可を得たことにより、両真宗寺院は西本願寺に抗議を行う。すでに左右田昌幸氏によって紹介・検討された史料であるが、(69)渡辺村門徒の心底を理解するためにも抜粋したい。(70)

河州丹北郡更池村称名寺江此度色衣御免被為遊、当時着用仕居候、右ニ付私共手次徳浄寺義も右称名寺色目相

違御座候へ共、類寺於者官位不及申、御殿於而御用ヒ無之色衣ニ御座候、何れ之方上席相成ニ而何れ之方下輩候哉、其次第不同御座候、尤三官衆中着用色衣同色ニ御座候得ハ、双方之内此方院家之色衣、彼方余間之着用与、其次第明白ニ御座候、御用ヒ外色衣与申事ニ御座候故、是又席も同列仕候、左候而者同寺同様成行候事、一統歎敷奉存候

（中略）

御本山御取扱之義、往古ゟ徳浄寺義外村方与者格別被為成下難在奉存候、尤先年ゟ身分過候御馳走も奉成上居候、尚又信恵院様御代ゟ住職江御免御免物数々被仰付、弥難在奉存罷在候所、此度更池村同様ニ成行候義、実ニ歎敷仕合ニ奉存候、往古ゟ当今ニ至迄忠誠尽し候義水之泡与相成、末々迄日夜愁歎仕居候、尤河州向井之村・更池村右両村之義者屠者村与申、近国類稀成下村ニ而御座候処、右様御免相成候義、甚以不審ニ奉存候、只今ニ而者上納金取集義も夫故兼々六ケ敷、気辺破候段重々歎敷奉存候、仍之此段以書附ヲ奉言上候

（後略）

史料から、更池村称名寺に色衣着用の許可が下りたことによって、徳浄寺門徒は、身分が視覚的に明らかになる席次において、称名寺と「同列」となることを危惧していることが理解できる。被差別寺院においては、僧位僧階で席次が決定するのではなく「色目」が重要であることを主張している。徳浄寺の「色目」は院家相当であり、称名寺は余間相当であるとして、明らかに徳浄寺が優越することを記しているが、事実上は同座次になることに遺憾の意を表明している。注目されるのは後段であるが、これまで西本願寺の渡辺村徳浄寺の扱いが「格別」であったことを申し述べ、多くの宗教的象徴物の下付や渡辺村門徒の働きを強調している。そして、今回の称名寺の色衣着用許可によって、徳浄寺の「往古ゟ当今ニ至迄忠誠尽し候義水之泡」となること、向井之村と更池村を「屠者村」

として、今回の許可を「不審」としている[71]。そして、今後は上納金を納めることができないという強硬な姿勢を申し出ているのである。この強硬姿勢の背景には、渡辺村門徒の同身分集団内での最上位の地位を確保したいという強い願望が存在した。事実、同年（安政五年）六月、徳浄寺門徒は津村御坊への再度の願書を提出するが、その願書には、「私共手次徳浄寺義外類村類寺与一廉相立候様奉願上候、先年も外類村与混シ候様成行候ニ付、御歎申上候ニ処、早速御沙汰奉蒙難有仕合奉存候、当度も格別御仁恵を以一際相立候様奉願上候[72]」とあり、渡辺村門徒は他の被差別寺院と比して「一際相立候」ことを望んでいたのである。

渡辺村門徒がさらに他の被差別寺院との差別化を図るべく、次に望んだのは別格の着座位置であった。徳浄寺門徒は内陣での着座を望んだ。内陣は、第一四世寂如期においては、僧階次席は院家・内陣・余間・廿四輩・初中後・飛檐・国絹袈裟・総坊主衆と次第し[73]、内陣に着座することは僧階において最上部に位置づけられることを意味した。被差別寺院である徳浄寺が内陣に入ることは慣習上において困難であり、大坂津村御坊より任じられた役寺常満寺の助言によって、内陣着座願いを仏間着座願いと変更する[74]。しかしながら、西本願寺は「何程伺出候而も御免之儀無之[75]」という姿勢を貫徹する。なおも、徳浄寺門徒は「更池村者往古より莫太之御取持も不申上、私共ニ於而者格外之御取持も申上居候、然るを同村同様之御取持被成下候而者、末々之者共ニ至迄も歎ケ敷[76]」と本山に申し出た。これまでに莫大な懇志を提出した実績から鑑みて、更池村にはこうした実績がないとして、徳浄寺と同列となっている不義を訴え出たのである。渡辺村門徒は粘り強い交渉を試みるが、西本願寺の姿勢は「於御本寺余間以下江差支、迚も御免難相成、猶又仏間着座見通与申儀も同様之儀ニ有之候而、是迚も御免難相成筋ニ有之候[77]」というもので、内陣着座も仏間着座にしても、余間以下の寺院に対しての説明がつかず、とても許可できるものではないという立場を堅持した。

一方、徳浄寺と西本願寺を取り次ぐ大坂津村御坊の岡田多仲と役寺常満寺は徳浄寺門徒の強い要望に困窮していた。安政五年一〇月二六日、岡田多仲宅に多くの徳浄寺門徒が詰めかけた。多仲は説得を試みるが「折得之次第少も相用不申」[78]という門徒の様子から、常満寺を呼び出し再び説得を試みるが「猶更承伏不仕」[79]という状況であった。多仲は「向後何等之儀被申聞候共、不承抔申之張ニハ常満寺自坊迄も多人数可罷越抔申出シ、甚迷惑ニ及ひ候」[80]と西本願寺嶋田左兵衛にその状況を訴えている。嶋田左兵衛は「当今御遠忌上納辺、且者諸般御差支之儀も不少哉与日々心配之儀」[81]として、今回の一件で親鸞六〇〇回忌上納金および諸般に差し障りが出ることを心配しており、「今一応勘考可被申登候、御差支ニ不相成儀ニ候ハ、可相成丈可及取計候」[82]と徳浄寺門徒の意向を認める方向での模索も垣間見える。こうした一連の動向から考察して、この時期の西本願寺における渡辺村門徒の影響力の強さをうかがい知ることができるだろう。

さて、安政六年（一八五九）三月、なかなか許可が下りない徳浄寺門徒は歎願書を津村御坊に提出する。以下に抜粋してみよう。[83]

私共手次徳照(浄)寺義於御本山様往古より外類村与者格別御取扱を以、先年市中一対之一代袈裟御免為被成下、当寺ニ相限類無之段冥加至極ニ奉存候処、御改革後右同様之一代袈裟所々江御免為被在、私共手次同様之類数ケ寺ニ相成、依之前々ゟ別御取扱之廉も相失ひ候儀、門徒中より奉歎願候所、御賢考を以格別御仁恵之御沙汰相成、先住江色衣御免奉蒙難有仕合ニ奉存候、然ル処近来外類寺江色衣御免為被在候ニ付、又候私とも手次寺与同様之御取扱ニ相成候而無差別成行候段、愚昧之門徒とも末々至迄、大ヰ愁歎仕候、且者往古より於而類寺御大会相営候節者、請招ニ付参詣仕出会之砌、徳浄寺義色衣御免之規模も無之、別着座等決而不致、何れも同列同席相混候、又者類寺之輩御寺法取乱御免無之衣体着用致し、猥ニ我慢之ふる廻致候類不少、右ニ付格別之御

憐愍を以何卒徳浄寺義、先規之御取扱ニ立戻り、外類寺与一際相立候様別席御免為被成下候ハヽ、門徒共人気引立生々世々難有仕合ニ奉存候

（中略）

誠未熟之身分ヲ顧奉願上候事奉恐入候得とも、私共村々之義ハ諸国類村与ハ格別之相違ニ御座候而、大坂三郷之内天満組ニ御座候、乍恐於而御公儀様御取扱之義、具ニ不奉申上候得とも、外類村而者格別ニ為被成下候段、御憐愍之程難有仕合ニ奉存候、増而御慈悲之御本山様ニ御座候故、門徒共取縋奉歎願候、右願之趣門徒中惣代として徳浄寺肝煎・世話方連印を以奉願上候、何卒御聞届ケ為被成下候ハヽ、広大之御慈悲難有仕合奉存候、

以上

まずはこれまでの願書と同様に往古より西本願寺の格別の取扱いがあったことを述べている。そして、浅黄唐草緞子五条袈裟許可から色衣着用許可に至る経緯を説明し、他の被差別寺院の追随によって「外類寺与一際相立候」と願い出ている様相が理解できるだろう。被差別寺院同士の法会等の際には、色衣着用許可を受けてもなお「何れも同列同席相混候」状況であることを歎き、別席着座の願いを申し出ているのである。後段では、大坂三郷のひとつ天満組の所属していたことを強調し(84)、他の「かわた」村と同様ではなく、公儀からの扱いも特別であったとする。こうした社会的・政治的な背景を申し述べ、宗教上の身分上昇を図ろうとしているのである。ここには、身分の境界に位置している渡辺村の葛藤を理解できる。国法上の扱いも寺法上の扱いも渡辺村にとっては、他の「かわた」村、他の被差別寺院と一線を画しているという認識があるからこそ、他の村落や被差別寺院の間で「一際相立」つ存在でなければならなかったのである。そして、さらなる身分上昇を願うのであった。

このように、幕藩体制の支配体系である本末関係の枠組みを越えた中で、渡辺村真宗寺院を捉える必要がある。

西本願寺内での渡辺村の位置は数多くの宗教的象徴物の下付はもちろんのこと、宗派内身分の上昇をも可能にした。そして、渡辺村門徒の意向に反して他の被差別寺院の先例となり、その権利が徐々に一般化されていく。天保一二年（一八四一）一二月には摂津国宮崎村正徳寺は一代唐草緞子五条袈裟の着用願いに際して、渡辺村徳浄寺と正宣寺が先例となっており、[85]天保一三年（一八四二）一〇月には摂津国火打村勝福寺の信明院御影金襴表具願いに際して類例として挙げられた。[86]本章で明らかにした色衣着用許可をはじめ、他村の先例となった事例は多い。渡辺村両真宗寺院の宗教上における身分上昇が経済力のある他の被差別寺院へと徐々に広がり、身分制の動揺は宗教上も進行していったのである。

おわりに

以上、一八世紀後半以降の近世大坂渡辺村真宗寺院の特質と門徒の上昇志向の分析を通して、明らかになった諸点をまとめておく。

（一）渡辺村年寄名と門徒惣代名との間には、同一人物あるいは同族と推察できる関連性が見られ、西本願寺や本照寺からの「御用金」の依頼から、渡辺村皮革業に支えられた寺院の経済的基盤がうかがえる。

（二）渡辺村徳浄寺と正宣寺は、経済力および皮革業を媒介とした広範なネットワークを背景に、本照寺与力寺院として、突出した存在価値を有していた。本照寺が関わった「美作改宗一件」において、徳浄寺は西本願寺派の中心的役割を果たした。

（三）徳浄寺は万宣寺からの離末の三年後の嘉永元年（一八四八）には上寺であった万宣寺と全末寺を徳浄寺の

影響下に差し置くこととなる。万宣寺跡職をめぐる一件を通して、徳浄寺の西本願寺派内での強力な政治力と西本願寺の徳浄寺への信任を認めることができる。

（四）渡辺村門徒は西本願寺派内において、被差別寺院での最上位の地位確保を望んだ。他の被差別寺院よりも「一際相立」つ存在であることを主張した。ここには、社会的にも政治的にも他の「かわた」村とは一線を画しているという渡辺村の認識があった。

（五）一八世紀後半以降の西本願寺内での渡辺村の動向は、他の被差別寺院への宗教的象徴物の下付、宗派内身分上昇の先例となった。身分制の動揺が宗派内において進行していった。

このように、皮革業を中心とした経済的基盤をもとに、渡辺村門徒は西本願寺における宗教上の身分上昇とその地位確保を絶え間なく要求した。渡辺村門徒が望んだのは「類村」および被差別寺院間における突出した地位、結果としての自己の所属する身分集団を宗教的に統率できうる地位であった。その地位は国家が政治的に与えたものではないが、渡辺村真宗寺院の本寺である西本願寺が承認することによって確保され得た。

安政六年（一八五九）三月、徳浄寺門徒が津村御坊に提出した願書には、徳浄寺の地位は「院家之色衣」であり、称名寺の地位は「余間之着用」に相当すると主張している。一連の願書の中に「院家」「余間」などの僧階を要求したものは見られず、一貫して他の被差別寺院に比して「一際相立候」ことを望んでいることは明白である。内陣への着座を望んだ徳浄寺門徒の強い要望に困窮していた津村御坊岡田多仲は「西木津徳浄寺入内陣之一条、強情申立候」[87]と評しているが、これは同身分集団での突出した地位確保のため、妥協しない交渉を繰り返した結果であった。これは身分別に支配を受けた近世において、所属する身分集団間での上昇がまず重要であったことを示していると言えよう。

そのためには可視的な身分標識を手に入れることが必要であった。宗教的儀式において集団（村）を代表する住持の衣体や着座位置は実効的な集団（村）の身分を顕現するものであった。だからこそ、渡辺村門徒は渡辺村独自の住持の衣体が「類村」（同身分集団間）によって追随されると、さらに身分が明確となる別格の着座位置を望んだのである。このような上昇志向は一般寺院の身分集団に抵触することとなり、「於御本寺余間以下江差支、迚も御免難相成」(88)という西本願寺の姿勢が示されたのである。まさに、渡辺村門徒こそが感得しうる身分の境界面において、身分の摩擦が生起し、身分間差が明確化されようとしているのだった。しかしながら、こうした状況を渡辺村門徒は「只今ニ而者上納金取集義も夫故兼々六ケ敷」(89)といった経済力を前面に押し出す方向で粘り強く交渉していく。「忠誠尽し候義水之泡」という強い交渉態度は西本願寺への経済的・実質的な「御用」から生まれた言葉と考えられ、可視的身分間差は交渉次第で縮小されうるものでもあった。「元来彼之ものとも人我強盛ニ而是迄迚も毎々左様之義申立」(90)という西本願寺の認識は、西本願寺と渡辺村門徒の対抗関係とその微妙なバランスによって生まれたのである。

被差別寺院門徒の宗教上における上昇志向は、渡辺村門徒という特質上においてこそ、被差別寺院の頂点に位置したいという明確な目標を有していたのであり、渡辺村門徒という特質上においてもなお、被差別寺院門徒の国家的政治的な身分を宗教上において越えようという上昇志向があったのである。

最後に、導き出される課題を二点述べておきたい。

第一に、寺法上の身分上昇と国法上の身分上昇の関連性とその意義を検討することである。安政六年三月の徳浄寺物門徒中から津村御坊への歎願書には「御公儀様御取扱之義、具ニ不奉申上候得とも、外類村而者格別ニ為被成下候段、御憐愍之程難有仕合ニ奉存候、増而御慈悲之御本山様ニ御座候故、門徒共取縋奉歎願候」(91)との記事がある。

徳浄寺門徒は公儀の取扱いを例として、本山西本願寺での地位向上を願っているのであるが、渡辺村の政治的身分編成の具体像とともに、西本願寺での地位上昇とを関連付けて考察していく必要がある。これらは身分規定が社会的であるか政治的であるかという議論に関連していくと考えられる(92)。

第二に、本稿で扱った史料では門徒の法主への接近という点からは検討できていない。これまで、多くの被差別寺院史料から、西本願寺法主への人神的信仰の状況が明らかであるが、この点をさらに考察する必要がある。宗教的な身分上昇を宗教による社会的身分の克服という視点から検討することで、近世被差別民衆が宗教に求めたものが何であるかが明らかになってこよう。

註

(1) 原田伴彦・野田只夫「近世都市と身分制度―特に城下町の被差別部落を中心として―」(『歴史学研究』一八九号、青木書店、一九五五年)。史料紹介としては、盛田嘉徳『摂津役人村文書』(大阪市同和問題研究室、一九五六・五七年)がある。後に、一九七〇年に大阪市浪速同和教育推進協議会によって再編集がなされ、『日本庶民生活史料集成』一四巻(三一書房、一九七六年)に所収されている。

(2) 立命館大学の旧日本史研究室所蔵「木津村文書」、大阪人権博物館所蔵「木津村文書」、大阪市史編纂所所蔵「木津村文書」がある。大阪の部落史委員会編『大阪の部落史』第一・二・三巻(解放出版社、二〇〇五・〇六・〇七年)、「浪速部落の歴史」編纂委員会編『史料集浪速部落の歴史』(「浪速部落の歴史」編纂委員会、二〇〇五年〈以下、『史料集』と表記する〉)に翻刻されている。詳細は中尾健次「木津村文書解題」(『史料集』八四四~八四五頁)、のびしょうじ『被差別民たちの大阪』(解放出版社、二〇〇七年)五九~六〇頁に詳しい。

(3) 例えば、太鼓屋又兵衛家の相続に関する訴訟関係の史料である「柏原村枝郷岩崎方茂市郎家文書」(神戸市立博物館所蔵）、渡辺村真宗寺院と大坂津村御坊、西本願寺との三者の書簡留を中心とした史料群である、所謂「諸国記」（西本願寺文書）が翻刻・公刊されている（『史料集』一二三～一五四頁、三二七～八〇二頁）。こうした新史料発掘の動向は、のび註(2)前掲書、六〇～六一頁に詳しい。

(4)　部落解放研究所編『部落解放研究』第一一八号（解放出版社、一九九七年）において、「木津村文書」の史料紹介と諸論考が特集として掲載された。史料紹介として、堀田暁生氏は大阪市編纂所蔵の「木津村文書」、吉村智博氏は大阪人権博物館所蔵の「木津村文書」について解説を行っている。論考としては、脇田修氏は村支配と水利などについて論究し、寺木伸明氏は摂津役人村の木津村への移転の時期と移転先の状況について明らかにし、中尾健次氏は渡辺村の「木津村への進出」について論じている。のびしょうじ氏は渡辺村の空間構成を論じ、渡辺村の村域や皮干場と細工所について明らかにしている。また、同年には「浪速部落の歴史」編纂委員会によって、『渡辺・西浜・浪速—浪速部落の歴史—』（解放出版社、一九九七年）が刊行され、渡辺村の由来から近代にかけての通史が明らかにされた。二〇〇二年には同編纂委員会によって、『太鼓・皮革の町—浪速部落の三百年—』（解放出版社、二〇〇二年）が刊行され、一〇編の個別論文が収められた。本稿に関するものとして、「摂津国西成郡下難波村時代の渡辺村と木津村への移転」を論じた寺木伸明氏の論考、「古地図から見た渡辺村の変遷」を論じた中尾健次氏の論考、「渡辺村と葬送・墓地」について論じた村上紀夫氏の論考、「『渡辺村真宗史』に向けての覚書」を論じた左右田昌幸氏の論考、「太鼓屋又兵衛伝・説」について論じたのびしょうじ氏の論考がある。その他、塚田孝①『近世の都市社会史—大坂を中心に—』（青木書店、一九九六年）一一九～一五八頁、同②『近世大坂の都市社会』（吉川弘文館、二〇〇六年）二五八～三三二頁、のびしょうじ「大坂渡辺村の空間構成　下」（『部落解放研究』第一二四号、部落解放・人権研究所、一九九八年）、寺木伸明『近世身分と被差別民の諸相』（解放出版社、二〇〇〇年）一〇九～一二八頁、村上紀夫「渡辺村の構造について—絵図と被差別民（歴史展示における「異文化」表象の基礎的研究）—」（『国立歴史民俗博物館研究報告』一四〇、国立歴史民俗博物館、二〇〇八年）など、多くの蓄積がある。

（5）塚田註（4）①・②前掲書。
（6）空間構成分析については、のびしょうじ①「大坂渡辺村の空間構成　上」（『部落解放研究』第一一八号、部落解放・人権研究所、一九九七年）、のび註（4）前掲論文に詳しい。皮革業の歴史的展開については、のびしょうじ②『皮革の歴史と民俗』（解放出版社、二〇〇九年）にて論じている。
（7）左右田昌幸①「部落寺院と真宗教団」（「大阪の部落史」編纂委員会編『新修大阪の部落史』上、解放出版社、一九九五年）、同②「『渡辺村真宗史』に向けての覚書」（「浪速部落の歴史」編纂委員会編『太鼓・皮革の町―浪速部落の三百年―』解放出版社、二〇〇二年）に詳しい。また、本願寺史料研究所編『増補改訂本願寺史』第二巻（浄土真宗本願寺派、二〇一五年）にも同様の内容が示されている。
（8）左右田昌幸「〈史料紹介〉大坂津村御坊出張所について」（『国史学研究』第二〇号、龍谷大学国史学研究会、一九九四年）、「諸国記」については、『史料集』三一七～八〇二頁に史料翻刻がされている。
（9）左右田註（8）前掲論文、一〇七頁。
（10）杉本昭典「史料紹介穢寺帳」（仲尾俊博先生古稀記念会編『仏教と社会』永田文昌堂、一九九〇年）八四一～八四二頁。「穢寺帳」は被差別寺院のみを集録した末寺帳のことである。「穢寺帳」については、左右田昌幸「『穢寺帳』ノート」（『教学研究所紀要』第五号、浄土真宗教学研究所、一九九七年）に詳しい。
（11）物道場とは門徒の総意によって創立した道場をいう。門徒から委任されて道場を管理する僧を看坊という。この看坊による道場の私有化を認められた場合は自庵（道場）という。
（12）深谷克己「士農工商と近世身分制」（大橋幸泰・深谷克己編『〈江戸〉の人と身分（身分論をひろげる）』六、吉川弘文館、二〇一一年）一九頁。
（13）同右、一二頁。
（14）塚田註（4）①・②前掲書。

(15)「諸国記」の史料引用にあたっては、『史料集』の記載に従って、留役所筆録分は「留役所」と明記し、長御殿筆録分については明記しない。

(16)「四ケ之本寺」とは、金福寺、万宣寺、教徳寺、福専寺のことである。末寺がすべて被差別寺院であるという特質をもっていた。『諸事心得之記』(千葉乗隆編『真宗史料集成』第九巻、同朋舎メディアプラン、二〇〇三年)二九三～二九四頁。なお、本史料集の引用にあたっては、今後『集成』と表記し巻号を付す。

(17)吉田伸之『伝統都市・江戸』(東京大学出版会、二〇一二年)六〇～六一頁。なお、吉田氏は塚田註(4)前掲書の研究成果に拠りながら整理したものである。

(18)塚田註(4)②前掲書、二九一～二九九頁。

(19)盛田嘉徳氏は近世初頭には六町に各町二人の計一二人の年寄が存在したとしている(盛田嘉徳編『摂津役人村文書』大阪市浪速同和教育推進協議会、一九七〇年、一一～一二頁)。塚田氏はこの説には確実な論拠がないことから否定し、近世初期には二人制であったと論じている(塚田註(4)②前掲書、二九三頁)。本稿ではあえてこの論点には立ち入らない。

(20)検討にあたっては塚田氏が「渡辺村年寄」として検討された享保三年(一七一八)～元治二年(一八六五)のうち、本稿内容との関連性から享保二〇年(一七三五)～安政五年(一八五八)を対象とした。門徒惣代名は西本願寺所蔵の「諸国記」における渡辺村に関わる史料から「門徒惣代」「門徒肝煎」「門徒」と肩書きのある人物名を抜粋している。抜粋部分の史料記事は本山への願書がほとんどであり、こうした願書は門徒惣代を通して行われたことから「門徒」という肩書の記事も門徒惣代として理解してよいと考えられる。なお、「諸国記」の検討にあたっては『史料集』を使用した。史料記事は「諸国江遣書状之留」「大坂諸記」「御改革以来大坂諸記」「摂津諸記」から引用したものであるが、関連する「諸国記」は多岐に及ぶ。詳細は同史料集の解題を参照頂きたい。

(21)塚田註(4)②前掲書、二八九～二九一頁。

(22)『史料集』三四四頁。
(23)同右、三九四～三九五頁。
(24)同右、四九七頁。
(25)同右、六四五～六四六頁。
(26)記事内容から在坂の役人と考えられる。大坂津村御坊役人、あるいは、堺別院役人と推察できる。
(27)この上納金は大和屋又兵衛と播磨屋五兵衛との確執によって、上納されるに至っていない(『史料集』六四六頁)。
(28)左右田註(7)②前掲論文、六五～六六頁。
(29)杉本前掲論文、八四二頁。
(30)同右、八四一頁。
(31)『史料集』三三三頁。左右田註(7)①前掲論文、三四一頁に示されている。
(32)『史料集』四一八頁。
(33)本照寺と万宣寺の関係については、日野照正『摂津国真宗開展史』(同朋舎、一九八六年)一八六～二一六頁に詳しい。
(34)森岡清美『真宗教団と「家」制度』(創文社、一九六二年)三三三～三三四頁。
(35)日本最大の皮革集散地であり、ネットワークの中心的役割を果たしたことについては、のび註(6)②前掲書、第一部三章にて詳しい。
(36)「摂津諸記」嘉永二年(一八四九)一〇月一〇日条に「富田本照寺様ゟ依御願出役被仰付候、御請申上出役仕候ニ付、御葬式御手当も不都合被為在候御様子承知仕候」との記事がある(『史料集』五三八頁)。
(37)天明二年(一七八二)、幕府によって備前・備中・美作の真言宗寺院を真宗寺院に強制改宗させた事件。本一件をめぐり、「かわた」村への真宗受容が政治的か主体的かという評価に分かれている。先行研究として、安達五男『被

差別部落の史的研究』（明石書店、一九八〇年）二六三〜三〇〇頁、柴田一「徳川幕府の部落改宗政策と部落民衆の拒否闘争」（後藤陽一編『近世中国被差別部落史研究』明石書店、一九八六年）、小椋孝士「美作改宗一件　上・下」（『部落解放研究』一三七・一三八号、部落解放・人権研究所、二〇〇〇・〇一年）などがある。

(38)「大坂堺書状留」天明三年（一七八三）正月元日条に「穢寺七ケ寺一件、旧蝋廿八日浄土真宗江改宗、東西ハ帰依次第之旨被仰渡候由、富田表ゟ注進有之候、右之内永宝寺帰依証文別紙写之通ニ候得共、残ル六ケ寺ハ富田下ニ相成候事好申間敷哉」との記事がある（『史料集』三三五頁）。

(39)「大坂堺諸記」天明三年（一七八三）正月元日条（『史料集』三三五頁）。

(40)『史料集』三四九頁。

(41) 安達五男『被差別部落の史的研究』（明石書店、一九八〇年）二九一〜二九六頁。

(42) 同右、二九四頁。

(43) 日野照正編『摂津国諸記一』（同朋舎出版、一九八五年）四四頁。

(44) 小椋前掲論文、六九〜七〇頁。また、安達氏も海順の越訴が本照寺の積極的指導があったこと、明和六年（一七六九）海順は本照寺末寺を願い出ていることから、本照寺の教線拡大が意図されていたことを指摘している。

(45)「大坂諸記」文化八年（一八一一）二月二十九日条に「備中国下道郡辻田村大円坊儀、以前無住之節徳浄寺弟子僧了恵と申者、後住御願申上御聞済之上、後住仕罷在候処、昨年三月右了恵儀病死仕当時無住、殊ニ御本尊等も無之故、先年了恵住職ニ上京之節、御願申上候得共新門徒之儀故、御礼銀等も不調ニ付其儘ニ相成、未御本尊等も無之由、依之住職御願相兼、此度大円坊門徒之内善次郎・徳兵衛・芳右衛門と申者上坂仕候旨ニ而、願書両通指出候ニ付、今便御用番江向差登申候、則右三人ニ徳浄寺付添今夜船ニ上京仕り」との記事がある（『史料集』三七九〜三八〇頁）。

(46) 留役所「山城諸記」嘉永元年（一八四八）一二月一七日条に「御境内万宣寺得《（徳）》順儀、従来身持不宜借財向多端有之、仏具・畳・建具等売払廃寺同様ニ相成候得共、兼々下寺門徒等之異見をも不相用由ニ而、下寺門徒等一向不相構ニ付、

日々暮し方差支必至難渋ニ候」とある（『史料集』五三一頁）。

(47)　嘉永三年（一八五〇）三月二二日条に「去ル申年九月以来より万宣寺徳順儀、心違之儀有之趣達御上聞ニ為御異見之入牢被仰付□□□御憐愍之御利解被仰聞候」との記事がある（『史料集』五四〇頁）。

(48)　『史料集』五三〇頁。

(49)　留役所「山城諸記」嘉永元年（一八四八）一二月一七日条に「去九月中得順御構内ニ差留申付置候処、同寺下当国北小路付教宣寺・摂州正願寺・最光寺より、得順已後底意相改候様異見を加へ、寺内立行方万端世話仕度候間、差留御赦免宿下ケ被仰付被下度段願出候ニ付、任其意本人一応取糺宿下ケ、右三ケ寺へ身分相預ケ、篤ニ異見を加へ、寺内取締仕方相立、其段可届出候段申付置候」との記事がある（『史料集』五三一頁）。

(50)　同右条（『史料集』五三一頁）。

(51)　同右条（『史料集』五三一～五三二頁）。

(52)　同右条に「已後急度改心可仕旨之底意書ニ血判迄相居差出候条、同人住職之儘為修学、両三年之間親類大坂徳浄寺江相預ケ、右相預ケ中門徒寺役法用宗判幷寺内取締、借財済方等下寺中へ相任候」の記事がある（『史料集』五三二頁）。

(53)　同右条（『史料集』五三二頁）。

(54)　同右。

(55)　同右。

(56)　同右条（『史料集』五三一～五三三頁）。

(57)　留役所「山城諸記」嘉永三年（一八五〇）三月二二日条（『史料集』五四〇頁）。

(58)　同右条（『史料集』五四一頁）。

(59)　同右。

(60)「徳順義蟄居被仰付候、同人義者不埒之筋故再住不相叶候間、此上者後住を見立願上可申抔返答仕候間、右七十両之金子も相返し不申候、依之摂州播州下寺之者共驚惑仕候上、追々人気も荒立申、徳浄寺私欲ニ申立候」との記事がある（『史料集』五五〇頁）。

(61)『史料集』五五一頁。

(62)播州妙覚寺・宗宣寺、摂州正恩寺・正善寺より徳浄寺へ「何方之僧ニ御治定被下候共、一言之申分無御座候」との書簡が送られている（留役所「山城諸記」嘉永四年〈一八五一〉正月二八日条〈『史料集』五五六頁〉）、また「御境内万宣寺後住之義、拙寺弟子正焉と申者、如法ニ法義相続仕候者故、右之者へ後住之義奉願上候、右ニ付而者地門徒一同承知仕」（同右条〈『史料集』五五七頁〉）とあり、徳浄寺と地門徒との間で和談が成立している。

(63)同右条に「拙寺弟子ニ而御座候備後国御調郡後地村之産正焉と申」との記事がある（『史料集』五五五〜五五六頁）。

(64)「大坂堺諸記」寛政八年（一七九六）一一月二四日条（『史料集』三四七〜三四八頁）、文政一〇年（一八二七）三月二二日条（『史料集』三九八頁）に、西本願寺から大坂津村御坊への指示文書が存在する。

(65)留役所「大坂諸記」安政四年（一八五七）四月一四日条（『史料集』六二八〜六二九頁）。

(66)「大坂堺諸記」寛政一二年（一八〇〇）八月二二日条に「被対其御坊へ一代浅黄地唐草緞子五条袈裟自坊限り被成御免候間難有奉存、弥御本山幷其御坊江御馳走申上、尤非常之節ハ早速馳付厚ク令出情候様可被申渡候、則免状差出候間可被相達候」との記事がある（『史料集』三五二〜三五三頁）。

(67)「故実公儀書上」（『集成』第九巻、七三二〜七三五頁）による。

(68)『史料集』四一〇〜四一一頁。

(69)左右田註(7)②前掲論文、六七〜六八頁。

(70)留役所「大坂諸記」安政五年（一八五八）三月二七日条（『史料集』六五九頁）。

(71)左右田昌幸氏は食肉業との関係性を指摘している（左右田註(7)②前掲論文、六九頁）。

(72) 留役所「大坂諸記」安政五年（一八五八）六月条（『史料集』六六四頁）。
(73) 本願寺史料研究所編『本願寺史』第二巻（浄土真宗本願寺派宗務所、一九六八年）二三七頁。
(74) 留役所「大坂諸記」安政五年（一八五八）一〇月二九日条に「入内与申儀ハ御許容難相成候間、願望之趣意相替へ仏間着座御見通し与申名目ニ而願出可申旨、常満寺を以被仰聞候」とある（『史料集』六六八～六六九頁）。
(75) 同右条（『史料集』六六九頁）。
(76) 同右。
(77) 留役所「大坂諸記」安政五年（一八五八）一一月五日条（『史料集』六七一頁）。
(78) 留役所「大坂諸記」安政五年（一八五八）一〇月二九日条（『史料集』六六九頁）。
(79) 同右。
(80) 同右。
(81) 留役所「大坂諸記」安政五年（一八五八）一一月二〇日条（『史料集』六七三頁）。
(82) 同右。
(83) 留役所「大坂諸記」安政六年（一八五九）三月一四日条（『史料集』六七五～六七六頁）。
(84) 塚田氏によると、明治一二年（一八七九）に西成郡に編入される際の反対の歎願にも天満組に属していたことを強調する内容を述べている。商業を中心とした職分であったことを主張する意図があってのものであろう（塚田註（4）②前掲書、二八三頁）。
(85) 「諸願示談簿」天保一三年（一八四二）一二月二二日条に「先達而一代唐艸綴子五条袈裟奉願上度旨願出候へ共、同国役人村惣道場徳浄寺・正宣寺両寺へ差支之儀も可有之哉と存候ニ付、津村御坊御留守居江其趣相尋候処、差支之儀無之趣申出、猶其後右両寺格別之御取扱も有之候事故、弥差支之次第無之候ニ付、則先例取調之処、別帋之通ニ御座候」との記事がある（『史料集』四六一頁）。

(86) 留役所「摂津諸記」天保一三年(一八四二)一〇月四日条に「此度信明院様御影金襴表具御免被成下度旨、別紙之通及出願候ニ付、類例傍例等取調候処、勢州大黒他村善覚寺・大坂西木津徳浄寺等在之」との記事がある(『史料集』四六六頁)。

(87) 留役所「大坂諸記」安政五年(一八五八)一〇月二九日条(『史料集』六六八頁)。

(88) 註(77)に同じ。

(89) 註(70)に同じ。

(90) 註(65)に同じ。

(91) 註(83)に同じ。

(92) 近世国家による国役賦課を重視する見解(高木昭作『日本近世国家史の研究』岩波書店、一九九〇年)と共同体が身分決定機能を持ったとする見解(朝尾直弘「近世の身分制と賤民」〈『部落問題研究』六八、一九八一年〉、のちに、同『朝尾直弘著作集』第七巻〈岩波書店、二〇〇四年〉に所収)をめぐって論議がなされて久しい。塚田氏はこの両者を止揚する視座を提起している(塚田孝『近世身分制と周縁社会』東京大学出版会、一九九七年)三〜四五頁。

第二章　「色衣御免」と身分上昇志向

はじめに

本章は前章で検討した渡辺村門徒の上昇志向をさらに具体的に考察するために、「色衣御免」の動向を事例として検討する。前章で述べたように、渡辺村真宗寺院の先行研究としては、左右田昌幸氏による渡辺村徳浄寺・正宣寺と西本願寺との関係についての論考がある。氏は大坂における真宗寺院の基礎的考察を行い、渡辺村真宗寺院と西本願寺との関係、渡辺村阿弥陀寺の創立について明らかにした。(1)「色衣御免」については摂津国被差別寺院の信仰の高揚という視点から明らかにしている。本稿においても、氏の論理展開をさらに実証的に発展させ、上昇志向という視角と天皇・朝廷権威との関連から論じていく。

研究方法としては、渡辺村真宗史の基礎史料となる渡辺村真宗寺院と西本願寺、大坂津村御坊との三者の往復書簡を留めた、所謂「諸国記」（西本願寺所蔵文書）を精査・考察する。(2)まず、「色衣御免」をめぐる渡辺村と西本願寺とのやり取りを通して、「色目」が重要交渉事項となっている点を捉える。そして、本願寺教団に国家的序列として具体化された法衣や色衣の体系が、近世において宗教上の身分序列化として浸透していたことを明らかにする。

また、渡辺村門徒が求めたものが宗教上の身分上昇であり、西本願寺が求めたものが渡辺村財力であったことによる微妙なバランス関係をも浮き彫りにしたい。次に、渡辺村門徒が「色衣御免」を摂家である九条家に内願を行った事実と経緯を検討し、天皇・朝廷権威との関係性を明らかにする。身分を表象する衣体や様々な道具に身分上昇のシンボルを求めようとした様相から、それらが天皇・朝廷権威に関連付けられるものであることを指摘したい。最後に、被差別寺院における上昇志向がどのように拡大していったのかを明らかにする。渡辺村両寺院を核として拡がりをみせている状況、より荘厳化された宗教的象徴物・より高次な身分的表象物の下付が、次住持へと時間的に拡大し、また、他の被差別寺院へと地理的にも拡大していく様相を明示する。

一　「色衣御免」をめぐる渡辺村と西本願寺

永禄二年（一五五九）顕如の門跡勅許以降、本願寺は天台宗を模範とし、法衣式の変更を繰り返す。大方の西本願寺法衣式が定まるのは、寛政六年（一七九四）における法衣の制である。(3)本法衣式を「故実公儀書上」から以下の**表一**にまとめる。こうした法衣式の中、寛政一二年（一八〇〇）八月、渡辺村徳浄寺は一代限りの浅黄唐草緞子五条袈裟を自坊限りで許可される。(4)**表一**によると、「浅黄唐草緞子五条袈裟」に相当する法衣は見当たらないが、飛檐「紋ハ白唐草花色緞子」に相当するものかどうかの検討は必要である。さて、前章で検討した内容のうち、本章に関連する部分を以下に要約してみる。

渡辺村への一代・自坊限りの浅黄唐草緞子五条袈裟着用許可は、徳浄寺・正宣寺の上昇志向が具現化されたものであるが、後年に他の被差別寺院が同様の五条袈裟を下付されたことによって、渡辺村徳浄寺と正宣寺は西本願寺

表一　寛政六年（一七九四）法衣規定一覧

	筋目院家	准院家	内陣	余間	廿四輩三之間	飛檐	初中後	国絹袈裟	平僧
七条	金襴（寸法凡横幅金尺六尺八寸竪三尺八寸）	金襴	金襴	金襴	金襴	金襴	金襴	相願候得者何れニても着用	（記載なし）
法服	黒緞子	黒緞子	黒緞子	黒緞子	黒緞子	黒緞子	黒緞子	相願候得者何れニても着用	（記載なし）
鈍色	白絹	白絹	白絹	白絹	白絹	白絹	白絹	相願候得者何れニても着用	（記載なし）
素絹	白	白	黒茶苧	（記載なし）	白	白	白	白	白
裳附	（記載なし）	（記載なし）	（記載なし）	黒絹	黒布	黒布	黒布	（記載なし）	（記載なし）
五条袈裟	茶地（寸法凡横巾金四尺九寸竪壱尺九寸）	茶地	萌黄地	藍海松茶	紋黄紺地	紋ハ白唐草花色緞子	白綾	袈裟黒綟子（威儀紐浅黄弥り絹寸法凡法巾四尺一寸竪威儀袈裟黒綟威儀壱尺一寸）	黒袈裟綟子
指貫	紫平絹	紫平絹	花色絖	浅帯絹	（記載なし）	（記載なし）	（記載なし）	（記載なし）	（記載なし）
衣	白黒とも離紋紋紗 紋縮緬	白黒トモ紋紗 無紋地縮緬	紋紗	黒紋紗	黒絽	黒紋綟子	黒紋綟子	黒布 黒綟子衣、但相願候得者御免	黒布 黒綟子衣、但相願候得者御免
輪袈裟	金入	金入	金入	金入	金入	無金地	無金地	無金地（但相願候得者御免）	（記載なし）
備考	但シ五条袈裟、紫地紋白御免モ有之。尤勤番相勤候得者、素絹衣共花色水色幷五条袈裟紫地御免	但年数相重リ候得者五条袈裟紫地御免	（記載なし）	（記載なし）	（記載なし）	（記載なし）	（記載なし）	青袈裟水浅黄称リ絹・国緞子袈裟・本寺緞子袈裟、但相願候得者御免	（記載なし）

（出典）「故実公儀書上」（千葉乗隆編『真宗史料集成』第九巻、同朋舎メディアプラン、二〇〇三年）。

に対して別格の扱いを求める。「御改革以来大坂諸記」天保八年（一八三七）一二月条には「摂津国西木津徳浄寺・正宣寺義者、外類村類寺共違格別御取持申上来候訳合を以、従来一代浅黄唐草緞子五条袈裟御免被成遣候処、近来外類村類寺ニおゐても同様御免相成候向も有之、右ニ而者旧来之規模も相失候ニ付、外類村類寺与其差別相立候様歎之趣承置候」との記事があり、(5) さらなる他の被差別寺院との差別化を求めはじめる。その差別化の要求のひとつが「色衣御免」であった。

しかしながら、「御改革以来大坂諸記」天保九年（一八三八）一一月七日条には「西木津村両寺色衣御免之義、如何様相願候共御免難相成」(6)、「大坂諸記」天保一〇年（一八三九）正月二三日条には「西木津両寺色衣御免之儀ハ、如何躰相願候共御免可相成筋ニ無之候」(7) とあり、色衣許可は容易に下りなかった。

渡辺村両寺院の色衣要求から二年を経た天保一〇年一二月、西本願寺使僧円照寺と渡辺村両寺院との間で内談が行われた。史料を前・後半に分けて記す。(8)

十二月九日　　　　　大坂西木津穢村両寺

去寛政三年金子莫太致献上候ニ付、唐草緞子袈裟御免ニ相成候処、其後外々江も聊冥加ニ而御免ニ相成規模も相失候、且亦御先代ニハ夫々御褒美も有之候へ共、当御代ニ相成上納者万金ニも相及ひ候程ニ相成候へ共、一も御取扱無之、尚又御及聞上納之砌、大坂肝煎大和屋庄兵衛ゟ自分一己ニ而御額字ニ而も被下候哉之旨申聞候処、夫等も其後一向御取計無之候、大ニ不快相抱有之、其後色々右等之義申出上方辺迄も申入有之候処、其儘ニ致し置候処、今般御充実ニ付而、右之趣意上納之義一向御取持不申上者、御坊所非常等御手当之御用も不相勤候而、先達ゟ高山半左衛門ゟ其段申出有之

然処此度和州円照寺御使序之節手元江段々申出、右之趣意ニ候ハヽ、御額字ニ而も被下候哉之旨、先達少進出役

之節も申聞候得共、何分色衣ニ而者無之候ハ而者承知不致候由、右之義ハ不容易之義ニ候得共、前文之次第、且者右御免ニ相成候時ハ御充実ニ付、千二千（ママ）八百両も上納ニ相成候様致し候次第ニも可相成趣、円照寺ゟ申出候旨ニ而、光伝寺ゟ達々申出候ニ付、此度御充実之義ハ永久御本山御相続之一挙ニ相拘候事、非常之次第故、示談之上相伴両寺丈色布裳附御免之御内定ニ相成、其段光伝寺江申達、円照寺江申聞、先御免之義ハ不申聞、其辺相含及引合候様申達、尤今夕円照寺下坂之趣也、依而高山半左衛門江も其旨申出

史料前半においては、渡辺村門徒は寛政三年（一七九一）に莫大な上納金を納め、浅黄唐草緞子五条袈裟が下付されたこと、その後、同衣体が他の被差別寺院へ許可され面目が潰れた状態であること、加えて、「当御代」である広如期には多くの懇志を上納しているにもかかわらず、格別の「御取計」がないことを訴えている。さらに、正宣寺門徒惣代大和屋庄兵衛が申請した「御額字」についても下付がないことを述べ、西本願寺の対応に不信感を持っていることが理解できる。そうした不信感は渡辺村の「御坊所非常等之御用も不相勤候」という態度に表れる。事実、大坂津村御坊の高山半左衛門は、今回の一件について渡辺村の「気辺」を損ねて、「当年頭・中元とも御挑灯御馳走不仕、御太鼓先達而相破候ニ付、張替之儀申達置候処今以相果不申」という状況であったことを記している[9]。本山に対する渡辺村の馳走物であった「年頭中元御境内台挑灯」や「御太鼓」の張替が滞っている状況であった。

史料後半においては、渡辺村両寺院は「何分色衣ニ而者無之候ハ而者（ママ）承知不致候」という姿勢に変わりないものの、「御充実」の時期でもあるので、一二〇〇〇両を超える額を上納すべき旨が円照寺によって示されている。この文言「御充実」をどのように理解するかであるが、西本願寺は当時六〇万両という借財を支払うべく、石田敬起による天保改革の最中であった[10]。石田敬起による改革は天保六年（一八三五）に満了となるが、天保七年（一八三六）以降三年間、全国的凶作が続き大飢饉となる。西本願寺財政は依然として危機的状況にあった。「御充実」とはま

さにこの時期の財政状況への対応を示した言葉であり、だからこそ「非常之次第故、示談之上相伴両寺丈色布裳附御免之御内定ニ相成」との内談があったのだ。ここには、西本願寺の財政状況が非常に緊迫した状況であることから、渡辺村両寺院に特別に色衣を許可し、上納金を納めさせる意図が読み取れよう。「其段光伝寺江申達、円照寺江申聞、先御免之義ハ不申聞、其辺相含及引合候様申達」という意味深な文言には、西本願寺の財政状況と渡辺村の経済力、換言するならば、「色衣御免」についての寺内規定と渡辺村門徒の上昇志向との着地点が見出されるのである。

　このようにして、天保一一年（一八四〇）二月には徳浄寺と正宣寺に居村限りではあるが、一代色裳附の着用が許可される。その状況を西本願寺と大坂津村御坊・渡辺村両寺院との往復書簡から考察してみよう。

　二月五日、大坂津村御坊の高山半左衛門より西本願寺の嶋田左兵衛宛の書簡には「御免之儀此御法座中ニ御取計ニ相成候様仕度、寺田稲作差登候間、委曲同人御聞取被成下、宜御取計可被成下候」[11]とあり、昨年一二月に使僧円照寺との内談によって多額の上納金と引き換えに「色衣御免」の内談が成立したことが、取次役である寺田稲作[12]によって、西本願寺に伝えられた。

　八日、寺田稲作が西本願寺に出向く。寺田稲作は高山半左衛門から嶋田左兵衛への書状、および、高山半左衛門から天保改革の中心人物である石田敬起への書状を渡す。そして、渡辺村両寺院に上山するよう指示した返書を受け取る[13]。石田敬起への書状が存在すること自体、本件が西本願寺財政に深く関わる一件であったことが窺えよう。

　西本願寺は寺田稲作に「上納之義御改革ニ付上納之通二千金ゟ減し不申様情々心配可有之旨、稲作江申含差下し候」[14]として、二〇〇〇両という多額の上納金を要求する。そして、同日付の西本願寺下間少進から高山半左衛門宛の書簡には「御改革以来も格別出情懇志令上納候ニ付、其身一代居村限色布裳附着用御免ニ可相成候間、其段可被相心得候、尤右御免之儀ハ本人上京之上及達候事故、右御内意之趣被申聞、早々上京有之様取計可有之候、且色目之儀者御取調之上御治定可相成候」[15]とあり、正式には両寺院が西本願寺に上山した後ではあるが、居村限りの一代色布裳附が「御免」になる。その「色目」については後日に申し渡すとのことであった。

九日、寺田稲作は下坂し[16]、徳浄寺と正宣寺に「色衣御免」の旨を伝える。一四日夜には徳浄寺看坊覚了・正宣寺看坊恵由の各住持と門徒代表が上京の途につく[17]。一八日、いよいよ本山家司の富島頼母宅にて、両寺院へ「色衣御免」が仰せ渡された[18]。その際、両寺院は京都逗留中の「色目」の沙汰を願うが実現していない[19]。二一日、渡辺村両寺院は大坂津村御坊に一〇〇〇両を上納する[20]。予定されていた二〇〇〇両とは異なる金額であった。以降、上納金の不足と「色目」をめぐり、西本願寺と渡辺村で混乱が起きる原因となる。

以上から鑑みて、西本願寺が求めたものが渡辺村の財力であり、渡辺村門徒の求めたものが西本願寺内における身分上昇であったことから、お互いの宗教上の関係性は本山と末寺という上下関係、および、師資相承関係を越えて、特に、上納金の不足と「色目」をめぐって、微妙なバランス関係を創り出す。

「大坂諸記」天保一一年三月六日条、高山半左衛門から嶋田左兵衛宛の書簡には「其実者疑念差含罷在、且又此節当地□罷越居候所化共之中ニ前徳浄寺之伴僧致居候者有之、此者ゟ聞込候浮説共相信シ、旁以色目之御沙汰早々相願度旨申之（中略）兼而御承知之疑念強所ニ而、兎角会得仕兼、上納も右御達相済候迄ハ迚も差出不申間敷候間、何卒右色目之義早々御沙汰被成下度候」との記事がある[21]。渡辺村門徒は、「色目」の沙汰のないことから、西本願寺に疑念を有していた。一方、大坂津村御坊高山半左衛門も渡辺村に全幅の信頼を寄せておらず、上納金の完済のために、逸早い「色目」の沙汰を望んでいるのである。では、渡辺村門徒の疑念とは何か。それは単に「色目」の沙汰がないということではなく、元徳浄寺の伴僧から聞いた「浮説」によるものであった。「浮説」の内容とは

「色目者紺色之由、夫ニ而者畢竟黒も同様之事ニ而、実者御免と云名計ニ而候」[22]というもので、紺色の色衣許可がなされることに対しての不満であった。

三月一〇日、両寺院への色目が決定し、両寺院へ色衣が「御免」になる。「御改革以来大坂諸記」天保一一年三月一〇日条に次の記事がある。[23]

一、大坂西木津徳浄寺・正宣寺過日御免御達ニ相成申候、裳附色目之義差支候義等段々取調候上相伺、褐色《カチイロ》藍を濃く染し申也与相定、右ニ付其段大坂御留主居高山半左衛門江書状遣し、尤色本晒布ニ相染□紺ノ濃キ也、尚又光伝寺・小右衛門江申登候書状之返書ニ者、色目之義前以相知れ候次第、甚以不審之至、内れら承り僧（ママ）候哉、急度吟味有之様、尚又右ニ付彼是不足ケ間敷申候次第、甚以不埒之至、若彼是申候ハ、御免無之旨可申聞申遣候様、光伝寺江申達

渡辺村両寺院に藍を濃く染めた色とする「褐色《カチイロ》」が「御免」される。西本願寺は、この色目が渡辺村に前もって知られていたことを「不審」としていた。そして、「若彼是申候ハ、御免無之旨可申聞申遣候」として、渡辺村両寺院がこの裁定「褐色《カチイロ》」に異議を唱える場合は色衣の許可を与えないという強い姿勢に出ていることが分かる。上納金の不足と「色目」をめぐる混乱の収束に努めていた高山半左衛門は西本願寺嶋田左兵衛に安堵の書簡を送っているが、[24]事態はそれほど安泰ではなかった。渡辺村門徒は「褐色《カチイロ》」にどういう意味があるのかを西本願寺に問い合わせており、[25]上納金については五月二五日の時点で、「色裳附御免ニ付、内々冥加之義千両之処、未上納之義決着無之」という状況で、西本願寺側は二〇〇〇両を要求していることに対し、渡辺村は上納金を一〇〇〇両として処理しようとしていたのである。[26]本史料からも西本願寺と渡辺村の緊張関係ならびに対抗関係が窺えるだろう。

さて、渡辺村門徒が拘った「色目」に視点を移す。「褐色《カチイロ》」は「畢竟黒も同様之事」として、不満を呈している

「浮説」の内容こそ、古代官服に端を発する法衣や色衣の体系が天台宗を通して、本願寺教団に国家的序列として具体化され、近世における宗教上の身分序列化が浸透していたことを示すものである。詳細は、本章補論にて述べていくが、真宗法衣は宗祖親鸞に学び、墨衣・墨袈裟を宗風としていた(27)。こうした宗風は時代を追うごとに法主法衣を中心として変化する。永禄二年、顕如の門跡勅許を契機に、天皇・朝廷権威による公的な社会的地位の向上により、宗派全体としても法衣に徐々に変化がみられるようになる。まだ、西本願寺法衣式が未分化であった元和七年（一六二一）、院家衆であった明覚寺教従が「今日初黒衣改メ其上ニクチハノランケンノ袈裟ヲ着シ、出仕(28)」した。黒衣を改めて朽葉色の袈裟で出仕してきたのである。その際に、法主の准如は「香クチハ、僧正着用也、然ヲ明新何ツ僧正ニ成候ヤ(29)」と批判したという。その後、坊官の横田内膳を通じて「御堂ニテモ又ハ世間ニテモ最前ノ袈裟着用候(30)」との指示が一般化されていく。こうした身分の高い法衣への要求は院家衆であっても、被差別寺院であっても同様であった。顕如の門跡勅許以降、天台宗に倣いながら長い年月をかけて整序化された法衣式は上昇志向によって動揺しようとしていた。

次節では、さらに渡辺村門徒の法衣を通した上昇志向を明らかにし、国家的序列を総括するものとしての天皇・朝廷権威が大衆化していく様相を検討していこう。

二　九条家への内願と天皇・朝廷権威

前節にて明らかにしたように、天保一一年（一八四〇）、渡辺村両寺院は色衣「褐色《カチイロ》」を許可されるが、それ以前に摂家である九条家を通して色衣許可を願い出ていた。留役所「摂津諸記」弘化二年（一八四五）七月二三日条に「西木津両寺色衣願之義ニ付、昨年ゟ九条様御内谷脇玄蕃幷右両寺江引合手続書半帋帳一冊三郎右衛門ゟ差出」[31]とあり、色衣内願に九条家が関係していたことが理解できる。代表的な近世被差別民である「かわた」身分の者のみが集住する社会であった渡辺村と五摂家のひとつである九条家との間にどのような接点があったのだろうか。

天保一二年（一八四二）一一月九日、西本願寺下間少進より大坂津村御坊留主居進藤左源太に「西木津徳浄寺・正宣寺江昨年格別之次第を以褐色衣御免ニ相成候、然処其已然ゟ九条様江色衣内願筋申込、至于今種々申込候儀も有之趣相聞、甚以不束之事ニ候」[32]との書簡が送られる。一四日、この報を受けた進藤左源太は本山御用掛信楽寺とともに、徳浄寺と正宣寺を呼び出し、事実の確認をする。両寺院は「九条様江内願筋申上候儀者、決而無御座候」[33]との返事であった。さらに、信楽寺は村内にて詳しく調査を行う。すると、以下の信楽寺からの報告に見られるように、門徒の岸部屋伊右衛門が手次として浮かび上がった[34]。

（前略）

段々村内取調候処ニ、岸部屋与申者（岸部屋伊右衛門）昨年死去、娘壱人有之、同人相尋候処、両寺出願与書付候筈有之封付有之□□ニ右者何ぞ御本山ゟ御沙汰之義有之候ハヽ、手次江可差出申候、残之旨申ニ付可受取旨申候得共、不相渡面前ニ而為開候処、此間拝名仕候御書付之通之書付与外ニ今一通有之、元来門徒内ニ而も猥ニ寺之世話ハ不為致、同人義者勝手向も宜世話方之内江入有之処、先年両寺江別段之袈裟御免之処、当時外江御免ニ相成有之歎ケ敷趣、津村御留主居半左衛門江申候処、左様之義無之、若有之候ハヽ、其方ニ而取上ケ可申答ニ付、私共手元ゟ左様之取計ハ出来不申、御達書可入御覧、弥相違無之候ハヽ、色衣御免可取持与申候ニ付、右御達書持出段々申懸ニ而引合等有之由承居候、私共ニ而者望無反義ニ無相違、村内ニ而者右壱人之外ニ右辺之義致心配候者無之、既ニ近頃上方ゟ色々之事を以村内江入込候人有之、近ク九条様御内与申入込候人有之候処、□者ニ而

村内追払候由村内ニ而上方恐入居候次第、只無事様与申居候義ニ有之候、就而者色々勘考致し候処、アキ出ニ而嶋屋与申穢多有之、上方ニ居候処近年之穢多独々国江引取候趣ニ候処、当時上方ニ居候趣承り候、同人岸部屋与懇意之由、同人ニ而ハ有之間敷哉、外ニ心当りも無之趣申出候、尤ミスハ此頃古ク相成ニ付被下候趣、九条様ゟ御沙汰之義ハ有之趣申居候ニ付、其義者不及頓着旨申聞置候旨申出

本史料は信楽寺が渡辺村内にて聞き取りを行った内容が客観的に述べられており、村内の意識が反映されたものとなっている。第一に、岸部屋伊右衛門はすでに死去しており、その娘に問い合わせたところ、岸部屋伊右衛門宅に色衣許可に関わる西本願寺への願書ならびに書付と「外ニ今一通」が存在していたことが分かった。岸部屋伊右衛門が寺院世話方に入り込んでおり、本一件の鍵となる人物であることが記されている。第二に、寛政一二年（一八〇〇）に「両寺江別段之袈裟」である浅黄唐草緞子五条袈裟が許可されたが、他の被差別寺院へも許可されたことから、津村御坊留主居高山半左衛門に岸部屋伊右衛門が相談を持ちかけたところ「色衣御免可取持」として、色衣内願の動きが高山半左衛門と岸部屋伊右衛門によって行われたことが記されている。第三に、昨今は村内に京都より入り込んでいる者も少なくないとして、「九条様御内」と名乗る者も入り込んでいるとしている。特に京都の嶋屋という者が岸部屋伊右衛門と結託したことではないかと聞き取り調査をした内容を報告している。つまり、今回の九条家への内願一件は岸部屋伊右衛門が執り行ったものであり、渡辺村は関知していないという立場をとっている。

さて、本一件は弘化二年になっても解決に至っていない。留役所「摂津諸記」弘化二年三月条には本一件の調査役と推察できる山鹿三郎右衛門による詳しい報告がなされている[35]。その報告によって、九条家と渡辺村、および、西本願寺の三者の関係を考察してみよう。

弘化二年三月七日午刻、大坂南久太郎町の常満寺が役寺として、渡辺村に赴く(36)。常満寺が聞き取った内容は「右色衣之儀ハ最初先々御留主居高山主水殿（高山半左衛門）、岸部屋伊右衛門江被申聞候より事起り候」と要約できるもので、「色衣御免」内願の動機が報告されている。報告では、まず「類寺江者一代緞子袈裟類寺類村着用御免ニ相成、私共江ハ自坊限之御免如何之御間違ニ候哉と、村中一統御不足ニ奉存候」として、岸部屋伊右衛門が大坂津村御坊高山半左衛門に渡辺村の不当な状況を訴えていることから始まる。そして、岸部屋伊右衛門の訴えを受けた高山半左衛門は、西本願寺に上申する。高山半左衛門は「自然着用候者有之候ハヽ、見当り次第取上ケ持参可仕」との指示を受ける。勝手に緞子袈裟を着用した住持は衣体を取り上げ、処罰するというのである。高山半左衛門は他の被差別落寺院への「御免」に間違いがない場合は「両寺江色衣御免ニ相成候様取計可遣旨」と、渡辺村両寺院に色衣着用許可が下りるよう働きかけを行うことを岸部屋伊右衛門に約束した。そして、岸部屋伊右衛門は「和州摂州等の類寺ゟ夫々御免書借り受来り、御留主居（高山半左衛門）江見セ」、他の被差別寺院への「御免」が公式に許可されていることを伝えたのである。しかしながら、前章で述べたように容易に渡辺村両寺院の色衣着用許可は実現しなかった。

こうした経緯から、常満寺は岸部屋伊右衛門の村中への面目が潰れた格好になり、取次料の一〇〇両を自ら納めてまでも、九条家へ内願を行ったのではないかと推察している。常満寺は本一件を「根元ハ全其門徒共ゟ九条様江願込候ゟ事起り候」と結論付けている。

このように、九条家への内願は村内での認知はあったものの、岸部屋伊右衛門個人による働きかけであったとの評価を西本願寺は得ていた。近世身分社会の底辺に位置していた「かわた」村が村としてではなく、個人として摂家九条家と連絡を取ることがあり得るかどうかの真偽は本史料からのみでは判断しかねるが、常満寺の結論部分から考察すると、渡辺村の一個人から九条家への内願が起こりうるものとして、少なくとも当時の西本願寺役寺は認識していた。

同日（三月七日）酉刻、山鹿三郎右衛門の依頼を受け、寺役であり岸部屋伊右衛門の親類でもあった大和屋又兵衛と徳浄寺・正宣寺が津村御坊を訪れる。大和屋又兵衛は本一件の事情に精通していた(37)。大和屋又兵衛は「一条様御内藤田雄左衛門と申人者一向承知不仕候、九条様御家来辻九十九義ハ懸り二而承知仕居候」と具体的な人物名をあげて報告を行う。そして、「右一件最初ゟ掛り合居候九十九儀委く承知之事ニ候間、一条様藤田雄左衛門与申者江内談仕、九条様江出願為致候儀ニ多分相違有間敷哉ニ奉存候」と持論を展開する。本一件に九条家家臣の辻九十九が当初より関係しており、辻九十九と一条家家臣藤田雄左衛門が内談し、九条家に出願したと指摘している。渡辺村と辻九十九との関係性は「九条様御家来ハ先年翠簾拝領仕候廉を以、村方江折節被罷越人も有之」とあることから、すでにある程度の関係があったものと理解できる。なお、信楽寺から報告のあった嶋屋について大和屋又兵衛は「嶋屋義ハ先年京都引払、村方江参居候得共、是も其後親子とも死去仕、只今ニ而ハ跡も絶申候」と答えており、岸部屋伊右衛門と嶋屋の関係については言及していない。このように、山鹿三郎右衛門は、常満寺の報告と大和屋又兵衛の聞き取りにより、岸部屋伊右衛門と辻九十九、藤田雄左衛門という人物を介して、九条家への内願が行われた経緯について理解を深めた。

さて、本一件の解決を模索する山鹿三郎右衛門は岸部屋伊右衛門が所持していた二通の免状を本山に献上させることを行う。「御利解之通右免状弐通共御本山江献上可仕、元来右之品頂戴仕候ゟ事起候儀、是を以穏ニ事済ニ相成候ハヽ、於両寺も重畳難有奉存候」として、本山としても、渡辺村に混乱が生じないためにも必要な処置と考えていた。「九条様御家来より右免状御本山江差上候迚、彼是村方江申出候筋ニハ無之、自然申出候義有之候ハヽ、姓名承り早束御本山江申出可申」との原則を渡辺村両寺院ならびに大和屋又兵衛に徹底させ、達書を両寺院に遣わした。[38]

三月一一日、渡辺村から九条家への内願の経緯と状況を掴み、免状を本山に提出させた山鹿三郎右衛門は、いよいよ九条家を訪問し、家臣の谷脇玄蕃と面会する。山鹿三郎右衛門は事の次第を述べた。谷脇玄蕃は「存外之事ニ候」と述べており、驚きを隠せない。谷脇玄蕃は本件に何らかの「金子」が動き、[39]九条家家臣ばかりでなく一条家家臣である藤田雄左衛門が絡んでいることに事態悪化の可能性を孕んでいると考えていた。「仲人藤田雄□□□先方ニ不拘取調之儀出願之趣意ニハ困入候、尤品ニゟ□訴ニも可相成哉も難計由顔面ニ認有之候得共、右ハ元来願人表江発シ候者ニも無之、殊ニ仲人限之願ニ而公辺ニ而取上ケ不申、迚も其場江ハ至り間敷候得共、彼是取沙汰ニ御称号出申ニハ恐れ、右一件ニハ甚引合ニこまり入候」と、九条家としては訴訟にでもなり、九条家の名前が取沙汰されることが問題であったのである。これに対し、西本願寺側の山鹿三郎右衛門は、西本津両寺院自体が色衣許可を繰り返し内願しているわけではなく、ましてや、藤田雄左衛門に依頼したのでもなく、渡辺村への免状も西本願寺に提出させているのだから、西本願寺としての過失はなく問題には至らないと判断していた。このような状況の中で、藤田雄左衛門がなおも仲人役を行うのは理解しがたく、「最初ゟ願望之儀ハ不相叶儀ハ承知之事指支不申筋ニ而御免被遣候」「金子御下ケ之儀願立候筋ニ被存」として、「金子」が目的ではないかと思われる認識を示している。そして、「右等之儀表ニ相成候而ハ九条様御称号計ニ無之、一条様之御称号茂出可申」と述べ、九条家ばかりでなく一条家の名前も取沙汰されることになるだろうと答えている。西本願寺としては、「先日以来無御覆蔵御内談之義ニ候得ハ、大坂表取調之始末有成之儘及御御(ママ)咄ニ可申片可然旨被申付候、篤与御勘考之上御挨拶ニより右之品、何時ニ而茂御廻シ可被申候」と、訴訟になったとしても渡辺村両寺院ならびに大和屋又兵衛にありのままを報告することを申付けており、非常に強い姿勢を読み取ることができる。

さて、こうした九条家への西本願寺の姿勢は何を意味しているのだろうか。末寺である渡辺村両寺院の行動に対して、九条家に詫びる様子もない。そればかりか、谷脇玄蕃と山鹿三郎右衛門の内談では、谷脇玄蕃の心配をよそに山鹿三郎右衛門は「何分有躰之儘御咄申候事故、篤与御勘考ニ預り度段申述候」と西本願寺の立場を堅持し、九条家の対応を迫っているようにも見受けられる。このような状況から鑑みると、西本願寺は「色衣御免」など衣体規定については宗派内における専権事項であると判断していたと考えられる。山鹿三郎右衛門の言葉「最初ゟ願望之儀ハ不相叶儀ハ承知之事指支不申筋ニ而御免被遣候ハ、ケ様之故障ハ出来不申候」との藤田雄左衛門への批判はその証左である。藤田雄左衛門自身が「最初ゟ願望之儀ハ不相叶儀ハ承知之事」であると西本願寺が判断すること自体、衣体規定の権限が本寺に存したということにほかならないだろう。また、前述した「九条様御家来より右免状御本山江差上候迚、彼是村方江申出候筋ニハ無之」との山鹿三郎右衛門の文言は、衣体規定を司るのは各宗派本山に任された事項であるとの理解にたっていると考えられよう。こうした点から西本願寺は本件の対応に毅然かつ一貫した対応をとっていたのである。

では、なぜ岸部屋伊右衛門は色衣内願に際して九条家へと接近したのだろうか。それは摂家としての権威、および、西本願寺が九条家の「猶子」(40)であったことと関係していると考えられるが、本山である西本願寺に内密に申請をしていることを考えると、前者の摂家としての権威が大きな要素であったと推察できる。すでに多くの研究者によって指摘されているように、近世摂家としての家職は朝廷の公事・有職・儀式などの専門職で、近世国家の公権力から承認された特権と支配としての要素があった(41)。特に有職においては元和六年（一六二〇）の徳川和子の入内、寛永三年（一六二六）の二条城行幸、貞享四年（一六八七）の大嘗会と華麗に展開していき、徐々に国学の発達と幕府の伝統尊重の政策と相まって相乗効果をもたらす。このような家職をもつ公家に伝統的権威の移譲を求める動きは本事例のみではない。詳しくは第三部にて論じるが、近世において西本願寺門前に位置した正光寺は、享保二年（一七一七）年には霊元天皇第一四皇子嘉智宮の母である智徳院〈藤谷〈藤原〉為條女・新大納言御局〉によって、上位の者にしか使用が許されなかった「菊金紋挟箱」「網代輿」の使用許可を得る。また、宝暦七年（一七五七）には九条家紋付の挑灯の使用を獲得し、同年に九条尚実より「正光寺」の額字の下付がなされている。このように、かつて本願寺証如が九条尚経の猶子になり、天文五年（一五三六）に四方膳・一八文の高麗縁の使用許可を獲得し、翌年に大僧都に昇進したように、数百年を経た後には末寺たちが身分を表象する衣体や生活上の様々な道具に身分上昇のシンボルを求めようとしたのである。それらの多くは、天皇・朝廷権威に関連付けられるものであった。

三　被差別寺院における身分上昇志向の拡大

天保一一年（一八四〇）二月、徳浄寺と正宣寺に色衣着用が許されて八年後、徳浄寺新看坊了忍ならびに門徒は、西本願寺に対して、①房号使用願い、②先住職の自影願い、③色衣着用願いの三点の内願を行う(42)。①の房号の使用許可については「諸事心得之記(43)」に「三官中、院家院号、内陣・余間房号、飛檐・初中後庵号、右願出候節、院家者寺跡ニよつて被下候、併容易ニ者不被下(44)」とあるように、従来容易に許可が下りる性質のものではなかった。しかし、文化・文政期になって、「右房号等格別之勤功有之、願出候へハ御免之事も有之(45)」と、ようやく特別な功績があった場合に免許されるようになっている。徳浄寺はこうした状況を判断したものと考えられる。②の先住職の自影については、「諸事心得之記」には「自影願之節ハ五尊御免之上ニ而御免(46)」「自影ニ御讃願出候共堅ク御免無之事(47)」とあり、「五尊(48)」の「御免」後に許可を与えること、自影に正信偈などの御文を加えないことなどの規定があった。徳浄寺のこうした諸免物への願意は、さらなる寺院としての格式の荘厳化をめざしたものと考えられよう。

では、③の色衣着用願いについては記事を抜粋して検討してみよう(49)。

且又私義当九月住職御免被成下難有仕合奉存候、然ル処老僧義先年空色衣奉願上候処、願之通早速御聞済被成下難有奉存候、右ニ付今般私義も同様空色衣奉願上度ニ付、何卒御憐愍之御慈悲を以右願之通御免被為成下候者、広大之御慈愍難有仕合ニ奉存候

本記事から、天保一一年に、「老僧」の前看坊覚了(50)が「空色衣」を「御免」されたことを述べ、当住の徳浄寺看坊了忍も同様に「空色衣」の着用を望んでいることが分かる。ここで注目されるのは、「空色衣」との文言である。西本願寺から免許された色衣は「褐色《カチイロ》」であった。この「褐色《カチイロ》」をあえて「空色」と表したのは何故であろうか。ここには、渡辺村門徒の矜持と身分に対する敏感さを感じずにはいられない。より高次の身分への拘りを感得できる(51)。嘉永三年（一八五〇）、こうした徳浄寺の内願に西本願寺事務官は以下の史料に表れるように明確な態度を示す。なお、史料の箇条書き部分は徳浄寺の三点の内願に対応している(52)。

一、房号之儀者所詮伺上も無之、尤庵号も同様之義ニ候得共、徳浄寺を徳浄庵と歟改号之志願ニ候哉、又ハ当住ニ庵号願歟、所詮御取上ケ無之被存候得共、入念一応承り置度事

一、自影之儀者惣道場ニ御免ニ相成候哉、御寺法ニ無之ニ付伺迄も無之候得共、御定弐通上納之上ニ別段百金程上納ニ相成候義歟、此義も伺之上ニ而如何之御沙汰ニ相成候哉難計候得とも、一応承り置度事

一、空色衣と申者定而カチ色之義と被存候、右者先看坊莫太之御取持有之、旁以着用御免ニ相成候得共、当度更ニ願上候義ニ候ハヽ、先緞子袈裟継目等之次第不相立候ハ而者、右色衣御免無之儀ニ候間、右等之次第者

相済有之哉、右辺承り置事
右之通歎願書差出候、同日慎十郎江申達置候、尤小奏者手限りニ而之尋ニ仕、慎十郎江申含置候処惣代同行甚不案内届者ニ而一ト先帰国之上御返答可申上旨ニ而引取、其儘当時迄延引仕居候旨ニ御座候
戌十一月廿一日
次郎左衛門

房号については、「所詮伺上も無之」として、西本願寺の強固な姿勢が理解できる。「御免」される可能性は限りなく低いと次郎左衛門は判断していた。自影については、「御寺法」に例がないとしながらも、渡辺村が申請書とともに一〇〇両程を上納するつもりだろうと推察している。「一応承り置度事」と、次郎左衛門は留め置くよう処理した。こうした次郎左衛門の認識から推察すると、渡辺村門徒の西本願寺への懇志とその引き換えとしての身分上昇が本山事務官においても当然のごとく認知されていたと理解できる。三点目の「色衣御免」についてであるが、次郎左衛門は「空色衣」とは「カチ色」のことである理解し、「色衣御免」の以前に緞子袈裟の「御免」が必要であるとの認識を示している。

さて、次郎左衛門は、寺内の上役と推察できる前田相馬に上申する。[53]前田相馬は嘉永三年（一八五〇）二月二六日、『伺帳』なる帳面で西本願寺中枢の意向を聞く。その結果「弐ケ条之義者不容易之訳柄ニ而御聞済難相成筋と相心得候、褐色裳附之義ハ天保十亥年之次第も有之」[54]との認識を示し、西本願寺として、房号と自影の内願は取り下げられ、色衣内願については前看坊の例もあることから前向きに検討されようとしていた。しかし、前看坊の本山へ果たした実績と比して、徳浄寺現住職の了忍の実績が少ないことから、徳浄寺に「其方ハ未タ廉立候御奉公も無之、此辺之義者如何相心得候哉」[55]との問いかけを行う。徳浄寺は次のように答えた。[56]

御尤ニ奉存候而何成とも御用之義被仰付被下度、急度出情可仕候、併時節柄ニ御座候間、先年和州円照寺御使

僧被相勤候節之通り、懇志上納者仕兼候、此儀者御心得置被下候て、時節柄相応之御用向被仰付被下度旨申居候

「色衣御免」という身分上昇内願に際して、徳浄寺は「何成とも御用之義被仰付被下」と述べている。また、「懇志」上納については現時点での困難な状況を示し、「時節柄相応之御用向被仰付被下度旨」を望んでいる。ここにみられる「御用」は、身分上昇の承認とバーターとされる性質のものであると理解できる。渡辺村の西本願寺に対する「御用」とは前述したように「年頭中元御境内台挑灯」や「御太鼓」の張替などがあった。しかしながら、ここで問われている「御用」が「懇志」の意味をも包含していることは明らかであろう。西本願寺は「右之次第ニ御座候故、銀拾貫目歟金弐百両位御勝手向御助成等歟、名目を以御馳走申上候様申聞候而者如何御座候哉(57)」と答えており、その姿勢は「名目を以御馳走申上候」から明らかである。西本願寺が欲しているのは、「御用」としての渡辺村の財力であったのである。

嘉永五年（一八五二）一〇月、徳浄寺は、先例に従って緞子袈裟着用を願い出る。無論、これは「色衣御免」への一階梯であった。徳浄寺は「尤褐色之外ニ而御寺法一御差支不相成色目、格別之思召を以布裳附之義前書之通、明年御法会茂被為在候御儀ニ付、格別之御憐愍を以拙寺奉願候義御許容被成下候(58)」として、早くも「色衣御免」への布石を打ち、「褐色《カチイロ》」以外の色に改色されることを望んだ。

嘉永六年（一八五三）三月七日、西本願寺家司上原数馬は徳浄寺の「色衣御免」内願に対し、「格別之懇志江対し追而御免可有之旨丈者御沙汰被成下候(59)」との基本姿勢を御用番嶋田左兵衛に伝える。具体的には「半金五百両、今日ニ而も令上納候ハヽ、明日ニ而も御免之義可相達、其上跡半金五百両上納之上色目之義可申達(60)」というもので、まず、半金の五〇〇両を上納した後、「色衣御免」を行い、さらに半金五〇〇両にて色目を沙汰するものであった。

同月一〇日、徳浄寺は半金五〇〇両の上納が完済したらしく、色裳附の居村限りでの着用が「御免」になる(61)。その翌年の嘉永七年（一八五四）一〇月、いよいよ色目についての沙汰が下りた。

ア　留役所「大坂諸記」嘉永七年（一八五四）一〇月三日条(62)

十月三日　　摂州東成郡生玉之庄大坂船場町

物道場徳浄寺　看坊　了忍

従来御本山崇敬、且昨春大谷御修覆ニ付而ハ、出精御手伝有之候段奇特之至、依之兼而御請高満金之上ハ為御褒美、其身一代藍鼠色裳附藍鼠居村限御免可被仰出候条、御内意申達事

イ　同右、一〇月九日条(63)

以剪紙申達候、然者西木津徳浄寺先達而上京之砌、兼而内願色衣改色之義ニ付、金千両上納可致引合之処、右を大谷御法会御手伝として千金之内金四百両上納、且当七月御皆済御用ニ付百両上納有之、猶亦龍谷会同寺上京之砌、別段御茶毘所之義も御馳走御手伝可申候、将残り五百両之処も明春迄ニ上納御請申出候ニ付、色衣御免御内意申達

（後略）

史料**ア**・**イ**から、徳浄寺に色衣藍鼠色裳附の「御免」が内示されたことが分かる。前看坊覚了が「御免」された「褐色《カチイロ》」が「藍鼠色」に改色されたことが明らかである。しかし、約束の一〇〇〇両は完済していない。にも拘わらずこうした内示があったのは、御茶毘所への「御馳走御手伝」があり、翌春には残金五〇〇両を納める予定であったからと記されている。また、徳浄寺の「元来都合千金上納可有之処、先達而内四百両上納ニ而、残金之儀ハ弐百両ニ而御容赦被成下度段相歎候趣有之(64)」との願いが出されたことが一要因となったのではないか。徳浄寺門徒

に対し改色された色衣の内容を前もって示すことで、上納への意識高揚をねらったと考えられよう。

このように、西本願寺における宗教的象徴物・身分的表象物は先例によって徐々に体系化されていく性質を有した。よって、一度先例として認められたものは、同一寺院の次住持へと引き継がれた。徳浄寺と同様に、正宣寺新看坊観由も安政二年（一八五五）三月一七日、前看坊恵由と同様の色衣を要求している(65)。

また、こうした先例は同身分集団への「ひな型」として一般化されていった。次の史料は、渡辺村寺院への緞子袈裟の「御免」が先例となり、他村の被差別寺院の申請への体系化を促したことを示している(66)。

摂州西成郡宮崎村　河原者惣道場　正徳寺

一、右先達而一代唐艸緞子五条袈裟奉願上度旨願出候へ共、同国役人村惣道場徳浄寺・正宣寺両寺へ差支之儀も可有之哉と存候ニ付、津村御坊御留守居江其趣相尋候処、差支之儀無之趣申出、猶其後右両寺格別之御取扱も有之候事故、弥差支之次第無之候ニ付、則先例取調之処、別帋之通ニ御座候

（中略）

一、従来河原者ゟ一代浅黄緞子五条袈裟出願之節、御免有之候ニ付、其濫觴取しらへ候処、天明三寅年・寛政八年・同十二年・文化六年、右四度摂州西木津村惣道場正宣寺・徳浄寺両寺江御免有之、尤右両寺儀者従来御馳走筋令心配、別而御影堂修復ニ付、格別致出情候訳柄ニ而御免有之候処、其後文化十二年筑前願照寺・浄福寺・松源寺、右三ケ寺之者ゟ為冥加金百両致上納達々相歎、尤身分不相応之衣体容易ニ御免難被成筋、且ハ右西木津両寺与同日之論ニ而者無之候得共、既ニ如上件先□□御免之例茂有之、且其頃御融通向御繁多之折柄、右三ケ寺申合心配致上納候ニ付、従来御馳走向出情之振を以、右三ケ寺江其身一代自坊限、右衣体着用御免有之候処、其後外寺ゟ追々願出御免有之候へ共、冥加上納方不同有之候ニ付、此度御定法相立、従

来御本山崇敬之心底ゟ御馳走筋出情、或者御改革ニ付格別御取持致心配、復者年来被仰出之御趣意如実ニ御請申上、或者格別勤功有之候もの共ゟ願出候節者、其身一代自坊限浅黄唐艸緞子五条袈裟、当納冥加銀五拾枚以上為致上納御免御座候而者如何御座候哉、御示談得貴意候

（後略）

本史料は摂津国西成郡宮崎村正徳寺の唐草緞子袈裟内願に際して、これまでの先例を検討し、同衣体「御免」への条件を整理しようとしたものである。第一条では、正徳寺が津村御坊御留守居の確認を得て、本山に緞子袈裟着用を願い出ていることが分かる。第二条においては、これまでの緞子袈裟の「御免」の状況から、許可への条件設定を行おうとしていることが理解できよう。渡辺村両寺院に四度の「御免」が行われたこと、その後、願照寺・浄福寺・松源寺に対しては、一〇〇両での「御免」がなされたことが記されている。そして、その後も他の被差別寺院からの申請があったこと、その冥加金については同金額ではなかったことなどが明記されている。そこで、西本願寺としては「御定法」を定め、緞子袈裟内願取扱いの基準を定めようとした。その結果、「従来御本山崇敬之心底ゟ御馳走筋出情」、「御改革ニ付格別御取持致心配」、「年来被仰出之御趣意如実ニ御請申上」、「格別勤功有之候」寺院に対して、銀五〇枚以上の懇志を基本とするとの提案がなされた。

以上から考察すると、被差別寺院の上昇志向に伴う衣体内願に対して、制度化が試みようとしていること自体、被差別寺院の上昇志向の高まりとその制度化の必要性があったことがうかがえる。渡辺村の緞子袈裟の着用許可以降、徐々に被差別寺院同士の法会などを通じて、他の被差別寺院に拡がりをみせているのである。こうした状況は何も衣体ばかりではない。天保一三年（一八四二）一〇月、摂津国火打村勝福寺は本如御影の金襴表具内願に際して、伊勢大黒田村善覚寺・渡辺村徳浄寺を先例として言及しており[67]、阿波国八ケ村惣同行は六字名号内願に際して、

渡辺村徳浄寺門徒の六字名号下付を先例として言及している[68]。このように、渡辺村両寺院は同身分集団である被差別寺院の先駆的な身分上昇の「ひな型」としての役割を果たしているのである。これは渡辺村の西本願寺への様々な形での「御用」が成し遂げさせたものであった。特に、経済的側面は大きかったと言わざるを得ない。

しかし、このような宗教的象徴物・身分的表象物の新たな許可は他の被差別寺院からの嫉妬を招いた。特に、「四ケ之本寺[69]」と呼ばれた被差別寺院特有の上寺にとって、徳浄寺の身分上昇は看過できないことであった。留役所「山城諸記」文久二年（一八六二）一一月三〇日条に「此度大坂徳浄寺を被致退出候僧之儀、私共宿坊福専寺ト同格ニ御取立之上、四ケ寺あき次第入寺為致可申由、組合万宣寺ゟ福専寺へ御達之趣福専寺ゟ承り、世話人江披露仕候処承り程之者皆々承知不仕候、其故者何分彼僧悪事之儀取沙汰不宜候ニ付、同格ニ相成候而者若輩福専寺故、大ニ恐レ門徒共茂甚歎ケ敷奉存候、乍併一旦被仰付候同格之義ヲ御取戻シを奉願上候義、甚奉恐入候儀ニ奉存候、依之何卒以格別之御慈悲ヲ福専寺衣体等も彼僧ゟ一段上ニ御取立之程、乍恐奉願上候[70]」とある。「徳浄寺を被致退出候僧」とは徳浄寺了忍のことである。西本願寺はこの頃に起きた徳浄寺門徒の勢力争いに介入し、了忍を「四ケ之本寺」格として、金福寺・福専寺・万宣寺・教徳寺のいずれかが空寺になった場合に、その寺院の入寺を申付けた経緯があったのだ[71]。これに対し、福専寺門徒は了忍の「悪事之儀取沙汰不宜候」ことを理由として、強い反対姿勢を示す。一旦、沙汰された「同格之義」を撤回できないことを認識した福専寺門徒は了忍よりも高い身分の衣体許可へと働きかけを行う。結局、こうした福専寺門徒の強力な反対運動により、了忍の行き所がなくなり、文久三年（一八六三）、津村御坊出張所という形で了忍が入寺することとなる。このように、被差別寺院間での軋轢は少なくなかった。

また、こうした軋轢を徳浄寺自身も全く反対の立場として味わう。前章で示したように、安政五年（一八五八）、更池村称名寺が色衣許可を獲得したことを知った徳浄寺門徒は御用番嶋田左兵衛に抗議の書簡を送る。「此度更池村同様ニ成行候義、実ニ歎敷仕合ニ奉存候、往古ゟ当今ニ至迄忠誠尽し候義水之泡与相成、末々迄日夜愁歎仕居候、尤河州向井之村・更池村右両村之義者屠者村与申、近国類稀成下村ニ而御座候処、右様御免相成候義、甚以不審ニ奉存候(72)」と強い不快感を表している。更池村両村が「屠者村」であることを述べ、自己の身分的位置との差異を強調しているのである。渡辺村の「忠誠尽し候義水之泡」とする他被差別寺院よりも高い位置に存する身分意識は常に存在していたのである。

以上までの検討から、被差別寺院における上昇志向が渡辺村両寺院を核として拡がりをみせている状況が明らかになった。渡辺村両寺院における、より荘厳化された宗教的象徴物・より高次な身分的表象物の下付が、次住持へと時間的に拡大し、また、他の被差別寺院へと地理的にも拡大していった。

なお、本節で示した諸点は高埜利彦氏が修験本山派を事例として、官位補任の制度の実態と意義を検討し(73)、「僧位僧官は、古代律令制以来の旧国制が生き続けたと考えるのではなく、幕藩制国家に適応的な、宗派内法式として、派内格式秩序維持と、身分制維持の機能として働いていたと理解することがより妥当(74)」と結論づけた点と関連する。高埜氏は山伏の身分を維持するためには、本山・本寺からの諸補任・官位等を受けねばならず、しかも、補任には官金上納と入峰修行が必要であることを指摘した。そして、金襴地・白地金襴結衣袈裟の補任については、聖護院門跡には事後であったとしても実際に承諾を得る必要があり、聖護院の典記局では山伏への金地以上の補任を記録していたことを史料的に明らかにした。こうした状況は、本事例においても同様の性質を有していると考えられる。つまり、宗教的に身分上昇を志向する近世被差別民の「御馳走」「御手伝」「懇志」という「御用」と引き換えに、「色衣御免」が承認されたのであり、宗派内身分が位置づいたのである。この「御用」と「御免」の関係は第三章にて詳しく論じるものとする。

おわりに

渡辺村真宗寺院は他の被差別寺院よりも、「格別」であることを求めた。「浅黄唐草緞子五条袈裟」着用が渡辺村だけでなく、他の被差別寺院に「御免」されると、さらに高い身分の衣体を要求した。しかも、渡辺村両寺院は自坊限りの着用であり、他の被差別寺院は法会での着用も許可されていたことから、両寺院門徒の要求強度は一段と増した。その要求＝上昇志向が「色衣御免」であった。本稿では、こうした一九世紀大坂渡辺村真宗寺院における「色衣御免」の動向を事例として、近世被差別民の上昇志向を検討してきた。以下の諸点を指摘したい。

第一に、本願寺教団に国家的序列として具体化された法衣や色衣の体系が[75]、本事例において、宗教上の上昇志向として浸透している点である。渡辺村両寺院は半金の一〇〇〇両を支払い、色衣を免許される。しかし、「色目」の沙汰をめぐり、西本願寺との間で混乱が起きる。渡辺村門徒は「御免」された「褐色《カチイロ》」を不服とし、「色目者紺色之由、夫ニ而者畢竟黒も同様之事ニ而、実者御免と云名計ニ而候」と不満を呈する。本願寺は本来、墨衣・墨袈裟を宗風としていたが、永禄二年（一五五九）の門跡勅許以降、法主ばかりでなく宗派全体として法衣を変容させる。永禄四年（一五六一）、親鸞三〇〇回忌においては、法服・七条袈裟・色衣が院家衆や御堂衆に着用された。八宗洛陽大仏法事では、衆僧に七条袈裟が着用される[76]。社会に対する天皇・朝廷権威の一大セレモニーであった。慶長一六年（一六一一）の親鸞三五〇回忌においては、門主は香色の素絹に赤地金襴の袈裟、興正寺は黄色の素絹に紫の袈裟、衆僧は院家衆が素絹に織物袈裟、一家衆が裳付衣に織物袈裟、飛檐の坊主衆は直綴に青袈裟、御堂衆と一般の坊主衆は直綴に布墨袈裟となっている[77]。各身分階層の色彩観には、五正色およびその中間色のようなはっきりした色合い[78]から、不正色[79]への系統性がみられることが理解できよう。渡辺村門徒の「褐色《カチイロ》」への不服には、こうした天皇・朝廷権威を背景とした本願寺教団の法衣式の体系が存在したのであった。徳浄寺了忍が「色衣御免」内願において、「褐色《カチイロ》」を「空色」と記したのはまさに、国家的序列として具体化された法衣や色衣の体系と渡辺村門徒の矜持があったからに他ならない。

第二に、宗教上の上昇志向において、天皇・朝廷権威に関連付けられるものが含まれるという点である。岸部屋伊右衛門は、西本願寺が容易に色衣許可を与えなかったことから九条家へと内願を行う。岸部屋伊右衛門宅には「此間拝名仕候御書付之通之書付与外ニ今一通」の御免書が存在した。つまり、西本願寺と九条家からの二通の御免書が存在した。本来、衣体内願を申し込むべき対象機関は西本願寺であるにもかかわらず、九条家に願い込んでいるのは摂家としての九条家の伝統的権威に身分上昇の保証と承認を求めようとしたからである。天皇・朝廷は、真宗の直接の信仰対象ではないが、それらは本寺である本願寺と、当然のごとく結節される存在であった。享禄元年（一五二八）、本願寺証如が九条尚経の猶子になって以降、永禄二年の門跡勅許をはじめとする様々な天皇・朝廷権威の獲得によって、本願寺は社会での地位上昇と特権獲得を得てきた[80]。しかし、それは決してその時点で完結されたわけではなく、近世国家においても本願寺の特権獲得はさらに継続した。近世国家権力は、天皇・朝廷を自己に適合的に編成し直したことで、各宗派内においても天皇・朝廷権威が浸透していったのである。

最後に導き出された課題を敷衍したい。それは、「個人」としての上昇志向と「集団」としての上昇志向を整理・検討することである。本章で扱った内容は「集団」としての上昇志向に集約され得る。岸部屋伊右衛門の内願は「私」個人からの要求ではあったが、色衣を着用するのは村持ちの惣道場徳浄寺の看坊であった。岸部屋伊右衛門自身が着用するわけではない。もちろん、岸部屋伊右衛門の九条家への接近は渡辺村徳浄寺門徒の総意であった可能性もある。たとえ、そうであったとしても、門徒たちが望んだのは惣道場徳浄寺看坊覚了が色衣を身に付けることであった。つまり、ここでの身分上昇は私「個人」ではなく、身分「集団」である。また、「浅黄唐草緞子五条袈裟」着用に関して、渡辺村両寺院は自坊限りの着用であるのに対して、後に御免された被差別寺院では被差別寺院同士の法会での着用も許可されていたことが、渡辺村の対抗的な上昇志向を強めたばかりでなく、西本願寺への不信感を抱かせる結果となった。ここにおいても、視覚的に身分を表象され得る衣体にこだわり続けたのは「集団」としての上昇志向がその尺度にあったからである。被差別寺院の多くが連枝寺院とのつながりを求め、本寺とのつながりを求め、直末寺院化を志向し身分上昇を図ろうとしてきたのは、すでに研究史が示すとおりである(81)。これらもすべて、「集団」としての身分上昇を具現化するものである。こうした「集団」としての近世被差別民の上昇志向に、どのように「個人」の概念が入り込んでくるのだろうか。この点は次章にて論じてみたい。

註

（1）左右田昌幸①「部落寺院と真宗教団」（「大阪の部落史」編纂委員会編『新修大阪の部落史』上、解放出版社、一九九五年）、同②「『渡辺村真宗史』に向けての覚書」（「浪速部落の歴史」編纂委員会編『太鼓・皮革の町―浪速部落の三百年―』解放出版社、二〇〇二年）。また、本願寺史料研究所編『増補改訂本願寺史』第二巻（浄土真宗本願寺派、二〇一五年）にも、同様の内容が示されている。特に、「色衣御免」については、七〇八～七一四頁にて詳しく論じている。

（2）「諸国記」には留役所筆録分と長御殿筆録分がある。史料の検討にあたっては「浪速部落の歴史」編纂委員会編『史料集浪速部落の歴史』（以下、『史料集』と表記する）を使用する。なお、留役所筆録分は「留役所」と明記し、長御殿筆録分については明記しないこととする。
（3）本願寺史料研究所編『本願寺史』第二巻（浄土真宗本願寺派宗務所、一九六八年）六二八頁。
（4）「大坂堺諸記」寛政一二年（一八〇〇）八月条に「被対其御坊へ一代浅黄地唐草緞子五条袈裟自坊限り被成御免候間難有奉存、弥御本山幷其御坊江御馳走申上、尤非常之節ハ早速馳付厚ク令出情候様可被申渡候、則免状差出候間可被相達候」との記事がある（『史料集』三五二～三五三頁）。
（5）『史料集』四〇九～四一〇頁。
（6）同右、四一二頁。
（7）同右、四一五頁。
（8）「御改革以来大坂諸記」天保一〇年（一八三九）一二月九日条（『史料集』四二一頁）。
（9）「大坂諸記」天保一〇年（一八三九）七月二九日条（『史料集』四一五頁）。
（10）本願寺史料研究所編『本願寺史』第二巻（浄土真宗本願寺派宗務所、一九六八年）七一四～七三八頁に詳しい。
（11）「大坂諸記」天保一一年（一八四〇）二月五日条（『史料集』四二二頁）。
（12）西本願寺と渡辺村両寺院との取次役として、史料中にその名前が頻出する。おそらくは津村御坊の関係者ではないかと推察できる。
（13）「御改革以来大坂諸記」天保一一年（一八四〇）二月八日条に「摂州西木津両寺色衣内願之義ニ付、寺田稲作差登、半左衛門ゟ左兵衛尉江昨日書状差越、尚同人ゟ石田常勤江も書状ヲ以申越候間、伺之上後色布裳附御免可被成、尚本人差登候様返書相渡」とある（『史料集』四二三頁）。
（14）「御改革以来大坂諸記」天保一一年（一八四〇）二月八日条（『史料集』四二三頁）。
（15）「大坂諸記」天保一一年（一八四〇）二月八日条（『史料集』四二三頁）。
（16）同右条に「明朝直様下坂之旨申居候」との記事がある（『史料集』四二三頁）。

(17)「大坂諸記」天保一一年（一八四〇）二月一四日条に「早速両寺呼出内達いたし申候処、大ニ難有存居候、依之今夜船ニ而両寺幷門徒付添致上京候ニ付、宜御取計被下度候」との記事がある（『史料集』四二四～四二五頁）。

(18)「御改革以来大坂諸記」天保一一年（一八四〇）二月一八日条に「右御用番於頼母役宅、以小奏者申達、端書奉書半切ニ認之相渡、門徒壱人と付添出ル、両寺者玄関之上江上り、門徒者式敷ニ為控置、右相達候」とある（『史料集』四二七頁）。

(19)「御改革以来大坂諸記」天保一一年（一八四〇）二月二三日条に「色目之義何卒此度御沙汰被成下度旨、折角上京仕候事故、両三日者滞留仕候間、何卒此度御沙汰相願候旨申出候ニ付、右者当節御所様御違例ニ被為在、万事何事不相成候次第、且両三日ニ者御違例御快復と申御事ニも無之候」との記事がある（『史料集』四二九頁）。

(20)同右条に、徳浄寺門徒惣代の岸部屋伊右衛門と大和屋又兵衛、正宣寺門徒惣代の榎並屋惣助と大和屋吉郎兵衛より一〇〇〇両を納めた御請一札が記録されている。

(21)『史料集』四三〇頁。

(22)「御改革以来大坂諸記」天保一一年（一八四〇）二月八日条（『史料集』四三一頁）。

(23)『史料集』四三一頁。

(24)「御改革以来大坂諸記」天保一一年（一八四〇）三月二〇日条に「則両寺江色目相達候処、難有御請申出候、上納之義者今般色目之御沙汰有之候ニ付、来ル廿日ゟ五日之間御座相設取集差出可申候」との記事がある（『史料集』四三三頁）。

(25)「御改革以来大坂諸記」天保一一年（一八四〇）四月二一日条に「色裳附色目褐色、字書ニ褐ハ毛布と有之ニ付如何之趣申出候得共、右ハ地合之事ニ而色目ニ拘り之義ニ無之候間、左之通高山半左衛門江申達」として、褐色に関する和歌などを引用している（『史料集』四三四～四三五頁）。

(26)徳浄寺看坊覚了と正宣寺看坊恵由や門徒上層部は、上納金がそれぞれ一〇〇〇両ずつの計二〇〇〇両であることを認識していたと思われる。色衣許可について改めて調査をした、留役所「大坂諸記」嘉永四年（一八五一）四月一八日条に「表向金千両為御充実上納有之候得共、実者最初ゟ金千両ツ、二ケ寺ゟ上納と申次第ニ而御免ニ相成候」との記事がある（『史料集』五七〇頁）。また、門徒上層部の四名が本山にて説明したところでは「尤四人ゟ千両之処ニ而少も間違者無之候、併訳合と申候者門徒一統江千金と申聞候而ハ迚も示談致難候故、一統江者御充実上納五百両と披露ニ相成有之候」とあることから、渡辺村内での理解を取り付けるための政治的な思惑があった。この門徒上層部の四名の名前は記されていないが、おそらくは門徒惣代であり、皮革業経営に携わっていた者であったと推察できる。西本願寺は「右四人之者ニ而取替皆上納ニ相成候様」にと、四名の責任によって支払われるように伝えている。

(27)　親鸞の鏡御影、善導・源空・親鸞三祖像、親鸞・如信・覚如の三師連坐像の分析から、本質的に墨衣・墨袈裟を宗風としていたとする。本願寺史料研究所編『本願寺史』第二巻（浄土真宗本願寺派宗務所、一九六八年）六一一～六一三頁。

(28)　「元和五年ヨリ寛永七年マテ衣裳ノ覚」元和七年（一六二一）四月二三日条（高島幸次編『元和日記』同朋舎出版、一九八六年、一三二～一三三頁）。

(29)　同右条（高島幸次編『元和日記』同朋舎出版、一九八六年、一三三頁）。

(30)　同右。

(31)　『史料集』四六一頁。

(32)　「大坂諸記」天保一二年（一八四一）一一月九日条（『史料集』四五五頁）。

(33)　「大坂諸記」天保一二年（一八四一）一一月一五日条（『史料集』四五七頁）。

(34)　「御改革以来大坂諸記」天保一二年（一八四一）一一月二四日条（『史料集』四五八～四五九頁）。

(35)　以下、本節において、断りのない限り本条からの引用とする（『史料集』五〇四～五一三頁）。

(36)　常満寺は、安政五年（一八五八）に徳浄寺が別格の着座（内陣での着座）を望んだ際にも、役寺として徳浄寺の説得を行っている（留役所「大坂諸記」安政五年一〇月二七日条〈『史料集』六六八～六六九頁〉）。

(37)　大和屋又兵衛本人は「最初ゟ掛り合申儀ニ而ハ無御座候得共、岸部屋伊右衛門義親類ニ茂有之、委く承り居候事ニ候」と述べている（留役所「摂津諸記」弘化二年（一八四五）三月条〈『史料集』五〇六頁〉）。

(38)　「一、達書　弐通、右慥ニ請取申候　已上、出役　山鹿三郎右衛門、巳三月、西木津徳浄寺　正宣寺」とある（同右〈『史料集』五〇八頁〉）。

(39)　「如何成金子ニ候哉不相分候得共、九十九其外夫々江越中守より□□遣候由ニ候」との記事がある（同右〈『史料集』五〇九頁〉）。

(40)　森岡清美氏によると「家の外部にあるままでオヤコの契約を結ぶもの」としている。真宗本山のうち、西本願寺は九条家、東本願寺と専修寺は近衛家、興正寺は鷹司家、仏光寺は二条家のそれぞれ猶子であった。西本願寺では証如以来、九条家の猶子になる例が伝襲された（森岡清美『真宗教団と「家」』制度〈創文社、一九六二年〉五二一～五五八頁に詳しい）。

(41)　高埜利彦「近世国家における家職と権威」（同『近世日本の国家権力と宗教』東京大学出版会、一九八九年）、深谷前掲書・第一部、高埜利彦「朝廷をとりまく人びと―江戸幕府の統制の下で―」（同編『身分的周縁と近世社会：朝廷をとりまく人びと』吉川弘文館、二〇〇七年）などがある。

(42)　留役所「大坂諸記」嘉永四年（一八五一）四月一八日条（『史料集』五六二頁）。史料冒頭には「戌廿一日写」との記載があり、嘉永三年（一八五〇）に徳浄寺歎願書を西本願寺帳面に写し取ったことを示している。なお、こうした歎願書によって、西本願寺は渡辺村両寺院の「色衣御免」に関わる史料を集めたと推察され、同日条に多くの関係史料を写し置きしている。

(43)　西本願寺の末寺・門徒からの本尊・聖教の下付、官位昇進・住職継承・得度剃髪などの願書の受理に際し、本山役人の実務担当者の取扱い心得を集記したもの（千葉乗隆編『真宗史料集成』第九巻、同朋舎メディアプラン、二〇〇三年）。
(44) 千葉乗隆編『真宗史料集成』第九巻（同朋舎メディアプラン、二〇〇三年）二九三頁。
(45) 同右。
(46) 同右、二八五頁。
(47) 同右、二九三頁。
(48) 阿弥陀如来木像、親鸞聖人画像、善知識（前代門主）画像、七高僧画像、聖徳太子画像をいう。
(49) 留役所「大坂諸記」嘉永四年（一八五一）四月一八日条（『史料集』五六二頁）。
(50) 同右条には、前看坊名を「了法」と記されている。時間的にも、内容的にも、「了法」は第一節にて検討した徳浄寺看坊覚了と同一人物であると考えられる。なお検討の必要性はあるが、本章では「覚了」で統一する。
(51) 本願寺史料研究所編『増補改訂本願寺史』第二巻（浄土真宗本願寺派、二〇一五年）においては、「褐色《カチイロ》」と「空色」の関係は、明示されていないが、明らかに渡辺村門徒の矜持があり、改色を望んでいると考察できる。
(52) 留役所「大坂諸記」嘉永四年（一八五一）四月一八日条（『史料集』五六一頁）。「慎十郎」「次郎左衛門」は、西本願寺の歎願などを受け付ける業務に携わる一人と推察でき、本状を認めた次郎左衛門の認識が史料に表れている。
(53) 同右史料の冒頭に「去ル正月中相馬江内引合申聞置候」との文言がある。
(54) 留役所「大坂諸記」嘉永四年（一八五一）四月一八日条（『史料集』五七三頁）。
(55) 同右。
(56) 同右条（『史料集』五七三〜五七四頁）。
(57) 同右。
(58) 「摂津国諸記」嘉永五年（一八五二）一一月一日条（『史料集』五八六頁）。
(59) 留役所「大坂諸記」嘉永六年（一八五三）三月七日条（『史料集』五九二頁）。

(60) 同右条（『史料集』五九三頁）。
(61) 留役所「摂津諸記」嘉永六年（一八五三）三月一〇日条（『史料集』六〇二～六〇三頁）に「三月十日、摂州東成郡生玉之庄大坂船場町惣道場徳浄寺、看坊了忍、一、従来御本山崇敬有之、且今般大谷御修覆ニ付而者、出精御手伝上納有之候段奇特ニ被思召候、仍之為御褒美其身一代色裳附居村限御免被仰出候事、但、色目ハ追而御沙汰相成候事」との記事がみえる。
(62) 『史料集』六一一頁。
(63) 『史料集』六一四頁。
(64) 留役所「大坂諸記」嘉永七年（一八五四）二月廿二日条（『史料集』六〇四頁）。
(65) 留役所「大坂諸記」安政二年（一八五五）三月一七日条に「天保十三年二月先看坊恵由義、格別之以御慈悲一代褐色布裳付居村限御免被成下難有奉存候、右ニ付奉恐入候得共、私義も右同色布裳付奉蒙御免度、此段出格之以御憐愍御免被遊下候ハヽ、私者勿論門徒迄広太之御恩難有仕合ニ奉存候」との記事がある（『史料集』六一八頁）。
(66) 「諸願示談簿」天保一二年（一八四一）一二月条（『史料集』四六一～四六二頁）。
(67) 留役所「摂津諸記」天保一三年（一八四二）一〇月四日条に「此度信明院様御影金襴表具御免被成下度旨、別紙之通及出願候ニ付、類例傍例等取調候処、勢州大黒他村善覚寺・大坂西木津徳浄寺等在之」との記事がある（『史料集』四六六～四六七頁）。
(68) 「在家木仏尊像並御名号御名御染筆法名御示談簿部分」天保一四年（一八四三）一一月条（『史料集』四六九～四七三頁）。
(69) 「四ケ之本寺」とは、金福寺、万宣寺、教徳寺、福専寺のことである。末寺がすべて被差別寺院であるという特質をもっていた（「諸事心得之記」〈千葉乗隆編『真宗史料集成』第九巻、同朋舎メディアプラン、二〇〇三年、二九三～二九四頁〉）。

(70) 『史料集』七一〇頁。
(71) 左右田註(1)①・②前掲論文に詳しい。
(72) 留役所「大坂諸記」安政五年(一八五八)三月条(『史料集』六五九頁)。
(73) 高埜利彦「近世の僧位僧官」(同『近世日本の国家権力と宗教』東京大学出版会、一九八九年)。
(74) 同右、一六五〜一六六頁。
(75) 参考になる文献として、武田佐知子『古代国家の形成と衣服制―袴と貫頭衣―』(吉川弘文館、一九八四年)、同「古代国家の形成と身分標識―東アジア社会における衣服の機能について―」(『歴史学研究』別冊、青木書店、一九八二年)がある。
(76) 本章補論、および、本願寺史料研究所編『本願寺史』第二巻(浄土真宗本願寺派宗務所、一九六八年)六一一〜六二九頁に詳しい。
(77) 同右。
(78) 五正色は「青・赤・黄・白・黒」、五間色は「紅・紫・碧・騮・黄・緑」をいう。詳しくは、青沼智子・野田知津子・近田百合子「法衣(素絹)について一」(『武蔵野女子大学紀要』一六、武蔵野女子大学紀要編集委員会、一九八一年)、野田知津子・青沼智子・川口淑美「法衣(袈裟)について二」(『武蔵野女子大学紀要』一七、武蔵野女子大学紀要編集委員会、一九八二年)、川口淑美・野田知津子・青沼智子「法衣(袈裟)について三」(『武蔵野女子大学紀要』一八、武蔵野女子大学紀要編集委員会、一九八三年)を参照されたい。
(79) 不正色は「壊色」ともいい、よごれた青(酒の瓶上に覆った銅器に生じる錆びの汚れた色)、泥のように濁った薄墨色(川底の土のような緇泥、錫の錆びついた色)。赤塵で汚れた茜色(木蘭の樹皮の色で黄みを帯びた褐色)のことをいう。詳しくは、前掲註(78)論文を参照されたい。
(80) 脇田晴子氏は戦国期に天皇権威を中心に進展していく事情を明らかにする中で、本願寺が勅願寺となり、「貴族化」によって寺内町における特権を獲得していく過程を示した（脇田晴子『天皇と中世文化』吉川弘文館、二〇〇三年、四四～六一頁）。

(81) 臼井寿光『兵庫の部落史』（神戸新聞総合出版センター、一九八四年）一八九～二一〇頁、藤原豊①「『丹波国下大久保村穢多改派一件』について」（『ひょうご部落解放』八六号、兵庫部落解放研究所、一九九九年）、同②「近世後期の離壇闘争について」（『同和教育論究』第二四号、同和教育振興会、二〇〇三年）、同③「近世後期の本願寺派部落寺院の動向について」（『ひょうご部落解放』一二八号、兵庫部落解放研究所、二〇〇八年）、拙稿「『部落寺院制』論への疑問―播磨国加東郡部落寺院を中心に―」（『法政論叢』第三八巻第一号、日本法政学会、二〇〇一年）、本書においては第二部第三章にて論じている。

補論1　本願寺法衣の変遷と天皇・朝廷権威

はじめに

大桑斉氏は近世国家の宗教性を検討する研究視角を提示し、近世国家形成期の四つの契機（支配される民衆の日常性・支配する領主結合のあり方・対外的国家表明・それらを支えるコスモロジー）に宗教性が貫徹し、近世国家は宗教性を不可欠の要素としていることを指摘した(1)。氏の指摘の背景には、近世国家史研究が宗教との関係性を論じながらも、「近世国家の宗教性」という理論的枠組を与えてこなかったことへの問題提起があった。

大桑氏は「近世国家の宗教性は、何らかの形で天皇に結節する側面をもっている。天皇は近世国家の宗教性の直接の表象ではないが、それらと各々関係性を持つ媒介的存在である。深谷の天皇金冠論である(2)」と述べており、深谷克己氏の論理を引用し評価している。深谷氏の天皇金冠論とは「天皇・朝廷は公儀の構造的一環、すなわち『金冠』部分を構成し、それをふくんだ全幕藩権力が人民を支配したと考えるべきであって、幕藩制の外部に排除されていたと考えるべきではない(3)」とするもので、深谷氏は「宗教的諸観念を国家的序列のうちに総括するものとしての天皇・朝廷の位置を考える(4)」ことを重点に置いた。

そこで、本稿では本願寺法衣の変遷を事例として、「宗教的・身分的諸観念を国家的序列のうちに総括する封建的『権威』として天皇を置く封建的王国の形態をとる封建国家[5]」としての近世国家において、西本願寺の天皇・朝廷権威への接近の意義を検討していくものとする。本願寺法衣については、管見の限りでは学術的に論じたものはなく、唯一『本願寺史』において前近代の法衣史の概要が述べられているが[6]、あくまで教団史としての位置づけであり、近世国家の宗教性を前提として論じたものではない。また、草野顕之氏は戦国期の本願寺と天皇の結びつきを儀式・年中行事の確立を通して述べているが、法衣の考察は部分的となっている[7]。

本論では『本願寺史』が明らかにしてきた諸点に依拠しながら、第一節においては、中世から近世にかけての法衣の変遷と顕如の門跡勅許の関係性を中心に検討する。中心史料としては、門跡勅許前後における法衣の変化を検討できる「私心記[8]」、および、慶長年間の御堂の作法・勤行の次第を集録した『慶長日記[9]』を検討する。第二節においては、江戸期以降の法衣式制度化の状況と衆僧の上昇志向の関係性を検討する。中心史料としては、江戸時代初期の御堂の作法・勤行の次第を集録した『元和日記[10]』『西光寺古記[11]』、本願寺の作法に関わる指示事項など集録した「紫雲殿由縁記[12]」を検討していく。本稿では本願寺分立以前と以後を扱うが、分立後は西本願寺史料を中心に扱っていくものとする[13]。

一　門跡勅許と法衣の変遷

本節では『本願寺史』での検討内容に学びながら、史料的に補足し、法衣式の変遷を明らかにする。
真宗法衣は宗祖親鸞に学び、墨衣・墨袈裟を宗風としていた[14]。明和二年（一七六五）成稿の「真宗故実伝来鈔」

には「宗祖聖人御存生之時ハ、短裳付ニ御墨袈裟或ハ御白袈裟也。御弟子達モ同衣也」[15]とあることからも理解できる。蓮如第二三子であり、願得寺住持実悟の記した「本願寺作法之次第」によると「衣の色はうす墨にて、可古の教信の意巧を本と御まなびにて候と也。開山聖人の仰にて、蓮如上人の御時実如上人の御時までも、うす墨にて侍りし」[16]とあり、こうした事実を裏付けている。

しかし、墨衣・墨袈裟の宗風は徐々に変容していく。以下の史料を示す。

ア　「真宗故実伝来鈔」[17]

覚如上人ハ法印大僧都ナレハ御衣体モアラタマルヘシ。覚如上人、山科興正寺御供養ノ時、香衣御著用ノコト、旧記ニ見ユ

イ　「実悟旧記」[18]一五九条

善如上人綽如上人両御代の事、前住上人仰られ候。両御代は威儀を本に御沙汰候し由、仰られ候。然ば今に御影に御入候由仰られ候、黄袈裟黄衣にて候

ウ　「法流故実条々秘記二」[19]一七条

実如上人於山科者、常々ノ御衣裳ハ木綿世俗ニコブクメト云ヲメサレ、御名日太夜・日中ニハ麻衣ニ青袈裟云々

史料**ア**によると、第三世覚如は法印大僧都であったことから、香袈裟を使用したこともあったという。史料**イ**によると、第四世善如・第五世綽如の頃には色衣が使用されており、御影に「黄袈裟黄衣」があったことがうかがえる。史料**ウ**では、第九世実如が逮夜・日中の法衣として、青袈裟が使用されていたことを述べている。このように、墨衣・墨袈裟の宗風は時代を追うごとに変化したことが明らかである。

さらに、実如は永正一一年（一五一四）には青蓮院宮尊鎮法親王得度に際して、二千疋を進上して香袈裟着用許

可を得ており、永正一五年（一五一八）には尊鎮法親王受戒について一万疋を進上し、紫袈裟の着用が許可され、後柏原帝即位費用進献によって香袈裟・紫衣が許可された[20]。このように、所謂、「本願寺の貴族化」とともに、法主の法衣は社会的地位の向上とともに変容していく。

そして、いよいよ永禄二年（一五五九）、顕如は門跡として勅許され、正親町天皇より赤地錦三緒袈裟・蘇枋染檜扇・爪紅末広の下賜[21]、裘代著用を許され[22]、院家を控えることとなる。こうした天皇・朝廷権威に基づく公的な社会的地位の向上により、法主ばかりでなく宗派全体として法衣にも大きな変化がみられるようになる。

この様相を「私心記」によって具体的に検討してみよう。**表1**は「私心記」の記録された天文元年（一五三二）八月から永禄四年（一五六一）一二月における朝勤行時の衣裳に関する記事を抜粋したものである。「白小袖」「絹袈裟」を主衣裳として、「黒小袖」「布袈裟」の記事も散見される。注目されるのは、永禄四年八月二八日条の記事「朝勤如常、素絹・ハカマ・花之絹袈裟也」である。「白小袖」が「素絹・ハカマ」に変更されており、「絹袈裟」が「花之絹袈裟」に変更されている。真宗衣裳が天台宗の影響を受けたことは本願寺法主が代々青蓮院にて得度したことからも明らかであるが[23]、天台宗の法衣について記した「官僧衣体編」には「本朝ニテハ法橋法眼法印ノ服ナリ。色ハ位階ニ准ス。（中略）昔ハ素絹ヲ著スルハ甚タ重キコトナル故ナリ」[24]とある。素絹を着することはこれまで以上に儀礼的で格式向上を意図していると考えられる[25]。また、袴を着することについても儀式的正装の意味合いが強くなったことを示している[26]。「花之絹袈裟」は花色の色衣になったことを示すと考えられ、艶やかな様相がうかがえよう。こうした変容が門跡勅許によるものか、一過性のものかは本記事からのみでは理解できない。

表2は、同様に天文元年八月から永禄四年一二月における逮夜の衣裳に関する記事を抜粋したものである。永禄三年（一五六〇）九月二五日までは「白小袖」「絹袈裟」が主であったが、一一月二一日以降は「素絹」が中心と

表１　「私心記」における朝勤行の衣裳記事

年　月　日	記　事
天文２年７月26日	朝勤、絹袈裟著シテ参リ候
天文４年１月15日	朝勤、白小袖・絹袈裟着、扇不持
天文５年８月20日	朝勤、白小袖・絹袈裟・扇持
天文６年１月15日	朝勤、白小袖・絹袈裟・扇持、扇不持
天文10年１月15日	朝勤、白小袖・絹袈裟
天文10年３月11日	白小袖・絹ケサ
天文10年11月17日	朝、光勤、白小袖・絹袈裟着候
天文11年７月15日	朝勤、白小袖・絹袈裟・扇也。五時、日中御斎日中裳付衣
天文11年11月20日	其後勤アリ、六時也、白小袖・絹袈裟・水精念珠・扇持也
天文14年１月15日	朝勤已然ニ御戸開ナリ、白小袖・絹袈裟・扇子ヲ持也。去年マデハ不持也
天文22年２月11日	朝勤、黒小袖ニ絹袈裟著候
天文22年２月25日	朝勤、清、白小袖・絹袈裟・水精念珠也
天文22年３月３日	朝勤、清初、黒小袖・絹ゲサ、日中、予初候、白小袖・絹ゲサ也
天文22年３月６日	朝勤、予初候、黒小袖、布ゲサ
天文24年１月15日	朝勤、上様御出候、白小袖著候、太夜、白小袖、布ゲサ著用、如昨夕
天文24年２月２日	各々ニ小袖・絹袈裟・扇持也、上ニモ白御小袖也
永禄２年２月２日	朝勤、衣・白小袖・絹ゲサ・扇也
永禄２年12月10日	白小袖・絹袈裟著用候
永禄３年１月26日	朝勤、白小袖・絹ゲサ
永禄３年２月26日	朝勤、白小袖・絹ゲサ也
永禄３年３月３日	朝勤、黒小袖・布ゲサ也、来月ヨリハ白小袖可著候也
永禄３年３月25日	朝勤、白小袖著候
永禄３年４月３日	朝勤、白小袖・絹袈裟
永禄３年５月８日	白小袖・絹袈裟・扇也
永禄３年９月３日	朝勤、白小袖著候
永禄３年12月25日	朝勤、白小袖著、物語スル也、夕、太夜、白小袖著、毎月三日ノ如シ
永禄４年１月15日	然者、先、黒小袖ニ絹ゲサヲ著候
永禄４年１月16日	朝勤、真也、絹袈裟著候
永禄４年１月22日	白小袖・絹袈裟、ラウソク立候
永禄４年６月16日	朝勤、ゼヽ、絹袈裟著
永禄４年８月28日	朝勤如常、素絹・ハカマ・花之絹袈裟也

なっている。「太夜七時、本宗寺・願証寺・顕証寺院家ニ成候トテ素絹着」の記事より、院家となったことで衣裳が「素絹」に変化したことが理解できる。また「袈裟常之青花也」「常住之花普通ノ縹色也」の記事から、色衣が使用されていることも推察できよう。つまり、**表1**の永禄四年八月二八日条の記事は一過性のものではなく、門跡勅許によって院家が成立したことによる変容と捉えることができるだろう。

　こうした門跡勅許による宗派内の衣裳の変化は永禄四年の親鸞三〇〇回忌に関わる史料記事によってさらに明確となる。**表3**を示す。永禄四年二月一〇日から三月一八日において、三〇〇回忌衣裳についての議論があったことが推察できる。その結果、三月一八日条「ソケンニ織物ケサ著、余ノ衆モツケ衣也」とあり、素絹と織物袈裟の着用が院家衆や御堂衆などに着用されることとなった。他の坊主衆については、裳付法衣となっている。また、色衣の着用も決定されたと考えられ、三月二〇日条には「朝勤、如昨日両所勤也。素絹・織物・紫袈裟也」「院家衆、素絹・紫袈裟。其外ム（ママ）ツケ衣、アサギゲサ著」、三月二八日条では「ハリ衣・織物ゲサ・浅黄大略著候、萌黄ナド著候衆モアリ」、閏三月七日条では「予・堅田ナドハ、ソケンニ絹バカマ・紫ゲサ也」「一家衆ハ、ヒ（ママ）ツケ衣ニ織物アサギゲサ也」との記事が散見できる。紫・浅黄・萌黄などの色袈裟が着用されるに至った。そして、三月一九日条と二一日条には七条袈裟の着用記事も見受けられる。

　以上から、親鸞三〇〇回忌を契機として、本願寺法衣は大きく変化をしたことが理解できる。さらに、「今古独語」(27)には「院家各々出頭、コトサラ御年忌邂逅ノ御事ナレハ、他宗ノ衆参詣モアルヘシ、先聖道ノ衣裳シカルヘキ由ニテ、法服衲袈裟用意アリ、青蓮院門跡ノ出世松泉院法印ニ御談合ト云々」とある。(28)「法服」は「袍服」「袍裳」ともいい、礼装の時に七条袈裟の下に着用するもので、「衲袈裟」は七条袈裟のことで、平袈裟と対極にあり、二種以上の色体を用いて製したものである。(29)こうした記事からも「私心記」の内容を裏付けている。注目されるのは、

表２　「私心記」における逮夜の衣裳記事

年　月　日	記　事
天文４年１月14日	太夜、白小袖・布ケサ
天文５年３月24日	太夜、白小袖・絹袈裟・水精ノ珠数也
天文５年12月４日	光ニ太夜アリ、黒キ小袖、布袈裟
天文６年３月24日	太夜、七半時過也、各白小袖也、水精念珠・絹袈裟・扇也
天文11年１月16日	夕、御堂ニ太夜アリ、白小袖・絹ケサ也
天文11年３月23日	光・太夜、白小袖
天文22年２月24日	太夜、白小袖・絹袈裟・木珠数也
天文22年３月２日	太夜五時ニ申候、予初候、御文ヨム、黒小袖・布ゲサ也
天文22年３月５日	有太夜、黒小袖・布ケサ也
天文24年８月19日	太夜、七時過也、絹袈裟ト扇也
永禄３年１月24日	太夜、白小袖
永禄３年１月25日	太夜、白小袖・キヌゲサ
永禄３年９月25日	太夜、白小袖・絹袈裟
永禄３年11月21日	太夜七時、本宗寺・願証寺・顕証寺院家ニ成候トテ素絹着、土呂・顕証白素絹、長島墨入候、袈裟常之青花也
永禄４年７月15日	太夜、絹ゲサカケ候、失念也、但盆にて候間、可然候歟
永禄４年８月27日	太夜、素絹・常住之花普通ノ縹色也、絹袈裟也、袴著候
永禄４年10月27日	太夜、素絹・袴・常ノ絹ゲサ
永禄４年11月１日	太夜、直綴・常ノ絹袈裟也

表３　「私心記」における親鸞三百回忌に関わる衣裳記事

年　月　日	記　事
永禄４年２月10日	与四郎帰候、御仏事十月可被行由、申候、御心得候由、大蔵卿法橋被申候、又御仏事衣装事、被仰出候
永禄４年２月11日	光善寺入来候也、御仏事之儀、衣装之儀、談合候也
永禄４年２月13日	与四郎大坂へ下候、衣装之儀尋申候也
永禄４年２月28日	昨日、与四郎大坂へ遣候
永禄４年２月29日	与四郎帰候
永禄４年３月16日	御堂・御身ハラヒ御申候云々、袈裟法服アタラシクスル也
永禄４年３月18日	ソケンニ織物ケサ著、余ノ衆モツケ衣也
永禄４年３月19日	一家衆悉御堂衆ト、法服七条ケサ・ヒ扇・シタウヅ・サウガイ也
永禄４年３月20日	朝勤、如昨日両所勤也、素絹・織物・紫袈裟也、日中、昨日同法服著候、勤、毎月二十八日ニ同前、院家衆、素絹・紫袈裟、其外ム《（ママ）》ツケ衣、アサギゲサ著
永禄４年３月21日	光教寺・願徳寺・光善寺・本善寺・富宮内卿・長兵衛督・堅侍従・少将、此分南座敷、法服・七条袈裟著、末ノ一家、其後ロニ著座五十人計、法服同著候
永禄４年３月22日	日中ハ各法服也
永禄４年３月24日	日中、法服同
永禄４年３月28日	日中衣装、法服此間ノ如シ、御斎、予素絹・織物袈裟著用、院家衆此分、残之衆、ハリ衣・織物ゲサ・浅黄大略著候、萌黄ナド著候衆モアリ
永禄４年閏３月１日	御礼御亭へ参候、院家衆、素絹・織物ゲサ・絹袴著、水精念珠也、其外之家ハ、如常
永禄４年閏３月７日	朝、今日能アリ、（中略）　予・堅田ナドハ、ソケンニ絹バカマ・紫ゲサ也、一家衆ハ、ヒ《（ママ）》ツケ衣ニ織物アサギゲサ也、念珠持

「他宗ノ衆参詣モアルヘシ、先聖道ノ衣裳シカルヘキ由」として、門跡勅許による社会的視線に応えるべく、青蓮院の院家松泉院院主応全の助言を受け、天台宗の衣裳に倣っている点である。「法服（袍裳）」とは「官僧衣体編」によると、「聖徳太子ノ時代ヨリ出家モ皆官服ヲ用ヒ来レリ、今ノ袍裳鈍色是ナリ、袍ハ朝服ナリ、参内院参ノ時ハ出家モ官服ヲ著スル礼ナル故ニ袍裳ヲ用ヒ来レリ、袍ハ官人ノ袍ニ異ナラス、袍ト裳トハ本ト別ナルモノナリ、故ニ袍ハ音ニ唱ヘ、裳ハ訓ニ唱ルナリ、皆天台宗官僧ノ法服ナリ」(30)とあり、「天台宗官僧ノ法服」であると同時に「朝服」であることを強調している。本願寺教団が親鸞三百回忌で目指したものは、この「朝服」的趣意を内外に、体制的にも、具体的にも示すことであった。門跡勅許によって朝廷集団の一員となった本願寺は、体制的には門跡に相応しい教団組織を整備し、具体的には衣裳や法会において格式を手に入れる必要があった。だからこそ、由縁ある青蓮院を中心として、天台宗の諸門跡の指南は重要であった。

まさに、親鸞三〇〇回忌は門跡勅許以降の天皇・朝廷権威を強調する社会に対する一大セレモニーであったのだ。こうした本願寺の社会へのアピールは、豊臣秀吉の追善のために八宗によって挙行された洛陽大仏法事(31)にも顕著に表れる。「法流故実条々秘記二」五三条に次の記事がある。(32)

一、此大仏法事初候時、諸宗之付合候へハ、常式之法衣ニテハ如何可有トテ、御門跡方へ被成御相談候テ、法服鈍色七条等初テ被着用候也。其時迄ハ御一宗之御堂衆・坊主衆、晴之時ハ直綴ニ青袈裟、又ハ白袈裟也

（後略）

一、法服鈍色七条袈裟ハ御門跡様ニ拵置候テ、前日面々へ被借出候。四月・八月八宗之時ハ、必百人ツヽ、被相揃候。百人之中法服七条之衆ハ十二・三人計、鈍色七条三十人計歴々ノ坊主分也。其次之衆ハ裳付鈍子袈裟、又ハ青袈裟、其末之坊主ハ常ノ衣ニ白袈裟也

（後略）

洛陽大仏法事の際、本願寺は僧百人を率いて斎を営んだが、他宗との「付合」を考慮して、大衣である七条袈裟の着用を行ったのである。しかも、その法衣は本願寺法主が事前に準備したものであった。史料によると、その内訳は法服七条[33]を着したのは一二、三人で、おそらく一家衆と御堂衆であったと推察できる。鈍色七条[34]は三〇人ほどで、「歴々ノ坊主分」とあり、摂州・河州・江州などより上洛した坊主衆のことと推察される[35]。こうした僧侶以外には、裳付の鈍子袈裟[36]、あるいは、裳付の青色袈裟、「末之坊主」衆には「常ノ衣」、つまり、「墨衣ニ白袈裟」を着用させたことが理解できよう。このように、一家衆・御堂衆以外の衆僧にも七条袈裟を着用させた。衆僧の大衣着用の始まりである。

次に、慶長一六年（一六一一）の親鸞三五〇回忌における衣裳を検討してみる。法会の諸式作法は「竹門様良恕親王へ御相談被遊候、其御使ハ八木隼人定長・西光寺祐従両人、御法事前ノ日迄五六度被参候也[37]」とあり、天台五門跡のひとつ竹内門跡良恕親王に助言を得ている。ここにおいても、天台宗の影響を強く受けている。以下に、逮夜における衣裳記事を抜粋してみよう[38]。

一、今夕之御逮夜御衣裳、御門跡様香ノ素絹・御袈裟《赤地金襴》・金之扇・水精御数珠也、興門様黄ナル素絹・紫ノ御袈裟、院家衆素絹織物袈裟、内陣御一家衆裳付織物袈裟也
一、飛檐之坊主衆ハ直綴ニ青ケサ・金扇・木念珠ニ白袴也
一、御堂衆・坊主衆ハ直綴・布墨袈裟・常ノ末広扇・木数珠・白袴也

以上の記事から、法主は香色の素絹に赤地金襴の袈裟、興正寺は黄色の素絹に紫の袈裟を着用していたことが分かる。衆僧は、院家衆が素絹に織物袈裟、一家衆が裳付衣に織物袈裟、飛檐の坊主衆は直綴に青袈裟、御堂衆と一

般の坊主衆は直綴に布墨袈裟となっている。このように、法主は香色素絹に正親町天皇より下賜された同色の袈裟を着用していた。以下、院家衆から一般の坊主衆にかけて、「素絹→裳付→直綴」「織物袈裟→青袈裟→布墨袈裟」と変化している。これらは天台宗の法衣式を本願寺様式に取り入れたものであった。

本節では、本願寺教団が「貴族化」とともに法衣式を変更させてきた様相を明らかにした。特に、門跡勅許を契機として、本願寺教団内の衣裳が天台宗に倣いながら変容してきたことを確認した。

二　法衣式の制度化と身分上昇志向

前節で検討してきた法衣の変容は、一方で僧階を明確にするものであった。身分を視角的に捉えることができることにより、高い身分の法衣への要求が高まるのは当然であった。

例えば、慶長一六年（一六一一）に行われた親鸞三五〇回忌の状況を記した「高祖聖人三百五十年忌日次之記」三月二八日条には「蝋燭ノ役金藏寺正知・西教寺法道、此間ハ鈍色・五条袈裟ニテ、後堂ニ祗候申候へトモ、今日ハ御当日ナルニ付、法服・七条袈裟ニテ面へ出仕被申候再三望被申候故如此御免也」[39]とあることからもうかがえよう。こうした上昇志向は徐々に法衣の体系化を促していく。前章にて指摘したところであるが、性応寺了尊が記した「元和五年ヨリ寛永七年マテ衣裳ノ覚」元和七年（一六二一）四月二三日条に次の記事がある[40]。

一、明覚寺新教従、今日初黒衣改メ其上ニクチハノランケンノ袈裟ヲ着シ、出仕セント欲シテ已ニ後門迄被参候、然ヲ御門跡様御ランセラレ候て、右衛門佐をもつて被仰候ハ香クチハ、僧正着用也、然ヲ明新何ツ僧正ニ成候ヤとの御宣ナリ、依出仕ニ不及及(衍カ)赤面逃散候、其後御大夜過ニ横田内を以テ重被仰候ハ、、御堂ニテ

モ又ハ世間ニテモ最前ノ袈裟着用候□無用可為よし被仰候

明覚寺教従が初めて黒衣を改めて、朽葉色の袈裟で出仕してきたところを、准如が「香クチハ、僧正着用也」と指摘したというのである。その後、坊官の横田内膳を通して、袈裟の着用については「最前ノ袈裟」を着するように指示が下りる。こうした事実から鑑みると、この時期の法衣式の体系化は未分化であり、法衣取得の動きが衣体の整序化を促したと言えよう。さらに、教従は四日後に次のような行動に出る(41)。

一、廿七日、如毎月、明覚新地茶ニ赤紋有之ケサ着用候て被参候間、予申候ハ上様へ被懸御目ニ候哉、如何と申候へハ未懸御目由候間、然ラハ被伺候て可然旨申候へハ尤と同心ニテ御目ニカケラレ候へハ、紋ノ赤モナリ申間敷由被仰候、廿八日(翌日)ニハ紫ヲ着用申度候ハ、、御ユルシ可被成之旨被成御意候由也、惣而アサキト黄トモヘキトハ不苦由也

二七日、教従は茶色に赤紋の袈裟を着用してきた。了尊が准如の許可を得るように助言したところ、准如は「紋ノ赤モナリ申間敷由」を述べ、許可を与えなかった。二八日、明覚寺は紫の袈裟を着用することで、やっと許可を受ける。「アサキト黄トモヘキトハ不苦」との記事から、浅黄や黄や萌黄の色についても許可があったことがうかがえる。

こうした記事からも、この時期の法衣式は明確な基準がなかったことが明らかである。そして、身分上昇を宗教上において実現しようとしている様相と衣体整序化の萌芽が理解できよう。近世初期、本願寺内における身分格式はまだ絶対的なものではなかった。血脈による優位性は間違いなく存在していたが、一般的に言われているような衆僧に至る強固な近世身分の固定性は当初から存在していなかったのである。

以下、「紫雲殿由縁記」寛永七年(一六三〇)条の記事を二つに分けて示したい(42)。

御家ニ総大衣著用、御聖人様御遠忌ノ折ヨリ始メテ礼盤ニテ御式御拝読、御焼香モ御自身成サル、義始ル、梵唄声明音楽絹袈裟ト申、坊主分ニ礼金ヲ定メラレ、青練ノ袈裟着用ノ義始ル、尤コレ迄ハ御寺務御子達、御連子方一家衆皆々件ノ青袈裟而已、御堂役者迄コノ袈裟ヲ着用申、晴衣体、元来ハ信浄院様ノ御定、御内徳ノ御企ナリ、准如様御代ニ及ビ右ノ絹袈裟望輩数多ナリ、同時ヨリ金ノ中啓水精ノ珠数ト申依用スルコト専ナリ

まず、前述したように本願寺教団の大衣である七条着用が親鸞三〇〇回忌からであることが述べられている。続いて青袈裟着用が始まった経緯について記している。これまで青袈裟は、寺務坊官・新門・連枝寺院・一家衆のみの着用であったが、近年は御堂衆も着用していると記している。もともとは教如の指示であったが、准如期には青袈裟を望む坊主衆が多くなったことから、親鸞三〇〇回忌を機に着用することになったという。

近年上ヨリ始ル故、御一門方ノ御饗応上下ノ分チ定リ、興正寺殿御格式劣ヘタリ、嘆敷ノ甚キ也、御従弟迄ハ殿ト申、余ハ御一家衆ト申、下間衆祖師ノ御直弟ノ末孫ユエ、御一家衆ナミノ饗応ト定レリ、坊主分ノ人々各々以ノ外ニ立腹ス、血脈ノ方々ハ御一家ト尊敬ハ実ニ尤理ノ当然、御直弟ノ末孫故トナラハ旧寺祖師御直弟ハ如何其格モ可有ニト申セトモ、時ノ寺務ノ御物数奇、常楽寺七日不出仕、世上ノ人口ニ陳諌アリシ処ニ、ソノ挨拶トシ興正寺ハ本願寺脇門跡、常楽寺ハ永代御一門頭ト、コレニテ安平トナル

続いて史料では、僧階の秩序化が行われたことを述べている。「御一門方ノ御饗応上下ノ分チ定リ」の記事から、寛永七年頃に、本願寺上層部の身分規定がなされたと理解できる。興正寺の身分格が低くなったことを「紫雲殿由縁記」の筆者である金宝寺明専が嘆いていることからも分かるように、門跡の近世化の中で、勤式の儀式化・教団の整序のため僧階は再編成がされようとしていた(43)。事実、寛永七年に行われた准如の葬礼には、新法主・脇門跡・院家・御一家衆・御堂衆・絹袈裟・定衆・惣坊主衆という次第で参列している(44)。無論、こうした僧階にはそれぞれ

表4　准如葬礼における衣裳記事

僧　階	寺院名・人名	法　衣
新門主	本願寺良如	紫ノ法服《紋ハホタンカラ草也》、此度新ク御織ナサレ候、浅黄ノ指貫・紺地ノ金襴ノ七条ノ御袈裟
脇門跡	興正寺	白キ綾子ノ法服《紋ハボタンカラクサ也》ニ、紺地ノ金ランノ七条ノ御袈裟
院家衆	本行寺	白綾ノ法服《紋ハ小キ石タヽミ也》ニ、紺地ト赤地トツキマゼノ七条御ケサ
	本徳寺	白キ綾子ノ法服ニ、赤地ノ金ランノ七条ノ御袈裟
	顕証寺・新発意三位	黒キ法服・赤キ七条ノ袈裟
	恵光寺・新発意	黒キ法服ニ、赤地ノ金ランノ七条
御一家衆	（記載なし）	黒キ法服ニ、七条ノ袈裟
御堂衆	調声人西教寺法道 鈴ノ役人延寿寺玄智	法服・七条
絹袈裟	（記載なし）	法服・七条
定衆	（記載なし）	此度法服被成御免候テ被着用候
惣坊主衆	（記載なし）	鈍色・七条、或ハ鈍色ニ五条、或ハ裳付ニ五条、又ハ青ケサ、或ハ直綴ニ五条、又ハ青ケサ・白ケサ、其外直綴・布ケサノ衆ハ数百人、惣坊主衆ノ内ニモ、法服被成御免候様ニ申上ラレ候、廿人計被成御免候テ着用候也

（出典）「寛永七年准如上人送終記」（『西光寺古記』60～64頁）

（備考）本行寺・本徳寺・顕証寺・恵光寺の院家衆確定については、「従寛永元甲子寛文十一辛亥年迄御一家衆座配」（本願寺史料研究所所蔵：西光寺文書）に拠った。


に準じた法衣が宛がわれていく。

寛永七年の准如葬礼における衣体を一覧にしてみる。**表4**を示す。新門良如は紫の法服に紺地金襴の七条袈裟、脇門跡興正寺は白の法服に紺地金襴の七条袈裟を着している。院家衆の本行寺は白の法服に紺と赤地の七条袈裟、本徳寺は白法服に赤地金襴の七条袈裟、顕証寺と恵光寺は黒の法服に赤地の七条袈裟である。院家衆の中でも、本行寺・本徳寺と顕証寺・恵光寺との間に寺格の差があると考えられよう。御一家衆は黒法服・七条袈裟、御堂衆・絹袈裟・定衆は法服・七条となっている。定衆はこの准如葬礼より法服着用が許可された。坊主衆については、鈍色・裳付・直綴に五条・七条・布袈裟など様々である。坊主衆の中でも法服着用

表5　寂如期の衣体改め

僧　階	記　事
院　家	紫紋白五条袈裟、小五条紫地花色紋緞子
内　陣	萌黄紋白五条袈裟、小五条萌黄地茶唐草緞子
余　間	松葉色紋白五条袈裟、小五条花色地萌黄紋緞子
二十四輩	紺地茶紋唐草緞子、五条袈裟
常住衆	浅黄緞子割桜唐草緞子袈裟
飛　檐	花色地浅キ唐草緞子
初中後	白綾五条袈裟

（出典）「紫雲殿由縁記」（『真宗全書』巻70、423〜424頁）

が許可された者が二〇人程存在したことから、坊主衆の身分がさらに細分化される可能性があったと考えられる。

このように、未分化であった法衣式の体系化が徐々に僧階の編成とともに規定されようとしていた。前述したように、ここには衆僧の上昇志向が法衣式の加速化を進めたと推察できよう。

近世の僧階次序が確定するのは寂如期である[45]。寂如期に新たに導入された五条・小五条の法衣式を一覧にしてみよう。**表5**を示す。表から分かるように、新たな階層に応じた衣体の着用が進んでいることが理解できる。徐々に法衣式が確定されようとしている証左である。法衣式がほぼ固まるのは法如から文如期である[46]。「故実公儀書上」御免衣体之事によると、寛政六年（一七九四）における法衣式には「筋目院家」「准院家」「内陣」「余間」「廿四輩三之間」「飛檐」「初中後」「国絹袈裟」「平僧」の僧階に準じた法衣規定が設けられている[47]。

つまり、准如〜法如・文如期にかけて、およそ二〇〇年という年月の間に、本願寺内における身分格式は決定的に細分化・固定化がなされ、身分を視覚化できる衣体の変更がなされていったのである。その契機となったのは、前節から論じているように、永禄二年（一五五九）の顕如の門跡勅許であり、天皇・朝廷権威を教団内に、自己の中に取り込んだことに起因するものであった。

さらに、寛政六年における法衣式において、付言しておく点がある。以下に「国絹袈裟」・「平僧」条を示す。(48)

一、国絹袈裟
衣　　黒布
威儀袈裟　黒紑子（威儀紐浅黄弥り　絹寸法凡法巾四尺一寸堅壱尺一寸）
黒紑子衣
但相願候得者御免
輪袈裟　無金地
右同断
青袈裟　水浅黄称リ絹
右同断
国緞子袈裟（寸法凡横巾四尺九寸　堅壱尺九寸金さし）
（右同断地合緞子白唐草紋。本山始諸国掛所相除キ其外何れニても着用仕候）
本寺緞子袈裟
（右ハ国緞子袈裟同様ニ而御座候右相願候へ者本山始何れニても着用仕候）
七条法服　金襴黒緞子
純色　白絹
右相願候得者何れニても着用
一、平僧

衣　　　　黒布
黒袈裟　　綟子
黒綟子衣
　右相願候得者　御免

国絹袈裟においては、そのほとんどが「相願候得者御免」と補足されている。平僧においては「黒綟子衣」が該当する。つまり、本山への礼金によって格上の衣体を着用することができるということである。さらに注目されるのは、国緞子袈裟と本寺緞子袈裟の規定の違いであろう。史料では「右同断地合緞子白唐草紋、本山始諸国掛所相除キ其外何れニても着用仕候」（国緞子袈裟）と「右ハ国緞子袈裟同様ニ而御座候右相願候へ者本山始何れニても着用仕候」（本寺緞子袈裟）とあり、前者は本山および掛所では着用できないのに対し、後者は本山でも着用できるとした。衣裳を着する場所によって、身分規定を設けたのであった。こうした制度化は地方の坊主衆・門徒衆の上昇志向を抱き込むものであったのだ。

本節では、准如～法如・文如期にかけて、およそ二〇〇年の間に、本願寺内における身分格式が細分化・固定化がなされ、それに伴って衣体の変更が進んだことを明らかにした。また、その変更の背景には衆僧たちの上昇志向があり、変更の推進を促したことを考察した。

おわりに

以上、本願寺法衣の変遷の検討を通して、明らかになった諸点をまとめておく。

（一）真宗の墨衣・墨袈裟の宗風は、所謂、本願寺の「貴族化」とともに、まずは法主法衣が変容した。
（二）永禄二年（一五五九）、顕如の門跡勅許によって、法主ばかりでなく、宗派全体として法衣が変容する。門跡に相応しい教団組織と法会・衣体など格式を獲得するために、青蓮院を中心として天台宗寺院の指南を受ける。
（三）親鸞三〇〇回忌を契機として、法服・七条袈裟・色衣が院家衆や御堂衆に着用された。八宗洛陽大仏法事では、衆僧に七条袈裟が着用される。社会に対する天皇・朝廷権威の一大セレモニーであった。
（四）元和期においては、法衣式の明確かつ細かな基準はみられない。より高い格式の衣体を獲得しようとする衆僧の上昇志向と衣体整序化の萌芽がみられる。
（五）寛永期になると、僧階に応じた衣体規定が定められ、法衣式の体系化が進む。
（六）准如～法如・文如期にかけて、本願寺内における身分格式が細分化・固定化がなされ、それに伴って衣体の変更が進んだ。その変更の背景には衆僧たちの上昇志向があった。

以上の六項目を総合的に考察すると、本願寺法衣の変遷の大きな起点は間違いなく顕如の門跡勅許にあると言ってよい。戦国期の動乱の中での本願寺への門跡勅許が新たな朝廷勢力への取り込みを目的としていたとはいえ、(49)本願寺にとっては「大坂なみ」という意図的な経済的特権獲得ばかりでなく、(50)後世に及ぶ国家的序列の中に自身が身を置くこととなった。つまり、近世門跡制度が「宮門跡」「摂家門跡」「精華門跡」「准門跡」という格式に代表されるように、基本的に天皇との親疎の関係性において、身分制度として序列されることとなった。(51)その序列化に至る過程の中で起きた事件が第四部で検討する「東西本願寺参内一件」であり、「西本願寺下乗一件」であったのだ。詳しくは第四部で後述するが、こうした序列化の中での本願寺自身の上昇志向は「西本願寺下乗一件」で見られるように、法主の禁裏参内時の下乗位置を「宮門跡」「摂家門跡」と同等にするように「西本願寺門徒之輩関白武家両伝奏門前ニ数百人相詰日々可被訴訟之旨[52]」といった民衆たちの意識をも巻き込んでいく。天皇は真宗信仰の直接の表象ではないが、天皇を民衆たちが身近に感じる、感じないにかかわらず、国家的序列が本願寺教団内に取り込まれ、教団整備という名のもとに儀礼的・政治的変容が見られるようになる。本願寺法衣も、儀礼的・政治的変容のひとつであり、国家的序列の移入のひとつであった。

古代官服に端を発する法衣や色衣の体系が天台宗を通して、本願寺教団に具体化されたのはその証左である。こうして、本願寺教団自身は国家的序列のもとに僧階の決定、身分化がなされていったのである。そうした身分規定は実に二〇〇年という長い期間を経て定着し、再び上昇志向とともに動揺していくこととなる。

註

（1）大桑斉「近世国家の宗教性」（『日本史研究』六〇〇号、日本史研究会、二〇一二年）。
（2）同右、一一六頁。
（3）深谷克己『近世の国家・社会と天皇』（校倉書房、一九九一年）二三六頁。
（4）同右、八一頁。
（5）大桑前掲論文、一一二頁。
（6）第二巻（浄土真宗本願寺派宗務所、一九六八年）六一一～六二九頁。
（7）草野顕之『戦国期本願寺教団史の研究』（法藏館、二〇〇四年）四一四～四三六頁。
（8）蓮如の末子である順興寺実従が天文元年（一五三二）八月から永禄四年（一五六一）一一月までの三〇年間にわたって記したものである。本稿では『石山本願寺日記』下巻（清文堂出版、一九八四年）を使用する。

(9) 慶長年間の法事や年中行事に関わる日次記(龍谷大学所蔵文書・西本願寺文書)を集録したもので、大半は性応寺了尊の筆によるものである。首藤善樹編『慶長日記』(同朋舎出版、一九八〇年)として刊行されている。以下、『慶長日記』とのみ表記する。

(10) 元和年間の法事や年中行事に関わる日次記(龍谷大学所蔵文書・西本願寺文書)を集録したもので、性応寺了尊・西光寺祐俊の筆によるものである。高島幸次編『元和日記』(同朋舎出版、一九八六年)として刊行されている。以下、『元和日記』とのみ表記する。

(11) 天正~寛永年間の法事や年中行事に関わる日次記(龍谷大学所蔵文書・西本願寺文書)を集録したもので、大半は性応寺了尊の筆によるものである。千葉乗隆編『西光寺古記』(同朋舎出版、一九八八年)として刊行されている。以下、『西光寺古記』とのみ表記する。

(12) 延暦一一年(七九二)~享保一二年(一七二七)に至る金宝寺の記録である。寛永一五年(一六三八)に金宝寺第六七世明専の集録したものを、さらに玄孫である明沼が増修した。金宝寺歴代は本願寺と親縁があったため、本願寺の状況を考察できる(妻木直良編『真宗全書』巻七〇〈国書刊行会、一九七六年〉所収)。

(13) 史料の引用をはじめ、検討にあたっては「本願寺」「西本願寺」の文言の峻別を行うべきであるが、論旨の混乱を避けるため、「本願寺」の文言で統一していくものとする。

(14) 親鸞の鏡御影、善導・源空・親鸞三祖像、親鸞・如信・覚如の三師連坐像の分析から、本質的に墨衣・墨袈裟を宗風としていたとする。本願寺史料研究所編『本願寺史』第二巻(浄土真宗本願寺派宗務所、一九六八年)六一一~六一三頁。

(15) 千葉乗隆編『真宗史料集成』第九巻(同朋舎メディアプラン、二〇〇三年)六五三頁。以下、本史料の引用にあたっては『集成』と表記し、巻号を付す。

(16) 稲葉昌丸編『蓮如上人行実』(法藏館、一九四八年)二一九頁。

(17)『集成』第九巻、六五三頁。
(18)稲葉昌丸編『蓮如上人行実』（法藏館、一九四八年）一一一頁。
(19)『集成』第九巻、四二六頁。
(20)脇田晴子『天皇と中世文化』（吉川弘文館、二〇〇三年）五五頁。
(21)本願寺史料研究所編『本願寺史』第二巻（浄土真宗本願寺派宗務所、一九六八年）六一八〜六一九頁に下賜された写真が収載されている。
(22)「法流故実条々秘記二」四一条に「素絹ニ僧綱ノアル物也。家々ノ紋ヲ織付事本式也一日晴之衣裳也。一日晴ト云ハ、天子行幸ナトノ時ニ、公卿・殿上人ハ装束之下着ニ色々唐織ナト被着候」とある（『集成』第九巻、四三〇頁）。
(23)「法流故実条々秘記二」四三条に「御当家ハ法流ハ浄土宗、衣裳ハ天台宗同事云々」とある（『集成』第九巻、四三〇頁）。
(24)天台宗典刊行会編『天台宗全書』二〇巻（第一書房、一九七四年）三六〇頁。
(25)法衣の一種。素絹衣という。素白なる絹の衣の義である（岡村周薩編『真宗大辞典』巻二、永田文昌堂、一九七二年、一四一三頁。以下『真宗大辞典』とのみ表記し、巻号を付す）。
(26)「元和五年ヨリ寛永七年マテ衣裳ノ覚」に「南ノ間ノ衆ニモ袴可被成御免候へ共、直綴斗ニテハ余ニ略儀之様ニ見へ候」の記事があることからも、袴着用が正装的意味合いが強かったものと考えられる（『元和日記』一二九頁）。
(27)「今古独語」は、蓮如第七男の蓮誓の子である顕誓が英賀本徳寺に籠居中の永禄一〇年（一五六七）一二月以降、生涯の経歴を記したもの。当時の宗内の事情を伝えるものが多い。
(28)新編真宗全書刊行会編『新編真宗全書』史伝編四（思文閣、一九七五年）三三九〜三四〇頁。
(29)『真宗大辞典』巻三、一七八〇・一九四〇頁。
(30)天台宗典刊行会編『天台宗全書』二〇巻（第一書房、一九七四年）三五九頁。

(31) 慶長四年(一五九九)〜一九年(一六一四)まで、秀頼によって挙行されている。八宗とは天台宗・真言宗・律宗・禅宗・浄土宗・日蓮宗・時宗・浄土真宗のことである。
(32) 『集成』第九巻、四三五〜四三六頁。
(33) 「法服」は「袍服」のことと推察できる。「袍裳」ともいう。礼装の時に七条袈裟の下に着用する法衣で袍と裙と帯よりなる(『真宗大辞典』巻三、一九四〇頁)。
(34) 「鈍色」は「袍服」と仕立様全く同じものであるが、裏をつけず単衣であるところが異なっている。純色に作るものである(『真宗大辞典』巻三、一六三三頁)。
(35) 「法流故実条々秘記二」五三条に「此法事初リ一両年ハ、摂州・河州・江州・近国之坊主衆へ被仰付、一年ニ両度ツ、上洛被申候(後略)」とある。
(36) 「鈍色」の語源である、にびいろ・薄黒い色のことと考えられる(『真宗大辞典』巻三、一六三三頁)。
(37) 「高祖聖人三百五十年忌日次之記」(龍谷大学所蔵文書)。本史料は中心となる慶長一六年(一六一一)三月一八日〜二八日までの記事と、以降の記事、および、前文に分類される。本記事は前文の箇所より抜粋した。史料の引用にあたっては、『慶長日記』を使用している(二〇〇頁)。
(38) 「高祖聖人三百五十年忌日次之記」三月一八日条(『慶長日記』二〇二頁)。なお、朝勤の衣裳は法主・興正寺は「朝勤、御門跡様香御素絹・香御袈裟、興門様黄色素絹・紫ノケサ」であり、「毎朝勤衣裳、御一家衆素絹・裳付・織物袈裟・金扇・水精念珠、御堂衆裳付・青袈裟・金扇・水精念珠、飛檐之衆直綴・青袈裟也、惣坊主衆ハ直綴ニ白袈裟・金扇・木念珠也」であった(『慶長日記』二〇四〜二〇五頁)。
(39) 『慶長日記』二一三頁。
(40) 『元和日記』一三二〜一三三頁。
(41) 同右、一三三頁。

(42) 妻木直良編『真宗全書』巻七〇（国書刊行会、一九一三年）三六〇頁。
(43) 史料からは直弟の末孫である下間家が一家衆並みの身分を与えられことで混乱が起きていることもうかがえる。
(44) 「寛永七年准如上人送終記」（『西光寺古記』六〇～六四頁）。本願寺史料研究所編『本願寺史』第二巻（浄土真宗本願寺派宗務所、一九六八年）によると「連枝・院家・内陣・定衆・絹袈裟・総坊主衆の次第で参列した」とある。出典は『准如上人御葬礼記』となっている（二三四頁）。本稿での「御一家衆」「御堂衆」が『准如上人御葬礼記』の「内陣」に比定されると考えられる。
(45) 本願寺史料研究所編『本願寺史』第二巻（浄土真宗本願寺派宗務所、一九六八年）二三四～二三九頁。
(46) 同右、六二八頁
(47) 『集成』第九巻、七三二～七三五頁。
(48) 同右、七三三～七三四頁。
(49) 脇田晴子氏は「権力として実質を失った天皇・朝廷が、時代の変化にのっとって未開拓の新興勢力に目をつけて、延命策として必死に編成した結果であった」としている（脇田前掲書、五九～六〇頁）。また、安藤弥氏は「宗教的側面においても天皇権威の没落が危惧されたが、これを補完するために、新たな宗教勢力として台頭していた本願寺を、新たな『門跡』として、確実に朝廷・公家社会＝『公』秩序の中に編成したものと見ることができる」と述べている（安藤弥「本願寺『門跡成』ノート」〈『仏教史研究』四三、龍谷大学仏教史研究会、二〇〇七年〉六五頁）。
(50) 脇田前掲書、五八頁。
(51) 杣田善雄「門跡の身分」（『権威と上昇願望』吉川弘文館、二〇一〇年）。
(52) 「基熈公記」元禄四年（一六九一）四月二九日条。

第三章　「御用」「御免」と身分

はじめに

安政三年（一八五六）に竣工した大谷本廟円通橋は「花洛名勝図絵」にも紹介され、「奇巧をつくした石橋」として著名である。しかし、この竣工に被差別寺院である大坂渡辺村真宗寺院の尽力が大きかったことは知られていない。西本願寺所蔵の留役所「大坂諸記」安政六年（一八五九）六月二九日条には「先年同寺門徒播磨屋五兵衛より円通橋献上申上」(1)との記事があり、近世被差別民であった渡辺村門徒の上納金が大きな役割を果たした。また、大谷御門前の整備では「大谷御門前之御手伝之儀心配有之ニ付、西木津徳浄寺江被下物」(2)との記事があり、労働としてもその役割は小さくなかった。

このような労働や財貨による報謝は「御用」と呼ばれ、西本願寺文書の中に「馳走」「手伝」「出精」「懇志」などの文言で散見される。こうした「御用」がどの範囲に及ぶのかは明確ではないものの、西本願寺直轄の別院である大坂津村御坊と渡辺村の間には、以下の一定の定義があった(3)。

相定御馳走物

一、年頭中元御境内台挑燈一式
一、非常手当人足
一、御太鼓張替
　右之外臨時之義ハ市中御馳走ニ准シ御馳走申上来候

上記記事は天保一〇年（一八三九）、渡辺村徳浄寺・正宣寺の色衣内願が却下された際、津村御坊留守居高山半左衛門から西本願寺坊官下間少進に渡辺村からの「馳走」が滞っている状況を報告した一部である。津村御坊への定期的「馳走物」には、年頭と中元の挑燈、非常時の人足、太鼓の張替といった「御用」があり、臨時の「馳走」依頼にも応じていたことが分かる。非常時の人足のうち、津村御坊への消防については「坊舎の消防は渡辺門徒の擔任するところなり」と論じられるほど、特筆されるものだった。(4) このような津村御坊への「馳走」のうち、太鼓の張替と津村御坊への消防は渡辺村の役負担にもなっていた。塚田孝氏は渡辺村の役負担として、太鼓張替の皮役、幕府関係施設各所での死体片付、行刑執行の三つに大別し、享保九年（一七二四）以降の消防役もそのひとつとした。(5) そして、氏は高木昭作氏と朝尾直弘氏の研究成果を統合的に捉え、近世社会における「役」が、それぞれの身分に応じて課せられる労働の義務であるとともに、その「役」を遂行することによって、それぞれの身分の存在が公的にあるいは社会的に承認される意味を担っていたことを指摘した。(6) ここにおいて「役」とは、強制的な労働という枠組みを超えて、近世国家に積極的に位置づけられた。

では、近世国家の宗教統制のひとつ本末制度における本寺（西本願寺）と末寺（渡辺村真宗寺院）の関係に、「御用」はどのように位置づけられるのだろうか。また近年には、「身分願望」をキーワードとして、差別化の力に対する平等化の力が生起した事例を検討し、個人に身分の主語を置き替え「身上り」と「上下無し」の葛藤の様相を

「人と身分」という着想から身分論への転換が提起されている。(7)こうした研究動向も視野に入れ、本章では「御用」と「御免」の関係性を一八世紀前半以降明治維新期にわたる約一五〇年間の時間軸から相対的に検討し、その互恵的関係、そして「御用」と「御免」の背後にある上昇志向を、個人と集団を研究視角として検討していくものである。

第一章第一節にて渡辺村の概要を述べているが、本章考察のために、再度、塚田孝氏の研究成果によって、渡辺村の町割・人口・生業などを確認しておきたい。(8)

渡辺村は座摩神社に神役を奉仕するキヨメ集団の居所を淵源とし、大坂築城に伴い市域の周辺に分散させられた後、元和年間（一六一五～二四）に道頓堀川南の難波村領内に集住することで成立した。その後、数度の移住を経て、宝暦三年（一七〇六）に木津村領内への移住を完了している。渡辺村は「かわた」身分のもののみが集住する社会であった。渡辺村は慶長年中に断罪役を課され、年寄は苗字・帯刀・三人扶持を認められた。渡辺村は内部に「町」が形成されており、事実上の都市であるにもかかわらず、行政的には「村」であるという「町村」の一形態である「皮多町村」(9)であった。難波村に居住していた当時から、八軒町を中心として、北側から北之町・中之町・南之町の四町が形成され、明暦二年（一六五六）の増地の際には、拾軒町と新屋敷町が形成され六町となっている。木津村領移転後もこの六町は継承された。渡辺村の人口はこの移転をはさんで元禄五年（一六九二）から正徳三年（一七一三）の間に八四〇人から二三四一人の三倍に増えている。以後、天保飢饉まで増え続け、天保三年（一八三二）には五一二二人を記録する。こうした人口増加の背景には構成主体は家持層であるが、多数の店借層の展開があったと考えられる。

次に、渡辺村皮革業を三層構造から把握する。第一に、他の「かわた」村同様に斃牛馬処理に関わる者が存在したという点である。享和三年（一八〇三）の大坂町奉行所への返答書に、斃牛馬の取場所の権利を所持している者がおり、売買が行われたことが記されている。第二に、皮革関連業によって生活を維持している者が多数存在した点である。皮革を用いた履物を商う者が四〇人余り、これを製造する者が四〇〇人余り存在した。第三に、渡辺村は西日本全体の皮革流通センターであった点である。天保年間では一〇万枚を越える原皮が渡辺村に集まり、全国的に売り捌かれた(10)。その中核的な担い手が有力皮問屋であった。第一と第二は渡辺村に限られた構造ではないが、第三は渡辺村固有のものであった。この渡辺村固有の構造は、大坂が「天下の台所」としての経済的地位を確立するのと並行して、巨額の利益を得ていくのである(11)。

一　「御用」と「御免」による互恵的関係

文久元年（一八六一）、親鸞六〇〇回忌が執り行われる。この六〇〇回忌に際しては、嘉永六年（一八五三）の大谷大遠忌予修に始まる相次ぐ予修、および、一〇年に渡る準備が行われた。大谷本廟の整備もそのひとつである。安政三年（一八五八）には、大谷新道や円通橋の竣工とともに、翌年には「大谷御茶毘所御修復懸」を置いて荼毘所の整備が行われた(12)。

こうした親鸞六〇〇回忌に関わって、渡辺村真宗寺院の果たした役割は小さくない。『本願寺史』第二巻によると、摂津国における六〇〇回忌の懇志請高は五三二〇両であったが(13)、このうち二〇〇〇両は渡辺村徳浄寺と正宣寺からの懇志上納金であった(14)。また、大谷本廟の整備においてもその役割は決して小さくなかった。

安政四年（一八五七）一一月一三日、西本願寺使僧得雄寺が渡辺村にて六〇〇回忌についての演達を行う。頭門徒である大和屋五兵衛・岸部屋吉五郎・播磨屋五兵衛・池田屋忠兵衛の四名をはじめ、徳浄寺門徒が参集した[15]。当時、渡辺村は後述する大谷本廟整備への馳走の最中であったが、四名は「御遠忌御取持之儀者、兼而覚悟ニ御座候得共、近比繁重ニ相成候ニ付而者彼是延引仕居候、然ル処此度御趣意承り候而者何とも難捨置」として、積極的に関わる意志を示し一人一〇〇両の記帳を行った[16]。一四日朝には、他門徒にも記帳が拡がり、七〇〇両近い懇志が約束された[17]。

一五日、得雄寺は正宣寺門徒を呼び出し、六〇〇回忌への懇志上納の意志を確認する。正宣寺門徒は「元来拙寺義者小寺之儀故、何とも御取持筋徳浄寺之如く難仕、乍併大遠忌御取持之儀者、当寺之勢ヒニ而門徒一同人機相立、何卒当寺引続拙寺へ御出精之上、御趣意演達被下候へ者、急度小寺相応之御取持可仕候旨申出候[18]」と応じ、正宣寺の規模としての懇志上納への意欲を示した。

こうした渡辺村の西本願寺への懇志については、皮革業を基盤とした莫大な経済力ばかりに目を奪われる傾向があるが、得雄寺から西本願寺家司嶋田左兵衛宛の書簡には「追々記帳相調申ニ者困窮之者御法義之上柄与ハ乍申、家財を売致上納候抔、実ニ落涙いたし候[19]」と記されており、まさに惣門徒による記帳であったことを指摘しておきたい。このように、文久元年親鸞六〇〇回忌の四年前には、渡辺村の懇志請高は合計一〇〇〇両になり、うち四〇〇両はすぐに西本願寺に上納された[20]。

以上から鑑みて、摂津国全懇志請高の四〇％を渡辺村が担ったとする『本願寺史』の記述は妥当性あるものと捉えられよう。このような「御用」としての懇志が渡辺村から集まることは渡辺村門徒の篤信を表すには余りあるが、さらに史料に即した分析が必要である。

遡る安政二年（一八五五）一二月、嶋田左兵衛は大谷荼毘所への馳走に関し、徳浄寺門徒世話方三名を呼び出す[21]。

この時点で、徳浄寺の大谷荼毘所への「御用」が存在していたと理解できる。安政四年四月には、左兵衛が「西木津正宣寺大谷《御荼毘所》上納之儀者未何とも御本山江不申出《候》、如何候《相成》儀ニ候哉(22)」と津村御坊留守居田口大炊に問い合わせており、渡辺村徳浄寺・正宣寺両寺院に関わる事項であったことが明らかである。西本願寺は大谷荼毘所への敷石を渡辺村に依頼していたのであった。しかし、この敷石をめぐって、渡辺村と西本願寺の間で確執が生まれていた。

ア　留役所「大坂諸記」安政四年四月一四日条(23)

兼而御承知之敷石一条差縺、于今門徒とも屈服不仕、既ニ御地へ差登有之候八十枚程之板石茂其侭問屋ニ預ケ置、尚大坂へ相登り候小豆しま石茂変改仕候程之機辺ニ而、中々火急御遠忌之御請大ニ六ケ敷、差当り門徒とも人気立直り候様御取扱奉願度旨、住持ゟ申出候得共、元来彼之ものとも人我強盛ニ而是迄迚も毎々左様之義申立、約定異変仕候義間々有之信用者難相成存候得共、右ニ事寄せ肝要御遠忌之御請等閑ニ可仕心底与被察、左候ハ、隣寺正宣寺へも自ら弊風相移甚以御差支不少

イ　同右、安政四年四月一五日条(24)

右者御尤之儀ニ而毎々何歟与事寄等閑ニ可致趣意ニ有之、既門徒人気立直候様与申儀者一昨年来申出居候儀有之（中略）元来人気ニ事寄願意相立度趣意に有之、此謀計毎時有之

史料アは田口大炊から嶋田左兵衛への書簡（抜粋）、史料イはその返書（抜粋）である。アでは、徳浄寺看坊（住持）が大谷御廟敷石について門徒の協力が得られていない事情を申し述べ、六〇〇回忌での懇志上納が困難なこと、門徒の「人気」が高揚するための西本願寺の取扱を求めていることが分かる。大炊はこのような渡辺村門徒の申立てが「約定異変」であることを指摘し、六〇〇回忌の懇志を納めないつもりだろうと推察している。こうした状況から、渡辺村徳浄寺の「人気」高揚を手段とした交渉姿勢を読み取れる。イでは、左兵衛が大炊の推察に同意しな

がらも、「人気」が渡辺村門徒の報謝への意志高揚を表すものであり、懇志上納を引合とした「願意」実現の方略であると指摘している。「人気」と「願意」はバーターであった。

では、「願意」とは何であろうか。徳浄寺の願意とは「親鸞御影一番形」の下付であった。「親鸞御影一番形」は「申物諸願取扱方之記」によると、飛檐以上の僧階(25)と由緒が必要であった(26)。西本願寺は被差別寺院である徳浄寺の内願を「不容易」の申請であると判断していた(27)。事実、被差別寺院への宗教的象徴物の下付については数多くの差別制度が存在していた。その顕著なものは「河原者ゟ申物等願之節、御礼金銀者五割増上納之事」(28)とするもので、一般寺院に比べて一・五倍の上納金を支払わねばならなかった。そればかりか「穢寺帳」によって被差別寺院を把握し、「御開山様信証院様御連座御影」「御代御黒衣御影」など被差別寺院には下付さえも許されなかった。同様に「親鸞御影一番形」も被差別寺院の徳浄寺には下付されない性質の宗教的象徴物であったのである(29)。

ところが、安政四年七月一一日付の嶋田左兵衛から田口大炊への以下の書簡（抜粋）によると、大谷本廟の敷石と親鸞六〇〇回忌への協力を条件に許可されようとしていた(30)。

> 然者西木津徳浄寺之義従来御取持申上候ニ付、出格之御取計を以御開山様御影一番形御免相成候ニ付、別紙之通端書を以御内意申達置候、就中大遠忌御手伝之儀急度御取持申上候趣ニ付、其段被差心得、猶此上共厚御取持申上候様、右御趣意之程篤与申聞、宜被取計候ハヽ、右可申達如此御座候

史料から、親鸞六〇〇回忌への「手伝」を条件に、「親鸞御影一番形」が御免されようとしていたことが明らかである。この内意を田口大炊は早速、徳浄寺門徒に伝えた。大炊は「門徒とも一同ニも難有奉存候、尚此上御遠忌御手伝之義門徒とも申談シ、成丈出精御取持申上候(31)」と徳浄寺門徒の意志高揚を示す返書を送っている。そして、いよいよ安政四年九月、徳浄寺に「親鸞御影一番形」の下付が明確化されようとしていた。次の史料は、徳浄寺看

坊了忍と門徒惣代奈良屋新助から「大谷御茶毘所御修復懸」の根村矢柄宛の書簡である[32]。

御茶毘所御敷石之義、京着延引仕候段奉恐入候、然ル処追々差登り、明廿八日中ニ者三百枚相調申候間、御見聞奉御願申上候、猶残候義御七昼夜御満座迄ニ敷詰仕候間、何卒格外之御憐愍を以御影様御差下候之候義、廿九日晦日両日之内ニ十月何日御差下ケ之御沙汰奉蒙度候段奉願上候、則門徒数百人上京仕候間、何卒両日之内御沙汰奉蒙候ハヽ、一同難在仕合奉存候、以上

徳浄寺看坊と門徒は、敷石の遅れていた大谷茶毘所整備を九月二八日中に敷石三〇〇枚を準備し、七昼夜御満座である一一月二八日までには敷き詰めることを約束し、親鸞御影一番形の明確な下付日の沙汰を要求する。数百人という徳浄寺門徒が上京している中での沙汰が最高の法義高揚と村内連帯感の向上に繋がることは想像に難くない。このようにして、徳浄寺は異例の「御免」を手に入れた。

つまり、大谷本廟敷石工事という労働を基本とした「手伝」「馳走」と親鸞六〇〇回忌への「懇志」はいずれも西本願寺からの「御用」であり、それを引合とする「親鸞御影一番形」の下付といった「御免」が一定のバランス関係のもとで成立していた。徳浄寺門徒にとっては「親鸞御影一番形」を獲得することは飛檐以上の僧階と由緒を手にすることに等しかった。西本願寺教団内での被差別寺院への差別制度を越えて宗派内身分上昇が実現したのである。無論、西本願寺の被差別寺院政策が全国的に貫徹されない事例もあると考えられるが、「御用」と「御免」の関係性の中で、教団に公認される形で、本来は被差別寺院に下付されない宗教的象徴物の下付があったことは注目されてよい。これは渡辺村固有の労働力や経済力が宗教的象徴物の下付を可能にし、宗派内身分上昇を成就させたといえるだろう。一般的に近世にみられる「御用」と「御免」は塚田氏が指摘したように、それぞれの身分に応じて課せられる労働であり、身分の存在が社会的に承認される意味を持っていた[33]。このような理解にたって、本事

例を近世国家の宗教政策である本寺・末寺の関係性において、さらに限定して、差別的処遇を余儀なくされた被差別寺院および門徒と本寺西本願寺の関係性に積極的に位置づけるとするならば、「御用」と「御免」は、被差別寺院を固定化した身分内に留める制度化の枠組みを超えて、身分上昇を顕現する機能を有したといえるだろう。また、本寺である西本願寺にとっても、渡辺村門徒は前述した「人我強盛」の反面、「非常等之節者、不惜身命御法之為ニ相働き者ニ候[34]」という評価を持っており、慶事凶事の際には重要な存在となっていたことを指摘しておきたい。この「御用」と「御免」による西本願寺と渡辺村の関係は本寺と末寺という上下関係を超えた互恵的な関係を有していたのである。

さらに、次の事例は西本願寺側から「御免」を引合として「御用」を申し付けた事例である。嘉永七年（一八五四）一一月五日、大被害を及ぼした安政南海地震による津波によって、津村御坊が開発した千歳新田は大きな損傷を受けた。安政四年八月、西本願寺嶋田左兵衛と前田相馬は「御破損所築立之儀西木津両寺へ御頼ニ相成候而者如何之旨、相馬倶々御内談之次第、右者大遠忌上納之都合ニ寄候[35]」と内談し、渡辺村徳浄寺・正宣寺に修復依頼を行う方向を模索していた。これは天保一五年（一八四四）、津村御坊が新田開発を行った際に、渡辺村門徒の尽力が大きかったことにもよる[36]。しかしながら、親鸞六〇〇回忌を控えて新田修復の対応は遅れ、大坂鈴木町代官所から千歳新田修復の催促を受け[37]、西本願寺家司池永主税と田口大炊、万福寺は以下のような密談を行っている[38]。

　徳浄寺ゟ弐ケ条内願も御座候故、御遠忌之御手伝上納等相済候上ニ而、内願之儀御聞届ニ相成、御新田御破損御場所御修復御請可申上候様掛合仕候而者如何御座候哉、夫迄之節者御代官所江申分ケ旁々日々御新田へ人足拾人弐拾人程ツヽ、差掛り為致候而、来春三月比ニ相成候而徳浄寺へ及頼談候様仕候而者如何御座候哉

親鸞六〇〇回忌に関わる「御用」の終了後に、徳浄寺内願の「御免」を行い、新田修復依頼を行ってはどうかと

相談している。それまでは一〇～二〇人程度の人足でまかなおうとしているのである。本記事から、新田修復の「御用」を引合とする「御免」を西本願寺が準備しようとしていたことは明白である。まさに、西本願寺は「御用」と「御免」をバーターと考えていた。

このように、「御用」と「御免」は西本願寺側にも渡辺村側にも利益をもたらす側面があった。次節では「御用」と「御免」の互恵的関係とそのバランスを、個人と集団の上昇志向という点から考察する。

二　身分上昇志向における個人と集団

西本願寺使僧得雄寺が渡辺村にて親鸞六〇〇回忌についての演達を行った安政四年（一八五七）一一月一三日、得雄寺は渡辺村に向かう直前に、津村御坊留守居田口大炊と面会する。留役所「大坂諸記」安政四年一一月一七日条に次の記事がある(39)。

A　今般徳浄寺江御差向ニ付、手続書左之通十二日夜船ニ而十三日津村御坊江着、早速御留守居江致面会、彼地之模様承り候処、昨日同所大和屋又兵衛参坊いたし申候ニ者、此度御使僧御差向之趣、右者御影様御冥加一件ニ付、人機相背候抔五兵衛・住持上京之上申上候ニ付、態々御差向之儀ニ候へ者却而不宜、同人ども中立候儀者決而無之事、村中之者一同難有奉存居候、然ル処江右之御模様ニ而万一御使僧演達ニ相成、其上御遠忌御取持被仰出候而者、銘々とも御取持仕候而も皆々五兵衛壱人之勤功ニ相成、此段歎ケ敷旨申参り候趣

B　同人義者兼而五兵衛与不仲ニ而、何事不寄張合居候者故、右様之儀申参り候、是全此度御取持之幸ニ而、早速菱田忠八前以遣し、内々五兵衛御坊所江相呼申聞候ニ者、決而五兵衛申立ゟ此度拙寺御差向ニ而者無之、其

方兼而御本山崇敬之志モ手厚、於御殿御承知之儀何卒身命限御取持可致旨種々申諭、少々張を持せ置候事

前半部分Aから、得雄寺が渡辺村の状況把握を意図して、津村御坊に訪問したことが分かる。当時、徳浄寺有力門徒である大和屋又兵衛は徳浄寺看坊了忍と播磨屋五兵衛と対立していた。左右田昌幸氏によると、五兵衛と了忍は親子関係にあり、万延元年（一八六〇）には徳浄寺の自庵化をめぐって又兵衛・奈良屋新助らの了忍への不帰依運動が起こるという(40)。本記事では、又兵衛は五兵衛が取り次いだ使僧得雄寺の演達による六〇〇回忌の懇志上納が五兵衛一人の功績になることを非難しており、又兵衛と五兵衛との確執をうかがい知ることができる。

後半部分Bから、西本願寺および津村御坊では、このような大和屋又兵衛と播磨屋五兵衛の対立を十分に承知した対応を行っていることが分かる。又兵衛の訴えを考慮しながらも、「其方兼而御本山崇敬之志モ手厚、於御殿御承知之儀何卒身命限御取持可致旨種々申諭」と、五兵衛への労いと配慮を行っている。西本願寺としては両者のいずれにも加担することなく、無論、二人の対立を改善しようとするのでもなく、二人の対立を利用しながら「御用」を行わせようとしたのだ。

つまり、西本願寺は、集団としての渡辺村への「御用」をより確実なものとするために、個人との関係性を重要視する方策をとった。播磨屋五兵衛と大和屋又兵衛の対立状況を把握した得雄寺は、「又兵衛・五兵衛双方共中立難請合儀ニ候故、程能申聞互ニ張を持セ、御取持致出精候様申諭(41)」して演達を行う。両者の対立を利用しながら、懇志上納の内諾を得ようとしたのである。その結果、「人機致調熟候」として、初夜にて七〇〇両、翌々日には一〇〇〇両もの懇志の確約に成功した。得雄寺は嶋田左兵衛に「此度者人機致調熟難有事与、五兵衛同様申居候ニ付互ニ張を持セ、右様記帳も調候事故、先々安心いたし候」と演達の成功を述べており、一〇〇〇両の記帳と内四〇〇両の上納金を持ち帰ったのだった。

このように、西本願寺の渡辺村への「御用」依頼の姿勢は、集団としての渡辺村を対象としているものの、常に個人としての有力門徒との関係性を重要視していた。これは換言すると、「御用」と引合とする宗教的象徴物や身分的表象物の「御免」においても、集団と個人は決して切り離せるものではなく、重層的であったことを示している。

例えば、被差別寺院の多くは村抱えの惣道場であるが、惣道場看坊の法衣は村格を示すものであった。看坊の法衣は単に個人である看坊の身分を意味するものではなく、村格を顕現するものであり、看坊の身分上昇は村全体の身分上昇につながった。事例をあげるならば、嘉永七年（一八五四）一〇月四日、徳浄寺は約束の上納金一〇〇〇両が完済しておらず、残金五〇〇両が残っていたにもかかわらず、徳浄寺看坊了忍が一代藍鼠色裳付着用の内諾を得ている。留役所「大坂諸記」嘉永七年一〇月四日条に「満金之上ならてハ表向相達候儀者難相成義、然処此度徹外之手続を以御茶毘所之義御取持も申上候ニ付、大谷掛より為及引合候」(42)との記事がある。この記事には、徳浄寺門徒集団が看坊了忍個人に色衣着用を実現させるための二つの努力を読み取ることができる。

第一は、文字どおり「御茶毘所之義御取持も申上候」とする「御用」の側面である。史料では、続いて「七昼夜御法会ニ者玄米拾石永々不欠ニ上納仕候」と、報恩講の行われる期間に玄米一〇石を上納し、「御用」を行い続けた姿を強調している。そして、大谷茶毘所敷石への協力姿勢が示されている。このような門徒集団の「御用」を背景として、満金の支払いが済んでいないにもかかわらず、色衣着用の願いを申し出ているのである。

第二は、色衣着用許可に向けての門徒集団の積極的行動がみえる点である。史料記事「徹外」とは西本願寺において政治力を有していると考えられる妙厳寺住持のことである。では、「手続」とは何を意味するのだろうか。留役所「大坂諸記」安政二年（一八五五）三月一三日条には、妙厳寺徹外から西本願寺嶋田左兵衛への口上書があり、その冒頭には「昨寅九月勧学玄雄を以、大坂船場町徳浄寺御免衣体色相之儀御願奉申上候処、則藍鼠色御免御達書被為成下難有仕合、師檀共大悦仕相在候」との記事がある。(43) つまり、徹外の仲介によって西本願寺教学の最高位である勧学の玄雄が了忍色衣の許可を交渉しているのである。被差別寺院である渡辺村門徒が勧学に接近すること自体が容易ではないと推察される中、明厳寺を通して勧学玄雄に多くの懇志が動いたと考えることは想像に難くない。

このように、第一には門徒集団の大谷荼毘所をはじめとする「御用」、第二には懇志を背景にした西本願寺勧学玄雄への接近によって、徳浄寺了忍は上納金が満金でないにもかかわらず、看坊には一代藍鼠色裳付着用の内諾を得たのであった。こうした動きは看坊了忍一人で到底成し遂げられるものではなく、門徒集団の強い協力体制が必要である。つまり、門徒集団と看坊個人には強い連関があった。以上、集団と個人は決して切り離せるものではなく、互いに上昇志向において重層的で連関していたのである。

次に、五兵衛（自庵化推進派）と又兵衛（自庵化反対派）にあっても、宗教上の上昇志向という点では共通していたことを指摘したい。すでに、左右田昌幸氏が明らかにしたように、文久元年（一八六一）八月、五兵衛ほか自庵化推進門徒一八〇名は津村御坊直門徒となり、文久三年（一八六三）には津村御坊出張所として阿弥陀寺門徒となる。(44) 五兵衛は自庵化推進派集団のリーダーであり、又兵衛は自庵化反対派集団のリーダーであった。

色衣着用の内諾を得た徳浄寺了忍は一代藍鼠色裳付着用の逸早い着用を願望する。安政二年三月には、親鸞六〇〇回忌予修での着用を望んだのだ。(45) しかし、それが適わなかったためか、安政三年（一八五六）には、自庵化推進派の了忍の父である播磨屋五兵衛は個人で円通橋築造に「石橋料」を上納し、荼毘所築造の「御手伝金」として二〇〇両を上納する。(46) こうした懇志上納によって、嶋田左兵衛宅において、了忍は一代藍鼠色裳付着用御免が達せられた。(47)

このような状況から鑑みて、自庵化推進派有力門徒である五兵衛の心性をどのように捉えることができるだろうか。親鸞六〇〇回忌予修での着用を望むということは、参会した多くの寺院の目にふれる形で、看坊了忍の法衣を披露したかったということである。参会寺院は被差別寺院ばかりでなく、多くの一般寺院の存在もあったはずである。確かに五兵衛と了忍の親子関係の要素もあるが、仕職家確立という自庵化に向けて、渡辺村徳浄寺の寺格を他寺院に示すこと、ひいては渡辺村の村格を示すことが五兵衛の大きな関心事であったに違いない。

自庵化反対派にも着目してみよう。安政三年、自庵化反対派の門徒惣代奈良屋新助は六字名号を内願する。大谷荼毘所への馳走もあったためか、滞りなく御免の事務処理が進められた(48)。安政四年一一月、津村御坊留守居田口大炊は反対派の徳浄寺老僧と大和屋又兵衛らに、親鸞六〇〇回忌への整備費用が必要であることを説く。参集した門徒は「一統敬承御受申上、末々ニ至り御趣意致貫通、右御受之上ニ尚又七百金増進、都合千七百金御受(49)」を申出た。七〇〇両の新たな懇志が約束されたのである。さらに、大炊は二〇〇〇両の懇志となるよう両名に働きかけ、両名は「都合弐千金速ニ御受」を約束した(50)。この多額の懇志上納は西本願寺にとっても「稀成出精」と評価しており、老僧と又兵衛が「御受之幟」を虎之間前白砂に立てることを許容したほどであった。さらに、老僧へは「房号」の下付と又兵衛へは「法号付御開山様・中興様」の下付を前向きに検討されようとしていた。

このように、自庵化反対派にあっても、「御受之幟」を虎之間前白砂に立てることを要望するなど、宗派内での地位確保ならびに身分上昇を重要視していることが理解できる。

宗教上における身分上昇は、自庵化反対派・賛成派の両派のいずれにあっても、播磨屋五兵衛や大和屋又兵衛らの個人にあっても重要事項であった。五兵衛と又兵衛の差異は、いかに自己が集団から浮かび上がり、集団の中に自己を含ませつつ、いかなる行動化へと展開するかということであった。その展開のひとつが住職家の確立という点であり、五兵衛は自庵化を選択し、又兵衛は惣道場を選択したということである[51]。左右田昌幸氏が指摘しているように、渡辺村は「一枚岩ではあったわけではない[52]」。徳浄寺においては、大和屋又兵衛派と播磨屋五兵衛派の対立は明白である。しかし、そのいずれもが同種の宗教的象徴物を望み、宗教上の所有物の向上を目的として動いている[53]。これは、所有による身分上昇を図ろうとしていたためである。無論、集団同士の対立は見られるが、その根幹部分の個人としての心性には何らの変わりないのではないか。

以上、検討してきたように、五兵衛や又兵衛の報謝行は決して幕末期渡辺村の特殊事例ではなく、被差別寺院門徒集団が宗教上の身分上昇をめざす典型であったと考えられる。それほど、「かわた」村としての近世被差別民の真宗信仰の位置は大きかったのである。

三　「御用」と「御免」からみた渡辺村門徒の心性

本節では、前節まで考察してきた「御用」と「御免」の関係を享保一一年（一七二六）～明治四年（一八七一）までの時間的枠組みから総体的に検討し、渡辺村門徒の心性に迫りたい。こうした課題にアプローチするために、宗教的・信仰的研究視角からのみでは不十分との指摘も承知しているが、渡辺村における真宗信仰の位置を考えるならば、宗教的・信仰的視角からの接近によって明示できる点は少なくない。まずは、渡辺村における「御用」と「御免」の関係を一覧にしてみよう（**表一**）。無論、**表一**に記された「御用」と「御免」はすべてではないが、その多くが往復書簡によって指示・依頼がされている西本願寺の状況から鑑みて、ほぼ当時の状況を示すものと考える。

約一五〇年間を大きく三段階に分類した。第一段階は享保一一年（一七二六）～天保一〇年（一八三九）の一一四年間にも及ぶ期間である。この時期は渡辺村が西本願寺教団において大きな位置を占めるようになる時期である。渡辺村徳浄寺・正宣寺が本照寺与力寺院となって馳走を行う中で、「美作改宗一件」[54]に積極的に関わり渡辺村徳浄寺が重要な役割を果たしている。「御免」としては、出仏壇や「一代浅黄唐草緞子五条袈裟」着用が許可されるなど、徐々に被差別寺院間での渡辺村真宗寺院の位置は際立っていく。色衣内願を申請するまでの時期とした。また、西本願寺は渡辺村の経済力や労働力を無視できない状況になり、改派押[55]なども発動している。この区分の後半（文化期）になると、他の被差別寺院に渡辺村の先例（「一代浅黄唐草緞子五条袈裟」着用）が一般化されるようになる。西本願寺に視点を移すと、六〇万両という借財を支払うべく、石田敬起による天保改革の最中である[56]。伴って、義務的冥加金制度である三季冥加をはじめ、渡辺村を筆頭に被差別寺院への懇志上納を積極的に呼びかけるようになる。つまり、その表裏として、渡辺村をはじめとする被差別寺院に宗教的象徴物の下付が盛んに行われた時期と考えられよう。

第二段階は、前節にて検討した個人の上昇志向が顕著になり、個人と集団としての上昇志向が相補的かつ重層的になる段階である。色衣御免を獲得した天保一一年（一八四〇）～親鸞六〇〇回忌の万延元年（一八六〇）までの二一年間とした。この時期は、親鸞六〇〇回忌に向けての準備、および、千歳新田修復と関わって、渡辺村の経済力が西本願寺教団運営の推進力となった時期である。また、太鼓屋又兵衛と播磨屋五兵衛の確執が明らかになった時期でもあり、こうした対立構造を温存させながら、西本願寺が政治的戦略を執ったことはすでに述べてきた通りである。さらに、補足するならば、西本願寺は現実路線化を進めている時期でもある。親鸞六〇〇回忌を控えて、大谷仏堂の修繕をはじめ、御廟堂・拝堂・中門などを修理新造するために、本山経済力の伸張を図っている時期である。

表一　享保一一年（一七二六）～明治四年（一八七一）における渡辺村の「御用」と「御免」の状況

段階	「諸国記」記載年月	御用（内容）	御免（内容）
第一段階	享保一一年（一七二六）二月	西本願寺、渡辺村両寺院に御用銀金五〇〇両取替を指示	
	享保一六年（一七三一）二月	徳浄寺、年頭祝儀に西本願寺に打敷を寄進	
	享保二〇年（一七三五）閏三月	西本願寺、渡辺村寺院に山科御坊造立助力を指示●	
	元文三年（一七三八）一二月		西本願寺、徳浄寺に出仏壇を許可
	寛保一年（一七四一）九月	渡辺村両寺院、本山本堂前下馬札修復料を上納	
	宝暦三年（一七五三）七月		渡辺村、西本願寺よりの申渡の文書化を指示
	宝暦五年（一七五五）三月	西本願寺、渡辺村門徒へ本照寺与力を指示●	
	天明二年（一七八二）四月	西本願寺、渡辺村両寺院に本照寺への馳走を指示●	
	天明三年（一七八三）一月	西本願寺、徳浄寺に備前改宗寺院への受入役を指示●	
	天明三年（一七八三）二月	正宣寺、西本願寺凶事に冥加金を収集	
	天明五年（一七八五）一〇月		徳浄寺、国絹袈裟を内願
	天明六年（一七八六）一月	渡辺村門徒、火災時の津村御坊への防火役勤務●	
	天明六年（一七八六）七月	正宣寺門徒、祝儀上納に上京	
	天明六年（一七八六）閏一〇月	西本願寺、渡辺村両寺院に本照寺への馳走を指示●	
	天明七年（一七八七）二月	徳浄寺、西本願寺堪如遠忌手伝いを要望●	
	天明八年（一七八八）一一月		徳浄寺、冥加上納に対して免物を内願
	寛政六年（一七九四）四月	西本願寺、正宣寺に巡在使僧を指示●	
	寛政一一年（一七九九）八月	西本願寺、徳浄寺に備前改宗寺院の担当を指示●	
	寛政一二年（一八〇〇）八月		徳浄寺に「一代浅黄唐草緞子五条袈裟」着用を許可
	文化五年（一八〇八）一月	渡辺村門徒、火災時の津村御坊への防火役勤務●	
	文化六年（一八〇九）三月		徳浄寺、西本願寺に講名を内願
	文化七年（一八一〇）九月	渡辺村門徒、火災時の津村御坊への防火役勤務●	
	文化八年（一八一一）二月	徳浄寺、備中国大円坊の後住を支援●	

段階	年月		
第一段階	文化一〇年（一八一三）四月	西本願寺、徳浄寺に「改宗一件」の書類作成指示●	
	文政一年（一八一八）一月		西本願寺、徳浄寺寺中順照寺に木仏を下付
	文政三年（一八二〇）三月	正宣寺灯明講、村内焼失にて半銀上納	
	文政七年（一八二四）二月	西本願寺、渡辺村両寺院に陽泉亭購入手伝いを指示	
	天保一年（一八三〇）七月	西本願寺、渡辺村門徒への船修復依頼を検討●	
	天保八年（一八三七）一二月		渡辺村両寺院、色衣御免を内願
	天保九年（一八三八）五月	西本願寺、渡辺村に縁組に関わる馳走を指示●	
	天保一〇年（一八三九）二月	西本願寺、渡辺村に本照寺への与力について調査●	
第二段階	天保一一年（一八四〇）二月		西本願寺、渡辺村両寺院に一代色裳付を免許
	天保一一年（一八四〇）二月		西本願寺、渡辺村両寺院に一代色裳付を免許
	天保一三年（一八四二）一二月		西本願寺、徳浄寺に菓子を授与
	天保一四年（一八四三）三月		西本願寺、渡辺村への褒美を検討
	天保一四年（一八四三）六月		正宣寺、讃附の名号を内願
	天保一四年（一八四三）七月	渡辺村両寺院、懇志を上納	
	天保一四年（一八四三）八月		西本願寺、正宣寺に讃附の名号を下付
	天保一四年（一八四三）閏九月		西本願寺、正宣寺に一代墨袈裟着用を免許
	天保一四年（一八四三）一〇月		徳浄寺額字を内願、太鼓屋又兵衛毎日開帳を内願■
	天保一四年（一八四三）一一月		渡辺村両寺院、困窮者に本尊下付を内願
	天保一五年（一八四四）一月	西本願寺、渡辺村に本照寺法会への馳走を指示●	
	天保一五年（一八四四）四月		西本願寺、池田屋五郎兵衛に六字名号を下付■
	弘化一年（一八四四）九月	西本願寺、渡辺村両寺院に普請手伝いの指示●	
	弘化二年（一八四五）一月	西本願寺、渡辺村に本照寺修復のための使僧を派遣●	
	弘化二年（一八四五）六月		西本願寺、太鼓屋又兵衛に永代親鸞御影開帳を許可■
	弘化三年（一八四六）二月	西本願寺、渡辺村に本照寺遠忌への出精を指示●	
	弘化三年（一八四六）四月		徳浄寺、蓮如遠忌に院家以下の出仕を依頼
	弘化四年（一八四七）九月		西本願寺、大和屋しうに九字十字尊号を下付■

	第二段階	
嘉永二年（一八四九）三月	渡辺村門徒、津村御坊火災時の消火に勤務●	
嘉永二年（一八四九）四月	西本願寺、渡辺村両寺院に本照寺遠忌手伝いを指示●	
嘉永二年（一八四九）一〇月	西本願寺、渡辺村両寺院に本照寺凶事手伝いを指示●	
嘉永四年（一八五一）五月		徳浄寺、御書の巡寺を内願
嘉永五年（一八五二）五月	徳浄寺、笠纏新調のための古纏の下付を上申●	
嘉永五年（一八五二）九月		徳浄寺、本山からの直触を内願
嘉永五年（一八五二）一一月		徳浄寺、緞子袈裟を内願
嘉永六年（一八五三）二月		徳浄寺門徒専修講、御書写し下付の内願
嘉永七年（一八五四）二月	徳浄寺、笠纏新調を馳走●	
嘉永七年（一八五四）一〇月		西本願寺、徳浄寺了忍に一代藍鼠色裳付の着用を免許
安政二年（一八五五）三月		正宣寺、褐色衣を内願
安政二年（一八五五）一二月	西本願寺、徳浄寺に大谷荼毘所馳走の件で上京指示●	
安政三年（一八五六）六月	正宣寺、加茂川土砂浚に馳走●	
安政三年（一八五六）一一月		渡辺村奈良屋新助、六字名号内願■
安政三年（一八五六）一二月	徳浄寺、柳を献上	
安政四年（一八五七）四月	西本願寺と渡辺村門徒、大谷本廟敷石で混乱●	
安政四年（一八五七）六月		西本願寺、徳浄寺に大谷本廟敷石手伝いの褒美下付
安政四年（一八五七）七月		西本願寺、徳浄寺への親鸞御影下付を内諾
安政四年（一八五七）八月	西本願寺、渡辺村両寺院への新田修復依頼を検討●	
安政四年（一八五七）九月		西本願寺、徳浄寺に親鸞御影を下付
安政四年（一八五七）一一月		大和屋又兵衛、二千両上納承諾
安政四年（一八五七）一二月	徳浄寺、借金にても冥加金上納を確約	
安政四年（一八五七）一二月		西本願寺、渡辺村両寺院へ六〇〇回忌手伝いの褒美検討
安政四年（一八五七）一二月		大坂津村御坊、渡辺村両寺院への一行物下付を申請
安政五年（一八五八）六月		徳浄寺、部落寺院間での別格の扱いを内願
安政五年（一八五八）一〇月		徳浄寺、仏間着座を内願

第二段階	安政五年（一八五八）一一月		西本願寺、徳浄寺の仏間着座内願を認める方向を模索
	安政六年（一八五九）三月		徳浄寺、再度の仏間着座内願
	安政六年（一八五九）六月		渡辺村門徒大和屋又兵衛、歴代銘の下付内願■
	安政六年（一八五九）八月		西本願寺、大和屋又兵衛に歴代銘掛幅を下付■
	安政六年（一八五九）九月	大和屋又兵衛、歴代銘冥加金の一部を上納	
	万延一年（一八六〇）三月		西本願寺、徳浄寺の自庵申替を内諾
	万延一年（一八六〇）八月	西本願寺、渡辺村両寺院への本照寺遠忌出精を指示●	
	万延一年（一八六〇）一一月	徳浄寺門徒河内屋弥兵衛、大熊皮を献上	
第三段階	文久二年（一八六二）三月		徳浄寺、木仏裏書の申替を内願
	文久二年（一八六二）九月		徳浄寺門徒池田屋斎助ら惣道場への復帰を内願
	文久三年（一八六三）七月		徳浄寺門徒奈良屋新助、法名を内願■
	慶応一年（一八六五）一二月		徳浄寺門徒大和屋佐助、永代経を内願■
	慶応三年（一八六七）四月	徳浄寺門徒、大谷本廟焼失のため二〇〇両を献上	
	明治一年（一八六八）二月	阿弥陀寺にて兵火からの津村御坊五尊を護持●	
	明治一年（一八六八）二月		西本願寺、阿弥陀寺に額字の下付を行う準備
	明治一年（一八六八）九月	渡辺村、西本願寺に二二〇両を献上	
	明治一年（一八六八）一〇月	徳浄寺門徒岸辺屋三右衛門母、大谷本廟金鉢の寄進	
	明治二年（一八六九）八月		阿弥陀寺、親鸞御影の下付を内願
	明治三年（一八七〇）八月		播磨屋五兵衛、氏子改めにて平民身分を内願■
	明治三年（一八七〇）閏一〇月	阿弥陀寺、大谷本廟の門・五具足の献上申請	
	明治四年（一八七一）二月		播磨屋五兵衛、平民身分を内願■
	明治四年（一八七一）二月		阿弥陀寺、大谷講の講名を内願
	明治四年（一八七一）三月		徳浄寺、供物講の講名を内願

（出典）『史料集　浪速部落の歴史』（「浪速部落の歴史」編纂委員会）。なお、内容については本史料の表題を参考にした。

（備考）●は「御用」における労働を中心とした「馳走」「手伝」を示し、それ以外の「御用」は冥加金を前提とした「懇志」上納を示す。
■は「御免」における個人への免物を示し、それ以外は集団への免物を示す。

第三段階は、渡辺村真宗寺院（阿弥陀寺）の位置が西本願寺によって「四ケ之本寺(57)」同格として、あるいは「津村御坊出張所」として明確に示され、明治維新への流れの中で、身分内上昇志向が身分間上昇志向へと移行していく時期である。文久二年（一八六二）～明治四年までの一〇年間を設定した。西本願寺に視点を移すと、勤皇化が顕著となる時期である。第二〇世門主広如は文久三年（一八六三）に朝廷に一万両を奉じて以降、明治にかけて数多くの献金を行い、勤皇化を明確にしている。天皇・朝廷権威へのさらなる接近を図っている時期といえる。

以上の三段階のうち、第二段階についてはすでに論じてきたので、第一段階と第三段階について若干の史料を示しながら補足したい。

天明五年（一七八五）一〇月、徳浄寺は国限りの絹袈裟着用を望み、西本願寺に願書を提出する。その願書の一部を以下に抜粋する(58)。

去ル寅之年、備前・備中・作州三ケ国改宗一件御用被為仰付奉畏、右御用相勤候為御褒美、大品九字・十字御名号被為仰付、身ニ余冥加至極難有頂戴仕候、御右大切成御宝物頂戴仕候上、又々袈裟之御願奉申上候儀、甚タ奉恐候得共、先年元文年中ニ出仏壇御免被為成下、猶又去ル寅ノ年ニハ、緂子衣御免許奉蒙、門徒共一統ニ難有奉存候

第一章にて論じたように、「去ル寅之年」の天明二年（一七八二）、徳浄寺は渡辺村の広範なネットワークを有していること、本照寺与力寺院であることなどの理由から「美作改宗一件」における改宗寺院の受入役を任されており、西本願寺教線の拡大に向けて奔走していた(59)。こうした「御用」によって、九字・十字名号が下付されたこと、また、元文三年（一七三八）の出仏壇許可、天明二年の緂子衣着用許可を背景に、国袈裟着用を望んでいる史料と読み取れる。

この「美作改宗一件」への「御用」は、文化一〇年（一八一三）に徳浄寺に対し書類作成が命じられていることから、三〇年に及ぶ「御用」が継続していた。(60) また、文政七年（一八二四）に洛西陽泉亭の購入助力が検討され、(61) 天保元年（一八三〇）には渡辺村一村で船修復助力が検討されるなど、西本願寺の渡辺村経済力への期待は高まっていた。このように、渡辺村の能力に一任された「御用」によって、渡辺村真宗寺院は出仏壇許可・「一代浅黄唐草緞子五条袈裟」着用許可を獲得し、被差別寺院間では特別の地位を得る。しかし、緞子袈裟が他の被差別寺院に許可されると、渡辺村門徒は以下のような強い遺憾の意を表明する。(62)

私手次両寺之儀、先年格別之思召を以浅黄唐草緞子五条袈裟御免被成、外類村類寺者格別差別相立有之難有奉存罷在候処、近来追々類例出来、先年格別以思召被仰付候規模も相失、一統相歎罷在候、中ニも末々之者ニ至而者前後相不弁、外之者格別御取扱被為成下、私共村方之義者御頓着不被下様相心得、大ニ気前取失ひ騒々敷申立、右ニ付愚昧之もの共如何躰ト之失敬成義出来候程も難計候

（後略）

このように本寺である西本願寺に強い反発を行っているのは渡辺村門徒の矜持があったからに他ならない。右の記事が西本願寺から有利な回答を引き出そうとする戦略性があったことを差し引いても、村中が落胆し「騒々敷」なる様相は、渡辺村門徒、ひいては、被差別寺院門徒にとってどれほど真宗信仰が生活上、大きな位置を有するかを示している。渡辺村門徒は「外類村類寺与其差別相立候様」(63)の文字通り、「かわた」村・被差別寺院間での格別の地位を望んだのである。

次に第三段階について補足しよう。前節にて述べてきたように、播磨屋五兵衛・徳浄寺了忍らは自庵化反対派との確執があり、大琳寺の預り門徒となる。西本願寺は了忍の身柄を「四ケ之本寺」同格に取立て、「四ケ之本寺」

のいずれが空寺になった際に入寺させることとした。この経緯は、すでに左右田氏によって明らかにされた点であるが[64]、史料を補足して加筆したい。西本願寺の措置に対して、「四ケ之本寺」は強力な反対運動に出る。例えば、教徳寺門徒は「私共旦那寺七条出屋敷塩小路町教徳寺与同格ニ御取立之儀被仰出、其意何共難得」と述べており、高い身分意識を有していた[65]。そこで、西本願寺は了忍を渡辺村内に津村御坊出張所（阿弥陀寺）という位置づけで入寺させることとした。留役所「摂津諸記」文久四年（一八六四）一月条には「兼而津村御坊御直門徒ニ御引揚ニ相成有之候了忍付五十五人之者、役僧大琳寺ニ仮法用宗判相勤来候、依而右出張所村中ニ相設置法用向取扱振ニ、表向奉行所幷ニ支配所鈴木町御代官所申立、無魔事聞済ニ相成候ハヽ、右出張所留守居として了忍差置[66]」とあり、西本願寺は「四ケ之本寺」と並び得る津村御坊出張所住持として差配したのである。こうして、渡辺村真宗寺院の西本願寺内での位置づけが宗派内にて明確なものとなる。これまで、多大な経済力を有した被差別寺院のひとつであった渡辺村真宗寺院が制度上において上位に位置していた「四ケ之本寺」と同格、あるいは、それと並び得る津村御坊出張所という特別な位置づけが示されたのであった。これは播磨屋五兵衛派（了忍）の宗派内上昇の事例であることはもちろんであるが、他の被差別寺院にとっては渡辺村真宗寺院の経済力をまざまざと見せつけられた事例であった。「四ケ之本寺」のひとつ万宣寺が「彼了忍儀者過分ニ献金仕候抔承り及候（中略）四ケ寺同格抔申事者古来不承珍敷御取立与奉驚入候[67]」と述べていることからも明らかである。出自である徳浄寺はもちろん渡辺村真宗寺院の能力が宗派内でより明らかになったのである。こうした状況は近代への歴史的流れと共に理解する必要がある。

明治四年正月、阿弥陀寺住持了忍の父である播磨屋五兵衛は西本願寺に「平民」身分を願う歎願書を提出する[68]。

乍恐以書付奉歎願口上覚

一、御一新ニ付各別之之《ママ》御仁恵ヲ以穢村御廃之上平民ニ被仰付候村方共御座候、右ニ付重々恐縮之至ニ御座候得共、私共右同様平民ニ被為附仰被下置候様出格之御慈悲ヲ以、御本山様ゟ御取成被成下度幾重ニも奉歎願候、右願之通御聞済被成下、東京へ右始末御配意被成下置御聞済ニ相成候ハヽ、御冥加金可奉献上御座、聊御本山様へも御冥加可奉献上候、右願之通御聞届被成下置候ハヽ、難有仕合奉存候、以上

明治四辛《ママ》酉年正月　　摂州西成郡大坂
南町　播磨屋五兵衛　印
外門徒とも

御本山御役人中

所謂「解放令」の布告は明治四年八月のことであるから、その七カ月前の歎願書である。すでに「平民ニ被仰付候村方」とは、明治三年（一八七〇）一月に愛宕郡蓮台野村年寄の元右衛門が京都府に対して「穢多」の称廃止を歎願し、同年一二月に認められた事例を指すと考えられ[69]、こうした社会的状況が背景にあっての歎願書であった。注目されるのは、「平民」化歎願を本寺である西本願寺に願っていること、そして「朝廷猶御本本《ママ》山江も献金可仕旨」[70]として、朝廷も視野にいれた交渉であったことである。すでに、渡辺村は慶応三年（一八六七）二月、幕府の御用金に応じて「何卒、私共身分ニ於て、穢多之二字を御除被仰出候」と願い出ているが実現しなかった[71]。政治的な身分上昇が容易に実現しない近世身分社会において、宗教的象徴物や高い身分の法衣を獲得することによって、宗派内で急速に身分内上昇が実現した渡辺村門徒は西本願寺への交渉が価値ある事実となっていた。だからこそ、「平民」化への歎願を本寺である西本願寺、そして、宗教的・身分的諸観念を統括する存在としての天皇・朝廷権威に接触したのである。換言するならば、第三段階において渡辺村門徒は宗派内身分上昇によって得られた社会的

地位と近世国家に位置づけられた社会的地位の狭間で強い葛藤を有していたのである。渡辺村門徒は色衣御免を獲得することで「類寺於者官位不及申、御殿於而御用ヒ無之色衣ニ御座候得ハ、双方之内此方院家之色衣、彼方余間之着用」[72]とし、自己を一般寺院の院家に相当すると自負した。また、徳浄寺は摂家九条家との関わりもあり、古簾を受領するなどの交渉もあった[73]。こうした天皇・朝廷権威に接近できる能力も兼ね備えていた。つまり、身分の境界を感得しうる存在であったのである。

以上、一八世紀前半以降明治維新期までを考察すると、大きくは「類村類寺」とする「かわた」村・被差別寺院間での突出した地位確保としての身分内上昇志向から、「平民」化歎願としての身分間上昇志向へと推移していることが理解できる。その内実は、本寺である西本願寺、津村御坊、ならびに本照寺への御用（「馳走」「手伝」「出精」「懇志」）によって、西本願寺教団内における渡辺村真宗寺院の役割や位置が徐々に大きくなり、「御用」と引合とする「御免」が急速に進展していった。特に、一九世紀半ば頃、この「御免」は個人と集団の上昇志向が相補的かつ重層的になって、より一層の拍車をかけた。こうして、特定の僧階にしか許可されなかった宗教的象徴物や法衣などの身分的表象物、ひいては着座位置を獲得していくことで、宗教的に身分上昇を獲得したのである。さらに、津村御坊出張所という形での阿弥陀寺創立を経て、渡辺村真宗寺院の能力が宗派内でより明らかになったのである。渡辺村門徒は、身分の境界を感得できる存在となり、身分間上昇志向へと結びついたと考えられよう。

おわりに

本章での検討内容をさらに明確化し、今後の展望を述べたい。

一八世紀前半以降の近世西本願寺と大坂渡辺村の「御用」と「御免」の関係は相互に利益と承認を与え合う互恵的な関係があった。この互恵的関係は、本寺（西本願寺）にとっては宗教的権威としての支配構造であることは言うまでもないが、政務遂行上の重要な経済的・物質的基盤でもあった。末寺（渡辺村真宗寺院）にとっては西本願寺教団内での地位の公定を図るという側面があった。しかし、この公定は常に揺れ動く。寛政一二年（一八〇〇）八月、渡辺村徳浄寺が下付された「浅黄唐草緞子五条袈裟」は一代限り・居村限りの許可であり、時間的・空間的に制限が付された(74)。その後、他の被差別寺院に同袈裟が一代限り・類村限りでの着用が認められると「色衣御免」を内願し、天保一一年（一八四〇）二月には徳浄寺と正宣寺に居村限りではあるが、一代色裳附が許可された(75)。このように、被差別寺院の本寺での地位は御免物の種類と時間的・空間的操作によって、繰り返し上書きされた。この上書きが「金剛ノ出処ガナクテ、穢多ザラエヲシテ、三業ノ振付ヲシテ、莫大ノ帰命料ヲ取リ（中略）鶴ノ間迄モ穢多ガ這入、学林迄モ入寮ガデキマスル(76)」と保守的な古義派によって揶揄されたのは、当時の西本願寺主流派が現実路線に舵をきったことによる。経済力は身分上昇への大きな要素であった。それは政治的には賄賂という形でしか実現しえないが、宗教的には「懇志」という形で公認され、新たな宗教的象徴物・身分的表象物の「御免」がなされ、宗教上の身分上昇が可能となった。無論、経済力に加えて、労働力としての「御用」も同様に位置づく。

渡辺村の身分上昇は「類村類寺」とする「かわた」村・被差別寺院間での突出した地位確保から明治維新期の身分間上昇志向へと推移した。被差別寺院は一般寺院と差別化され、本末帳としては被差別寺院のみが記載された「穢寺帳」が作成され、多くの差別的政策が制度化された。渡辺村門徒は、まずは「類村類寺」とされる「かわた」村・被差別寺院間での身分上昇を目指した。そして、渡辺村真宗寺院への諸免物の「御免」がさらに他の被差別寺院に一般化されると、渡辺村の上昇志向は身分内上昇から身分間上昇へと変化した。注目されるのは「平民」

化歓願を本寺の西本願寺に内願し、朝廷も視野に入れたことであった。これは本寺としての権威が天皇・朝廷権威に関連付けられ、民衆にも浸透していたことを示している。

また、渡辺村門徒にとっての真宗信仰は生活の根幹部分であったといえる。天明七年（一七八七）二月、堪如遠忌に際して西本願寺からの指示もなく徳浄寺門徒より自主的な馳走願いが出された(77)。天保一四年（一八四三）、太鼓屋又兵衛は「毎日御開帳相願申上度、依而金弐百両上納(78)」を願い、親鸞御影の毎日の開帳を願う。文久三年（一八六三）、自庵化反対派にあった奈良屋新助さえも「剃髪禅門ニ相成候ニ付法名頂戴(79)」のための願書を提出する。これらは被差別寺院門徒集団としても、個人としても、こうした信仰を中心とした生活は史料上において枚挙に暇ない。これらは被差別寺院門徒に共通した志向性であった。だからこそ、宗教上の上昇志向は被差別寺院門徒にとって、大きな意味を有したのである。

最後に、今後の展望を列挙したい。本稿は近世西本願寺と渡辺村門徒の「御用」と「御免」の関係分析を通して、被差別寺院門徒の信仰状況を照射し、被差別寺院門徒の上昇志向と真宗信仰の内実を明らかにしてきた。しかしながら、信仰の内実という側面では課題は山積している。被差別寺院門徒にとって、真宗信仰は生活の根幹部分であったと述べたが、その具体像の明示は不十分なままである。本章で示した信仰の様相が被差別寺院門徒の信仰をすべて表しているかと言えば、決してそうではない。天保一四年、渡辺村寺院世話方と村役人は仏壇を所持していないすべての門徒に仏壇を買い求めるよう指示した。しかしながら、その多くは経済的困窮者のため、渡辺村として困窮者に仏壇を買い与えている(80)。ここには「御用」と「御免」にみられるような現実主義的な信仰は見られない。大正期においてもなお八割を超える深い関係性を有し、強い篤信を示した真宗に、被差別寺院門徒は何を求めたのか。どのような教義をよりどころとしたのか。そして、どんな確信を持ったのだろうか。まずは、真宗本来の「御同朋御同行」の精神がどのように具体化されたかを追究していく必要がある。そのためには、質の良い史料収集に支えられた実証研究はもちろんだが、近接領域の成果を組み込んだ多角的な研究が必要である。

註

（1）「浪速部落の歴史」編纂委員会編『史料集浪速部落の歴史』（「浪速部落の歴史」編纂委員会、二〇〇五年〈以下、『史料集』と表記する〉）六七七頁。なお、留役所筆録分については「留役所」と表記し、長御殿筆録分については表記しないこととする。

（2）留役所「大坂諸記」安政四年（一八五七）六月二日条（『史料集』六三一頁）。

（3）「大坂諸記」天保一〇年（一八三九）七月条（『史料集』四一五〜四一六頁）。

（4）鷲尾教導編『増補津村別院誌』（思文閣出版、一九八三年）三九六〜四〇〇頁に渡辺村門徒と津村御坊消防の関係が論じられている。なお、「摂陽奇観」（巻二五ノ下）享保一六年（一七三一）条には「今年より大坂町内へ穢多村の小便擔桶を辻々ニ置事赦さる、依之大坂出火之節火消方の助力を勤ムよし」（船越政一郎編『浪速叢書』三、浪速叢書刊行会、一九二七年、一〇頁）とあり、享保九年（一七二四）の大坂大火（妙知焼け）の際に、渡辺村民衆が消火や整地に尽力したことにより、大坂三郷出火の際には大坂町奉行指揮下にて消防にあたることが命じられていた。「役人村由来書」にも「此度ハ其方共初人足共一統身命ヲ不顧消防出情ニ何方ニ而も出火有之節ハ早速駆付相働き可申旨被為　仰付、奉畏候」との記事がある（盛田嘉徳編『摂津役人村文書』大阪市浪速同和教育推進協議会、一九七〇年、一二六頁）。

（5）塚田孝『近世の都市社会史』（青木書店、一九九六年）一二一〜一二七頁。

（6）塚田孝「身分制の構造」（『岩波講座日本通史』第一二巻〈岩波書店、一九九四年〉。のちに、同『近世身分制と周縁社会』〈東京大学出版会、一九九七年〉所収。

（7）　深谷克己『江戸時代の身分願望』（吉川弘文館、二〇〇六年）、『〈江戸〉の人と身分』一～六（吉川弘文館、二〇一〇・一一年）としてシリーズ化されている。
（8）　塚田註(5)前掲書。
（9）　吉田伸之氏の定義による。吉田伸之『伝統都市・江戸』（東京大学出版会、二〇一二年）六〇～六一頁。
（10）　のびしょうじ氏は、西日本における渡辺村同心円構造（ネットワーク）の構成する要素を、①西日本諸藩の皮革統制と結びついた皮商人、②大坂入津原皮の渡辺村問屋入札制、③問屋前貸金による原皮集積網、④畿内皮多町有力者のネットワーク、⑤畿内原皮供給源としての地位、⑥大坂周辺「かわた」村の労働力供給、⑦高木・火打、あるいは西播磨などの高度の鞣革技術をもつ村を押えていること、とした。渡辺村のネットワーク力は皮革業を中心に、婚姻・養子縁組・金融・奉公・分家移住などを通して、強いネットワーク力が長期に形成されていったものと考えられる。のびしょうじ『皮革の歴史と民俗』（解放出版社、二〇〇九年）一三〇頁。
（11）　「浪速部落の歴史」編纂委員会編『渡辺・西浜・浪速―浪速部落の歴史―』（解放出版社、一九九七年）。
（12）　本願寺史料研究所編『本願寺史』第二巻（浄土真宗本願寺派宗務所、一九六八年）七三八～七三九頁。
（13）　七四五頁。
（14）　留役所「大坂諸記」安政四年（一八五七）一二月六日条に「此度両寺幷門徒中ゟ大御遠忌御設御手伝金弐千両御請申上、過日内上納等御座候」との記事がある（『史料集』六四八～六四九頁）。
（15）　同右、安政四年（一八五七）一一月一七日条（『史料集』六三九頁）。
（16）　同右条（『史料集』六三九～六四〇頁）。
（17）　同右条に「初夜後金七百両間近く相成候事」との記事がある（『史料集』六四〇頁）。
（18）　同右条（『史料集』六四〇頁）。
（19）　同右条（『史料集』六四一頁）。

(20) 留役所「大坂諸記」安政四年（一八五七）一一月一八日条に「西木津徳浄寺江過日ゟ得雄寺御差向ニ相成、御遠忌御手伝格別出精記帳も出来、千両御請之内当納四百金持参仕候」との記事がある（『史料集』六四二頁）。
(21) 同右、安政二年（一八五五）一二月七日条（『史料集』六二一頁）。
(22) 同右、安政四年（一八五七）四月二日条（『史料集』六二七〜六二八頁）。
(23) 『史料集』六二九頁。
(24) 同右、六三〇頁。
(25) 僧侶の階級規律のこと。第八世蓮如期には大坊主と坊主の分化が見られ、第一一世顕如が門跡となると、院家の制を設けて僧階は細分化された。西本願寺の僧階制度が完備するのは第一四世寂如期（一六六二〜一七二四）で、院家・内陣・余間・廿四輩・初中後・飛檐・国絹袈裟・総坊主の僧階が存した。
(26) 「無図御開山様御影・一番形御開山様御影」条に「願人飛檐以上ニ候ハ、住持相続しらへ之事」との朱書がある（千葉乗隆編『真宗史料集成』第九巻、同朋舎メディアプラン、二〇〇三年）二一九頁。
(27) 留役所「大坂諸記」安政四年（一八五七）七月一一日条に「内願一条不容易之儀候へ共、御聞済ニ相成候ハ、」との記事がある（『史料集』六三二頁）。
(28) 「諸事心得之記」（千葉乗隆編『真宗史料集成』第九巻、同朋舎メディアプラン、二〇〇三年）二八四頁。
(29) 西本願寺の制度上の差別制度については、日野賢隆「近世本願寺体制の一考察—正勝寺文書を中心として—」（『同和教育論究』第四号、同和教育振興会、一九七九年）に詳しい。
(30) 留役所「大坂諸記」安政四年（一八五七）七月一一日条（『史料集』六三一頁）。
(31) 同右、安政四年（一八五七）七月一八日条（『史料集』六三二〜六三三頁）。
(32) 同右、安政四年（一八五七）九月二六日条（『史料集』六三四頁）。
(33) 註(6)に同じ。

(34) 留役所「摂津諸記」文久三年（一八六三）一二月一六日条（『史料集』七一四頁）。
(35) 留役所「大坂諸記」安政四年（一八五七）八月一二日条（『史料集』六三三頁）。
(36) 鷲尾教導編著『増補津村別院誌』（本願寺津村別院、一九八三年）に「五月七日金三百両上納、当節銘々御印願上候（中略）同十七日両寺共雇人ニテ人足五十人出、同廿日人足五十人同断右人足出候」との記事がある（四三一頁）。
(37) 留役所「大坂諸記」安政四年（一八五七）一二月六日条に「大坂鈴木町御代官所ゟ御新田御破損、其俣ニ相成有之候故、当節ニ至り諸方新田破損所夫々普請出来ニ相成申候ニ付、名代木下延太郎被召出、毎々厳敷沙汰ニ相成」との記事がある（『史料集』六四九頁）。
(38) 留役所「大坂諸記」安政四年（一八五七）一二月条（『史料集』六四九頁）。
(39)『史料集』六三九頁（A・Bは便宜上、筆者が付した）。
(40) 左右田昌幸「『渡辺村真宗史』に向けての覚書」（「浪速部落の歴史」編纂委員会編『太鼓・皮革の町』「浪速部落の歴史」編纂委員会、二〇〇二年）七二頁。
(41) 留役所「大坂諸記」安政四年（一八五七）一一月一七日条（『史料集』六三九頁）。
(42) 同右、嘉永七年（一八五四）一〇月四日条（『史料集』六一二頁）。
(43)『史料集』六二〇頁。
(44) 左右田前掲論文、七二～七三頁。
(45) 留役所「大坂諸記」安政二年（一八五五）三月一三日条に「当三月廿三日ゟ高祖聖人六百回御遠忌予修仕候ニ付、右御免被為成下候衣体着用為致度、門徒共一統相伺呉候様相頼申候」との記事がある（『史料集』六二〇頁）。妙厳寺徹外が仲介役となっている。
(46) 同右、安政三年（一八五六）一一月一四日条に「播磨屋五兵衛此度御文庫江御石橋料献上、尚又御茶毘所為御手伝金弐百両出精御取持申上候ニ付、右等之辺を以御免書御下被成遣度得雄寺より申出」との記事がある（『史料集』六二六〜六二七頁)。

(47) 同右条に「出格之御次第ニ而、表向御免被仰出、則御免書拙者役宅ニ而為相達候条可被相心得候」との記事がある(『史料集』六二六〜六二七頁)。

(48) 留役所「大坂諸記」安政三年(一八五六)一一月一四日条に「奈良屋新助従来御取持申上、此度御茶毘所一条も段々心配有之ニ付、内願之通六字尊号一幅御染筆被成下候」との記事がある(『史料集』六二六〜六二七頁)。

(49) 同右、安政四年(一八五七)一一月二三日条(『史料集』六四五頁)。

(50) 同右条。

(51) 播磨屋五兵衛らの自庵化への意志に対して、自庵化反対派が集団意志を示したというべきだろうか。万延元年(一八六〇)一〇月、自庵化反対派は得雄寺と嶋田左兵衛に徳浄寺了忍への不帰依を訴え出る。訴え出た口上書の冒頭には、「当申年春住持申候ニ者紀州表ゟ嶋田様御使者ヲ以是迄之勤功ニより思召ヲ以自庵ニ致シ可遣由、津村御坊所江御達有之候由、了忍儀申之ニ付門徒共相驚、津村御坊所江御尋申上候」(留役所「大坂諸記」万延元年(一八六〇)一〇月一六日条〈『史料集』六八九頁〉)とある。これまでの渡辺村徳浄寺としての「御用」が自庵化によって昇華されることへの疑義を呈した。そして、大和屋又兵衛・奈良屋新助らは不帰依を訴え出たのである。

(52) 左右田前掲論文、七一頁。

(53) 安政六年(一八五九)六月、大和屋又兵衛は「歴代御名」の下付を内願する。これは、播磨屋五兵衛が大谷円通橋献上を通して「歴代御名」の下付がなされたことを追随してのことであった。西本願寺は五兵衛の先例を確認し、同等の扱いを行おうとしている。留役所「大坂諸記」安政六年六月二九日条(『史料集』六七七頁)。

(54) 天明二年(一七八二)、幕府によって備前・備中・美作の真言宗寺院を真宗寺院に強制改宗させた事件。この改宗命令に反対する闘争が起き、幕府裁定の不徹底が確認されている。本一件をめぐり、「かわた」村への真宗受容が政治的か主体的かという評価に分かれている。安達五男『被差別部落の史的研究』(明石書店、一九八〇年)二六三〜

三〇〇頁。柴田一「徳川幕府の部落改宗政策と部落民衆の拒否闘争」（後藤陽一編『近世中国被差別部落史研究』明石書店、一九八六年）、小椋孝士「美作改宗一件　上・下」（『部落解放研究』一三七・一三八号、部落解放・人権研究所、二〇〇〇年・二〇〇一年）に詳しい。

(55) 本山から幕府あるいは領主に願って領内末寺の東本願寺派などへの改派を禁止すること。「六箇月押」「三箇月押」「一箇月押」など、日時の期限付の改派禁止と「永押」という無期限のものがあった。「改派改宗届留帳」（龍谷大学所蔵）によると、元文三年（一七三八）～宝暦五年（一七五五）の一八年間に一五一件の願いがあった（本願寺史料研究所編『本願寺史』第二巻、浄土真宗本願寺派宗務所、一九六八年、二二九頁）。西本願寺派における渡辺村真宗寺院の重要性が理解できよう。

(56) 本願寺史料研究所編『本願寺史』第二巻（浄土真宗本願寺派宗務所、一九六八年）七一四～七三八頁に詳しい。

(57) 「四ケ之本寺」とは、金福寺・万宣寺・教徳寺・福専寺のことである。末寺がすべて被差別寺院であるという特質をもっていた（「諸事心得之記」（千葉乗隆編『真宗史料集成』第九巻、同朋舎メディアプラン、二〇〇三年）二九三～二九四頁。

(58) 日野照正編『摂津国諸記一』（同朋舎出版、一九八五年）四四頁。

(59) 「美作改宗一件」の端を発する大法寺僧侶海順の越訴が取り上げられるのは、本照寺の指導があったからであり、本照寺教線拡大のねらいがその背景にあったことが指摘されている（小椋前掲論文、六九～七〇頁）。本照寺と関係の深い徳浄寺が本照寺あるいは本寺の本願寺の指示によって積極的に動いたと考えられる。

(60) 「大坂諸記」文化一〇年（一八一三）四月二八日条（『史料集』三八七～三八八頁）。

(61) 寛政一一年（一七九九）に出版された『都林泉名勝図会』に「吉祥院村中陽泉亭」との記事がある。

(62) 「御改革以来大坂諸記」天保八年（一八三七）一二月一七日条（『史料集』四一一頁）。

(63) 同右、天保八年（一八三七）一二月条（『史料集』四一〇頁）。

(64) 註(44)に同じ。
(65) 留役所「山城諸記」文久二年（一八六二）一一月条（『史料集』七一一頁）。万宣寺門徒は「元来了忍儀者徳浄寺押領之奸謀ゟ平生之悪心致露顕無申紛候哉」（同右、文久二年一一月一九日条〈『史料集』七〇八頁〉）、福専寺門徒は「彼僧悪事之儀取沙汰不宣候ニ付、同格ニ相成候而者若輩之福専寺故、大ニ恐レ門徒共茂甚歎ケ敷奉存候」（同右、文久二年一一月三〇日条〈『史料集』七一〇頁〉）と異議を述べている。
(66) 『史料集』七二四頁。
(67) 留役所「山城諸記」文久二年（一八六二）一一月一九日条（『史料集』七〇八頁）。
(68) 典簿「摂津諸記」明治四年（一八七一）二月条（『史料集』七四四頁）。
(69) 『新修大阪市史』第五巻（大阪市、一九九一年）六三四頁。なお、慶応四年（一八六八）には浅草の弾左衛門とその配下六五名の賤称が廃止されたとされる（深谷前掲書、一六六〜一七二頁）。
(70) 典簿「摂津諸記」明治四年（一八七一）二月条（『史料集』七四四頁）。
(71) 『新修大阪市史』第五巻（大阪市、一九九一年）六三四頁。
(72) 留役所「大坂諸記」安政五年（一八五八）三月二七日条（『史料集』六五九頁）。
(73) 「大坂諸記」文化一五年（一八一八）二月一〇日条（『史料集』三九二頁）。
(74) 「大坂堺諸記」寛政一二年（一八〇〇）八月二三日条に「被対其御坊へ一代浅黄地唐草緞子五条袈裟自坊限り被成御免候間難有奉存、弥御本山幷其御坊江御馳走申上、尤非常之節ハ早速馳付厚ク令出情候様可被申渡候、則免状差出候間可被相達候」との記事がある（『史料集』三五二〜三五三頁）。
(75) 「大坂諸記」天保一一年（一八四〇）二月八日条に「御改革以来も格別出情懇志令上納候ニ付、其身一代居村限色布裳附着用御免ニ可相成候間、其段可被相心得候」の記事がある（『史料集』四二三頁）。
(76) 「続反正紀略」一（妻木直良編『真宗全書』七二、国書刊行会、一九七六年、三六頁）。古義派の立場に立つ近江の

超然が編集している。三業惑乱における部落寺院と古義派・新義派との関係性は、藤本信隆「近世大和の部落と真宗」（仲尾俊博先生古稀記念会編『仏教と社会』永田文昌堂、一九九〇年、七五八～七五九頁）に詳しい。

(77)「大坂堺書状留帳」天明七年（一七八七）二月一〇日条に「然者此度前住様御遠忌三月朔日ゟ同八日迄御取越御法事御執行之旨、西木津徳浄寺等風聞ニ者承知仕居候得共聢と被仰渡候義茂無之事故、御馳走筋等之儀門徒共江申談候義も難相成歎ケ敷ニ存居候条内々相聞候」との記事がある（『史料集』三四二～三四三頁）。

(78)「大坂諸記」天保一四年（一八四三）一〇月六日条（『史料集』四八四頁）。

(79) 留役所「摂津諸記」文久三年（一八六三）一二月条（『史料集』七一四頁）。

(80) 同右、天保一四年（一八四三）一〇月一一日条（『史料集』四八六～四八七頁）。

補論2　寺檀争論と西本願寺の姿勢

はじめに

本補論は、幕末期の西本願寺の被差別寺院への対応とその姿勢を、大坂渡辺村徳浄寺寺檀争論を通して明らかにしようとするものである。

近世における西本願寺の被差別寺院政策は、制度的側面を中心に検討されてきた。日野賢隆氏は、免物類下付における「五割増」規定に代表される西本願寺内の被差別寺院に対する差別制度を史料を挙げながら示した(1)。安達五男氏は「部落寺院制」という概念を提起し、①被差別寺院を一般寺院体系から分離したこと、②固有の中本山の下に被差別寺院を位置付けたこと、③西本願寺の末寺帳から被差別寺院を外し別帳化したこと、④「四ケ之本寺」を中本山の基本寺としたこと、⑤「四ケ之本寺」(2)の及ばない地域では地域の中本山を編成したことを明らかにした(3)。この安達氏の立論に対して、山本尚友氏は被差別寺院の中本山の存在は被差別民による独自の宗教活動によるものとし(4)、左右田昌幸氏は本山史料、筆者は在地史料を詳細に検証し、「部落寺院制」の概念①・②・④・⑤を実証的に批判した(5)。ともに、本末関係が当初より政治的に強制されたわけでなく、寺院化・木仏下付に及んで徐々に「四ケ之本寺」をはじめとする一般寺院とは異なる本末体系が政治的に機能していったという点で通底している。

こうした制度的側面からの検討は、今後「部落寺院制」の概念に留まるのではなく、安達氏の立論のどの部分を批判し、どの部分を発展させていくのかという拡がりをもって取り組まれねばならない。例えば、左右田氏は被差別寺院への差別制度として著名な自剃刀と取り上げ、被差別寺院への差別規定である「諸事心得之記」(6)の記述がどの程度の確実性をもって遂行されたのかを確認する作業を行っている。(7)また、筆者は、本書第三部第三章にて幕末期の西本願寺内において、被差別寺院を統括する体系が存在した状況や背景を明らかにしている。このように、制度のみに焦点を当てるのではなく、その制度の教団内の内実はどうであったのか、その制度の背景は何なのかといったことを末寺のレベルを通して、しかも、被差別寺院門徒の信仰状況を踏まえて検討する必要があるだろう。

そこで、本論では前章で検討してきた制度化の背景にある「被差別寺院の経済力」という視点をさらに具体的にし、幕末期の西本願寺の政治的姿勢を明らかにしていきたい。

研究方法としては、まず先行研究によって、幕末期における西本願寺の政治姿勢を整理する。第一節においては、『本願寺史』の研究成果に依拠しながら、「王法為本」の姿勢が勤皇と結びつき、現実主義的路線を辿ったことを示す。また、西本願寺の財政状況がこうした現実路線化をより強固にし、被差別寺院を含む中央集権体制の強化へとつながったことを指摘する。次に、幕末期の大坂渡辺村と西本願寺掛所津村御坊、本寺である西本願寺との往復書簡である所謂「諸国記」を検討し、(8)徳浄寺有力門徒である播磨屋五兵衛と大和屋又兵衛の確執の状況を示す。両者の確執については、左右田氏がすでにその概要を明らかにしている。(9)氏の論考に学びながら、さらに追加史料を提示し、時系列に詳細に検討していく。第二節ではこうした確執を西本願寺が利用し、懇志上納を画策していた状況を明らかにする。最後に、寺檀争論へと発展した両者の確執への西本願寺の対応や姿勢を示す。末寺の寺檀争論に異例に関わる西本願寺の主体が被差別寺院の経済力への期待にあったことを第三節にて明らかにする。

一　幕末期の西本願寺の政治的姿勢

本節では、幕末期の西本願寺の被差別寺院への対応を明らかにするために、当時の西本願寺の政治姿勢を『本願寺史』の検討内容を要約しながら整理しておきたい。

幕末期に西本願寺法主となった広如は、政治・社会の変革期にあたり、実社会との現実的関連はどうあるべきかという課題に応えねばならなかった。この課題に明確な指示を与えたのが、天保二年（一八三一）三月に出された三カ条の門末心得である。すでに引用された史料であるが再掲する。(10)

一、御宗意安心之一途者、自身往生之一大事ニ候得者、善知識御教化之趣、心得違無之様相守可申儀者勿論ニ候（中略）王法国法ニ無違戻仁義五常之道を相守、上者仏祖公儀之御恩沢を奉謝、下者門徒同朋之信施に対し、節倹質素如実に法義相続可有之候事

一、門徒中ニ於而者、手次之教導を受、一味之安心ニ住シ、報土往生安心之上より王法国法を大切ニ相守可申候（中略）国主地頭之命令を重んし、兼而被仰出候公儀御法度之趣堅相守、父母に孝道を尽し兄弟妻子睦敷法義相続有之候ハ者、誠ニ当流之掟を能心得たる信心之人と可申候（後略）

一、僧俗共一味之安心ニ住し、何事も人我を離、和合を本とし、時々法義及談合、報謝之経営無怠慢、仏祖師教之恩徳を念し、如実に法義相続可有之旨被仰出候也

本史料には「王法為本」の考えが明確に表れている。国法を遵守し、人道を履行していく姿が説かれている。国

家および社会に対して、実行すべき道徳性を説いているこの姿勢が後の「真俗二諦」[11]に継承されていくことは言うまでもない。このように、広如は現実主義的路線を重要視した。こうした「王法為本」の姿勢は勤皇と容易に結びつく。そして、幕末の情勢はさらにこの傾向を一層強くした。安政期以降の西本願寺の状況を以下に『本願寺史』によって確認しておこう[12]。

安政三年（一八五六）、西本願寺広如は勤皇僧として著名な周防妙円寺月性を招く。明治期に本山の中心的役割を担う大州鉄然をはじめとする長州勤皇僧の登場のさきがけとなるものであった。広如は月性の遺著『仏法護国論』を刊行させ、尊王護法を重要視した。親鸞六〇〇回忌に際しては、孝明天皇から「報恩講式」「歎徳文」を賜り、勤皇への傾倒はさらに顕著となる。文久三年（一八六三）には朝廷に一万両を献じて、全門末に「当門は古来厚公武之御恩庇を奉蒙、随而は於門末も泰平皷腹之世ニ生れ、安穏に令寺務候事ハ、全朝廷幕府之御仁政に候得は、御国恩之程を思ひ、徒ニ可傍観時節には有間敷、為国家寺内相応之勤皇報国には可竭心力儀ニ候」と尊王攘夷の徹底を諭した。翌元治元年（一八六四）には南禅寺亀山天皇陵の修復に着手し、いわゆる「禁門の変」では長州藩士数十名を保護している。慶応元年（一八六五）の幕府の長州再征では周防覚法寺鉄然、荘厳寺唯唱は長州軍に属して戦っている。こうして、西本願寺派の尊王路線は敷設され、幕末西本願寺は王法を根拠とする現実主義的路線を通じて展開する。

さらに、西本願寺の現実路線化を間接的に推進したのが、当時の財政逼迫状況である。広如の前住本如の葬儀が延期を余儀なくされるほどの借財は六〇万両とされた[13]。この借財を整理すべく、諸藩の財政改革において実績のある石田敬起が起用され、天保の財政改革が行われることとなる。本改革の詳細は西本願寺の動向を中心に明らかにされているが[14]、本論で中心となる諸国の門末に対する動きについて、史料を挙げて検討しておく。

石田敬起は文政一三年（一八三〇）一一月の就任後すぐに「心得方口上書」を発表し、各町に規定書を提出させた。天保二年一月には諸国へ使僧を派遣し達書を発する。そして、二月には諸国に「御改革手続趣意大略」を発表した。以下に関連部分を抜粋する。(15)

法中講中江も右御改革之御趣意被仰渡候処、敬承之上、一統人気相和し出精御取持之場ニ至、就中御境内江も同様被仰渡、尚又御境内町人之内ニ而御借財掛り十八人被仰付候処、是亦御趣意敬承いたし、此上如何躰難混致し候共、御済方之場ニ相成候迄ハ難苦相凌候旨、小右衛門江規定書為取暫夫〻町之裏借屋住極難混之族迄も此度之御改革難有さの余り月迫をも不厭出精懇志上納致候様相成候

史料から、諸国の法中講中にて門徒の「人気」が高揚し、出精の場となった状況が理解できる。寺内の町中においても「御借財掛り」が決定し、敬起の趣意が浸透し、貧困層からも懇志上納があったことが記されている。こうした文言によって諸国門徒あるいは寺内門徒の意思高揚を図る意図があったことを差し引いても、実質上の懇志上納意識の高揚があったことは確かであろう。それは「御本山御改革懇志上納図絵」(16)に代表される当時の出版物に描かれた慶賀幟をたてた上納行列の様子や「台所一カ所、畳一式、襖不残、鍋釜勝手道具」(17)といった門徒の生々しい懇志上納の記帳が残っていることから間違いない。諸国の懇親上納はかなりの成果を挙げたと推察できる。このように、西本願寺が現実路線化へと舵をきったのも財政上においては必然的であった。

さらに、前述した現実路線化は教団の中央集権化を進めた。本末関係の本寺や諸国の触頭を通じて、教団規制がなされたことは周知のところであるが、天保の改革と並行して、目付・隠密の配置がなされた。目付とは、西本願寺内におかれた目付役、および、諸国に配置された法中目付のことである。教団規制上の監視役を任じていた。また、その目付役の監視役としての隠密も全国配置された。このような教団規制体制は三業惑乱後(18)の教学伝導の適正

化、興正寺本末訴訟などに直接的な要因があると考えられるが、中央集権体制は天保の改革や親鸞六〇〇回忌での懇志上納においても、大きな役割を果たす。そして、このような集権体制は天保一三年（一八四二）の「寺法二十一箇条」において、風紀の取締りから法談禁止、寺院相続に至るまで細かい規制の管理役職として機能していく。

次節においては、大坂渡辺村徳浄寺の寺檀争論を事例に、西本願寺の姿勢を明確化していく。

二　徳浄寺有力門徒の対立と寺檀争論

前章で取り上げた寺檀争論をさらに詳しく検討する。左右田氏が論じた内容に学びながら[19]、さらに追加史料を提示し、時系列に詳細に検討していく。

留役所「大坂諸記」安政四年（一八五七）一〇月一七日条に次の記事がある[20]。

一　　　　　　　　　　　　西木津徳浄寺
一番形御影之一条、且播磨屋五兵衛御歴代御名冥加一条、不都合ニ付昨日御影御下ケ御見合之旨、左之通
左兵衛尉（嶋田左兵衛）留主ニ付、勘左衛門（安彦勘左衛門）・権五郎（里村権五郎）江矢柄（根村矢柄）ゟ差出
（後略）

徳浄寺へ下付される予定の「親鸞御影一番形」と播磨屋五兵衛へ下付される予定の「御歴代御名」が、上納金の不都合によって見合せとなった史料と理解できる。「大谷御茶毘所御修復懸」の根村矢柄から西本願寺家司嶋田左兵衛（安彦勘左衛門・里村権五郎）に対して通達されたものである。なお、後略部分には矢柄から勘左衛門・権五郎宛の書簡が収められている。

「親鸞御影一番形」の下付は、飛檐以上の僧階と由緒が必要であり、(21)「御歴代御名」の下付は格別の取扱いの場合とされた。(22)これらの宗教的象徴物は徳浄寺看坊（了忍）の父であり、寺院運営の実質的実権を有していた播磨屋五兵衛の上昇志向が具現化されたものであった。

しかしながら、両象徴物の御免が見合わされたのは、播磨屋五兵衛と同じく渡辺村において権力を有していた大和屋又兵衛ならびに徳浄寺老僧との確執がその背景にあったのではないかと推察できる。以下、留役所「大坂諸記」安政四年一一月一七日条の記事を抜粋する。(23)

昨日同所大和屋又兵衛参坊いたし申候ニ者、此度御使僧御差向之趣、右者御影様御冥加一件ニ付、人機相背候抔五兵衛・住持上京之上申上候ニ付、態々御差向之儀ニ候へ者却而不宜、同人ども申立候儀者決而無之事、村中之者一同難有奉存居候、然ル処江右之御模様ニ而万一御使僧演達ニ相成、其上御遠忌御取持被仰出候而者、銘々とも御取持仕候而も皆々五兵衛壱人之勤功ニ相成、此段歎ケ敷旨申参り候

本史料から、「御影様御冥加一件」に関わって大和屋又兵衛と播磨屋五兵衛の対立状況を読み取ることができる。又兵衛は五兵衛が西本願寺に背く又兵衛派の状況を訴え出たとみて、そうした内容は事実ではないことを主張し、使僧派遣を「不宣」とした。そして、使僧派遣による懇志の集約が五兵衛の功績になることを非難していることが理解できる。

西本願寺は、この両者の対立を積極的に改善しなかった。前章にて明らかにしたように、それればかりか、両者の対立を利用しながら渡辺村政治を執り行う。該当する留役所「大坂諸記」安政四年一一月一七日条は、前章第二節で記したので、ここでは示さない。その内容の概略を以下に記す。

安政四年一一月一三日、親鸞六〇〇回忌に向け、西本願寺使僧得雄寺が渡辺村にて演達を行う際、両者の対立状

況を確認するため、逸早く大坂津村御坊留守居田口大炊と面会する。得雄寺は両者の対立を「是全此度御取持之幸ニ而」(24)と述べており、両者の対立を利用した上納金獲得への意思を示した。以降、得雄寺は西本願寺の渡辺村政治の主役を担う。さらに、得雄寺は内々に五兵衛を呼出し、本山への報謝行を称賛しながら更なる懇志上納をもちかけた。その結果、徳浄寺から一〇〇〇両もの懇志の確約に成功し、現金として四〇〇両の上納金を西本願寺に持ち帰ったのだった(25)。

次に、西本願寺の出張所でもある大坂津村御坊留守居の田口大炊は大和屋又兵衛を後日に呼出し、親鸞六〇〇回忌への御堂修復に莫大な資金が必要であることを説明した。西本願寺からの指示があったかどうかは明白でないものの、西本願寺は徳浄寺から、さらなる上納金の増額を目的としていたことに間違いない。又兵衛と徳浄寺老僧は「一統敬承御受申上、末々ニ至り御趣意致貫通、右御受之上ニ尚又七百金増進、都合千七百金御受申出」(26)た。一〇〇〇両を上乗せし、一七〇〇両を上納することを約束したのである。さらに、大炊の要請に応えて「三百金尚又増進、都合弐千金」(27)を了承した。

結局、この二〇〇〇両という莫大な上納金は五兵衛からの圧力で実現しなかったものの(28)、西本願寺の姿勢は、現看坊了忍と播磨屋五兵衛派と、前看坊と大和屋又兵衛派との対立を利用しながら上納金獲得を図る戦略を執ったのは明白であろう。

二年後の安政六年（一八五九）六月、田口大炊のあとを継いだ留守居岡田多仲は大和屋又兵衛の「歴代御名」の下付内願に際して西本願寺坊官下間少進に以下の取次を行う(29)。

然者西木津徳浄寺門徒大和屋又兵衛儀、従来御本山崇敬申上罷有候ニ付而ハ、先年同寺門徒播磨屋五兵衛より大谷円通橋献上申上、其後右等之廉を以旁々出願之上、御歴代二幅之御染筆被下置御座候処、右又兵衛儀者年

来御同様之御染筆志願有之、既く同人義者同村ニ於而も四家与申、殊ニ久々格別御取持申上居候人体ニ付、其已然大炊在役中随分被下置候旨、内々御沙汰も御座候趣ニ候へ者、其後大炊儀も交代後致病死候ニ付、一先手順も相□れ彼是出願之運ひニも難行届候、折柄五兵衛江御免被仰出被下置候御事に付大ニ本意を失ひ、其後者□外江も不申出候得共、内実近々御遠忌御敬も申上度奉存候間、当度何卒御同様之御名兼而之御取持筋ニ被為対、御染筆被成下間敷御義哉、尤過日御遠忌上納方之儀ニ付而も、万福寺倶ニ同人抽丹誠御取持も申上候事ニ而、猶亦御免ニも相成候ハヽ、急度已後ハ不及申勇敷御取持も可申上哉、其余御定之御冥加等御座候御事ニ候ハ、御下知被下度、此段内々奉伺候

本史料から、上納金不都合によって滞っていた播磨屋五兵衛への「歴代御名」の下付がすでに行われており、五兵衛と大和屋又兵衛を同等に扱おうとしている岡田多仲の姿勢を読み取ることができる。宗教的象徴物の下付について、五兵衛の状況まで又兵衛を押し上げようとしているのである。五兵衛が大谷円通橋献上を通して歴代銘の下付がなされたことを先例に、又兵衛への下付の妥当性とその意義を述べている。妥当性としては「同村ニ於而も四家」「格別御取持申上居候人体」「内々御沙汰も御座候趣」であることを述べ、その意義としては「已後ハ不及申勇敷御取持も可申上哉」と述べている。今後のさらなる上納金の獲得をめざしていることが理解できよう。

この岡田多仲の具申に対して、西本願寺は播磨屋五兵衛への下付状況や類例を調査する。大和屋又兵衛への「歴代御名」の下付を視野に入れてのことである。同年八月七日、又兵衛に「歴代御名」の下付がなされる。このように、西本願寺は両者の対立を温存させる一方、宗教的象徴物の下付などに際して先例を確認するなど常に注意を払う必要があった。ある意味で、公正さが求められたのである。

しかし、こうした徳浄寺内の繊細なバランス関係は、万延元年（一八六〇）三月、了忍の自庵化が認められたこ

とで一挙に崩れる(30)。以下に史料を示す(31)。

十月十六日

一

了忍退身、且自庵申替承知無之旨之願書差出、左之通退身承置候旨為申達候事

西木津徳浄寺

乍恐奉願上候

一、大坂船場町惣道場徳浄寺住職、是迄罷在候看坊了忍儀、門徒一統甚以不帰依ニ御座候ニ付、此度門徒一統調印之上退寺之儀奉願上候、何卒此段乍恐御聞届被為成下候ハヽ、難有仕合奉存候、已上

大坂船場町徳浄寺門徒惣代

万延元申年

北之町

十月

大和屋又兵衛　印

（以下、四一名略）

本史料は万延元年一〇月、渡辺村北之町・南之町・十軒町・八軒町・新屋敷町の門徒惣代から、西本願寺に提出された看坊了忍への不帰依ならびに退寺願いである。本史料の綴じ込みとして、使僧得雄寺と西本願寺への「口上覚」が添付されている。まず、徳浄寺門徒惣代岸辺屋竜助・池田屋源三郎・奈良屋新助から得雄寺への「口上覚」を抜粋し、大和屋又兵衛派の動きを確認してみよう。

ア　留役所「大坂諸記」万延元年一〇月一六日条(32)

村方徳浄寺儀ハ往古ゟ惣道場看坊ニ候処、一昨未年自庵ニ致度趣、当住持了忍ゟ門徒中江申出候処、世話方初惣門徒中不残不承知之由申之其侭ニ罷在候、然ル処当申年春住持申候ニ者紀州表ゟ嶋田様御使者ヲ以是迄之勤

功ニより思召ヲ以自庵ニ致シ可遣由、津村御坊所江御達有之候由、了忍儀申之ニ付門徒共相驚、津村御坊所へ御尋奉申上候所、京都御用番様ゟ之御沙汰被仰聞門徒共一統惑乱仕、種々故障等有之候趣御坊所江奉申上候

イ　同右条[33]

当月七日末々門徒不残徳浄寺へ詰□自庵ニ相成候儀ハ、先達而ゟ不承知之所住持義御本山江取入、門徒共押へ付候儀不実意成致方、且者故障有之儀承知乍致、如来様御裏御消印奉頂戴、門徒中世話方へ押隠居候儀、此度一統承り素ゟ不帰依ニ罷在候上、前文之始末ニ□右之一統立複（ママ）仕、徳浄寺者不申及頭門徒江も詰掛、亦騒動ニ相成候段、歎ケ敷奉存候

史料**ア**から、了忍ならびに播磨屋五兵衛が自庵化を画策したのが、「一昨未年」の安政五年（一八五八）であり、大和屋又兵衛派の惣門徒は不承知の意を示したことが分かる。ところが、万延元年の春（三月）、これまでの「勤功」によって、了忍による自庵化が西本願寺より達せられた。これによって徳浄寺門徒は「惑乱」し、様々な「故障」が生じたとしている。

史料**イ**では、門徒の不帰依が決定的となった出来事が記されている。それは「如来様御裏御消印奉頂戴、門徒中世話方へ押隠居候」ということである。この記事の意味は次のように推定できる。真宗寺院の本尊は阿弥陀如来像であり、本尊の証明する文書として「木仏裏書」があった。この文書には、下付した際の法主名・下付年月日・地名・寺院名が記載されるのが一般的である。村経営の惣道場の場合には「惣道場」との文言が寺院名の前に記され、住職持ちの自庵の場合には「惣道場」の文言はなく「願主名」（住持名）が明記される。つまり、了忍は大和屋又兵衛らの徳浄寺門徒が自庵化に不承知であるにもかかわらず、寺院の中でも最も重要な宗教的象徴物である本尊の下付文書から「物道場」の文言を消し、「願主釈了忍」と西本願寺に書き加えさせたのである。この変更を知った

又兵衛派の門徒は万延元年一〇月七日、徳浄寺に詰めかけ、騒動となる事態に発展したと考えられよう。

以上の経緯によって、大和屋又兵衛派の門徒から了忍への不帰依と退寺願いが提出されたのだった。了忍ならびに播磨屋五兵衛派の自庵化の動きは渡辺村内のバランス関係を一挙に揺り動かした。

次に、了忍ならびに播磨屋五兵衛派の動きを検討してみよう。五兵衛派の門徒は不帰依運動の鎮圧を西本願寺に求めた。以下はその願書の抜粋である。なお、史料**ウ**は播磨屋五兵衛派の門徒惣代三八名から大坂津村御坊宛の願書であり、史料**エ**は同じく五兵衛派の惣代八幡屋兼吉と明石屋忠次郎から西本願寺役人に宛てた願書である。

ウ　留役所「大坂諸記」万延元年（一八六〇）一一月三日条(34)

当閏三月七日善知識様深重之思召を以自庵ニ被為仰付、村中不残難有奉敬承、町内惣代ニ而町人共御坊所江御請ニ罷出、万事都合能相済申候、然ル処御公儀御届之儀御猶予奉願度様、惣代之者申立候ニ付、御坊所茂其意ニ御任ニ被成下、都合能相治リ居候処、此度十月七日之夜村内七八人之者不法ニ相語合、不時ニ本堂江押上候、住持為追立候ニ付、不得止事退身仕候、尤其節不帰依書相認メ、惣代与致し御本山江奉差上候得共、村方一統之者善悪共末々迄示談不仕、夫々勝手之計方仕居候、此姿ニ而者追々御法儀も相続難仕極迷惑仕候

エ　同右、万延元年（一八六〇）一二月一六日条(35)

先月以来得雄寺様度々御下向被下候得共、今ニ何共治り不申、銘々後生之一大事ニ御座候間、得雄寺様御仰上京仕候得共、得雄寺様越前江御用ニ而御下り被成候、御留主中無拠次第ニ御座候間、御帰京被成候ハ丶、直様私シ共方江御差向被成下、一同ニ打潤ひ御法□聴聞出来候様御本山広大之以御慈悲ヲ、御浄土参り出来候様奉願上候

史料**ウ**では、万延元年三月七日に自庵化されて以降、徳浄寺経営は「万事都合能」く進んでいたにもかかわらず、

一〇月七日に大和屋又兵衛派によって、了忍が不法に住職を退身させられたとする。そして、このままでは法義相続も難しいと結び、状況報告を行っている。

史料エでは、得雄寺の使僧派遣によって、村内調整を行ってきたが、事態は改善されることはなかったことが分かる。さらに、得雄寺を使僧として自派に優位に働きかけようとしている様相が理解できよう。

以上までの検討から、播磨屋五兵衛と大和屋又兵衛の対立が寺檀争論へと発展していることが明らかになった。また、本寺である西本願寺が要所に関わっていることを示した。本来は寺院経営については村内での解決に委ねられるが、西本願寺は教団の経済的基盤で大きな役割を果たしている渡辺村の潜在的能力を無視できなかった。渡辺村内の確執を利用した上納金収集が寺檀争論をさらに難しくしたことは言うまでもない。西本願寺自身が中立の立場で差配できない状況を創り出したのである。

三　徳浄寺寺檀争論への西本願寺の対応

西本願寺は徳浄寺寺檀争論への対応を迫られた。本件の動向と西本願寺の対応を表1にまとめる。

まず、西本願寺は文久元年（一八六一）三月五日・七日、播州明石郡の有力寺院光触寺、同様に多可郡の有力被差別寺院である光福寺にその仲介役を依頼する。しかしながら、両寺は「難行届御断申上[36]」「理解も難被致候ニ付、御断之趣[37]」という返事を行い、仲介役を固辞した。両寺の仲介は実現しなかったものの、ここで西本願寺が目的としたのは「徳浄寺和融教諭之儀[38]」であった。つまり、本寺として両派を説得し、融和状態を作ることであった。

九日、西本願寺前田相馬は本山役人の林藤馬を渡辺村に遣わすことを決定する。この素早い対応の背景には親鸞六〇〇回忌を三月一八日に控えていたことによる。前田相馬は「御大会（親鸞六百回忌）前以之外御差支ニ相成候条、林藤馬御差下早々和融為致候様、倶々示談厚心配可致[39]」と述べており、徳浄寺寺檀争論が親鸞六〇〇回忌への不安要素であったことに違いない。一寺院の寺檀争論がこれほどまでに影響力を有すること自体、異例と考えられるが、それほど渡辺村の影響力は大きかった。

さて、林藤馬の報告によると、徳浄寺門徒への交渉はかなり困難であったが、最終的に「利害之上和融致し候[40]」という状況となる。この「利害之上」とはどういう意味であろうか。以下に林藤馬の交渉時の記事を示そう[41]。

先（又兵衛派）不帰依方惣代之者夫々呼出し、理解申聞候処強情無此上、乍併彼者共着眼之□を相除厳敷御達書之御趣意申聞候処、漸承伏致し候、併（五兵衛派）了忍之者夫々呼立申聞候処、是ハ速ニ承伏感戴致し候ニ付、猶又御趣意一同不洩様御使僧教寿寺差遣候処、甚以不埒之次第多人数を相集、不法を為申立、乍併直々申立候儀ニも無之、襖越或ハ壁越抔ニ有之、何分騒々敷、依之空敷引取候仕合、依而再応惣代呼立候、猶又頭門徒大和屋又兵衛を始、惣年寄等夫々呼出し、厳敷申渡候而引続教寿寺を以理解ニ為及候処、承伏之姿ニ而帰村致し申候

林藤馬はまず又兵衛派の惣代への交渉を行う。又兵衛派は「厳敷御達書之御趣意申聞」き、漸く承諾したという。五兵衛派は「速ニ承伏感戴致し」たという。この両派の反応の明らかな違いは何であろうか。しかも、「御趣意一同不洩様御使僧教寿寺差遣候」にもかかわらず、多人数が詰めかける状況であった。そこで、又兵衛をはじめ惣年寄を再び呼び、御達書の趣意を徹底させている。ここには、親鸞六〇〇回忌を控え切迫した西本願寺の交渉を推察できる。しかしながら、林藤馬の言葉「利害之上和融」の文言に相当するような政治的戦略は読み取れない。五兵衛派が感戴して承諾し、又兵衛派が容易に承諾しなかった「利害」とはいったい何であろうか。

その回答は、約一年後の文久二年（一八六二）五月の津村御坊から大坂西奉行松平信敏への以下の口上書によっ

表1　徳浄寺一件の動向と西本願寺の対応

年　月　日	内　　容
文久1年3月5日(1861)	播州光触寺に徳浄寺一件の仲介役を依頼するが断られる
3月7日	播州光福寺に徳浄寺一件の仲介役を依頼するが断られる
3月9日	西本願寺役人の林藤馬が仲介役を行い渡辺村へ赴く
4月22日	播磨屋五兵衛派、再度、林藤馬の派遣を願う
文久2年2月6日(1862)	万宣寺、徳浄寺門徒（五兵衛派）の改派の動きを報告する
3月	徳浄寺門徒（又兵衛派）、「木仏裏書」の変更を願う
5月24日	徳浄寺門徒（五兵衛派）を津村御坊直門徒とし出張所設立へと動く
9月29日	徳浄寺門徒（又兵衛派）、池田屋斎助、惣道場への復帰を願う
10月24日	徳浄寺惣門徒、正宣寺預り門徒となる
10月25日	徳浄寺へ「惣道場」と申替えた「木仏裏書」ができる
10月26日	徳浄寺門徒（五兵衛派）、正宣寺預りから大琳寺預りとなる
11月2日	徳浄寺門徒（又兵衛派）、「木仏裏書」の冥加金を献上する
11月13日	徳浄寺門徒（又兵衛派）、先住了法の再住持着任を求める
11月19日	徳浄寺了忍の入寺について、万宣寺門徒から反対される
11月30日	徳浄寺了忍の入寺について、福専寺門徒から反対される
11月	徳浄寺了忍の入寺について、教徳寺門徒から反対される
文久3年7月19日(1863)	徳浄寺門徒（又兵衛派）奈良屋新助、剃髪し法名を求める
12月28日	津村御坊出張所設立について寺社奉行に申請する
文久4年1月22日(1864)	渡辺村内に出張所を設立し了忍を留守居とする方向が明確になる

（出典）留役所「大坂諸記」（西本願寺所蔵文書）

て推測することができる。(42)

当本山末西木津役人村惣道場徳浄寺看坊了忍義、去ル万延元申年四月自庵被申付候処、其後門徒共彼是故障差発、本山ニ於而取調ニ相成候内、了忍義同年十月病気ニ付退身願出御聞置被成遣、一旦故障相止候筈、同寺門徒之内了忍帰依之者五十六人幷ニ家族共、津村御堂直門徒御引上被成遣候、依而役僧も寺役法用相勤候砌、余程相隔候場所柄不弁利ニ付、右村中出張之場所相設置度、尤寺跡ケ間敷義者仕間敷候間、近例別帋書立候通ニ准シ御聞届可被成下候様仕度、此段御頼被仰入候

（後略）

本史料から、徳浄寺門徒のうち「了忍帰依之者」（五兵衛派）五六人とその家族を津村御坊の直門徒に引き上げようとしていることが理解できる。そして、寺役・法要などに際して、村内に出張所を設立しようとしていることが分かる。つまり、この内容こそが「利害之上和融」であったのではないか。

同年一〇月、西本願寺は徳浄寺の本尊の下付文書の差し替え、および、自庵から惣道場への差し替えの手続きを行う。(43)これらは又兵衛派の意向によるものであった。実質上、徳浄寺の寺院運営は又兵衛派へと移譲されようとしていたのである。同年の一一月には又兵衛派が前看坊覚了の再住を求めていることからも間違いない。(44)そして、西本願寺は又兵衛派については渡辺村正宣寺預り門徒とし、五兵衛派は大琳寺の預り門徒とする裁断を行った。(45)

西本願寺は、又兵衛派を徳浄寺に差し置く方向で動き、五兵衛派を津村御坊直門徒とした上で、「村中出張之場所」を設立しようとしているのである。さらに、了忍については被差別寺院特有の上寺である「四ケ之本寺」格として差配しようとした。(46)

其方従来之被対勤功、去々申年四月格別之沙汰を以自庵ニ申付候処、間もなく病気ニ付致退身度段、願之通御

聞届之上者聢与寺跡ニ相拘候規模ニも無之、尚又慈愍之評議を以其身一代京都四箇頭寺与同格之身分ニ申付、是迄差許ニ仕置候色衣等も相違不可有条、追而右四ケ寺之内住職被申付含ニ有之候間、可存其旨候事

「四ケ之本寺」は他の被差別寺院の上寺と比して、西本願寺内にて特定の位置と一定の指導力を有していた。その「四ケ之本寺」と同格身分として、了忍を位置づけた。そして、四カ寺のいずれかが空寺になった際に入寺を申し付けたのである。ところが、西本願寺は「四ケ之本寺」側からの次のような抵抗を受ける。以下に、三史料を抜粋する。

オ　留役所「山城諸記」文久二年一一月一九日条[47]

此度大坂了忍を四ケ寺同格ニ御取立之旨承り奉驚入候、尤彼了忍儀者過分ニ献金仕候抔承り及候へ共、定而其不如法不行威之儀者御聞及無御座故与乍恐奉察上候、然共四ケ寺同格抔申事者古来不承珍敷御取立与奉驚入候、元来了忍儀者徳浄寺押領之奸謀ゟ平生之悪心致露顕無申紛候哉、多病与偽り退身仕、夫ゟ已来乍恐御本山へ莫太之御劬労を奉懸、門徒共へ不容易苦悩を為致候次第、重々可恐入候致方与奉存候、聞者も見者も諸万人之憎所ニ而候

カ　同右、一一月三〇日条[48]

此度大坂徳浄寺を被致退出候僧之儀、私共宿坊福専寺ト同格ニ御取立之上、四ケ寺あき次第入寺為致可申由、組合万宣寺ゟ福専寺へ御達之趣福専寺ゟ承り、世話人江披露仕候所承り程之者皆々承知不仕候、其故者何分彼悪事之儀取沙汰不宣候ニ付、同格ニ相成候而者若輩之福専寺故、大ニ恐レ門徒共茂甚歎ケ敷奉存候　（中略）何卒以格別之御慈悲ヲ福専寺衣体等も彼僧ゟ一段上ニ御取立之程、乍恐奉願上候

キ　同右、一一月条[49]

左者（了忍）乍去私共旦那寺七条出屋敷塩小路町教徳寺与同格ニ御取立之義被仰出、其意何共難得、且四箇組寺之内無住ニ相成次第、了忍ヲ以入寺可被為成遣候趣被仰付候由奉承、此段教徳寺門徒之者共甚々歎ケ敷奉存候、則前文申上候渡辺村了忍義、定而及御聞茂御座被為有之哉、近国近在ニ於ても甚以不実不行義之趣ニ而、徳浄寺へ養子ニ参り候已来尤住職之間、教導者尚更何事も自分自侭致、其上徳浄寺自坊之企仕村方一統及雑乱ニ、右体之僧分ニ而者組寺抔仕候而者已後如何相成候共是亦其意難計　（中略）　不承知之趣意奉歎願差上候

史料**オ**は万宣寺門徒から、**カ**は福専寺門徒から、**キ**は教徳寺門徒から、三史料とも本山である西本願寺役人への願書の一部である。「山城諸記」に収められた期日、その内容から考えて三カ寺が事前に連絡を取っていた可能性が高いが、その内容は了忍が「四ケ之本寺」のいずれかに入寺することへの反対の旨を記した願書である。「四ケ寺同格抔申事者古来不承珍敷御取立与奉驚入候」「承り程之者皆々承知不仕候」「教徳寺門徒之者共甚々歎ケ敷奉存候」と三カ寺の門徒はともに遺憾の意を表明した。また、了忍への評価としては「聞者も見者も諸万人之憎所ニ而候」「彼悪事之儀取沙汰不宣候」「近国近在ニ於ても甚以不実不行義之趣」と記されており、三カ寺の門徒には了忍を受け入れる姿勢はなかった。

「四ケ之本寺」側にしてみれば、無論、了忍個人への評価によって嫌忌意識もあったと思われるが、「四ケ寺同格抔申事者古来不承珍敷」「福専寺衣体等も彼僧ゟ一段上ニ御取立之程」の文言から理解できるように、徳浄寺の元看坊が「四ケ之本寺」格に処遇されようとしていること自体が問題であったのである。

このように、「四ケ之本寺」への入寺が難しくなった了忍の処遇は、いよいよ津村御坊出張所の住持として差配されることとなる。

文久三年（一八六三）一一月、播磨屋五兵衛は渡辺村内の皮干場のうち、下畑九畝一二歩を津村御坊に献上する。

出張所の建築を視野に入れてのことである。その半月後には木津村庄屋鶉太郎から大坂鈴木町代官所内海多次郎に津村御坊出張所建築の願書が提出された。願書には「本山掛所津村御堂直門徒ニ相成、右寺役法用之節休足之場所無御座候ニ付、建家御免之上通用家立ニ准し出張休足所取建仕度段、津村御堂役所ゟ申出候、尤村方差支之義無御座候」[50]とあり、日常的な法務の出張所・休憩所の必要性から、「津村御堂役所ゟ申出」たのであった。村方としては「差支之義無御座候」と結んでいる。津村御坊側からこうした動きがあったことは西本願寺の主体性を示すものとして認識できよう。

同年一二月、西本願寺は津村御坊留守居前田相馬の願書とともに江戸寺社奉行所へ出張所設立への伺いをたてる。願書には「同村最寄内海多次郎殿御代官所同州同郡木津村之内ニ而、当御堂抱地御座候ニ付、右地所江通用家立ニ准し出張所取建申度、尤寺跡ケ間敷儀者決而不仕、右之段御聞届被成下候ハヽ、普請之儀追而絵図面を以奉願候」[51]とあり、五兵衛の寄進地を「当御堂抱地」として、出張所設立に向けて動いていることが分かる。こうした公儀への念入りの願書は「寺跡ケ間敷儀者決而不仕」とあるように、元和元年（一六一五）の寺院法度の条文中を初見とする新寺建立禁止令を鑑みてのことであった。そして、「夫々差障之儀無御座候得共、是迄右体之儀承届候先例差当不相見候ニ付、御相談得貴意候、可然類例御見込之趣被仰下候様仕度奉存候、右可得貴〔意〕脱カ如斯御座候」[52]として、村方に支障がないことを強調し、先例を重視する立場から寺社奉行への意向伺いを行っている。このように、渡辺村内に津村御坊出張所の設立が明確化したのである。

そして、文久四年（一八六四）一月、いよいよ了忍が津村御坊出張所住持として差配される。以下に史料を便宜上、前半と後半に分けて示す[53]。

A　摂州西木津村徳浄寺元看坊了忍義、去ル文久元申年四月中自庵申替願之通御聞済被成遣候、其末師檀差縺差起り、追々糺問之上□り去ル文久二戊年十月中如元形物道場被仰付、改而木仏御礼御染筆被為在、猶元看坊了忍義者其前々之勤功ニ被対自庵ニ申付候処、其後間もなく病気ニ付退身候、仍而身分之処其身一代京都四ケ寺同格ニ申付、是迄被差許候色衣者相違不可有之候条、追而四ケ寺之内住職可申付御含ニ有之候間、其旨可申達し方相伺御下知之上夫々取計置候処、了忍義身分いまた相納不申流浪罷在候而

Ｂ　右了忍付播磨屋五兵衛外五十五人之者ゟ追々同人身分、此上之御慈計毎々令歎訴候ニ付、一同評考之上兼而津村御坊御直門徒ニ御引揚ニ相成有之候了忍付五十五人之者、役僧大琳寺ニ仮法用宗判相勤来候、依而右出張所村中ニ相設置法用向取扱振ニ、表向奉行所幷ニ支配所鈴木町御代官所申立、無魔事聞済ニ相成候ハヽ、右出張所留守居として了忍差置、五十六人之者寺役法用等右大琳寺名代として為相勤候方可然、左候得者了忍身分先者相納候姿ニ付、急度御慈愍も相立可申与致評決、津村御留守居相馬へ昨年来追々及示談置候処、御留守居役前ニおゐて内外心配有之、別冊之通相伺候趣意及熟覧候

史料前半Ａでは、徳浄寺における寺檀争論と了忍の処遇について記されている。これまで検討してきたように、了忍退身後には「四ケ之本寺」同格に処遇し、「是迄被差許候色衣者相違不可有之候」と法衣に代表される宗派内身分についても徳浄寺身分が継続されるとしている。そして、「四ケ之本寺」のいずれかに入寺することを申し含んでいたが、了忍の身分がいまだ未決定であることを述べている。

史料後半Ｂでは、播磨屋五兵衛を含む五六人の門徒より了忍の身分への歎願があったことが記されており、寺社奉行と鈴木町代官所の許可が下りれば、津村御坊出張所留守居として了忍を差し置くことを述べている。しかしながら、こうした差配については「内外」ともに「心配」の意を有していた。「心配」の内容は注目されるが、別冊にあるとされ、明らかではない。

以上から、西本願寺は大和屋又兵衛派については徳浄寺に差し置き、惣道場に差し戻したことが明らかになった。また、播磨屋五兵衛派については津村御坊直門徒に引き上げた後、渡辺村内に出張所を建設し、出張所留守居として了忍を差配しようとしたことが明らかになった。このように、末寺の寺檀争論に対して、異例に決定的に関わる西本願寺の主体は、宗派内身分の公認とバーターにある渡辺村徳浄寺の経済力への期待にあったと考えられよう。西本願寺掛所としての大坂津村御坊出張所の渡辺村内における創立は強固とされる近世身分社会からは想像のできないことである。西本願寺の現実路線化の姿として、被差別寺院である渡辺村真宗寺院への対応が把握されうるのである。

おわりに

本論での検討内容をさらに明確化し、今後の課題を述べたい。幕末期の西本願寺は現実路線化の道を辿った。幕末期に西本願寺法主となった第二〇世広如は「王法為本」を中心として勤皇化を志向する。明治四年（一八七一）の御遺訓御書には、「わが宗におひては王法を本とし仁義を先とし、神明をうやまひ人倫を守るべきよし、かねてさだめおかるゝ所なり（中略）一流の道俗、上に申すところの相承の正意を決得し、真俗二諦の法義をあやまらず、現世には皇国の忠良となり、罔極の朝恩に酬ひ、来世には西方の往生をとげ、永劫の苦難をまぬがるゝ身となられ候やう」(54)と述べ、真俗二諦を明言する。このような現実路線化を歩む教団にとって、運営基盤となるのは無論、末寺から上納される懇志であった。三業惑乱による不安定な教学伝道状況を安定させるため、また、六〇万両とされる借財返済に向けて経済的基盤を安定させるため、中央集権化を図ることは当然の方策であった。特に、「其余ニ茂数多有之由ニ候得共、聢与不相分」とされる近世後期に多くの寺院化がなされた被差別寺院をどのように教団内に位置づけるかは重要事項であったと考えられる。また、天明三年（一七八三）に被差別寺院住持に自剃刀が許可されたのも、上納金獲得を背景にした中央集権化の方策と考えてよいだろう。本論で検討した渡辺村徳浄寺寺檀争論への介入もこの延長線上として捉えられるのである。

西本願寺において、被差別寺院門徒の末寺帳は、安達氏が指摘した「部落寺院制」の概念③のとおり、「穢寺帳」として別帳化された。この「穢寺帳」に掲載されるということは「穢寺」として扱われ、差別制度のもとで差配された。天保一二年（一八四一）、この「穢寺」としての差配から一般寺院同様の扱いを願い出たのが摂津国火打村勝福寺である。本事例を検討した藤原豊氏によれば、勝福寺門徒は公儀が百姓村として差配している事実から、西本願寺においても一般寺院同様の扱いを求めたとされる。しかしながら、西本願寺は、表面的には願書は受け入れるが、実質上は「穢寺」として差配したという(55)。このように、西本願寺内における先例を重視した強固な被差別寺院への差別状況は常に存在していた。

では、西本願寺の徳浄寺寺檀争論への対応はどのように評価すればよいのだろうか。今後の課題を踏まえ、論点を明確化したい。

本論で検討した西本願寺の姿勢は渡辺村経済力への期待に凝縮される。「三百金尚又増進、都合弐千金」とされる上納金は皮革業を基盤とした渡辺村門徒の経済力ぬきには語れない。西本願寺の現実路線化を支える経済的基盤としての渡辺村の存在は突出したものであった。ここには西本願寺の渡辺村の有する労働力や「かわた」村へのネットワーク力への期待も存在したと考えられる。すでに、塚田孝氏やのびしょうじ氏が明らかにしているように、渡辺村は西日本皮革業の流通センター的役割をしており、畿内有力「かわた」と連動する中核地であった(56)。例えば、

「美作改宗一件」[57]における「かわた」村ネットワークを生かした渡辺村門徒の動向、親鸞六〇〇回忌における労働力を生かした渡辺村門徒の動向の分析を通して、西本願寺内における渡辺村寺院の位置づけをさらに考察していくことも重要である。

次に、本論での西本願寺の姿勢の特質として、一般寺院の宗派内身分体系に抵触しない方向での差配や対応であったという点が指摘できる。具体的には「四ケ之本寺」格として差配する点にしても、大坂津村御坊出張所として渡辺村内に寺基を置くことも、一般寺院の宗派内僧階に抵触するものではなかった。一般寺院の身分体系に抵触する場合は火打村勝福寺と同様に、かなりの抵抗があったと考えられる。安政五年（一八五八）、徳浄寺門徒が内陣および仏間での着座願いを申請した際には「於御本寺余間以下江差支、迚も御免難相成」[58]という西本願寺の姿勢が示された。これは、身分を明確化する着座位置が一般寺院の身分集団に抵触したからである。幕末期における西本願寺の被差別寺院への対応は一般寺院、特に、僧階の上位に位置づけられた院家や内陣、余間などの身分と抵触しないという条件付きであった。こうした先例を重視する立場と現実路線化がどのように着地点を見出していくのか、本寺の一般寺院と被差別寺院の混淆の姿勢を問うことも今後の重要な課題のひとつである。

註

（1）日野賢隆「近世本願寺体制の一考察―正勝寺文書を中心として―」（『同和教育論究』第四号、同和教育振興会、一九七九年）。

（2）被差別寺院の顕著な上寺である。教徳寺・万宣寺・金福寺・福専寺を指す。いずれも被差別寺院のみの上寺であり、寺内町に寺基を有していた。「諸事心得之記」に「諸国河原者より諸願之節、四ケ之本寺下寺之方ハ、其本寺ヨリ添願書差上候事、尤御返翰不遣、其余上寺河原者ハ、添状者勿論添願書ニも不及候事、但し、添願書差出候ハ、聞置候而已、四ケ之本寺、左之通、東中筋天使突抜、金福寺、下ノ魚棚油小路東へ入北かわ、万宣寺、七条出屋敷木津屋橋塩小路町、教徳寺、下魚棚西洞院西へ入、福専寺」との記事がある（千葉乗隆編『真宗史料集成』第九巻、同朋舎メディアプラン、二〇〇三年、二九三～二九四頁。以下、本史料集の引用にあたっては『集成』と記し、巻号を付す）。

（3）　安達五男「江戸時代における部落寺院制の確立と身分支配―被差別身分の形成論ノート―」（『兵庫の部落解放史』第三号、兵庫の部落解放史研究会、一九七八年）。

（4）　山本尚友「近世部落寺院の成立について」（『京都部落史研究所紀要』一・二、京都部落史研究所、一九八一・八二年）。のちに、同『被差別部落史の研究』（岩田書院、一九九九年）に所収。

（5）　左右田昌幸「近世『部落寺院制』をめぐって―播磨国亀山源正寺を中心に―」（『龍谷史壇』九三・九四号、龍谷大学史学会、一九八九年）、拙稿「『部落寺院制』論への疑問―播磨国加東郡部落寺院を中心に―」（『法政論叢』第三八巻第一号、日本法政学会、二〇〇一年）。のちに、拙著『浄土真宗と部落寺院の展開』（法藏館、二〇〇七年）に所収。

（6）　西本願寺の末寺・門徒からの諸免物の下付、官位昇進、得度剃髪などの願書の受理に際して、本山役人担当者の取扱い心得を集記したもの。編集年次は文化八年（一八一一）である。

（7）　左右田昌幸①「『穢寺・穢僧』考ノート（一）―自剃刀と『毛坊主』―」（朝枝善照先生華甲記念論文集刊行会編『仏教と人間社会の研究』永田文昌堂、二〇〇四年）、同②「『穢寺・穢僧』考ノート（二）―『老持』と惣道場―」（『種智院大学研究紀要』第五号、種智院大学、二〇〇四年）。

（8）　本稿では「浪速部落の歴史」編纂委員会編『史料集浪速部落の歴史』（「浪速部落の歴史」編纂委員会、二〇〇五年〈以下、『史料集』と表記する〉）を使用する。本史料集からの引用に際しては、留役所筆録分については「留役所」と表記し、長御殿筆録分については表記しないこととする。

（9）　左右田昌幸①「部落寺院と真宗教団」（「大阪の部落史」編纂委員会編『新修大阪の部落史』上、解放出版社、一九

九五年）、同②「『渡辺村真宗史』に向けての覚書」（「浪速部落の歴史」編纂委員会編『太鼓・皮革の町―浪速部落の三百年―』解放出版社、二〇〇二年）。

（10）本願寺史料研究所編『本願寺史』第二巻（浄土真宗本願寺派宗務所、一九六八年）七〇〇～七〇二頁。筆者は「三箇条」（西本願寺所蔵文書）に依った。なお、西本願寺所蔵（本願寺史料研究所所管）の天保改革関係史料群は多岐に及ぶ。天保改革と被差別寺院の関係研究は、当時の被差別寺院の西本願寺内の位置や役割を検討するために重要と考えられる。

（11）真諦と俗諦を並称して真俗二諦という。広如が明治二年（一八六九）に「当流は二諦真俗の宗風にして、内に仏法を信じ外に王法をつとめ人倫五常の世教をも相瓣へ候こと、觸光柔輭の自然の法理にして高祖以来の宗則なり」と述べているところに、この語の教義上の応用をみてとれる（岡村周薩編『真宗大辞典』巻二、永田文昌堂、一九七二年、一二四三～一二四七頁）。

（12）本願寺史料研究所編『本願寺史』第二巻（浄土真宗本願寺派宗務所、一九六八年）六八四～七一三頁。

（13）同右、八八～八九頁。

（14）同右、七一四～七三八頁。

（15）「御改革手続趣意大略」（西本願寺所蔵文書）。

（16）本願寺史料研究所編『本願寺史』第二巻（浄土真宗本願寺派宗務所、一九六八年）七三二頁に依った。

（17）同右、七三一頁。

（18）第八代能化智洞が三業帰命説を講じ、寛政・享和・文化の時期に渡って起きた異安心事件のこと（同右、三五五～三九六頁）。

（19）左右田註（9）①前掲論文、三四三～三四五頁。左右田註（9）②前掲論文、七一～七三頁。

（20）『史料集』六三六頁。

(21)「申物諸願取扱方之記」の「無図御開山様御影・一番形御開山様御影」条に「願人飛檐以上ニ候ハ、住持相続しらへ之事」との朱書がある（『集成』第九巻、二一九頁）。
(22) 留役所「大坂諸記」安政六年（一八五九）七月二三日条に「御歴代御名之儀者御末寺始御家中へも御免之御品ニ者無之、格別之御取扱ニ而思召を以被下候儀ニ付、勿論河原者へハ尚更例無之」との記事がある（『史料集』六七八頁）。
(23)『史料集』六三九頁。
(24) 留役所「大坂諸記」安政四年（一八五七）一一月一七日条（『史料集』六三九頁）。
(25) 同右、安政四年（一八五七）一一月一八日条に「御遠忌御手伝格別出精記帳も出来、千両御請之内四百金持参仕候」の記事がある（『史料集』六四二頁）。
(26) 同右、安政四年（一八五七）一一月二三日条（『史料集』六四五頁）。
(27) 同右条。
(28) 同右、安政四年（一八五七）一一月二六日条に「又兵衛義者此度之御請余り働過ニ而、はり五辺より彼是与申候趣ニ付、上京之義者差控候由ニ御座候」との記事がある（『史料集』六四六頁）。
(29) 同右、安政六年（一八五九）六月二九日条（『史料集』六七七頁）。
(30) 留役所「大坂諸記」万延元年（一八六〇）三月二六日条に「大坂船場町惣道場徳浄寺看坊了忍儀、従来御本山厚崇敬之上、御宗則堅相守如法寺役相勤候ニ付、今般格別之御沙汰を以惣道場を自庵ニ申替」との記事がある（『史料集』六八二頁）。
(31) 留役所「大坂諸記」万延元年（一八六〇）一〇月一六日条（『史料集』六八七頁）。
(32)『史料集』六八九頁。
(33) 同右。
(34)『史料集』六九二頁。

(35)『史料集』六九四頁。
(36)留役所「大坂諸記」万延二年（一八六一）三月五日条（『史料集』六九五頁）。
(37)同右、文久元年（一八六一）三月七日条（『史料集』六九六頁）。
(38)同右、万延二年（一八六一）三月五日条（『史料集』六九五頁）。
(39)同右、文久元年（一八六一）三月九日条（『史料集』六九七頁）。
(40)同右、文久元年（一八六一）三月一六日条（『史料集』六九八頁）。
(41)同右、文久元年（一八六一）三月一一日条（『史料集』六九七〜六九八頁）。
(42)留役所「摂津諸記」元治元年（一八六四）一月一三日条（『史料集』七一八頁）。本史料記事の前には「左之通文久二戌年五月廿四日大坂西町奉行松平大隅守殿役所江被仰立ニ相成候御口上書、左之通」との記事がある。
(43)同右、文久二年（一八六二）一〇月二四日条に「西木津徳浄寺木仏御札如始御成替、御札早々御下ケニ相成候様、右之通り書附を以御用掛ゟ少進役宅へ封中伺書昨夕差出」「大坂西木津徳浄寺看地ニ御成替御札御染筆御下ケ之儀、同寺門徒共毎々御催促申遣候」との記事がある（『史料集』七〇三頁）。
(44)同右、文久二年（一八六二）一一月一三日条。
(45)同右、文久二年（一八六二）一〇月二四日条に「徳浄寺門徒寺役預ケ之義、隣時正専《（ママ）》寺へ御預ケ被仰付候運ひ候」（『史料集』七〇三頁）、留役所「摂津諸記」文久二年一〇月二六日条に「同村正宣寺へ御預ケ五兵衛外百八十二人役僧大琳寺へ御預ケ之旨」との記事がある（『史料集』七〇四頁）。
(46)同右、元治元年（一八六四）一月一三日条（『史料集』七一七頁）。
(47)『史料集』七〇八頁。
(48)『史料集』七一〇頁。
(49)『史料集』七一一頁。

(50) 留役所「摂津諸記」元治元年（一八六四）一月条（『史料集』七二〇頁）。
(51) 同右条（『史料集』七一九頁）。
(52) 同右条（『史料集』七二〇頁）。
(53) 同右、元治元年（一八六四）一月二二日条（『史料集』七二四頁）。
(54) 本願寺史料研究所編『本願寺史』第三巻（浄土真宗本願寺派宗務所、一九六九年）二五〜二七頁。
(55) 藤原豊「近世後期の部落寺院について―摂津国川辺郡火打村勝福寺取り扱い一件を中心に―」（『歴史研究』三四、大阪教育大学歴史学研究室、一九九七年）。
(56) 塚田孝『近世の都市社会史―大坂を中心に―』（青木書店、一九九六年）一一九〜一五八頁、のびしょうじ『皮革の歴史と民俗』（解放出版社、二〇〇九年）。
(57) 天明二年（一七八二）、幕府によって備前・備中・美作の真言宗寺院を浄土真宗寺院に強制改宗させた事件。この改宗命令に反対する闘争が起き、幕府裁定の不徹底が確認されている。本一件をめぐり、「かわた」村への真宗受容が政治的か主体的かという評価に分かれている。安達五男『被差別部落の史的研究』（明石書店、一九八〇年）二六三〜三〇〇頁、柴田一「徳川幕府の部落改宗政策と部落民衆の拒否闘争」（後藤陽一編『近世中国被差別部落史研究』明石書店、一九八六年）、小椋孝士「美作改宗一件　上・下」（『部落解放研究』一三七・一三八号、部落解放・人権研究所、二〇〇〇・二〇〇一年）に詳しい。
(58) 留役所「大坂諸記」安政五年（一八五八）一一月五日条（『史料集』六七一頁）。

第二部　被差別寺院の信仰の様相

第一章　「丹州寄講」の成立と展開

はじめに

「丹州十三日講」の前身である「丹州寄講」は、享保二〇年（一七三五）に初会の講が執り行われた。以降、二八〇年を経た今も毎春、近世西本願寺法主消息を披露する宗教的儀式が厳かに行われ、年に一度だけ消息の封印が解かれる。伝来している三通の消息は近世から現代に受け継がれ、儀式の主役として承継されている。(1)

こうした宗教的儀式である寄講は本地域に限った特例ではない。近世の播磨国・摂津国・丹後国・大和国においても信仰の興隆があった。(2) 本章では、こうした近世民衆の篤信の様相を浄土真宗の特殊性として理解するのではなく(3)、近世国家体制の中でどのように位置づけられるのかを明示することを目的とする。さらに詳述するならば、近世民衆の信仰が天皇や公家、門跡寺院も含めた広い意味での朝廷を権力の一部に組み込んだ近世国家権力の統制体系のなかにどう位置づけられるのかを明らかにしていく前提的作業のひとつでもある。

周知のように、一九九〇年代以降、宗教者・宗教組織と天皇・朝廷の関係性についての研究は大きく進展する。この研究の進展は高埜利彦氏の研究が大きな起点となった。氏は、門跡を通じての修験道組織、本所を通じての神道・陰陽道組織の統制という幕藩権力と宗教者編成の関係を明示し、天皇・公家・門跡など広い意味での朝廷を含めた幕藩制国家論研究を推し進めた(4)。高埜氏が基本的には仏教以外の宗教を対象としたのに対して、仏教、特に顕密仏教寺院と幕府との関係を分析することで幕藩制国家論研究を進めたのが杣田善雄氏であった。氏は幕藩制国家が創出した新たな宗教的権威に対し伝統的宗教権威は従属的な形での相互補完関係を形成していた過程を検証し、近世門跡は皇統・天皇を護持する存在として宗教的権威性が再生され、貴種性・血統こそが本質的属性であるという近世門跡制の特質を論じた(5)。

近世国家における宗教との関係性についての研究は、両者の研究を核として大きく進展している(6)。とくに、身分制論と密接に連関して展開した宗教者研究は、神職や陰陽師など、これまで取り上げられることの少なかった宗教者を国家体系のなかに位置づけるとともに、その統制機構である本所の意義の存在を浮かび上がらせた(7)。しかしながら、代表的な近世被差別民である「かわた」身分を檀徒とする被差別寺院と本寺である本願寺、広い意味での朝廷との関係性についての研究は進んでいない。無論、被差別寺院自体を対象とした研究は近年において活発化しており(8)、近世国家権力との関係でいえば安達五男氏の提起した「部落寺院制」論があげられるが(9)、「部落寺院制」論をめぐる議論から明らかであるように、新しい枠組みから捉えなおすことが求められている(10)。

そこで、本章では、被差別寺院門徒をネットワークした「丹州寄講」を取り上げる。

まず、「丹州寄講」の成立と展開について、氷上郡照蓮寺文書「丹波寄合講記録(11)」(以下、「記録」と表記)」を中心に検討する。「丹州寄講」と「播州寄講」が共同で開講されていた段階、「丹州寄講」が単独で開講されるようになった段階の発展過程に着目しながら、その基盤となる村々や重要人物を確定していく。そして、「記録」の記事中にある約一三〇年間に「丹州寄講」がどのように伸張したのかを「播州寄講」の伸張過程と合成していくものとする。方法としては、地図上に「丹州寄講」「播州寄講」の基盤となる村々をまず明記し、さらに仲張していった村々を書き加えて明記する。そうすることで、丹波国・播磨国における信仰の興隆の状況を考察していくものとする。

次に、「丹州寄講」御印書を素材として、信仰の興隆の基盤にある講員の合力的結合(12)について考察する。御印書が被差別寺院門徒にとって、どのような性格のものであったのかを明らかにし、近世「かわた」村に起きた信仰の興隆の要因を分析していきたい。

最後に、こうした合力的結合によって組織された寄講が近世国家の中にどう位置づけられるのかを明らかにする。「丹州寄講」に際して、法談場建立の申請を公儀に差し出している史料をもとに、本末関係に捉われない信仰の場でさえも、幕藩権力の宗教統制があったことを確認し、その人民統制がどのような段階をもってなされていくのかを明らかにしたい。

一　「丹州寄講」の成立と展開

「丹州寄講」の成立については史料的に定かではない。「記録」に「享保十三年申之八月、一　初会　播州加東郡久米村、一　二会　同国井口《井之口》村、一　後会　同国多可郡野村、右掛銭儀者播州土橋村指引帳ニ見江申候(13)」にあるのが「丹州寄講」の初見記事である。

記事中に、丹波国の村名が一度も見られないが、これは「丹州寄講」と「播州寄講」が同じ寄講から派生したことによる。同寺文書に「就夫ニ播州へ者先年十一日講と御免被為成候、御披露之度ニ参詣之同行拝聴罷有候、枝講之播州江者御免ニ相成リ、従来元講之当国へ者十三日講と御免難被為在候」(14)とあり、「丹州寄講」が「播州寄講」の元講であったことが理解できよう。しかしながら、「記録」によると、翌開催の享保一五年（一七三〇）にも「享保十六年（「十五年」カ）戊之八月、一　初会　播州陣（神）東郡田原村、一　二会　同国加東郡浮坂村、一　後会　同国窪田村、御代僧大坂金光寺様後下向右掛銭之儀者播州帳面ニ見へ申候」とあり、播磨国の村々が重要な役割を担っていた(15)。

さて、このように享保一三年（一七二八）には播磨国の村々と丹波国の村々の共同で寄講が開講されていたということは、それ以前において、寄講の基盤となる小寄講が何らかの形で成立していたことを意味する。「丹州寄講」の黎明は享保一三年以前であった。

では、播磨国の村々と丹波国の村々の共同で開講されていた際の状況がどうであったのかをまず検討してみよう。享保一七年（一七三二）の記録に次のものがある(16)。

享保十八年（「十七年」カ）子之正月

一、銀百拾匁壱分　丹波講中ヨリ掛銭受取候

御年頭

一、銀三両　本御門跡様

一、銀壱両　新御門跡様

一、銀弐両　下間少進様

一、銀弐両　御内小取次弐人

一、銀弐両　嶋田重膳様

一、銀弐両　御内小取次弐人

一、銀三両　　御蔵奉行御三人様
一、銭五十文　御願証文紙代其外
一、同廿七文　はかまかりちん
一、銀五分　　小玉之分
一、銀四匁九厘　播州久米村五郎兵衛殿ニ渡ス
一、銀拾匁九分　京都ニ而方々入用順照、善六二人
合八拾目九分　上京之人々播州久米村　五郎兵衛
右献上付候御印書播州土橋村ニ有之候残リ銀弐拾九匁弐分有
丹州舟木村　順照
同　善六
久下　孫左衛門

子之七月十二日
一、銀壱両　本御門跡様　暑気御見舞
一、銀壱両　新御門跡様　同断
一、四匁四分　京都ニ而方々入用　舟木村　新六
〆拾三匁　出シ引
残り銀拾六匁二分　有　舟木村　新六
上京之人々　七日市村

四郎兵衛

子之七月十二日

播州ほう田村　宗清

子之十二月十日上京人之人々

丹州舟木村　順照

史料から、銀一一〇匁一分が「丹波講中」より掛銭として集められており、正月の「御年頭」として当時の西本願寺法主である住如へ銀三両、新門である堪如へ銀一両をはじめ、西本願寺諸役人への礼銀が支払われていることが分かる。その入用の合計は八〇目九分であった。七月には「暑気御見舞」として住如へ銀一両、堪如へ銀一両が献上され、掛銭の残額は銀一六匁二分となっている。このように、寄講への掛銭はそのほとんどが懇志として本山に献上された。

こうした献上には、寄講の運営側の姿も垣間見える。まず、「上京之人々」として本山西本願寺に上洛した人物名が記されている。「播州久米村五郎兵衛」「七日市村四郎兵衛」「舟木村新六」「丹州舟木村順照」がそうである。次に、会計を差配していると読み取れる人物が記されている。「丹州舟木村順照、同善六、久下孫左衛門」「舟木村新六」「播州ほう田村宗清」がそうである。(17) これらの記事から、「丹州寄講」において丹波国では舟木村、久下村、七日市村、播磨国では久米村、「ほう田村」が重要な役割を果たしていたと考えられるだろう。

念のために、寄講が丹波国と播磨国の共同で営まれていた時期の享保一三年～一九年（一七三四）までの史料上にみられる村名と人物名を一覧表にしてみよう。(18) それによって、共同で開催されていた段階での主たる村落および人物が特定できる。

表１　享保13年（1728）～19年（1734）「丹波寄合講記録」村名・人物名一覧

年	内　容	播磨国の村名（人物名）	丹波国の村名（人物名）
享保13年（1728）	会所として記載	加東郡久米村、同郡井口村 多可郡野村	（記載なし）
同15年（1730）	（同上）	神東郡田原村、加東郡浮坂村 加東郡窪田村	（記載なし）
同17年（1732）	「上京人」として記載	加東郡久米村（五郎兵衛）	氷上郡七日市村（四郎兵衛）
	会計差配役として記載	加西郡芳田村（宗清）	氷上郡舟木村（順照）、同（善六） 氷上郡舟木村（新六） 氷上郡久下村（孫左衛門）
同18年（1733）	「上京人」および「大坂下リ人」として記載	加西郡芳田村（作左衛門） 加東郡窪田村（太兵衛） 加東郡土橋村（八兵衛）	氷上郡七日市村（四郎兵衛） 氷上郡久下奥野々村（仁左衛門） 氷上郡舟木村（順照）、同（智鏡） 氷上郡舟木村（利右衛門）
	会計差配役として記載	（記載なし）	氷上郡舟木村（善六）
同19年（1734）	「上京人」として記載	加東郡窪田村（太兵衛）	氷上郡七日市村（四郎兵衛） 氷上郡舟木村（順照）、同（甚右衛門）
	会計差配役として記載	（記載なし）	氷上郡舟木村（順照）
	寄付人として記載	加東郡窪田村（太兵衛）	（記載なし）

表１より、播磨国では八カ村、丹波国では三カ村が寄講に参加していることが分かる(19)。もちろん、それ以外の村々も参加していると推察できるが、その記事内容から考えて舟木村を中心とした運営状況が確認できよう。特に、「順照」は数多くの記載があり注目される。享保二〇年（一七三五）には初会の「丹州寄講」が舟木村金照寺で開催されていることや金照寺の元禄五年（一六九二）の住持名が「順知」であることから(20)、金照寺の住持である可能性が高い。播磨国においては加東郡窪田村太兵衛が散見されるが、享保一九年（一七三四）からは同村だけが記載されており、「丹州寄講」と「播州寄講」が分派されていく端境期において、加東郡窪田村に有力門徒が存在したといえる。以上から、丹波国と播磨国の共同で営まれていた寄講の段階では、氷上郡舟木村が重要な役割を任じており、特

に、金照寺住持の順照が運営の中心的人物であった。播磨国においては、加東郡窪田村太兵衛が運営上において中心的人物であったといえよう。

このようにして史料上においては享保一三年以降七年間続けられた寄講は、享保二〇年～元文三年（一七三八）に転機を迎える。「丹州寄講」「播州寄講」という形で分派していくのである。多可郡前坂村には元文三年に白銀一〇枚の請取消息が「播州小寄講中」宛に下付されており、「播州寄講」の成立段階にあることが分かる。[21]「丹州寄講」では享保二〇年に初会第一番の寄講が盛大に開催されている。

その開講状況を「記録」の記事から引用する。

卯三月三日ゟ　　　　　舟木村人足　甚太郎
一、大坂金光寺様御案内　　舟木村　　儀兵衛
卯三月四日ゟ
一、京都御案内上京之人々　舟木村　　順照
初会（印）
卯三月九日ゟ　　　　　七日市村　四郎兵衛
　　　　　　　　　　　舟木村　　庄兵衛
一、京都御大僧養現寺様御迎人足之人々
　　　　　　　　　　　舟木村　五左衛門
　御下向三月十三日　　同村　八兵衛
　　　　　　　　　　同村　半助

七日市村　五左衛門

三月十三日

同村　吉兵衛

御寄会座所　舟木村金照寺殿

一、銀四百三十目　御礼銀本門様

一、銀五匁　新門様

一、銀拾四匁三分　下間少進様

一、銀六匁　御内小取次弐人

（中略）

卯之閏三月六（「日」脱カ）御礼仕候

上京之人々　舟木村順照

同村　甚右衛門

舟木村　新六

七日市村　四郎兵衛

舟木村人足　太右衛門

銀合七百弐拾三匁壱分四厘

「丹州寄講」の第一回目の開催を示す「初会」の文言があり、三月一三日に舟木村金照寺を会所として行われたことが分かる。法主への御礼銀は銀四三〇目という大きな額であり、寄講開講にあたっての費用は七二三匁一分四厘であった。前述した享保一七年の年間支出費用の七倍にもあたる額を寄講の経費として充てている。史料冒頭の大坂金光寺は享保二〇年までに使僧を頼んでいる経緯があり、その金光寺までも寄講の案内に出向くという念の入れようであった。初会の使僧は京都養現寺であり、「迎人足」として舟木村から三名、七日市村から一名があたっている。こうして、巨額を投じて寄講を開講したのは初会の寄講だけでなかった。以降も同様の費用、それ以上の費用が必要であった。元文三年の法主への御礼銀は五六九匁二分と増額している。無論、年間の費用は寄講だけではなく、正月の「御年頭」、七月の「暑気御見舞」、九月の栗籠献納など、懇志を継続して本山に献上している。年間総支出をみてみると、元文元年（一七三六）には銀八四九匁二分六厘、元文二年（一七三七）には銀六九二匁三分四厘、元文三年には銀一貫一一匁六分二厘と増額の方向へ変遷している。(22)

「丹州寄講」「播州寄講」と分派した後に、このように多大な費用を要して寄講を運営していくには、その経済的基盤となる講員である門徒の合力的結合が必要である。無論、その内容的側面からの考察が重要であるが、本節ではまず、それぞれの寄講の地域的広がりを検討することを通して、門徒の合力的結合をみていくこととする。「播州寄講」については、すでに明らかにしているので、(23)「丹州寄講」の広がりを会所開催村からみていく。**表2**に、初会の享保二〇年〜天保七年（一八三六）第七七番会所までを一覧表にした。

表2から、分派後の地域的広がりは大きく二段階に分けることができる。第一段階は第一番享保二〇年〜第二四番安永四年（一七七五）までで氷上郡を中心に寄講が行われている段階、第二段階は第二五番安永六年（一七七七）以降の寄講が多紀郡へと広がりをみせた段階である。

第一段階では天田郡猪崎村を除いてはすべて氷上郡域の村落が会所となっていることが明らかである。まずは氷上郡域において寄講が定着していったと言えよう。第一段階をさらに詳細にみていくと、享保二〇年初会第一番〜

表２　享保20年（1735）～天保７年（1836）「丹州寄講」会所一覧

番	年	会　所	番	年	会　所
1	享保20年(1735)	氷上郡舟木村	40	寛政９年(1797)	氷上郡西中村
2	享保21年(1736)	同郡　西中村	41	寛政10年(1798)	同郡　北芝村
3	元文２年(1737)	同郡　北和田村	42	寛政11年(1799)	多紀郡明ケ野村
4	元文３年(1738)	同郡　北嶋村	43	享和１年(1801)	氷上郡北嶋村
5	元文４年(1739)	同郡　室谷村	44	享和２年(1802)	多紀郡菅村
6	元文５年(1740)	同郡　舟木村	45	享和３年(1803)	氷上郡北和田村
7	寛保１年(1741)	天田郡猪崎村	46	文化１年(1804)	同郡　古河村
8	寛保２年(1742)	氷上郡七日市村	47	文化２年(1805)	多紀郡西庄村
9	寛保３年(1743)	同郡　坂本村	48	文化３年(1806)	氷上郡七日市村
10	延享２年(1745)	同郡　北嶋村	49	文化４年(1807)	天田郡猪崎村
11	延享４年(1747)	同郡　中村	50	文化５年(1808)	多紀郡松木嶋村
12	延享５年(1748)	同郡　舟木村	51	文化６年(1809)	氷上郡室谷村
13	寛延３年(1750)	同郡　西中村	52	文化７年(1810)	同郡　中村
14	宝暦２年(1752)	同郡　南嶋村	53	文化９年(1812)	多紀郡戸坂村※
15	宝暦４年(1754)	同郡　北和田村	54	文化10年(1813)	氷上郡七日市村
16	宝暦７年(1757)	同郡　石負村	55	文化11年(1814)	同郡　石負村
17	宝暦10年(1760)	同郡　石ケ端村	56	文化12年(1815)	多紀郡平田村※
18	宝暦12年(1762)	同郡　北芝村	57	文化13年(1816)	氷上郡北嶋村
19	宝暦14年(1764)	同郡　北嶋村	58	文化14年(1817)	同郡　西中村
20	明和３年(1766)	同郡　油利村	59	文化15年(1818)	多紀郡決田村※
21	明和５年(1768)	同郡　西中村	60	文政２年(1819)	氷上郡北和田村
22	明和８年(1771)	同郡　坂本村	61	文政３年(1820)	同郡　古河村
23	安永２年(1773)	同郡　古河村	62	文政４年(1821)	多紀郡中嶋村
24	安永４年(1774)	同郡　七日市村	63	文政５年(1822)	氷上郡石ケ端村
25	安永６年(1777)	多紀郡牧村	64	文政６年(1823)	同郡　北和田村
26	安永７年(1778)	氷上郡北和田村	65	文政７年(1824)	多紀郡牛ケ瀬村
27	安永８年(1779)	多紀郡牛ケ瀬村	66	文政８年(1825)	氷上郡油利村
28	安永９年(1780)	氷上郡長谷村	67	文政９年(1826)	同郡久下南嶋村
29	安永10年(1781)	多紀郡高屋村	68	文政10年(1827)	多紀郡箱谷村
30	天明３年(1783)	氷上郡小和田村	69	文政11年(1828)	氷上郡外塩久村
31	天明５年(1785)	多紀郡畑村	70	文政12年(1829)	同郡　長谷村
32	天明６年(1786)	天田郡猪崎村	71	文政13年(1830)	多紀郡風深村
33	天明７年(1787)	氷上郡七日市村	72	天保２年(1831)	氷上郡坂本村
34	寛政１年(1789)	同郡　北嶋村	73	天保３年(1832)	天田郡猪崎村
35	寛政３年(1791)	多紀郡風深村	74	天保４年(1833)	多紀郡高屋村
36	寛政５年(1793)	氷上郡室谷村	75	天保５年(1834)	氷上郡古河村
37	寛政６年(1794)	同郡　古河村	76	天保６年(1835)	同郡　北芝村
38	寛政７年(1795)	同郡　新郷村	77	天保７年(1836)	多紀郡菅村
39	寛政８年(1796)	多紀郡箱谷村			

（出典）「丹波寄合講記録」（『史料集成』第２巻、照蓮寺文書、史料169）
（備考）※は地図上に特定できていない村落である。

延享五年（一七四八）第一二番までは毎年開講されており、それ以降は隔年で開講されている。延享五年は舟木村が会所となっており、会所が二巡目に入ったとみてよいだろう。この一巡目の会所が「丹州寄講」の基盤を作った講員のいる村落であると考えられる。二巡目になって開講年も隔年開催となる。これまでに寄講への参加はあったものの会所を引き受けるには至らなかった可能性もあるが、新しく加わった村落は、南嶋村・石負村・石ケ端村・北芝村・油利村の五村落を数えることができる。「丹州寄講」が徐々に裾野を広げ、氷上郡内において広がりを見せている。こうした広がりは安永六年になり一挙に大きな展開をみせる。

第二段階では第一段階の氷上郡の村落に加えて、多紀郡の村落が会所として「丹州寄講」の開講を行っている。多紀郡の村落は一三村落、新たに氷上郡から三村落が加わっている。さらに第二段階を詳しくみていくと、第三一番天明五年（一七八五）までは氷上郡と多紀郡の隔年開催であり、以降徐々に氷上郡二回多紀郡一回というサイクルで開講がなされていく。こうした状況は寛政八年（一七九六）には確定していると考察できる。これは「丹州寄講」への参加村が氷上郡と多紀郡の割合が二対一であることによるものであると考えられる。会所の割り当てが確定していくことは「丹州寄講」の基盤が固まったことを示すものである。つまり、「丹州寄講」は天明五年〜寛政八年の間に確立したといえよう。

このように、「丹州寄講」は「播州寄講」との共同開講の黎明期を経て、享保二〇年から延享四年（一七四七）に至る一巡目の会所九村落が基盤となり、安永六年には多紀郡を含む寄講が開講されるようになる。その地域的広がりは氷上郡・多紀郡をまたがる三二村落の大寄講となっているのである。

一方、「播州寄講」の状況はどうであろうか。「播州寄講」の基盤は表1にある加東郡・加西郡・神東郡・多可郡の八カ村であると考えられる。その地域的広がりは元治元年（一八六四）の作成された「大御所寄講規定書」によって知ることができる(24)。それによると、「播州寄講」は二三カ村二七カ寺にわたって行われている。郡別に記すと、加東郡一一カ村・多可郡九カ村・加西郡六カ村・加古郡二カ村・明石郡二カ村・三木郡一カ村・神東郡一カ村である。以上から、郡単位を越えて広がっている大寄講であることが理解できる。

念のために、以下に参加した村落名、寺院の本末関係・開基年を抜き出してみよう。なお、「大御所寄講規定書」には三段階の区分けがなされており、「播州寄講」での村落の位置づけがなされている。第一段階は「播州寄講」の運営面を司っていると推察できる多可郡の村々、第二段階は「播州寄講」への参加が多かったと推察できる村々、第三段階は少し小さな文字で記されており、参加が少ない村と推察できる。

表3から、多可郡・加東郡・加西郡の北播磨地方の寺院が非常に多いことが分かる。**表1**にある加東郡・加西郡・神東郡・多可郡の八カ村の流れを受け継いだことが明らかである。また、これらの村々が中心的勢力を持っていたのではないかと予想される。「大御書寄講規定書」には立会人が記されているが、その村名すべてが多可郡内の村々である。しかも、本規定は多可郡前坂村光福寺において作成されていることから、元治元年における「播州寄講」の中心的役割は多可郡内の村々であったと考えられる。この点は「丹州寄講」との共同開催であった享保一三年から一九年にかけての状況とは異なっている。加東郡窪田村太兵衛のような特定人物を中心とした段階から多可郡を中心とした運営に変化したといえるであろう。

最後に、こうした「丹州寄講」と「播州寄講」の状況を地図上に明記しよう。「丹州寄講」に関わる記録が天保七年段階であるのに対して、「播州寄講」が元治元年段階であるため三〇年余りの差が生じるが、「丹州寄講」が寛政八年段階で完成期を迎えたことから考えると地図の合成に問題はないと考える。なお、これまでに検討してきたように、それぞれの寄講の基盤となった「丹州寄講」においては享保二〇年～延享四年に至る一巡目の会所九村落、

「播州寄講」においては享保一三年～一九年にかけての八村落を「●」で示している。[25]約一三〇年間に丹波国・播磨国の「かわた」村に真宗信仰はより深く根をはり、伸張していったのである。

表3　元治1年（1864）「播州寄講」参加村落一覧

記載段階	村落名	本末関係	開基年（西暦）
1と2	多可郡　上杉原村	金福寺下	慶長7年（1602）
〃	同郡　東山村	〃	明徳3年（1392）
〃	同郡　高岸村	〃	寛永7年（1630）
〃	同郡　前島村	〃	明徳3年（1392）
〃	同郡　上野村	万宣寺下	弘治3年（1557）
〃	同郡　高島村	金福寺下	明徳3年（1392）
〃	同郡　大野村	万宣寺下	寛永10年（1633）
〃	同郡　前坂村	金福寺下	明徳3年（1392）
2	多可郡　下杉原村	金福寺下	慶長8年（1603）
〃	加東郡　窪田村	〃	慶長1年（1596）
〃	同郡　久米村	直　末	永禄4年（1561）
〃	同郡　森田村	金福寺下	（記載なし）
〃	同郡　下曽我井村	〃	〃
〃	同郡　大寺村	〃	延宝1年（1673）
〃	同郡　西森村	〃	天正11年（1583）
〃	同郡　井野口村	〃	明徳4年（1393）
〃	同郡　土橋村	〃	正保2年（1645）
〃	同郡　藪田村	本照寺下	延宝3年（1675）
〃	同郡　浮坂村	金福寺下	永禄5年（1562）
〃	同郡　来住村	〃	（記載なし）
〃	加西郡　下郷村	〃	明徳4年（1393）
〃	同郡　宮木村	万宣寺下	慶長8年（1603）
〃	加古郡　別府村	金福寺下	永禄11年（1568）
〃	同郡　石野村	〃	寛永7年（1630）
〃	明石郡　大見村	〃	天正7年（1579）
〃	三木郡　貸湖村	〃	慶長8年（1603）
3	加西郡　富家村	元正寺下	明徳4年（1393）
〃	同郡　有田村	源正寺下	慶長8年（1603）
〃	同郡　黒駒村	〃	永禄10年（1567）
〃	神東郡　俵原村	〃	永禄8年（1565）
〃	神西郡　高岡村	元正寺下	元亀1年（1570）
〃	同郡　新野村	源正寺下	永録8年（1565）
〃	加西郡　中西村	金福寺下	永禄3年（1560）

（出典）「大御所寄講規定書」（多可郡東山大西家文書）、「穢寺帳」（『史料集成』第1巻所収）

図1　近世後期における「丹州寄講」「播州寄講」の参加村落

（備考）
●－「丹州寄講」享保20年（1735）～延享４年（1747）の会所
　　「播州寄講」享保13年（1728）～享保19年（1734）の会所
○－上記以降に開講された会所

二　「丹州寄講」御印書と合力的結合

前節では、「丹州寄講」の成立と展開を「播州寄講」の展開と絡めて論じた。一三〇年間に経済的に大きな負担を要しながらも寄講が順調に伸張し、真宗信仰が深く浸透していく様子を明らかにした。では、なぜ近世の「かわた」村にこのように寄講を通した信仰の興隆が起きたのだろうか。本節では、信仰の興隆の基盤にある講員の合力的結合について考察するものとする。

「記録」の記事中に「御印書」なる文言が散見されることに気づく。例えば「右献上付候御印書播州土橋村ニ有之候」「暑気御見舞御印書当国ニ有之」「一、弐匁、御印書之表具之金襴代」「御印書箱代」といった具合である。一般的に御印書は坊官が書状を記し、宗主が標頭に黒印を捺したものであり、良如以後になると一般化されるとともに書状の内容も簡潔になってくる。江戸中期になると、この御印書はさらに簡略化され、単に上納された金額と宛名・日付だけを記し、その上部に宗主の黒印を捺し、坊官の文章は省略されて、いわゆる領収書的になるという(26)。

本章で検討する時期はまさに良如以降の江戸中期から後期にあたる。領収書と理解される御印書に金襴を施すほどの意味は何なのか、御印書の存在場所をなぜ記録に残さなければならなかったのか、換言するならば、御印書が被差別寺院門徒にとってどういう性格のものであったのだろうか。ここでは「記録」の中から、享保二一年（一七三六）の寄講記事を取り上げて、御印書が被差別寺院門徒の合力的結合を導いたことを検証していきたい。

享保二一年三月一三日、第二番会所である西中村正福寺にて「丹州寄講」が行われた。使僧は宇治郡山科東野の興正寺下真光寺である。使僧には銀五八匁が懇志として支払われ、お供にも銀一五匁が支払われる。(27)翌四月に寄講の御礼として講中より六人が上京し、(28)御礼銀を献上していることが次の史料から明らかである。

四月十五日
御寄御礼（「講」脱カ）
一、四百三拾目　御門跡様　御礼銀
一、拾四匁六分　新門跡様　同断
（中略）
一、弐匁　御印書之表具之金襴代
一、弐分四厘　同断ひぼ代
一、六匁　人足壱弐七日市村勘兵衛へ渡ス
一、壱匁　御印書下箱代
右惣〆七百四拾八匁六分八厘
（後略）

史料から、初会第一番同様に四月一五日に法主住如をはじめとして懇志が献上されており、御印書関係の支出があったことが理解できる。表具関係の入用は本山門前にて購入がされたものと推察できよう。今回の懇志上納に際しての御印書が下付されたことに間違いない。

実はこの享保二一年の御印書こそが、現在の「丹州十三日講」に伝来している三通の消息のうちの一通である。以下に、その御印書を示す。(29)

（印）

於其地為法義相続毎月寄講被相企志進上遂披露候処、各兼而法義之志深厚之故、御本寺渇仰の思ひ不浅神妙之至御感心乃御事ニ候、然上者難有存られ老若を撰はす、毎月不闕に被寄合講中更に心を合せ永々御為宜様御馳走可被申上候、就夫平生聴聞のことく安心決定の上にハ弥法義被為相続仏恩報謝之称名を相嗜可被遂今度之報土往生素懐事肝要之旨被仰出候、仍被顕御印候者也

享保廿一丙辰年　四月十五日

丹州寄講中

本史料が享保二一年四月一五日に下付されたものであり、冒頭の黒印が西本願寺から下付された多可郡東山村大西家所蔵の御印書と同じ印影のものであることから[30]、本山西本願寺からの御印書であることに間違いない。「仍被顕御印候者也」から「丹州寄講」の願いによって御印書が下付されたことが理解できよう。

本史料から明らかであるように、下付された御印書は単なる領収書ではなく、法語を加えた請取消息に近いものであったのである。請取消息はこの時期にはほとんど見られないが[31]、御印書に法語を加えたものであることが消息としての性格を付したと考えられる。それは現在に至る長い歴史の中で消息として受け継がれてきたことからも明らかである。「丹州寄講」からの懇志が多額で継続性のあるものであることや、一個人としての懇志ではなく講としての懇志であること、そして何より講中からの強い願いがあったからこそ、こうした法語を加えた御印書下付につながったのだろう。

真宗では近世において法主を善知識とする強い信仰の方向性があったことは周知のところである。消息が法主から門徒への直接的な書状であり、その消息が身分制社会の底辺で生きている被差別寺院門徒の合力的結合を促すの

に充分な効力があった。その背景には、近世国家における本末制度と檀家制度を基盤とする宗教政策が存在した。各宗派末寺は本寺との間に複雑な本末関係を通じて結ばれたのである。特に、被差別寺院は「四ケ之本寺」(32)を基本とする被差別寺院特有の本末関係の中に差し置かれる。被差別寺院は法主の存在する本山とできるかぎり直接的につながることを求め、経済力ある村々では徐々に直末寺院化の動きが活発化した(33)。

しかしながら、表3の本末関係からも分かるように、寄講は組織的に本末関係と関係なく、それらを広く糾合して僧侶・門徒を問わず共に一単位をなして結成されたものであった。したがって、たとえ「かわた」村であっても、身分制維持を目的として推し進めた幕府の宗教政策の中にあって、善知識の法主とのつながりを感得することができたのである。その具現化の象徴が消息であった。

金襴を施された御印書には、身分制社会に生きる被差別寺院門徒の合力的結合を促す篤信と上昇志向が消息と同様のものとして映し出された。こうした消息と同様の性格が付された御印書の存在を講員たちはどのように認識していたのかをさらに示す史料がある。

以下に「寄合会座法度」（氷上郡照蓮寺文書）の法度各条の前文部分を抜粋する(34)。

（前略）

当国之道俗男女普ク御報謝為相続之御寄講奥行仕度旨歳経御願之奉達言上処、従御慈悲被為遂御披露為御上意ト御代僧被為成御免候故、奉棒（「捧」カ）御礼銀ヲ則被為現御印文頭戴（「頂」カ）仕事、是誠下賤之輩ニおゐてハ優曇華ト可謂

（後略）

これを記したのは無論「丹州寄講」の講員である。丹波国にて相続してきた寄講が「御慈悲」によって「御代僧」が「御上意」を披露することとなり、懇志である御礼銀を献上し、御印書が下付されたとしている。つまり、

まず「御上意」の披露があるからこそ、次に御礼銀による御印書の下付があると記されているのである。こうした主旨は「御代僧」の文言にも表れている。寄講に派遣され「御上意」を披露するのは、本山の「使僧」ではなく、法主の「代僧」であるという点に注目したい。被差別寺院門徒にとって善知識である法主とのつながりこそが重要であったといえよう。そして、史料ではこのような代僧による上意の披露、つまり、消息や御印書披露を「下賤之輩ニおゐてハ優曇華ト可謂」と記し、三〇〇〇年に一度花が咲くという仏教伝説上の植物に例えて、御印書の重要性とともに寄講にて守るべき各条を記しているのである。各条については次節にて検討することとする。

このような経緯を経て、「丹州寄講」に本格的な消息が下付されるのは、天明六年（一七八六）に下付された法如消息を新門文如が写す形での書状を待つことになる。こうして近世後期から近代にかけて「丹州寄講」では、本消息が二通目として保管され、天保一五年（一八四四）に下付された法語を加えた御印書が三通目の消息として保管される。

近世における「丹州寄講」「播州寄講」の興隆の背景には、以上の宗教的象徴である三通の消息、つまり、御印書が大きな役割を果たし、それによって各地の村々を結んだのであった。氷上郡と多紀郡をつなぐ難所の峠であった鐘ケ坂を意気揚々と奉送したと伝えられる「丹州寄講」に被差別寺院門徒の並々ならぬ篤信と上昇志向があったことは容易に推察できよう。

三　近世国家における寄講

前節では「丹州寄講」「播州寄講」の信仰興隆の基盤にある合力的結合について論じた。本節ではこうした合力的結合によって組織される寄講が近世国家の中にどう位置づけられるのかを明らかにしたい。

以下の史料は、「丹州寄講」に際して「多紀郡辻村之内皮多」から法談場を建立したい旨を寺社奉行に願い出た際の口上書である(35)。

乍恐御願奉申上候口上書

御本山本願寺ヨリ御使僧御差向被遊候節、法談場無之候付、村方申談数年以来阿弥陀講として掛銭仕候処此節普請も成就可致程之積銀ニ相成候付、三間ニ四間之法譚場茅葺ニ而相建申度奉存候間、此段御免被為成下候ハヽ、一統難有仕合ニ奉存候、以上

巳八月

願主辻村之内
皮多惣代　佐兵衛　㊞
同断組頭　伊左衛門㊞

右之者共奉願候通御許容被為成下候ハヽ、難有仕合ニ奉存候、依之印形仕奉存候、以上

皮多取締風深村　為四郎㊞
河原村　宗兵衛㊞

寺社御役所

右辻村之内皮多共御願奉申上候通御免被為成下候ハヽ、於私共茂難有仕合奉存候、以上

辻村庄屋　仁左衛門㊞
同村肝煎　与三兵衛㊞

本史料の年代は特定できないが、多紀郡にて「丹州寄講」が行われる安永六年（一七七七）以降の近世後期であ

ろう。史料から分かるように、本末制度とは基本的に無関係である寄講であっても、「法談場」と記された道場建立のためには公儀の許可が必要だった。周知のように、幕府は慶長から元和期に「諸宗寺院本山法度」を発布し、京都や鎌倉などに存在していた本山の地位を認め、宗派ごとに寺院統制を行わせた。寛永八年（一六三一）には板倉重宗によって新寺建立の禁止が出され、幕府は諸国の寺院把握をさらに進める。元禄五年（一六九二）には幕府による再度の大規模な寺院調査が行われ本末制度は確定していく。[36]幕府にとっては新寺の建立は本末制度を揺るがすことになりかねないため、新寺の建立については以降もこれを統制した。こうした統制下にあって、たとえ寄講の法談場であっても公儀への申請を必要としたのである。

この「辻村之内皮多」の願いは許可が得られず、二カ月後の一〇月に再度の申請を行う。以下に抜粋して引用しよう。[37]

乍恐御願御願奉申上候口上書

御本山京都本願寺より毎年多紀郡氷上郡輪番ニ相当リ候村方之御使僧御越被成候而、御法談聴聞被仰付候節、右多紀門徒共輪番付法談場之集会仕候、是を寄り講と相唱申候、御使僧御越被成候節、其段御届奉申上候得者御上様より寺社方様、下目付様、御郷組様御立合ニて為御見分御越被遊候、右ニ付御役人様方御着座之席、御使僧様御法談之席、三間ニ四間之俗家同様之建物古来より有之候得共、先年朽損し候節時節柄悪敷貧村之儀ニて建替之儀ニ難渋仕畳取置申候

（中略）

尤堂社寺ニ似寄り候建物ニも無御座俗家同様之建物ニ御座候も万一差支ニ相被成候節は御差図次第ニて仕候間、格別之御慈悲を以右之趣御聞済被為成下候ハ、門徒一統難有仕合奉存候、以上

巳十月

願主辻村之内
皮多惣代　佐兵衛㊞
同　組頭　伊左衛門

右辻村之内皮多共御願奉申上候通り御免被為成下候ハヽ、於私共茂難有仕合奉存候、以上

辻村庄屋㊞
同村肝煎㊞

寺社御役所

まず寄講の説明が記されたのち、本願寺使僧法談の席、寺社方や下目付などの見分の席がないことを理由として再度の建立申請をしている。また、法談場が「堂社寺ニ似寄り候建物ニも無御座俗家同様之建物」であることを強調し、社寺に当たらないことを述べている。注目されるのは、いずれの口上書にも本村である辻村庄屋の署名があることである。無論、こうした申請に際し、枝村である「辻村之内皮多」には単独交渉権がなかったことは明白であるが、寺社奉行への申請の前段階として本村辻村との交渉が行われたことが容易に推察できる。おそらくは、本村への懇志も献上したことだろう。

このように、寄講が僧俗協同の自律的信仰の場であったといえども、法談場建立に際しては本村への承諾を取り付けた後、寺社奉行の許可を得なければならなかった。法談場の建立という一事例をとっても、本末制度とは直接的な関係を要せずとも近世国家において厳密の統制体系の中にあったのである。

しかも、こうした体系は本山である西本願寺を通して講員である門徒に浸透していった。「丹州寄講」に伝来する天保一五年（一八四四）に下付された法語を加えた御印書を以下に抜粋する。

（印）

今般於其地寄講取結法義相続之上より年々冥加之志指上候事及進上候処、かねて法義深厚之故と御感心不斜神妙被思召候、依而此度講相続のため御印書被成下候、末々寄講退転なきやうに出精致すへく候

（中略）

此段決定之上には王法国法を守り地頭領主を重んし、かきりある年貢等を具に沙汰し、存命之間は法義無油断相続いたし仏恩報謝之称名相嗜可遂今度之報土往生之素懐事肝要之旨被仰出候、依而被顕御印候者也

天保十五年三月廿三日

前半部分にて、法義高揚のため、本御印書が下付される主旨が記されている。中略部分には真宗教義が記されており、この真宗教義を「決定」し、王法国法を遵守すべき旨、および、「年貢等を具に沙汰」するべきことを強調する。まさに、王法為本の考え方である。こうした王法為本への傾斜は広如期に数多くみられ[38]、播磨国加西郡の小寄講である「御因晦日寄講中」に下付された消息にもこうした考え方が通底している[39]。

このように、被差別寺院門徒が法主・本山と直接的につながることを求め、信仰の興隆が起こっていく過程で、その宗教的象徴である消息や御印書に国法を遵守し人道を履行し罪悪をつつしむべき旨が強調されているということは、近世国家において各宗派本山が担ってきた役割が決して小さくないことを示すものである。事実、こうした御印書が影響してか天保期に作成されたとされる「寄講会座法度[40]」には「第一奉重御公儀様物毎穏便ニ仕会合之節喧嘩口論堅停止之事」の記事がはじめに明記され、続いて「御本山様之御下知法式堅相守リ、別而対聖道御隠密シ会座神妙ニ相務メ、尤火用心肝要之事」と続く。まさに、王法為本が幕府の宗教政策の根幹である本末関係を通さずとも、浸透・統制されていったのである。

では、近世国家における本寺を通したこのような人民統制がどのような形で進んでいったのかを「氷上郡法中」

の例をもとに考察していきたい。寄講関係の史料が数多く所蔵されている氷上郡照蓮寺文書の中に「誓詞」関係の史料がある。それらの史料を類別すると、①「門徒→寺院」、②「寺院→法中」、③「法中→本寺」といった方向性の統制関係がみえる。

例えば、①の史料を挙げると、「誓詞一札之事　一、宗意堅相守寺法不□事、一、五法国法堅相守可申事（中略）右之条々相慎ミ可申事、万一相背キ候時ハ奈落ニしづみ可申事、為後日誓詞一札仍而如件、文化十二亥正月廿六日、上竹田村本人新太郎、同孫四郎、照蓮寺様」との記事がある(41)。照蓮寺門徒である上竹田村の新太郎と孫四郎が照蓮寺に誓詞を提出していることが明らかである。

次に、③の史料を挙げる。「誓詞規定　一、今般御公儀御代替ニ付、誓詞被仰付奉敬承候、就中、此度厚御教諭奉蒙難有奉恐承候、依之各寺心得方簾々左之通従、一、御本山被仰出候御下知、謹而可奉敬、勿論従前々被仰出御法度之趣弥堅相守門徒教導無懈怠相勤可申儀者勿論中山上寺之届無相違可致事（中略）右之条々堅相守可申候、若一ケ条ニ而茂背相用不申輩者、現世者法中附合被相除忽洩如来之本願蒙祖師冥罰永可堕地獄者也、仍而誓詞規定如件、天保八酉年十二月日、照蓮寺善意、西福寺実円、元正寺恵正（以下五名連記、略）」との記事がある(42)。本史料は将軍の代替時に本寺である西本願寺に差し出した誓詞であるが、内容面でも一二ケ条となっており、詳細な誓詞が提出されている。「丹州寄講」を中心とする法中という強いつながりを示すものと捉えられよう。

最後に、②の史料を以下に示したい(43)。

儀定書之事

一、先年従御本寺血誓被仰出候趣ニ付、以来互ニ御寺法之趣太切ニ相守候処、今度西中村正福寺海了子死去之節坂本村仏照寺是越取置致し、依之七日市村照蓮寺ゟ銘々中へ打出候故一統令儀定、尤右様不及申以来御寺

法筋違之儀ハ無自他之差別互ニ遂吟味を上寺出勤不申時ハ不依何事ニ立合仕間舗候、若又不心得ニ而御寺法相背候者ハ法中附合可相除候、依而儀定書如件

天保十年亥九月日

室谷村　西福寺
多利村　明照寺㊞
古河村　明光寺㊞
（以下一一ヵ寺連記、略）

本史料は本寺である西本願寺への「血誓」を背景として、寺法遵守を法中にて自律的に制度化していることを示すものである。本儀定書の契機となったのは本寺への誓詞によって寺法遵守が共通認識されている中、正福寺海了の子の死去に際し、坂本村仏照寺が埋葬し照蓮寺より他寺院への「打出」があったことであった。こうした「寺法筋違」についてはすべて吟味し、寺法を守らない寺院については法中関係から除外することを誓約している。

本史料で示されているのは、法中の厳しい統制機能である。前述したように「丹州寄講」によって、より堅固となった法中意識に加えて、本史料では本寺への忠誠を認めることができる。そこには、①・③の示した史料が上からの一方的な制約関係があるのに対して、②では法中自らが「儀定」していく自律的様相を表している。近世国家における本寺を通した人民統制は門徒一人一人にまで「本寺↓法中↓寺院↓門徒」といった方向性のもと、本末体制に複合する形でも存在した。それは、真宗における寄講が本末関係に捉われない自律的信仰性を有していたと同時に、法中自らも寺法という名のもと統制の一端を担っていたのである。このような「下からの秩序化」については、第四部第三章にて詳述したい。

おわりに

これまでに検討してきた内容を敷衍し、導き出された展望を列挙したい。

「丹州寄講」は「播州寄講」との共同開講の時期を経て、それぞれが独立して運営されるようになる。少なくとも享保一三年（一七二八）には共同開講がなされており、享保二〇年（一七三五）に初会の講が開かれていることから、享保一九年（一七三四）までの七年間は「丹州寄講」の黎明期といえるだろう。その後、「丹州寄講」は二段階の過程を経て発展する。第一段階は享保二〇年～安永四年（一七七五）までの氷上郡を中心に寄講が行われている段階、第二段階は安永六年（一七七七）以降、多紀郡へと広がりをみせる段階である。こうした「丹州寄講」の伸張過程を「播州寄講」の伸張過程と合成し考察すると、丹波国・播磨国の「かわた」村に信仰の興隆が起こったことが実証的に理解できた。

次に、こうした信仰の興隆には、消息、および、御印書が宗教的象徴としての役割を果たしたことを明らかにした。御印書への被差別寺院門徒の視線は法主を善知識とする強い信仰方向と同様であり、「優曇華」の例えのごとく、なみなみならぬ篤信と上昇志向があったことを指摘した。

最後に、このような信仰の背景には、近世国家の宗教統制が存在したことを指摘した。自律的信仰の場である寄講も寺法という名のもと法中自身が統制の一端を担い本末体制と複合的な形で人民統制がなされていくことを明らかにした。

以上の成果から導き出される展望について述べたい。

本章で検討した内容を天皇・公家・門跡など広い意味での朝廷を含めた近世国家の中に位置づける必要性がある。中世門跡論については豊富な研究蓄積があるが、近世門跡論は中世門跡論に比してわずかな研究蓄積しかない(44)。本願寺門跡と天皇との関係性を射程とする研究となるとさらに蓄積は乏しい。安藤弥氏も指摘しているように、門跡の国家的編成と社会的機能の双方を明らかにしていく必要があろう(45)。本章で明らかにした被差別寺院門徒の法主への一方向的信仰、換言するならば、本願寺門跡を善知識とする信仰の内実と天皇・朝廷権威に基づく門跡編成を連関することができてはじめて、被差別寺院門徒の近世国家での存在を照射ことになるであろう。この点への言及は第四部にて検討していきたい。

註

（1）『本願寺新報』（本願寺出版社）二〇〇六年四月二〇日条の紙面にて紹介がなされている。

（2）順に、拙稿「『播州寄講』の成立と展開—北播磨地方本願寺派を中心として—」（『ひょうご部落解放』第九八号、兵庫部落解放研究所、二〇〇一年）、のちに、同『浄土真宗と部落寺院の展開』（法藏館、二〇〇七年）所収、日野照正『摂津国真宗開展史』（同朋舎、一九八六年）九六～一四〇頁、山本尚友「真宗の信仰と平等の追求」（『京都部落史研究所紀要』七、京都部落史研究所、一九八七年）、のちに、同『被差別部落史の研究』（岩田書院、一九九九年）所収、奥本武裕「大和国『部落寺院』の動向についての覚書」（『奈良県立同和問題関係史料センター研究紀要』第三号、奈良県立同和問題関係史料センター、一九九六年）。

（3）児玉識氏・有元正雄氏の論理展開を「真宗＝特殊論」とし、澤博勝氏・引野亨輔氏との間で論争となっている。詳細は、児玉識「近世真宗史研究の動向と課題—民俗学との接点を求めて—」（同『近世真宗と地域社会』法藏館、二〇〇五年）、澤博勝「近世宗教史研究の現状と課題」（同『近世の宗教組織と地域社会』吉川弘文館、一九九九年）、引野亨輔『近世宗教世界における普遍と特殊—真宗信仰を素材として—』（法藏館、二〇〇七年）。本章では本論争に立ち入ることはせず、実証的に寄講を近世幕藩体制と宗教の中に位置づけたい。
（4）高埜利彦『近世日本の国家権力と宗教』（東京大学出版会、一九八九年）。
（5）杣田善雄『幕藩権力と寺院・門跡』（思文閣出版、二〇〇三年）。
（6）一九七〇年以降の研究状況は、久保貴子「近世朝幕関係史研究の課題」（『近世の朝廷運営』岩田書院、一九九八年）、山口和夫「近世天皇・朝廷研究の軌跡と課題」（『講座前近代の天皇』五、青木書店、一九九五年）に詳細に分析がされている。また、西村慎太郎「研究史生理と課題設定」（『近世朝廷社会と地下官人』吉川弘文館、二〇〇八年）、井上智勝「本研究の関心と研究史的位置」（『近世の神社と天皇・朝廷権威』吉川弘文館、二〇〇七年）にもまとめられている。
（7）高埜利彦編『民間に生きる宗教者』（吉川弘文館、二〇〇〇年）をはじめ、「近世の身分的周縁」「身分的周縁と近世社会」がシリーズとして公刊されている。
（8）被差別寺院をめぐる研究状況については藤原豊「仏教と差別—本願寺と穢寺制度—」（『部落史研究からの発信』解放出版社、二〇〇九年）に詳しい。
（9）安達五男『被差別部落の史的研究』（明石書店、一九八〇年）。
（10）山本尚友氏は民衆の信仰心がベースとなって、「かわた」身分に真宗が伸張したことを示し、左右田昌幸氏は播磨国源正寺が権力によって上寺に位置づけられたことを明らかにした。また、筆者は加東郡被差別寺院の本末関係の異動を事例として、「部落寺院制」が過度の一般化であるとした。しかしながら、筆者は安達氏の提起した視点を新しい枠組みで捉えなおすことの重要性を指摘している。左右田昌幸「近世『部落寺院制』をめぐって—播磨国亀山源正寺を中心に—」（『龍谷史壇』九三・九四合併号、龍谷大学史学会、一九八九年）。山本尚友「近世部落寺院の成立についいて」（『京都部落史研究所紀要』一・二、京都部落史研究所、一九八一・八二年）、のちに、山本前掲書所収。拙稿「『部落寺院制』論への疑問―播磨国加東郡部落寺院を中心に―」（『法政論叢』第三八巻第一号、日本法政学会、二〇〇一年）、のちに、前掲拙著所収。

(11) 安達五男編『仏教と部落問題関係史料集成』第二巻（兵庫部落解放・人権研究所、一九九五年）照蓮寺文書、史料一六九。本節では断わりのない限り、本史料からの引用である。以下、本史料集を『史料集成』と表記する。

(12) 森岡清美氏は真宗教団を「家」制度との対比において検討していく中で、末寺の互助関係を「組結合」「主従結合」「与力結合」と規定している。また、大坊をめぐる関係を「合力組織」として論じている。いずれも、真宗門徒の精神的一体性を指して使用した語で、「共同体」という生産を基盤とした結合ではなく、宗教的一体性を指している。ここで述べる「合力的結合」とは、氏の研究成果を援用し、この宗教的一体性を指すものとして規定しておきたい（森岡清美『真宗教団と家制度』創文社、一九六二年）。

(13) 近世多可郡には「野村」という地名は見当たらない。上野村か大野村の間違いであるか、あるいは、「播州寄講」に参加している村名に神西郡野村が見えるため（前掲註(2)拙稿）、多可郡と神西郡の表記間違いの可能性もある。

(14) 『史料集成』第二巻、照蓮寺文書、史料一七〇。「丹州十三日講」の講名許容願を本山である西本願寺に歎願した際の口上書である。

(15) 前掲註(2)拙稿において、「播州寄講」が「丹州寄講」から分派する形で組織されたことを述べた。それは「枝講之播州江者御免ニ相成リ、従来元講之当国へ者」の記事を分析してのものであった。しかしながら、本史料が嘆願書である性格上、再検討する余地もある。

(16) 「記録」には干支と年号との齟齬がみられる記事がある。史料の前後関係から干支を示す年次に妥当性があると考えられる。

(17) 『史料集成』第二巻の史料解説においては、舟木村以下の人々を上京人であると考察しているが、本史料の構成から、会計を差配する役割をしていたと捉えられる。

(18) 表中の郡名は史料中の記事名をもとに付した。なお、「氷上郡舟木村」は近世村落名にみえず「古河村」のことと推察できる。同様に、「加西郡芳田村」は「下之郷村」、「氷上郡久下奥野々村」は「南嶋村」あるいは「北嶋村」のことと推察できる。多可郡野村については註(13)に同じ。
(19) 「久下村」と「久下奥野々村」は同一村として数えた。
(20) 「丹波国御下寺開基之帳」氷上郡金照寺条（『史料集成』第二巻、七〇～七一頁）。
(21) 「本山上納金請取返書」（池田家文書、光福寺所蔵）。
(22) 『史料集成』第二巻、照蓮寺文書、史料一六九。
(23) 前掲註(2)拙稿、九～一五頁。
(24) 多可郡東山大西家文書。史料については前掲註(2)拙稿に全文を翻刻している。
(25) 多紀郡戸坂村、同郡平田村、同郡決田村は特定することができず明記できていない。
(26) 本願寺史編纂所編『本願寺史』第二巻（浄土真宗本願寺派宗務所、一九六八年）四八四頁。
(27) 「辰之三月十三日　一、御代僧真光寺様御下向（中略）一、五拾八匁　御代僧へ志、一、拾匁　御待橋本源右衛門殿、一、五匁　御供与助殿」との記事がある（『史料集成』第二巻、照蓮寺文書、史料一六九）。
(28) 「舟木村順照、同村九兵衛、七日市村四郎兵衛、西中村勘兵衛、中村助左衛門、人足壱人講中ヨリ」との記事がある（『史料集成』第二巻、照蓮寺文書、史料一六九）。
(29) 「享保二二年丹州寄講御印書」（丹波寄講所蔵文書）。
(30) 「（印）金一米　御門跡様江右之通進上志之段神妙ニ思召候、弥法義無油断被相嗜候事肝要之旨仰出候也　未十二月廿二日　清右衛門」とあり、印影はまったく同じである。
(31) 本願寺史編纂所編『本願寺史』第二巻（浄土真宗本願寺派宗務所、一九六八年）四八一～四八五頁。
(32) 金福寺、万宣寺、教徳寺、福専寺のことをいう。末寺がすべて被差別寺院であるという特質を持っていた。「諸事心得之記」（千葉乗隆編『真宗史料集成』第九巻（同朋舎メディアプラン、二〇〇三年）二九三～二九四頁にその記事がある。
(33) 延宝五年（一六七七）に加古郡明福寺、元禄一五年（一七〇二）に加東郡西教寺、天保三年（一八三二）に揖西郡明正寺などが離末し、直末寺院化に成功している。
(34) 『史料集成』第二巻、照蓮寺文書、史料一六七。
(35) 「法談場建立願口上書」（多紀郡西誓寺文書）。
(36) 大桑斉「幕藩制国家の仏教統制」（圭室文雄・大桑斉編『近世仏教の諸問題』雄山閣、一九七九年）、山本註（10）前掲論文、高埜利彦「幕藩制国家と本末体制」（『歴史学研究別冊一九七九』歴史学研究会、一九七九年）、のちに、高埜註（4）前掲書所収。
(37) 『史料集成』第二巻、西誓寺文書、史料二七六。
(38) 本願寺史編纂所編『本願寺史』第三巻（浄土真宗本願寺派宗務所、一九六九年）六九九～七一三頁。
(39) 拙稿「播磨国部落寺院の『講』の自律性—本末・触頭制度との関係を中心に—」（『人権教育研究』第一巻、日本人権教育研究学会、二〇〇一年）四二頁。のちに、前掲拙著所収。
(40) 註(34)に同じ。
(41) 『史料集成』第二巻、西誓寺文書、史料一六一。
(42) 同右、史料一六四。
(43) 『史料集成』第二巻、照蓮寺文書、史料一六六。
(44) 門跡論の研究史については、安藤弥氏が整理されている。安藤弥「本願寺『門跡成』ノート」（『仏教史研究』四三、龍谷大学仏教史研究会、二〇〇七年）。
(45) 同右、五六～五七頁。

補論3　番衆尊宝寺の政治史的考察

はじめに

本願寺において、番衆の制は蓮如期にあらわれる。証如期には、番衆は、御堂番衆と守衛の番衆に分けられていた。御堂番衆は三十日番衆ともいい、諸国の有力寺院がこれに充てられた。草野顕之氏は、証如期の直参の要件として、「本尊裏書に『(某)門徒』と記されていないこと」、「歴代宗主の直弟であること」の二点を明示し、直参が三十日番衆役を通して勤仕方法を習得し、地域教団の中核として、門末の信仰生活の規範を成立させたことを明らかにした。(1)

証如期に、丹波国で本願寺に勤仕したのは嶺松山尊宝寺である。「御堂卅日番上勤座配次第」天文六年(一五三七)九月条には、唯一、勤仕した尊宝寺が記載されている。(2) 尊宝寺は、三十日番衆や斎への参会で、「天文日記」にも一六カ所の記載がある。(3)『兵庫県史』では、蓮如巡錫伝説のある数カ寺の寺院ではなく、尊宝寺が本願寺直参寺院であった背景を、戦国大名に成長した波多野一族の開創寺院である点に求めている。(4) しかし、史料の解釈の問題、論証の不足など、課題を残している。

このような問題意識に立ち、筆者は先に西本願寺を対象とし、尊宝寺の存在する多紀郡の真宗寺院の特質について論じた(5)。惣道場型の被差別寺院は、毛坊主を中心とした寺院経営がなされていたのに対し、唯一の一般寺院である尊宝寺は、真宗への改宗からわずか二〇年あまりの間に三十日番衆として勤仕するようになったこと、末寺を有しない有力寺院であること、などの特徴を有していることを明らかにした。しかし、尊宝寺と波多野の関係については論究しておらず、『兵庫県史』の課題にも答えていない。また、尊宝寺は直参寺院であるが、元禄五年（一六九二）段階において丹波国に末寺を有してはいない(6)。草野氏が明らかにされた地域教団の中核的役割を果たしたとは考えられない。尊宝寺が、草野氏の明示された直参の概念から外れることは、どのように考えればよいのだろうか。

そこで、本論では、なぜ尊宝寺が三十日番衆と成り得たのかを問う。尊宝寺は本願寺にとってどのような意義を有していたのか、尊宝寺の特有の位置を検討し、その背景を検討するのが主眼である。考察にあたっては、まず、「天文日記」より尊宝寺記事を抽出し、当時、本願寺内においてどのような位置を有していたのかを明確にしていく。そして、近世尊宝寺史料から有力檀徒であった渋谷氏に着目する。渋谷氏が天文期から天正期において、波多野氏被官であったことを明らかにし、波多野氏・渋谷氏をはさんで尊宝寺が本願寺とつながっていた状況を明示していくものとする。

一　本願寺における尊宝寺の位置

「天文日記」天文七年（一五三八）二月二日条には、以下の記事がある。

斎、如毎年汁三、菜十一、菓子七種也。一門衆十一人、兼誉親子、兼智、兼詮兄弟、教清、出口親子、常楽寺兄弟、経紹也。坊主衆者、定衆福勝寺無上洛候三人、当番仰西寺、明覚寺、福成寺、永寿寺四人、顕勝、円教、性祐、源光寺、宝光寺、教心、阿弥陀寺、慈願寺、アマ浄教、仏炤寺、教龍、西光寺、行心、尊宝寺、定専坊、恵光寺、祐光寺、明誓

（後略）

斎に招待されているのは、一門衆、定衆、当番、そして有力坊主衆である。史料から、尊宝寺は有力坊主衆に数えられていることが分かる。尊宝寺は丹波国で唯一の本願寺に勤仕できる寺院、つまり、直参寺院であった。

隣国の播磨国で、「天文日記」に三十日番衆として記事が見えるのは、円光寺、永応寺、光善寺、万福寺といった播磨六坊と呼ばれる寺院である。開基僧はいずれも本願寺からの下向、および、蓮如との関係を有するものである(7)。一方、尊宝寺の開基僧は雪隆法印である。「尊宝寺縁起(8)」によると、「仰丹波多紀郡八上之城、加竹法印重尊之末子清丸十有余才出家而入止観之窓、積蛍雪之功及二十余歳、僧階被叙印清法印号雪隆」とあり、加竹法印重尊の開創で初代住持は重尊の末子印清（雪隆）と伝えている。ここには、蓮如、および、本願寺との関係は記されていない。播磨六坊と同じく三十日番衆の多くが歴代法主の直弟であったことを考えると尊宝寺の事例は珍しい。

また、播磨六坊のうち尊宝寺と同じ西本願寺派である永応寺には、天保一四年（一八四三）段階で一〇カ寺、光善寺には一六カ寺の末寺がある(9)。一方、尊宝寺は中世から近世を通じて、末寺を有していない。草野氏は直参寺院が地域教団の中核となり、教線の展開、門末の勤仕方法の定着の役割を果たしたことを明らかにしたが(10)、末寺を有しない尊宝寺はその役割を果たさなかったのだろうか。この点も尊宝寺が特異性を有している点である。

さて、以下は、尊宝寺の「天文日記」の初見記事、天文五年（一五三六）一二月一八日条の記事である。

自丹波国尊宝寺慶誓帰候。跡職無之間明春門徒衆のぼり候て、可申上由申とて候

丹波国尊宝寺より慶誓が帰ってきたことが理解できる。慶誓という人物は、天文七年までの記事に散見され、加賀の門徒との取次ぎをする記事から、加賀の僧侶ではないかと考えられる(11)。斎に参加したり、年始には証如より歓待を受けたりなど、証如に大変近い位置におり、天文六年には「法敬坊」という名前を証如からもらっている(12)。『兵庫県史』では、「尊宝寺慶誓が丹波より本山に帰り、跡職がいないため、明春、門徒衆が上山する旨を証如に告げている(13)」と論じているが、跡職がないのを尊宝寺慶誓が証如に報告するのでは文意があわない。しかも、代々尊宝寺住職は、「隆」の文字がつけられている。「天文日記」に慶誓が散見される記事を検討しても、「慶誓」は加賀の慶誓のことであろう。つまり、証如の側近である慶誓が丹波国尊宝寺に出向いたのである。内容については記されていないので、想像の域を出ないが、「跡職無之間明春門徒衆のぼり候て」より、尊宝寺の存続に関わる重要な案件があったのであろう(14)。

一寺院内の出来事に対して、証如の側近である慶誓が丹波国まで出向き、翌春に門徒が上山して法主である証如に伝えるということは、尊宝寺が当時本願寺内において、重要な位置にいたことを示すものである。それは、以下の「天文日記」天文六年一一月二八日条の記事からも推察できよう。

○治部卿尊宝寺門徒免候。○麻田八入道免候、但寺中へハ入間敷由申付候

治部卿（尊宝寺門徒）と麻田八入道なる者が、証如によって許しをえていることが理解できる。許しをえた内容が、前述した天文五年一二月一八日条の記事と関係があるのかどうかは分からない。ここでは、尊宝寺門徒が治部卿と呼ばれる立場にあったことを検討したい。

「天文日記」には、治部卿は「今治部卿」「堅田治部卿」「治部卿（勝興寺）」「治部卿（正闡坊息）」、そして「治部卿（尊宝寺門徒）」の五名が散見される。「治部卿」という文言自体は通称として使用していたものであろうが、年

次的に重なりがない点を考えると、[15]証如自身が名付けたのではないかと推察できる。前述したように、慶誓は「法敬坊」という名前を証如から免許されているし、川那部掃部は「対馬守」という官途名をもらっている。[16]このように考えると、丹波国の一寺院の門徒が「治部卿」と名付けられるということは、尊宝寺が、あるいは、尊宝寺門徒が、重要な立場を有していたとしか考えようがない。

次の史料は、尊宝寺の立場をさらに具体的にする。

ア「天文日記」天文八年（一五三九）四月二九日条

三好神五郎へ、為音信三百疋以兵庫書状、尊宝寺ニ事付遣之。丹波蟄居候

イ　同右、天文八年（一五三九）五月一六日条

自三好神五郎音信祝着之由、返状候。尊宝寺持上候

本史料は、証如が三好神五郎との仲介役として尊宝寺を遣わしていることを示すものである。三好神五郎とは、三好政長のことで、細川晴元の被官人である。三好政長と三好長慶は基本的に敵対関係にあり、天文八年正月一四日に長慶は父元長の遺領で一族の政長に与えられていた河内の一七カ所代官職の補任を幕府に願い出る。幕府は長慶の要求を正当なものと考え、政長はこれを恐れて丹波に蟄居する。[17]つまり、史料**ア**「丹波蟄居候」なのである。この蟄居の期間に証如は尊宝寺を仲介として政長に書状と銭をおくっているのである。証如が三好政長との仲介を尊宝寺に依頼するということは、尊宝寺が単なる地域の有力寺院だけとは考えられないだろう。尊宝寺が三好政長との接点を有していたと考えるのが自然ではないだろうか。

以上、播磨国の三十日番衆の寺院との比較、および、「天文日記」における尊宝寺記事の検討から、尊宝寺が本願寺内において特有の位置を有していたと推察できよう。次節からは、尊宝寺の有力檀徒であった渋谷氏に着目し

ていくこととする。

二　尊宝寺有力檀徒としての渋谷氏

文化四年（一八〇七）二月一八日、篠山城の東堀端から発した火事は尊宝寺の位置する下立町にも及んだ。いわゆる、「文化の大火」である。[18]尊宝寺は山門のみが残ったとされ、建物、記録など悉く消失したとされる。[19]尊宝寺はこの後、一五年をかけて再建されたことが、以下の「嶺松山尊宝寺再建縁起（以下、「再建縁起」と表記）」[20]に記されている。

（前略）
初壇越有渋谷重樹者、以実如上人所画阿弥陀如来之像安之於寺以為本尊矣、重樹之後日久治同郡藤岡村東窟寺有法道上人以柏所制仏像夜夢示久治曰、東窟寺地僻山険難広済衆汝宜移我於城市繁劇之地如此者七夜矣、久治大起渇仰之志詣東窟寺語寺僧、寺僧亦夢焉因乞其仏像而帰換之先人昔日所安之画像以為本尊即今本尊是也
（中略）
至第十二世恩隆上人与渋谷又八郎、河合喜左衛門、篠屋六兵衛三壇越相謀、於是三人合志戮力、各抽丹誠広募之衆壇越中、得金若干、自文政二年老材雇工、至同五年三月始能落成、堂之広輪悉仍旧貫
（後略）

本史料は、篠山の上河原町に居住し、越後村上藩主内藤豊前守に仕えた脇山退斎[21]によって記されたものである。

本史料後半部分から、尊宝寺第一二世恩隆の代に、渋谷又八郎、河合喜左衛門、篠屋六兵衛の三名の檀徒が合力し、

尊宝寺の再建に尽くしたことが理解できる。本節では、史料中の渋谷氏に注目していくこととする。

現在、尊宝寺には本尊を安置する宮殿の裏板に、「文政七甲申年、施主何某　渋谷又八取次」の文言がある。「再建縁起」の記事「自文政二年老材雇工、至同五年三月始能落成」を裏付けるものとなっている。また、尊宝寺所蔵の「過去帳」(22)天保九年（一八三八）条にも、「無為庵善述三月六日永代経善兵衛父渋谷又八御堂世話人」の記事があることからも、尊宝寺再建に渋谷氏が尽力したとする内容は間違いないだろう。

さらに、渋谷氏は近世において町惣代として力を有していた。図1は近世末における篠山城北側地図である。篠山城追手門正面に「惣代渋谷」との文言があり、町惣代であったことが明らかである。また、図2は寛延三年（一七五〇）の地図である。図面左上の記事中の「渋谷善左衛門」は、「過去帳」（尊宝寺所蔵）宝暦三年（一七五三）条の「光暁院月関（渋谷善左衛門）」であると考えられる。寛延三年段階で、屋敷地の表間口が「弐拾八間半」という広さを持っている。他の町人の一〇倍近い広さを有しており、御制札や井戸も居前にある。おそらくは、町惣代として大きな力を有しており、特権的町人であったと推察できよう。

以上から考察して、渋谷氏は近世において、間違いなく尊宝寺有力檀徒であり、リーダー的存在であったことが理解できよう。

次に、尊宝寺と渋谷氏の関係について詳しく考察していきたい。まず、「再建縁起」前半の記事に目を向けたい。渋谷重樹なる者が実如より絵像を下付され本尊としたことが記され、渋谷久治なる者が藤岡村東窟寺より木像を譲り受けたことが記されている。実如下付の絵像は現存しておらず、真偽のほどはわからない。しかしながら、東窟寺より木像を譲り受けたことについては、尊宝寺住職若宮章隆氏は、平成一六年（二〇〇四）六月一二日、筆者のインタビューに際して、「現本尊は、東窟寺から譲り受けたものであることが言い伝えられており、平成元年（一

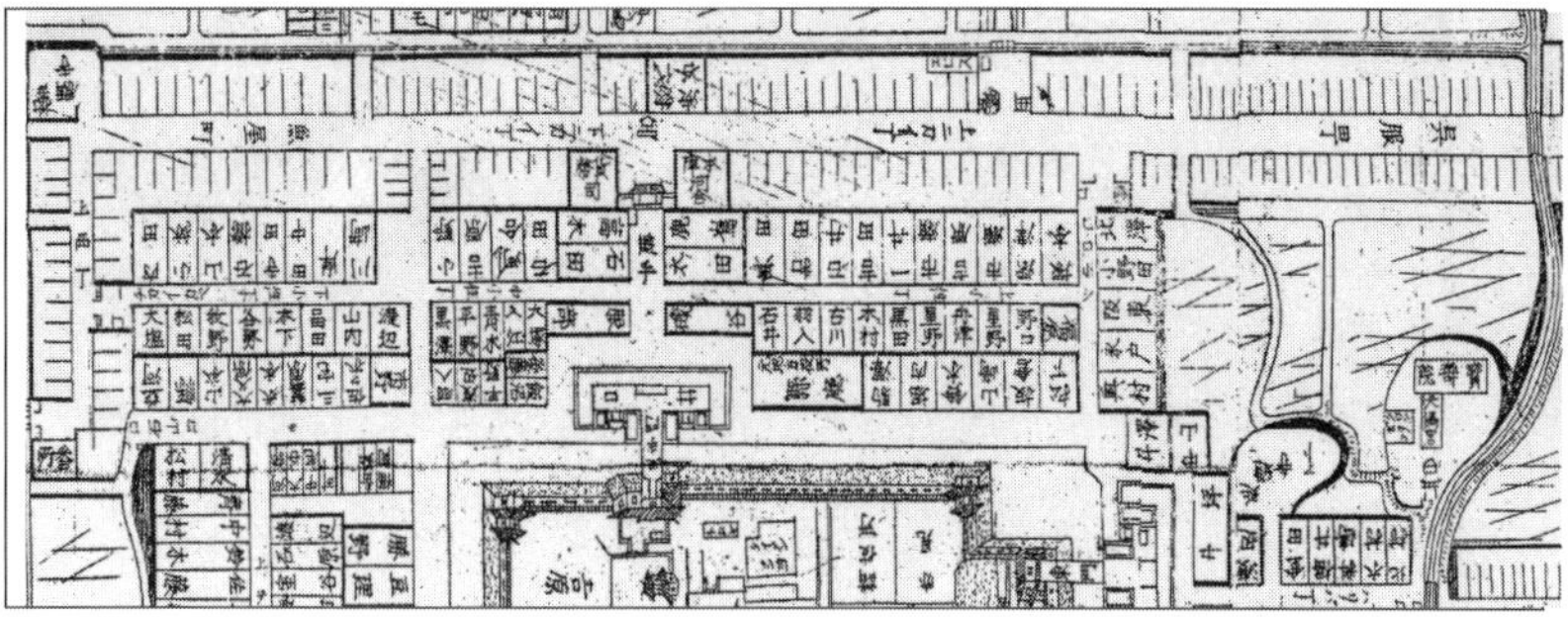

図１　近世末における篠山城下北側地図
（出典）明治四年丹波国篠山御城全図（篠山市立図書館所蔵）
（備考）古地図のため縮尺は使用していない。

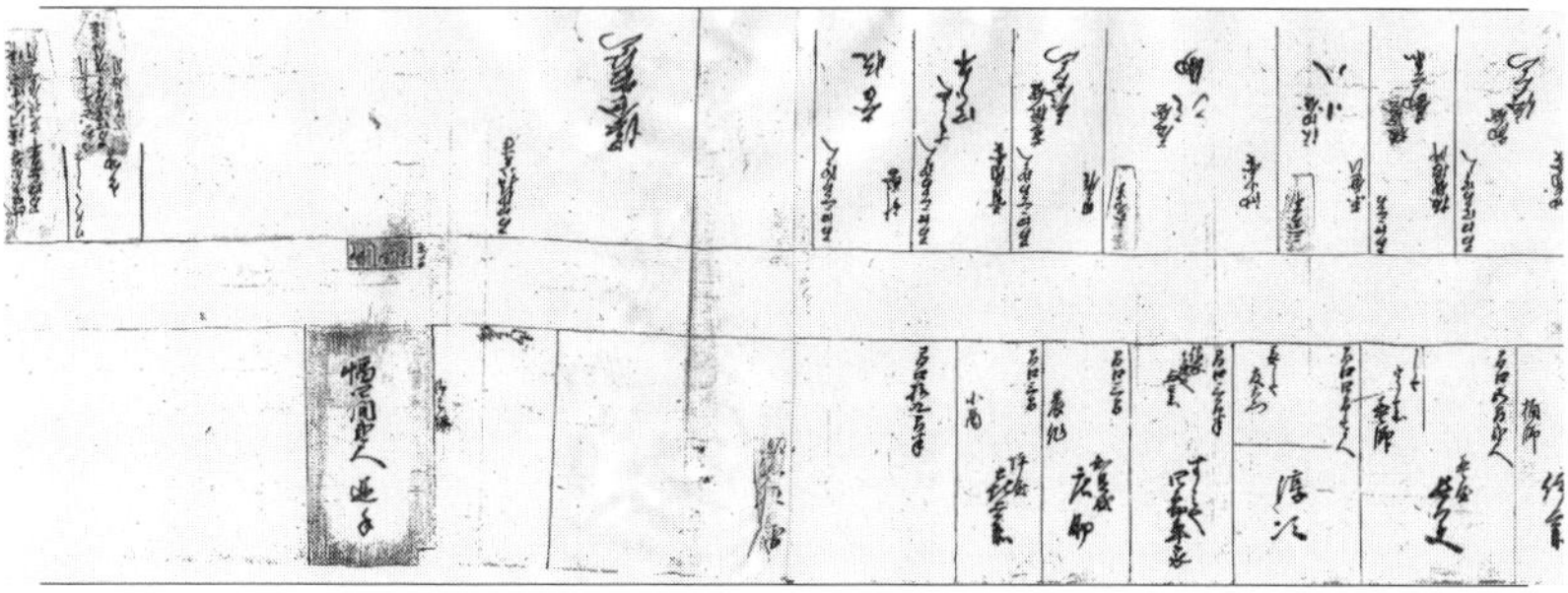

図２　寛延三年における渋谷氏屋敷地周辺図
（出典）寛延三年上二階町間数図（篠山市立図書館所蔵）

九八九）、本尊の修復を行った際に、像背面、像底、足ホゾなどを調べたが、本願寺下付を示す文言は書き刻まれていなかった」と述べている。本願寺下付の木仏のほとんどは本願寺下付を示す銘があることから、東窟寺より譲り受けた可能性がある。

尊宝寺と渋谷氏の関係を示す別史料として、「渋谷系譜」[23]がある。本史料は近世末に編集されたものと考えられ、史料の性格上からも慎重に検討していく必要があることはいうまでもない。しかしながら、本願寺における尊宝寺の特有の位置、および、その背景を検討するにあたって重要な視点を提起している。あえて、以下に記したい。

ウ　「渋谷系譜」重樹条

母波多野秀国姉ニテ、氏教七歳重樹五歳女子二歳ニテ父母トモニ離ル故、秀辰三人ヲ養育シテ、母神山神田庄ヲ押領ス、氏教早世ス、重樹エハ少地馬飼料トシテ渡シ郡代ヲ勤サセ諸運上ヲ納、永正三年天台宗ヲ改メ浄土真宗本願寺ノ末寺嶺松山尊宝寺ト称此旦家ト成ル、永正七年実如上人エ甲掛地ノ阿弥陀如来ヲ重樹乞請テ尊宝寺本尊トス

（後略）

エ　同右、久治条

松平周防守殿御代慶長十四年八上ヨリ笹山エ御城引ル故、笹山大手前ニテ屋浦間口弐十八間半裏行二十二間八上屋敷ノ替地トシテ被下之、如先規地子諸役トモ御免ニテ材木等被下（中略）慶長十五年四月十七日夜、藤岡村東窟寺ニ有之法胴仙人柏ノ丸木ヲ作リ給フ阿弥陀如来夢想ニ立給ヒテ、高山故参詣モ少キニ附、広キ所エ出、後生助ケ度ト告給フ、其給其旨東窟寺エ申、久治乞請周防守殿エ申上檀寺尊宝寺エ奉移シ本尊トス、夫マテノ本尊ハ尊宝寺開基ノ実如上人掛地ノ阿弥陀如来久治方エ奉移シ

（後略）

史料**ウ**・**エ**ともに、「再建縁起」を裏付ける記事が記されている。しかしながら、「再建縁起」と「渋谷系譜」は互いに影響しあいながら成立した可能性がある。ここでは、あえて「渋谷系譜」を「再建縁起」検証のための史料として使用せず、渋谷氏が尊宝寺有力檀徒であったこと、近世初期において特権性を有しており、波多野氏との関係性が推察できることを指摘したい。

まず、史料**エ**について検討する。冒頭の慶長一四年（一六〇九）は、徳川家康の命により、山陰道の要衝、およ

び、大坂城攻略の拠点として篠山城が築城された年である。同年、松平康重が八上藩より移封され篠山藩が立藩した。このとき、渋谷氏は八上屋敷の替地として、「笹山大手前」に「間口弐十八間半裏行二十二間」の屋敷地を与えられたというのである。これは前掲した図2の間数と一致する。また、「如先規地子諸役トモ御免」とあり、八上居住時の特権を移住後も許されたと記されている。以上から推察すると、渋谷氏は八上居住時に政治的な力を有しており、篠山城下でもその力を継続して保有していると考えられよう。

ここで、史料エを補足する史料を提示したい。「本願寺末寺帳」[24]の記事である。

金福寺下

善左衛門嶋村

同領　御納戸帳ニ不見　惣道場

公儀へハ相不通候併地頭へハ

「善左衛門嶋村」とする村名が見える。『兵庫県多紀郡地誌』善左衛門嶋条[25]によると、「渋谷氏秀ノ子治□食邑ニカヽル、慶長一五年庚戌其子久治同郡篠山下ニ従住セシ後始メテ之ニ佃戸ヲ置ク、承応二年癸巳検地ノ際久治ノ子久次善左衛門ト通称スルヲ以テ之ヲ善左衛門分ト称ス、延宝五年丁巳ニ置テ今ノ村名トス」とあり、もともと渋谷氏秀の子が治めていたが、渋谷久治によって開かれ、「善左衛門分」と通称するようになり、「善左衛門嶋」と村名とするようになったというのである。同内容の記事は『丹波志』にも記されている[26]。近世において、代々渋谷氏は「善左衛門」を使用しており、また、善左衛門嶋村は現篠山市渋谷でもある。つまり、「善左衛門嶋村」は、文字通り「渋谷善左衛門嶋村」であったのである[27]。

この事実から判断すると、渋谷久治が単なる町人、あるいは町惣代とは考えられない。「間口弐十八間半裏行二

表1　「渋谷系譜」記事

代	氏名（没年）	主要記事・尊宝寺との関係
1	時久 渋谷右近太夫（明応４年９月11日没）	神田庄郡司
2	重時 渋谷伯耆守・渋谷隠岐守（明応２年５月８日没）	同上郡司　母：北川秀量女
3	重樹 渋谷監物（永禄３年７月19日没）	母：波多野秀国姉。浄土真宗に帰依。実如下付の絵像を本尊とする
4	氏秀 渋谷伯耆守（天正７年６月４日没）	波多野秀治大老、東岡屋村東吹村を領す
5	久親 北川加賀之助・渋谷修理允（慶長９年６月10日没）	郡代（八上落城後も、町人身分として郡代職を継続）
6	久治 渋谷善兵衛・北川右膳（正保元年４月18日没）	郡代を継承。慶長15年、東窟寺阿弥陀仏を本尊とする
7	久次 渋谷善左衛門・北川善左衛門（延宝５年２月８日没）	郡代を継承、明暦２年大庄屋兼役となる
8	久武 北川善右衛門（元禄16年９月18日没）	郡代
9	久明 北川善左衛門（享保19年５月６日没）	郡代、大庄屋兼役
10	敬義 渋谷善左衛門（宝暦３年４月25日没）	寛延元年、町惣年寄
11	正義 渋谷善左衛門（明和８年正月６日没）	町惣年寄　『篠山城記』を記す
12	正時 渋谷善兵衛（天保４年４月28日没）	町惣年寄、畑六郎左衛門後胤
13	善述 渋谷善之亟又八（天保９年12月６日没）	町惣年寄

十二間」の屋敷地、および、「如先規地子諸役トモ御免」の事柄も一段と信憑性を有してこよう。八上城居住時代にかなりの地位にあり、篠山城築城後も特権的町人として勢力を持っていたと考えるのが自然であろう。

一方、尊宝寺に目を向けると、本尊移動があったとする慶長一五年（一六一〇）は、入封した松平康重の命により、八上城下の藤ノ木村から現在地に移転した年である。篠山城築城に際して、八上から現在地に移転したのである。おそらく、寺基の移転に際して、本尊を整備するに至ったと考えられよう。尊宝寺移転に伴って、本尊整備が渋谷氏を中心に行われたのではないかと推察できよう。

次に、史料ウに目を向けたい。波多野氏との関係に言及しているが、波多野秀国、秀辰ともに、一次史料にその名を見ることはない(28)。「渋谷系譜」には、波多野氏との関係を強調する多くの記述がある。「渋谷系譜」の概略を**表1**として示す。

主要記事を一覧すると、八上城主である波多野氏との関係、特に、明智光秀によって滅ぼされた秀治の重臣であったこと、八上落城後は郡代として、寛延元年（一七四八）の青山忠朝入封以降は町総代であったことが記されている。

八上落城後に町惣代であり、尊宝寺有力檀徒であったことはすでに明らかにしてきたので、波多野氏との関係を次節にて詳述していきたい。

三　波多野氏重臣としての渋谷氏

本節では、八上居住時代における渋谷氏の位置づけ、つまり、波多野氏との関係を明らかにする。以下の「天文日記」の記事が丹波渋谷氏の初見である。

オ　「天文日記」天文八年（一五三九）五月一五日条

丹波国波多野備前方へ久無音之条、為音信、以一札一腰並紋廿具十具萌黄入三種五荷遣之。使芝田、取次左衛門大夫也。渋谷へ一腰、梅染二端遣之

カ　同右、天文八年（一五三九）五月一七日条

自波多野方返状候、在京候間使令上洛由候、渋谷ハ近日下国候、古森預候

波多野備前とは、波多野秀忠のことで、本史料の時点では守護代の実力を有していた(29)。また、秀忠は、天文九年（一五四〇）には、娘を三好長慶に嫁がせ(30)、さらにその地位を確固たるものとしている。つまり、史料**オ**・**カ**に登

場する「波多野備前」は、戦国大名化し、丹波国では大きな力を有していたと考えられる。多くの家臣を抱えていたと推察できよう。

史料カより、波多野秀忠はまだ在京の予定であるが、渋谷は近々丹波に帰ることを告げている。また、史料オ「渋谷へ一腰、梅染二端遣之」より、本願寺より贈答品があったことも明らかである。つまり、両史料に登場してくる「渋谷」は秀忠の重臣であると考えられよう。このように、秀忠と行動をともにし、本願寺よりの贈り物を受けていることから、「渋谷」は秀忠の側近であったと考えられる。

以下の史料[31]からも、渋谷（対馬守重弘）が秀忠重臣であることが明らかである。

「(ウハ書)

渋谷対馬守

蜷川新右衛門尉殿　　重弘

御返報　　　　　」

如仰、当春之御慶、珍重々々、不可有盡期候、仍御太刀一腰、祝着之至候、為御祝儀、一振令進覧候、必以参御礼可申候、随而、美濃田保・桐野之河内事、被仰候、具申聞候処、京都出仕申候者、則申付渡可進旨候、委細渕田与四郎殿申候、恐々謹言

三月廿日　　重弘

蜷川新右衛門尉殿

御返報

本史料は、蜷川新右衛門尉親俊に渋谷対馬守重弘が返報したものである。同日には秀忠が政所執事である伊勢貞孝と執事代である親俊に美濃田保および桐野河内村の所領について尽力を約する書状を送っており[32]、これらの史料

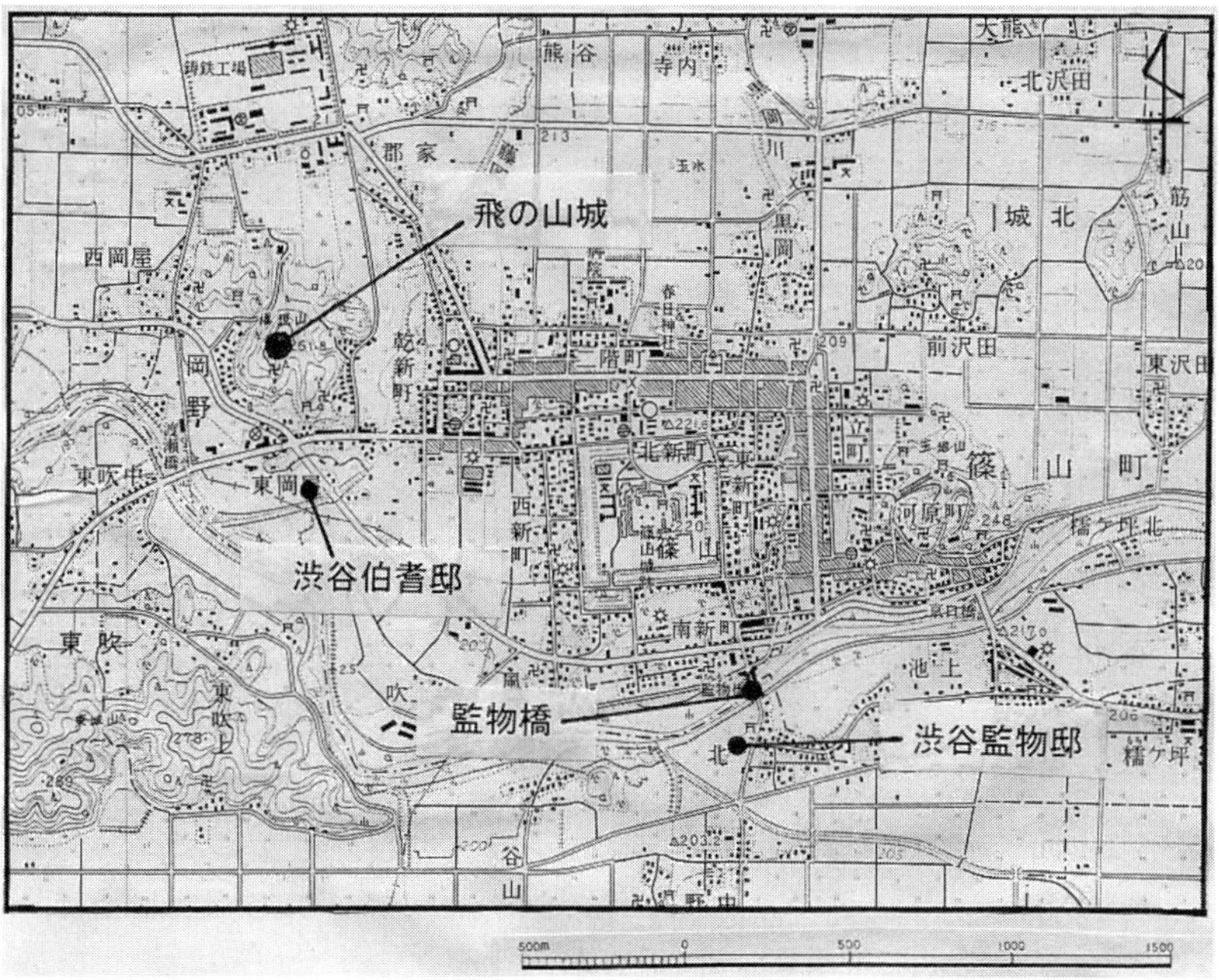

図3　渋谷氏関係地図
（出典）『丹波志』（篠山市立図書館所蔵文書）、『和文篠山封彊志』（篠山市立図書館所蔵文書）

から幕府料所である美濃田保・桐野河内村に関わった何らかの出来事があったと推察できると共に、秀忠が美濃田保・桐野河内村の支配に関わっていたことが理解できる。以上の理解に立って、渋谷重弘の立場を推察すると、秀忠被官の重臣であると考えられよう。さて、本史料「美濃田保・桐野之河内事」なる出来事であるが、史料からはっきりと分からない。しかしながら、天文一〇年（一五四一）に荒木清長が幕府料所である桐野河内村および美濃田保の所領に牛別賦課をかけた違乱が起こっており、この出来事のこととも推察できる[33]。となると、本史料の年次は天文一〇年である可能性が高い。ここでは明言をさけておくが、筆者の推測が正しければ、「天文日記」天文八年条の「渋谷」と重弘は同一人物であるだろう。

さて、念のために「渋谷系譜」に目を移し

てみる。渋谷重弘の記事はない。年次的には渋谷重樹（監物）の可能性があるが明らかではない。ただ、重樹が全くの虚構人物とも思われない。近世編集の『篠山封疆志』[34]『丹波志』[35]によると、現篠山市北の東護山医王寺が渋谷監物の邸跡であったとする。また、その息子の渋谷伯耆守居宅が東岡屋にあったとする。この両屋敷を結ぶために、架けられた橋が監物橋であった。この橋名は現在も残されている。また、この東岡屋の渋谷伯耆守居宅の北方向、標高二六一・八メートルの権現山に城主を渋谷氏とする飛の山城があったとされる。[36]飛の山城は詰ノ城の役割になっており、日常は東岡谷の渋谷伯耆守居宅、あるいは渋谷監物居宅に住していたと考えられる。[37]位置状況を確認する地図図3を示しておく。

次に、秀忠以降、波多野元秀・秀治が丹波を統治していた時代ではどうだろうか。

元秀は天文一六年（一五四七）には家督を継承しており、秀治は元亀元年（一五七〇）までには家督を継承していた。渋谷氏との関係を示す史料は、後者の秀治の時代に見られる。以下の史料である。

キ「波多野秀治知行安堵状写」（『兵庫県史』史料編、中世九古代補遺、波多野文書三五号）

桑田郡上村之事、父秀親如時之可有知行候、於向後弥忠節馳走肝要候、猶青民・渋隠・荒山可被申候、恐々謹言

二月十四日　　　　　　右衛門大夫

秀治（花押）

次郎殿進之候

ク「波多野秀治書状写」（同右、波多野文書三六号）

返札披見申候、其表之儀、堅固之段、不及是非候、雖然、滝峯出雲退城之儀候者、其上迄被持候ても、不入事候、無詮、気遣候間、先分明可然候歟、加勢之段も渋隠・青民、具可被申越候、恐々謹言

右
秀治（花押）
十一月三日
越前守殿
兵衛大夫殿進之候

史料キは、秀治が桑田郡上村知行を波多野秀親の子である波多野次郎に安堵したものである。「猶青民・渋隠・荒山可被申候」より、渋谷隠岐守にもその旨を伝えていることが分かる。また、史料クは、秀治が赤井時家、赤井忠家に出した書状であるが、「加勢之段も渋隠・青民、具可被申越候」より、厳しい戦況の中「加勢之段」は、渋谷隠岐守に伝えていたことが理解できる。両史料から、渋谷隠岐守が秀治の重臣として、存在していたことは明らかである。つまり、秀治の時代においても、渋谷氏は家臣として重要な位置を占めていたと考えられるであろう(38)。

このように、波多野秀忠の時代から秀治の時代、つまり、天文元年（一五三二）から天正八年（一五八〇）にかけて、渋谷氏は波多野氏の家臣として重要な位置を有していたことを明示した。

おわりに

以上、渋谷氏が近世において尊宝寺有力檀徒であり、天文期から天正期にかけて、波多野氏の重臣であった状況が明らかになった。検討内容から、天文期本願寺における尊宝寺の特有の位置は波多野被官人である渋谷氏を檀徒とすることで、三十日番衆としての位置を獲得していったと考えられるだろう。つまり、渋谷氏は天文期においても、近世と同様に、尊宝寺との深い関係があった、尊宝寺檀徒であったと推察できるのである。

また、本願寺でも、波多野氏の有力家臣である渋谷氏との関係を有しておく必要もあったと推察できよう。だからこそ、尊宝寺は真宗への改宗から、わずか二〇年あまりの間に三十日番衆として勤仕できるようになったのである。

そこには、証如の政治的な意図を読み取らざるを得ない。

本願寺教団は、既成寺社勢力のように荘園やそれにともなう不入権を持たなかった。つまり、領有権の獲得に大きな精力を注がねばならなかった。証如は後柏原帝第三皇子青蓮院宮尊鎮法親王との関係を実如以上に深めていく(39)。急速に天皇家との関わりを深めていく背景には、大名不入の権利獲得があったと考えられる。天文五年（一五三六）に脇門跡の望みを出し、これは認められなかったもの(40)、本願寺が日野一流であることを証明する系図を制作し、青蓮院門跡の推挙により、大僧都に昇進する(41)。天文七年（一五三八）には勅願寺となって、ようやく大名権力の不入権を得る(42)。

このような天皇家との接近と同様に、諸大名との接近も、本願寺教団の目指す方針の一環をなすと考えられる。一時期、敵対した細川晴元と友好関係を持ったことは周知の事実であるし、また、丹波の一大勢力である波多野とも友好関係を持っていることも事実である(43)。このように、本願寺が寺内町形成によって領国化を図り、一向一揆によって軍事力を有するようになり、一向一揆停戦後は、敵対した大名たちと講和したことも、証如の政治的な姿勢を示すものであろう。

次に、尊宝寺が多紀郡において末寺を持たず、地域教団の中核的役割を有さなかった点について考察したい。前述したように、草野氏は三十日番衆と直参の関係を明確にし、地域教団の代表として直参寺院が三十日番衆になり勤仕し、各地域の本願寺儀式の展開および相承の中核的役割を果たしたことを明らかにした。しかしながら、尊宝寺は三十日番衆として勤仕しているが、丹波国において中世から近世にかけて尊宝寺末寺が教線を伸ばした形跡はない(44)。これはどう考えればよいだろう。

これまでに述べたように、尊宝寺の本尊は絵像から木仏へと変遷した。直参となった経緯からも絵像は縁起にもあるように実如から下付されたものであると推察できる。ところが、木仏は慶長一五年（一六一〇）に、尊宝寺の移動と同時に、多紀郡内の東窟寺から移動したものとされる。本願寺より下付されたものではない。「木仏之留」(45)によると、木仏免許件数は慶長二年（一五九七）から始まっており、慶長一四年（一六〇九）には五三件、一五年には三九件、一六年には七七件と免許されている(46)。番衆であった尊宝寺が本願寺より木仏下付されないわけはない。しかしながら、波多野被官人である渋谷氏を檀徒とすることで番衆の地位を獲得していった尊宝寺は、天正三年（一五七五）、明智光秀によって始まる丹波攻略、それに関わる波多野氏滅亡によって環境が一変する。

天正七年（一五七九）、波多野秀治をはじめ波多野三兄弟は明智光秀によって捕らえられる(47)。そして、織田信長によって処刑され(48)、丹波波多野氏は滅亡する。家臣であった渋谷氏も政治的影響力は途絶え、大きく立場を変化させる(49)。

このような環境の変化により、尊宝寺は移転に際し、本尊を本願寺から下付される政治的な背景を有さなかったのではないだろうか。また、経済力もなかったのではないか。つまり、尊宝寺は波多野氏被官の渋谷氏との深い関係の上に成り立っていた。尊宝寺の存在は、本願寺にとって、単なる諸国の坊主衆の組織的掌握といった三十日番衆の基本的意図を越えて、三十日番衆に採用されたと考えられよう。前述したように、そこには証如の政治的意図を読み取れる。だからこそ、尊宝寺が丹波国多紀郡において中核的役割を果たすということは大きな意味を持たなかったのである。

註

（1）草野顕之『戦国期本願寺教団史の研究』（法藏館、二〇〇四年）一五七〜一七六頁。
（2）本願寺史編纂所編『本願寺史』第一巻（浄土真宗本願寺派宗務所、一九六一年）四六八頁の史料写真から明らかである。
（3）本稿では『石山本願寺日記』（清文堂出版、一九八四年）を使用する。
（4）『兵庫県史』第三巻（兵庫県、一九七八年）四九四〜四九五頁。以下、『兵庫県史』とのみ表記し、巻号を付す。
（5）拙稿「丹波国多紀郡における真宗寺院の特質」（『研究紀要』五輯、兵庫県人権啓発協会、二〇〇四年）。のちに、拙著『浄土真宗と部落寺院の展開』（法藏館、二〇〇七年）所収。
（6）「丹波国御下寺開基之帳」（龍谷大学所蔵の西本願寺文書）による。
（7）拙稿「播磨国における初期浄土真宗の展開―播磨国部落寺院を中心として―」（『研究紀要』三輯、兵庫県人権啓発協会、二〇〇二年）五一頁。のちに、前掲拙著所収。
（8）奥田楽々斎『多紀郷土史考』上巻（多紀郷土史考刊行会、一九五八年）、二三四頁。
（9）「天保一四年御末寺帳調播磨国下帳播磨国末寺帳」（西本願寺文書）による。前掲註（7）拙稿、五三頁に本史料を分析し、上寺を一覧表化したものを掲載している。
（10）註（1）に同じ。
（11）「天文日記」天文五年（一五三六）六月一四日条。
（12）同右、天文六年（一五三七）一一月二八日条。
（13）第三巻、四九四頁。
（14）翌春の天文六年（一五三七）には、尊宝寺の記事は記されていない。
（15）「天文日記」における「治部卿」記事は、天文五年（一五三六）に「治部卿（正闡坊息）」が散見され、天文六年に

「治部卿（尊宝寺門徒）」が、天文八年から一一年正月にかけて、「堅田治部卿」が、天文一一年（一五四二）三月に「治部卿（勝興寺）」が、天文二二年（一五五三）から二三年（一五五四）にかけて「今治部卿」の記事が見受けられる。

(16)「天文日記」天文六年（一五三七）一一月二九日条。

(17)『兵庫県史』第三巻、二五八頁。

(18)奥田前掲書、三五四～三五六頁に詳しい。

(19)尊宝寺住職若宮章隆氏への筆者のインタビューによる（二〇〇三年一月一八日）。

(20)尊宝寺所蔵文書。掛け軸である。軸の下部には「法名　蓮浄院釈宗祐不退位　文政十一年子二月廿二日」とあり、自画像が描かれている。釈宗祐は「過去帳」（尊宝寺所蔵文書）によると、史料中の篠屋六兵衛のことである。つまり、この掛け軸は篠屋六兵衛のために作成されたものと考えられる。本史料は、篠屋家から尊宝寺に寄進されたと推察できる。しかしながら、「再建縁起」が篠屋六兵衛のために記されたとは考えられない。本史料「再建縁起」の前半部分は、三壇越の一人である渋谷又八郎に関する記事が多い。篠屋六兵衛のために脇山退斎が記したものとは考えにくい。おそらく、脇山によって作成されていた「再建縁起」を篠屋家が引用したものと思われる。

(21)この縁起を書いた人物。緯は該、字は子郁、号は退斎。篠山の上河原町居住であったが、越後村上藩主内藤豊前守に仕えて文学となった。松井拳堂『丹波人物志』（丹波人物志刊行会、一九六〇年）一九八頁。

(22)文久元年（一八六一）に尊宝寺住職一四世義隆が編集したもので、文化の大火により、散逸したものを再度編集したと考えられる。表紙には「文久元辛酉季月日、過去帳（本）、当山拾四世義隆改之」とある。

(23)東京大学史料編纂所架蔵謄写本。原史料は現渋谷家（篠山市東新町）には存在せず行方不明。

(24)「穢寺帳」とよばれている本史料は、本願寺末寺帳の中でも被差別身分を檀徒とする寺院ばかりを集めた末寺帳である。原本は行方不明とされる。安達五男編『仏教と部落問題関係史料集成』第二巻（兵庫部落解放研究所、一九九七年）に拠った。
(25) 篠山市立図書館所蔵文書。明治一七年に兵庫県に提出した控えである。
(26) 『兵庫県の地名（『日本歴史地名大系第二九巻』）』Ⅰ（平凡社、一九九九年）五二七頁上段に、善左衛門嶋村の記事が『丹波志』から引用して記されている。
(27) 「丹波多紀郡明細記」一（東京大学史料編纂所架蔵謄写本）に「八上下村之内　渋谷善左衛門嶋」との記事が見られる。「天保郷帳」には村名は見られない。「丹波多紀郡明細記」の記事から枝村であったと考えられる。
(28) わずかに、秀国については、近世史料「丹波篠山領下記」（中井家文書）の波多野系図に秀国、秀高、秀長、植通、晴秀、秀治と継承されており、その名を見ることができる。
(29) 藤田達生氏は天文三年（一五三四）から天文二三年（一五五四）までの間は、守護代としての実力を有していたと考察している（八上城研究会『戦国・織豊期城郭論』和泉書院、二〇〇〇年、二五頁）。
(30) 「三好孫次郎方へ就今度祝言事、以書札十荷五種遣之。使芝田」（「天文日記」天文九年〈一五四〇〉一二月一五日条）とある。
(31) 『蜷川家文書』（大日本古文書　家わけ）三、五五四号。
(32) 「波多野秀忠書状」（同右、五五一号）、「波多野秀忠書状」（同右、五五二号）、「波多野秀忠書状」（同右、五五三号）がある。
(33) この事件については、『蜷川家文書』五四八号〜五五〇号、五五五号〜五五八号に「茨木長隆書状」「幕府料所丹波桐野河内美濃田保文書案」「波多野秀忠書状案」が収められている。なお、この事件は、荒木氏が秀忠の有力家臣であることから、この違乱は明らかに秀忠の意図であると推察できる（八上城研究会『戦国・織豊期城郭論』和泉書院、二〇〇〇年、二四頁）。
(34) 貞享二年（一六八五）の篠山領地誌を正徳六年（一七一六）に松崎蘭谷が再編したものである。篠山地誌としては最も古い。

(35) 明和年間に福知山藩士北村継元の「太迹波記」を古川茂正が書写したことが契機となり、篠山藩士永戸貞とともに編集したもの。

(36) 八上城研究会『戦国・織豊期城郭論』(和泉書院、二〇〇〇年)、二四三頁。

(37) 位置状況を確認する史料として、以下のものがある。『丹波志』六巻、多紀郡寺、北村東護山医王寺条に「洞光寺末、渋谷監物邸跡ニ在」とあり、同五巻、多紀郡古跡下、東岡屋古邸条に、「東岡屋古邸、同村東南大川北岸ニ在渋谷伯耆□者居□傅、惣、構東西四十三間、南北三十一間、塁、高一間、敷六間、四方ニ在、隍、幅四間、東西北三方ニ在南ハ大川ヲ用、塁、内東西廿三間、南北拾一間」とある。また、『和文篠山封疆志』古跡、渋谷伯耆館・渋谷左近塚条に「渋谷伯耆館、岡谷村に在り、天正頃の人、吹村を知り、波多野に投して滅ぶ、事績不詳。渋谷左近塚、飛山下に在り、宰木に松を裁う、左近は伯耆の弟なり」とある。

(38) また、渋谷家には次の「波多野秀治感状」(『兵庫県史』史料編、中世三、渋谷文書一号)が伝来している。

今度其方□惣方へ之申触、尤神妙也、就其、馬飼領之儀□永代相違不可□也

□日　　　　右衛門大夫
　　　　　　　秀治(花押)

北川加賀之介へ

寛延期まで現渋谷家が北川姓を名乗り、本史料が渋谷家に代々継承されてきた事実から、北川加賀之介は渋谷氏と関係があったと考えるのが自然であろう。

(39) 享禄元年(一五二八)に直叙法眼となり、摂関家九条家の猶子となることに成功した。天文五年(一五三六)には大僧都に、天文一八(一五四九)年には権僧正となり、紫衣も免許される。脇田晴子『天皇と中世文化』(吉川弘文館、二〇〇三年)五七~五八頁、および、草野前掲書、四一四~四三六頁に詳しい。

(40) 「天文日記」天文五年(一五三六)一〇月三日・一八日条。
(41) 同右、天文五年(一五三六)一二月二三日・二七日条。
(42) 脇田前掲書、五二〜五七頁に詳しい。
(43) 「天文日記」天文二一年(一五五二)六月二五日条に、「丹波国波多野城へ取結諸勢、廿四日暁悉敗北也。珍重々々」とあることからも明らかである。
(44) 拙稿「丹波国における浄土真宗展開の一考察」(『研究紀要』四輯、兵庫県人権啓発協会、二〇〇三年)にて詳しく示している。のちに、前掲拙著所収。
(45) 千葉乗隆編『木仏之留、御影様之留』(同朋舎出版、一九八〇年)所収。
(46) 慶長二年(一五九七)に許可された木仏の御礼は銀子百七匁五分であった。千葉乗隆編『木仏之留、御影様之留』(同朋舎出版、一九八〇年)四七九頁。
(47) 『兼見卿記』天正七年(一五七九)六月一日条。
(48) 同右、天正七年(一五七九)六月八日条。
(49) 「渋谷系譜」によると、渋谷氏は、郡代・町惣年寄と立場が変化した。

第二章　毛坊主と合力的結合

はじめに

朴澤直秀氏は拙著『浄土真宗と部落寺院の展開』に対し、拙著の構成および内容を概観した上で、次の三点の課題を提起している。第一の課題は、播磨国おける被差別寺院門徒を結ぶ大寄講である「播州十一日講」についてである。氏は「部落寺院門徒の欲求を引きつける『自律的な信仰の場』としての講の様相を提示するためには、講の運営形態に留まらず、門徒の意識などに関する具体的な分析が必要(1)」であると指摘している。第二の課題は、多紀郡高屋村川西西誓寺の毛坊主を中心とした村内の「合力的結合」についてである。氏は高屋村川西の毛坊主が大地主かつ村役人であった事実と「門徒の『合力的結合』とどのような関係にあるのかということについて、具体的な分析がほしい(2)」と指摘している。第三の課題は、加東郡久米西教寺の本末関係の変遷についてである。氏は、この点について「西教寺の歴史的変遷の背景にある門徒の具体的な動向の提示も求められよう」と述べ、さらに「真宗の伝播過程や本末関係の形成過程と、社会状況などの関する具体的な分析」も重要であることを指摘している。

以上の指摘は、いずれも首肯できるもので、そのいずれも質の良い史料収集のためのフィールドワークを基盤とした実証的分析が必要である。しかしながら、被差別寺院の場合は、近世において、その多くが看坊であり、自庵化されることが非常に少ない状況にあった。住職が無住の期間も少なくない。よって、史料残存の割合が一般寺院に比べ非常に低い。重ねて、史料活用の制約が大きかったことは周知の通りである。そこで、本章では、氏の指摘された第一と第二の課題については、門徒レベル、あるいは、社会状況との関わりに言及できる史料提示が現時点では困難であることから(3)、第二の課題の毛坊主を中心とした村内の合力的結合について、補助史料を示しながら、具体的に検討していきたい。

なお、「合力的結合」という用語であるが、森岡清美氏は真宗教団を「家」制度との対比において検討していく中で、末寺の互助関係を「組結合」「主従結合」「与力結合」と規定している。また、大坊をめぐる関係を「合力組織」として論じている。いずれも、真宗門徒の精神的一体性を指して使用した語で、「共同体」という生産を基盤とした結合ではなく、宗教的一体性を指している。ここで述べる「合力的結合」とは、氏の研究成果を援用し、この宗教的一体性を指すものとして規定しておきたい(4)。

一　被差別寺院毛坊主の性格

千葉乗隆氏は、毛坊主が蓮如教団の中核となり、大坊主をも折伏する姿を生き生きと示され、地域社会伝道の推進力であったことを明らかにした(5)。本節では、このような一般的な毛坊主の性格が被差別寺院においても同等であるのかを、本願寺が宝暦一一年（一七六一）に寺社奉行小堀土佐守に回答した史料「毛坊道場之事」から検討してみたい(6)。

毛坊道場之事

一、毛坊主之訳ハ、往古無寺所ニ地頭江相断、始道場を建立仕候俗人、其道場之開基ニ御座候故、自身住職相勤子孫へ相伝、或ハ又在来之寺ニ而も住持ゟ俗家之親類へ寺を譲置、住持死去之後俗躰ニ而住持と相成、子孫へ伝来候も在之候、依之地頭並本山も俗人之住持ニ而相済来候事、但し公儀江相立候而、無寺号之を道場と申候

一、古来ゟ寺号在之寺を持候毛坊主ハ、是非本山江相願候而、法名を被免候、依之地頭並本山ともニ願書或ハ宗判等之表立候儀ニ者、何寺誰と法名を書候得共、内々ニ而ハ地頭・本山・世上一円ニ俗名ヲ呼、何寺何右エ門と申来候事

一、寺号も無之法名も不相願毛坊主ハ、地頭表並ニ本山共表向之儀ニも何村道場何兵衛と俗名ニテ相済来候事

一、大地之毛坊主ハ伴僧を抱置、寺役檀用を為勤、自身ハ相勤不申候、若檀家ゟ斎・非時或ハ葬式等ニ請待申候得共、自身ハ麻上下着用仕、下座ニ差控、法用ハ伴僧ニ為勤候事

一、小地之毛坊主ハ伴僧難抱、朝夕仏前之勤ハ自身読経仕、耕作・商等を務、斎・非時・葬礼在之節ハ近所之僧を雇来法用為勤候事

一、右無寺号之毛坊主、本山江寺号を相願候得者被免候、其時住持ゟ直ニ地頭江相届候へ者、元来宗判迄仕候道場故、聞届在之候、地頭表聞届有之候へ者、公儀表江寺号相立申儀ニ御座候

本史料は、六カ条から成っており、本願寺が公儀に対して行った毛坊主についての公式答弁である。第一条には、寺所がないところに道場を建て自身が俗人として毛坊主となっている場合、寺所のある場合には俗人の親類に譲ったり、住持の死後に俗人が受け継いだりしている場合があると述べている。いずれも、公儀も本山も認めていると

いうものである。第二条には、寺号を持っている寺院の毛坊主は法名も許可されているというものである。第三条では、寺号を持っていない毛坊主の場合は、俗名を使用しているとしている。第四条・第五条では、大寺院と小寺院の違いに言及し、大寺院では伴僧を雇うなどをしていることを述べている。第六条には、宗判を行っている毛坊主も存在していることを述べている。

このような本記事の内容について、本章で対象とする高屋村川西西誓寺の事例を照らし合わせてみたい。以下、第一条、第二条・第三条、第四条〜第六条の三点に分けて検討していく。まず、高屋村川西における毛坊主と寺所の有無について、以下の史料を提示する。(7)

ア「阿弥陀堂再建願書（寺社奉行宛）」（西誓寺文書）

乍恐奉願上候口上書之覚

当所従往古弐間四面萱葺之阿弥陀堂御座候所、九拾壱ケ年以前、延宝元二月十四日焼失仕候、其節本尊阿弥陀仏者取退仏間ニ安置仕居候、其以後右之堂再建仕度何茂心願御座候得共、困窮仕候故、是迄等閑罷過候、何卒再建仕度、近年我々共給申物之内少々留置申候ニ付、此度往古之通弐間四面萱葺之阿弥陀堂右之田地ニ再建仕度奉存候、此段御免許被成下候ハヽ、普請ヲ早速ニ取掛リ右之本尊移申度奉存上候、右之趣被為聞召被奉願上候通、被為仰付被下候ハヽ、我々共一同難有仕合ニ奉存候、以上

宝暦十三未年

十月

高屋村之内穢郷

安右衛門　㊞

惣兵衛　㊞

与兵衛　㊞
弥右衛門　㊞
弥兵衛　㊞
三郎兵衛　㊞
庄三郎　㊞

渡瀬清右衛門　殿
川崎伴介　殿
清水勘兵衛　殿

イ「原田家過去帳（抜粋）」（西誓寺文書）

第五世　寛政十年八月十八日　釋了意　毛坊惣兵衛　行年八十六才
第六世　文政八年九月廿七日　「了海様実父ナリ」釋了恵　毛坊惣左衛門　寺役法要仕
第七世　弘化二巳年十二月十七日往生　釋了海　俗名大惣兵衛　行年四十八才
第八世　明治五壬申年正月十八日往生　開興院了観法師

史料**ア**は、宝暦一三年（一七六三）一〇月に「高屋村之内穢郷」である高屋村川西の七名が、「寺社方」に宛てた願書の控えである。「当所従往古弐間四面萱葺之阿弥陀堂御座候所、九拾壱ケ年以前、延宝元二月十四日焼失仕候」より、「弐間四面」の阿弥陀堂が延宝元年（一六七三）に焼失したことが分かる。「其節本尊阿弥陀仏者取退仏間ニ安置仕居候」より本尊の阿弥陀仏を安置していたことも明らかである。以上から、寺所は延宝元年以前に阿弥陀堂なる道場が存在していたが、焼失以降、宝暦一三年に再建の機運が高まったことが理解できる。

史料イは、現西誓寺住職である「原田家過去帳」からの抜粋である。第五世「釈了意　毛坊惣兵衛」の記事から、了意が毛坊主であったことが分かる。この了意が高屋村川西における毛坊主の初見である。了意の没年から推察して、史料アの差出人「惣兵衛」と第五世「釈了意毛坊惣兵衛」は同一人物であると考えられる(8)。よって、寺所は存在していたが、阿弥陀堂の再建にあたって、毛坊主が村内から擁立されたと予想できよう。

次に、寺号の有無と法名の関係について検討したい。

寺号は以下の史料から(9)、文化九年（一八一二）に下付されていることが分かる。

算用書

一、寺号

御礼　金八両弐百四拾匁七歩

（中略）

文化九壬申年三月　　高瀬九郎右衛門 ㊞

丹波国多紀郡高屋村川西

物道場西誓寺殿

また、次の史料は寺号下付にあたっての御礼銀の算用書である。本記事から、文化九年に寺号が下付されていることが明らかである。また、以下の第八世開興院了観の日記から寺号下付以降、法名を使用していたと考えられる(10)。

△天保十亥十月十二日立ニ而□条□、八ツ立ッテ御中山着いたし候処、六ツ半ニちやく御座候

十四日葬式見送り、十六日自剃刀願

金福寺門徒丹波国多紀郡高屋村川西惣道場

西誓寺
毛坊宗左衛門
了観　年三十六

一、今般
自剃刀奉願候
天保十亥年　天使突抜四丁目　金福寺
二月十六日
御本山
御役人中様

金福寺門徒丹波国多紀郡高屋村川西惣道場
西誓寺
毛坊宗左衛門
了観　年三十六

本史料は、住職の日記という性格上、公的な史料ではないが、法名が本山より下付されているのは明らかであろう。寺号下付以前においては史料的に明らかにできないが、寺号下付以降は法名によって寺務を行っていたと考えられよう。

最後に、第四条〜第六条であるが、史料**イ**「毛坊惣左衛門　寺役法要仕」の記事から、高屋村川西において伴僧は雇っていないと考えられる。毛坊主が寺役法要を行っていたことが理解できよう。

以上、「故実公儀書上」の毛坊主に関する記述と高屋村川西の場合を比較検討した。被差別寺院における毛坊主の場合も一般寺院と変わらず同じ性格を有することを示した。

しかしながら、本検討からだけでは考察し得ない重要な点がある。それは、第四条・第五条にある伴僧を雇って寺役を勤めさせるということが果たして被差別寺院で想定できるだろうかという問題である。左右田昌幸氏も検討を行っているが[11]、部分的なものとなっている。毛坊主を中心とした村内の合力的結合が推進されていくことと関わるので、次節では具体的事例をあげ、検討していきたい。

二　多紀郡被差別寺院の経済的基盤

まず、近世多紀郡における真宗西本願寺派の状況を確認しておく[12]。そのために、次の三種類の史料から**表1**に寺院化率をまとめた。三史料とは、幕府の新寺建立禁止に基づき、西本願寺が元禄五年（一六九二）に京都所司代に提出した末寺帳の控えである「丹波国御下寺開基之帳」、寛政四年（一七九二）に作成されたと推察される「穢寺帳」[13]、明治一二年（一八七九）に社寺行政を行うための基礎資料として、作成された「寺院明細帳」[14]である。

表1より、元禄五年に寺号が免許されているのは二カ寺であり、寺院化率は二五パーセントとなっている、寛政四年においては、寺院化率は五〇パーセントに増えており、明治一二年になると、すべての寺院に寺号が下付されている。このように道場から寺院になるためには、「古今御礼日記」によると、銀二五〇匁余りの礼銀が必要であり、通常寺院化とともに下付をされる本尊木仏には三七〇匁余りの礼銀が必要であった[15]。しかも、被差別寺院は五割増しとされていたため、多くの懇志が必要であった。その経済的負担はもちろん檀徒に直接かかってくる。

表１　近世多紀郡における西本願寺派の寺院化率

	元禄５年（1692）	寛政４年（1792）	明治12年（1879）
寺号免許の寺院数	２カ寺	７カ寺	22カ寺
惣道場数	６カ寺	７カ寺	０カ寺
寺院化率	25％	50％	100％

（出典）「多紀郡寺院明細帳」、「穢寺帳」、「丹波国御下寺開基之帳」

表２は、明治一一年（一八七八）における多紀郡真宗寺院の檀家数と住職兼帯の有無を表したものである。つまり、近世後期における檀家数をほぼ表していると考えても差し支えないだろう。

檀家一〇〇軒を越える寺院は前章補論で検討した尊宝寺のみであり、照光寺の零戸に至るまで檀家数の少ない点が注目される。すでに明らかにしたように、尊宝寺の寺院成立は特異な状況を有するため、ここでは「穢寺帳」記載寺院、あるいは「穢寺帳」記載寺院が兼帯している寺院に着目したい。この両者の寺院の檀家数平均は二四戸余りであり、非常に零細な寺院基盤がうかがえる。多紀郡被差別寺院の多くは、開基から多くの年月を経た近世末期から明治期にかけて寺号・木仏下付がなされている状況からも[16]、その寺院基盤の零細さが理解できるだろう。

次に、兼帯の有無に目を向けてみよう。「多紀郡明細帳簿」に記載のある一七カ寺の寺院のうち、さらに限定するならば、被差別寺院と関わる寺院一四カ寺のうち、住職が存在しているは五カ寺である。いずれも、檀家数が多い寺院であることが分かるであろう。経済的基盤を有する寺院から、毛坊主あるいは自剃刀をうけた僧侶となり、寺役を勤めていたと考えられる。また、兼帯となっている寺院は九カ寺である。京都に寺基を有する金福寺が五カ寺、同じく京都の万宣寺が一カ寺、氷上郡の安養寺と明照寺が一カ寺ずつ、同じ多紀郡の光明寺が一カ寺となっている。これらの兼帯となっている寺院はおそらく本末関係で上寺であった寺院、および、深い関係があった寺院であると考えられる。

表2　明治11年　多紀郡真宗寺院（西本願寺派）の檀家数

	兼帯寺院名	寺院名	檀家数（戸）
兼帯なし		尊宝寺	120
		金剛寺※	60
		光明寺※	48
		金照寺※	36
		西誓寺※	23
		満福寺（大野）※	23
兼帯あり	金福寺※	正福寺※	31
	〃	法誓寺※	26
	〃	宝林寺※	23
	〃	西光寺※	17
	〃	専福寺	11
	万宣寺※	満福寺（東荘）	10
	安養寺※	福正寺	24
	明照寺※	照光寺	0
	光明寺※	法蔵寺	9
（記載なし）		西安寺	15
		金光寺	14

（出典）「明治11年多紀郡明細帳簿」（光専寺文書）
（備考）※は「穢寺帳」記載の寺院を示す。

このように推察すると、日常的な寺務を行うことができるのは、同じ多紀郡の光明寺のみということになる。隣郡である氷上郡の寺院からは幾分の交流もあったと考えられるが、京都の金福寺・万宣寺にいたっては、特別の法要以外で多紀郡まで足を運ぶことは考えられないだろう。ましてや、金福寺・万宣寺が「四ケ之本寺」[17]とよばれる特別な地位にあり、畿内に多くの被差別寺院を下寺として有していたことを考えると、多紀郡のみ特別に扱うことをしないだろう。

以上から考察すると、経済的に伴僧を雇うということが非常に困難であることが推察できるであろう。しかも、被差別寺院の場合は、本末関係をはじめとする一般寺院からの差別状況があったことは周知のところである。一般寺院からの兼務という形での兼帯は考えられない以上、本末関係での上寺あるいはそれに相当する寺院に形式上において、頼るしかなかった。被差別寺院の多くが

「四ケ之本寺」とよばれる京都に寺基をおく寺院を上寺としていたことから、日常の寺務については、村内より何とか法要を行うことのできる者を選出するよりほかは方法がなかったのである。

その選出方法については、史料上において明らかにすることはできないが、おそらくは村役人を中心に選出があったのではないだろうか。例えば、高屋村川西の場合は毛坊主として、別村闘争の中心的役割を果たした村役人であり、別村独立後には庄屋であった原田家が代々住持を務めている(18)。

次節では、毛坊主であり住持を務めていた原田家と、村内の合力的結合について論述していく。

三　高屋村川西における毛坊主の政治的位置

毛坊主を中心に合力的結合が推進された具体的史料を検討することが重要であるが、管見の限りではそうした直接的な史料がないことから、高屋村川西における毛坊主の政治的な位置づけを明らかにし、その指導的な役割が村内の合力的結合を推進したことを推量的に示していきたい。

高屋村川西において、毛坊主擁立が決してスムーズに進んだわけではないことは以下の史料からうかがえる(19)。

天明二年冬、三郎兵衛、弥平治当所寺役混乱之義申出候、寺役之義ハ十五年以前、明和五子年京都上寺金福寺住職慈伯様ヨリ宗兵衛江被仰付候、寺役ヲ打候義之候故、金福寺様願出候処、同三年卯正月御越し被成候テ、寺役之義ハ従来通り宗兵衛江被仰付候也

本史料から、了意が明和五年（一七六八）に、上寺である金福寺慈伯より任命され毛坊主になったことが分かる。阿弥陀堂再建着手から五年後である。しかし、一五年後の天明二年（一七八二）に村内の寺役について混乱が起

こっている。天明三年（一七八三）になって金福寺によって収拾がなされているが、「寺役混乱之儀」とは、高屋村川西において毛坊主となった了意と兄弟の三郎兵衛との間の争論であった。この事件については別稿にゆずるが、争論により年忌、月忌をはじめ、報恩講などの寺務が滞り、上寺である金福寺に事態の収拾を任せる願書が「高屋村門徒中」より出されている。これにより、金福寺は争論の解決にあたるのである。

このような不安定であった毛坊主擁立期から、了恵、了海、了観と毛坊主が継承されていく。この三名の毛坊主は、高屋村川西の別村闘争のリーダーであり、村内の指導的立場にあったことがすでに、井口正秀氏、臼井寿光氏や原田京子氏によって明らかにされている。[20] 特に、原田氏は指導的役割を行った原田家がどのように村民を掌握していったのかを明らかにしている点が注目される。しかしながら、「原田家の道場主としての地位は本山によって保障された」[21]とする見解には疑問もあるし、氏がふれられなかった史料もあるので、氏の論考に学びながら、毛坊主の政治的位置を了恵を中心として捉え直してみたい。

まず、氏の了恵への評価を要約すると、「文化元年（一八〇四）別村運動を開始し、五カ月間に及ぶ藩役人に対する根まわし交渉を行う。了恵の藩役人に対する度重なる根まわしや積極的な願い出により、大庄屋・代官・郡代などの了解を取り付ける。しかし、本村の激しい別村反対により、文化七年（一八一〇）に処罰を受ける」となろう。[22] このうち、本章にて重要なのは、藩役人との関係の深さである。

次の史料からは篠山藩の役人が了恵に対して高い評価を与えていることが読み取れる。[23]

御高七拾八石三斗四升八合
居村他村ニ而所持仕候
高屋村之内川原穢郷

宗兵衛
当年六拾五歳
同人女房　いよ
同人男子　平　蔵
同人男子　松次郎
同人男子　周　蔵
同人女子　う　た
当時下人拾貳人

右之者先年牛ケ瀬村道場守仕居候者之儀ニ付、故障之筋出来仕、寺社御役所ヨリ京都本願寺江御掛合之趣相成、自然御指支之儀も出来可仕哉ニ付、宗兵衛へ京都へ罷越候而、本守旨済方可仕段被仰付、毎々京都へ往返仕候而無難ニ相済候ニ付、為御褒美鳥目弐貫文被下置候

（中略）

右之通御高所持仕御上納筋大切ニ仕、且宗兵衛儀篤実成者ニ而、至テ家門質素睦間敷相暮、下人等へ茂慈愛を加へ候故相互ニ励合相働候よし、右之趣年及候ニ付、近村之者共へ手合候処相違無御座候段申上候、右躰之者ニ御座候間為御称美年頭ニ罷出候節上下着用御免被成下候様仕度奉存候　以上

文政五午年
十月
堀口猶藏
桜井庄八
石橋琢馬　殿

和田弥太夫殿

史料イでは、了意は「惣兵衛」、了恵は「惣左衛門」となっているが、本史料では「宗兵衛」と表記されている。「いよ」が了恵の妻であることや了意没年が寛政一〇年（一七九八）であることから、本史料の記事「宗兵衛」は了恵に間違いないと考えられる。

本記事から、牛ケ瀬村道場主の件で、「故障」が生じていることが分かる。了恵は、その解決のために京都の本願寺との間を往復し、調整役を担うことで、その褒美として鳥目二貫文を受けている。「故障」の詳しい内容は図りかねるが次の史料が残存している。(24)

口上之覚

私共村方道場ニ罷在候祐専退去ニ付、彼是御本山表江御願申上ケ度、御本山ゟ西庄村金剛寺江寺役被成御願候得共、此度西庄村和右衛門河原宗左衛門取扱を以和談之上、祐専僧当村道場江帰住仕候上者、対金福寺江意念茂無御座候ニ付、先達而御本山表江差出置候、願書願下已来是迄之通、寺役法用等金福寺へ相願可申候、此度内済仕候、依之口上書ヲ以御届申上候、以上

戌
九月

牛ケ瀬村
百姓代　和兵衛
同　断　市兵衛
肝　煎　六兵衛
庄　屋　新兵衛

御支配様

本史料は寛政二年（一七九〇）に、牛ケ瀬村役人が篠山藩役人に宛てた届である。牛ケ瀬村道場主である祐専が何らかの理由で退寺した一件に対して、西庄村の和右衛門と了恵（宗左衛門）が和談することで帰寺することになったという内容である。「対金福寺江意念茂無御座候」から、上寺である金福寺と近隣の村々を巻き込んで大事件になったと推察できよう。「故障」のすべては分かりかねるが、了恵が牛ケ瀬村道場の事件解決に大きく関わっていることが理解できるであろう。

このような了恵の働きが評価され、篠山藩役人より「篤実成者」で「家門質素睦間敷」であるとして、「右体の者に御座候間為御称美年頭に罷出候節上下着用御免被成下候」と、年頭挨拶での「上下着用」が許可されようとしていた。以上の藩役人の信頼の背景を、原田氏は「親宗兵衛より四拾年以来人指御用銀、臨時御用銀被仰付奉差上候」として、父である了意の代より、御用銀の融通の依頼に応じてきたことを挙げている。また、牛ケ瀬村の庄屋役を任じられた際をはじめとして、様々な場面で多くの御礼銀を藩役人に渡していることに着目している。(25)

こうして、篠山藩役人との関係を保ち、別村への取り組みを進めていったのであるが、村内の意思統一について、了恵は文化元年に「村〆り儀定書之事」を村民に示す。(26)

一、当所儀本郷付故万事損失、此間費多ク格別之難儀筋有之候ニ付、何卒別村ニ被為成下度奉願上候ニ付、村〆り箇條左之通り

一、御上様ヨリ何時被為召出候共、村方壱人も不残同心ニ而可被出事

一、御役所様ニ而万事御吟味被為有候節、村方ニ而及相談候口上之外、一言も不申上、且私之趣意少しも申上間敷事

一、御願中村方相慎ミ、第一火之用心仕、且又私之宿怨ニ而喧嘩口論ハ少しも仕間敷候、若喧嘩等猥り仕御願

之妨とも相成り候ハヽ、永発部可致事

一、御願中他所行、当所或ハ町かよい迎人足等、其順番廻りニ当リ候者、彼是差支ヲ不申可相出事

一、御願ニ付、入用何程出来候而も難相知れ、入用多少之故障不申、家別割、御高割無滞可差出事

一、御願中村方ニ而相談之外、村内ニ而も少之咄致間敷候、且又一味之内たりとも、他村ニ而一言も咄致間敷ク、猶外様村ニ而かたく相慎可申事

（後略）

第二条、第三条では、「御上」「御役所」から取調べがあった際には、寄合での相談事項のみを話し、私見を述べないことの結束を図っている。第八条でも、他村に別村闘争のことを話すことを固く禁じている。また、第七条では費用については「家別割」「御高割」によって負担することを明記している。これらの村掟を了恵自らが設定し、村民の意思統一を図っているのである。

幕藩法令から賤民支配の展開を検討された後藤正人氏は、この「村〆り儀定書之事」を「村役人が先導する村方全員の規律」と評価しており(27)、井口氏も同様の評価を与えている(28)。このような村掟を設定し、実行し得るだけの力を有していたことが分かるだろう。つまり、了恵は篠山藩との強い結びつきがあり、村内を先導する力をもった村役人であった。その力は了恵から了海、そして、了観へと引き継がれていったのである。

以上、高屋村川西における毛坊主の政治的な位置づけが明らかにできたと考える。このような指導的な役割を有した毛坊主が村内の合力的結合をどのように推進したのだろうか。了恵・了海・了観の毛坊主の時期は、西誓寺は本願寺から多くの免物を下付され、真宗寺院としての体裁を整えた時期である。免物下付の一覧表を**表3**として示す。

史料**イ**から推察すると、三朝高僧絵像と上宮太子絵像が下付された寛政三年（一七九一）は、了意七九歳の年齢

表３　西誓寺免物下付の状況

下付年	下付された寺号および免物	毛坊主名
寛政３年（1791）	三朝高僧絵像	了意、あるいは、了恵
〃	上宮太子絵像	〃
文化９年（1812）	寺号	了　恵
〃	親鸞絵像	〃
〃	文如絵像	〃
天保２年（1831）	蓮如絵像	了　海

（出典）「御寺法記録」（西誓寺文書）

であることから、毛坊主は了恵に継承されている可能性が高いだろう。また、寺号と親鸞絵像、文如絵像が下付された文化九年の毛坊主は了恵に間違いない。蓮如絵像が下付された天保二年（一八三一）の毛坊主は了海であるだろう。

すでに免物に多くの御礼銀をあつめる必要があることを述べてきたが、このように多くの免物が了恵から了海の毛坊主の時期に下付されていることは、「村〆り儀定書之事」で示された「家別割」「御高割」の規定をはじめとする毛坊主をリーダーとした村内の協力体制が図られていたことを示すものである。つまり、毛坊主が村内の合力的結合を推進したと言えるであろう。

以上、本節では村役人の先導的推進力、つまり、毛坊主を中心とした村内の宗教的一体性の高揚が見られることを明らかにした。

おわりに

本章では、拙著への朴澤氏の書評における第二の課題である毛坊主を中心とした村内の合力的結合について、補助史料を示しながら考察をしてきた。

まず、「故実公儀書上」の史料から、被差別寺院毛坊主の性格が一般寺院毛坊主の性格と同様であることを示した。しかしながら、伴僧を雇って寺役を勤めさせるということが想定できにくく、経済的側面をはじめ、一般寺院からの差別状況があったことから、少なからぬ差異が存在していることを多紀郡被差別寺院の状況から明らかにした。そうした状況から、日常の寺務のために、村内より毛坊主をだす必要性が生まれてきたと考察した。そして、高屋村川西の事例の検討から、毛坊主の政治的な位置づけを明らかにし、その指導的な役割が村内の合力的結合を推進したことを具体的に考察した。毛坊主が村内のリーダーとなり、宗教的一体性が高揚したと言えよう。

高屋村川西においては、毛坊主は了意から了恵、了海、了観と継承されている。天明二年（一七八二）には寺役についての混乱が起こっているように、まだ不安定だった了意の代から、了恵、了海、了観と継承され、多くの免物を下付されながら真宗寺院としての成長をしている。了観の代には自剃刀を受け、正式に僧侶となり、明治期になると、惣道場から自庵となり、直末寺院となっていく。

このような被差別寺院の真宗寺院としての成長は、高屋村川西が特別事例であったわけではないだろう。もちろん、毛坊主を村内より選出する場合や看坊である場合など、地域性や在地の経済的基盤にも左右されるだろうが、前者の場合は、日常の寺務の必要性から毛坊主が生まれ、その毛坊主を中心とした寺院経営が村内の合力的結合のもとで行われていくと考えられるのである。

註

（1）朴澤直秀「書評と紹介―和田幸司著『浄土真宗と部落寺院の展開』―」（『日本歴史』第七一九号、日本歴史学会、二〇〇八年）一一〇頁下段。

（2）註（1）に同じ。

（3）氏も第三の課題を論じる中で「史料的に困難なのであろうが」と断り書きを入れている。

（4）森岡清美『真宗教団と家制度』（創文社、一九六二年）。

（5）千葉乗隆「毛坊主」（『龍谷史壇』第六六・六七号、龍谷大学史学会、一九七二年）、講演録として、「蓮如上人と毛坊主」（『真宗文化』第八号、京都光華女子大学、一九九九年）がある。

（6）「故実公儀書上」（西本願寺文書）。千葉乗隆編『真宗史料集成』第九巻（同朋舎メディアプラン、二〇〇三年）七二七〜七二八頁より引用した。すでに、千葉乗隆氏、左右田昌幸氏によって本史料が取り上げられている。千葉前掲論文、左右田昌幸「『穢寺・穢僧』考ノート（一）—自剃刀と『毛坊主』—」（朝枝善照先生華甲記念論文集刊行会編『仏教と人間社会の研究』永田文昌堂、二〇〇四年）。

（7）拙著『浄土真宗と部落寺院の展開』（法藏館、二〇〇七年）第三部第三章にて詳しく論じている。

（8）同右、二七七〜二八二頁に詳しく論じている。

（9）「文化九年（一八一二）御免物算用書」（西誓寺文書）。本史料の中略部分には、寺号のみならず、同時に下付された文如、親鸞の絵像の費用についても記されている。

（10）「開興院様小日記控」（西誓寺文書）。本史料は第八世了観が記した日記を後の住職がまとめたものと思われる。

（11）左右田前掲論文、二七六頁。

（12）前掲拙著、第一部第三章にて詳しく論じている。

（13）原本は行方不明とされている。筆者は未見。二系統の「穢寺帳」があったとされる。左右田昌幸「『穢寺帳』ノート」（『教学研究所紀要』第五号、浄土真宗教学研究所、一九九七年）。翻刻としては杉本昭典「本願寺末寺帳・穢寺下帳」（『同和教育論究』二、同和教育振興会、一九七七年）、同「本願寺末寺帳・諸国穢寺帳」（『同和教育論究』三、同和教育振興会、一九七八年）に一覧表化したものが発表されている。また、安達五男編『仏教と部落問題関係史料集成』第二巻（兵庫部落解放研究所、一九九七年）に翻刻がされている。

（14）兵庫県公館所蔵文書。兵庫県が、明治一二年に兵庫県下のすべての寺院に、（1）本尊、（2）由緒、（3）堂宇、

（4）境内坪数、（5）境外坪数、（6）檀徒人員、（7）管轄廰迄距離里数、（8）住職名、を書き上げさせたもの。

(15) 大谷大学図書館所蔵の粟津家文書。上場顕雄「近世大坂の真宗寺院―都市寺院の形態と町人身分―」（大桑斉・圭室文雄編『近世仏教の諸問題』雄山閣、一九七九年）一二〇頁を参照した。

(16) 前掲拙著、第一部第三章に詳しい。

(17) 「四ケ之本寺」とは、金福寺、万宣寺、教徳寺、福専寺のことである。末寺がすべて被差別寺院であるという特質をもっていた。『諸事心得之記』（千葉乗隆編『真宗史料集成』第九巻、同朋舎メディアプラン、二〇〇三年、二九三～二九四頁）にその記事がある。

(18) 前掲拙著、第三部第三章。

(19) 「原田家過去帳」了意条（西誓寺文書）。

(20) 井口正秀「近世後期の皮田村の分村問題―丹波高屋村河原分の場合―」（西播地域「かわた」村文書研究会編『近世部落史の研究』下、雄山閣、一九七六年）一五五～一九一頁。臼井寿光『兵庫の部落史』第二巻（神戸新聞総合出版センター、一九八四年）四〇七～四五三頁。原田京子①「丹波国被差別部落『別村』闘争の研究」兵庫教育大学修士論文、一九九三年。同②「丹波国における被差別部落の『別村』闘争について」（『ひょうご部落解放』八六、兵庫部落解放研究所、一九九九年）一〇～三五頁。

(21) 原田註(20)①前掲論文、四二頁。

(22) 前掲拙著、二八四頁に詳しい。

(23) 原田伴彦・中沢巷一・小林宏編『日本庶民生活史料集成』第一四巻（三一書房、一九七一年）六六八～六六九頁。

(24) 「牛ケ瀬村道場主帰寺届」（西誓寺文書）。

(25) 原田註(20)①前掲論文、五七～六一頁。

(26) 原田伴彦・中沢巷一・小林宏編『日本庶民生活史料集成』第一四巻（三一書房、一九七一年）六一〇頁。

（27）後藤正人「幕藩法令にあらわれた賤民支配の諸相と展開」（『法制史研究』二三、法制史学会、一九七四年）一六七頁。

（28）井口前掲論文、一八五頁。

第三章　本末関係と身分上昇志向

はじめに

『甲子夜話』に次の記事がある。[1]

京東本願寺自火にて焼亡す。近頃かの地より来し人の話を聞に、本堂に火移りしとき、宗旨の穢多ども二〇〇人余馳集りて消防せしが、火勢盛んにして防留がたく、其辺往来も協がたく成ると。半の人数は門外へ逃出たりしに、残る一〇〇人計は本堂とともに灰燼と成て失ける。その後に生残りし穢多、又その間に合ざりし者等打こぞりて後悔し、本堂とともに焼死せし者は真に成仏して、来世は穢多を離れて平人に生れ出べしと、皆羨しとなり

本史料は、すでに山本尚友氏によって紹介されているところであるが、[2]「かわた」村民衆の真宗への篤信を示す史料として注目される。

被差別民衆と真宗の関係性の研究は、二つの評価「主体的受容説」「政治権力強制説」の上に蓄積されてきた。前者を最初に取り上げた喜田貞吉氏は被差別民が斃牛馬処理をしていたため、ケガレ観念から他宗派が布教の対象

としなかったのに対し、真宗は教義から布教を行ったとした。[3] 後者を最初に提起した藤谷俊雄氏は、下層農民を門徒としなかった真宗が被差別民を捉えるはずがないとし、「かわた」村の宗旨は封建支配者の宗教政策の一環であるとした。[4] この主張は近世政治起源説に適合的な主張であったために、運動理論と相まって強い影響力を持つこととなる。こうした影響下、安達五男氏は「部落寺院制」という制度があったとし、幕府・本願寺の封建権力による強制を明らかにした。[5] これに対し、山本尚友氏は真宗受容が南北朝期にさかのぼる事例を明らかにし、真宗受容を権力の強制によるものでないとした。[6] また、筆者は被差別寺院が門徒の願いによって直末寺院化した事例を明らかにし「部落寺院制」の概念を実証的に批判した。[7]

このように学界では、主体的受容説と政治権力強制説の対立構図が鮮明であるが、制度史上の研究に留まっており、前掲の篤信の信仰者としての「かわた」村民衆への研究は遅れている。[8] 筆者は微力ながらも被差別寺院門徒の組織・習俗・思想・行動についての史料収集と考察を重ね、被差別寺院門徒が「寄講」というネットワークのもとに自律的な信仰の場を中心として篤信している状況、宗教的な村内結合の事例を考察してきた。[9] その結果、「かわた」村民衆の強い本願寺法主への人神的信仰の傾向が明らかになった。[10] それは近世本願寺法主への信仰による接近が近世身分社会での地位上昇に結びつく側面を有していたことや来世に身分上昇を約束する性質を有していたことを示している。

つまり、身分上昇を志向する「かわた」村民衆の状況を明らかにし、「かわた」村民衆にとっての宗教の意義を検討することで、その信仰状況を照射するばかりでなく、「なぜ、被差別部落に真宗檀徒が多いのか」という被差別寺院史研究の命題に迫ることが可能である。

そこで、本章では播磨国被差別寺院における三事例を取り上げ、被差別寺院門徒の上昇志向を検討する。第一節では、筆者が「部落寺院制」論への疑問を提示した事例である加東郡西教寺を取り上げ[11]、新たに一家衆寺院からの消息が被差別寺院門徒の法義高揚を促したという視点から検討を加える。第二節では、加古郡明福寺を取り上げ、本山本願寺への制度上の接近や血脈上の接近を明らかにする。第三節では、明石郡金覚寺を取り上げ、国法上における地位獲得への様相を明らかにする。金覚寺については、臼井寿光氏によって「宗教事情」が明らかにされている[12]。臼井氏の研究に学びながら、氏が取り上げなかった点を中心に実証的に示していくものとする。以上の三事例によって、総合的に被差別寺院門徒の上昇志向を考察していきたい。

方法としては、本山史料である「穢寺帳」[13]と在地史料「西教寺文書」「明福寺文書」「大岡家文書」の双方から比較・検討していくものとする。特に、明福寺文書では文政期から明治期に編集されたと考えられる「記録」[14]を中心に検討していきたい。

一　一家衆寺院との関係と上昇志向——加東郡西教寺を事例として——

西教寺文書の中で、最古の史料は延宝四年（一六七六）に名塩教行寺第五世寂超から西教寺に下付された消息である[15]。被差別寺院の史料残存状況から鑑みると、本史料は非常に大切に保管がされてきたと推察できる。というのは、被差別寺院はそのほとんどが看坊であるために住職が世襲することが少なく、史料が残存する可能性が一般寺院とくらべて極端に低い。つまり、近世初期から中期にかけて、本山からの木仏・絵像などの宗教的象徴として下付されたものを除けば、残存している史料は、絶対的な価値を有していると考えてよい[16]。事実、現在も西教寺では、年頭の永代経法要ならびに御盆の法要にて、本消息を読み上げる儀式が承継されている。いったい、この消息にどのような価値があるのか。また、西教寺門徒はこの消息にどのような宗教的意味を見出したのだろうか。本節では別稿(17)での検討内容も再論しながら述べていきたい。

まず、名塩教行寺の歴史的評価について検討したい。『兵庫県史』では、兵庫県下の真宗教団展開上において注目されるとしながら、「蓮如は富田教行寺の兼琇をして名塩の寺庵を兼帯せしめ、これより中山の寺庵は教行寺と称する一家衆寺院となった」と述べている（第三巻、四六九頁）。また、『名塩史』では「中山道場は、名塩御坊と呼ばれ、寺名も富田の教行寺同様、名塩教行寺となったが、これは当時、富田教行寺の別院であったことを物語っているのであろう」と述べている（四九頁）。いずれも、教行寺に蓮如の実子が入寺したことから、一家衆寺院であることを強調している。こうした考察は、以下の史料に依拠したものと考えられる。

ア　「大谷本願寺通紀歴世宗主伝第二」蓮如条(18)

（文明）七年七月設法制六條、八月由下間蓮宗（称安芸法眼越前浅水人）謀不軌、而有富樫政親（称介次郎加賀守護）之難（一作朝倉恒景寇吉崎経景敏景之弟）師素懐退去之志尚矣、為衆所請留、荏苒累年、至是飄然汎舟発吉崎至若狭小浜、歴丹波山路暫居摂州名塩、（広根）而駐錫於富田、尋遷河内出口創寺、号光善寺

イ　「教行寺縁起」（名塩教行寺文書(19)）

摂州有馬郡山口の庄内名塩教行寺は文明年中本願寺八世蓮如上人の創建なり。往昔蓮如上人六十一歳文明七年九月四日船を泛べ越前を発し、若州を経て丹波に行化したまひ、夫より津の国広根にしばらく留錫したまふ時に蓮師を招請す。すなわち蓮師錫を飛して暫く名塩中山の草舎に留りたまふ

史料**ア**の記事「歴丹波山路暫居摂州名塩」より、若狭国小浜を退出した蓮如が、丹波路を通って摂津国名塩に巡錫していることが分かる。また、史料**イ**から、蓮如が名塩村民の招請により名塩を来訪したであろうと推察できる。

摂津への蓮如行化の順路については諸説があるが[20]、蓮如実子である富田教行寺蓮芸（兼琇）を名塩の兼帯住職としたことから、名塩教行寺が一家衆寺院であった事実は間違いない。

　蓮如からの血脈を受け継ぐ一家衆寺院から、被差別寺院である西教寺に消息が下付されることは、どのような宗教的意味があったのだろうか。ここでは、当時の久米村門徒を取り巻く状況を考察することで、この消息のもつ価値を検討する。

　『加東郡誌』西教寺条には「寛文七年七月十二日堂宇炎上、延宝元年復炎上」の記事がある（七七一頁）。寛文七年（一六六七）と延宝元年（一六七三）に二度にわたって火災が起きていることが理解できる。久米村門徒にとって、道場を再興するには経済的にも負担のかかるものであったに違いない。しかも、同時期に久米村は村同士の争論の渦中にあることが次の史料から明らかである。

ウ　「諸国江遣書状之留」延宝三年（一六七五）一二月一一日条[21]

金福寺下播州福円(恵)寺ト、同国久米村門徒出入在之由、宗旨判形等之儀右門徒断申候付、落着迄久米村門徒家数四拾弐軒、人数弐百弐十七人、貴寺へ御預ケ被成候間、左様御心得可在之候、恐々謹言

　史料**ウ**は延宝三年（一六七五）に本願寺坊官から名塩教行寺に宛てられた書簡である。これによると、加東郡福円(恵)寺（以降、「福恵寺」と表記を統一する）と「久米村門徒」（西教寺門徒）の間に「出入」があったことが分かる。金福寺末福恵寺の宗判（寺請）に関わる争論と予想できる。おそらく、福恵寺末門徒であった久米村門徒に、独立化の動きがあったと理解してよいであろう。その結果、教行寺は久米村門徒四二軒二二七人の宗判を行うことになったのである。

　そして、その翌年が連枝寺院教行寺の寂超からの消息下付である。この消息はかなりの効力を持っていたようで、

西教寺寺伝によると、消息下付から一一年後の元禄元年（一六八八）に住持道玄が道場を再興し、その一四年後、元禄一五年（一七〇二）に木仏寺号を下付されている。久米村門徒にとって、この消息は、困難な状況を打開するだけの大きな信仰推進力を有していたのである。事実、木仏寺号下付には「御礼銀」が必要であり、被差別寺院については五割増という差別制度が存在した。「御礼銀」調達のための久米村門徒の様子は下記の史料から読み取れる。

エ　「久米村惣道場木仏礼金預リ証文」（西教寺文書）

村中預リ申木仏様御礼銀之事

合八百五匁一分　　但未之年本銀也

右預リ申銀子ハ、去ル巳之年、惣道場木仏様並寺号御本願寺様ニ而奉申請候御礼銀之内江借仕候処、只今まて納所仕兼居申候、此度我々未進方相改、右惣辻之内九拾八匁弐分、当年之内村中中者銀ニ而納所仕候筈相談之上相極メ、残七百七匁只今村中銘々江慥ニ預リ申処実正ニ候、然ル上ハ、来ル秋いケ様之義御座候共弐匁割之加利息を本利共十月中ニ不残御納所可申候、如斯得心之上連判を以預リ申上候、無沙汰延引仕候者御座候ハ村並之催促ニ相可申候、其時一言之義申間敷候、為後日之村中銘々預リ連判手形依而如件

元禄十六年未三月十二日

右預リ銘々書付印形仕置申候

未ノ

一本銀　参拾壱匁五分弐厘　治左衛門

一同　拾六匁八りん　吉右衛門

一同　　七匁九分七厘　　新右衛門

（以下、四六名略）

下久米村　　八左衛門殿
　　　　　　太右衛門殿
　　　　　　久右衛門殿
上久米村　　六左衛門殿
北野村蔵元　久左衛門殿

史料エは下久米村八左衛門らの五人に宛てた文書の控えである。久米村門徒が近隣の村々より借銀をしていることが分かる。本史料によると、久米村は「去ル巳之年」、すなわち元禄一四年（一七〇一）に下久米村八左衛門ら五人の者から「村中預リ」という形で借銀をしている。その借銀は二年後の元禄一六年（一七〇三）三月になっても返済されていない。元禄一六年中に返済すべき額を九八匁二分とし、残りの七〇七匁を「来ル秋いケ様之義御座候共弐匁割之加利息を本利共十月中ニ不残御納所可申候」と一〇月中に残らず返済する旨を約束している。借方は四九戸であり、延宝三年時点では、四二戸であることから、惣門徒の数と考えてよい。惣門徒全員の借銀で返済しようとしているのである。

つまり、道場の再興と木仏下付という大事業を久米村門徒の総意と強い結合によって、短期間のうちに成し遂げたということになる。以上から、寂超消息が大きな信仰推進力を有していたと理解できよう。消息披露の儀式が現在にまで残っていること、その史料が大切に保管されてきた背景が推察できる。久米村門徒にとって、寂超消息は絶大な影響力を持ったのである。

しかも、これまで述べてきたところから、久米村道場は「金福寺下福恵寺下道場」から「教行寺下久米村道場」へと本末関係が変遷していることが明らかであるが、木仏下付時の本末関係は直末寺院であった。西教寺は本願寺末寺帳である「穢寺帳」に次の記載がある。(22)

オ　「穢寺帳」加古郡久米村西教寺条(23)

（朱書）
「御免物帳ニ加東郡ト有」

久米村
　惣道場
　　西教寺看坊
　　（朱書）
　　「御免物帳ニ
　　　看坊号ナシ」
　寺格誓詞帳ニ
加東郡とアリ其余
同断

一、開基
（朱書）
「御免物帳ニ曰」
一、木仏寺号　元禄十五壬午正廿日
（朱書）
「〃」
一、自剃刀　文政四辛巳二月

史料**オ**には本末記載がない。また、西教寺所蔵の寺号木仏下付文書にも「木仏尊形、元禄十五年壬午正月廿日、播州賀東郡久米村惣道場西教寺」とあり本末記載がない。つまり、西教寺は直末寺院であったのではないかと推察できる。「部落寺院制」の概念から考えると、直末寺院は到底考えられないが、次の史料から西教寺の直末寺院での木仏下付が明らかである。

カ　「久米村久左衛門寺号木仏願書」（多可郡松井家文書(24)）

乍恐書付ヲ以御断申上候

播州加東郡久米村久左衛門と申者ニ而御座候

一、□（「右」カ）久米村古来者金福寺末寺同郡浮坂村福恵寺旦那寺ニ而御座候得共、福恵寺と出入仕候而、御公儀様之宗旨判形延引ニ付名塩教行寺様江御預ケ被為成候得共、私儀ハ往古之通金福寺門徒ニ而御座候、然者所之慶□寺様へ差上ケ申、御奉加帳面ニも御直参と書上ケ申候、私儀も同村之儀ニ而御座候所、所之御代官様ゟも一所之御直参ニ奉□（願）□（候）□（様）ニ被為仰付、則御公儀様ゟ御赦免被下候寺地帳面ニも御直参と書上ケ申候、然ハ御公儀様ゟも其通之手形預申然ニと御座候ニ付乍恐奉願候、右之通被為□（仰）□（付）□（被）下寺号木仏御免被遊被下候者難有可奉存候、以上

元禄拾四年巳ノ二月

久米村庄屋

久左衛門

小左衛門

左右衛門

平右衛門

本願寺様

御奉行　池永主税様

藤田玄蕃様

史料**カ**は元禄一四年（一七〇一）に久米村庄屋久左衛門が本願寺奉行池永主税・藤田玄蕃に宛てたものである。まず、久米村門徒は福恵寺を旦那寺としていたけれど「出入」があり、教行寺へ預けられた旨を記している。しかし、「私儀」は往古から金福寺門徒であったとしながら、「慶□寺様、差上ケ申御奉加帳面ニも御直参と書上ケ申私

儀も同村之儀ニ而御座候」として、直末である既成事実を論じている。続いて、「所之御代官様ゟも一所之御直参ニ奉□(願)□(候)□(様)ニ被為仰付、則御公儀様ゟ御赦免被為候」とし、公儀からも直末で許可されている旨を訴えている。久米村は「正保郷帳」では、幕領であるので、元禄年間も幕領のままであるなら、文字通りの公儀から直末を許されたということになる。つまり、国法上において直末免許がされたということである。そして、「御公儀様ゟも其通之手形預申然ニと御座候ニ付乍恐奉願候、右之通為□(仰)□(付)□(被)下寺号木仏御免被遊被下候者難有可奉存候」と結び、公儀から直末の手形をもらっており、「然ニと」公儀から許可を受けているので、この度の寺号木仏下付の際には直参として下付されたいと要望しているのである。

以上から、西教寺が直末寺院として、木仏下付がなされたことが明白である。久米西教寺は、延宝四年の寂超消息の下付を契機として、惣門徒の努力によって一一年後の元禄元年には火災によって焼失した道場を再興し、その一四年後の元禄一五年には直末寺院として木仏下付がなされ、道場から寺院となったのである。

二　本山への接近と上昇志向――加古郡明福寺を事例として――

明福寺開創の詳細は定かでない。明治一二年（一八七九）に内務省の達により兵庫県に提出した明細書[25]によると、「創立天文三申午年三月也、当寺ハ往昔真言宗也、住僧道全石山西京本願寺蓮如上人ニ帰依シテ改宗ス」[26]とあるが、これは明福寺に伝来する「記録」（明福寺文書）をもとに作成されたものと考えられる。しかし、近世になると幾分かの検討すべき史料がある。

現時点で、近世における明福寺の状況を示す客観的史料は以下の記事である。

キ　「穢寺帳」加古郡明福寺条(27)

（朱書）
「賀都郡ト有依而愛加置」

（朱書）
「免ニ日
写出」

（朱書）
「元金福寺下
物道場也」

天文三乙午建立
一、開　年貢地　　　道念
一、木仏寺号　正保二　十一月十日
一、直参　延宝五　四月十五日
一、自剃刀　文政四辛巳十一月
一、自庵申替　天保六乙未九月□應
一、自剃刀　右同断九月廿一日同人

（朱書）
「四十一」

踏（蛸）草村
明福寺

（朱書）
「一、開ニ日　加古郡
踏（蛸）草村
直参明福寺ト有」

寺格同断

史料**キ**の「免ニ日」「開ニ日」とは、西本願寺所蔵の「開基帳」「御免物帳」を指すと考えられ、この二種類の史料によって加古郡明福寺条が作成されたことが明らかである。「開基帳」とは元禄五年（一六九二）に幕府に提出した末寺帳の控えのことであり、「御免物帳」とは各寺院への諸免物を記した控帳のことである(28)。本史料から、明福寺は元禄五年段階において、「直参」、つまり、直末寺院であることが理解できる。また、「御免物帳」によると、「元金福寺下惣道場」との記事があることから、金福寺末寺であったことも理解できる。そして、木仏寺号が正保二年（一六四五）に下付されており、延宝五年（一六七七）四月一五日に直末寺院となっていることが分かる。正保二年に金福寺末明福寺として本尊と寺号が下付され、延宝五年に金福寺末寺院から直末寺院へと寺格の上昇が見られるのである。

明福寺は江戸期の早い段階で直末寺院化がはかられており、明福寺門徒の精神的一体性の高揚と経済的側面での協働がうかがえる。こうした直末寺院化への動向について、明福寺には次のような史料が残存している。

ク「金福寺出入ニ付一札」（「記録」明福寺文書）(29)

一、此度罷登り申上候儀、数年金福寺下播州蛸草と申在処ニ而御座候、我等手次之門徒平野と申在処、近年手次を取のき申候故、金福寺へ其理り申、先年之ことく被申様ニと申候へハ、次第之手次ハやふれ申とて手前直之門徒ニ被仕候ハ、乍惑迷数理ヲきり法ヲ賛可申と存し、本照寺様へはしりこみおなけき申候処ニ、先おか、へ被成難有奉存候、若金福寺ゟ申分御座候共、我等罷出其理り可申候為後日如此候

本紙、次郎左衛門ニ有

史料**ク**の末尾には「本紙、次郎左衛門ニ有」との文言があり、写しであることが明らかであるが、史料全体の文脈も歪んでおり判然としない。しかしながら、「近年手次を取のき申候故、金福寺へ其理り申、先年之ことく被申様ニと申候へハ」の記事より、明らかに上寺である金福寺との争論があったと推察できるし、「手前直之門徒ニ被仕候」の記事より直末寺院となったことが推察できる。また、「本照寺様へはしりこみおなけき申候」の記事より、本照寺が何らかの形で金福寺と明福寺の本末関係に関わっていたのではないかとの推測もできる。注目されるのは、金福寺との争論の際には「其理り」を述べるという点である。

「記録」を詳細に見ていくと、「播州加古郡中村明福寺ハ当寺之為末派之条無疑者也、寛文拾二年子十二月八日、摂州富田庄本照寺内正温判」の記事が見られる。(30)前節にて検討したように、加東郡西教寺の事例から考えると、「諸国江遣書状之留」にこうした本末関係の変更については上寺への書状があった。しかしながら、明福寺の本末

異動の記事は「諸国江遣書状之留」には見られない。客観的史料が存在しないため、本照寺と明福寺の本末関係を論じることは困難であるが、本照寺が多くの被差別寺院を末寺に有していたことを鑑みると、(31)本照寺が金福寺と明福寺の争論に仲介役をした可能性は充分にあり得る。「其理り」とは、本照寺との関係性を指すのではないか。「本照寺様へはしりこみおなけき申候」との文字通り、金福寺との争論の解決を本照寺に依頼した可能性はあるだろう。

さて、本照寺との関係の検討は後述するとして、史料**キ**の「穢寺帳」から、延宝五年四月一五日に直末寺院化に成功したことは明らかである。その三日後の一八日付の書簡が、本山の役寺をしていると思われる東中筋花屋町の光永寺(32)から届いている。

ケ　「延宝五年光永寺書簡」（「記録」明福寺文書）

一筆申入候、此方御門跡様御機嫌能被成御座候、各難有可被存候、依各内々如望今度冨嶋頼母殿拙僧両人金福寺へ意見仕候処ニ同心被申各御直参ニ御本寺へ被召上候間難有可被存候、先年ゟ望被申候良如様太子七高僧此度三人衆被申上候、頓而可被成御免候間難有可被存候上京被申候三人衆へ冨嶋頼母殿御申付之通リ何も同行中金福寺へ与力之約速被申候而、上京之時分如先規馳走可申入候、不宣

延宝五年丁巳四月十八日　　　　光永寺　印

明福寺門徒中

本山家司の富島頼母と光永寺住持が明福寺の直末寺院化に際して、金福寺との仲介役を行っていることが理解できる。ここには本照寺の姿はない。「穢寺帳」における直末寺院化の期日と本史料の期日に妥当性があることから、本史料の信憑性は高い。「同行中金福寺へ与力之約速被申候」の記事より、上京に際しては金福寺に立ち寄り、金福寺への「与力」の約束を求めていることが明らかである。また、明福寺から願いのあった「良如」と「太子七高

僧」の絵像の下付がされることを示唆していることが分かる。「良如」と「太子七高僧」の絵像の下付については、次の富島頼母からの書簡が残存している。

コ「延宝五年本願寺富島頼母書簡」（「記録」明福寺文書）

一筆令申段先以御門跡様益御機嫌能被成御座候間大慶可存候、然者其地道場之儀上坊主与間々出入有之候処、今度首尾能埒明御直参ニ被召上候、先年被成御免候木仏尊号御札被成御改被下候条難有可被存候、然者良如様太子七高僧被望上候之処、御裏早速致染御筆被成御免候処拝礼尤ニ候、不宣

富嶋頼母

延宝五年丁巳六月三日　末茂印

播州賀古郡蛸草惣道場明福寺　門徒中

史料**コ**では、まず、明福寺と「上坊主」である金福寺との間で「出入」があり、延宝五年において「埒明」、つまり、解決が図られ直末寺院化したことが記されている。重要なのは、次の記事「先年被成御免候木仏尊号御札被成御改被下候条難有可被存候」をどのように解釈するかであると思われる。「穢寺帳」によると、明福寺の木仏寺号は、「木仏寺号　正保二　十一月十日」であり、正保二年となっている。つまり、本尊である阿弥陀仏木像と「明福寺」の寺号が同年に下付されたと理解できる。[33]「先年」とは正保二年を指すと考えるのが妥当である。となると、「先年被成御免候木仏尊号御札被成御改被下候条」の解釈は、正保二年に下付された「金福寺末」での「御札」（木仏下付文書）を直末寺院として書き改めるという解釈が成り立つであろう。このように理解すると、次の記事が容易に読み取れよう。今回、下付願いのあった「良如様太子七高僧」については、「御裏早速致染御筆被成御免候」、つまり、直末寺院として裏書を行うとしているのである。[34]無論、「難有可被存候」と記されていたことから

も分かるように、直末寺院での木仏下付文書、直末寺院での「良如様太子七高僧」絵像の下付を願ったのは明福寺自身であり明福寺門徒であった。

一度下付された免物に対して、その下付文書や裏書に修正が加えられるということはあまり例がないことである。申請にあたって、多くの懇志が必要であったに違いない。安達五男氏によると、寛政一〇年（一七九八）播磨国多可郡下杉原村を事例として、木仏寺号の礼金の費用として一貫八二〇匁三分が必要であったことを明らかにしている(35)。おそらくは、今回の書き改めによっても、こうした莫大な費用が必要であったはずである。しかも、今回はその取次を行った光永寺と富島頼母への御礼は非常に大きかったと推測される。このような多大な費用を要してまでも、「金福寺末明福寺」でなく「本願寺末明福寺」でありたいと明福寺門徒は願ったのであった。

最後に、明福寺の本末関係を整理しておきたい。近世における明福寺は「穢寺帳」（「御免物帳」）によると、「金福寺末蛸草村惣道場」として存在していた。その後、正保二年に木仏と本尊が下付される。ここで本末関係は「金福寺末明福寺」となる。そして、延宝五年に直末寺院となり、以降「本願寺末明福寺」となった。以上は、実証的に明示できる点である。

次に、本照寺との関係を視野に入れてみよう。本照寺との本末関係は客観的史料では確認できない。しかしながら、史料**ク**から本照寺と何らかの関係性があったことを推察できるし、現在も本照寺との関係が言い伝えられている。本照寺との本末関係を示す記事は史料**ク**のほか、次の明福寺史料がある。

サ　「本山御免宝物目録」（「記録」〈明福寺文書〉(36)）

先年之年寛文十一年庚戌《辛亥》年　　本願寺寂如

八月十六日　　延宝五丁巳季五月七日

三朝高僧真影

播磨賀古郡蛸草
想《(ママ)》道場　明福寺

先年之年寛文十一年辛亥年
八月十六日

本願寺寂如

延宝五丁巳季五月七日

上宮太子御影

播磨賀古郡蛸草
想《(ママ)》道場　明福寺

先年之年寛文十一年辛亥年
八月十六日

本願寺寂如

延宝五丁巳季五月七日

良如上人真影

播磨賀古郡蛸草
想《(ママ)》道場　明福寺

右之間ハ富田本照寺様下

本史料の記事が正しいと仮定すると、「金福寺末蛸草村惣道場」→「金福寺末明福寺」（正保二年）→「本照寺末明福寺」（寛文一一年〈一六七一〉）→「本願寺末明福寺」（延宝五年）となろう。しかしながら、この場合は史料ケの記事と齟齬をきたす。となると、本照寺との関係は完全な本末関係が結ばれたというよりも、一時的な預かり門徒であると考えたほうがよいだろう。(37) 本照寺との本末関係の客観的事実は見出せないが、「右之間ハ富田本照寺様下」の文言を「記録」に加筆していることから考えると、一家衆である本照寺との関係を強調する明福寺門徒の心性がうかがえるのではないだろうか。明福寺門徒にとって、本山との関係性・法主との関係性は、何事にも代えがたい重要事項なのであった。

三　国法上の権利獲得と上昇志向——明石郡金覚寺を事例として——

野中下村は明石藩の本多政利時代（一六七九～八二）の新田開発により、天和二年（一六八二）に成立した。野中下村の成立は臼井寿光氏によってすでに明らかにされている[38]。氏の論考から年次ごとの「家数」「人数」「村高」を一覧表にする（**表1**）。

家数をみると、成立から約五〇年後には約一・七倍、一二〇年後には約二・三倍に増えていることが分かる。臼井氏が指摘しているように、開発に従事し農業条件を克服することで村の人口を増加させていったことが理解できる。こうした順調な村落の成長とともに、信仰している真宗への帰依状況はどのように進展していったのだろうか。

野中下村に関わる神出新田の開発は延宝八年（一六八〇）に始まるが[39]、その翌年の延宝九年（一六八一）には開発に関わった「かわた」村民衆は道場を建立する。まずは、西本願寺史料によって検討してみよう。

シ　「穢寺帳」明石郡金覚寺条[40]

（朱書）「開ニ　新田組」

金福寺下野中下村　（朱書）「開ニ曰元教寿有」

物道場

金覚寺

延宝九壬酉（ママ）建立

一、開　年貢地　教寿 ——

（朱書）「免」
一、木仏寺号　正徳五乙未八月十日　看坊ノ号アリ
（朱書）「〃」　寺誓共
御染筆
一、同　享保十二丁未卯月三日
（朱書）「〃」
右十月十四日血誓後
一、自剃刀　文政四巳九月　下間

史料シ「穢寺帳」から理解できるように、延宝九年に一宇が建立され、本尊阿弥陀仏が正徳五年（一七一五）に下付、享保一二年（一七二七）にその証書となる「御染筆」（木仏下付文書）が下付されている。開発を始めた翌年には真宗寺院としての萌芽が見られ、「かわた」村民衆の篤い信仰心が垣間見える。これまで述べてきたように「開基帳」の記事であることから、「開ニ曰元教寿有」の記事は、元禄五年（一六九二）段階では看坊が教寿であり、寺院化がなされていない道場形態であったことを示している。

次に、在地史料によって検討してみよう。

ス　「金覚寺由緒」（大岡家文書）[41]

野中下村金覚寺儀ハ延宝年中本田出雲守様新田開発之儀我々先祖江被為仰付則開発仕、其節道場建立仕画像之本尊安置仕罷在候処、宝永七年寅十二月御本山西本願寺ゟ木仏尊形幷ニ金覚寺与申寺号御免被為成下則御免書□其後享保十二年四月御門跡大僧山之御直筆ニ而金覚寺と申寺号免之御札年号月日御名御判を被為添被為下置

候、猶同年祖師親鸞聖人之御願聖徳太子之御願及宗旨相承之三国高祖之御願同大僧正之御名御判御□書を被為遊御免書相添頂戴仕罷有候

（後略）

本史料では、野中下村が延宝年中の新田開発によって形成された村であることが記されている。この点は客観的事実と一致する。その際に道場が建立され、阿弥陀仏の絵像が宗教的対象として信仰されていたとしている。本尊である阿弥陀仏は宝永七年（一七一〇）に下付され、享保一二年（一七二七）に「御札」、つまり、木仏下付文書が下付されている。本山史料の「穢寺帳」では、木仏下付は正徳五年とされており、享保一二年に「御染筆」、つまり、木仏下付文書が下付されている。証書となる木仏下付文書の年次は同じであるが、木仏下付年に齟齬をきたしている。そこで、上寺である金福寺文書「金福寺諸願控帳」(42)を確認すると、「木仏尊形、宝永七年庚寅十二月五日御免、住如様御判、享保十二歳丁卯四月三日、金福寺門葉播州明石郡野中下村惣道場金覚寺」との記事がある(43)。在地史料と同様に宝永七年に木仏が下付されていることが分かる。いずれの下付年が正しいかここでは断定できないが(44)、まずは宝永七年あるいは正徳五年に本尊が下付され、その後に証書なる木仏下付文書が下付されたことに間違いない。新しい村落が成立した翌年に道場が建立され、その約三〇年後に本尊や宗教的象徴物が備えられた真宗寺院として成長を遂げたことは注目されてよい。**表1**から理解できるように、享保一九年（一七三四）には家数は村落成立時より二九軒が増加し人数も四八〇人となっている。享保一二年と享保一九年の村落状況が同じであるとするならば、惣門徒数四八〇人によって支えられた寺院経営が推察されるのである。

表1　野中下村の家数・人数・村高の変遷

年	家数	人数	村高
天和２年（1682）	40軒	（記載なし）	119石448合
享保19年（1734）	69軒	480人	139石476合
享和２年（1802）	94軒	686人	（記載なし）

（出典）臼井寿光『兵庫の部落史』第１巻（神戸新聞総合出版センター、1991年）

さて、金覚寺は順調に真宗寺院としての体裁を整えつつあったが、江戸後期に至るまで大きな課題を抱えていた。それは宗判権の問題であった。宗判（寺請）とは周知のように仏教の檀信徒であることを寺院が証明する制度であるが、野中下村民衆の宗判は金覚寺に付随していなかった。野中下村民衆は、木仏下付つまり寺院化の約六〇年後の安永七年（一七七八）、宗判権獲得を目指して公儀に願い出た。その願書の重要箇所を以下に抜粋してみよう（便宜上、筆者によって記号を付した）。

セ　「宗旨印形執行願」（大岡家文書(45)）

A　村宗旨御請合印形之儀者池野村金勝寺・大窪村専福寺・印路村正覚寺・八木村善福寺、以上四ケ寺宗旨印形致し相済候へ共、ケ様四ケ寺入組候へハ村人縁付等之節寺請取遣混雑いたし難渋仕候

B　然ハ御本山ゟ御免之木仏尊形安置申寺俗ニ而住持役相勤候事甚恐多、又ハ法儀不相続之基ニも相成候と京都金福寺毎度催促被申候ニ付、治郎右衛門孫出家いたし周愉と申して金覚寺住持役無滞相勤申候共、宗旨印形当寺ニ而差上不申候ゆへ御本尊宝物等日影之様ニ相成無勿体被存村中一同ニ歎ケ敷奉存候

C　然ルニ当寺儀も宗旨印形致不申上ハ、以後少々の繕ひ普請[欠損]大坂[欠損]御□目付様御咎メ被遊少々乃普請ニ而も致シ申儀御留メ被為遊候ハ、寺破損ニ及候而御本寺ゟ御咎メ預り必至と迷惑可仕候

D　何卒当村金覚寺ニ而宗旨印形無滞相済候様ニと御本山江右之段御願申上候処ニ御聞届被為遊候、何卒御上様右之段御聞届被為成下候ハ、早速御本山御免書頂戴仕差上可申候

（後略）

安永七戊戌年閏七月十四日

野中下村　金覚寺㊞

（中略）

年　寄　善兵衛㊞

庄　屋　欠損㊞

御大庄屋様

十太夫様

本史料Aより、野中下村が池野村・大窪村・印路村・八木村の民衆たちの開発によって成立したことが分かる(46)。また、野中下村の民衆たちは本山より数々の諸免物を受け、真宗寺院金覚寺を寺院化させたにもかかわらず、国法上の宗判は出身村寺院にて執り行われ、婚姻時など「難渋」していたことが記されている。これが宗判権獲得への第一の要因である。Bでは、寺院化後、僧侶身分ではなく俗体である毛坊主が住持を勤めていたが(47)、上寺である金福寺の助言により、村内より出家した「周愉」が住持を勤めていたことを述べている。しかしながら、宗判権がないため、本尊が「日影」のようであると嘆いている。これを第二の要因としている。Cでは、寺院の普請の必要性を述べながら、国法上の許可を得ていないため、勝手に修繕ができないことを訴えている。この点が第三の要因である。以上を受けて、Dにて宗判権の譲渡を願い出ているのである。しかしながら、交渉は順調には進まなかった。それればかりか、大庄屋からは池野村金勝寺の奥印をもらうよう指示が出されていたと推察できる史料が野中下村には残されている。以下にその史料を示す。

ソ　「金勝寺奥印ニ付歎願書」（大岡家文書(48)）

乍恐以書附御歎奉申上口上

旧冬被為仰付候池野村金勝寺奥印一札之儀奉畏御請書可奉差上旨被為仰付奉恐入候、此度村方一統歎ケ敷奉

存候ニ付乍恐以入割左ニ御断奉申上候
一、先年ゟ村方道場在法義聴聞のため且亦祖師之忌日先祖之命日ニ参詣可仕村方一統修復等仕候儀ニ御座候、右道場ニ付御守法之上諸願申物等之儀是迄亀山御録所以御添翰京都大御本山江御願申御免許之仏像等安置仕候事ニ御座候、左候得共池野村金勝寺奥印取候儀無之候（中略）
一、金勝寺檀家之分銘々手前ニおいて右御請書可仕様被為仰聞候へ共是義ハ銘々手前ニ取以奥印願出候程之儀者無之候
（後略）

本史料の「奥印」は文字通り、願書などの提出時の連署名と考えられる。本史料の記事より、本山への諸免物の申請時に関わるものと推察できる。史料セ・Aの内容を曲解したような指示が野中下村に出されていたのである。本史料冒頭より池野村金勝寺の奥印をはっきりと断っていることが明らかであるが、なぜ、このような指示が出されたのだろうか。ここには、金覚寺の寺院化に際して、国法上にどのような形で公認されたかという問題が横たわっていた。

タ　「金覚寺金勝寺和談一札」（大岡家文書(49)）

差入申和談一札之事

一、私儀貴寺御門徒ニ而是迄貴寺宗印被成下候処、私先祖ゟ一寺相立度願望之事故、先年貴寺ニ而示談申上候節、私先祖之因縁を以御約定被下則御地頭様御聞済之節者供々一寺離壇之書付被下候処、此度仲人加古郡蛸草村明福寺殿を以段々歎入候得者思召を以任其意ニ候処、御地頭表□御公儀者勿論池野村金勝寺末寺野中下村金覚寺与御上様御記録御帳面ニ相記し置候様御願書差上候間御上様御聞済之上ハ是迄書付為取替寺者可為

反古候

本史料は金覚寺の寺院化にあたって、池野村金勝寺から金覚寺へと門徒が異動する際の書付である。加古郡明福寺の立会いのもと、離壇が成立していることが分かる。その際、公儀へは「池野村金勝寺末寺野中下村金覚寺」と「御記録御帳面」に記したというのである。つまり、寺法上の本末関係は史料シより「金福寺末金覚寺」であるが、国法上の本末関係は史料タより「金福寺末金勝寺末金覚寺」であったわけである。よって、史料ソから推察できるような「奥印」の指示が出されたものと考えられる。当然、寺法上においては金福寺末寺院であるので、諸免物の申請時には金福寺のみを経由すればよいのだが、国法上においては金勝寺を経由した上で、金福寺の承諾を得なければならなかった。この絡まった本末関係を解決するためにも、つまり、国法上の本末関係において金福寺末寺院となるためにも、宗判権の獲得は必須であったのである。

天明七年（一七八七）、野中下村内で連判状を認める。その連判状には「此事弥願叶候迄仮親類縁者たりとも出言致間敷候」「銀子入用茂有之候而彼是つひゑニ相成候共互ニ争論仕間敷候」とあり(50)、宗判権獲得に向けて村内の強い結束を固めた。

その約四〇年後の文政一二年（一八二九）、事実上は金覚寺門徒でありながら金勝寺にて宗判を行っていた一〇二軒の門徒たちは、礼銀六貫目を金勝寺に差し出すことで金勝寺との和談を取り付け、ついに宗判権を獲得する。

チ　「野中下村宗判譲渡一札」（大岡家文書(51)）

差入申和談一札之事

一、拙僧幷村方百弐軒者代々貴寺門徒ニ而毎歳宗旨印形尚又寺役法用御勤被下候事ニ御座候、然ル処貴寺様御繁用殊ニ遠方之儀ニ御座候得ハ御苦労ニ奉存候、依之貴寺様幷其御村方門徒中承知之上拙僧村方ニ有之候百弐軒之門徒之宗判幷法用不相闕拙僧へ御譲リ被下候者難有奉存候、乍併貴寺様従来之御門徒を拙僧へ永代御譲リ被下候事故修堂金又者御恩料として銀六貫目可差上候、右修堂金ニ付聊違変為無之拙僧幷村方頭同断調印仕奉差上候、依之為後証一札如件

文政十二年丑二月□日

野中下村譲請主
伝右衛門代印　秀　映　印
同村惣代　伊右衛門　印
（以下、八名略）

池野村　金覚（勝）寺様
御役人衆中

本史料は、野中下村門徒が野中下村の宗判を執り行っている池野村金勝寺と公儀に対して取り交わした一札である。野中下村の請主は金覚寺看坊の「秀映」と同村惣代など九名である。「貴寺様従来之御門徒を拙僧へ永代御譲リ被下候事故修堂金又者御恩料として銀六貫目可差上候」として、「拙僧」つまり金覚寺に、野中下村門徒を永代にわたって譲り渡すことと引き換えに、多大な礼銀を金勝寺に納めることで落着したことが理解できる。ここで、国法上の本末関係を「金福寺末金覚寺」と変更する基盤が整ったのである。

おわりに

以上の播磨国被差別寺院三事例の検討内容を総合的に考察していく。

第一節においては、一家衆である名塩教行寺の消息下付を契機として、西教寺門徒の法義が高揚していく様相を明らかにした。延宝四年（一六七六）の寂超消息以降、一一年後には道場を再興し、さらに一四年後の元禄一五年（一七〇二）には直末寺院としての木仏下付・寺院化がなされていることから、寂超消息の影響力の大きさがうかがえる。現在もなお、消息披露の儀式が承継されていることは近世西教寺門徒の本消息に対する篤い信仰の表れと考えられる。第二節では、本末関係において本山である本願寺にできるかぎり接近しようとする明福寺門徒の心性を示した。明福寺は延宝五年（一六七七）に直末寺院となり、すでに下付されていた木仏下付文書を書き改めるなど、本山との関係性の証を残そうとする門徒の動向を明らかにした。第三節においては、開拓によって新しく形成された野中下村が、池野村金勝寺門徒・大窪村専福寺門徒・印路村正覚寺門徒・八木村善福寺門徒で形成され、村成立の翌年である延宝九年（一六八一）に道場が建立されたことを明らかにした。そして、国法上において認知される際に、宗判権を有しておらず、金勝寺との交渉により、宗判権を獲得していく状況を明示した。

以上の事例からの共通点を掬い上げ、見出された二つの論点を提示したい。

第一に、政治的な身分上昇が認められない近世国家において、身分上昇を宗教的に実現していこうとする被差別寺院門徒の心性が見えることである。西教寺と明福寺の事例の共通点は被差別寺院特有の上寺である「四ケ之本寺(52)」の金福寺からの離壇であった。直末寺院となることを最終的目標としながらも、一家衆寺院（教行寺・本照寺）

との結びつきを重要視しながら、直末寺院化に成功している。ここには、被差別寺院として固有の体系に位置づけられることに抗しながら、親鸞の血筋をひく寺院との関係性を得ようとする態度を強く捉えることができる。西教寺の場合は教行寺との関係性が明らかであるが、明福寺は客観的史料からみえる本照寺との関係性はない。この点は今後さらに検討していく必要があるが、たとえ本照寺との本末関係を実際に有しないとしても、史料サ「右之間ハ本照寺様下」の記事は、血脈である一家衆寺院との関係を重視し、その証が被差別寺院門徒にとって重要であったことを推察するには余りある。加えて、身分上昇を志向すること自体、伴って軋轢や葛藤が生まれることを指摘したい。西教寺の場合には上寺である福恵寺、明福寺の場合には上寺である金福寺、金覚寺の場合は野中下村の主たる出身村である金勝寺との争論が生起した。この争論に粘り強く取り組むことができたのは、身分上昇を宗教的に実現していこうとする心性が合力的に結合したからと考えられよう。

第二に、寺法上における地位上昇と国法上における地位上昇が、互いに絡み合いながら、被差別寺院門徒の合力的結合が実現している点である。西教寺の事例は国法上における直末寺院の事実「御公儀様ゟ御赦免被下候寺地帳面ニも御直参と書上ケ申候」（史料カ）をもとにして、寺法上の直末寺院化を図るものであった。金覚寺の場合は寺法上における本末関係「金福寺末金覚寺」をもとに、「御門徒を拙僧へ永代御譲リ被下候」（史料チ）と宗判権の獲得を図るものであった。このように、国法上と寺法上の相違はあるものの、本末関係をできる限り本山に直結させようとする点では共通している。しかし、それぞれを詳細にみていくと、そこには被差別寺院門徒の異なる願いが垣間見えてくる。西教寺の事例ではすでに公儀の「寺地帳面」にも「御直参」と記されていた事実を本願寺に提示することで、宗教的象徴である本尊に直末寺院での裏書を望んだ。明福寺の事例も同様に「先年被成御免候木仏尊号御札被成御改被下候」（史料コ）として、直末寺院での免物を望んだ。つまり、双方ともに門徒の日常の信仰対象物に本山本願寺との接近を求めているのである。ここには、本願寺ならびに法主との直接の関係を取り結び、他の被差別寺院よりも上位に位置したいという心性があった。寺法上の本山への接近とは身分上昇の宗教的な実現であったのである。つまり、近世社会において身分上昇を得るには、宗教的権威への接近が重要であったと言えよう。

一方、金覚寺の事例では、村落成立後の非常に早い段階で道場が開かれ、寺院化がなされていたにもかかわらず、国法上の宗判権獲得および公的帳面の変更にはかなりの時間を要している。このことから、寺法よりも国法が上位にあることが推察されるが、史料セ・A「縁付等之節寺請取遣混雑いたし難渋仕候」、同C「寺破損ニ及候而御本寺ゟ御咎メ預り必至と迷惑可仕候」から理解できるように、門徒が求めたものは改寺手形や寺院普請の許可など、実質的な権利の獲得をめざしたものであった。また、臼井氏がすでに指摘しているように、村格の向上をめざしたものであったとも考えられる[53]。その意味では国法上の地位獲得の動向は、村格の向上と政治的な権利獲得をめざした政治権力への接近と捉えることができよう。

このようにして、国法上と寺法上における身分上昇を実現するためには、「親類縁者たりとも出言致間敷候」「互ニ争論仕間敷候[54]」といった村内の固い結束が図られていったのである。

註

（1）『甲子夜話』巻四二（二〇）。本稿では、『甲子夜話』三（平凡社、一九七七年）に拠った。
（2）山本尚友『被差別部落史の研究』（岩田書院、一九九九年）二六六頁。
（3）喜田貞吉「特殊部落と寺院」（『民族と歴史』第二巻第一号、民族と歴史編輯所、一九一九年）。のちに、『喜田貞吉

著作集』一〇巻（平凡社、一九八一年）に所収。
（4）藤谷俊雄「部落解放と宗教の役割」（『部落』第二四号、部落問題研究所、一九五一年）。
（5）安達五男「江戸時代における部落寺院制の確立と身分支配―被差別身分の形成論ノート―」（『兵庫の部落解放史』第三号、兵庫の部落解放史研究会、一九七八年）。のちに、同『被差別部落の史的研究』（明石書店、一九八〇年）所収。
「部落寺院制」は次のように整理できる。
①被差別寺院を真宗の本寺・末寺の一般的体系から外した。
②固有の中本山（「穢寺頭寺」）の下に被差別寺院（「穢寺」）を下寺として位置付けた。
③本願寺の末寺帳から被差別寺院を外し、別帳化した。
④金福寺・万宣寺・教徳寺・福専寺（「四ケ之本寺」）を中本山（「穢寺頭寺」）の基本寺とした。
⑤「四ケ之本寺」の及ばない地域では、地域の中本山（「穢寺頭寺」）を編成した。
（6）山本尚友「近世部落寺院の成立について」（『京都部落史研究所紀要』一・二、京都部落史研究所、一九八一・八二年）。のちに、山本前掲書に所収。
（7）拙稿「『部落寺院制』論への疑問―播磨国加東郡部落寺院を中心に―」（『法政論叢』第三八巻第一号、日本法政学会、二〇〇一年）。のちに、同『浄土真宗と部落寺院の展開』（法藏館、二〇〇七年）に所収。また、左右田昌幸氏は播磨国源正寺を事例として批判を行っている（左右田昌幸「近世『部落寺院制』をめぐって―播磨国亀山源正寺を中心に―」（『龍谷史壇』九三・九四号、龍谷大学史学会、一九八九年））。
（8）山本尚友氏はこうした研究視角からの研究の重要性を説いている（山本前掲書、二七三頁）。こうした立場からの研究として、山本尚友「真宗の信仰と平等の追求」（『京都部落史研究所紀要』七、京都部落史研究所、一九八七年）、のちに、山本前掲書に所収、藤本信隆「近世大和の部落と真宗―信仰の状況と差別の諸相―」（仲尾俊博先生古稀記念会編『仏教と社会』永田文昌堂、一九九〇年）、平田厚志「近世本願寺教団と被差別部落の信仰」（『教学研究所紀要』五、浄土真宗教学研究所、一九九七年）などがある。

（9）拙稿「『播州寄講』の成立と展開―北播磨地方本願寺派を中心として―」（『ひょうご部落解放』第九八号、兵庫部落解放・人権研究所、二〇〇一年）、のちに、前掲拙著に所収。同「丹波国部落寺院における毛坊主を中心とした合力的結合―『日本歴史』第七一九号、朴澤直秀氏の書評を受けて―」（『憲法論叢』第一五号、関西憲法研究会、二〇〇八年）。

（10）拙稿「幕藩制国家における『かわた』村の真宗信仰―『丹州寄講』の展開過程を中心として―」（『近大姫路大学教育学部紀要』第三号、近大姫路大学教育学部紀要編集委員会、二〇一一年）。

（11）前掲註（7）拙稿。

（12）臼井寿光『兵庫の部落史』第二巻（神戸新聞総合出版センター、一九八四年）一九六～一九七頁。

（13）「穢寺帳」は被差別寺院のみを集録した末寺帳のことである。「穢寺帳」の原本は行方不明とされている。翻刻としては、杉本昭典「本願寺末寺帳・穢寺下帳」（『同和教育論究』二、同和教育振興会、一九七七年）、同「本願寺末寺帳・諸国穢寺帳」（『同和教育論究』三、同和教育振興会、一九七八年）に一覧表化したものが発表されている。同「史料紹介穢寺帳」（『仏教と社会』永田文昌堂、一九九〇年）に伏字なしで翻刻されている。また、安達五男編『仏教と部落問題関係史料集成』第一巻（兵庫部落解放・人権研究所、一九九五年）（以下、『仏集成』第一巻と表記する）に、播磨国穢寺帳が集録されている。本稿では『仏集成』第一巻を使用する。「穢寺帳」についての詳細は、左右田昌幸「『穢寺帳』ノート」（『教学研究所紀要』第五号、浄土真宗教学研究所、一九九七年）に詳しい。

（14）文政四年（一八二一）以降、明治期に至るまで、寺伝や免物類などの記録をまとめたもの。体系的に纏められたものではなく、史料の散逸を防ぐために便宜的に和綴じされたものである。本史料調査にあたって、明福寺住職森田氏および奥様に大変お世話になった。ここに記して感謝申し上げたい。

(15)「寂超消息」(西教寺文書)は以下のものである。
態一簡述候、仍其地門家中、今度従善知識為御意、師弟吉味一大事之信心乞相伝之条、各々有難存此度報土往生之安心決定可有候、抑当流の心は位のたかきもいやしきも更にそのへだてなく、もろもろの雑行をすてて、一心に阿弥陀如来、今度後生御助候へと、一念にふかく頼申候とき、十人も百人も、もらさずすくい給ふべき事努々うたがひなく、あいかまえて自力執心乃わが機をふりすてて不思議の願力ぞとふかくしんじ、ねてもさめても称名念仏を申べきこと肝要に候、是則他力真実の信心を得たるすがたなり、かくのごとく聞きわけ凡身をすてずして、いやしき身ながら正定聚不退転の位を得て、弥勒とひとしくして命おわり次第極楽のさとりにおもむくべき事、祖師、聖人御出世の重恩相承血脈乃善知識の御恩と朝夕仏恩師恩を報じ、御掟の旨守ルべきものなり、穴賢穴賢
(16) 筆者が調査した被差別寺院の過去帳の初出年代は、ほとんどの寺院で江戸末期から明治期のものである。過去帳でさえ、残っている例は珍しい。西教寺過去帳の冒頭には、「寺号御木仏五尊等安置致夫より住職被致候得共、何連僧も過去帳控無之(中略)老人達江過去帳之儀尋候得共、当村方ニハ往古より過去帳無之由被申候ニ付(後略)」とあり、過去帳が存在していなかったことが理解できる。
(17) 前掲註(7)拙稿。
(18) 仏書刊行会編『大日本仏教全書』第一三二冊(名著普及会、一九八一年)二二一頁。
(19) 山脇延吉編『有馬郡誌』上巻(名著出版、一九七四年)四一七〜四一八頁。
(20)「御文章」ならびに、「蓮如尊師行状記」の文明七年(一四七五)の記事には、名塩は記されていない(堅田修編『真宗史料集成』第二巻、同朋舎メディアプラン、二〇〇七年、二二九頁・八九三頁)。
(21) 福間光超編『諸国江遣書状之留』(同朋舎出版、一九八二年)一六九頁。「福円寺」は当時の本山役人による書き間違いで、「福恵寺」のことと考えられる。
(22) 久米西教寺は加東郡条と加古郡条に二カ所の記載がある。加東郡条には「開ら写之、教行寺下加東郡久米村善海、

永禄四辛酉建立、一開、年貢地、実道」（『仏集成』第一巻、八一頁〈史料1〉）とあり、元禄五年（一六九二）段階において、教行寺との本末関係が結ばれていたことが明らかである。「穢寺帳」における被差別寺院の多重記載については、拙稿「近世播磨国における部落寺院本末関係の一考察」（『教育実践学論集』第五号、兵庫教育大学大学院連合学校教育学研究科、二〇〇四年）に詳しい。のちに、前掲拙著に所収。

(23)『仏集成』第一巻、六七頁（史料1）。

(24)二〇キロ以上も離れた東山村松井家に久米村文書があるのかは興味のあるところである。久米村庄屋が本願寺に提出する文書の作成にあたって東山村庄屋の意見を聞いたか、指南をうけるなどしたのかも知れない。いずれにせよ、「かわた」村同士の強固なネットワークがあったことが予想される。

(25)兵庫県が県下のすべての寺院に、①本尊、②由緒、③堂宇、④境内坪数などの内容を書き上げさせたもの。兵庫県公館に『寺院明細帳』として所蔵されている。

(26)「明福寺明細書」（明福寺文書）。

(27)『仏集成』第一巻、六八頁（史料1）。

(28)「開基帳」は、現在、西本願寺には丹波国・山城国・近江国分が残存している。播磨国分は残存していない。幕府の新寺禁止令に基づき、西本願寺が京都所司代に提出した末寺帳のことである。幕府は寛永九年（一六三二）諸宗から末寺帳を提出させ諸宗寺院の把握に乗りだしたが、西本願寺をはじめ真宗系は対象となっていなかったことから、元禄五年（一六九二）に再度の調査を行った。この際に末寺帳も作成されているが、表紙に「御下寺開基之帳」とあることから、西本願寺は二種類の末寺帳を幕府に提出したとされる（左右田註(7)前掲論文）。「御免物帳」は現在、西本願寺には残存していない。

(29)本史料の冒頭には「指上申一札之事」との文言があり、金福寺との争論について本山への願書である可能性が高い。「記録」には一カ条のみの写し書きで、宛所も記されていない。

(30) 当然、本記事は史料途中からの記事であり、前半部分があると推察できる。しかしながら、現在「記録」には収載されておらず、散逸あるいは欠損したものと推察できる。
(31) 日野照正『摂津国真宗開展史』(同朋舎出版、一九八六年) 一八六～二一六頁。
(32) 光永寺は文意より在京寺院と推察できる。光永寺の寺基については「一向門徒本末組合一覧」(京都府立総合資料館所蔵文書) より引用した。「一向門徒本末組合一覧」の詳細は以下の拙稿を参照されたい。拙稿「近世後期における本願寺部落寺院政策の政治的展開」(『法政論叢』第四三巻第一号、日本法政学会、二〇〇六年)。
(33) 寺伝によると、寛永二年 (一六二五) に、寺号と方便法身尊像が下付されている (『加古郡誌』明福寺条、三六二～三六三頁)。絵像の下付後に、木仏が下付されることは充分にあり得る、また、木仏と寺号が異なって下付された例もある。
(34) 寺伝によると、「良如」と「太子七高僧」の絵像の下付は、寛文一一年 (一六七一) 八月一六日となっている (『加古郡誌』明福寺条、三六二～三六三頁)。しかしながら、史料コで「御札被成御改」としているのは本尊である木仏のみである。「良如」と「太子七高僧」については「御改」の文言がないことから、延宝五年 (一六七七) にはじめて下付された可能性もある。
(35) 安達前掲書、二四八～二五〇頁。
(36) 現在、明福寺に伝来している「太子上宮太子御影」「三朝高僧真影」には裏書がない。寛永あるいは延宝期に下付された絵像とは異なる可能性が高い。
(37) 本照寺との関係は客観的事実が見出せないため、法王血脈に接近したいという明福寺門徒の上昇志向から、本照寺との関係性を強調した可能性も考えられる。
(38) 臼井寿光『兵庫の部落史』第一巻 (神戸新聞総合出版センター、一九八〇年) 三六九～三七二頁。
(39) 『明石市史』上巻 (明石市、一九九九年) 二三三～二三四頁。

(40)『仏集成』第一巻、五六〜五七頁（史料1）。
(41)同右、一九六頁（史料84）。
(42)船井郡京丹波町金福寺所蔵文書。大判の竪帳に末寺へ取り次いだ木仏・絵像など申物の記録を寺院ごとに記録したものである。『京都の部落史』第九巻史料補編（京都部落史研究所、一九八七年）所収。
(43)明石郡金覚寺条（『京都の部落史』第九巻史料補編〈京都部落史研究所、一九八七年〉二五〇〜二五一頁）。
(44)「金福寺諸願控帳」金覚寺条には、享保一二年（一七二七）に「親鸞絵像」「聖徳太子絵像」が下付された記録が残されており、在地の金覚寺史料とも一致する。また、野中下村惣門徒による木仏寺号下付への申請が「寅十一月廿五日」にされており（『仏集成』第一巻、一三三頁〈史料66〉）、宝永七年（一七一〇）は寅年であることから、木仏下付は宝永七年である可能性が高い。しかしながら、申請後、実際に下付された年次が五年後の正徳五年（一七一五）である可能性も否定できない。
(45)『仏集成』第一巻、一三二頁（史料64）。
(46)臼井氏は野中下村の出身村を一覧表化している（臼井註(38)前掲書、三七二頁）。
(47)野中下村には、木仏下付後、四郎右衛門が住持をしていた史料が残っている（『仏集成』一三三頁〈史料67〉）。
(48)『仏集成』第一巻、一三四〜一三五頁（史料69）。
(49)同右、一三四頁（史料68）。
(50)同右、一三二頁（史料65）。
(51)同右、一四二〜一四三頁（史料72）。
(52)金福寺、教徳寺、福専寺、万宣寺の四カ寺をいう。末寺がすべて被差別寺院であるという特質をもっていた。「諸事心得之記」（千葉乗隆編『真宗史料集成』第九巻、同朋舎メディアプラン、二〇〇三年、一一九三〜一一九四頁）にその記事がある。

（53）臼井註（12）前掲書、二〇一～二〇五頁。

（54）註（50）に同じ。

補論4　一家衆教行寺の政治史的考察

はじめに

第三章で述べたように、摂津国名塩教行寺への歴史的評価として、『兵庫県史』では、兵庫県下の真宗教団展開上において、もっとも注目されるとしながら、「蓮如は富田教行寺の兼琇をして名塩の寺庵を兼帯せしめ、これより中山の寺庵は教行寺と称する一家衆寺院となった」と述べている。[1]また、『名塩史』では、名塩村民の動きに注目しながら、「中山道場は、名塩御坊と呼ばれ、寺名も富田の教行寺同様、名塩教行寺となったが、これは当時、富田教行寺の別院であったことを物語っているのであろう」と述べている。[2]いずれも、教行寺に蓮如の子が入寺したことから、一家衆寺院であることを強調している。

一般的に、一家衆寺院は連枝寺院と呼ばれ、本願寺との固い絆に結ばれた各地域の重要寺院である。[3]しかしながら、名塩教行寺は元禄八年（一六九五）、教行寺第五世寂超が異義のため、本願寺第三代能化である光隆寺知空によって幽閉させられている。[4]この幽閉によって、教行寺は跡職を萩清光寺から迎え入れることとなった。つまり、連枝寺院である教行寺は本願寺自身の手によって処罰されたのである。研究史の上では、この事件は単なる連枝寺院の異安心事件として、処理されてきた。(5) しかし、筆者はこの事件の背景には、教行寺と本願寺との政治的な問題があったのではないかと推察する。それは、以下の理由による。

筆者はこれまでに、近世被差別寺院本末関係に政治的な強制があるか否かについて、播磨国を中心に検討してきた。(6) その中で、被差別寺院門徒を連枝寺院である教行寺が預かるといった出来事が起こる。次の史料は、延宝三年（一六七五）に本願寺が教行寺に被差別寺院門徒である久米村門徒の宗判を依頼した書簡の写しである。(7) 第三章で示した史料であるが再掲する。

　　端書無之
金福寺下播州福円（恵）寺ト、同国久米村門徒出入在之由、宗旨判形等之儀右門徒断申候付、落着迄久米村門徒家数四拾弐軒、人数弐百弐十七人、貴寺へ御預ケ被成候間、左様御心得可在之候、恐々謹言

（後略）

「貴寺へ御預ケ被成候間、左様御心得可在之候」とあるように、教行寺は久米村門徒を預かることになった。当時、西本願寺で被差別寺院門徒を「河原者」と呼び、差別状況にあったのは周知の事実である。(8) 摂津国連枝寺院の教行寺が被差別寺院門徒を預かるには相当の理由が必要であったはずである。この二〇年を隔てた二つの事件の事情を明らかにするために、必要な作業のひとつとして、当時の本願寺と教行寺をめぐる政治的関係の検討を行いたい。本論は、そのささやかな試みである。

一　名塩教行寺の開創の歴史的評価

まず、前章で論じた教行寺の評価を再論し確認しておく。『兵庫県史』および『名塩史』での評価は、いずれも名塩教行寺の開創部分に注目したものであり、蓮如の摂津国行化を中心に連枝寺院であることを明らかにしてきたといってよい。例えば、その論証の中心となったのは次の史料である。

ア「大谷本願寺通紀歴世宗主伝第二二　蓮如条(9)」

（前略）

（文明）七年七月設法制六條、八月由下間蓮宗（称安芸法眼 越前浅水人）謀不軌、而有富樫政親（称介次郎 加賀守護）之難（一作朝倉恒景寇吉崎経景敏景之弟）師素懐退去之志尚矣、為衆所請留、荏苒累年、至是飄然汎舟発吉崎至若狭小浜、歴丹波山路暫居摂州名塩、（広根）而駐錫於富田、尋遷河内出口創寺、号光善寺

（後略）

イ「教行寺縁起(10)」

摂州有馬郡山口の庄内名塩教行寺は文明年中本願寺八世蓮如上人の創建なり。往昔蓮如上人六十一歳文明七年九月四日船を泛べ越前を発し、若州を経て丹波に行化したまひ、夫より津の国広根にしばらく留錫したまふ時に蓮師を招請す。すなわち蓮師錫を飛して暫く名塩中山の草舎に留りたまふ。

（中略）

其後同国富田へ越え教行寺を開きたまふ。第十九男蓮芸律師をして住持たらしむ。而後名塩の村民富田へ来り

蓮師へ謁して中山の草舎を転じ、仏閣となし、住持をすえ、常に法要を聴受せんことを希ふ。因て蓮師蓮芸律師へ命じ兼住教誨せしむとあり。

史料**ア**の記事「歴丹波山路暫居摂州名塩」より、若狭国小浜を退出した蓮如が、丹波路を通って摂津国名塩に巡錫していることが分かる。しかしながら、「御文章」[11]ならびに、「蓮如尊師行状記」[12]の文明七年の記事には、名塩は記されていない。これらの史料から、摂津への蓮如行化の順路については諸説があるところであるが[13]、史料**イ**「教行寺縁起」より、蓮如が名塩を来訪したであろうと推察できる。

史料**イ**の記事「広根にしばらく留錫したまふ時に蓮師を招請す。すなわち蓮師錫を飛して暫く名塩中山の草舎に留りたまふ」から、名塩村民の招請により、蓮如が名塩に来訪した可能性も考えられる。また、「名塩の村民富田へ来り蓮師へ謁して中山の草舎を転じ、仏閣となし、住持をすえ、常に法要を聴受せんことを希ふ。因て蓮師蓮芸律師へ命じ兼住教誨せしむ」より、村民が富田を訪れ、住職を置き「法要を聴受」することを願い出ていることが分かる。そこで、蓮如は蓮芸を名塩の兼帯住職としたというのである。これらの記事は、第二代賢勝、第三代賢超がいずれも富田教行寺より入寺していることを示す次の教行寺系図からも裏付けることができる。

兼琇は蓮芸のことである。蓮芸の子の兼詮（実誓）が富田教行寺を継職し、弟の琇宣（賢勝）が広教寺[14]（名塩教行寺）を継いでいる。また、琇孝（賢超）が廣教寺を継いでいることが分かる。

以上からも理解できるように、『兵庫県史』『名塩史』では、山間の小村である名塩に蓮如が決定的な感化を及ぼしたことを取り上げ、摂津国名塩に一家衆寺院が開かれたことが注目されたのである。しかし、次節で検討する名塩教行寺の系譜から、興味深い事実が見えてくる。

ウ　「教行寺系図」(15)

- 兼琇
  - 女
  - 兼詮　教行寺法印権大僧都実誓　二位　永禄六年四ノ廿九入五十八
    - 佐栄　法印権大僧都　証誓　二位　文禄四年十一ノ廿一入五十六
    - 女二人
    - 善助　毫摂寺唯芸　広教寺法印権大僧都賢超
    - 琇孝
  - 琇宣　教行寺摂州名塩初広教寺寛永十年改　権大僧都法印賢勝　永禄三年八ノ十八入
  - 女

二　興正寺系名塩教行寺

教行寺には、関が原の戦いにて西軍の総大将であった毛利輝元の書簡を一二通、このほか、小早川隆景の書簡、隆景と輝元の連署の起請文などを伝えている。(16)周知のように、輝元は毛利元就の孫にあたり、八カ国の大名であったが、関が原の敗戦後は長門・周防の大名に転落し、「宗瑞」と名乗り長門に隠居する。隆景は、元就の三男で輝元を助けて、吉川元春とともに、「毛利の両川」と称せられた人物である。

では、なぜこのような毛利氏関係の書簡が教行寺に存在するのだろうか。例えば、次の史料がそうである。

エ　毛利輝元消息（一）(17)

御悦かしく

なひ〳〵（内々）御心つけ申候事、手まへことしけく（事繁）候へハ、ゆたんのミに候まゝ、三千石地、芸しう（安芸国）にてまいらせ候、いく久しく御地きやう（知行）あるへく候、くハしくなかくに（中国）とさ（土佐）申候へく候、めてたくかしく

慶長四

拾月十一日　あき中納言

てる元（花押）

くないきやう殿

オ　毛利輝元消息（二）(18)

御本寺御火事御さ候てきやうてん（仰天）申候、とく申候ハんをふさた（無沙汰）いたし候、よく御心え候て給候へく候、ミな〳〵そこ元へ御さ候よし御心つかひとそんし候、そのかた御無事の事、くわいふん（外聞）ち〻（千々）めてたき儀候、いさい此物申まいらせ候へく候、めてたき御事御悦かしく

（元和四年カ）

正月廿一日　むま

そう瑞（花押）

（ウワ書）

「七条

御つほね

中給へ　そうすい」

史料**エ**は、輝元から「くないきやう」（宮内卿）に宛てた消息である。内容は、三千石地を「くないきやう」に給付するとしているが、三〇〇〇石もの所領を名塩教行寺に宛行うことには疑問が残る。教行寺と毛利氏にそれほど深い関係があったとは考えられないし、教行寺に三〇〇〇石地を給付する影響力があったとも考えられない。また、当時、教行寺住持は「式部卿」と呼ばれていたので[19]、「くないきやう」は教行寺住持に比定できない。

史料**オ**は、宗瑞（輝元）から「七条御つほね」に宛てた消息である。内容は、元和三年（一六一七）の西本願寺の火災[20]にあたっての火事見舞いであるところから、年代は元和四年と推定できる。「そのかた御無事の事、くわいふん《（外聞）》ちゝ《（千々）》めてたき儀候」より、「七条御つほね」が無事であることを聞き、安心している様子が推察できる。つまり、「七条」とは文字通り、京都七条を意味すると考えてよいだろう。となると、「七条御つほね」宛の本書間は名塩教行寺への書簡とは考えられない。

教行寺に残存している毛利輝元の書簡一二通のうち、「くないきやう」（宮内卿）宛が史料**エ**の一通、史料**オ**のように、宛先が女性（「七条御つほね」「七条御かもし」「七条」「つほね」「御つほね」）の書簡は一〇通に及ぶ[21]。以上から推察すると、教行寺に残存する毛利輝元関係の書簡はすべて、教行寺に宛てたものではない可能性が高い。毛利が三〇〇〇石地を給与しようとする相手は誰なのか。七条に住する女性は誰なのであろうか。

結論からいえば、毛利氏から三〇〇〇石の知行宛行いを申し入れられた宮内卿は興正寺准尊で、史料**エ**の宛所「七条御つほね」は、その妻妙尊に比定できる。以下、この点を毛利氏と興正寺と教行寺の三者の関係が、どこで、どのように結ばれたのか、検討する中で明らかにしていきたい。

毛利氏をはじめとする戦国大名にとって、真宗門徒は看過できない勢力であると同時に、民衆統治の道具として利用価値の高いものであった。一向一揆の多発した地域の戦国諸大名が本願寺との婚姻関係を結ぶことによって一向一揆との対決を回避し、協同体制をとったのは周知の事実である。毛利氏が西日本に勢力をもつ興正寺と近い関係になることは当然あり得ることである。児玉識氏は、近世初期に毛利氏が積極的に真宗寺院、特に、興正寺に接近した事実を以下のように述べている。(22)

毛利輝元は、その室清光院が寛永八年に死去すると、最初は禅宗の山口大通院に葬るが、のち真宗に改めその冥福を祈るために萩に清光寺を建立し、これを防長真宗寺院の惣録とした。また、輝元は宍戸元秀の次女を自分の養女とし、これを小早川秀秋に嫁がせるが、秀秋の死後、興正寺門主准尊へ嫁がせている。

児玉氏は典拠を示していないが、輝元が宍戸元秀女を養女とし、小早川秀秋、次いで興正寺准尊に嫁がせたことは次に示す宍戸氏の系譜によって確認できる。

カ「宍戸系譜」(23)

（前略）

元秀――母　毛利元就公女
　　　慶長二年丁酉六月十一日卒行年不知法名安養院祖雲玄翁
　　　妻内藤下野守興盛女死去年號月日不知法名貴山妙尊

（六人略）

├女子　筑前大守金五中納言秀秋没後　輝元公為養女
　　　嫁於京都興正寺門跡准尊

（後略）

本史料のみでなく、「宍戸系図」(24)においても、元秀女子条に「毛利輝元卿養而子之、嫁筑前金吾中納言、没而後嫁洛陽興門跡准尊上人、男子女子多矣、水戸中納言家卿納其第二女為妻、今之播磨守某母也」とある。輝元の養女になった時期が小早川秀秋の没前か後かの違いはあるものの、秀秋、そして、興正寺准尊に嫁いだことに間違いないだろう。

次に、興正寺と教行寺の関係について検討する。

前述したように、教行寺は初代住職は富田教行寺の兼琇（蓮芸）が兼務をし、第二世琇宣（賢勝）、第三世琇孝（賢超）と富田教行寺から入寺している。第四世は賢超の子、琇琢（准超）である。「教行寺系譜」（教行寺文書）の准超条には次の記事がある。

キ　「教行寺系譜」准超条

法字准超、公名式部卿、文禄元壬辰歳生于名塩、母同前、慶長七壬寅載九月朔日出家、時十一歳、寛文十三壬子年依願隠居、賜霊寿院、延宝八庚午暮五月七日化、世寿八十九歳、初入筑前中納言秋秀（ママ）卿女字百為室、実豊臣右大臣秀頼公異母弟也、寛永年間逝、号證林院妙賢、其後娶興正寺門跡昭玄僧正女字藤為室、明暦元乙未年九月二日卒、号証寿院賢妙

（後略）

本史料の記事「初入筑前中納言秋秀卿女字百為室」の記事はこれまでに述べてきたところから、明らかに間違いであるが、「其後娶興正寺門跡昭玄僧正女字藤為室」の部分については、次に掲げる『系図纂要』第四冊所収「興正寺系図」からも首肯できる。

ク　「興正寺系図」

昭玄
├女　水戸中納言頼房卿妾（母宍戸左衛門尉元秀女　長寿院）
├女　摂州　教行寺円佐妻（母同）（藤）
└女
（後略）

本史料から昭玄（興正寺准尊）女の藤が教行寺円佐（准超）に嫁いでいることが分かる[25]。このように、興正寺と教行寺が婚姻関係によって強く結ばれたのである。

毛利氏、興正寺、教行寺の三者の婚姻関係を整理しよう。宍戸元秀女を養女とした毛利輝元は、小早川秀秋、次いで興正寺准尊に嫁がせる。そして、その子の藤が教行寺准超に嫁いでいるのである。この関係から、教行寺に毛利氏関係の史料が多く残存していると考えられる。つまり、史料**オ**の宛所「七条御つほね」とは、輝元が興正寺准尊に嫁がせた宍戸元秀女＝長寿院妙尊で、その妙尊宛の書簡を娘の藤が教行寺に持参した可能性が高い。教行寺に残存している以下の毛利氏関係の諸史料が妙尊に宛てたものであるとするならば、教行寺・興正寺の歴史的経過が垣間みえてくる。

ケ　毛利輝元覚書[26]

一、いかにもおとなしく心もちもたれ候て、さのミまたたちのほり、けつかうたて（結構だて）はかりにてハ、いか丶候、中なこん殿おうへ丶御いての時ハ、ひらりといへかほよきやう二御心もち候て、ふくさ（柔）二かろくあるへき事

一、中なこんとのおほせらるへきやう二御心もち候て、いさ丶かかりそめもさかい申さるましく候、此き（儀）かん

ようの事

（中略）

一、もちろんなから中なこん殿大せつおもハれ、その心もちかんよう二候〳〵、中なこん殿りこうしや（利巧者）にて候、ましてとろなることきらいたるへく候、その心かけの事

（後略）

コ　豊臣秀吉朱印知行方目録(27)

知行方目録

筑前国怡土郡内

一、五百七拾五石七斗壱升　せと村

同

一、四百弐拾四石九斗弐升　たく村

（中略）

都合参千石

右以検地之上、令扶助之訖、可全領知者也、

文禄四年十二月朔日　〇（秀吉朱印）

筑前中納言

女中

史料**ケ**の「中なこん殿」とは小早川秀秋のことで、ここには秀秋に嫁ぐ際の心がけが書き記されている。つまり、

輝元が妙尊に言付けた覚書であろう。本史料から、輝元の養女になったのは秀秋との婚姻前であることも理解できよう。史料コは、文禄四年（一五九五）に秀吉より秀秋の妻に宛てた知行目録である。秀秋は、同二年に、小早川隆景の養子となり、同三年には備後三原城に赴いている。おそらく、この文禄三年前後に妙尊と結婚したと推察できよう。同四年一二月朔日には、このように秀吉より三〇〇〇石を給されているのである(28)。

以上から、史料ケ・コが妙尊に宛てたものであることが明らかである。教行寺に残存している毛利氏関係の史料のうち、「七条御つほね」「七条御かもし」「七条」「つほね」「御つほね」といった宛名の書簡は、輝元養女であり興正寺准尊に嫁いだ妙尊への書簡であったのである。となると、史料エで安芸に三〇〇〇石の地の給付を約束された「くないきやう」とは興正寺准尊とみなすことできるであろう(29)。

このように、名塩教行寺は一家衆寺院であったが、興正寺に非常に近い位置にいた一家衆寺院であったのである。周知のように、興正寺系寺院はかつては本願寺と対立し、絵系図や光明本を使用した仏光寺派、あるいはそれに近い教団の流れをくむ系統であって、本願寺傘下にあってもなお、独自の活動をしていたことを念頭におき、次節に考証を進めたい。

三　承応の鬩牆と名塩教行寺

承応の鬩牆とは、承応年間（一六五二〜一六五五）に学林の初代能化西吟(30)の教学に疑義があると、熊本延寿寺月感が訴えたことにより起こった法難である。もともと、月感と能化西吟は了尊の門弟同士であった。門弟同士の争論が、月感が興正寺と縁故関係にあったことから、本山と興正寺との確執へと転化し、学寮を取り壊すことによって終結した事件である[31]。

この事件の詳細は、西光寺祐俊が記した『学寮造立事並以後法輪之事[32]』に収められている。その中に、承応二年（一六五三）の次の教行寺記事がある。

サ「学寮造立事並以後法輪之事[33]」

一、九月廿一日朝勤過、下間少進五十歳・上田織部三十四歳、御対面所之東ノ縁之間ニテ、教行寺へ准超時六十二歳被申候ハ、両寺出入之事、江戸御下向前被仰渡候上ニ、延寿寺ヨリ又再破仕被差上、其後数度之御催促、段々沙汰之限ニ被思召候間、延寿寺へ急度御異見被加、今度之法難之儀誤リ申候旨、一札仕ラレ候様被仰、御済可有之由候、教行寺興正寺殿御妹聟也被申候ハ、今度法論之儀ニ誤リ申タルトアル一札ナトハ、如何様ニ申候共、中々被仕マシキト存候、所詮傍輩之事候間、何トナク中ナヲシ仕、向後入眼被仕候様ニ、随分申テ可試カト被申候へハ、其段ハ御門跡様不思召寄儀候間、其分ニテハ中々済申マシキト被申候付、一往延寿寺へ被試候へハ、入魂之儀サへ、中々取敢不被申候付、教行寺口入之儀モ事切申候、

（後略）

本史料より、下間少進と上田織部の本願寺役人が教行寺准超に延寿寺月感との仲介を頼んでいることが理解できる。「延寿寺へ急度御異見被加、今度之法難之儀誤リ申候旨、一札仕ラレ候様被仰」として、延寿寺へ謝罪の一札を入れるように准超に頼んでいるのである。准超は「今度法論之儀ニ誤リ申タルトアル一札ナトハ、如何様ニ申候共、中々被仕マシキト存候」と、月感は謝罪の一札は入れないだろうと答えている。准超が取り次いだ結果、「入魂之儀サへ、中々取敢不被申候」といった状況であることが分かる。

ここで教行寺が仲介役に選ばれた理由としては、以下の二点が推察できる。

第一は、教行寺が当時、勤番衆であったことである。勤番衆とは鑰取役とも言われ、宗祖真影の御鑰の番をする役目で、巡讃衆の中から選ばれていた。「司鑰録」(34)教行寺准超条には「准如上人御取立ニテ巡讃也」とあり、巡讃衆であったことが分かる。その巡讃衆から選ばれた中将准賢、慈敬寺顕超、廣教寺賢超の三名が一カ月交替で勤番衆を務めていた(35)。このように、教行寺は本願寺内で重要な寺務を行う立場にあったのである。

第二は、前節にて述べてきたように、興正寺と親戚関係にあったことである。延寿寺も興正寺と親戚関係にあったことから、延寿寺を説得するには、興正寺に近い教行寺がよいと本願寺は判断したと考えられよう。

以上の二点から、教行寺が選択されたと考えられるが、結局は「教行寺口入之儀モ事切申候」という状況になったのである。

法難の状況は、この後、さらに悪化し、月感の縁故関係にあたる興正寺が、本願寺の月感への対応に抗議をする。その態度の表れとして、承応二年一二月二一日に興正寺准秀は天満別院に移る。興正寺が天満に移るということは、興正寺の独立の意志表示でもあるので、多くの興正寺末寺を抱える本願寺としても看過できない状況になった。本願寺では、上山の地方門末にこの経緯を説き、諸国に使僧を遣わして対策を講じている(36)。そして、教行寺は、准如上人二五回忌に上京した准秀に帰寺を促した。次の史料である。

シ　「学寮造立事並以後法輪之事(37)」

一、廿二日〔准如上人廿五年忌〕御逮夜ヨリ御年忌御法事也、内々ハ惣一家衆相談ニテ御法事初リ候テ、為惣代上座・中座・下座ヨリ五三人程、天満へ可罷越分ニ極候処、廿一日御上リ候て、上京ニ御座候付、廿七日御斎過ニ、教行寺・常楽寺・顕証寺、為総名代興正寺殿〔上京〕へ被罷越、色々被申見候へ共、京田舎マテヘ被失面目候間、其色目モ無之、御帰寺ハ成間敷候由ニて被罷帰候この記事からも分かるように、教行寺、常楽寺、顕証寺が興正寺に対して上京するように促すのだが、興正寺は固辞している。さらに、教行寺は約一カ月後の四月一日に天満に行き、准秀の子良尊に帰寺するよう交渉している。次の史料である。

ス「学寮造立事並以後法輪之事」(38)

一、卯月朔日、教行寺ト金勝院《東寺》ト天満へ被越候、興正寺殿ハ讃岐へ御留主之中ニ候、是ハ新門様ヲ何トゾ御帰寺候様ニ申候テ、同道仕可上ル内意云々、下間式部卿ハ、今度御官位ニ付、御肝煎候、公家衆へ為御礼、六七日前京へ上リ、今日天満へ被下候由候、内々式部卿へも相談之由候

右の記事の「興正寺殿ハ讃岐へ御留主之中ニ候」とは、准秀が讃岐に下り藩主松平右京と会談し、江戸への訴訟の準備を進めていることと考えられ(39)、「教行寺ト金勝院《東寺》ト天満へ被越候、（中略）是ハ新門様ヲ何トゾ御帰寺候様ニ申候テ」の部分から、天満に残った新門跡の良尊に教行寺と金勝院が京都への帰寺を進めていることがうかがえる。

以上からも分かるように、教行寺は延寿寺と本願寺の間で、また、興正寺と本願寺の間で、三度の仲介役をするなど、関係の修復に努めている。これらは、前述したように、教行寺が興正寺と縁故関係にあったこと、鑰取役を行うなど本願寺において重要な位置にあったことによると考えられる。しかしながら、このような仲介役を演じた教行寺が本願寺の信任を得ていたわけではなかった。明暦元年（一六五五）七月、学寮の取り壊し、興正寺と月感、ならびにその関係者を処分することで承応の閲牆は終結を見るのであるが、教行寺は同じ年に本願寺家老衆によって閉門を言い渡されているのである。次にその史料を示す。

セ「学寮造立事並以後法輪之事」(40)

一、名塩教行寺ハ、興正寺殿御妹聟、不遁間夕之仁ニ付、此出入ヨリ御門跡様、其外家中衆ナト皆随意ニ成候、

其故去年三月被罷下以来、上洛モ無之候、江戸へ御下向之刻も、御留主中ニも、御門跡様御上リ被成候テモ、不被罷上候事、重々沙汰之限トアテ、九月下旬頃閉門被仕候様、彼所之代官松波五郎左衛門へ、家《当所》老衆四人連判を以、急度閉門被仰付候様ニト被申遣候、其返事ニ、江戸ヨリ不被仰付候事ハ、私ニハ下知不罷成候間、江戸御老中へ可被仰候由候、其後十月廿八日、教行寺へ直ニ四人ゟ書状ニテ閉門被仰付候由、与《番衆方》左衛門被差越候其返事ニハ、身之上ニ少モ誤リ覚無之間、公儀へ成共被仰、罪科之段御吟味之上、閉門可仕之由被申、終御請無之候、

（後略）

本史料「九月下旬頃閉門被仕候様、彼所之代官松波五郎左衛門へ、家老衆四人連判を以、急度閉門被仰付候様ニト被申遣候」の部分より、明暦元年九月に閉門を本願寺家老衆によって言い渡されていることが分かる。しかし、教行寺は「江戸ヨリ不被仰付候事ハ、私ニハ下知不罷成候」と拒否している。再び一〇月二八日に、本願寺家老衆は教行寺に閉門を命じるのだが、「身之上ニ少モ誤リ覚無之間、公儀へ成共被仰、罪科之段御吟味之上、閉門可仕之由被申、終御請無之候」と強く拒否していることが理解できるだろう。

そもそも、閉門の理由は「去年三月被罷下以来、上洛モ無之候、江戸へ御下向之刻も、御留主中ニも、御門跡様御上リ被成候テモ、不被罷上候事」と、上洛しなかったことが原因である。数カ月間上山しないことで閉門を命じられること自体、本願寺と教行寺、つまり、本願寺と興正寺系寺院に深い溝が生じていたに違いない。教行寺が上洛しない真意は分かりかねるが、おそらくは興正寺縁者が本願寺に上山できる状況ではなかったのだろう。これは、次の記事からも理解できる。

ソ　「学寮造立事並以後法輪之事(41)」

一、名塩教行寺、六月廿五日上洛候、頃付年頭之御礼遅引申由候、于余延引沙汰外之由ニテ、七月廿七日迄御礼不相済、漸御理ニて、廿七日之晩相済、八月十六日ニ御暇出下被申候、興正寺殿縁者故如此（興正寺殿御アネ聟也 但アネコハ…遠行也）

新年の挨拶のために、教行寺は六月二五日に上洛する。そして七月二七日に御礼を済ませ、八月一六日に「御暇出下被申候」といった状況であったのである。「興正寺殿縁者故如此」からも理解できるように、本願寺内において興正寺縁者は、たとえ一家衆の教行寺でさえも居場所さえなかったのである。また、教行寺自身も敬遠していたのであろう。

このように、承応の鬩牆によって、本願寺対興正寺の対立は鮮明となり、興正寺縁者である教行寺もその渦中にいることが分かるであろう。この本願寺と興正寺の対立は、万治元年（一六五八）井伊直孝の発議によって、良如の第七子を興正寺円超に入嫁させる儀で修復をみるのであるが、縁者である教行寺や興正寺系寺院は、この後も大きなしこりを残したことを想像させる。ましてや、教行寺は本願寺家老衆である執事によって閉門を命じられ、それを拒否しているのであるから、関係修復に長い時間が必要であったことだろう。

おわりに

これまでの検討をもとに、冒頭で述べた課題解決への糸口を探ってみたい。

延宝三年（一六七五）、本願寺が教行寺に被差別寺院門徒である久米村門徒の宗判を依頼した冒頭史料の全文を提示する。

タ　「本願寺坊官家老衆等連署書簡(42)」

端書無之
金福寺下播州福円《(恵)》寺ト、同国久米村門徒出入在之由、宗旨判形等之儀右門徒断申候付、落着迄久米村門徒家数四拾弐軒、人数弐百弐十七人、貴寺へ御預ケ被成候間、左様御心得可在之候、恐々謹言

極月十一日

頼　母
数　馬
監　物
少　進
刑部卿
宮内卿

摂州名塩
教行寺殿

教行寺に宗判を依頼しているのは本願寺家老衆の「富島頼母・上原数馬・横田監物」ならびに、本願寺坊官の三名である。これまでに述べてきたように、明暦元年（一六五五）に教行寺に閉門を命じたのも本願寺家老衆である。その時の家老衆のすべてを特定することは困難であるが、「石川日記」「学寮造立事並以後法輪之事」の両史料から検討すると、「上田織部・上原数馬（「上原兵庫」を改名）」の両名は間違いないところである。(43) 家老衆であるかどうかの断定はできないが、「富島頼母・横田帯刀（横田監物父）」も同時期の本願寺役人を示す史料中に見受けられる。(44)となると、明暦元年に教行寺に閉門を命じた人物と延宝三年に教行寺に被差別寺院久米村門徒の宗判を依頼した人

物とは、同一人物と理解してよいだろう。

前述したように、当時、西本願寺で被差別寺院門徒を「河原者」と呼び、差別状況にあったのは周知の事実である。「河原者」が一般寺院の系列より排除され、徐々に別系統の本末関係、および、本末帳も別帳化されていく段階にあったことも明らかである。(45) このような時代状況のもと、本願寺家老衆が教行寺に「河原者」を預けることは、承応の鬩牆での対立が影を落としていると推察できはしないだろうか。さらに述べるなら、二〇年後の元禄八年（一六九五）、教行寺第五世寂超は異義により光隆寺知空によって幽閉されるのであるが、知空は本願寺の第三代能化であり、承応の鬩牆の際には、興正寺准秀『安心相違覚書』に対して、良如『破安心相違覚書』の下書きをした人物として知られる。(46) つまり、反興正寺系の教学の筆頭であったわけである。異義の詳細については次章にて詳しく検討するが、この事件も承応の鬩牆以来の対立関係が影響したと推察できないだろうか。

このように、本願寺が一家衆である教行寺に被差別寺院門徒の宗判を依頼した背景、および、教行寺第五世寂超が異義により知空によって幽閉させられた背景には、承応の鬩牆が少なからず影響していると推察できよう。加えて、忘れてはならないのが、教行寺は興正寺と縁故関係を結び、興正寺に非常に近い位置にいたことである。興正寺系寺院は、絵系図や光明本を使用した仏光寺派、あるいはそれに近い教団の流れをくむ系統であって、本願寺傘下にあってもなお独自の活動をしていた。その仏光寺派特有の布教方法によって、被差別民衆の一部に真宗教線を伸ばしていったとする筆者の推測(47)が正しければ、本願寺内にその認識は存在したはずである。興正寺系教行寺が被差別寺院門徒の宗判を預かっても何ら不思議はないだろう。

以上、本論では、中世末から近世初期にかけての本願寺と教行寺をめぐる政治的関係の検討を行った。明確な結論には至らないが、教行寺が興正寺系寺院であったことが課題解決の糸口であることに間違いはないであろう。

註

（1）『兵庫県史』第三巻（兵庫県、一九七八年）四六九頁。以下、『兵庫県史』とのみ表記し、巻号を付す。
（2）『名塩史』（西宮市名塩財産区、一九九〇年）四九頁。
（3）岡村周薩編『真宗大辞典』第三巻（永田文昌堂、一九七二年）二一六六頁に詳しい。また、一家衆が各地の寺院統制の役割を担っていたことが明らかにされている（笠原一男『真宗における異端の系譜』東京大学出版会、一九六二年、一八五頁）。
（4）「大谷本願寺通紀」第三巻（妻木直良編『真宗全書』第六八巻、国書刊行会、一九七六年）に「（前略）去月奪寂超寺職令幽居」とある。
（5）中島覚亮『異安心史』（平楽寺書店、一九一二年）、大原性実『真宗異義異安心の研究』（永田文昌堂、一九五六年）などがある。
（6）拙稿「『部落寺院制』論への疑問―播磨国加東郡部落寺院を中心に―」（『法政論叢』第三八巻第一号、日本法政学会、二〇〇一年）。のちに、拙著『浄土真宗と部落寺院の展開』（法藏館、二〇〇七年）第二部第三章として所収。
（7）福間光超編『諸国江遣書状之留』（同朋舎出版、一九八二年）一六九頁。
（8）日野賢隆「近世本願寺体制の一考察―正勝寺文書を中心として―」（『同和教育論究』第四号、同和教育振興会、一九七九年）に詳しい。
（9）仏書刊行会編『大日本仏教全書』第一三二冊（名著普及会、一九八一年）二二二頁。
（10）山脇延吉編『有馬郡誌』上巻（名著出版、一九七四年）四一七～四一八頁。
（11）「越前ノ国坂北ノ郡細呂宜郷ノ内吉久名之内吉崎之弊坊ヲ、俄ニ便船之次ヲ悦テ、海路ハルカニ順風ヲマネキ、一日カケニト志シテ、若狭之小浜ニ船ヲヨセ、丹波ツタヒニ摂津国ヲトヲリ、此当国当所出口ノ草坊ニコエ」とある（堅田修編『真宗史料集成』第二巻、同朋舎メディアプラン、二〇〇三年、二二九頁）。

(12)「摂州萩谷ト云山中ヲ越ヘ、富田ニシハラク御逗留有テ、方々処々ヲ経廻シ玉ヒテ、其ヨリ河内茨田郡中振ノ郷山本ノ内出口村トイフ処ヘ出行在テ」とある（同右、八九三頁）。
(13) 日野照正『摂津国真宗開展史』（同朋舎出版、一九八六年）一五〇頁に諸説の一覧表が記されている。
(14)『系図纂要』第四冊（名著出版、一九七三年）教行寺条。
(15) 本願寺第一〇世証如より、富田教行寺と区別するために、廣教寺という寺号を与えられた。寛永一一年（一六三四）、富田教行寺が東本願寺に属していることから、廣教寺を改め、教行寺に復した。
(16) 一二通のうち、三通は所在不明となっている。東京大学史料編纂所に影写本が存在する。また、署名はないが、毛利輝元筆跡と推定される消息が一通存在する。また、教行寺に残存している輝元書簡は、二通が「輝元」署名、一〇通が「宗瑞」署名となっている。多くは関が原の戦い以降のものであることが分かる。
(17)『兵庫県史』史料編、中世一、教行寺文書二六号。
(18) 同右、教行寺文書三〇号。
(19)『言経卿記』文禄四年（一五九五）四月一二日条に「名シホ式部卿」の記事がある。また、慶長一九年（一六一四）の「豊臣秀頼禁制」（『兵庫県史』史料編、中世一、教行寺文書二七号）にも「なしを御坊式部卿」の記事が見える。以上から、慶長四年（一五九九）にも「式部卿」と呼ばれていたことは明白である。
(20) 本願寺史料研究所編『本願寺史』第二巻（浄土真宗本願寺派宗務所、一九六八年）一〇三頁に詳しい。以下、『本願寺史』と表記し巻号を付す。
(21) 残る一通は「かうもん」（黄門）宛の書簡である（『兵庫県史』史料編、中世一、四九二頁）。
(22) 児玉識「毛利・小早川氏と真宗」（藤木久志編『毛利氏の研究』吉川弘文館、一九八四年）四九四〜四九五頁。
(23)「宍戸譜録」（山口県文書館所蔵）。
(24)『群書系図部集』第二巻（続群書類従完成会、一九八五年）。

(25)「興正寺系図」(興正寺年表刊行会編『興正寺年表』興正寺、一九九一年)においても、昭玄女条に「慶長九甲辰十一月廿五日生、字藤、摂州名塩教行寺準超室《ママ》」との記事がある。

(26)『兵庫県史』史料編、中世一、教行寺文書四〇号。本史料に署名はないが、『兵庫県史』では、毛利輝元の筆跡と判断している。内容からも間違いないだろう。

(27)同右、教行寺文書二四号。

(28)同日に、備後三原に隠退した小早川隆景に、筑前の五万石が隠居料として給されている(『大日本古文書』家わけ、小早川家文書一八二号)。

(29)元兵庫教育大学教授、河村昭一先生にご教示賜った。多大な学恩に感謝の意を申し述べたい。

(30)学寮創設期の能化は光善寺准玄であったが、孫にあたる寂玄が異議を唱えて東本願寺に転派したことにより、歴代能化から除かれた。初代能化職については議論のあるところだが、本論では、学寮から系譜している龍谷大学三百五十年史編集委員会編『龍谷大学三五〇年史』(龍谷大学、二〇〇〇年)が西吟を採用していることからこれに準じている。

(31)『龍谷大学三〇〇年史』(龍谷大學出版部、一九三九年)一八五〜二〇二頁、『本願寺史』第二巻、三〇五〜三一五頁、龍谷大学三百五十年史編集委員会編『龍谷大学三五〇年史』通史編上巻(龍谷大学、二〇〇〇年)五六〜六五頁に詳しい。以下、『龍谷大学三百五十年史』の引用にあたっては『龍谷大学三五〇年史』と表記し巻号を付す。

(32)妻木直良編『真宗全書』第五〇巻(国書刊行会、一九七五年)、並びに、『龍谷大学三五〇年史』史料編第一巻。

(33)『龍谷大学三五〇年史』史料編第一巻、一五頁。

(34)西本願寺所蔵。本論では教行寺所蔵の翻刻本に拠った。教行寺文書の閲覧に際して、教行寺前住職中山沃氏に大変お世話になった。ここに合わせて多大な学恩に感謝の意を申し述べたい。

(35)『本願寺史』第二巻、二四六頁。

(36) 註(31)に同じ。
(37) 『龍谷大学三五〇年史』史料編第一巻、二三頁。
(38) 同右。
(39) 『本願寺史』第二巻、三一一頁。
(40) 『龍谷大学三五〇年史』史料編第一巻、三六頁。
(41) 同右、四〇頁。
(42) 註(7)に同じ。
(43) 籠谷真智子編『石川日記』(同朋舎出版、一九八九年)承応三年(一六五四)一〇月二八日条に、「上田織部、今日より奉行衆被仰付候」の記事がある。奉行衆は家老衆のことである。上田織部が家老衆であることに間違いない。「学寮造立事並以後法輪之事」明暦二年(一六五六)四月条(『龍谷大学三五〇年史』史料編第一巻所収)では、上原数馬が江戸へ遣わされ、一月条では上田織部が江戸に遣わされている。家老衆として、本願寺坊官の補助的役割をしている記事が散見される。
(44) 籠谷真智子編『石川日記』(同朋舎出版、一九八九年)承応三年(一六五四)一二月三日条に「横田帯刀取次ノ事、今迄ハ一木仏、一寺号、一御身、一御文、一法名、一長袴、右六色□通去年より取次被成御免候、□御書、一御□、一御剃刀、一院家衆・御一家衆ノ御名乗、右六通取次被成御免候、御使富島頼母也」とある。他にも寺務をしている記事が同史料に散見される。
(45) 安達五男『被差別部落の史的研究』(明石書店、一九八〇年)。拙稿「近世播磨国における部落寺院本末関係の一考察」(『教育実践学論集』第五号、兵庫教育大学大学院連合学校教育学研究科、二〇〇四年)、のちに、前掲拙著、第二部第一章として所収。
(46) 『龍谷大学三百年史』一九一頁に詳しい。

(47)　拙稿「『四ケ之本寺』金福寺についての一考察―北播磨金福寺末寺院の展開を視野に入れて―」(『法政論叢』第四〇巻、第一号、日本法政学会、二〇〇三年)、のちに、前掲拙著、第二部第二章として所収。

補論5　光善寺教行寺異義事件についての一考察

はじめに

元禄八年（一六九五）、西本願寺第二代能化の知空によって、一家衆である光善寺寂玄と教行寺寂超が異義により処罰される。これにより、光善寺は東本願寺派に転派、教行寺は幽閉され跡職を萩清光寺から迎え入れる。この事件は、研究史では、「元禄八年西派の教行寺の寂超なるものが異解を唱へて、幽閉せられたこともあれど、如何なる説なりしや、知る由もない(1)」と評されたり、「孫寂玄が異義を弘め本願寺の処罰をうけたので大谷派に転派した。その結果、祖父の准玄の栄誉にこれを及ぼし、能化の世代より除いたのである(2)」といった初代能化であった光善寺准玄との関わりで評価されたりする傾向があった。唯一、大原性実氏が徳川時代の不拝帰命を論ずる中で、元禄年間に教行寺より池田の理兵衛なるものに唱えた異義として、「（一）御身絵像はあながち仏にあらず、帰命の行者は此身すなわち仏となる看板なりとの事。（二）我身全体仏なりとの事。（三）香華灯明かゝげんと思ふは自力との事(3)」を挙げている。しかしながら、本異義事件全体を検討したものではない。そこで、本論では西本願寺文書「光善寺教行寺箇条書の破文(4)」（以下、「破文」と表記）を中心として、光善寺と教行寺の異義について検討してみたい。本来ならば光善寺ならびに教行寺の諸史料からも検証していく必要があるが、本論では本願寺側からのみに焦点化する。

さて、本稿の前提にある筆者の問題意識についてふれてみたい。本章補論4にて、中世末から近世初期にかけて、教行寺が興正寺と縁故関係にあり、「承応の鬩牆」[5]の影響で本願寺から疎外されている状況を確認した。延宝三年（一六七五）には、当時差別状況にあった「河原者」と呼ばれる被差別寺院門徒の宗判を預かるよう本願寺より依頼されており、[6]一家衆である教行寺が被差別寺院門徒の宗判を預かる背景には興正寺系寺院であったことが政治的要因としてあることを推察した。このような状況下で、本異義事件は起こるのであるが、「承応の鬩牆」に端を発する本願寺と教行寺の不仲が政治的に本事件に影響を及ぼしていないか考察することが筆者の主眼でもある。そのために、まず、西本願寺側の史料である「破文」を検討していきたい。

一　異義の中心内容と知空の教学

本論で中心史料として扱う「破文」は、前書きにあたる部分と本文、奥書きに分けられる。本文は前文と二五カ条に箇条書きにされており、四七頁に及ぶ。前書きと奥書きは後年になって書き加えられたものである。例えば、前書きには以下の記事がある。

此ハ下書也、後来ノ徒、写改メテ置ヘシ
予カ本紙下書といへとも後証のために直筆ヲ焼失□□へからず
宝永八辛卯仲春日祖師四百五十年ノ御法事前ニ□□添書訖

知空（花押）

名塩教行寺法名寂、出口光善寺法名寂、両寺ゟ方々へ催促勘化之趣書上候ケ條書之破文之下書也、請取ハ御所ニ留候

元禄八乙亥三月日書之　光隆寺下書也

以上からも分かるように、本史料は知空直筆の下書きであり、元禄八年（一六九五）三月に記された本文と後年に書き加えられた前書きと奥書きに分けられる(7)。さて、本文の前文を以下に示す(8)。

謹而、安心決定鈔ヲ聞見「聴聞」シ奉ルニ、弥陀如来兆載永劫ノ間衆生往生を成就せんかために、一切ノ願行ヲ円満シ玉ヒテ衆生ノ往生成就セシ時、機法一体ノ正覚成就シ玉ヒタルハ十劫已前ナリ、シカレハ機法モトヨリ一体ナルトコロヲ南無阿弥陀仏ト云フ也~~此信心オコリヌルウエハ口業ニハタトヒトキ念仏ストモ常念仏ノ衆生ニナルヘキ也~~、コレニ依テ、宿善開発ノ行者コノタヒ善知識ノ御教化ニヨリテ、ソノコトハリヲ具ニ承リ弥陀ヲタノム一念ノ時、往生治定スルハ「コレミナ」・勇猛専精ニハケミ玉ヒシ、仏ノ功徳十劫正覚ノ刹那ニワレラニオヒテ、成シ玉ヒタリケルカアラハレモテユクナリ、シカレハ十劫正覚ノトキ、ワレラカ往生成就ナサレタル御スカタ、即、南無阿弥陀仏トナラせ玉フ仏智ノ功徳ヲ回向シ玉ヒタルカ、今タノム機ト発起シタルナリ、覚体ノ功徳ハ同時ニ、十方衆生ノウエニ成せシカトモ、昨日アラハス人モアリ、今日アラハス人モアリ、已今当ノ三世ノ往生ハ不同ナレトモ、弘願正因ノアラハレモテユクユヘニ、仏ノ願行ノホカニハ別ニ機ニ信心ヒトツモ行ヒトツモ加ルコトハナキナリ、シカレハ宿善ノ機、南無ト帰命シテ阿弥陀仏ト唱ル六字ノウチニ、万行万善恒沙ノ功徳タ、一声ニ成就スルナリ、コノウエハ一生ノ間仏恩報謝ノ念仏ヲ唱ヘキナリ、唯能常称如来号応報大悲弘誓恩ノ御釈コノ意ナリ、御文章ニモコノ趣ヲ広略ニオシヘマシマス、シカレトモ決定鈔ハ仏辺ヲ具ニ談シテ機辺ヲ

略シタル権《「所」》談ナレハタ、五帖一部ノ趣ヲモテ、今日マテモ・御披露《「五畿七道へ」》アラル、也、近年・仏辺ノ方ヲ荒涼ニ沙汰《「決定鈔ヲテビロニアツカヒ」》アルニヨリテ、行者ノ機ノアツカヒニ落テ、自力ノハカラヒニナレハ、返テ機辺ニ誤リアリ、依之愚俗ノ問来ルソノ返答ニハ相伝ナキ新キ名目ヲ立私情曲解ノ説オ、シ、イカサマカハリタル説ナクハカヤウニ当類アマタニハヒコルマシキ歟

以上の前文より、本異義事件の背景には「安心決定鈔」[9]と「御文章」[10]の解釈が存在したことが推察できる。「御文章ニモコノ趣ヲ広略ニオシヘマシマス、シカレトモ決定鈔ハ仏辺ヲ具ニ談シテ機辺ヲ略シタル権《「所」》談ナレハタ、五帖一部ノ趣ヲモテ、今日マテモ・御披露《「五畿七道へ」》アラル、也、近年・仏辺ノ方ヲ荒涼ニ《「決定鈔ヲテビロニアツカヒ」》沙汰アルニヨリテ、行者ノ機ノアツカヒニ落テ、自力ノハカラヒニナレハ、返テ機辺ニ誤リアリ、依之愚俗ノ問来ルソノ返答ニハ相伝ナキ新キ名目ヲ立私情曲解ノ説オ、シ、イカサマカハリタル説ナクハカヤウニ当類アマタニハヒコルマシキ歟」とあり、「安心決定鈔」における「機」[11]の解釈の間違いを強調している。

また、前文には知空の教学をも読み取ることができる。知空の教学については、「知空の安心は『信心正因、称名報恩』を説く蓮如教学のそれと同位相にあり、『この教学こそ近世真宗の正統教学の基本であったから、知空はその確立の先駆者である』（大桑斉『寺壇の思想』）ということになる」[12]と評されたり、「聖浄二門の特質をあきらかにして、さらに真宗教義を明確にしたことである」[13]と評価されたりしている。また、「原始宗学の域を全脱し得ず、宗義の発揮に於て充全ならざる点が認められる。かの『論註翼解』に、浄土門内に於て上機と下機に分ち、上機は観正称兼、下機は称正観兼であって、これが万機普益の意なりとするが如き、即ちその一例である」[14]と、一方では学説の未完成も指摘されている。

では、知空は「安心決定鈔」と、またそれに関わる「御文章」をどのように解釈していたのだろうか。ここでは、

「安心決定鈔」の中心思想が機法一体説であることから[15]、機法一体説に焦点化して知空の教学を論じていきたい。すでに、「安心決定鈔」の機法一体には、法体成就の機法一体説と機相領受の機法一体説の二面があることが明らかにされてきている。ここでは普賢晃寿氏の論考に依拠しながら、機法一体説の両面性を整理しておきたい[16]。

まず、前者については、「安心決定鈔」では次のように示されている[17]。

十方衆生の願行円満して往生成就せしとき、機法一体の南無阿弥陀仏の正覚を成じたまひしなり。かるがゆへに仏の正覚のほかは凡夫の往生はなきなり。十方衆生の往生の成就せしとき仏も正覚をなるゆへに仏の正覚なりしとわれらが往生の成就せしとは同時なり

「安心決定鈔」においては、衆生の往生と仏の正覚の同時成就を説いている。したがって、仏は十劫の昔に衆生の往生に必要な願行を円満されたのであり、十方衆生の願行が円満し、往生が成就したとき、仏は正覚を成じたのである。このように、「安心決定鈔」では往生正覚同時成就の基本的立場としている。

一方、蓮如の「御文章」（帖外六三通）では、次のように示されている[18]。

十方衆生は仏体より願行を円満するがゆへに、衆生の往生成就するすがたを機法一体の南無阿弥陀仏とは正覚を成じたまふなりとこゝろうべきなり。故に仏の正覚の外は衆生の往生はなきなり、十方衆生の往生成就する時、弥陀も正覚をなり給へるがゆへに、仏の正覚なりしと我等が往生の成就せしとは同時なり

普賢晃寿氏は、「安心決定鈔」に「往生成就せしとき機法一体」とあった文言を、「御文章」では「往生成就するすがたを機法一体の南無阿弥陀仏」と変更されていることから、蓮如の立場を、「十劫の昔に衆生の往生が完了したのではなく、往生すべき因徳が成就したのである。仏の正覚と、たのめば往生出来る衆生往生の因法が満足成就したのを、往生正覚機法一体と解されたものといえよう。衆生の往生が、十劫の昔に完了しているのではなく、往

生すべき理、因徳が正覚の内容として満足されてあることを説示されたものといえよう」[19]と述べている。つまり、仏は衆生にかわって往生の因徳である願行を成就し、衆生が往生すべき理・徳が仏辺において成就したことと弥陀の正覚が一体となって、名号の上に成就されているのである。

「破文」ではどうだろうか。

弥陀如来兆載永劫ノ間衆生往生を成就せんかためニ、一切ノ願行ヲ円満シ玉ヒテ衆生ノ往生成就セシ時、機法一体ノ正覚成就シ玉ヒタルハ十劫已前ナリ、シカレハ機法モトヨリ一体ナルトコロヲ南無阿弥陀仏ト云フ也

知空が「安心決定鈔」と「御文章」を受けて「破文」を記述したことが明らかであろう。しかも、「安心決定鈔」の文言を引用しながら、「シカレハ機法モトヨリ一体ナルトコロヲ南無阿弥陀仏ト云フ也」と名号の上に往生と正覚が成就されて示されていることが理解できよう。さらに、「破文」では、「シカレハ十劫正覚ノトキワレラカ往生成就ナサレタル御スカタ、即南無阿弥陀仏トナラせ玉フ仏智ノ功徳ヲ回向シ玉ヒタルカ今タノム機ト発起シタルナリ」との文言が示されている。ここには他力回向の思想が存在する。他力回向の思想は「安心決定鈔」に説示はなく、「御文章」（帖内三－六）には以下のように記されている。[20]

弥陀如来の五劫兆載永劫の御苦労を案ずるにも、われらをやすくたすけたまふことのありがたさ、たふとさをおもへばなか〳〵まうすもをろかなり。されば『和讃』にいはく「南無阿弥陀仏の廻向の、恩徳広大不思議にて、往相廻向の利益には、還相廻向に廻入せり」といへるはこのこころなり

蓮如は六字名号を他力回向をもって示しているのである。普賢氏は、このような六字釈義は「安心決定鈔」にはまったく存在しないとしている。知空はこれをよく理解し、意図的に使用したといえるであろう。蓮如の機法一体説を知空は論理的に前文で示しているのである。

次に、後者の機相領受の機法一体説についても同様に整理しておく。まずは、機相領受の機法一体説についての文言を「安心決定鈔」と「御文章」から抜き出し、そして、「破文」の内容について検討していこう。「安心決定鈔」では次のように示されている。[21]

弥陀の身心の功徳、法界衆生の身のうちこゝろのそこにいりみつゆへに、「入一切衆生心想身」ととくなり。こゝを信ずるを念仏衆生といふなり

普賢氏は「衆生の心中に仏の功徳が入り満ち、如来の功徳と凡心とが一体になることを機法一体というのであり、まさに生仏一体論である」と述べている。一方、蓮如にいたってはさらに思想展開があったとして、「仏凡一体論」[22]として消化させていったとする。「御文章」には次のように示されている。

ア　帖内三－七[23]

南無阿弥陀仏の六字のいはれをよくこゝろえわけたるをもて、信心決定の体とす。しかれば南無の二字は衆生の阿弥陀仏を信ずる機なり。次に阿弥陀仏といふ四の字のいはれは、弥陀如来の衆生をたすけたまへる法なり。このゆへに機法一体の南無阿弥陀仏といへるは、このこゝろなり

イ　帖内二－十[24]

一念も本願をうたがふこゝろなければ、かたじけなくもその心を如来のよくしろしめして、すでに行者のわろきこゝろを如来のよき御こゝろとおなじものになしたまふなり。このいはれをもて仏心と凡心と一体なるといへるはこのこゝろなり

蓮如においては、機法一体の機とは仏をたのむ信心をいい、法とはたすくる仏力のことと述べている。この仏をたのむ機とたすくる法とが一体として六字名号として成就しているのである。名号を領解した一念において、凡心

に仏智が入り込み、仏心と凡心と一体になるとしている。

では、「破文」ではどうだろうか。

シカレハ宿善ノ機、南無ト帰命シテ阿弥陀仏ト唱ル六字ノウチニ、万行万善恒沙ノ功徳タ、一声ニ成就スルナリ、コノウエハ一生ノ間仏恩報謝ノ念仏ヲ唱ヘキナリ。唯能常称如来号応報大悲弘誓恩ノ御釈コノ意ナリ

「宿善ノ機南無ト帰命シテ阿弥陀仏ト唱ル六字ノウチニ万行万善恒沙ノ功徳タ、一声ニ成就スルナリ」より分かるように、知空もまた、六字名号の上に機法一体を論じている。六字全体が機であり法であるとする。このように、知空は蓮如教学の上に立って、本史料「破文」を書きとめたと考えられよう。

以上、知空の「破文」を普賢氏の論考に学びながら、「安心決定鈔」の二つの立場である法体成就の機法一体説と機相領受の機法一体説から論じてきた。いずれにしても、知空は蓮如教学の立場にたち、機法一体を論じているのである。なお、前者の機法一体説が仏辺で論じるのに対し、後者の機法一体説は衆生の側、つまり、機辺で論じているのであるが、ここで「破文」前文の後半部分に注目したい。以下に再掲する。

決定鈔ハ仏辺ヲ具ニ談シテ機辺ヲ略シタル極《「所」》談ナレハタ、五帖一部ノ趣ヲモテ、今日マテモ《「五畿七道へ」》・御披露アラル、也、近年《「決定鈔ヲテビロニアツカヒ」》・仏辺ノ方ヲ荒涼ニ沙汰アルニヨリテ、行者ノ機ノアツカヒニ落テ、自力ノハカラヒニナレハ、返テ機辺ニ誤リアリ

「安心決定鈔」は法体成就の機法一体説を詳しく論じているのであるが、機相領受の機法一体説からは「略シタル」状態であるというのである。「安心決定鈔」の「仏辺ノ方ヲ荒涼ニ沙汰」することによって、衆生の側、つまり、機辺からの解釈が「自力ノハカラヒ」になり、返って誤りをおかしているというのである。ここが本史料「破文」の中心内容であることが理解できるであろう。

二　「機」の解釈とその異義

前節では、「破文」全体に関わる内容を明らかにした。また、そこから知空の立場を理解することができた。そこで、本節では前節で示した「仏辺ノ方ヲ荒涼ニ沙汰アルニヨリテ行者ノ機ノアツカヒニ落テ自力ノハカラヒニナレハ、返テ機辺ニ誤リアリ」について、つまりは「安心決定鈔」における「機」の解釈をめぐる異義について、詳しく考察していきたい。二五箇条すべてではないものの、それぞれの文頭には異義の要約が付されており、異義の内容を一覧することができる。

二五箇条の箇条書きの文頭を以下に抽出してみる。なお、箇条書きの番号は便宜上、筆者が付したものである。

（一）五帖一部ハ方便ノ沙汰ト申サル、由「ノ事」・常随ノ門徒回心状ヲ~~カキ御本寺ヘ~~差出タル紙面ニアリ

（二）改悔ノ領解ニテハ往生カナハスト申サル、コト、同キ回心状ニ書出ス、ツネニス、メヲウケシモノトモナレハ、サタメテサモアラン「歟」・

（三）信領解ノ上ハ如来ト一致ノ身ナレハ、悪業煩悩ヲナシテモ、アヤマリニナラスト申サル、事

（四）称名念仏ヲトナフルハ、報謝トコ、ロウルハ、自力ノハカラヒナリ、只ナニトナク唱ルガ真実ノ称名トノ事

（五）一往再往専修ノ名目ヲ立、小児ナトノコトヲ弥陀ヲタノムハカリハ一往ニシテ不往生也、諸坊主ノ教化ハ再往ニシテ、方便化土ノ往生也、同行催促ノ通ニ領解申スハ専修ノ行者ニシテ真実報土ノ往生ト云事

（六）アサマシ或ハ不足又ハ嗜ムト云コトコレミナ自力ノ誤ナリト申サル、事

（七）此ヨシミノ領解ノ人ハ称名ハウカミ次第、参リ下向モ心ナカセト申サル、事
（八）マコトノ弥陀ヲタノメト云事
（九）機ヲハナレテ弥陀ヲタノメト云事
（一〇）十劫正覚ノ始ヨリ我等カ往生ハサタマリタレハ、一念頼ミ奉ルトキ往生サタマリタルト思フハ愚カ也ト云事
（一一）ヨロコハセテノ仏トヨロコフ衆生ト二ツアルトキハ、機法一躰トハ申サレズ、善導ノ彼此三業不相捨離ノ文ニ相違スルニ・《「ヨリテ」》往生不叶ト云事
（一二）啼泣セヌ人ハ、イマタ自力ヲハナレヌト悲シテ歓喜ノ心ヲオコスヘシト云事
（一三）蓮如様ヨリ五代コノカタハ、正法ニアラストノ事
（一四）此度拙僧相勤之趣ハ御所様御直伝也トテ、種々ノ過言ヲ申シ外ノス、メハ皆邪法ト申事
（一五）教行寺ヨリ池田ノ利兵衛ニ帰命ト云フヲ許サル、事
（一六）御本寺ヲ善知識ト敬申事誤トノ事
（一七）御身絵像ハアナカチ仏ニアラス、帰命ノ行者ハ此身スナハチ仏トナル看板也トノ事
（一八）我身全体仏ナリトノ事
（一九）香華灯明カカケント思ハ自力トノ事
（二〇）ワレラ正法ヲ勧化スル時ハ即善知識ナリ外ニ求ムルハ誤トノ事
（二一）末期ノ如来ト云ヲコシラヘ金銀ニテ許与ル事
（二二）灘目方角ヘ教行寺直ニ回在シ催促ノ事

（一三）本法寺伝授ト云事

（一四）此「今」度教行寺ゟ書出サレ倏「タル」自分領解ノ趣ハ改悔ノ一途ニテ候

（一五）彼当類云頼カ直ニ仏智ナレハ頼ムト云コトナシト申スニテ聞ホトノ愚俗頼ムハアヤマリトイ、ナシテ諸人惑乱スルコトニ候

一覧して一四条までの前半部分に「機」に関わる内容が多く述べられていると理解できよう。事実、本史料「破文」から、「安心決定鈔」（『決定鈔』）、あるいは、「機」の文言が使用されている条は、第三～一二条までと一四条、一九・二四・二五条である。以上から、一四条までの部分に「安心決定鈔」の「機」の解釈に関わる内容が多いと考えてよいだろう。

例えば、第四条は次のような記事がある。

一、称名念仏ヲトナフルハ、報謝トコ、ロウルハ自力ノハカラヒナリ、只ナニトナク唱ルガ真実ノ称名トノ事、此当流ニナキ名目ナリ、「皆」・機情ノアツカヒ~~ニシテ~~「ニシテカヘツテ」白力ノハカラヒナリ、此ハ決定鈔ノ本ニ仏ノ願行ノホカニハ別ニ機ニ信心ヒトツモ行ヒトツモ加ルコトハナキナリトアル文「御言」ヲヨリトコロトシタル曲解ナルヘシ、御文章ニ一念ノ信心獲得已後ノ念仏ヲハ自「身」力往生ノ業トハオモフヘカラス、タ、ヒトヘニ仏恩報謝ノタメトコ、ロエラレルモノナリ、已上カヤウニワカタツルコトハニ相違スレハ、五帖一部ヲハ方便ノ沙汰ト云フ、尤邪義ナリ、タ、ナニトナク唱ルト云ハ聖道門ノ無相離念ニマキレテ・~~アタラシキコトナリ~~「新シキ名目ナリ」

本史料の「仏ノ願行ノホカニハ別ニ機ニ信心ヒトツモ行ヒトツモ加ルコトハナキナリ」とは「安心決定鈔」の「已・今・当の三世の往生は不同なれども、弘願正因のあらはれもてゆくゆへに、仏の願行のほかには別に機に信心ひとつも行ひとつもくはふることはなきなり」(25)である。これを「称名念仏ヲトナフルハ、報謝トコ、ロウルハ、

自力ノハカラヒナリ。只ナニトナク唱ルガ真実ノ称名トノ事」と、誤読していることを指摘している。破文中にもあるように、「御文章」にはこの事に関して多くの記事がある。例えば、帖内三－一三には、「ひとたび一念帰命の信心をこせば仏の願力によりてたやすくたすけたまへる弥陀如来の不思議にまします超世の本願の強縁のありがたさよと、ふかくおもひたてまつりて、その御恩報謝のためにはねてもさめてもたゝ念仏ばかりをとなへて、かの弥陀如来の仏恩を報じたてまつるべきばかりなり」(26)とあり、ここには弥陀如来に帰命し、これを信の対象とし念仏を唱えることで仏果を証得するという真宗教義の中核が存在する。よって、知空は「只ナニトナク唱ルガ真実ノ称名」とは、聖道門の無相離念が混入したとするのである。これは、拝む対象を自己心内にある仏を拝むべしとする不拝帰命の異義に通じる。真宗教義中に聖道門の理念が混入したことによる異義と考えられよう。

　このように、各条では異義がまず示され、それに対する糺明が真宗諸聖教を引用しながら論じられている。さて、二五箇条の中で最も多くの紙面を要し、本破文の中核をなすと考えられるのは、第一一条である。以下に全文を示す。

一、ヨロコハセテノ仏トヨロコフ衆生ト二ツアルトキハ、機法一躰トハ申サレズ、善導ノ彼此三業不相捨離ノ文ニ相違スルニ「ヨリテ」・往生不叶ト云事、此文決定鈔ヲトリ損シタル曲解ナリ、既ニ「御文章ニ」・南無ハ行者ノ弥陀ヲタノム機ノ方ナリト機ト法トヲ分テ妄想煩惑ノ機ナレトモ、弥陀ニ帰命スレハ一念ノ時往生決定セシメ玉フヲ阿弥陀仏ノ法ト定ラレタリ、此極悪ノ機カ帰命ノ念ヲ催スハ、宿善ノ顕ル、時刻仏智回向ノ慈悲十劫已来コノ極悪ノ機ニ薫シ玉ヒタルカ、アラハレテタノム一念ヲ起スナリ、故ニ、願々鈔ニ十八願ヲ述テノ玉ハク、至心信楽ノオモヒ今時ノ造悪不善ノ凡機トシテ、サラニコレアルヘカラス、シカルニタマ〳〵欲往生ノ深信発得スルハ併ラ法蔵因中ノ弘願ト正覚ノ弥陀ノ智力ト内重密益スルニヨリテ、一念帰命ノ往益ヲ成ス、シカレハ至心信楽ト云凡夫

~~自力ノ心ニアラス併テ仏心ナリ~~、コノ文ニステニ内重密益ト仰ラル、ヲ以テ、・「仏ノ慈悲ヲ能重トシ行者ノ機ヲ所重トシ、能所ヲタテ密益ヲ以信心決定ノ時、能所不二機法一体ニナレハコノ信心コレ凡夫自力ノ心ニアラス、併仏心ナルソト」シルヘシ、例セハ、起信綸等ニ真如カ無明ニ薫スルニヨリテ、無明ノ心~~ヨリ~~「ニ」厭求ノ心オコリ、又、知識ノ~~所~~説法ヲキ、テ、イヨ〳〵生死ヲ厭ヒ涅槃ヲ欣コ、ロノオコルナリ、シカレハ真如内薫ト聞法外薫ト・「厭求ノ心ト」回縁和合シテ反流還源スト立タルハ一代仏教ノ通轍ナリ、今以テ~~コレ~~「コノ一代ノ諦理ニ」背ヘカラス、御尺ニ光明ノ父、名号ノ母、信心業識ニヨツテ報土真身ヲ顕ハス肯顕然タリ、コレニヨリテ機ハ極悪ノモノト立テ、法~~ニ依テタスケ□□~~「ノ不思議ニテタスケ玉ヘリ、御文章ニ、憎悪不善ノ身ナカラ願カノ不思議ヲ以テ極楽ノ往生ヲ遂ルヲ宗ノ本意トスル由仰オカル、サレハ」コノ機法ノ二ツタテズハ一体ト云義~~ナル~~「成ス」ヘカラズ、能令瓦礫反(「変」カ)成金ノ文ヲ唯信鈔ノ文意ニ住シタマフニテシルヘシ、彼邪当ノモノハ機法モト一体ニシテ機法ノ二ナシト執スルハ瓦礫元来黄金トオモヘル歟、瓦礫ト金トノ二ツ双ヘオイテコソ変~~シメ然ニナルト云フ~~「成ノ道理モ」アルナレ・「大師ノ」彼此三業ノ御釈モ・「彼此ノ二ナレハコソ不離ノ徳モアレカラレ」名利ノカスミニ覆ハレテ、恵目クラケレハ、皆邪解スルナリ、又、彼邪当ノ云タノミ申ス一念ハ直ニ仏智ナルユエニ、立帰ヘルト云コトハナキナリ、タノマセテクタサレ候ハ、、タノミ申スニコソ立帰ト云コトハアルヘケレ、タノム一念カ直ニ仏智ナリト云々、又云、一念ニ非ス、多念ニ非ス、有ニ非ス、無ニ非ス、エタトオモヘハ誤ナリ、エヌトオモヘハ疑ナリト云々、又曰、ワレラカ往生ハ仏ノ方ヨリ治定ナサレ被下候ヲ手前ノ機フソエテ往生決定ノ治定ノト存スルモ誤也ト云々、右三條カノ当~~輩~~「ヨリ」口授ヲエタル門徒去秋~~回心状ヲ~~「ニ札ヲ」捧テヒルカヘシタルソノ回心状ニ書出シタリ、皆機ノアツカヒ~~是ニ似タル非ナリト~~「ナレハ似タルコトハ似タレトモ、是ナルコトハ是ナラス」、言ハヲキツトキハ正・「義」ニ似タレトモ意内ノ覚悟ハミナ邪義ナリ、既ニ改邪鈔ニ、正行五種ノ中ニ、第四ノ称名モテ正定業トスクリトリ、餘ノ四種ヲハ助業トイヘリ、正定業タル称名念仏ヲ以テ往生浄土ノ正因トハカラヒツノルスラ、ナヲモテ凡夫白力ノ企ナレハ、報土往生カナフヘカラスト~~仰ラレタル~~、紛レモナキ第四ノ・「称名」ヲ正定業トツノルハカラヒスラ報土往生カナハヌソト誡玉ヘルホトノ御流義ナルニ、ナンソ無智ノ身トシテ御相伝モナキ諸聖教ヲ拝見シ、己カ短解ニ任セテメツシキ名目ヲタテ、、人ノ耳ヲ驚カシ、愚俗ヲ迷ハシムルハ名利ニクラマサレタル故也、・「聖人ノ」御在世ニ出生ノコ、ロオホク、浄土ノ業スクナシナト、中シキコシメシテ、スヘテコレナマシイナル御ハカラヒト大キニ誡玉ヒテ浄信ノ御房ハ御消息ナシクタサレタリ、ソノ上、去ヌル延宝三年ノ比五畿七道~~ノ寺院ハ~~ヘ三箇条ノ掟ヲ触示シ玉フ第一箇条ニ当家僧侶猥窺於祖師聖人之御製作並御聖教等無師伝相承而荒涼取扱之由、其聞有之如先規申触弥堅可為停止事ト急度ト触告玉ヒタルヲ、彼当ハミルヤミサルヤ、キクヤキカスヤ、忘タルヤ忘サルヤ、・「御掟ヲ守ルヤ守サルヤ、」心ニトハ、イカ、答エン、既ニ御制法ニソムキ、安心決定鈔ナト荒涼ニ沙汰シ、仏辺ヲ機辺ニ混~~乱~~「揉」シ隠~~密顕~~彰「彰顕密」ヲ雑~~揉~~「乱」シテ、御相伝ノ宗義ヲミダシ新キ名言ヲタテ、自障々他スルコト、尤モ~~当家ノ罪賊ナリ~~「真宗ノ法敵ナリ」

本条末尾には「既ニ御制法ニソムキ、安心決定鈔ナト荒涼ニ沙汰シ、仏辺ヲ機辺ニ混~~乱~~「揉」シ隠~~密顕~~彰「彰顕密」ヲ雑~~揉~~「乱」シテ、御相伝ノ宗義ヲミダシ新キ名言ヲタテ、自障々他スルコト、尤モ~~当家ノ罪賊ナリ~~「真宗ノ法敵ナリ」」とあり、「破文」前文にある記事内容と同等であることが理解できる。つまり、本史料「破文」の中核部分と推察してよいだろう。さて、本条は前半部分に善導の「彼此三業不相捨離」をめぐる解釈が論じられており、後半部分には口授されたとする門徒の回心状より、同じく「機」の扱いについて糺明している。(27)

まずは前半部分について検討したい。前節同様に、普賢氏の論考に依拠して論じることとする。冒頭には「ヨロコハセテノ仏トヨロコフ衆生ト二ツアルトキハ、機法一躰トハ申サレズ、善導ノ彼此三業不相捨離ノ文ニ相違スルニ・「ヨリテ」往生不叶ト云事、此文決定鈔ヲトリ損シタル曲解ナリ」とあり、「安心決定鈔」を曲解したことによる異義を論じている。善導の「彼此三業不相捨離」について、「安心決定鈔」では次のように記されている。(28)

かるがゆへに機法一体の念仏三昧をあらはして、第八の観には「諸仏如来是法界身、入一切衆生心想中」と、く。これを釋するに、法界といふは所化の境すなはち衆生界なりといへり。定善の衆生ともいはず、道心の衆生ともとかず、法界の衆生を所化とす。「法界といふは所化の境、衆生界なり」（定善義）と釋する、これなり。まさしくはこゝろいたるがゆへに身もいたるといへり。弥陀の身心の功徳法界衆生の身のうち、こゝろのそこにいりみつゆえに、「入一切衆生心想中」ととくなり、こゝを信ずるを念仏衆生といふなり、また真身観（定善義意）には「念仏衆生の三業と、弥陀如来の三業と、あひはなれず」と釈せり。仏の正覚は衆生の往生より成じ、衆生の往生は仏の正覚より成ずるゆへに、衆生の三業と仏の三業とまたく一体なり

この文意は衆生の三業と仏の三業の上に機法一体を語るもので、普賢氏はこれを、「したがって衆生が本願に帰する所、仏の三業功徳は衆生の心中に入りみち、衆生の称礼念の三業の上に展開するのであり、仏と衆生の三業は一体である」[29]と述べている。そして、仏の正覚は衆生の往生から成じ、衆生の往生は仏の正覚より成じる。仏の願行の外に衆生の往生の願行はなく、衆生の三業はすべて仏体の上に成じているとしている。衆生が釈尊の教法によって自己の真実体を知らされ領解したとき、弥陀と一体であるという自覚を得て、機の往生が成就するとともに、仏も離れずに正覚を成ずるというのである。この論理はまさに浄土宗西山系証空の思想と一致する[30]。つまり、衆生と仏とは本来別なるもので、その衆生と仏とが合体して一体となる機法一体ではないのである。

以上の考え方は、真宗における他力説と比べると解釈の違いがあるといわざるをえない。前節にて述べてきたように、「安心決定鈔」においては、衆生の往生と仏の正覚の同時成就を説く。したがって、仏は十劫の昔に衆生の往生に必要な願行を円満されたのであり、十方衆生の願行が円満し、往生が成就したとき、仏は正覚を成じたのである。しかしながら、「御文章」では次のように述べていると普賢氏は指摘している[31]。

このゆへに機法一体の南無阿弥陀仏といへるは、このこゝろなり。これによりて衆生の三業と弥陀の三業と一体になるところをさして善導和尚（定善義）は「彼此三業不相捨離」と釈したまへるも、このこゝろなり。

「御文章」においては仏凡の上で機法一体を語らずに、名号の上で機法一体を語るというのである。「御文章」での「定善義」の引用は、彼此三業不相捨離として衆生の上に展開されているのは名号が機法一体として成就されていることを示すものに他ならない。「御文章」においての機法一体は、名号の上での論理展開であり、「安心決定鈔」のごとく、衆生と仏の三業の上に機法の一体を論じているのではないというのである。

知空は「ヨロコハセテノ仏トヨロコフ衆生ト二ツアルトキハ、機法一躰トハ申サレズ」とあることを「安心決定鈔」を曲解していると述べている。さらに、「御文章」と「願々鈔」を引用しながら、「彼邪当ノモノハ機法モト一体ニシテ機法ノ二ナシト執スル」ことを徹底的に糺明している。例えば、「御文章」からは、「南無ハ行者ノ弥陀ヲタノム機ノ方ナリト機ト法トヲ分テ妄想煩惑ノ機ナレトモ、弥陀ニ帰命スレハ一念ノ時往生決定セシメ玉フヲ阿弥陀仏ノ法ト定ラレタリ」とし、「願々鈔」からは、「至心信楽ノオモヒ今時ノ造悪不善ノ凡機トシテ、サラニコレアルヘカラス、シカルニタマ〳〵欲往生ノ深信発得スルハ、併ラ法蔵因中ノ弘願ト正覚ノ弥陀ノ智力ト内重密益スルニヨリテ、一念帰命ノ往益ヲ成ス」として、不二としての機法一体を述べている。そこで、仏と衆生、つまりは、法と機が別物であることを強調するがあまり「極悪ノ機カ帰命ノ念ヲ催スハ、宿善ノ顕ル、時刻仏智回向ノ慈悲」「機ハ極悪ノモノト立テ、法ノ不思議ニテタスケ玉ヘリ」といった二極対立的な表現をしたと推察されよう。

このように、知空は「機法ノ二ツタテズハ一体ト云義サル「成ス」ヘカラズ」として、仏と衆生が別物であることを説く。しかしながら、これまでに述べてきたように、「安心決定鈔」は往生正覚同時成就を説いている。仏と衆生とは非常に近い位置にいる。知空が述べる蓮如教学から論じるなら、間違いなく異義となるであろうが、「安心決定鈔」の解釈次第では微妙な問題を含んでいると言わざるをえない。

次に、後半部分について検討する。後半部分は口授されたとする門徒の回心状を糺明したものである。回心状には次の三点があったとする。三点とは、「タノミ申ス一念ハ直ニ仏智ナルユエニ、立帰ヘルト云コトハナキナリ、タノマセテクタサレ候ハ、、タノミ申スニコソ立帰ト云コトハアルヘケレ、タノム一念カ直ニ仏智ナリト云々、又云、一念ニ非ス、多念ニ非ス、有ニ非ス、無ニ非ス、エタトオモヘハ誤ナリ、エヌトオモヘハ疑ナリト云々、又曰、ワレラカ往生ハ仏ノ方ヨリ治定ナサレ被下候ヲ手前ノ機ヲソエテ往生決定ノ治定ノト存スルモ誤也」であるが、詳しい内容はこの記事からは推察できないが、「タノム一念カ直ニ仏智ナリト」「手前ノ機ヲソエテ往生決定ノ治定ノト存スル」などの文言から、「機」の扱いにおいての異義であることが窺い知れる。また、知空は「改邪鈔」[32]から、「正行五種ノ中ニ、第四ノ称名モテ正定業トスクリトリ、余ノ四種ヲハ助業トイヘリ。正定業タル称名念仏ヲ以テ往生浄土ノ正因トハカラヒツノルスラ、ナヲモテ凡夫自力ノ企ナレハ、報土往生カナフヘカラスト」と引用し、さらに厳しい姿勢を示す。つまり、正定業の五種の中で第四の称名を正定業とするほどの往生浄土の正因であるが[33]、他力の安心決得がないと報土往生はかなわないとする「御流儀」であるにもかかわらず、「無智ノ身トシテ御相伝モナキ諸聖教ヲ拝見シ、己カ短解ニ任セテメツシキ名目ヲタテ」ることを叱責しているのである。

また、本条の「延宝三年ノ比五畿七道ノ寺院ハヘ三箇条ノ掟ヲ触示シ玉フ」より、延宝三年（一六七五）には異義を広めたことを問題としている。さらに、「如先規申触弥堅可為停止事ト急度ト触告玉ヒタルヲ、彼当ハミルヤミサルヤ、キクヤキカスヤ、忘タルヤ忘サルヤ、「御掟ヲ守ルヤ守サルヤ」・心ニトハ、イカ、答エン」として本寺からの指示を守らなかったことを「御制法ニソムキ、安心決定鈔ナト荒涼ニ沙汰シ、仏辺ヲ機辺ニ混乱「揉」シ隠密顕彰「彰顕密」ヲ雑揉「乱」シテ、御相伝ノ宗義ヲミダシ新キ名言ヲタテ、自障々他スルコト、尤モ当家ノ罪賊ナリ「真宗ノ法敵ナリ」」と糾弾しているのである。

以上、本節では前文における「決定鈔ヲテビロニアツカヒ、仏辺ノ方ヲ荒涼ニ沙汰アルニヨリテ、行者ノ機ノアツカヒニ落テ、自力ノハカラヒニナレハ、返テ機辺ニ誤リアリ」をうけ、本文の中でどのように論じているかを明らかにした。特に、第一一条を中心として、「安心決定鈔」をめぐる「機」の解釈について考察した。

三　「破文」における教行寺関連記事

前節にて、「破文」前半の第一条から第一四条を中心に、「機」の扱いの異義について糺明していることを明らかにした。前半部分には光善寺および教行寺の文言はなく、光善寺に対しての破文なのか、教行寺に対しての破文なのかは明白ではない。しかしながら、前節にて二五箇条の冒頭を示したように、第一五条以降は「教行寺」の文言が散見され、前半が光善寺に対しての破文、後半が教行寺に対しての破文とも推察されるが、「破文」自体にそのような明記はなく速断であるとも考えられる。本節では、後半部分、特に教行寺記事に焦点化し、「承応の鬩牆」に端を発する本願寺と教行寺の不仲が本事件に影響を及ぼしていないかをも視野に入れて考察していきたい。

第一五条から第一九条は一連の内容と考えられる。以下に記す。

一、教行寺ヨリ池田ノ利兵衛ニ帰命ト云フヲ許サル、事、此段池田弘誓寺門徒中ヨリ書付指出タル趣ニ委細ニアリ、コノ者~~名塩随一信仰ノモノニテ~~「随逐第一ノ門弟ナリ」、元来コビタルモノニテ、種々の文言曲説ナトヲ伝ラル、トミエ・、「タリ」ソノ書付ノ中ニ邪説数多有之~~願ク小此書付ヲ高覧ニ備□□度□□ニ候~~、御僉義之上~~御宗門ヲ放ヘキ~~「可被仰付モノト承候」

一、御本寺ヲ善知識ト敬申事誤トノ事、コレハ池田ノ利兵衛カ申触レタル言トミエテ候

一、御身絵像ハアナカチ仏ニアラス、帰命ノ行者ハ此身スナハチ仏トナル看板也トノ事

一、我身全体仏ナリトノ事

一、香華灯明カカケント思ハ自力トノ事

右三条ハ決定鈔ノ身モ南無阿弥陀仏トアルヨリ、邪解曲説シタル悪見ニテ皆利兵衛カ専ラ申分ナル由一書ニ
ノセタリ

第一五条の記事「コノ者~~名塩随一信仰ノモノニテ~~「随逐第一ノ門弟ナリ」、元来コビタルモノニテ、種々の文言曲説ナトヲ伝ラル、トミエ・、「タリ」ソノ書付ノ中ニ邪説数多有之」より、知空は教行寺の第一の門弟である池田利兵衛なる者が異義を唱えていたと判断していたことが理解できる。異義の内容としては、第一六条から一九条に記されている「御本寺ヲ善知識ト敬申事誤トノ事」「御身絵像ハアナカチ仏ニアラス、帰命ノ行者ハ此身スナハチ仏トナル看板也トノ事」「我身全体仏ナリトノ事」「香華灯明カカケント思ハ自力トノ事」の四点である。これらは知識帰命や不拝帰命につながるものである。「御身絵像ハアナカチ仏ニアラス、帰命ノ行者ハ此身スナハチ仏トナル看板也トノ事」として、絵像・木像を仏とせず、この身を仏であると述べている。これは第一八条「我身全体仏ナリトノ事」でも同様で、我が身を仏とし、外なる仏を排除する主張をしている。つまり、知識帰命や不拝帰命の典型でもある善知識は生きた如来であるから善知識を拝めば充分であるという論理である。これが第一六条「御本寺ヲ善知識ト敬申事誤トノ事」の異義にも繋がっているのが理解できるだろう。

次に、第二二条と第二四条に「教行寺」記事がある。以下に記す。

ウ　「破文」第二二条

一、灘目方角へ教行寺直ニ回在シ催促ノ事、此ハ事縁ニヨリテアルケシキ事ニ非ス人品ニハ不相応ノ行跡ナルヨシ、世人ノ取沙汰アリ自他ノ門徒中ヲ経回シテ「人ヲタフロカシ」・モノヲトリ無上ノ法流ヲケカスト、御文章ノ御言ニ相似タリ

エ　「破文」第二四条

一、此《今》度教行寺ヨリ書出サレ條《タル》自分領解ノ趣ハ改悔ノ一途ニテ候、コノ趣ヲ催促候ハ、中ホト「別条アルマシク」候へ共、・決定「相伝モナク」鈔ヲヨミキカセ「トリアツカヒ」、機行ヲ混乱シ新キ名目ヲタテ禅家ノ話則ノ如ク隠語《ナゾ》ナト説ヤリ「風情」アルヨリ諸人コソリテ繁昌セシメ、御本寺ノ御勧化ヨリハ一重オクフカキヤウニ申ナシテ、近年ハヒコリ当類アマタニナルトミエ候、摂州ニ一僧アリテ催促ノ席へ望タルニ、此土他土一異トハイカニト問ハレシニ、僧答テ云、年ノ内ニ春ハ来ニケリ、一年ヲコソトヤイハン、コトシトヤイハント申セシカハ、如是ト答ラル、ヨシ書上タル紙面ニミエタリ、カヤウノ事迄アマタナルヨシ

第二二条より、教行寺が灘目方面に直々に布教したことが分かる。知空は不相応の行為であると非難し、「人ヲタフロカシモノヲトリ」と言語道断の行為があったことを糺している。もちろん、事実かどうかの断定はできないが、「御文章ノ御言ニ相似タリ」とは「御文章」の言葉を勝手に引用したとのことと考えられる。これを示すものとして、当時本願寺では法主が行う消息に準ずる行為を禁止していたにもかかわらず、播磨国加東郡久米村西教寺には延宝四年（一六七六）に本異義事件で処罰を受けた教行寺寂超よりの消息が伝来している。第二部第三章で示した史料であるが再掲する。[34][35]

態一簡述候、仍其地門家中、今度従善知識為御意、師弟吉味一大事之信心乞相伝之条、各々有難存此度報土往生之安心決定可有候、抑当流の心は位のたかきもいやしきも更にそのへだてなく、もろもろの雑行をすてて、一心に阿弥陀如来、今度後生御助候へと、一念にふかく頼申候とき、十人も百人も、もらさずすくい給ふべき事努々うたがひなく、あいかまえて自力執心乃わが機をふりすてて不思議の願力ぞとふかくしんじ、ねてもさめても称名念仏を申べきこと肝要に候、是則他力真実の信心を得たるすがたなり、かくのごとく聞きわけ凡身をすてずして、いやしき身ながら正定聚不退転の位を得て、弥勒とひとしくして命おわり次第極楽のさとりに

おもむくべき事、祖師聖人御出世の重恩相承血脈乃善知識の御恩と朝夕仏恩師恩を報じ、御掟の旨守ルべきものなり、穴賢穴賢

延宝四辰九月廿五日

釈　寂超（花押）

本史料は寂超より久米村門徒に宛てられたものであるが、内容は「領解文」(36)に非常に近いことに容易に気づく。また、「御文章」（帖内五－一二）(37)にほぼ同内容の記事がある。「御文章」の文言を引用し、教えを広めていたことは確かであろう。

次に、第二四条に注目する。本条より、教行寺が書き出したとする書面は「自分領解ノ趣ハ改悔ノ一途ニテ候」とし、自力を用いたことを悔い改めて他力にまかせると述べた内容であったことが分かる。しかも、相伝もない「安心決定鈔」を取り扱い、機行を混乱したとしている。「此土他土一異トハイカニト問ハレシニ、僧答テ云、年ノ内ニ春ハ来ニケリ、一年ヲコソトヤイハン、コトシトヤイハント申セシカハ、如是ト答ラル、」とあるように、禅家のごとく問答をおこなうことで、「御本寺ノ御勧化ヨリハ一重オクフカキヤウニ」していると批判しているのである。ここには、具体的な異義はみられないものの、「安心決定鈔」の取り扱いを糺している。気になるのは、知空の「「相伝モナク」・決定鈔ヲ~~ヨミキカセ~~「トリアツカヒ」」の記事である。「相伝モナク」と書き加え、「ヨミキカセ」を「トリアツカヒ」に変更している。「安心決定鈔」の誤った解釈を強調したわけであるが、具体的に誤った解釈が示されたわけではない。「破文」の内容が正しければ、教行寺は不拝・知識帰命に通じる異義が存在したことになる。在地史料が存在しない中で、「承応の鬩牆」に端を発する本願寺と教行寺の不仲が本事件に影響を及ぼしたかどうかの明言はできない。

おわりに

以上、元禄八年（一六九五）の光善寺教行寺異義事件の全体像を検討してきた。本異義事件は「安心決定鈔」の「機」の扱いが中心内容であった。これまでに示してきたように、「安心決定鈔」の機法一体とは、往生正覚の機法一体であることが特徴である。しかも往生成就と正覚成就は同時である。この思想はもともと西山系の思想であって、「安心決定鈔」の西山上人との思想的連関を見ることができる。恵空が「此鈔実に西山の書ならば当流の人は用う可からざるや」と「安心決定鈔翼注」において結論付けたことは周知であろう。

知空は蓮如教学の立場で、「信心と摂取の機法一体説」を説く。仏は衆生にかわって往生の因徳である願行を成就し、衆生が往生すべき理・徳が仏辺において成就したことと弥陀の正覚が一体となって、名号の上に成就されているとする。名号の上での機法一体を説き、大きく仏辺に巻き上げていると言えるだろう。

この「安心決定鈔」をめぐる機法一体の解釈の問題が本異義事件の中心である。それに様々な要因が絡んだものと推察される。「安心決定鈔」の依用の姿勢は第二四条の「・決定鈔《「相伝モナク」》ヲ~~ヰミキカセ~~《「トリアツカヒ」》」という点のみで詳細には明らかにされていないものの、「安心決定鈔」の依用のあり方が問われたと考えられる。

このように考えると、一方では本「破文」は異義を糺すという性格を越えて、「安心決定鈔」の依用への警鐘であったとも考えられる。事実、本「破文」は本願寺法主寂如に提出されたばかりか[38]、いくらかの書写本が流布したと考えられる。例えば、龍谷大学所蔵「秘事一般」は、本「破文」の書写本であり、「小曽根西福寺本ヨリ転写、大正十四年十二月」との奥書がある。つまり、本「破文」は光善寺・教行寺の異義を糺すばかりでなく、「安心決定鈔」の取り扱いについても意識した内容となっている。だからこそ、知空は前書きに「此ハ下書也、後来ノ徒、写改メテ置ヘシ」と記したのではないだろうか。また、知空の「安心決定鈔」の引用の態度をみると、「安心決定鈔ヲ聞見《「聴聞」》シ奉ルニ」「無智ノ身トシテ御相伝モナキ諸聖教ヲ拝見シ、己カ短解ニ任セテメツシキ名目ヲタテ」「・《「相伝モナク」》決定鈔ヲ~~キミキカセ~~《「トリアツカヒ」》」として、もともとの「聞見」を修正し、より丁重な文言である「聴聞」に変えたり、「相伝モナク」と「安心決定鈔」を評したりするなど、「安心決定鈔」への評価がうかがえる。以上からも、知空の「安心決定鈔」への姿勢、ひいては、本「破文」への姿勢、つまり、「安心決定鈔」依用への警鐘を容易に推察できるのである。

さて、「承応の鬩牆」に端を発する本願寺と教行寺の不仲が本事件に影響を及ぼしたか否かという筆者の問題意識から考察すると、残念ながら、知空直筆の「破文」からは明らかにすることができなかった。「破文」の内容は明らかに教義に関わるものであり、政治的な対立関係を見ることができない。ただし、前述したように、「破文」後半部分の教行寺に対する内容のうち、「安心決定鈔」の誤った解釈が具体的に示されたわけではない。想像を逞しくするなら、第二四条から「安心決定鈔」をめぐる解釈の中で、「承応の鬩牆」が影を落としていると見ることも可能であろう。この点は在地史料を精査し、さらに検討を深めていく必要がある。

この事件により光善寺は東本願寺派に転派し、教行寺寂超は幽閉され跡職を萩清光寺から迎え入れる。光善寺と教行寺の行動は本「破文」の示す事実が正しければ、本山にとっては看過できない事実であったに違いない。しかしながら、一方でこれらの寺院から影響を受けた門徒の側に視点をうつすと異なった評価が成り立つ。例えば、第三章で述べたように、延宝四年（一六七六）に加東郡久米村西教寺は教行寺寂超より消息を下付される。この消息下付がきっかけとなって、村内の意識は高揚し木仏寺号の取得に成功している。寂超消息は大きな信仰推進力を有

していたのである。(39)

註

（1）中島覚亮『異安心史』（平楽寺書店、一九一二年）六九頁。

（2）龍谷大学三百五十年史編集委員会編『龍谷大学三五〇年史』通史編上巻（龍谷大学、二〇〇〇年）九三～九四頁。以下、『龍谷大学三五〇年史』とのみ表記し巻号を付す。

（3）大原性実『真宗異義異安心の研究』（永田文昌堂、一九五六年）三二二頁。

（4）龍谷大学所蔵。本史料閲覧に際して、龍谷大学図書館、ならびに本願寺史料研究所の大原実代子氏に多大な御配意を賜わった。深甚なる学恩に心から感謝の意を申し述べたい。

（5）承応年間に学林の初代能化西吟の教学に疑義があると、熊本延寿寺月感が訴えたことにより起こった法難。本山と興正寺との確執に転化し、学寮を取り壊すことによって終結した事件である。

（6）福間光超編『諸国江遣書状之留』（同朋舎出版、一九八二年）一六九頁。

（7）奥書きは宝永九〔八〕カ辛卯年（一七一一）二月十日に記されている。前書きおよび奥書と本文とは、筆致も異なっている。

（8）「破文」は下書きのため、修正箇所や追加箇所がある。本史料引用にあたっては原文にならって、追加箇所は「・」として表記しその右に挿入部分を表記する。修正箇所は取り消し線を使用している。また、「　」は知空が修正のため挿入した箇所である。

（9）法然の専修念仏をうけ曠劫流転の凡夫が法体成就の阿弥陀仏によって、いかに救われていくかを述べた聖教である。筆者不明。蓮如によって愛用・愛賞された。しかしながら、内容上西山系の思想が包含されていることから、宝永五年（一七〇八）、大谷派の学匠恵空によって西山派の書物と断定されて以降、真宗内の著作とする本願寺派と大谷派では所見を異にしている。

(10)　蓮如が道俗に与えた教義に関する消息を編集して五帖としたもの。御文章とも御文とも五帖消息ともいう。なお、これに含まれないものを「帖外御文章」とする。
(11)　仏典上には機法・機教などとあり、仏の教法を被るべき対手を「機」という。「機」には様々な意がある。瓜生津隆雄氏によると、「安心決定鈔」における「機」は基本的に「衆生」を指すとされる。瓜生津隆雄「安心決定鈔と真宗教学序説」（『龍谷大学論集』三六三号、龍谷学会、一九五九年）一七頁。
(12)　『龍谷大学三五〇年史』通史編上巻、三三三頁。
(13)　同右、九八頁。
(14)　井上哲雄『真宗本派学僧逸伝』（永田文昌堂、一九七九年）一二三頁。
(15)　普賢晃寿①「安心決定鈔と真宗列祖の教学―安心決定鈔と覚如・存覚の教学―」（『龍谷大学論集』四一五号、龍谷学会、一九七九年）八一～一〇七頁、同②「安心決定鈔と蓮如教学」（『真宗学』六二号、龍谷大学真宗学会、一九八〇年）一～二九頁。瓜生津隆雄「『安心決定鈔』の機法一体説管見」（『真宗学』二三号、龍谷大学真宗学会、一九六〇年）三七～四八頁に詳しい。
(16)　「安心決定鈔」について多くの研究成果を残された瓜生津隆雄氏、同聖教の機法一体説を綿密に研究された普賢晃寿氏、蓮如の機法一体観について論究された徳永道雄氏の三者とも、この法体と機受の側面から捉えることができることを指摘している。普賢註(15)①前掲論文、八二～八六頁。普賢註(15)②前掲論文、五～一五頁。瓜生津註(15)前掲論文、四四～四八頁。徳永道雄「蓮如の機法一体観について」（『真宗研究』四四号、真宗連合学会、二〇〇〇年）九三～一〇一頁。
(17)　真宗聖教全書編纂所編『真宗聖教全書』三（大八木興文堂、二〇一〇年）六一五頁。以下、『真宗聖教全書』と表記し巻号を付す。
(18)　禿氏祐祥編『蓮如上人御文全集』（平楽寺書店、一九三九年）九八頁。

(19) 普賢註(15)②前掲論文、一三頁。
(20) 『真宗聖教全書』三、四六〇頁。
(21) 同右、六二五頁。
(22) 普賢註(15)②前掲論文、五～一一頁に詳しい。
(23) 『真宗聖教全書』三、四六一頁。
(24) 同右、四四〇頁。
(25) 『真宗聖教全書』三、六二六頁。
(26) 同右、四七三頁。
(27) 「支那唐朝の人にして真宗七祖の第五祖。支那の浄土教史上最も重要な地位を占むる名師」とある。(岡村周薩編『真宗大辞典』第二巻、永田文昌堂、一九七二年、一三七一頁)。以下、『真宗大辞典』と表記し巻号を付す。
(28) 『真宗聖教全書』三、六二五頁。
(29) 普賢註(15)②前掲論文、九頁。
(30) 証空の思想を分析された瓜生津隆雄氏は次のように述べている。「十劫の正覚というのは往生正覚同時成就の正覚であって、本来法爾として生仏一如である理が事として十劫の昔に往生正覚機法一体の成道を顕現せられたと見るのである。更に詳言すると、生仏一体の思想を法蔵菩薩の理性の上に認め、その理性の事相的顕現を法蔵菩薩の願行の上に認め、更にその願行成就機法一体の原理を一切衆生の上に認めて行くのが上人の思想と見ゆるのである」。瓜生津隆雄「『安心決定鈔』の機法一体管見」(『真宗学』一三、龍谷大学真宗学会、一九六〇年)四一～四三頁。
(31) 『真宗聖教全書』三、四六一頁。普賢註(15)②前掲論文、九～一〇頁。
(32) 本願寺第三世覚如が乗専の請に応じて作成した著である。邪説僻見など二〇箇条を示して排斥した内容である。本記事は第一五箇条に記されている。

(33)「選択集」第二章には散善義の意を解して「初に正業とは上の五種の中の第四の称名を以て正定業となす（中略）次に助業とは第四の口称を除くの外、読誦等の四種を以て助業となす」とある（『真宗大辞典』巻二、一〇九七頁）。

(34)兎原・八部の沿岸農村地帯をいい、酒造地帯として発展した。灘目は灘辺のことで、寛文一二年（一六七二）の五カ宿馬借願書（浄教寺文書）には「灘太目浜みかげ村」とある（『兵庫県の地名〈『日本歴史地名大系第二九巻』〉』Ｉ、平凡社、一九九九年、九七頁下段）。

(35)拙稿「『部落寺院制論』への疑問―播磨国加東郡部落寺院を中心に―」（『法政論叢』第三八巻、第一号、日本法政学会、二〇〇一年）、一一～一六頁に詳しく論じている。久米西教寺は部落寺院であり、教行寺は本願寺の命により西教寺の宗判を預かることとなった。のちに、拙著『浄土真宗と部落寺院の展開』（法藏館、二〇〇七年）第二部第三章として所収。

(36)蓮如の作成した一紙の法語で真宗の教義を会得したままを陳述する文。内容は安心・報謝・師徳・法度の四節に分かれている。本派では「領解文」と称し、大谷派では「改悔文」という。

(37)『真宗聖教全書』三、五一六頁。

(38)「破文」奥書には、「此一冊之破文御本寺大僧正寂如様へ指上候」とある。

(39)註(35)前掲拙稿に詳しい。

補論6　近世初期真宗信仰の一様相

はじめに

近世仏教思想史研究において多大な功績を収めている大桑斉氏は、近世初期の民衆には「煩悩即菩提」[1]という思想が優勢であったとし、こうした仏教唯心論が広く展開していたとする。[2]氏は、真宗も例外ではなく、江戸初期の真宗に影響力をもっていたのは「往生正覚同時成就」[3]の考えを含む「安心決定鈔」[4]であり、西本願寺初代能化である西吟が主張した自性唯心説[5]に見られるように、「生仏互入一体」[6]の思惟が当時の西本願寺教団の中心思想であったとする。そして、西本願寺教団においては蓮如教学への移行を第二代能化の知空の時代と主張している。[7]しかしながら、児玉識氏は近世初期の段階では（ア）「信心正因・称名報恩」に忠実な信仰、（イ）「決定鈔」型信仰、（ウ）西吟教学に忠実な信仰の三類型があったとし[8]、論争的な研究状況を呈している。

さて、補論5にて、元禄八年（一六九五）に西本願寺第二代能化知空によって、一家衆である光善寺と教行寺が異義により処罰された事件について、西本願寺史料である「光善寺教行寺箇条書の破文」（以下、「破文」と表記）を中心として検討した。「破文」は前書きと二十五箇条の本文と奥書で構成されており、その内容から、本異義事件は「安心決定鈔」の扱いが中心であることが明らかになった。また、いくらかの書写本が残されていることから、「安心決定鈔」の依用への警鐘であることも指摘した。しかしながら、「破文」全体の検討としても不充分な点があり、大桑氏が指摘した近世初期の民衆思想の視角から考察したものでもない。

そこで、本論では、西本願寺第二代能化である知空によって記された「破文」を民衆思想の視角から分析し、近世初期の真宗信仰の状況を考察するとともに、論争的な研究状況に事例提供を行おうとするものである。

一　第二代能化知空の位置

本節では、まず「破文」の執筆者である知空の立場を明らかにしておきたい。「破文」の第一条と最終の第二五条は呼応の関係にある。第一条の冒頭と第二五条の終末部分を抜き出してみる。(9)

ア　「破文」第一条

五帖一部ハ方便ノ沙汰ト申サル、由・、「ノ事」常随ノ門徒回心状ヲカキ御本寺ヘ差出タル紙面ニアリ

イ　同右、第二五条

コレラノ趣ヲモテ御勧化アラル、ヲナンソ五帖一部ハ方便ノ沙汰ナト申スハ勿体ナキ次第ナリ

このように、知空は「御文章」を「方便ノ沙汰」と論じるのは「勿体ナキ次第ナリ」と述べ、異義であることを記している。序論部分の第一条と結論部分の第二五条に記されていることから、「破文」全体を通した根幹部分であると考えられる。知空が「御文章」を布教の大切な聖教のひとつとして認識していることがうかがえよう。換言すれば、蓮如への忠実な姿勢が理解できるのである。

知空が蓮如教学を推し進めたことは、すでに多く述べられているところであるが、(10)「破文」の全体像から、知空の位置を明らかにしておきたい。

まず、蓮如への忠実な姿勢を、結論部分にあたる第二五条から読み取ってみる。

正嘉二年十二月十四日ノ御消息ニ南無阿弥陀仏トタノマセ玉ヒテムカヘントハカラハセ玉ヒナ(タ)ルト已上、歎異抄ニイヨ〱弥陀ヲタノミ御恩ヲ報シ奉ルニテコソ候ハシテ已上、三心三信同一事ニ弥陀如来因位ノムカシ未来ノ衆生ノ浄土ニ往生スヘキタネヲ成就シ玉ヒテ、一切衆生ノ往生ノ正業トナリ玉ヒテ南無阿弥陀仏トタノム一念ノ心オコレハ仏心ト凡心トマタクヒトツニナルナリト已上、然レハ祖師ノ御相伝代々ノ御聖教別シテ五帖一部ニサカント、後生タスケタマヘト帰命ノ一念ヲオコスヲ規模トシテ往生治定ノ限際ト定メ玉ヘハ、行者ノ方ニモコノ帰命ノ一念ニ、ワカ往生ハ一定ト存シツメテ喜コトナレハ、イツマテモ・「弥陀ヲ」タノミ奉ルトノ名目ナケレハ叶ハヌコト也

本記事の「正嘉二年十二月十四日ノ御消息」とは、「末灯鈔」における「自然法爾事」からの引用で、「南無阿弥陀仏トタノマセタマヒテムカヘントハカラハセタマヒナ(タ)ル」と示している。(11)また、「歎異抄」から、「イヨ〱弥陀ヲタノミ御恩ヲ報シ奉ルニテコソ候ハ」と引用し、ともに一念帰命を説いている。「三心三信同一事」を引用したのは、存覚執筆と考え、蓮如の仏凡一体の機法一体説を取り上げるためであろうか。(12)これをうけて、「然レハ祖師ノ御相伝代々ノ御聖教別シテ五帖一部ニサカン」と述べているのである。知空が蓮如教学に忠実であった様子が読み取れる。

「破文」全体の中ではどうだろうか。以下に、「破文」に蓮如の文言、および、著作に関する内容が引用されている箇所を**表一**にまとめてみよう。**表一**から分かるように「御文章」から多くの引用がなされており、「安心決定

表一　「破文」における蓮如に関する引用箇所

条	記事内容
前文	○宿善ノ機、南無ト帰命シテ阿弥陀仏ト唱ル六字ノウチニ、万行万善恒沙ノ功徳タ、一声ニ成就スルナリ、コノウエハ一生ノ間仏恩報謝ノ念仏ヲ唱ヘキナリ、唯能常称如来号応報大悲弘誓恩ノ御釈コノ意ナリ、御文章ニモコノ趣ヲ広略ニオシヘマシマス
第一条	○御文章ハ一往勧化門ノ方便ノ御沙汰トイヒマキラカシタルナルヘシ、十劫沙汰ヲ誡シメタマヘル御文章二箇所ニ炳然タリ
第四条	○御文章ニ一念ノ信心獲得已後ノ念仏ヲハ自力往生ノ業トハオモフヘカラス、タ、ヒトヘニ仏恩報謝ノタメトコ、ロエラレルモノナリ
第六条	○御文章ノ中ニアサマシサヨトオモヒテ猶々フカク弥陀如来ヲ頼奉ヘキモノナリト ○御文章ニワカ身ハワロキイタツラモノナリトオモヒツメテト
第七条	○御文章ニ宗義ニナキクセ法門ヲイヒテ諸人ヲマトワシ、我ガ身モ悪見ニ住スト禁制ナサル、ハコノ類ナルヘシ
第一〇条	○宗ノ奥旨ヲシラズシテ、相伝モセサル聖教ヲワカ身ノ字力ヲモテコレヲヨミテ諸人ヲマトハシ、ワカ身モ悪見ニ住シテ地頭領主ニモトカメラレント、御文章ノ未来記顕然ナラスヤ
第一一条	○既ニ御文章ニ南無ハ行者ノ弥陀ヲタノム機ノ方ナリト、機ト法トヲ分テ妄想煩惑ノ機ナレトモ、弥陀ニ帰命スレハ一念ノ時往生決定セシメ玉フヲ阿弥陀仏ノ法ト定ラレタリ ○御文章ニ憎悪不善ノ身ナカラ、願カノ不思議ヲ以テ極楽ノ往生ヲ遂ルヲ宗ノ本意トスル由仰オカル
第二五条	○仏恩報謝ノ称名最後マテ喜嗜身礼口称意念相続スルコソ宗門超異ノ所談当流ノ規模ニシテ、御文章ノ始終ノ御ス、メナリ ○然レハ祖師ノ御相伝代々ノ御聖教別シテ五帖一部ニサカント、後生タスケタマヘト帰命ノ一念ヲオコスヲ規模トシテ、往生治定ノ限際ト定メタマヘハ行者ノ方ニモコノ帰命ノ一念ニ、ワカ往生ハ一定ト存シツメテ喜コトナレハ、イツマテモ弥陀ヲタノミ奉ルトノ名目ナケレハ叶ハヌコト也

鈔」の誤読による異義が糺されていると考えてよいだろう。以下に、補論5で論じた重要点を再掲しておく。

まず注目されるのは、前文の「シカレハ宿善ノ機、南無ト帰命シテ阿弥陀仏ト唱ル六字ノウチニ、万行万善恒沙ノ功徳タ、一声ニ成就スルナリ、コノウエハ一生ノ間仏恩報謝ノ念仏ヲ唱ヘキナリ」の記事である。「安心決定鈔」の中心思想は機法一体にあるが、(13)蓮如は「御文章」（帖外六三通）にて「十方衆生は仏体より願行を円満するがゆへに、衆生の往生成就するすがたを機法一体の南無阿弥陀仏とは正覚を成じ給ふなりとこゝろうべきなり」(14)と示し、衆生が往生すべき理が仏辺において成就したことと弥陀の正覚が一体となって、名号の上で成就されているとする。(15)この蓮如の姿勢を受け継いで、「破文」前文で、「安心決定鈔」との違いを意図的に示していると考えられる。

さらに、前文には「シカレハ十劫正覚ノトキ、ワレラカ往生成就ナサレタル御スカタ、即、南無阿弥陀仏トナラせ玉フ仏智ノ功徳ヲ回向シ玉ヒタルカ、今タノム機ト発起シタルナリ」の記事がある。本記事には他力廻向の思想がある。他力廻向の思想については、「安心決定鈔」には存在しない。「御文章」（帖内三－六）に「弥陀如来の五劫兆載永劫の御苦労を案ずるにも、われらをやすくたすけたまふことのありがたさたふとさをおもへばなか〳〵まうすもをろかなり。されば『和讃』にいはく『南無阿弥陀仏の廻向の、恩徳広大不思議にて、往相廻向の利益には、還相廻向に廻入せり』といへるは、このこゝろなり」(16)とある。知空は六字釈義を他力廻向をもって示しているのである。

以上から鑑みて、知空の蓮如への傾倒が見えてこよう。本節では、知空が蓮如教学に忠実な立場をとり、「破文」を記載していることを明らかにした。

二　「破文」における異義内容

大桑斉氏は、江戸初期の人々の信仰を、「一般的思想的に言えば、『現世安穏、後生善処』という言葉で表現されるものです。それを実現するに「煩悩即菩提」という思惟が展開されました。またそれは、唯心浄土己心弥陀とか心外無別法とかいうような言葉に示されるような心の思想、つまりあらゆるものは我心の現れである、世間や煩悩、仏法や菩提というような相反するような事柄も我心の現れであり、その心には弥陀が内在するから、その弥陀を念ずることで菩提に至り得る、このような思惟に立脚しております[17]」と述べている。さらに、江戸初期の真宗においては「安心決定鈔」に「思想的拠点を置くと考えられるものが随分見出せます[18]」とも述べている。このような思惟は、蓮如教学に忠実な知空の「信心正因・称名報恩」とは大きく異なるものである。大桑氏が述べる仏教唯心論に基づく思惟が近世初期の人々に大きく影響を与えたとするならば、元禄八年（一六九五）に光善寺と教行寺を処罰し、「安心決定鈔」依用への警鐘的役割であった「破文」には直接的に取り上げられているはずであろう。

「続反正紀略」の次の記事を示す[19]。

当時ハ安心ノ機辺ニ就テ頼ム頼マヌト云フ事ヲ論シ候、コノ頼ム頼マヌト云事ハ、今ニ始メヌ古ヨリノ論ナリ、信解院様御代、御相伝ナキ禁制被為在候得者、其相伝ヲ申立テ、秘事法門ヲ企テ、御糺ノ中傷ニ出ロノ光善寺ハ東派ニ転派ス、元ト其頼マヌノ論ハ、機受法体ヲ偏ニ心得テノ失ナリ

光善寺は、元禄八年の異義事件によって東本願寺派に転派するので、本記事は元禄八年の本事件を指すことに間違いない。異義の内容が「安心ノ機辺ニ就テ頼ム頼マヌト云フ事」に関わることが理解できよう。そして、「頼ム

頼マヌ」は「機受法体ヲ偏ニ心得テノ失ナリ」と指摘している。機受とは、「仏の教法を被るべき対手[20]」のことであり、法体とは、「所信の法の体という意味、換言せば信ぜられる対象のこと[21]」であるが、これらは「安心決定鈔」においては、法体成就の機法一体、機相領受の機法一体として示されている。これらの機法一体は、補論5で述べたように蓮如の述べる機法一体とは微妙ではあるが決定的な違いがある。

では、「破文」に戻って検討してみよう。「破文」本文の前文には次の記事がある。

> 決定鈔ハ仏辺ヲ具ニ談シテ機辺ヲ略シタル所、談ナレハタ、五帖一部ノ趣ヲモテ、今日マテモ・御披露《「五畿七道へ」》アラル、也、近年・、仏辺ノ方ヲ荒涼《「決定鈔ヲテビロニアツカヒ」》ニ沙汰アルニヨリテ、行者ノ機ノアツカヒニ落テ、自力ノハカラヒニナレハ、返テ機辺ニ誤リアリ、依之愚俗ノ問来ルソノ返答ニハ相伝ナキ新キ名目ヲ立私情曲解ノ説オ、シ、イカサマカハリタル説ナクハカヤウニ当類アマタニハヒコルマシキ歟

「続反正紀略」の記事「機受法体ヲ偏ニ心得テノ失ナリ」が示すと推察されるのは、「近年・、仏辺ノ方ヲ荒涼《「決定鈔ヲテビロニアツカヒ」》ニ沙汰アルニヨリテ、行者ノ機ノアツカヒニ落テ、自力ノハカラヒニナレハ、返テ機辺ニ誤リアリ」の文言である。知空は「安心決定鈔」を「仏辺ヲ具ニ談シテ機辺ヲ略シタル」と評価し、御文章にて布教・伝授していたが、近年には「安心決定鈔」を扱う場合においても、詳しく記している仏辺さえも「荒涼」に扱うことで、「相伝ナキ新キ名目ヲ立私情曲解ノ説オ、シ」と指摘しているのである。

では、「安心決定鈔」の誤読による異義が「破文」にてどのように糺されているのかを具体的に検討したい。

「破文」には、「安心決定鈔」に含まれる法体成就の機法一体、機相領受の機法一体への誤読が箇条書きとして糺されている例がみえる。

法体成就に関していうならば、「破文」第一〇条に以下の記事がある。

十劫正覚ノ始ヨリ我等カ往生ハサタマリタレハ、一念頼ミ奉ルトキ往生サタマリタルト思フハ愚カ也ト云事、此ハ機法モト一体トアル御言ヲ・「所」依トスル僻解ナルヘシ「ニシテ」仏辺ヲ機辺ニ混スル失アリ、大海ヲワタス・「ハ船ノ」ナレトモ乗ラサルモノヲ渡スコトアタハス、仏辺ニハモト機法一体ノ正覚成就ナレトモ機辺ニ願ニ乗シテタノミ奉ル信心オコラサレハ、生死海ヲワタシタマフコトアタハスサレハコノタヒタノミ奉テ往生治定ト存スルカ即御回向ノ仏智ノアラハレモテユクナレハ・「一念頼奉トキ往生定ルト思フカイヨイヨ他力ナルコソ本願ノ規模ナレ今ノ邪当ハ」ソレヲ思フヲ愚ナリト云事、宗ノ奥旨ヲシラズシテ相伝モセサル聖教ヲワカ身ノ字力ヲモテコレヲヨミテ諸人ヲマトハシワカ身モ悪見ニ住シテ地頭領主ニモトカメラレント御文章ノ未来記顕然ナラスヤ

法体成就の機法一体説においては、阿弥陀仏の正覚を法とし、衆生の往生を機として、この二つが一体であることを説く。知空は「仏辺ヲ機辺ニ混スル失アリ」と前提した上で、「一念頼奉トキ往生定ルト思フカイヨイヨ他力ナルコソ本願ノ規模ナレ今ノ邪当ハソレヲ思フヲ愚ナリト云」と異義を指摘している。ここで、指摘されているのは、仏は十劫の昔に衆生の往生に必要な願行を円満されたのであり、十方衆生の願行が円満し、往生が成就したとき、仏は正覚を成じたとする「往生正覚同時成就」の考えが、信ずることも「たすけたまへ」とたのむことも不要という思惟に発展し、無帰命安心を生み出しているという点である。

こうした無帰命安心に対して、蓮如は、文明五年（一四七三）、超勝寺門徒に記したとする「御文章」第一帖にて、当流の真実信心を強調している。すでに、大桑斉氏が、「信心の非世間性から世間に対する優越性への原則」が貫かれていると考察した史料であるが[22]、次にその記事を示したい[23]。

十劫正覚のはじめより、われらが往生をさだめたまへる弥陀の御恩をわすれぬが信心ぞといへり、これおほきなるあやまりなり（中略）向後にをひては、まづ当流の真実信心といふことをよく〳〵存知すべきなり、そ

の信心といふは、大経には三信とゝき観経には三心といひ阿弥陀経には一心とあらはせり、三経ともにその名かはりたりといへとも、そのこゝろはたゞ他力の一心をあらはせるこゝろなり、されは信心といへるそのすがたはいかやうなることぞといへば、まづもろ〳〵の雑行をさしをきて、一向に弥陀如来をたのみたてまつりて、自余の一切の諸神諸仏等にもこゝろをかけず一心にもはら弥陀に帰命せば、如来は光明をもて、その身を摂取してすてたまふべからず

「信心といへるそのすがたはいかやうなることぞといへば、まづもろ〳〵の雑行をさしをきて、一向に弥陀如来をたのみたてまつりて、自余の一切の諸神諸仏等にもこゝろをかけず一心にもはら弥陀に帰命せば、如来は光明をもて、その身を摂取してすてたまふべからず」の文言より、蓮如は無帰命安心に対して一念帰命を力説し、雑行を捨てて弥陀を「たのむ」実践を求めていることが分かる。前節にて指摘したように「一念頼奉トキ往生定ルト思フカイヨイヨ他力ナルコソ本願ノ規模ナレ」と指摘した知空が蓮如教学に忠実な立場をとっていることも間違いないところである。

このように、「破文」を検討してみると、知空は蓮如教学の立場から、「宗ノ奥旨ヲシラズシテ相伝モセサル聖教ヲワカ身ノ字力ヲモテコレヲヨミテ諸人ヲマトハシ」と非難し、「安心決定鈔」の法体成就の機法一体説に関わる誤読を糺していることが分かる。「安心決定鈔」が近世初期において、大きな影響力を有していたことを推察させるものである。

次の「破文」第三条の記事は、仏教唯心論的な思惟による異義を直接的に取り上げているものである。以下に、全文を示す。

信領解ノ上ハ如来ト一致ノ身ナレハ、悪業煩悩ヲナシテモ、アヤマリニナラスト申サル、事、此大邪見ナリ、

此ハ口伝鈔ニ・「聖人ノ御言ニ」善モホシカラス、悪(マタ)モオソレナシト已上、聖人ノ御言ト歎異抄ニ、御消息ニ、クスリアレハトテ
毒ヲコノムヘカラスト、アソハサレテ候フハ、カノ邪執ヲヤメンカタメナリ、マタク、悪ハ往生ノ障タルヘシ
ト(二八)ニアラスト、仰ラレタルコノ両断ヲアシクコ、ロエテノ申分ナルヘシ、コレハ宿業ノ感スルトコロノ機ニム
マレツキタル善悪ノ二ツ報土往生ニサハリナキ仏願難思ノ不思議ヲ述タマヘル也、故ニ口伝鈔ニ云、読誦大業
解第一義ノ善機タリトイフトモ、オノレカ生得ノ善ハカリヲモテ、ソノ土ニ往生スルコトカナフヘカラス、又、
悪業ハモトヨリ、モロ〱ノ仏法ニステラル、トコロナレハ、悪機マタ悪ヲツノリトシテソノ土ヘノソムヘキ
ニアラス、シカレハ、機ニ、ムマレツキタル善悪ノ二ツ報土往生ノ得トモナラス、失トモナラサル条、勿論ナ
リ、又云、タ、善悪ノ二ツヲハ過去ノ因ニマカセ、往生ノ大益ヲハ如来ノ他力ニマカセテ、カツテ機ノヨキア
シキニ目ヲカケテ往生ノ得否ヲサタムヘカラストナリ已上、コノ御語ヲモテ今ノ大邪見ヲシルヘシ・「ホシイマ、ニ悪業」仏法ノ上ニ
「ヲツクルコト」ハタトヒ願力ニヨツテステズトモ世法ノカタニユルスヘカラス・「大ニ」平生ノ御掟ニソムケリ、「御消息ニ」末燈鈔云、ワレ往生
スヘケレハトテ、スマシキコトヲモシ、オモフマシキコトヲモオモヒ、イフマシキコトヲモイヒナトスルコト
ハアルヘクモ候ハズ、貪欲ノ煩悩ニクルハサレテ欲モオコリ、瞋恚ノ煩悩ニクルハサレテネタムヘクモナキ因
果ヲヤブルココロモオコリ、愚痴ノ煩悩ニマトハサレテオモフマシキコトナトモオコルニテコソ候ヘ、メテタ
キ仏ノ御チカヒノアレハトテ、ワサトスマシキコト、モヲモシ、オモフマシキコト、モヲオモヒナトセンハ、
ヨク〱コノ世ノイトハシカラス、身ノワロキコトヲオモヒシラヌニテ候、又云、クスリアリ毒ヲコノメト候
ランコトハ、アルヘクモ候ハズトソオホエ(候)、仏ノ御名ヲモキ、念仏ヲ申シテ、ヒサシクナリテオハシマサン
人々ハ、「コノ」後世ノアシキコトヲイトフシルシ、コノ身ノアシキコトヲハイトヒステントオホシメスシルシモ候ヘ
シトコソオホエ候へ、ハジメテ仏ノチカヒヲキ、ハシムル人々ノ、我身ノワロク、心ノワロキヲオモヒシリテ、

コノ身ノヤウニテハナンソ往生センスルトイフ人ニコソ、煩悩具足シタル身ナレハ、ワカ心ノ善悪ヲハ沙汰セズ、ムカヘタマフソトハ申シ候へ、カクキ、テ後、仏ヲ信セントオモフコ、ロフカクナリヌルニハ、乃至モトモ心ノマ、ニテ悪事ヲモフルマヒナントセジトオホシメシアハセタマハ、コソコノ世ヲイトフシルシニテモサクラハメ已上、サアレハトテ、又廃悪修善ヲオモテトスルニハアラサル也

本記事の冒頭に、「信領解ノ上ハ如来ト一致ノ身ナレハ、悪業煩悩ヲナシテモ、アヤマリニナラスト申サル、事、此大邪見ナリ」との文言があり、仏教唯心論である「生仏互入一体」「煩悩即菩提」の思惟からの異義を問題にしていることが理解できる。これは、「安心決定鈔」においては、機相領受の機法一体説として展開されている。すでに補論5にて検討しているため、ここでは繰り返さないが、「安心決定鈔」における機相領受の機法一体説は、「御文章」にいう仏凡一体の機法一体説と思想展開は認められるものの、後者に名号を領解した信の一念において、仏心と凡心が一体となっているところに差異がある(24)。

そして、知空は具体的に「口伝鈔」「歎異抄」「親鸞聖人御消息」を引用しながら、「煩悩即菩提」的な思惟から発展した異義を批判する。まず、「口伝鈔」の「善モホシカラス悪モオソレナシ」、「歎異抄」の「御消息ニ、クスリアレハトテ毒ヲコノムヘカラスト、アソハサレテ候フハ、カノ邪執ヲヤメンカタメナリ、マタク、悪ハ往生ノ障(二八)タルヘシトニアラス」を「アシクコ、ロエ」たために、このような異義が起こったことを述べている。そして、「口伝鈔」の「(四)善悪二業の事」を引用して、悪機をたよりとして往生をのぞむべきでないこと、善悪の二つが往生の「得トモナラス、失トモナラサル」ことを強調している。

続いて、「親鸞聖人御消息」から、「ワレ往生スヘケレハトテ、スマシキコトヲモシ、オモフマシキコトヲモオモヒ、イフマシキコトヲモイヒナトスルコトハアルヘクモ候ハズ、貪欲ノ煩悩ニクルハサレテ欲モオコリ、瞋恚ノ煩

悩ニクルハサレテネタムヘクモナキ因果ヲヤブルココロモオコリ、愚痴ノ煩悩ニマトハサレテオモフマシキコトナトモオコルニテコソ候ヘ」と引用し、自分が往生するからといって、三毒である貪欲・瞋恚・愚痴の煩悩に惑わされてはいけないことを述べている。そして、「我身ノワロク、心ノワロキヲオモヒシリテ、コノ身ノヤウニテハナンソ往生センスルトイフ人ニコソ、煩悩具足シタル身ナレハ、ワカ心ノ善悪ヲハ沙汰セズ、ムカヘタマフソトハ申シ候ヘ」と引用し、自分自身が煩悩具足したる身であるのを感じ、「コノ身ノヤウニテハナンソ往生」できようかという人にこそ、「善悪ヲハ沙汰」しないのだと述べている。このように、知空は第三条において、「安心決定鈔」に影響される仏教唯心論的な異義を糺しているのである。

次の「破文」第五条の記事もまた、そうした思惟からの異義を糺すものである。

アサマシ或ハ不足又ハ嗜ムト云コトコレミナ自力ノ誤ナリト申サル、事（中略）ワカ身ノ不足ナルヲ驚キアサマシキヲ改メテコソ法義ノ嗜ハ相続スヘキコトナルヲ《「カレハ」》・唯機法モトヨリ一体ト云語ヲ所依トシテタノムモコノタヒタノムニアラス十劫以前ニタノム機ヲ南無ト成就シテアレハナニノ不足カアラン身モ心モ仏ヲ不離《「ハナレ」》サレハナニノアサマシキコトアラント《「云」》・逼当ノ曲解ヨリ申シ出タル名言ナルヘシ

本記事内においても「身モ心モ仏ヲハナレサレハナニノアサマシキコトアラント云逼当ノ曲解ヨリ申シ出タル名言ナルヘシ」と指摘し、「安心決定鈔」の往生正覚同時成就の思惟から発展した異義を糺している。ここで述べられている「アサマシキ」が、「御文章」において弥陀如来の本願の対機である「われら」と多用されていることからみれば[25]、蓮如教学に忠実な知空が「逼当ノ曲解」と論じるのも理解できよう。

このように、「破文」における異義内容を考察すると、仏教唯心論である「煩悩即菩提」の思惟からの異義、つまり、「安心決定鈔」の誤読による異義を糺していることが理解できる。「続反正紀略」の記事「機受法体ヲ偏ニ心

得テノ失ナリ」がまさに示しているように、「安心」の機辺について「たのむ」「たのまぬ」ということ、つまり、無帰命安心と一念帰命が大きな論点であったと考えられるのである。

三　「安心決定鈔」と無帰命安心の広がり

本節では、「安心決定鈔」からの異義と無帰命安心がどのように広がりをみせていたのかを「破文」の記事をもとに検討する。本願寺側の史料を検討するため、考察した内容が本山側の認識を示すものであり、在地の状況を必ずしも明らかにしたものでない。本来ならば在地側の史料も検討する必要があるが、この点は本論の検討範囲を越える。今後の課題として残っていることを確認し考察に入りたい。

「破文」一三条に「本法寺伝授ト云事」なる項がある。以下に、その記事を示す。

一、本法寺伝授ト云事

此仁前住様二十五回忌ノ時、上洛アリテ近国回在セシメ久シク逗留アリ、ソノ間ニ各々伝授ノ一巻ヲ授ラレタ
ルヨシ人口ニアリ、定メテ決定鈔ヲ誤読シテ是ニ似タル非ナルヘシ、其節殊更ニ人ノコソリタル事ニ候、元来
コノ仁ノ老僧三列ニ在住ノトキ秘事邪法ノ骨張セシ□□ナル「カハ」国中ノ僧俗ヨリ前住様「良如大僧正」へ訴へ申セシカハ段々御吟味
ヲ遂ラレ山本主殿西円寺両「人」・御使トシテ老僧ヲ召連レ三列へ赴キ追放被仰付候事・西円寺能存候「ソノカクレナシ」其後裏方ニテ
被居候、近年延宝元年「之比歟」・帰参御免アリテ・牛込明福寺屋敷ヲ買得シ居住ノ事ニ候・「江戸」「江戸ニ於テ」勧化ノ旨ヲウケシモノ
江戸ニ御座候へトモ「アレトモ」法義ノ細カナル吟味邪正ヲタ、スホトノ人モ無之「ナク」江戸マテハソノ沙汰モ無之候、「先年」・上洛
此後「アラレテ」ヨリ摂州河州ニソノ当類ハヒコレリ、□□今時ノアリサマアリトミエ候ココロモトナシ「モシ老僧ノ余習ヤノコリナン」、コノ仁ヨリ伝授

セラレタラハイカ、コ、ロモトナシ秘事邪法ナルヘシ

ここでは、本法寺の老僧が「安心決定鈔」を誤読し、良如の二五回忌の際に、異義本である「伝授ノ一巻」を近国を回在して授けたとしている。さらに、「破文」では、この老僧はもともと三列に住していたが、異義により追放となり、東本願寺派に移ったことを記している。その後に帰参し、上洛の際に、摂州河州に逗留して異義を広めたというのである。

本記事からは、異義の内容がはっきりしないが、「決定鈔ヲ誤読」という文言から推察すると、無帰命安心につながる異義であろうと推察できる。

同じく、「破文」一五～一九条では「池田ノ利兵衛」なる者が異義を広めたとする内容が記されている。以下に再掲する。

一、教行寺ヨリ池田ノ利兵衛ニ帰命ト云フヲ許サル、事、此段池田弘誓寺門徒中ヨリ書付指出タル趣ニ委細ニアリ、コノ者名塩第随一信仰ノモノナリ「随逐第一ノ門弟ナリ」、元来コビタルモノニテ、種々ノ文言曲説ナトヲ伝ラル、トミエ・「タリ」、ソノ書付ノ中ニ邪説数多有之、願クハ此書付ヲ高覧備度□□ニ候御僉義之上・御宗門召放ヘキ「可被仰付モノト承候」

一、御本寺ヲ善知識ト敬申事誤トノ事、コレハ池田ノ利兵衛カ申触レタル言トミエテ候

一、御身絵像ハアナカチ仏ニアラス、帰命ノ行者ハ此身スナハチ仏トナル看板也トノ事

一、我身全体仏ナリトノ事

一、香華灯明カカケント思ハ自力トノ事

右三條ハ決定鈔ノ身モ南無阿弥陀仏トアルヨリ、邪解曲説シタル悪見ニテ皆利兵衛カ専ラ申分ナル由一書ニノセタリ

機相領受の機法一体として示した「安心決定鈔」の記事をもとにして、(26)外なる仏を否定する主張をしていることが理解できる。これらも知識帰命・無帰命安心につながる異義である。「教行寺ヨリ池田ノ利兵衛ニ帰命ト云フヲ許サル」「コノ者随逐第一ノ門弟ナリ」から理解できるように、教行寺の門弟である利兵衛が何らかの形で布教を行っていたことも推察させる。また、「利兵衛カ専ラ申分ナル由一書ニノセタリ」から、利兵衛によってその教えが「一書」として、まとめられていることも理解できるだろう。

このように、「安心決定鈔」に所縁とする異義が、近世初期において、少なからず広がりをみせていることがうかがえるのである。

次の「破文」二〇条は、知識帰命の異義を糺しているものであるが、異義の広まり方を垣間見ることができるものとして興味深い。(27)

一、ワレラ正法を勧化スル時ハ即善知識ナリ外ニ求ムルハ誤トノ事、コレハ伴僧・「又ハ」随逐ノ門徒ヨリモ申出セルナルヘシ・「彼等」ミナソレ〳〵ニ黨類ヲクミ諸方へ巡回シテ血脈相承ノ善知識ノ御勧ニアハレタルカト問フニカノモノ答テ云、御本寺へ上洛申シテ御対面ハ望申せトモ終ニ御勧ニハアハスト申せハサレハ血脈相承トハナニトコ、ロエラレタルソ御開山ヨリ御血スヂヲワケラレタル御方ノ事ナリ、コノ知識ニ逢テキカレヨト、彼者云ソノ血脈ヲワケラレタル知識ニ逢てハナルヤトイへハ望ナラハ某シ同道シテ引合せ申サン、イザタレ〳〵モト大勢ツレタチ「名塩出口」摂州河州ツレ至リ引合~~□オ~~「スレハ真ノ知識ニ逢タルコトソト本国ニテソシリ愚俗ヲ惑乱セリ、カヤウニ」徒黨ヲイクラモ結ブコト江州和州ニ歴然タリ、摂州河州ノ間ニハ~~サノ~~「猶以」類アマタアルヨシ皆利養ノタメトソキコユ

ここでは、連枝寺院としての立場から「善知識」の文言を利用したとして、名塩教行寺と出口光善寺が多くの門徒を取り結んでいることを非難している。「血脈相承トハナニトコ、ロエラレタルソ御開山ヨリ御血スヂヲワケラ

レタル御方ノ事ナリ、コノ知識ニ逢テキカレヨト、彼者云ソノ血脈ヲワケラレタル知識ニ逢テハナルヤトイヘハ望ナラハ某シ同道シテ引合せ申サン」として、光善寺・教行寺に参集していく様子を述べている。そして、「イザタレ〳〵モト大勢ツレタチ摂州河州《「名塩出口」》ツレ至リ引合スレハ真ノ知識ニ逢タルコトソト本国ニテソシリ愚俗ヲ惑乱セリ」と非難しているのである。

「善知識」とは『真宗大辞典』によると、「仏菩薩乃至人を問わず、すべて我に対して仏の正道を教示し、勝益を与ふる師友を善知識と名く。（中略）その種別に関しては摩訶止観巻四下に三種として曰く『知識に三種あり一に外護二に同行三に教授なり』」[28]とある。つまり、現在では自分に善法を教え、善道に導くものすべてを指している。しかし、近世においては、「本寺」を指すことを意味していたことから、「破文」では、「御開山ヨリ御血スヂヲワケラレタル御方」が知識であるとする考えを厳しく糺していることが理解できよう。

このように、法主に系譜上つながる連枝寺院の光善寺・教行寺を「善知識」として、門徒を集めていく手法を非難しているのである。

また、「諸国江遣書状留」元禄八年（一六九五）一二月二七日条には次の記事がある。

摂州嶋道場当寺□□知碩并正玄寺段々不届之子細にて候ニ付、出寺被仰付□御宗門被左遊候条、可被得其意候、

恐々謹言　　右三人

亥　十二月廿七日

河内出口
光善寺殿

翌元禄九年（一六九六）一月に光善寺が東本願寺派に転派したことから推察すると、おそらく、この記事は本異義事件である「安心決定鈔」における無帰命安心と関わってのものだろう。本史料とほぼ同内容の書簡は、「諸国江遣書状留」元禄八年一二月二七日条には十通存在し、いずれも摂津・河内国の寺院ならびに住職の「不届」を対象とする内容のものとなっている。そのうち、宛先が上寺に宛てられたものは出口光善寺をはじめとして、大坂天満定専坊・堺宝光寺・九条西光寺・大坂金光寺・萩清光寺・摂州超光寺となっており、光善寺末寺以外にも異義として広まっていることが理解できよう。つまり、「安心決定鈔」に関わっての無帰命安心は、摂津・河内国において、ある程度広がりをみせていると考えてよいだろう。

おわりに

本補論は、近世初期の真宗信仰の状況を分析するために、西本願寺第二代能化である知空によって記された「破文」を民衆思想の視角から検討した。

近世初期の段階において、「煩悩即菩提」という思惟が、無帰命安心を生み出していることから、知空は一念帰命を力説し、能動的な信心を求めていることが史料的に明らかになった。つまり、近世初期の段階では、大桑斉氏が述べるように「煩悩即菩提」といった考え方がある程度広まっていたことを立証するものである。時期をさらに限定すると、本「破文」が元禄八年（一六九五）に出されていることから、元禄初期には間違いなく「煩悩即菩提」を中心とした仏教唯心論が展開していたとみてよいだろう。

その広がりであるが、「破文」が河内国光善寺と摂津国教行寺に対する異義を糺すという性質のものであるので、河内・摂津国に広まっているのは確かである。両寺院が連枝寺院であることから、大きな影響力を有していたことはすでに指摘してきたとおりである。また、「池田ノ利兵衛」といった信仰者の存在からも、異義の広まりはある程度大きかったものと理解してよいだろう。

以上から、「安心決定鈔」の誤読による信仰、すなわち、「煩悩即菩提」といった思惟が、元禄初期の河内・摂津国において、影響力を持っていたことを明らかにした。

さて、本論の展望として、課題も含めて敷衍しておく。

まず、近世初期の民衆の意識を広く反映しているかどうかという課題である。本論で検討した時期は元禄初期という非常に限られた時期区分である。また、「破文」を中心に考察したことから、いわゆる為政者側である本山の史料であって、在地側の史料は検討できていない。よって、本補論の検討内容が、近世初期の民衆すべてに一般化することはできないだろう。今後は、民衆側の質の良い史料を幅広く収集し検討していく必要がある。

次に、「破文」執筆者である知空についての深い考察の必要性である。「破文」第二五条の冒頭の記事を提示したい。

彼当類云、頼カ直ニ仏智ナレハ頼ムト云コトナシト申スニテ、聞ホトノ愚俗頼ムハアヤマリトイ、ナシテ、諸人惑乱スルコトニ候、惣シテ造悪不善ノ凡夫ハ宿善時到テ、御勧化ノ下ニテ、一念後生タスケタマヘト帰命スル決定心ヨリ往生治定ト疑ツキテ本願ノ不思議仏ノ大悲ヲ喜テ御《「仏」》恩報謝ノ称名最後マテ喜嗜身礼口称意念相続スルコソ宗門超異ノ所談当流ノ規模ニシテ御文章ノ始終ノ御ス、メナリ、安心報謝師徳掟ノ次第ミタレス喜フコトニ候《「ナリ」》

ここには、無帰命安心の異義を糺しながら、「一念後生タスケタマヘト帰命スル」ことを述べている。これは、もちろん蓮如の教条であるが、「御《仏》恩報謝ノ称名最後マテ喜嗜身礼口称意念相続スルコソ宗門超異ノ所談当流ノ規模」と記しており、その内面的意義を考察すると「身礼口称意念相続スルコソ」と強調し、三業安心の萌芽を仮説設定できることも可能である。この点については、知空に関する多くの史料を検討することが必要であるが[29]、多くの異義を糺した人物であるからこそ、知空の思想的な位置づけをさらに詳細に考察していくことが近世初期の民衆思想の解明にもつながると考える。

以上を今後の展望としておきたい。

註

（1）「煩悩即菩提」は、中村元『広説仏教語大辞典』（東京書籍、二〇一〇年）に「煩悩がそのままさとりの縁となること。さとりの現実をさまたげる煩悩も、その本体は真実不変の真如であるから、それをはなれた法はないので、そこにさとり（菩提）の名を立てて両者の相即をいう」とある。日本中世では天台本覚思想を表す重要語である。田村芳朗「天台本覚思想概説」（『天台本覚論』〈岩波書店、一九七三年〉）に詳しい。

（2）大桑斉①「近世初期民衆思想史研究―『心学五倫書』と『恨の介』―」（『大谷大学研究年報』四三、大谷学会、一九九二年）、同②「煩悩即菩提の思想史・寛永編―『露殿物語』と『七人比丘尼』―」（『大谷学報』第七四巻・第三号、大谷學會、一九九五年）、同③「恋を菩提の橋となし―煩悩即菩提の思想史・近松編―」（衣笠安喜編『近世思想史の現在』思文閣、一九九五年）に詳しい。

（3）仏は十劫の昔に衆生の往生に必要な願行を円満されたのであり、十方衆生の願行が円満し、往生が成就したとき、仏は正覚を成じたとする考え。「安心決定鈔」では往生正覚同時成就を基本的立場としている。

（4）法然の専修念仏をうけ曠劫流転の凡夫が法体成就の阿弥陀仏によって、いかに救われていくかを述べた聖教。筆者不明。蓮如によって愛用・愛賞された。しかしながら、内容上西山系の思想が包含されていることから、宝永五年（一七〇八）、東本願寺の学匠恵空によって西山派の書物と断定されて以降、真宗内の著作とする西本願寺派と所見を異にしている。

（5）「自性とは自己の本性という義にして、即ち我が身に本来具有するといえる仏性をいう。唯心とは迷悟浄穢苦楽昇沉はみな我が心より現るものにして、我が心の外に仏も浄土も地獄も餓鬼もあるのでないという説」をいう（岡村周薩編『真宗大辞典』巻二、永田文昌堂、一九七二年、九一六頁）。以下、『真宗大辞典』については書名と巻号のみを付す。

（6）衆生が一念帰命の信心を起こせば、弥陀の仏徳が衆生の心中に満入して、衆生の御心と如来の功徳が一体になることをいう（大桑斉『日本仏教の近世』法藏館、二〇〇三年、一三八～一三九頁。藤原教円『安心決定鈔入門』百華苑、一九七二年、二四頁）。

（7）大桑註（6）前掲書、一三六～一四五頁。

（8）児玉識『近世真宗と地域社会』（法藏館、二〇〇五年）二二～七四頁。

（9）本史料引用にあたっては原文にならって、追加箇所は「・」として表記し、その右に挿入部分を「　」として記述している。また修正箇所は取り消し線を使用している。知空の引用に誤りがある箇所は、（　）で修正し加筆している。

（10）『真宗大辞典』巻三、一五二二頁。大桑註（6）前掲書、一四〇～一四一頁。

（11）真宗聖教全書編纂所編『真宗聖教全書』二（大八木興文堂、二〇〇九年）六六三頁。以下、『真宗聖教全書』と表記し巻号を付す。

（12）「三心三信同一事」は、『真宗大辞典』巻一、七三五頁によれば、「真宗の異義に属する書である。奥書に存覚上人六十一と記するも信用できない」とある。存覚執筆ではないと考えられるが、存覚「真要鈔」の一念発起を本とする記事も見受けられる。
(13) 普賢晃寿「安心決定鈔と真宗列祖の教学―安心決定鈔と覚如・存覚の教学―」(『龍谷大学論集』四一五号、龍谷学会、一九七九年)八一～一〇七頁、瓜生津隆雄「『安心決定鈔』の機法一体説管見」(『真宗学』二三号、龍谷大学真宗学会、一九六〇年)三七～四八頁に詳しい。
(14) 禿氏祐祥編『蓮如上人御文全集』(平樂寺書店、一九三九年)九八頁。
(15) 普賢晃寿氏は蓮如の立場を「十劫の昔に衆生の往生が完了したのではなく、往生すべき因徳が成就したのである。仏の正覚と、たのめば往生出来る衆生往生の因法が満足成就したのを、往生正覚機法一体と解されたものといえよう。衆生の往生が、十劫の昔に完了しているのではなく、往生すべき理、因徳が正覚の内容として満足されてあることを説示されたものといえよう」と述べている。普賢晃寿「安心決定鈔と蓮如教学」(『真宗学』六二号、龍谷大学真宗学会、一九八〇年)一～二九頁。
(16) 『真宗聖教全書』三、四六〇頁。
(17) 大桑註(6)前掲書、一三七頁。
(18) 同右。
(19) 妻木直良編『真宗全書』巻七二(国書刊行会、一九七六年)二四三頁。
(20) 『真宗大辞典』巻一、二七四頁。
(21) 『真宗大辞典』巻三、一九三三頁。
(22) 大桑斉『戦国期宗教思想史と蓮如』(法蔵館、二〇〇六年)七四～七五頁。
(23) 『真宗聖教全書』三、四二〇頁。
(24) 普賢註(15)前掲論文、五～一一頁に詳しい。また、徳永道雄「蓮如の機法一体観について」(『真宗研究』四四号、真宗連合学会、二〇〇〇年)九三～一〇一頁にもその違いを明確に論じられている。

(25) このことについて大桑斉氏の論述は非常に参考になる。大桑註(22)前掲書、八一～九〇頁。

(26) 「安心決定鈔」に「弥陀の身心の功徳、法界衆生の身のうち、こゝろのそこにいりみつゆへに『入一切衆生心想中』ととくなり」とある（『真宗聖教全書』三、六二五頁）。

(27) 本史料中の「徒黨ヲイクラモ結ブコト」の記事は、「徒黨ヲ・《「イクラモ」》結ブコト」と表記すべきところであるが、行間の都合上、本文中に挿入している。

(28) 『真宗大辞典』巻二、一三六二頁。

(29) 『真宗大辞典』巻一、七〇六頁では、「願生帰命の安心は知空に至って明かになったと云うべきである」と述べられており、多くの先行研究から学びながら、さらに他史料を含めた研究の必要性があると考えられる。本論では、指摘するに留めておきたい。

第三部　西本願寺役寺の身分上昇志向と内実

第一章　正光寺の天皇・朝廷権威への接近

はじめに

一九七〇年代、近世史研究は天皇を政治史に積極的に取り込む方向に展開する。(1)そして、現在は朝廷社会の内実に迫る研究、および、朝幕関係に係わる研究など、多様な研究が蓄積されている。これらの研究については、久保貴子氏、山口和夫氏らが詳細に整理されているのでここでは論じないが、(2)本章の基底にある被差別寺院史研究にとって重要となる、宗教者・芸能者と天皇・朝廷の関係性の研究について若干ふれておきたい。

高埜利彦氏は、非農業民、特に、宗教者ないし芸能者たちを近世国家権力がいかに編成していったのかを明らかにした。(3)編成する主体である公家すなわち「本所」に対し、将軍や幕府が公認を与えたことで家職が保証されるという論理を提示した。この後、氏の提言を受けて、「本所」と宗教者・職能民の双方に多様な視角で研究が進展する。注目されるのは、神社を近世天皇・朝廷と社会との接点として着目し、天皇・朝廷権威の広がりを追究した平川新氏や井上智勝氏の研究成果、および、寺院を接点とした上田長生氏の研究成果である。(4)平川氏は奥州に存在した独自の価値意識が天皇・朝廷に由来する意識であることを論証し、井上氏は吉田家をめぐる社会的・思想的・政治的動向から近世社会における天皇・朝廷権威の展開を解明している。また、上田氏は朝廷からの下付物・撫物と寺院からの献上、そうした関係でつくられた由緒を通して、天皇・朝廷権威の典型的なあり方を検討した。

次に、本章の内容と直接的に関わる真宗史研究における天皇・朝廷権威を扱った先行研究をまとめておきたい。まず、時代は遡るが辻善之助氏による「本願寺の貴族化」の概念提起があげられる。氏は証如が九条尚経の猶子となったことや九条家より四方膳・一八紋高麗縁の使用が許されたこと、本願寺と日野家との系統を示す系図が尚経の子稙通によって作られ叡覧に供したことを例に、本願寺の貴族化を論じている(5)。脇田晴子氏は辻氏の論をさらに推し進め、既成寺社勢力のように荘園領やそれに伴う不入権を持たなかった本願寺が「大坂なみ」と呼ばれる領有権の獲得のために、貴族化は重要な一環をなしたことを示した(6)。また、草野顕之氏は貴族化という語は用いていないものの、戦国期に本願寺が天皇への接近によって儀式の変革を進め、本願寺教団制度化を成し得たことを論じている(7)。

以上から、戦国期においては本願寺の貴族化が教団や寺内町における利益に結びつく面を持っていたことが明らかであるが、近世においてはその意義は徐々に変容していった。森岡清美氏は「法親王を名目的であれ戒師に仰ぐのは慣例に従うことであり、慣例に従うこと自体に意味が生じてきている(8)」「摂家の猶子になることは本願寺にとって准門跡寺院の慣例に従うことであり、家の格を維持する所以であったが、さらに僧綱の勅許を得るさいに口添えして貰えるという実質的な意味があった(9)」と考察している。また、摂家の側も貴族社会で自己の地位を守っていくための経済的援助を猶子から受けねばならぬ必要に基づいてこの制度が再生産されたとしている。近世において、西本願寺は九条家、東本願寺と専修寺は近衛家、興正寺は鷹司家、仏光寺は二条家、錦織寺は広橋家、のち、京極宮・一条家の猶子であったことを考えると、こうした朝廷への接近は真宗本山において、広く制度化していたことは首肯できよう。

このように、中世・近世の違いはあるものの本願寺の特権獲得は、天皇・朝廷権威との関係で語られてきた。ここで、本章の検討にあたり、辻善之助氏・脇田晴子氏の提起した「本願寺の貴族化」を以下に整理しておく。

（一）貴族化は天皇家および公家との関係を持ち、特権を得ることである。

（二）本願寺の貴族化は教団の社会的格式の上昇や寺内町の領有権獲得など特権獲得に結びついた。

（三）貴族化の背景には本願寺教団の兵力や豊富な経済力、および、教線の拡大が存在した。

本章では、これら「本願寺の貴族化」（一）（二）（三）を分析指標として、西本願寺末正光寺の天皇・朝廷権威への接近を明らかにする。検討にあたっては、正光寺第一九世貫教（一七四三〜一七九八）が記した記録書（以下、「記録」と表記）を手がかりに、正光寺と九条家、正光寺と天皇家との関係を明らかにし、（一）について検証する。次に、正光寺寺地が本山である西本願寺によって取り上げられた一件について、時系列を追いながら検討し、（二）の特権獲得の有無について考察する。最後に、こうした特権獲得のための正光寺の経済的基盤について、正光寺の教線展開も視野に入れながら、（三）について具体的に検討していくものとする。

一　正光寺史料「記録」について

本節では、中心史料として検討する「記録」について若干の紹介をしておきたい。

「記録」の執筆者は正光寺第一九世住職の貫教である。貫教は寛保三年（一七四三）に生まれ、寛政一〇年（一七九八）に寂する。父である第一八世貫道は東中筋御前通願成寺住職であり、正光寺無住により兼帯となり、その子貫教が第一九世住職となっている。

　貫教が記した「記録」は大判の和綴じ本であり、二冊が伝来している。「記録」は、筆致の違いから明白に、貫教が記した部分と貫教以降の住職が書き加えた部分があり、正光寺寺伝ともいえる記録書となっている。まず、「記録」の内容を一覧する。「記録」にはそれぞれの記事に表題が記されており、内容を概観することができる。以下に、二冊を便宜上「記録一」「記録二」として記す[10]。

「記録一」

初ニ　光明峯寺道家公御系図諸家大系図之内抜書
次ニ　九条西光寺六条正光寺系図書
第一　正光寺起立之事
第二　御本山御家老八木蔵人殿所持之家屋敷正光寺教誓江被相譲候事
第三　当寺九条様江御出入仕候事
第四　霊元院仙洞御所当寺江被為掛御目候事
第五　正徳二年正光寺儀御本山ゟ出寺被仰付当寺地面御取上ニ相成候ニ付、九条様ゟ御系図被為添当寺地面九条様ゟ被下置候事
第六　正徳二年霊元院様御若宮浄妙院様御位牌菊御紋御挑灯当寺江御納之事
第七　正徳四年三月菊御紋御幕当寺江御納之事
第八　浄妙院宮御法事之節当寺ゟ御墓所廬山寺江御焼香ニ参上之事
第九　当寺江金紋挟箱網代乗物御免之事

第一〇　享保十一年亦々正光寺出寺被仰付九条様新大納言様ゟ被為添御系図首尾能相済候事
第一一　九条様御代々之御位牌当寺ニ安置之事幷ニ東福寺迄御焼香ニ参上仕候事
第一二　霊元院法皇御所御位牌乍恐当寺ニ安置仕候事
第一三　享保十九年八月霊元院御三回御忌御法事相勤候節色衣五条袈裟智徳院様ゟ御寄付之事
第一四　元文二年四月浄妙院様弐十五回御忌御法事執行仕候其節御仏前御簾其外所之智徳院様ゟ御寄付之事
第一五　元文二年之比当寺無住ニ而栄俊尼幷娘みち両人計之事故栄俊尼存寿ニ者是迄御大切之数々之御添状後々ニ至リ紛失も難計一紙之御添状被下置候様智徳院様江願上候事
第一六　延享元年子八月御寺内町役上原左平次ゟ当寺ニ而菊御紋御挑灯等相用之事尋在之承知之上町役奥印被致候事
第一七　藤谷殿御位牌当寺ニ安置之事
第一八　智徳院様御位牌当寺ニ安置之事
第一九　当寺久々無住ニ付御堂衆東中筋願成寺貫道当寺之兼帯住職江仰付候事

「記録二」
（一）享保十三年、延享四年、宝暦五年ニ御寺内役所ゟ役銀等可差出旨当寺申来リ候ニ付届書之事
（二）宝暦七年九条様ゟ御紋付御挑灯御免之事
（三）宝暦七年当寺寺号之御額九条様ゟ拝領之事
（四）宝暦七年十月ニ当寺菊御紋御挑灯可致遠慮旨御本山役方ゟ申来候ニ付届書之事

（五）　九条様ゟ衆仕御末広当寺拝領之事
（六）　宝暦九年卯七月九条様御用人日夏内記殿江当寺由緒書入被見置届出之事
（七）　那古海御掛物九条様ゟ拝領之事
（八）　九条尚実公御筆御掛物一軸拝領之事
（九）　九条家後京極公御筆濤衣詩御掛物一軸当寺ニ安置之事
（一〇）　宝暦十辰年九条尚実公御自歌御染筆御掛物一軸拝領之事
（一一）　宝暦十二年当寺貫道代御絵伝奉願候事
（一二）　宝暦十三年八月当寺貫教自剃刀継目御札奉願上候事
（一三）　宝暦十三年八月当寺貫教代々国袈裟奉願候事
（一四）　宝暦十三年八月当寺貫教代一代飛檐奉願候事
（一五）　今度一代飛檐奉願候ニ付、安置仕候法物御尋被成候故申上候事
（一六）　当正光寺儀播州赤穂城主二万石森和泉守殿と由緒在之通俗之事

以上の表題を一覧して、九条家との関係を強調していることが明らかであろう。内容の詳細は次節にて考察をするが、内容の年代をみていくと、その大半が正徳二年（一七一二）から宝暦一三年（一七六三）の五〇年あまりの間を記載している。特に、「記録二」の後半は貫教自身の記事が集中していることから、貫教の執筆年を宝暦一三年頃に比定できるであろう。

記事内容については寺伝という性質上、無論、事実の裏づけが必要とされるが、「記録」には書状の写しが多く記載されていることから、この点については信頼性をもって検討することができると考えられる。

二　正光寺と九条家との結びつき

「記録一」によると、正光寺開基は、九条道家の子である円淳であるとする。建治三年（一二七七）九条村で西光寺として創建され、第一一世祐従の子の祐俊[11]と教誓に西光寺と正光寺を継職させたことに始まるという。[12]諸系図に円淳の名を見ることはできないが、[13]正光寺法物の中に、「楊枝太子御影」と呼ばれる聖徳太子絵像が伝来し、この影像は西光寺開基の円淳が親鸞から授与されたものと伝える。佐藤文子氏は、伝承や像容において四天王寺に伝わる同様の「楊枝御影」の影響下に成立し、その著作時期を一五世紀としている。[14]円淳と九条家の関係性は明確ではないが、古い由緒をもった寺院であることには間違いない。

もっとも、実質的な九条家との関わりは二カ寺に分立されて以降と考えられる。「記録一」第三条の記事を抜粋する。

円淳法印之御由緒を以御出入仕度と申儀者恐多御儀故、九条家へ対シ此方ゟハ難申上候、何分御出入之儀奉願上祐従代ゟ御出入被仰付候、其後後桐院様御代ニハ格別正光寺地面等之儀ニ付、蒙御厚恩候御事ニ御座候、猶亦後桐院様ニ者正光寺へ御入被為在候御事在之

九条家との関係が祐従から始まったことが記されており、九条輔実（後桐院）の代に関係が深まったことが記されている。九条輔実は九条兼晴の長男であり、兄弟に二条綱平・本願寺光澄（住如）らがいる。正徳二年（一七一二）に摂政、享保元年（一七一六）関白に就任している。すでに、良如・寂如の内室を九条家から迎え入れていることや兼晴の第三子光澄が幼い頃より本願寺で成長し、貞享三年（一六八六）に寂如の継嗣となったことを鑑みて、

本願寺との関係は良好であったと考えられよう。こうした状況が影響してか、輔実の口入れにより正光寺俊嶺叔母であるおひさが霊元天皇第一四皇子嘉智宮の御世話卿となったと寺伝では伝えている。「記録一」第四条に「当寺俊嶺叔母ニおひさと申者在之、則若宮勝宮《ママ》様御乳人ニ御奉公ニ上リ被申、彼是御縁在之ニよりて当寺儀仙洞様へ御出入仕御目を被掛候也」との記事があることからもうかがえる。さらに、「勝宮《ママ》様正徳三年四月六日五才ニテ薨去ニ付同年四月廿四日おひさ殿ニ者寺町廬山寺ニおいて剃髪在之法名貞正と申候、其後高尾之辺梅がはた村ニ老池庵と申処を求メ住居在之」とあり、嘉智宮の薨去に際して、おひさが廬山寺にて剃髪し、「高尾之辺」に住していたことが記されている。

この嘉智宮の薨去について、『妙法院日次記』正徳三年（一七一三）四月条に次の記事がある。(15)

十七日、雨、当番、菅谷式部卿・松井備中

一、嘉智宮薨去付、従今晩十九日迄廃朝之よし、議奏中より触来也、又雑色より町役人かたまて、今日より明後十九日迄鳴物停止たるの旨申来也

十九日、雨、当番、山下監物・薮沢弾正・生田主水

一、嘉智宮薨去付、為御悔輪王子宮へ御書被進、但郷里坊迄為持被遣也

廿五日、快晴、当番、山下監物・薮沢弾正・生田主水

一、嘉智宮中陰付、御贈経法ケ八軸、廬山寺へ被備之、御使出家

「記録一」の記事と比べると、嘉智宮薨去の期日に一一日のずれがあるものの、おひさが二四日に廬山寺にて剃髪した記事と『妙法院日次記』正徳三年四月二五日条の記事「御使出家」が同内容を示すと考えられ、おひさの御世話卿を充分に事実として捉えることができる。しかも、霊元上皇の第二次院政期には、霊元院が裁可した二歳の

皇女八十宮と七歳の将軍家継との前例のない皇女の将軍家への輿入について、摂政九条輔実と兄弟である左大臣二条綱平はこの方針を支持している当時の政治的背景からも、(16) おひさの御世話卿は視界に入れることが可能であると考えられる。

さて、嘉智宮の母は藤谷（藤原）為條女の智徳院（別当御局・新大納言御局）であるが、正光寺は御世話卿のおひさとの関連から、嘉智宮の位牌の下付を藤谷家に願い出る。以下はその返書である。(17)

浄妙院
御位牌
すみよし御服
御挑灯
右之通御願被成置候毎日きたいなく御恵こう申されへく候
他寺被用達候事、御ふく御ちやうちんとも堅無用ニ被思召候
別当御局
新大納言殿家
南小路織部 ㊞
正徳三癸巳年五月
菅　野
正光寺俊嶺御局

以上から、嘉智宮（浄妙院）の位牌ならびに嘉智宮の衣服、挑灯が正光寺に下付されていることは確かである。(18) 下付側の菅野という人物が特定できないが、智徳院の事務的な役割を担う人物であろうと推察される。(19) また、翌年

の年忌法要の際には加えて同様の添状とともに「菊御紋御幕」が正光寺に下付されている。このように、おひさの存在によって、智徳院（藤谷家）との関係を築いていく。

こうした関係の中、正光寺第一五世俊嶺は「菊金紋挟箱」「網代輿」の使用をも望んだ。「金紋」とは江戸時代に武家が携行する挟箱の黒塗りの蓋の上に左右に金にて描いた家紋をすえたもので、金紋は先例・家格により特定の大名や旗本に許されたものである。「網代輿」は手輿の一種で、中世以来広く高級の公武の男女、僧侶の乗り物であり、普及につれて認可を必要としたものである。これらの使用はなかなか許されなかったようであるが、「記録一」第九条に「御局様藤谷様御両所ゟ金紋挟箱御差免シ被成候間、御両所之御紋ニ而金紋挟箱可被相用候、猶亦網代乗物之儀も惣網代者悉ク無用ニ候而、屋根腰とも黒塗ニ而網代乗物御両所ゟ御差免シ被成候間可被相用旨すがの殿御申渡左之通」とあり、新大納言家（藤谷家）の紋を用いることが許可された。史料の記事「左之通」のあとには次の添状の写しが残っている。

覚

一、金紋挟箱　但蓋紋なり

一、網代乗物　但惣網代無用

右被相用候様新大納言藤谷殿

仰渡され候

享保二年二月　　　すがの

正光寺殿

こうして、正徳三年に嘉智宮の位牌を下付されて以降、翌年に「菊御紋御幕」、その三年後の享保二年（一七一七）に「菊金紋挟箱」「網代輿」の使用が認められたのである[20]。

正光寺はその後もさらに、天皇・朝廷権威を表象する所有物の下付を望んだ。享保一七年（一七三二）には霊元院の位牌を、享保一九年（一七三四）には嘉智宮二五回忌に際し、嘉智宮薨去の際に作成されたとする観音像をはじめ阿弥陀経などが下付されている。霊元院の位牌については以下の史料が残っている[21]。

霊元院御位牌
右者法皇御所御在世中思召之旨有之ニ付
智徳院殿ゟ御納之事
享保十七年九月
朝山主膳（花押）
幸広
正光寺殿

朝山主膳は、「記録」によると智徳院の家司としており、朝山主膳の母は智徳院と同母（四条隆昌女）であるとするが、この点は客観的史料からの確定はできていない。『妙法院日次記』享保七年（一七二二）八月二五日条に「此間梶井宮様坊官中より申来候者、此度御末寺方江之御条目之儀、三御門跡被仰合御差出シ可被成候間、青蓮院様・当御門主坊官中壱人ツ、御殿江参候様との事故、当廿一日・廿四日両日、青門様よりハ並河刑部卿、当御門室よりハ菅谷大輔、梶井宮様御殿江参向、山本式部卿幷朝山主膳なと立合相談有之」の記事があり、本記事の人物と同人物である可能性は高く、天台宗の三門跡寺院に関係する人物であると考えられる。以上から鑑みて、智徳院と正光寺との関係の深さが実証できよう。

また、九条家との関係も継続しており、輔実以降、九条家の位牌も願い出て下付がなされている。(22) そして、「記録二」第三条には「宝暦七年九条尚実公江当寺之御額拝領仕度旨当寺貫道ゟ日夏内記殿迄御願申上候処同年十月ニ願之通リ御染筆被成下拝領仕候」の記事があり、九条尚実直筆の寺号名を下付されている。(23) さらに、九条家の紋を正光寺寺紋として用いることを許されており、その「御紋付御提灯」が三張下付されている。「記録二」第四条には添状の写が残っている。以下のものである。

（前略）

九条殿御紋付丸挑灯弐張、箱挑灯壱張願之通

被免之候、此段拙者ゟ宜申達旨御座候

恐惶謹言

十月八日　　日夏内記

正光寺殿　　父之在判

このように、正光寺は開基円淳と九条家との関係を所縁として、次々と九条家あるいは智徳院を通して御免物が下付されていったのである。つまり、正光寺は天皇家および公家との関係を持ち続けていったのである。

以上までの検討によって、西本願寺末寺である正光寺が九条家、および、間接的ではあるが天皇家と関係を有していた状況が明らかになった。正光寺は開基を九条道家の子の円淳であるとする寺伝を所縁とし、九条家と親密な関係を持つことから、霊元天皇第一四皇子の嘉智宮の御世話卿を配する。嘉智宮の薨去に際して「位牌」「すみよし御服」「御挑灯」「菊御紋御幕」が下付され、特定の位の者にしか使用が許されなかった「菊金紋挟箱」「網代輿」が許可される。また、霊元天皇をはじめ九条家の位牌を安置し、嘉智宮二五回忌には観音像・阿弥陀経などの

表一　西本願寺末正光寺の「貴族化」の状況

年	事項
（不　明）	第一五代俊嶺叔母おひさが霊元院第一四皇子嘉智宮の御世話卿となる。
正徳二年（一七一二）	嘉智宮位牌、菊御紋御挑灯が御免される。
正徳四年（一七一四）	菊御紋御幕が御免される。
享保二年（一七一七）	金紋挟箱、網代乗物が御免される。
享保一四年（一七二九）	九条輔実薨去に際し九条家東福寺に御焼香に参上する。
享保一七年（一七三二）	霊元院御位牌安置を御免される。
享保一九年（一七三四）	霊元院三回忌に際し、色衣五条袈裟を嘉智宮の母、智徳院より御免される。
元文二年（一七三七）	嘉智宮二五回忌に際し、御簾・阿弥陀経・観音像が御免される。
寛保二年（一七四二）	智徳院位牌安置を御免される。
宝暦五年（一七五五）	九条家より那古海御掛物が御免される。
宝暦七年（一七五七）	九条家より御紋付御挑灯の使用を御免される。
宝暦七年（一七五七）	九条尚実より直筆御掛物が御免される。
宝暦八年（一七五八）	九条家より御末広が御免される。
宝暦十年（一七六〇）	九条尚実より御自歌御染筆掛物が御免される。

下付、九条尚実直筆の寺号名の下付、九条家の家紋を正光寺家紋として使用することの許可がなされた。こうした状況から鑑みて、正光寺が九条家や嘉智宮・霊元天皇の位牌を安置・読経し、精神的かつ宗教的な関係を保っていくことで、九条家あるいは天皇家との結びつきをつくり上げたと考えられよう。

最後に、正光寺と九条家および天皇家との関係を整理して一覧表（表一）にしてまとめておく。

三　正徳二年正光寺寺地取上一件と特権獲得

近世における正光寺の寺地は、西本願寺家老である八木蔵人の土地を譲り受けたものである。正光寺に残存している「記録一」第二条には「御本山御家司八木蔵人殿娘在之、正光寺教誓を聟と被致候、然ルニ正光寺ハ夫迄御本山北御殿東隣ニ住居仕罷在ル也、時ニ八木蔵人殿御本山御奉公自分切ニ被致自身所持之家屋敷聟教誓へ被相譲寺地ニ被致候也」と記してある。もともと西本願寺北御殿の東隣に寺基を有していたが、八木蔵人との縁故関係から八木所有の土地を正光寺寺地として譲り受けることとなった。(24) 宝暦一一年（一七六一）の西本願寺絵図から、その位置を確かめてみよう（図1）。

正徳二年（一七一二）一二月二二日、その寺地を本山によって取り上げになる事件が起こった。表一からも明らかであるように、正徳二年というと嘉智宮薨去が正徳三年（一七一三）四月であるので、俊嶺叔母のおひさが嘉智宮の御世話卿となっている時期である。

「記録一」第五条に次の記事がある。

正徳二年辰十二月廿二日、正光寺龍也並新発意俊嶺門徒中同道ニ而、御本山江可罷出旨ニ付、右之者共不残参

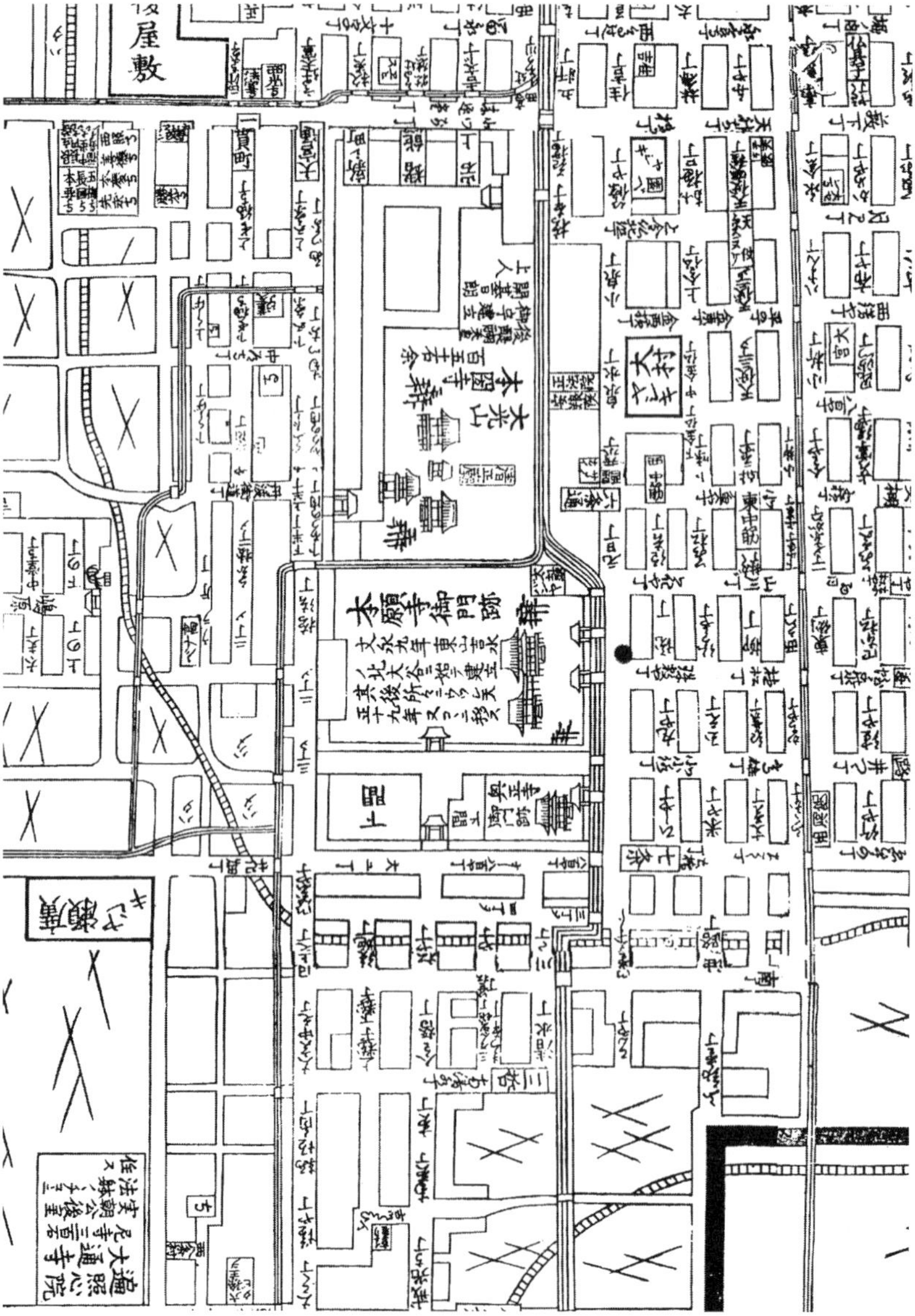

図１　正光寺の位置

出典　天保２年（1831）改正京町御絵図細見大成（『新修京都叢書』第23巻）より抜粋
（●：正光寺　なお、古地図のため縮尺は使用していない）

上仕候処、於御対面所下間刑部卿殿、横田内膳殿立合ニ而、被仰渡候ニ者、正光寺親子共御堂衆御暇被下親子共出寺被仰付候間、早速何方へ成リとも立退候様被仰渡何連も奉驚候、依之無是非両人共退院仕、正光寺地面屋敷者御本山へ御取上ニ相成候、依之親子共暫ク中立売迄ニ借宅仕罷在候

下間刑部卿、横田内膳の西本願寺家老からの指示で、正光寺地が本山に取り上げになっている状況が分かる。正光寺龍也ならびに俊嶺は借宅に移っている。この時期、西本願寺の法主は寂如であり、前法主良如が「大蔵経」を購入したことから、寂如は経蔵の建立に着手していた。また、元和三年（一六一七）一二月の火災によって焼失した阿弥陀堂が、寛永一三年（一六三六）に完成した御影堂に相応する規模の阿弥陀堂の建立にむけて準備を進めている時期でもあった。本願寺史料研究所編『本願寺年表』（浄土真宗本願寺派、一九八一年）から宝永七年（一七一〇）の関係する記事を抽出してみると、「二月一日　阿弥陀堂門地築、三月五日　釿初、四月十六日　石築、七月一日　立柱、八月五日　上棟」「十月十九日　集会所地築」「十一月五日　鐘楼堂を飛雲亭の藤棚の辺へ移すため、鐘を飛雲亭唐門辺の仮楼へ移す」「十二月一日　太鼓堂前堀川に石橋を架す」とあり、翌正徳元年（一七一一）には「一月中旬　鐘撞堂建つ、下旬経蔵を東に移す」「三月七日　阿弥陀堂石橋落成」「三月十六日　経蔵に『転輪蔵』の額を掲ぐ」といった記事が見える。つまり、諸堂の建立や再建が整備されている時期に重なるのである。こうした西本願寺内の整備と関わって、西本願寺門前の正光寺地が本山によって必要とされた可能性がある。

しかしながら、「記録一」第五条に「正徳四年三月下旬ニ、正光寺儀是迄之通リ御堂衆被仰付御堂へ出勤仕候様被仰付候、乍然御堂前正光寺屋敷江者帰寺難可候間、則仏具屋町御前通リ上ル御長屋之内しつらい御渡シ被成候、右御長屋ニ居住仕候此時より再ヒ御堂衆列ニ相加ル」「同廿九日（享保二年）下間刑部卿殿へ申入候ニ者、正光寺門徒共是迄性玄寺へ御預ケ被為候へ共、私帰寺仕候得者、門徒不残御戻シ被下候様、俊嶺申上候処尤之由ニ而、正光寺へ御戻シ

在之、右之趣ニ而諸事相済候也」との記事があり、御堂衆の役職ならびに門徒までも取り上げられていたことから、蟄居などの謹慎処分を受けた可能性も考えられる。この点は関心のあるところであるが、本章の検討範囲を超えるため別稿にて論じることとし、寺地および門徒が九条輔実や智徳院の働きかけでどのように回復がなされたのかを検討していきたい。

まず、正光寺龍也と俊嶺が借宅に移って一カ月後、龍也ならびに俊嶺は九条輔実に以下の内容で助力を求める。(26)

翌年正徳三年正月中旬ニ、九條後洞院様へ右之儀申上、何卒正光寺地面前々之通リニ相成親子共帰寺仕候様、乍恐被為添御系図被下置候様御願申上候処被為分聞召、則為御使者ニ姉小路弾正殿を以御門主御願被仰進候也

この助力願いによって状況の改善がなかったのか、その二カ月後には、同様に九条家との関係を表す系図を添え、「霊元院別当御局新大納言」つまり、藤谷為條女である霊元天皇第一四皇子嘉智宮の母智徳院にさらなる助力を申し出る。以下の史料である。

正徳三年三月中旬ニ、霊元院別当御局新大納言様へ出寺之趣申上、何卒被為添御系図被下置候様ニ御願申上候処、御承知被下先ツ御局様ゟ九條様へ茂頼得と御頼ミ可被仰進旨ニ而、則御局様之御兄子入江民部相尚卿を以、新大納言様ゟ九條様へ御頼被仰進、何卒正光寺帰寺仕候様、六条御門主へ宣御頼被仰遣被下候様ニと御頼被成候

前節にて述べたように、正光寺と深い関係にあった智徳院は、兄である入江相尚によって九条輔実へ、九条輔実から西本願寺へと正光寺寺地についての嘆願を行ったのである。こうした智徳院と九条輔実の動きによって、正徳四年（一七一四）に「是迄之通リ御堂衆被仰付御堂へ出勤仕候様被仰付候」として、正光寺は御堂衆に復職を果たす。そして、享保二年（一七一七）にいよいよ寺地が回復されることとなる。以下に史料を示す。

享保二年正月十八日、御門主様寂如上人為年始之御礼九條様へ御出被成候節、後桐院様被仰候ニハ正光寺儀段々御門主ニも御苦労ニ存候、是も只今ニ而者本堂へも出仕も仕よし、乍然正光寺屋敷をいまた御渡シ無之由、右正光寺屋敷今日ゟ九條家江申請ケ度候間、此事御承知在之候様、九條家ゟ御直ニ段々御もらい被成度御申被成候者、御門主被仰候ニ者正光寺儀加程迄御苦労ニ思召上ハ、如何様にも可被任御心ニ御所望之上ニ候へハ、正光寺屋敷今日ゟ九條家へ可進候間、左様御承知被成候、寂如様御承知被成候也

正月一八日に寂如が九条家に出向いた際に、輔実より正光寺寺地および屋敷を、九条家が申請ける旨を交渉していることが理解できる。西本願寺から正光寺への寺地および屋敷の返還が容易に実現しなかったことが推察されよう。輔実は九条家が寺地を一旦預かることで正光寺への返還を試みたのである。寂如はこれを承諾した。

同月、正光寺俊嶺は九条家の家司と考えられる日夏求馬から、次のような書簡を受け取っている。

今度六条御堂前正光寺地面等段、御門主様九条殿御申交宅僧へ御付与被成候間、右之趣永々申伝随分大切ニ寺務可有之旨、就仰如斯候也

享保二酉年正月　日夏求馬

正光寺俊嶺殿　寛典在判

このようにして、西本願寺によって取り上げげになった土地を九条家が預かり、正光寺へと返還がなされた。それに伴い、取り上げられていた門徒も性玄寺から正光寺に帰寺し「諸事相済候」となったわけである。このように、「正徳二年正光寺寺地取上一件」は、正光寺の天皇・朝廷権威への接近によって関係を築いた九条輔実・智徳院の働きかけにより、正光寺寺地は西本願寺門前に差し置かれたのである。(27)

以上、検討してきた本一件を天皇・朝廷権威との関係性で考察してみると、次のように整理できる。

正光寺は九条家や嘉智宮、霊元天皇の位牌を安置・読経していくことで、宗教的な関係を作り上げた。特に、嘉智宮の生母である智徳院との結びつきを強め、様々な下付物を申し出るようになる。そうした下付物と正光寺からの献上によって、天皇・朝廷権威の典型である由緒を作り上げる。こうした由緒は正光寺にとって、寺格の向上はもちろん、本一件の検討で明らかになったように、特権獲得としての意味があった。本山によって寺地が取り上げになる一件を九条家・智徳院の働きかけにより、差し置かれたのである。その差し置かれた内容をみても、九条家をいったん経由するという、西本願寺の威厳を傷つけない方法によって返還がなされた。

さらに、付言すれば、本一件において、本山である西本願寺との交渉に大きな影響力を持ったのは、九条家、および、智徳院との関係であったことは異論のないところだが、正光寺が交渉に際し、系図を常に提出している点を軽視できない(28)。九条家や智徳院から、天皇・朝廷権威を具現化する数々の下付物があるにもかかわらず、こうした関係が近世に一朝一夕に作られたのではなく、正光寺開創期からの由緒であったことを強調していると考えられる。これらは天皇・朝廷権威による特権獲得を普遍化する一方策であった。

四　近世における正光寺の経済的基盤と教線の状況

本節では、近世正光寺の経済的基盤としての教線を検討する。近世後期の正光寺の状況を示す史料を以下に示す。本史料は京都府によって、明治七年（一八七四）に作成された行政史料である(29)。各寺院からの書き上げ調査に基づくものと考えられ、近世後期の各寺院の状況を推察することができる。

真宗本願寺派

京都府管轄山城国愛宕郡
下京廿三区醒井通本願寺門前

正光寺

本山
一、本願寺末
天正十三乙酉年三月　日開基祐従

第十三世住職
大八木諦聴
壬申三十五歳
先住諦円長男
嘉永五壬子年四月七日於本山得度
於本山学林学修
文久二壬戌年十一月廿一日住職

母
千種
壬申五十四歳
先住諦円妻
先々住諦亮長女

妻
藤枝
壬申二十八歳
京都府管轄下京廿三区西洞院魚棚下
北壱丁目東側町廣泉寺梵道亡二女
安政六巳未年二月十日娶

長男
大八木大行
壬申十一歳
明治四辛未年四月八日於本山得度
於本山学林学修

二男
大八木紐千代
壬申八歳

長女
田鶴
壬申五歳
弟
大八木諦順
壬申三十三歳
先住諦円二男
元治元甲子年十一月十九日於本山得度
於本山学林学修
以上僧三人
外寺族四人

一、境内　百五十八坪九分五厘余
但　除地
一、檀家　百七十四軒

記事内容から、下京区醒井通本願寺門前に寺基を有しており、僧侶三人、境内一五八坪九分五厘、檀家一七四軒の寺院であることが分かる。僧侶は三人とはいえ、実質は住職諦聴とその弟諦順とによって法務が行われていると考えられる。境内一五八坪は中規模程度であると考えられるが、檀家一七四軒は都市部としては大規模寺院の部類に入るであろう。とはいえ、こうした寺院基盤をもつ寺院はめずらしいことではなく、前節までに述べてきたような九条家および天皇家との結びつきを作り上げるだけの経済力があるとは考えられない。ここで考えられるのは、正光寺末寺あるいは下道場による経済的助力である。「記録二」第一一条に次の記事がある。

宝暦十二年当寺貫道代御絵伝奉願候事
一、宝暦十二壬午年、御本山御門主法如様御代ニ当寺貫道四幅之御絵伝奉願上候、就夫ニ薩州久志村同行衆中ゟ御絵伝御入用等寄進在之、右同行中之助力を以願之通リ御絵伝御免被成下候、右之訳故御絵伝之御裏ニ何卒寄進薩州久志同行と御染筆被成下候様奉願上候処、是迄何連之御裏ニも寄進人者法名斗ニ而、御免之事国所者御染筆無之事故難被成思召候得共、此度之寄進人者格別之所から故思召を以御免被成下候趣ニ而則御裏ニ左之通リ

釈法如御判
宝暦十二壬午年正月廿六日
大谷本願寺親鸞聖人之縁起　山城国愛宕郡六條境内
正光寺之物　願主　貫道
寄進薩州久志同行中

右之通御裏御染筆被成下候永々大切ニ所持可仕候

本記事は、正光寺への「親鸞聖人之縁起」の下付が、薩州久志村同行中よりの寄進であったことを示すものである。寄進人の裏書「寄進薩州久志同行中」が記されていることが注目されよう。この例のない裏書が実現された理由を「此度之寄進人者格別之所」と示しているが、この意味をまず考察してみたい。

薩摩国においては、慶長二年（一五九七）より明治九年（一八七六）に至るまで、一貫した真宗禁制政策がとられた。禁教地においては、寺院の成立は不可能であったため、薩摩の真宗門徒は秘かに地域的な信仰集団である講をつくり念仏を営んでいた。こうした薩摩藩の真宗禁制についての研究は藤等影氏をはじめとし(30)、桃園恵真氏(31)、星野元貞氏(32)、福間光超氏(33)、鮫島重喜氏ら(34)によって、多方面からなされてきている。薩摩藩における信仰を検討した藤氏は「ともかく京の正光寺と久志との関係は余程久しいものであるだけは明瞭である。この地は二八日講と称する

講社を結んで法義相続した事は諸種の記録にあらわれている」[35]と述べている。そして、「さらに京都正光寺一八世貫道の代に、薩州久志同行中より正光寺へ四幅の御絵伝を寄進する包紙を見るに（後略）」として、親鸞御絵伝納入箱の包紙墨書銘を引用している[36]。次に示す。

紺青泥雲総金襴御表具

御絵伝、寄進薩州久志同行中

宝暦十二壬午年正月二十六日

山城国愛宕郡六條御寺内

正光寺　貫　道

取次大進法印㊞

其他先々より寄講取立られ法義相続のうへ冥加の志被差上候事及言上候処、各かねて法義深厚の故と御感心不斜神妙被思召候、仍て此度講相続のため御印書被成下候、末々寄講退転なきやふに出精せらるべく候、誠に当流安心の一途は何のやふもなくもろ〳〵の雑行雑修自力の心を捨てはなれ一心に阿弥陀如来今度の一大事の後生たすけ給へと深くたのみ奉れば不可思議の願力によつて一念の立所に光明摂取の大益を蒙り順次報土往生を遂しめ給ふ事疑あるべからず候、此上には広大の御恩を存ぜられ常に仏恩報謝の称名相続あるべく候同行参会の節は相互に信不信の沙汰に及ばれ法義無油断掟のごとく可被相嗜事肝要の旨、被仰出候仍て被顕御印候也

寛政十二年申十月十五日

正光寺門徒

久志二十八日講

四講中
講元　藤井六治郎
同　中村杢次郎
同　長左衛門
同　古木喜平治
四講総世話人
中村金助

以上の史料は、「記録二」第一一条の記事を裏付けるものであり、「久志二十八日講」と正光寺の関係は明らかである。正光寺は「久志二十八日講」と本山との手次寺院として存在していたのである。「此度之寄進人者格別之所」とは真宗禁制の薩摩国の講であったからであろう。見落としてはならないのは「薩州久志村同行衆中ゟ御絵伝御入用等寄進在之」の記事である。寄進が「久志二十八日講」からの意志であることが理解できる。そして、「右之訳故御絵伝之御裏ニ何卒寄進薩州久志同行と御染筆被成下候様奉願上候」として、親鸞御絵伝の裏書に寄進人を記してほしいと願っているのは、「久志二十八日講」の講員たちに他ならないということである。下付された親鸞御絵伝は、当然、正光寺法物として保管され披露がなされる。正光寺にとって、寄進人記載の有無は大きな問題ではなかったはずである。寄進人を記載希望しているのは「久志二十八日講」に間違いない。こうした例のない寄進人記載を真宗受容の初期段階において願い出るであろうか。ここには、親鸞御絵伝の寄進よりも以前に「久志二十八日講」と正光寺との関係が存在し、正光寺の経済的基盤を支えた「久志二十八日講」の正光寺への物心両面にわたる献身的姿勢が垣間見えるのである。

では、こうした「久志二十八日講」と正光寺との関係はいつごろからできたのかを実証的に明らかにしたい。表一からも理解できるように、正徳二年（一七一二）以降、宝暦一〇年（一七六〇）の間には九条家および天皇家との結びつきを深めている。この結びつきを深めていった背景に「久志二十八日講」の存在を射程内にとらえることができるであろうか。

「久志二十八日講」と正光寺との関係を示すものは、宝暦一〇年西本願寺執事より「久志二十八日講」に宛てられた次の史料が初見である。(37)なお、本史料は現鹿児島県南さつま市廣泉寺所蔵に関わるものである。廣泉寺は近世末に経済的理由から正光寺同居寺院となっており、明治期の鹿児島開教に伴って、正光寺第一三世大八木諦聴とともに次男諦観が廣泉寺を継職している。

御開山様御名、依願御染筆被下候間難有安置可有之候、就夫安心決定之上には弥々法義無油断被相続仏恩報謝之称名を相嗜、今度之報土往生之可被遂素懐事肝要之旨被為仰出候也

下間大進法印

仲　矩　㊞(38)

宝暦十庚辰年四月十六日

薩州久志

二十八日講四講中

本記事を検討した知名定寛氏は「久志廿八日講の結成は宝暦一〇年四月一六日よりも遡ることはまちがいない。しかも講名は西本願寺からの正式な許可があって使用されるのが通常であるから、久志廿八日講の結成はさらに遡って考える必要もあろう」と述べている。(39)九条家や天皇家との関係の背景に「久志二十八日講」の存在を設定す

るには、本史料をさらに五〇年遡ることが必要となる。

すでに、知名氏によって示された史料であるが「薩摩国諸記」に次の記事がある。(40)

不審の条々左に申上候

一、爰許如来の御前に備上置候御香炉の義、上御香炉には沈香其外の匂粉焼上、下御炉には仙香一本つゝ焼上候処、於御本山は上下共に沈香匂粉のみにて被為焼候由、承知仕候処、弥其通に御座候哉、左候はゝ、於爰許も以来は其通仕候も可然哉、又素よりの仕来通にても相済可申哉、何分御教示可被成下候

下ケ札、上香炉は沈香其外、下香炉は線香計にても壱弐本、横に焼置候て可然、又抹香を焼候ても可然事

（中略）

申六月廿六日

了覚

八木正蔵様

了覚という人物が仏前の作法に関することを八木正蔵に質問をしている史料である。(41)八木正蔵とは正光寺の薩摩国向けの変名で、その八木の印鑑は廣泉寺に所蔵されていたことから正光寺に宛てられたものに間違いない。(42)また、差出人の了覚とは、仲尾次政隆という人物のことである。

仲尾次政隆は文化七年（一八一〇）五月一一日に那覇泉崎村の素封家に生まれ、天保六年（一八三五）～八年（一八三七）に問役、天保九年（一八三八）～一〇年（一八三九）に冠船寄筆者、天保一一年（一八四〇）には大和横目、嘉永三年（一八五〇）に今帰仁間切中城の地頭職に任ぜられた近世琉球における那覇役人である。(43)また、禁制の真宗信仰のリーダーとして「中山国二十八日講」を結成し、(44)嘉永六年（一八五三）に起きた法難では三百人余りの信

者を獲得していた[45]。この仲尾次政隆の真宗信仰の内実や宗教活動については、伊波普猷氏、知名定寛氏、島尻勝太郎氏によって、研究蓄積が積み上げられており、正光寺との関係も明らかにされてきている[46]。例えば、仲尾次政隆を中心とする信仰集団である「中山国二十八日講」が、天保六年に講名願いを出しており、その取り次ぎ寺院として京都正光寺が存在していたこと、さらに、正光寺との間を「久志二十八日講」が取り次いでいたこと、政隆の祖は薩摩国久志の琉球に真宗を広めた中村宇兵衛という人物であること、その祖先は京都の中村氏に遡ることなど、「薩摩国諸記」の史料が実証するように、正光寺との関係は大きなものであった。

以下、知名氏の研究蓄積に学びながら論じていく。注目されるのは中村宇兵衛という人物である。仲尾次の家譜の序文に「中村宇兵衛乃薩州久志浦人也家富有船為装運貢米事来到本国」とあり[47]、宇兵衛は薩摩国久志浦の生まれで、船を所有し沖縄の貢米を運び、薩摩との間を往復していたことが分かる。宇兵衛は久米村の思嘉那と結婚し、海路を通じて真宗を広めたのである[48]。

次に、中村宇兵衛、および、その妻思嘉那の系図を示す[49]（図2）。

以上から、中村宇兵衛は仲尾次政隆から四世遡った祖であることが理解できよう。「宇姓家譜」一世思嘉那条によると、思嘉那は康熙五三年（正徳四年〈一七一四年〉）生まれである。宇兵衛と思嘉那の結婚は宇兵衛二二歳、思嘉那一六歳であるので、結婚は享保一五年（一七三〇）ということになる。つまり、宇兵衛は享保一五年には、琉球と薩摩を往復し、真宗を広めていたのである。以上から、中村宇兵衛は享保一五年には正光寺と関係をもち、真宗に帰依していたということになる。

このように推察すると、中村宇兵衛が確実に真宗に帰依していたと考えられる享保一五年には「久志二十八日講」が結成されていたのではないかという推測ができよう[50]。当然、「久志二十八日講」の結成される以前には真宗信仰が脈々と師資相承されているはずである。表一の正徳二年から宝暦一〇年の九条家および天皇家との結びつきの経済的な背景として、「久志二十八日講」の存在があったことに間違いないであろう。

以上、本節での検討を、宗教と天皇・朝廷権威との関係で考察してみると、次のような理解と展望が得られる。

正光寺の天皇・朝廷権威への接近の背景には「久志二十八日講」と「中山国二十八日講」の存在があった。特に、琉球への教線においては了覚によって決定的な感化がなされるが、嘉永六年の法難で検挙された講員は三百人以上にのぼり、その多くは那覇の遊女たちであったという(51)。このように、社会の底辺において真宗に信仰を求めた講員たちは、本山である西本願寺との結びつきを求め、正光寺を取り次ぎ寺院とした。取り次ぎ寺院である正光寺に懇志が集まるのは当然の帰結であった。正光寺は西本願寺門前に寺地を得て、さらに公家である九条家との結びつきを求め、天皇・朝廷権威への接近を図る。

一方、時代は遡るが、本願寺は証如期において、九条家の猶子になることを求め、勅願寺となって「今上御寿牌」「先皇後柏原院御位牌」を本尊の左右に置き、「貴族化」を進めた(52)。寂

図2　宇姓家譜

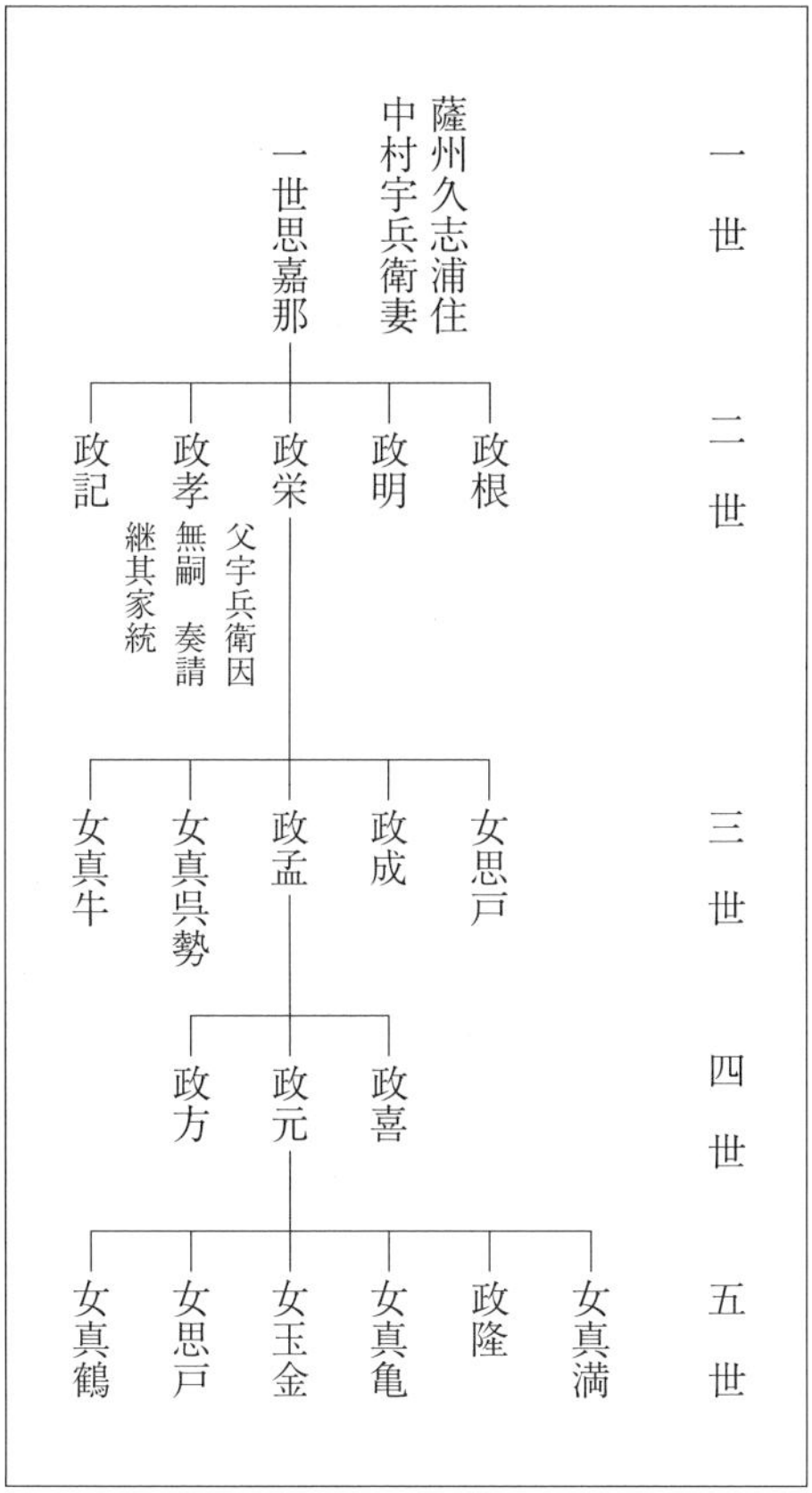

如期には霊元院から元禄三年（一六九〇）の御会始で詠まれた「野沢始迎春」を下付される[53]。こうしてみると、信仰が一定の方向に流れていることがうかがえる。

近世において真宗は、本寺を「善知識」として、宗教的な象徴である宗祖への強い信仰があった。そして、本山である西本願寺への信仰に至るには複雑な本末関係によって、取り次ぎ寺院を介せねばならなかった。社会的底辺の寺院は複雑な権力構造である本末関係を経由して本山である西本願寺とつながることを求めた。それは、本章で検討してきた真宗禁制地であった薩摩国・琉球の篤信者たちはもちろん、近世被差別民であった被差別寺院門徒も同様であった[54]。そして、連枝寺院を含む有力寺院と西本願寺は、その宗教的権威を公家や天皇家との関係、つまり、天皇・朝廷権威に求めるのである。

おわりに

以上、辻善之助氏・脇田晴子氏の提起した「本願寺の貴族化」を概念整理し、本章では、（一）「貴族化は天皇家および公家との関係を持ち、特権を得ることである」、（二）「本願寺の貴族化は教団の社会的格式の上昇や寺内町の領有権獲得など特権獲得に結びついた」、（三）「貴族化の背景には本願寺教団の兵力や豊富な経済力、および、教線の拡大が存在した」の三点を分析指標として、西本願寺末正光寺の天皇・朝廷権威への接近について検討を行った。本章での検討内容を要約しておく。

まず、概念（一）の検討では、近世において正光寺が九条家と親密な関係を持っていたことから、正光寺俊嶺叔母のおひさが嘉智宮の御世話卿となり、嘉智宮の薨去に際して「位牌」「すみよし御服」「御挑灯」「菊御紋御幕」

が下付された状況を確認した。また、特定の位の者にしか使用が許されなかった「菊金紋挟箱」「網代輿」が許可されてきたことも明示した。さらに、霊元院をはじめ九条家の位牌を安置し、嘉智宮二五回忌には観音像・阿弥陀経などの下付、九条尚実直筆の寺号名の下付、九条家の家紋を正光寺家紋として使用することの許可がなされたことを明らかにした。こうした状況を鑑みると、正光寺が九条家や嘉智宮・霊元院の位牌を安置・読経し、精神的かつ宗教的な関係を保っていくことで、九条家あるいは天皇家との結びつきをつくり上げたと考えられる。そして、家紋の使用や特定の位の者にしか使用が許されなかった「菊金紋挟箱」「網代輿」が許可されていったのである。つまり、正光寺は辻氏の論じるところの（一）「貴族化は天皇家および公家との関係を持ち、特権を得ることである」の文字通りに、「貴族化」によって特権を得てきたと考えられる。

次に、概念（二）については以下の点が明らかになった。正光寺は西本願寺家老であった八木蔵人の土地を譲り受け、西本願寺門前に寺地を持っていた。西本願寺は正徳二年（一七一二）にこの寺地を取り上げとする処分を行う。正光寺と関係を有していた智徳院は九条輔実に、その輔実は西本願寺寂如へ働きかけを行い、正光寺の寺地回復がなされる。その後、享保一一年（一七二六）にも、この寺地をめぐって西本願寺とやりとりが確認されたが、この際にも智徳院および輔実の働きによって寺地は正光寺に差し置かれることとなった。この二回の交渉によって正光寺寺地をめぐる一件は安定化し、明治二九年（一八九六）まで、正光寺は西本願寺門前に位置することとなる。これはまさに、正光寺の「貴族化」が特権獲得に成功した事例であるといえよう。正光寺が九条家や嘉智宮・霊元天皇の位牌を安置・読経し、精神的かつ宗教的な関係を保っていくことで、九条家あるいは天皇家との結びつきをつくりあげ、それによって生み出された特権性であると考えられる。西本願寺末寺である正光寺も、本願寺と同様に「貴族化」によって特権獲得がなされたとみてよいだろう。しかしながら、本章においては、社会的格式の上昇という面での考察はできていない。常識的には、嘉智宮の薨去に際して「位牌」「すみよし御服」「御挑燈」「菊御紋御幕」が下付され、特定の位の者にしか使用が許されなかった「菊金紋挟箱」「網代輿」が許可されたわけであるから、社会的な格式の上昇があったとみてとれるが、西本願寺との正光寺寺地をめぐる一件を鑑みると、西本願寺の執拗な対抗姿勢を感じ取れはしないだろうか。社会的格式の上昇というよりも、「貴族化」によっての社会的対抗関係が生まれたと言えるだろう。

そして、概念（三）についてであるが、正光寺の経済力の基盤である檀家数は一七四軒、境内一五八坪となっている。都市部の檀家数としては大規模寺院の部類に入る。しかしながら、こうした寺院基盤は珍しいことではなく、「貴族化」の背景にある経済力の根拠とは成り得ない。注目されるのは近世において真宗禁制であった薩摩国への教線である。正光寺への「親鸞聖人之縁起」の下付が薩州久志村同行中からの寄進であった事実から、正光寺への経済的背景に薩摩国の篤信者「久志二十八日講」の存在があったことを確認した。そして、「薩摩国諸記」に記事がみえる「了覚」という人物に着目し、正光寺の教線が薩摩国から琉球まで伸張している事実を史料的に示し、「中山国二十八日講」の存在があったことを明示した。真宗禁制の薩摩・琉球の篤信者たちの信仰を具現化するための免物下付、その下付に関わる懇志が取り次ぎ寺院である正光寺に集まるのは当然の帰結であり、「貴族化」の背景にこうした教線展開、真宗信仰者の存在があったことを考察した。

さらに、天皇・朝廷権威との関係性、および、信仰の方向性について今後の展望を述べた。正光寺は九条家、智徳院との結びつきを深め、天皇・朝廷権威の典型である由緒を作り上げる。こうした由緒によって、寺格の向上と特権獲得がなされる。正光寺はこうした特権性を普遍化する志向性を強く有していたのである。また、真宗においては、本寺を「善知識」とした宗祖への強い信仰があり、社会的底辺の寺院は複雑な権力構造である本末関係を経由して本寺との結びつきを求めた。そして、本寺である本願寺はその宗教的権威を公家や天皇家に求める。このように、近世における宗教が天皇・朝廷権威に収斂されていく状況を具体的に明らかにした。

以上の三点の考察から、「貴族化」の概念による分析によって、近世国家の統制体系に位置づけられた寺院が天皇・朝廷権威に接近し、あるいは上昇志向を志向していたことを明確に映し出すことになった。つまり、近世社会においても天皇・朝廷権威は一定の価値を有するものとみなされていたということである。最後に、課題を二点挙げたい。

第一に、一末寺のこのような天皇・朝廷権威への接近事例が他にも存在するのかという課題である。有力連枝寺院の中には公家の猶子になった例もあるが[55]、このように公家や間接的であるが天皇家と関係を有することは珍しいことと考えられる。このような関係の背景には、近世における公家の経済的基盤の弱体があったことは言うまでもないが、他にも広がりはあったのかを検討することで、さらに深い分析が可能となる。

第二に、真宗寺院が天皇・朝廷権威への接近に何を求めたのかという問題である。社会的格式の上昇がどのような状況であったのか、あるいは、社会的な対抗関係が生まれたのかを、実証的に明らかにする必要がある。こうした作業を通して、天皇・朝廷権威への接近の背景にある寺院や門徒の願いやその時期の民衆思考が浮かび上がってくると考えられる。これらは、近世宗教における信仰の方向性と社会の権力構造についての展望に結びつくといえるだろう。

註

（1）朝尾直弘「幕藩制と天皇」（同『将軍権力の創出』岩波書店、一九九四年）、深谷克己①「幕藩制と天皇」（『人民の

歴史学』四〇、東京歴史科学研究会、一九七五年)、同②「公儀と身分制」(同『近世の国家・社会と天皇』校倉書房、一九九一年)、同③「幕藩制国家の成立」(同『近世の国家・社会と天皇』校倉書房、一九九一年)、衣笠安喜「幕藩制下の天皇と幕府」(同『近世日本の儒教と文化』思文閣出版、一九九〇年)、宮地正人①「朝幕関係からみた幕藩制国家の特質」(同『天皇制の政治史的研究』校倉書房、一九八一年)、同②「幕藩制下の官位官職制度」(同『天皇制の政治史的研究』校倉書房、一九八一年)、同③「近代天皇制イデオロギーと歴史学」(同『天皇制の政治史的研究』校倉書房、一九八一年)などが代表される。

(2)　久保貴子「近世朝幕関係史研究の課題」(同『近世の朝廷運営』岩田書院、一九九八年)、山口和夫「近世天皇・朝廷研究の軌跡と課題」(永原慶二編『世界史のなかの天皇(講座前近代の天皇五)』青木書店、一九九五年)。他に、西村慎太郎「研究史整理と課題設定」(同『近世朝廷社会と地下官人』吉川弘文館、二〇〇八年)、井上智勝「本研究の関心と研究史的位置」(同『近世の神社と朝廷権威』吉川弘文館、二〇〇七年)などがある。

(3)　高埜利彦『近世日本の国家権力と宗教』(東京大学出版会、一九八九年)。

(4)　平川新『伝説の中の神』(吉川弘文館、一九九三年)、井上前掲書、上田長生「近世社会における天皇・朝廷権威とその解体—河内国石川郡叡福寺を中心に—」(『日本史研究』五七一、日本史研究会、二〇一〇年)。また、周知のように、天皇制研究と身分制研究を統合的に取り扱う分析視角として、塚田孝氏、吉田伸之氏、脇田修氏による「身分的周縁」論がある。

(5)　辻善之助『日本文化と佛教』(春秋社、一九五一年)二三〇~二三一頁。

(6)　脇田晴子『天皇と中世文化』(吉川弘文館、二〇〇三年)五二~六一頁。

(7)　草野顕之『戦国期本願寺教団史の研究』(法藏館、二〇〇四年)四一四~四三六頁。

(8)　森岡清美『真宗教団と「家」制度』(創文社、一九六二年)五三五頁。

(9)　同右、五三七頁。

(10)「記録一」には各条が明記されているが、「記録二」には各条の明記はない。「記録二」については、便宜上、筆者が箇条書きにした。第一九世貫教が記した部分を対象とした。「記録二」の引用にあたっては、この箇条書き番号を各条目番号とする。

(11)西光寺祐俊は創建当初の学寮を知る貴重な史料である「学寮造立事」と「両寺法論之事」の執筆者として有名である。その他にも多くの記録を残しており、西本願寺文書として保管がされている。

(12)「記録一」の「次二」条には「九条西光寺開基也、九条殿光明峯寺道家公御息男也、寛元二甲辰年十四歳之時、親鸞聖人之成弟子ト従リ、後宇多院西光寺ト勅号成シ玉フ尤権大僧都法印蒙勅許正和四乙卯年八月廿日八十二才遷化」との記事がある。西光寺と正光寺に分立したことについては「祐従ニ祐俊教誓ト云男子両人在之、兄祐俊者成仁ニ候得共、妾服ユヘ西光寺相続之儀及辞退、教誓儀者本服ニ候得共、第二儀ユヘ西光寺相続之儀及辞退此趣御本山達信光院殿准如上人御聞ニ、兄弟心底神妙ニ思召祐俊者成仁之事故、西光寺可為相続旨被仰出弟教誓儀者いまハ幼年之事故、格別ニ父祐従江正光寺ト寺号被成下候間、祐従ハ正光寺相名乗リ教誓成仁之上正光寺相続可仕旨被仰出」との記事がある。

(13)『尊卑分脈』および『系図纂要』では円淳の記載はない。しかし、「記録一」によると、「九条家系図」に円淳の名があるとしている。

(14)朝日新聞社編『親鸞聖人七五〇回大遠忌記念本願寺展』（朝日新聞社、二〇〇八年）二五二頁。

(15)順に、『妙法院日次記』正徳三年（一七一三）四月一七日条、正徳三年四月一九日条、正徳三年四月廿五日条。

(16)『綱平公記』正徳五年（一七一五）九月二三日条（東京大学史料編纂所架蔵謄写本）。山口和夫「霊元院政について」（今谷明・高埜利彦『中近世の宗教と国家』岩田書院、一九九八年）三一七～三一八頁に詳しい。

(17)「浄妙院位牌下付添状」（正光寺文書）。

(18)位牌、ならびに、衣服は現在も正光寺に残存している。

(19)「記録二」によると、「御局新大納言様之御年寄菅野様」とある。
(20)現在、正光寺には網代輿は残存していないが、金紋挟箱は残存している。
(21)位牌については明治九年（一八七六）に泉涌寺に奉納したとする。
(22)九条家の位牌については「記録一」に位牌の写しが書き込まれている。「無量信院」「後桐院」「長清院」「後泰雲院」「盛光院」の五名である。
(23)現在も本堂正面欄間に掲げられている。
(24)正光寺を含めて「御門前三カ寺」と呼ばれていた寺院があったという。慈敬寺、願宗寺、正光寺である。「記録一」系図条に付箋として記されている。
(25)下間刑部卿は下間頼深、横田内膳は横田監物勝長のことで、貞享三年（一六八六）九条家から保君（住如）を法嗣に迎えた恩赦で蟄居がとけた。勘気後、本史料の正徳二年（一七一二）に家老職となっている。
(26)「記録二」第五条。この後、断りのない限り、本史料本条からの引用とする。
(27)西本願寺から直接的に寺地が返還がされなかったことが後年に再び争論の火種を残すことになる。九年後の享保一一年（一七二六）一一月二〇日、正光寺は本願寺によって再び蟄居を言い渡される。「享保十一年十一月廿日、信順院殿住如様之御代下間少進殿ゟ正光寺龍也俊嶺両人共可罷出旨ニ付、両人共参上仕候処、少進殿被申渡候ニ者正光寺親子共蟄居被仰付候間、堅ク他出無用之由被申渡親子共御請申請帰ル」（「記録一」第一〇条）。これによって、再び寺地が取り上げになる。「此度出寺之儀者、御局新大納言殿江者沙汰無之様ニ被仰下候」と指示があったが、智徳院は翌享保一二年（一七二七）正月にこの一件を知り、九条輔実と智徳院の働きかけによって再び寺地が正光寺に返還された。
(28)享保一一年（一七二六）における二度目の寺地取上の際も系図を提出している。
(29)「本願寺興正寺本末一件」正光寺条（京都府立総合資料館所蔵文書）。本史料群は、社寺課によって作成された本末寺院明細帳と戸籍課によって作成された興正寺の離末一件についての史料群に大別される。

(30) 藤等影『薩藩と真宗』（興教書院、一九一六年）、二葉憲香「幕末における薩藩の真宗―真宗伝道史の一側面―」（『伝道院紀要』第五号、浄土真宗本願寺派伝道院、一九六五年）、千葉乗隆「真宗の道場と道場主―特に薩摩地方の講道場について―」（『龍谷大学論集』三九一、龍谷学会、一九六九年）など。

(31) 桃園恵真①『薩藩真宗禁制史の研究』（吉川弘文館、一九八三年）、同②『さつまのかくれ念仏』（国書刊行会、一九八六年）など。

(32) 星野元貞①「薩藩の真宗禁制と本願寺門徒」（『龍谷史壇』六〇、龍谷大学史学会、一九六八年）、同②「薩摩藩の真宗禁制と本願寺の動向」（『真宗研究』一七、百華苑、一九七二年）、同③「薩摩藩の封建支配と真宗禁制政策―疑心暗鬼の社会の醸成―」（『真宗研究』二八、百華苑、一九八四年）など。

(33) 福間光超①「幕末の薩摩門徒と本願寺」（『真宗研究』第一三輯、百華苑、一九六八年）、同②『真宗史の研究』（永田文昌堂、一九九九年）。

(34) 鮫島重喜①「幕末薩摩藩真宗禁制政策の転回構造」（『龍谷史壇』八八、龍谷史学会、一九八六年）、同②「幕末期薩摩藩の真宗禁制史の一断面―川辺門徒「発起」考―」（『真宗研究』三一、百華苑、一九八七年）。

(35) 藤前掲書、一四二頁。

(36) 同右、一四二～一四三頁。正光寺に寄進した御絵伝が何らかの形で現鹿児島県南さつま市廣泉寺に移動したと考えられる。現在正光寺には存在していない。筆者による二〇〇三年の廣泉寺調査では、親鸞御絵伝が存在するが、その裏書を確認したところ、「宝暦十三年癸未年霜月十六日、山城国愛宕郡京光恩寺之物、願主釈祐慶、寄進妙正」とあり、包紙記載の御絵伝ではなかった。

(37) 「講名免許状」（廣泉寺文書）。藤前掲書、一四二頁より引用した。藤氏は本史料の写真版を一二二頁に掲載している。筆者は廣泉寺への調査では確認することができなかった。

(38) 藤前掲書、一二二頁の写真版では花押である。
(39) 知名定寛「浄土真宗琉球伝播に関する様相」(千葉乗隆博士古稀記念論集『日本の社会と仏教』永田文昌堂、一九九〇年) 五四一頁。
(40) 「薩摩国諸記」(西本願寺文書) 嘉永元年六月二六日条。本史料は『日本庶民生活史料集成』第一八巻、五〇七頁より引用した。
(41) 本史料の検討は、知名定寛「沖縄における普遍的宗教世界の黎明―仲尾次政隆と真宗―」(二葉憲香博士古稀記念論集刊行会編『日本仏教史論叢』永田文昌堂、一九八六年) 三七五～三七六頁に詳しい。
(42) 八木正蔵の印鑑は現在廣泉寺には所蔵されていない。了覚よりの書簡と印鑑は藤前掲書に写真版として示されている。
(43) 伊波普猷『伊波普猷全集』第九巻 (平凡社、一九七四年) 二四八～二五五頁に詳しい。伊波氏によると、これらの役職は首里政府の政治上の機密が鹿児島に漏れる恐れがあったことから、那覇人の政治的な位置は大変低く、仕官には那覇人を疲弊させる差別制度が存在したという。仲尾次政隆が仕官した問役・大和横目も無俸給である。
(44) 知名註(41)前掲論文、三六五～三八八頁に詳しい。
(45) 伊波前掲書、二五九頁。
(46) 伊波前掲書、知名註(39)前掲論文、知名註(41)前掲論文、島尻勝太郎「仲尾次政隆の配流日記」(『沖縄文化研究』四、法政大学沖縄文化研究所、一九七七年)、同『近世沖縄の社会と宗教』(三一書房、一九八〇年) など。
(47) 那覇市企画部市史編集室編『那覇市史』家譜資料四那覇・泊系 (那覇市企画部市史編集室、一九八三年) 宇姓家譜序。
(48) 伊波前掲書、二五〇頁、知名註(39)前掲論文、五四二頁。
(49) 那覇市企画部市史編集室編『那覇市史』家譜資料四那覇・泊系、宇姓家譜 (那覇市企画部市史編集室、一九八三年) 仲濱家一世思嘉那条。

(50) 知名氏は「宝暦九年は中村宇兵衛五二才のときに当たる。久志廿八日講の結成にあたっては中心的役割を果たさなければならない年齢ではなかったろうか」と述べている。知名註(39)前掲論文、五四一頁。

(51) 知名定寛「琉球の遊女と真宗」（『南島史学』四三、南島史学会、一九九四年）に詳しい。

(52) 脇田前掲書、五二～六一頁に詳しい。

(53) 本願寺史編纂所編『本願寺史』第二巻（浄土真宗本願寺派宗務所、一九六八年）三八～三九頁。

(54) 被差別寺院の本寺への強い信仰の方向性については、本書第二部にて論じている。

(55) 森岡前掲論文、五四八～五五三頁。

第二章　定衆西光寺の役割と位置

はじめに

近世国家権力は、俗権力の法より仏法を上位に置く「仏法為本」を旨とする宗教を弾圧し、「王法為本」を容認する宗教のみが存続した。そして、周知のように、江戸幕府は慶長六年（一六〇一）から元和二年（一六一六）に「諸宗寺院本山法度」を発布し、中世以来の寺院の経済的特権や政治的特権を否定した上で本寺を通じての寺院統制を作り上げた。

「仏法為本」の代表的存在であった本願寺教団は織田信長による徹底した弾圧と慶長七年（一六〇二）の東西本願寺の分派によって、「王法為本」に即した教団の整備と運営が求められた。西本願寺を継職した准如は、地方教団整備のための地方別院の創設をはじめ、御堂における作法や服式、勤行の次第など故実典礼の整備に積極的に取り組む(1)。特に、故実典礼においては年始の謡初が年中行事となり、御堂における奏楽も准如期に始まるなど、法式が権威化していた戦国期の本願寺とは大きな変容が見られるようになる(2)。

こうした故実典礼の整備という重要事項を集記したのが定衆の西光寺祐俊である(3)。祐俊の記した「法流故実条々秘録」は近世真宗史研究では貴重な史料となっている。[4] 祐俊は幼少より准如に常随して学問・筆道に励み、准如・良如の代筆を勤めた。[5] 准如・良如の信望も厚く、教団の整備が著しく進展した本時期に定衆・一家衆として、父祐従とともに勤仕したことは非常に注目される。定衆である西光寺の本願寺での役割、[6] および、位置づけを明確にすることは、近世国家権力による宗教政策がどのように宗派内に影響を及ぼしたのか、ひいては、江戸幕府の宗教政策を映し出すことになろう。

しかしながら、近世初頭の本願寺定衆を対象とした研究は管見の限りでは見当たらず、西光寺自体についても、その開基状況をはじめ、どのような経緯で定衆として勤仕するようになったのか、あるいは本願寺内での位置など、明らかにされていない。わずかに、「西光寺古記」[7] と称される性応寺了尊が記した日次記類の解説中で、「寺の開基は親鸞聖人の門弟円淳で、いらい七代まで西九条村に居住していたので、九条西光寺と称する。本願寺第八世蓮如の時代、その側近に奉仕し、山科本願寺の築地内に屋敷地を授けられた。第一一世顕如が大坂石山本願寺において織田信長と争った折、西光寺の乗従・祐従父子は本山護持につとめ、乗従は戦死した。天正一九年本願寺が京都七条堀川に寺基を定めた時、西光寺も以前と同じく築地内に住した」[8] と述べられているが、寺伝の紹介を行ったにすぎない。ましてや、祐俊に兄弟の教誓がおり、西光寺相続に関わって正光寺という寺号が本山から下付され、祐俊が西光寺を、教誓が正光寺を継職したことは、これまで注目されることはなかった。

さて、前章では、辻善之助氏の提起した本願寺の「貴族化」の概念に着目し、近世において氏が対象とした本願寺ばかりでなく、本願寺末寺においても九条家あるいは天皇家と結びつきを強め、由緒をつくり上げた状況を明らかにした。この末寺が西光寺祐俊の兄弟寺院として開基した正光寺である。しかし、西光寺祐従・祐俊と正光寺の関係を実証的に明らかにできたわけではない。唯一、天明七年（一七八七）に、正光寺から本願寺に献納された

「冠形楊枝之御影」と称される聖徳太子像が伝来しており、西光寺開基の円淳が親鸞から授与されたものと伝えているが、[9]西光寺との関係を史料的に論証するには至っていない。この両寺の関係を明示することも、筆者の問題意識のひとつである。

そこで、本章では、まず、西光寺の開基状況をはじめとして、中世から近世における西光寺の状況を明らかにする。検討にあたっては、西光寺寺伝、および、本願寺史料である「天文日記」[10]「慶長日記」[11]「元和日記」[12]「西光寺古記」から検証していく。次に、西光寺祐俊に兄弟の教誓がおり、正光寺という寺号が下付された事実を検討し、西光寺と正光寺の関係を明らかにする。前述した本願寺史料のうち、「寛永四年西光寺祐従葬記」をはじめとする葬記や法事記の記録から実証的に明示していきたい。最後に、本願寺において年中行事として定着している謡初の儀式を通して、近世初頭の西光寺祐俊の本願寺内での位置を検討する。草野顕之氏は正月に演じられる謡初のうち、特に「翁」の演能の占める位置の重要性を明らかにしており、[13]籠谷眞智子氏は翁太夫役が個人的業績により抜擢がなされたことを述べている。[14]こうした先行研究に学びながら、祐俊の翁大夫を演じる年次を本願寺の日次記類から確定し、その頃の祐俊の本願寺内での位置を他史料からも重ねて検証していきたい。また、これまで実証的に明示されてこなかった祐俊の本願寺内での役職や本願寺法主である准如の関係についても論究していくものとする。

一　中世から近世にかけての西光寺の様相

西光寺の開基状況は、元文三年（一七三八）に西光寺が本願寺に提出した「京都九条西光寺由来」[15]（以下、「由来」と表記）の記事、天明五年（一七八五）に正光寺が本願寺に提出した「冠形楊枝之御影寄進添状」[16]（以下、「添状」と表記）によって窺い知ることができる。

ア「由来（抜粋）」（龍谷大学所蔵文書）

九条西光寺開基円淳者

一、九条殿下兼実公之御孫子光明峯寺道家公ニ由諸御座候而、九条殿下御敷地西九条村居住仕候、祖師聖人ニ帰依仕御弟子ニ罷成候ハ寛元二甲辰四月中旬ニ御座候、寺号者御宇多之院勅号ニ御座候、開基円淳ゟ覚淳覚祐善淳巧円存円存貫迄七代九条ニ居住仕候、則年数ハ弐百十五年目ニ応仁元丁亥五月廿五日依兵乱寺不残焼失

イ「添状（抜粋）」（西本願寺所蔵文書）

先祖者九条殿下光明峯寺道家公御息男権大僧都円淳法印従後宇多院西光寺ゟ奉蒙勅号天台宗ニ而西九条ニ一寺建立有之、其後御開山様御弟子ニ被相成候、依之西光寺開基円淳二世覚淳三世覚祐四世善淳五世巧円六世存円七世存賢八世賢祐九世乗覚十世乗従十一世祐従ニ祐俊教誓与申而男子弐人有之候

「由来」によると、九条道家と「由緒」があり、寛元二年（一二四四）、西九条村に居住していた際に、親鸞の弟子になったという。寺号は後宇多院の勅号であるとする。円淳より、覚淳・覚祐・善淳・巧円・存円・存貫の七世の間、西九条に住していたとしている。一方、「添状」によると、九条道家の「御息男」である円淳が親鸞の弟子になり、天台宗から改宗したとする。円淳以降の七世までの住持名も「由来」と同様となっており、正光寺での初代住持である教誓までが記されている。いずれもほぼ同様の寺伝を有しているが、円淳の名は他史料の九条家譜にみることはできず、「添状」に後世の潤色は否定できない。しかしながら、前述したように近世における九条家と正光寺の関係の深さは特筆されるものであり、開基状況にて九条家と何らかの関わりがあったものと推察できる。

以降、「由来」によると、蓮如に随順し山科に居住したとする。以下の記事を示す(17)。

一、蓮如上人河内国出口中審ニ御住被為遊候所、文明十年孟春下旬、山城国山科江御移被成候ニ御供仕、御普請之間始終相働申候故、為御褒美御築地之内ゟ屋敷拝領仕、西光寺御取立被成被下居住仕候

こうした事実を裏付ける史料は見当たらないが、蓮如の曾孫にあたる本願寺第一〇世証如期において、西光寺は常住衆として勤仕していたことが明らかである。「天文日記」天文五年（一五三六）条～天文二三年（一五五四）条に、三二カ所の記載があるが、その中で注目される記事を列挙し、検討してみよう。

ウ　「天文日記」天文八年（一五三九）六月一九日条

大坂寺内北町ノ九条西光寺家一間計焼失候

エ　同右、天文一二年（一五四三）一月二日条

為歌初、常住衆（福勝寺、西光寺、定専坊）三人召出之。如佳例盃出之、愚呑之時歌出也。又折出也。其次兼智呑之、福勝寺（来年ハ頼堯可呑之）西光寺、定専坊如此呑之、此盃果也

史料**ウ**から、天文八年に西光寺が「大坂寺内北町」、つまり、寺内町に居住していることが理解できる。証如は天文元年（一五三二）に山科から大坂に移居し、漸次営構を加え本寺としての体裁を整える(18)。細川晴元ならびに法華宗徒との争いは収拾しておらず、寺辺の警備と寺地の拡張がなされた(19)。寺内町は天文一〇年（一五四一）には、一〇町を数えることができるが(20)、その中でも、天文元年に形成された清水町、北町、西町、南町屋、北町屋、新屋敷の六町は本願寺の宗教的行事に参加した関係の深い町であった(21)。

こうした歴史的事実から考えると、西光寺は寺内町に住し、本願寺内で重要な地位にいたと捉えることができるだろう。また、史料**エ**から、西光寺が常住衆として謡初(22)に参加していることが理解できる。草野顕之氏は常衆・常

住衆の職掌として、石山本願寺の演能のひとつである一月二日の謡初参加の重要性を指摘し(23)、籠谷真知子氏は謡初の演者に大きな入れ替えがなく固定されていたことを明らかにしている(24)。

このような研究成果から、常住衆は他の直参坊主衆とは差別化された職掌を有しており、史料**エ**は宗主と常住衆、あるいは、一門一家衆との交盃式であり、教団の重鎮との新年の盃を交わすことを目的とした儀式であったと想定できる。しかも、その常住衆に大きな入れ替えがなかったことから、蓮如に随順し山科に居住したとする「由来」の記事「御築地之内ヨリ屋敷拝領仕、西光寺御取立被成被下居住仕候」も充分に射程に捉えることができるであろう。

次の「天文日記」における二つの記事も注目される。

オ　「天文日記」天文一五年（一五四六）三月九日条

　就当番之儀、九条西光寺乗祐也、賢祐者令隠居也樽持参第一

カ　同右、天文一六年（一五四七）八月三日条

　御堂ニ召置衆者明覚寺、九西光寺、光徳寺、正誓此四人。以浄照坊申出也

史料**オ**では、天文一五年（一五四六）時の住持名が示されている。「乗祐也、賢祐者令隠居也」の記事から、賢祐から乗祐に住持がうつっていることが分かる。「添状」では「八世賢祐九世乗覚」と異なっているが、証如期の西光寺住持として、第八世と第九世が比定できることにおいて異論はないであろう。このように推察するならば、蓮如期には第七世存賢が随順したということになるだろう。

史料**カ**においては、賢祐の子の乗祐（乗覚）が御堂衆に召し上げられていることが理解できる。御堂衆は本山の御堂の仏事一般を勤仕し差配する役職である。蓮如の頃までは六名の清僧からなっていたとするが(25)、証如期以降、

仏事だけでなく聖教の訓読教授の任にあたっていた。[26]常住衆の中でもさらに特化された職能を有したと考えてよい。つまり、第七世存賢以降、第八世賢祐と第九世乗祐（乗覚）と、常住衆として、あるいは御堂衆として、本願寺の宗教的行事を司る中心的役割を担い、西光寺は存在したと言えるであろう。さらに、「由来」では、顕如の石山本願寺の退去に際し「私先祖乗従祐従親子御身方仕、段々ニ相働大方ニ治リ候故、御退城被成御真影之御供仕参リ候（中略）御真影ハ祐従奉掛肩御供仕候而、其場を御免被成候、依之末々迄相働候印ニと御意御座候而御書拝領仕候」[27]として、西光寺第一〇世乗従と第一一世祐従が勤仕したことが記されている。

顕如は、天正八年（一五八〇）織田信長との講和によって本願寺は大坂を退出することになり、同年四月一〇日紀州鷺森に移っている。[28]「由来」記事を裏付ける史料は管見の限りでは見当たらないが、この記事が正しければ、祐従が親鸞御影を紀伊鷺森に運んだということになるだろう。

また、顕如の記事に続いて「由来」では、教如の隠居に際して次の記事がある。

教如上人御隠居屋敷之義ニ付、准如上人又々御苦労ニ思召候、是も祐従楊林院殿お亀殿相談ニ而種々相働、准如上人之御頼之通屋敷御請取被成候、則南北四十四間余東西百間余只今御経蔵之辺ニ而御座候、其節も御書拝領仕候、其上右屋敷祐従相働御手ニ入候ニ付、祐従望之所御屋敷可被下御意ニ而、蓮池之西シ南北十二間東西三十二間拝領仕候、則常楽寺ハ門外ヲ可守、西光寺ハ門内ヲ可守之御書ヲ被下置候ハ此時之義ニ御座候

文禄元年（一五九二）、顕如が示寂し教如が継職するが、豊臣秀吉は継職についての提示条件を出す。[29]これに対し、教如は秀吉の命に服するが、坊官下間頼廉は賛同しなかった。これが秀吉の知るところとなり、教如は退隠させられることになる。[30]翌年、教如は本堂の北御殿に隠居する。そして、周知のように、慶長七年（一六〇二）徳川家康より寺地が寄進され、翌年、上州厩橋妙安寺安置の祖像を迎え、東本願寺が分立する。

さて、本記事から、北御殿の教如に対し、西光寺および常楽寺などが警護にあたっていたことが理解できるが、本記事の示す内容を考察したい。本記事の内容が示す年代は教如が本願寺北御殿にて隠居する文禄二年（一五九三）〜慶長七年の一〇年間であることには間違いない。家康の勢力拡大に敏感に反応した教如は、慶長五年（一六〇〇）六月、周囲の阻止にもかかわらず、長尾景勝追討のために兵を出した家康に関東まで陣中見舞いに下向している(31)。こうした事実から考えると、北御殿に対し警護についているのは、慶長期初頭であると考えてよいであろう。事実、「慶長三年ヨリ同九年マテ日記」慶長三年（一五九八）一月二九日条には、次の記事がある(32)。

一、北殿之衆ニ以頼賑、此間之如ク番等可相勤、又五十日過申候ハヽ、表ニ可召置由申出也

「北殿之衆」と称される北御殿の警護の役があったことが明らかである。頼賑は下間頼賑のことで、本願寺坊官である。頼賑から「北殿之衆」に警護についての指示内容が伝えられている。その内容から五〇日間という期間を交代で行っていたと推察できよう。また、「此間之如ク番等可相勤」の文言から、慶長三年以前から、そうした警護があったと理解できよう。「慶長三年ヨリ同九年マテ日記」の記事から考えると、西光寺および常楽寺に「常楽寺ハ門外ヲ可守、西光寺ハ門内ヲ可守」と指示があったことも妥当性があると考えられるだろう。この時の西光寺住持は祐従であると考えられる。祐従は「御堂衆略譜」に「元和年中大権現家康公日光山御法会ノ時、一老西光寺祐従コレヲツトム。此時裏方ヨリ本願寺ト云札ヲ立ケレハ西光寺コレヲ打チ破ルトナン(33)」との記事があり、西光寺祐従の准如に対する忠節を伝えている。このように、西光寺は本願寺内において、准如と教如の争いの狭間で護持的役割を任じていたのである。

また、「由来」では「蓮池之西シ南北十二間東西三十二間」として、祐従が本願寺より土地を受け取っている。「慶長三年ヨリ同九年マテ日記」慶長三年一月二日条の謡初においては「狂言御年貢堂ノ玄誓　堂ノ極楽寺　アカイ称名寺　定家大夫

堂ノ真宗寺　脇堂ノ西光寺　連堂ノ明覚寺　堂ノ慶済寺」との記事がある。こうした記事は慶長三年〜九年（一六〇四）までに散見される。寺院名に付している註「堂ノ」をどのように理解するかであるが、「御堂衆」と理解したとしても[34]、称名寺の註「アカイ」が地名「赤井」を示すことから、「堂ノ」を御影堂と理解したとしても、本願寺築地内に住しているという意味に捉えられよう。よって、「蓮池ノ西シ」も本願寺築地内と考えてよいのではないだろうか。

以上の考察から、西光寺は中世から近世にかけて、蓮如に随順して以降、石山本願寺、紀伊鷺森、和泉貝塚、大坂天満、そして、京都六条と本願寺の移転に伴い移り住んだと共に、常住衆・御堂衆として、宗教的役割はもちろんであるが、石山合戦や東西本願寺の分派に際し、本山護持の任を担ってきたと考えられるのである。

二　西光寺と正光寺の関係

本節では、西光寺と正光寺の関係を明らかにしていく。

正光寺は山号を「西光山」といい、西光山正光寺と称する。この名称からも西光寺との関係があったことを推察できるが、正光寺寺伝である前述した「添状」によって、その関係が明らかである。史料**イ**に「一一世祐従ニ祐俊教誓と申而男子弐人有之候」とあり、第一一世祐従に祐俊と教誓という兄弟がいたとする。史料**イ**の続きには次の記事がある。

祐俊者雖為成人妾腹故西光寺継目及辞退ニ、教誓儀者雖為本腹若輩故継目及辞退、右之趣達信光院様御聴兄弟心底神妙ニ被為思召、祐俊儀者成人之事故西光寺可為住職、教誓儀者若年故此度父祐従江西光寺ニ似寄ル寺号格別之御思召を以正光寺与別号御免被下置候間、祐従儀者正光寺与相名乗致寺務、追而教誓成人之上正光寺可

為住職旨、横田玄蕃殿を以被為仰渡、従夫西光寺正光寺与相分両寺共御堂衆相勤候、依之祐従儀者教誓召連御
　本山北御殿之東江引越正光寺と名乗相続仕候

本史料では、西光寺祐従に祐俊と教誓の兄弟がおり、その継職に際して、「妾腹」「本腹」、あるいは、「成人」「若輩」という要因によって継目が決定しなかったことを記している。そして、本願寺准如によって祐俊に西光寺継職を、教誓が成人となることを前提に祐従と教誓に正光寺寺号が下付され、共に寺務を行うことの判断が下されたことを記している。その後、正光寺が本願寺北御殿東に寺地を与えられ、西光寺と正光寺ともに御堂衆となったとしている。

さて、こうした寺伝の信憑性を本願寺史料である「慶長日記」「西光寺古記」から検証していきながら、西光寺と正光寺の関係を明らかにしていく。まず、祐従に祐俊と教誓の兄弟がいたとする点は、慶長一五年（一六一〇）と寛永四年（一六二七）の謡初の記事によって窺い知ることができる。

キ　「慶長拾四報恩講之記」(35)　慶長一五年（一六一〇）一月二日条

　誓願寺　太夫西宗寺乗教
　　　　　脇西光寺子祐俊　同連金蔵寺・本専寺也

ク　「慶長拾九年御松拍子次第記」(36)　寛永四年（一六二七）一月二日条

　　脇　　教誓 西光寺子　笛勘兵へ　小鼓長三郎 平井七郎右衛門子
　当麻切
　　仕手　長八 金蔵寺子　大鼓左兵へ　太鼓西川長兵へ

史料**キ**は祐俊が本願寺史料に表れる初見である。慶長一五年の謡初において、脇能として誓願寺を演じていることが明らかである。「脇西光寺子祐俊」の記事より、「西光寺」とは祐従を指すと考えられ、祐従の子が祐俊である

ことが理解できる。[37] また、この脇能が祐俊の本願寺内での初出演であったと推察できる。史料クは同じく教誓が本願寺史料に表れる初見である。寛永四年の謡初において、切能として当麻を演じていることが理解できる。「西光寺子教誓」の記事から、西光寺祐従の子であることが明らかである。[38] また、祐俊同様に、この切能が教誓の本願寺内での初出演であったと推察される。以上から、祐従に祐俊・教誓の兄弟が存在したことに間違いない。

次に、「妾腹」「本腹」、あるいは、「成人」「若輩」という要因によって継目が決定せず「祐俊儀者成人之事故西光寺可為住職、教誓儀者若年故此度父祐従江西光寺ニ似寄ル寺号格別之御思召を以正光寺と別号御免被下置候」となった経緯について検討したい。次の史料は、親鸞三五〇回忌に関わっての慶長一六年（一六一一）の記事である。[39]
祐俊の西光寺継職が決定していたと推察できる。

一、御堂衆ハ、（一老）光永寺明春・覚応寺尊秀・徳応寺正観・西光寺祐従 四十二歳・願宗寺玄誓・極楽寺専乗・東坊了専・徳勝寺唯宗・本専寺空玄・金蔵寺正知・西教寺法道

右十一人也、但下間少進法印一老ノ上ニ出仕也、仍六人ツヽ二行ニ着座候

一、定衆ハ、（江州平田）明照寺了宗・（九条）西光寺祐俊 時十五歳 両人也、西光寺ハ此御法事前ニ、御一家ニ被成可有之由被仰候へ共、堅辞退被申候付、定衆被仰付候、定衆之儀も未若年ニ御座候付、再三御理被申上候へ共、祐従其間後見仕候様ニト被仰、十七日ヨリ定衆也、則父子共西光寺ト申セトノ御意候キ

本記事より、西光寺祐従が四二歳であり、御堂衆を任じていることが分かる。また、祐俊が一五歳で一家衆に召し上げられる命があったが、固辞することで定衆を命じられていることが分かる。定衆も「未若年」であるため断りを入れているが、祐従の後見によって承諾している。一五歳で一家衆・定衆に召し上げられるということは、法主である准如の信任の厚さを推測できるだろう。注目されるのは「則父子共西光寺ト申セトノ御意候キ」の記事で

ある。祐従・祐俊ともに「西光寺」という名で本願寺内で承認されたことを意味すると考えられる。事実、以降の「慶長日記」では「西光寺」、「西光寺祐従」、「西光寺祐俊」の文言が散見される。(40)

つまり、この記事は祐俊が西光寺継職と認知されたとみてよい。しかしながら、本史料が祐俊筆であることをふまえ、(41)若干の補足史料を補い、さらなる検討を行いたい。祐従は寛永四年に示寂するが、その葬送を記した「寛永四年西光寺祐従葬記」(42)に次の記事がある。

一、焼香之次第、十三日ニ横田内膳以、伺申候次第御書出候、西光寺・熊千世・教誓・浄願寺・永順寺・丹下斎助《ネリノイロ》・左兵衛《ネリノイロ》・善左衛門《ネリノイロ》・長助《ネリノイロ》・祐玄、如此候、此外ニ家来之者五人、焼香させ候

本記事は「焼香之次第」についての記されたものであるが、示されている順序は当然血縁のつながりを示すと考えられる。「西光寺」は祐俊を示すと考えられ、「熊千世」は童名であることから祐俊の子である可能性が高い。その後に「教誓」が記されていることを考えると、この寛永四年時点では、西光寺の継職が祐俊として認知されていると考えて差し支えないであろう。また、「教誓」が「正光寺」という寺号でなく、法名で明記されていることを考えると、この際には「正光寺」の寺号が下付されていなかったと考えるのが妥当であろう。本願寺史料での「正光寺」の初見は、それから五年後のことである。

「寛永九年正月三日御堂日次」寛永九年（一六三二）一月六日条(43)を示す。

六日甲辰雪降

一、アミタ堂、正光寺

一、朝勤、善知識ニアフコトモ也

（後略）

以上から、寛永九年に正光寺の寺号が下付されていることが明らかである。これまでの検討から、寛永四年以降、九年までに正光寺寺号が下付されたということになろう。さらに、寺号下付の年代を限定してみよう。

ケ　「寛永八年准如上人一周忌記」寛永八年（一六三一）八月二一日条(44)

七昼夜之間御文拝読之次第

廿三日朝　本専寺

同御逮夜　教誓

（後略）

コ　「寛永九年准如上人三回忌記」寛永九年（一六三二）九月二二日条(45)

准如様第三年忌七昼夜之間御文拝読之次第

廿三日朝　本専寺

同御逮夜　正光寺

（後略）

史料**ケ**は、寛永八年の准如一周忌についての記録であり、史料**コ**は、寛永九年の准如三回忌の記録である。「七昼夜之間御文拝読之次第」として、二三日朝は一周忌・三回忌ともに本専寺が「御文拝読」を勤めており、同日逮夜においては、一周忌では「教誓」、三回忌では「正光寺」が勤めていることが明らかである。「教誓」は他寺院の同法名の場合もあるが(46)、准如の一周忌と三回忌における「七昼夜之間御文拝読」の初日朝に本専寺が勤めていることから推察すると、逮夜での「教誓」「正光寺」は同一人物であると考えてよいのではないか。つまり、正光寺の寺号下付は寛永八年の准如一周忌以降であると推察できるのである。このとき教誓は二九歳である。

以上、「添状」の内容を「慶長日記」「西光寺古記」から検討してきた。慶長一六年時点では、西光寺継職が祐俊に決定していた。そして、祐俊は准如の信任を得て定衆となっている。このとき、祐俊一五歳・教誓九歳である。「妾腹」「本腹」については検討する史料が見当たらないが、祐俊が一四歳で本願寺謡初に参加し、翌年に定衆に任じられている事実から捉えると、幼少期より西光寺継職として決定していたことを推察させる。また、正光寺の寺号下付が寛永八年から寛永九年一月六日の間であると考えられるため、「添状」の「祐俊儀者成人之事故西光寺可為住職、教誓儀者若年故此度父祐従江西光寺ニ似寄ル寺号格別之御思召を以正光寺与別号御免被下置候」の記事には疑問が残る。正光寺が西光寺の縁戚寺院として成立したことは、山号からも寺号からも間違いないところであるが、「寛永四年西光寺祐従葬記」に「正光寺」の文言が記されていないことは、祐従と教誓に「正光寺」の寺号が下付された事実はなかったと考えられよう。

さて、最後に西光寺と正光寺の序列関係を検討する。正光寺は寛永九年には御堂衆を任じていることが以下の史料から明らかである[47]。

一、御堂衆ハ座上五人ト被仰出候、仍本専寺・光慶寺・西覚寺・金宝寺・正光寺也

つまり、正光寺の寺号下付とともに、御堂衆を拝命したものと考えられる。その三年後の寛永一二年（一六三五）、准如の子である本行寺准悟の葬礼を記した「寛永十二年准如上人五男本行寺准悟送終記」には次の記事がある[48]。

一、御斎ノ人数

本徳寺様・御新発意様・常楽寺殿・勝興寺殿・中将殿・西光寺殿・予

右何も上壇也、達而斟酌候へ共、色々被仰候故也

内膳・長門・九郎左衛門　（以下、一八名略）　下座ニ着座也

北座
本専寺・光慶寺・延寿寺・正光寺・炤善寺・宝泉寺・祐信・勝久寺・広泉寺（ママ）

御斎の着座位置が本記事より理解できる。まず、北座に着座したのは正光寺を含む本専寺や光慶寺である。前述した御堂衆に比定できる。下座に着座したのは本願寺坊官を含む様々な関係者であろう。さて、上壇に着座しているのが西光寺を含む面々である。新発意である良如をはじめ、本徳寺・常楽寺・勝興寺が記されている。これらの寺院は一家衆寺院であることで知られる。つまり、西光寺は一家衆寺院と同座次であることが理解できよう。着座位置は本願寺内の位置を示すと考えられるので、西光寺は正光寺よりも上座にいることが明らかである。

本節では、西光寺と正光寺の関係を明らかにしてきた。間違いなく正光寺は西光寺の由緒を汲む寺院であり、祐従の死後、教誓が御堂衆として勤仕していることが明らかになった。一方、西光寺に視点を移すと、祐俊は准如の信任を受け、早くから定衆・御堂衆となり、一家衆と同座次であることが確認できた。次節では、この点をさらに詳しく検討し、本願寺での位置を詳述していきたい。

三　近世初頭本願寺における西光寺祐俊

まず、慶長期から元和期の謡初の状況を検討することで西光寺祐俊の本願寺内での位置を確認しておきたい。謡初は祝言の小謡が謡われる箇所と坊主衆による「翁」と脇能・狂言の箇所、および、専業役者による能の箇所に分類される。「法流故実条々秘録」によると、「毎歳正月二日謡初・松拍子・御能之事、惣シテ於他家ニ代々ノ公方其外大名高家ニハ正月二日ニ謡初或ハ能等モ在之事ト見ヘ候。於御当家此儀初リ申事ハ実如上人之御代、山科御本寺之比ヨリ初リ申候（中略）謡初ハ定衆ノ礼也スキスワウ半袴着候也。御能三番終リハ祝言キリ。狂言二番、御堂衆・坊主衆等所役也」(49)

とあり、謡初が一月二日を式日として設定され、実如期より年中行事として定着していたことが分かる。また、定衆・御堂衆をはじめとする坊主衆によって演じられていたことも理解できる。

表1　慶長・元和期における謡初「翁」の役割

役割／年	翁太夫	千歳経	三番叟
慶長３年	勝願寺	性応寺子了尊	西宗寺子乗教
慶長４年	了寂	了尊	光蓮寺
慶長５年	了寂	明覚寺教誓	了尊
慶長６年	了寂	明覚寺	西宗寺
慶長８年	光永寺	明覚寺	光蓮寺
慶長９年	仏照寺	明覚寺	西宗寺
慶長15年	明照寺	真了	光満寺順正
慶長16年	明照寺了宗	正教	光満寺順正
慶長17年	西光寺祐俊	真了	光満寺順正
慶長18年	性応寺了尊	真了	光満寺順正
慶長19年	性応寺了尊	宗順	光満寺順正
慶長20年	性応寺了尊	真了	光満寺順正
元和５年	光永寺	祐真	光満寺
元和６年	光永寺	（記載なし）	（記載なし）
元和７年	光永寺	祐真	宗順
元和８年	光永寺	祐玄	宗順

（備考）記載のない慶長１・２・７・10～14年、元和２～４・９年については、謡初記事が存在しない。

前述したように、草野顕之氏と籠谷眞智子氏は、翁が演能に占める位置の重要性や翁の太夫役が個人的業績により抜擢がなされたことを明らかにした。つまり、翁の太夫役はその時期の定衆における中心的人物と理解できるのである。両氏はいずれも戦国期の謡初を検討したものだが、慶長期から元和期においての本願寺の謡初は徐々に侍衆が演能から後退するなどの変化はあるものの、内容は中世のものを伝えていることから[50]、両氏の検討内容は慶長・元和期においても援用できるであろう。「慶長日記」「元和日記」から、謡初「翁」の記事を一覧表にする（**表1**）。

表1から、慶長一七年（一六一二）に西光寺祐俊が太夫を演じていることが理解で

きる。前述したように、祐俊の初舞台は慶長一五年（一六一〇）であり、脇能三番「誓願寺」にて脇を演じている。翌慶長一六年（一六一一）には脇能二番「善界」にて太郎坊を演じている。初舞台から二年間で翁太夫役を演じるということは余程の業績があったのか、准如の信頼の厚さを物語る。事実、「慶長十六辛亥年日次ノ日記」一月一日条には次の記事がある(51)。

一、御盃ハ明照寺ト西光寺祐俊ト両人罷出ラレ頂戴候、サテ本座へ帰ラレ候て、各々下座へ給候、明照寺ノ方ノ御列下間大進殿、西光寺ノ方ノ御列平井近江守也、

新年の挨拶では坊主衆は二列に着座する(52)。その着座位置であるが、先頭である座頭が明照寺と西光寺祐俊であり、祝盃を准如から受けていることが理解できよう。明照寺は明照寺了宗と比定でき、慶長一五・一六年の翁太夫を演じている。以上から、座次と翁太夫との関連性が高いことが理解できよう。祐俊が翁太夫となった慶長一七年の元旦では次の記事がみえる(53)。

一、坊主衆二行ニ着座ナリ

東方

満行寺・真了《御番衆》・宗順《同上》・光満寺《同》・祐賢《同》・教正《同》・正教《同》・了海《伏見》

西方

西光寺祐俊・性応寺了尊・金宝寺・光永寺明琇・明蓮寺《仲津》祐賢・端坊下一

（中略）

一、各々坊主衆着座已後、御門跡様被成御出仕候、上下共ニ白キ御小袖ニ、甲ノ御導服ニ、ワゲサ御着用ナサレ候、サテ坊主衆一人ツ、罷出御礼申上候、但壱番ニ西光寺出ラレ候、二番ニ満行寺、三番ニ予、四番ニ金

宝寺、五番ニ光永寺、其外ハ両方カケテ出ラレ候

本記事から、西方の座頭は祐俊であり、東方の座頭は満行寺であることが分かる。(54)「壱番ニ西光寺出ラレ候」から、准如への挨拶を坊主衆の中で最も早く行っていることが明白である。こうした准如の祐俊への信任を「御堂衆略譜」の著者光瀬寺第八世乗貞（寛文三年〈一六六三〉～享保七年〈一七二二〉）は次のように記している。(55)

真宗寺准教・西光寺祐俊ナド御褒美、又ハ官銭ヲ出シテ内陣ニ列座セシメ御一家衆ニ同セラル

祐俊や真宗寺准教は「御褒美」として、または、懇志によって内陣、つまり、一家衆になったというのである。一家衆とは本願寺法主と同家系同族の寺院をいう。坊主衆から一家衆への昇進については、さらに詳しく検討する必要があるが、祐俊が一家衆となった事実は以下の本願寺史料「元和五・六年報恩講ニ付参集候御一家衆ノ覚」から理解できる。(56)

元和五己未歳霜月報恩講ニ付、参集ノ御一家衆幷ニ御斎・御非時ニ参リ申候衆ノ覚

一、廿日ノ御掃除ニ逢申候一家衆

広教・常楽・顕証・豪摂・明覚・同新教従・真宗・定専坊・西光・予・同侍従

一読して明らかであるように、祐俊ばかりでなく真宗寺も、元和五年（一六一九）段階にて一家衆を任じていることが分かる。では、祐俊の一家衆への昇進時期はいつ頃であったのだろうか。表1から、慶長一八年（一六一三）以降、祐俊は「翁」の役割を演じていない。「翁」のあとに続く脇能の場面でも祐俊の記載は見られない。これまで検討してきたように、多大な准如の信任を受けてきた祐俊が新年の重要行事である謡初に出演がないのは疑問が残る。

前述したように、「法流故実条々秘録」には「謡初ハ定衆ノ礼也スキスワウ。半袴着候也。御能三番終リハ祝言キリ。狂言二番、御堂衆・

坊主衆等所役也」とあり、[57]「御堂衆略譜」には「翁ハ定衆ノ役、千歳・三番叟ハ卅日番ノ役ナリ」とある。[58]こうした事実から捉えると、慶長一七年正月以降慶長一八年までに、定衆から一家衆に昇進したと推察できはしないか。慶長一六年親鸞三五〇回忌にあたって、准如の一家衆への命を固辞していたことも慶長一七年における昇進の傍証のひとつとなるだろう。[59]

以上の推測を裏付ける史料が、西光寺文書「従寛永元甲子寛文十一辛亥年迄御一家衆座配」[60]（以下、「座配」と表記）である。西光寺祐俊条を以下に抜粋する。

一、城州京九条西光寺　祐俊　正保元年十二月廿一日隠居、但当住御礼ハ慶安元年五月十二日寛永六己巳年六月廿二日本徳寺殿播州御下向付為御後見被相添同霜月廿二日重而御下向之時出播州順賛御免、則准如上人御直弟ナリ、極月廿八日上洛翌日本寺助音御免也

元和六年庚申十一月十九日内陣

慶長十七年壬子霜月廿日南間一家衆

慶長一七年一一月二〇日に南間一家衆を任じており、元和六年（一六二〇）一一月一九日に内陣に昇進していることが理解できる。近世本願寺では一家衆の座配が時代によって分化する傾向があるが、「座配」によると、一家衆は院家・内陣・南間一家衆の順に分けられている。南間一家衆は院家・内陣に続く座次であると推察できるが、その座次位置を検証してみよう。

南間一家衆条の冒頭には、「南間衆ハ古来御逮夜弔青袈裟也、正保三丙戌三月廿二日逮夜ヨリ准如上人十七年忌御法事ノ入日廿二日御逮夜ヨリ初テ織物袈裟御免也」とあり、正保三年（一六四六）までは、南間一家衆は法事・報恩講では青袈裟を着していた。本願寺において、法服着衣は座次に応じて厳格に守られており、[61]「元和二年八月十七日ヨリ廿四日迄七昼之間前住上人御年忌被成御執行候御仏事之記」には、「御門跡様香ノ御導服ニ金襴ノ五条、興門様ミルイロ

ノ御導服ニ香ノ御袈裟、御院家衆・内陣之衆ハ直綴ニオリ物ゲサ、末ノ一家衆並ニ飛檐ノ衆ハ直綴ニ青袈裟ナリ、御堂衆・坊主衆ハ直綴ニ黒ゲサ也、是ハ何ノ衆も衣裳ハ報恩講ノコトクト被仰出候」(62)との記事が見える。本記事より、南間一家衆が院家・内陣に続く座次「末ノ一家衆」「飛檐」に比定できることに間違いないだろう。

つまり、祐俊は慶長一六年に一五歳で定衆に任命され、翌慶長一七年の報恩講に際し、一六歳で南間一家衆として坊主衆から一家衆に入り、元和六年に二四歳で内陣に昇進したのである。

以上、祐俊の本願寺での位置を検討してきた。もちろん、祐俊のこうした活躍は父祐従の後見なくしては成り立たないであろう。祐俊が定衆に任命された慶長一六年、祐従は浅野長政の葬礼に坊主衆の中心的役割で参加している。長政葬礼の記録である「慶長十六辛亥年六月八日浅野弾正殿御葬礼ノ時ノ覚」(西本願寺文書)には、西光寺祐従が八五カ寺の導師として参加していることを記されており(63)、浅野長政の子である幸長が坊主衆に礼を述べる際には「御門跡様ゟ御送リナサレ候御経披露候、其次ニ興門様ゟノ御経、次ニ下少法印持参ノ経、其次ニ西光寺、サテ其次ニ我等持参ノ御経(64)」とあり、葬礼参加の中心人物であった。

周知のように、浅野長政は豊臣政権下五奉行に列していたが、本願寺との関係も深く、慶長六年幸長は寺地を鷺森別院に寄進しており(65)、慶長一四年(一六〇九)准如は紀州に赴き、幸長に面会をしている(66)。以上から鑑みても、浅野長政の葬礼に参加することは西本願寺教団にとって重要事項であったに違いない。こうした重要な葬礼の中心人物として祐従が任じていることは准如の信任の厚さを物語るであろう。

本節では、父祐従の後見をもとに、祐俊が一五歳の若さで本願寺定衆を任じ、南間一家衆、および、内陣へと昇進し、近世初頭本願寺教団の中枢を任じていく様相を明らかにした。

おわりに

本稿の検討内容を要約しながら、明らかになった課題を含め、今後の展望を述べていきたい。

まず、中世から近世にかけての西光寺の状況を検討した。第七世存賢が山科において蓮如に随順して以降、石山本願寺、紀伊鷺森、和泉貝塚、大坂天満、そして、京都六条と本願寺の移転に伴い移り住んだと推察され、西光寺住持は、常住衆・御堂衆として、本願寺の宗教的行事ばかりでなく、石山合戦や東西本願寺の分派に際し、本山護持の任を担ってきたことを明らかにした。

次に、西光寺と正光寺の関係を考察した。西光寺第一一世祐従に祐俊・教誓の兄弟がおり、祐俊が西光寺を継職し、教誓が新しい寺号「正光寺」を本願寺より下付され住持となった状況を明らかにした。慶長一六年（一六一一）親鸞三五〇回忌における記事では「則父子共西光寺ト申セトノ御意候キ」とあり、祐俊の西光寺継職が決定していたと考えられ、正光寺の寺号下付は寛永八年（一六三一）八月二一日の准如一周忌以降、正光寺の初見である寛永九年（一六三二）一月六日までの間とした。また、正光寺は寺号下付と共に御堂衆となっている。このように、正光寺は西光寺からの分流として成立し、近世初頭本願寺にて宗教的行事を司る役職を担っていたことが分かった。

最後に、西光寺祐俊の近世本願寺における位置を検討した。慶長一七年（一六一二）に祐俊が翁太夫を演じていることから、定衆の中心的人物であったことを推察した。また、元旦における准如への挨拶の着座位置から、祐俊が座頭であったことを確認した。こうした事実から、祐俊が准如の厚い信任を有していたことが明らかになった。祐俊は慶長一六年に一五歳で定衆に任命され、翌慶長一七年の報恩講に際し、南間一家衆として坊主衆から一家衆に入り、元和六年（一六二〇）に二四歳で内陣に昇進したことを史料的に明示した。また、石山合戦や東西本願寺の分派時における護持的役割から宗教的行事を司る役割に変遷していることを明らかにした。

以上から、本願寺が「王法為本」に即した教団の整備を志向していく中で、本願寺末寺の中枢である西光寺が宗教的儀式を司る役割に徐々に特化していく状況を述べた。元和期に東照大権現の年忌法会が行われた際「一老西光寺祐従コレヲツトム。此時裏方ヨリ本願寺ト云札ヲ立ケレハ西光寺コレヲ打チ破ルトナン」(67)と記されるほどであった西光寺の本寺への驚くべき忠誠心は、祐従の個人的な性質だけでは説明できない。石山合戦以降、東西本願寺の分派に至る過程で本山護持の役割を担ってきた定衆の姿が垣間見えてこよう。こうした姿は徐々に宗教的行事を司る役割へと変遷していき、祐俊にみられるように文官としての地位を築いていったと考察できるのである。その過程において、西光寺と正光寺の分流がなされたとみてとれよう。最後に、今後の展望も含め、残された課題を列挙したい。

第一に、石山合戦・東西本願寺の分派という歴史的な事件を経て近世を迎えた本願寺がどのように幕藩体制に組み込まれていったのかを西光寺以外の定衆の動向も踏まえて検討する必要性がある。本章では西光寺の本願寺内での位置を確定し、その職務内容の変遷を明らかにしたに留まっている。さらに、具体的事実を確認しながら「王法為本」に適合していく本願寺の教団整備を明らかにしていきたい。

第二に、近世初頭における一家衆の存在形態である。西光寺祐俊の一家衆への昇進は特殊なものであったのだろうか。光瀬寺第八世乗貞が述べるように、こうした事例は他にもあったに違いない。こうした坊主衆から一家衆の准如期の昇進について、他の事例を集め実証的に明らかにしていく必要性がある。こうした一家衆の変動と本願寺の教団整備との相関関係を検証していきたい。

註

（1）本願寺史編纂所編『本願寺史』第二巻（浄土真宗本願寺派宗務所、一九六八年）一二～二二頁。

（2）草野顕之「戦国期本願寺教団における年中行事の意味」（『大谷学報』第六七巻第一号、大谷学会、一九八七年）四二～五四頁。のちに、同『戦国期本願寺教団史の研究』（法藏館、二〇〇四年）所収。

（3）定衆とは「法流故実条々秘録」に「惣ノ諸坊主ノ司也。万事下知仕候役候付、古来歴々ノ坊主分ノ中ニテモ、其身之正・不正ヲモ被撰被仰付候事之様ニ承及候」（千葉乗隆編『真宗史料集成』第九巻、同朋舎メディアプラン、二〇〇三年、四一五頁）とある（以下、『集成』と表記し巻号を付す）。本山に常住したので「常住衆」とも称される。しかし、時期によって「定衆」「常住衆」の概念に職能などの違いがあることから、本稿では史料の文言に忠実に「定衆」「常住衆」を使い分けることとする。

（4）西本願寺所蔵文書。西本願寺に伝わる故実を集記したもの。序文に上古のことは古記により、中古は古老に尋ね聞き、近代のことは先師の談話と見聞したことを書き付けたという。編時は寛文九年（一六六九）四月である。『集成』第九巻に集録されている。他に、祐俊が記したものとして、西吟と月感の論争から本願寺良如と興正寺准秀の争いに発展した「承応の鬩牆」の顛末を述べた「学寮造立事付以後法論次第」が有名である。

（5）龍谷大学三百五十年史編集委員会編『龍谷大学三百五十年史』史料編第一巻（龍谷大学、一九九六年）六五三頁。

（6）周知のように、慶長七年（一六〇二）に東西本願寺に分裂する。本稿で検討する年代は慶長七年をはさむ分裂以前の本願寺と分裂以後の西本願寺である。検討にあたって、厳密には「本願寺」「西本願寺」と文言を分ける必要があるが、双方を指す分析記述もあり混乱を避けるため、本稿では以降「本願寺」という文言で統一していくものとする。なお、所蔵史料関係については「西本願寺」「東本願寺」と明記する。

（7）西本願寺所蔵文書。千葉乗隆編『西光寺古記』（同朋舎出版、一九八八年）として公刊されている。本史料集の解説者は、内容は性応寺了尊が記したものがほとんどであるが、西光寺祐従・祐俊と了尊は親交があったことから、了尊が書いた記録を祐俊に譲り、以来西光寺に伝持していたものを後世になって「西光寺古記」と整理したのではないかと推察している。以下、史料の引用にあたって『西光寺古記』と表記する。

（8）『西光寺古記』三八〇頁。

（9）この聖徳太子像「冠形楊枝之御影」は、親鸞聖人七五〇回大遠忌記念「本願寺展」にて展覧されている。本願寺史料研究所の佐藤文子氏は、伝承や像容において四天王寺に伝わる同様の「楊枝御影」の影響下に成立し、その著作時期を一五世紀としている。『親鸞聖人七五〇回大遠忌記念本願寺展』（朝日新聞社、二〇〇八年）二五二頁。

（10）本願寺の第一〇世法主証如が天文五年（一五三六）〜天文二三年（一五五四）の一九年間にわたって記した日記。当時の本願寺教団や加賀一向一揆、さらに、大坂寺内町の様子が詳しく記されている。当時の政治・社会の在り方を知る上で基礎史料である。各所で公刊がなされている。本稿では『石山本願寺日記』（清文堂出版、一九八四年）を使用している。引用にあたっては「天文日記」と表記し期日名を付す。

（11）西本願寺所蔵文書。准如期慶長年間（一五九六〜一六一五）に記された御堂の作法、勤行の次第などを中心とした日次記を編集し、首藤善樹編『慶長日記』（同朋舎出版、一九八〇年）として公刊されている。以下、引用にあたっては『慶長日記』と表記する。

（12）西本願寺所蔵文書。元和年間（一六一五〜一六二四）に記された日次記をはじめ、様々な記録を編集したもの。多くは性応寺了尊の筆と考えられる。高島幸次編『元和日記』（同朋舎出版、一九八六年）として公刊されている。以下、引用にあたっては『元和日記』と表記する。

（13）草野顕之『戦国期本願寺教団史の研究』（法藏館、二〇〇四年）一九〇〜一九四頁。

（14）籠谷真智子『真宗文化史の研究―本願寺の芸能論考―』（同朋舎出版、一九九五年）一二五〜一二九頁。

（15）龍谷大学所蔵文書。「京都九条西光寺由来」の史料名は、日本古典資料調査データベースに準じた。本史料の冒頭には「乍恐由緒書を指上候」の記事があり、文字通り由緒書である。本史料は四文節に区切られており、（1）開基状況、（2）蓮如期の状況、（3）顕如期の状況、（4）准如期以降の状況に分けて記載されている。正光寺との関係は記されていない。

（16）西本願寺所蔵文書。前述した「冠形楊枝之御影」を献納する際に添えられた書状である。

（17）「由来」では、「文明十一年ヨリ之御自筆日記拝領仕候而只今ニ安置仕候」と結んでいる。しかし、その日記は残存していない。現在、西光寺史料は本願寺史料研究所に保管されているが、その中にもみることができない。

（18）本願寺史編纂所編『本願寺史』第一巻（浄土真宗本願寺派宗務所、一九六一年）四一八頁。

（19）同右、四〇六～四一七頁。

（20）「天文日記」「私心記」によると、清水町、北町、西町、南町屋、北町屋、新屋敷、桧屋町、青屋町、造作町、横町の名前が散見される。

（21）本願寺史編纂所編『本願寺史』第一巻（浄土真宗本願寺派宗務所、一九六一年）四一九～四二一頁。

（22）「天文日記」においては「歌初」という語を使用しているが、本稿では近世本願寺能楽で一般的な用語「謡初」を使用することとする。なお、祝言の小謡が謡われる箇所を「謡初」、坊主衆による能・狂言の箇所を「松囃子」、さらにそれに続く専業役者による能・狂言を「次能」と狭義に理解する場合もある。籠谷真智子編『石川日記』（同朋舎出版、一九八九年）においては、能・狂言の箇所を「松囃子」と記している。

（23）草野前掲書、一八八～一九〇頁。

（24）籠谷前掲書、一二〇～一二七頁。

（25）「本願寺作法之次第」に「古者御堂衆は六人候つると申、六人供僧とて、是は平生精進にて候き、妻子もなく、不断経論聖教にたづさはり、法文の是非邪正の沙汰ばかりにて候つる由候」（稲葉昌丸編『蓮如上人行実』法藏館、一九四八年、二一八頁）とある。

（26）真宗新辞典編纂会編『真宗新辞典』（法藏館、一九八三年）四七〇頁。

(27)「由来」には、この後に御書の写しが示されているが、原本は存在していない。
(28)本願寺史編纂所編『本願寺史』第一巻（浄土真宗本願寺派宗務所、一九六一年）五三七頁。
(29)提示条件については、本願寺史編纂所編『本願寺史』第二巻（浄土真宗本願寺派宗務所、一九六八年）二〜四頁に詳しい。
(30)同右、四〜一一頁。
(31)同右、九頁。
(32)西本願寺文書。『慶長日記』所収。本史料は性応寺了尊が筆記したものと伝える。
(33)『集成』第九巻、七九九頁。本史料は京都市光瀬寺所蔵文書であり、御堂衆の起源から西本願寺歴代における状況を記している。
(34)小林英一氏は「堂ノ」の文言を「御堂衆」と理解している。小林英一「近世本願寺の能楽―謡初・御節の囃子をめぐって―」（『芸能史研究』一一九、芸能史研究会、一九九二年）四頁。
(35)『慶長日記』一一二頁。
(36)同右、三二二頁。
(37)正光寺に伝来する「記録」によると、祐俊は慶長二年（一五九七）生まれであるとされる。よって、この時の年齢は一二歳であると考えられる。
(38)同右の「記録」によると、教誓は慶長七年（一六〇二）生まれであるとする。よって、この時の年齢は二四歳であると考えられる。
(39)「慶長拾六辛亥朞高祖聖人三五〇年忌日次之記　付御開山三五〇年忌御法事之時御布施之事」三月一八日条（『慶長日記』二〇三〜二〇四頁）。
(40)例えば、「慶長拾七壬子年正月ヨリ日次之覚」慶長一七年（一六一二）一月一日条では、「坊主衆二行ニ着座ナリ（中略）西方西光寺祐俊（後略）」とあり、「慶長拾九年御松拍子次第記」寛永四年（一六二七）一月二日条では「西光寺祐従ハ煩故無出仕候」の記事がみえる。必要に応じて、「祐従」「祐俊」の名を明記している。

（41）史料奥書に祐俊筆を示す署名が存する。

（42）『西光寺古記』一一八頁。なお、人物名に註が付されている「ネリノイロ」であるが、明確には分からない。本記事は焼香次第を記したものであり、西光寺以降、血縁関係が深い順に記されている。最後に記された祐玄は墓所を提供した人物である。以上から、「ネリノイロ」と註された人物は何らかの関係が深い人物と考えられよう。

（43）同右、八四頁。

（44）同右、二一頁。

（45）同右、二七頁。

（46）「慶長年中葬礼之記」慶長一九年（一六一四）一二月七日条に「東坊子教誓」の記事がみえる（『慶長日記』三五八頁）。

（47）「寛永九年良如上人長男送終記」（『西光寺古記』一二七頁）。

（48）『西光寺古記』二四七頁。

（49）『集成』第九巻、四一四〜四一五頁。

（50）小林前掲論文。

（51）『慶長日記』一四五頁。

（52）同日記一月一日条には「御門跡様御礼五時也、在京人衆ヨリ已前ナリ、坊主衆ニ列ニ着座申候、其已後御所様御出仕候也」との記事がみえる。

（53）「慶長拾七壬子年正月ヨリ日次之覚」慶長一七年（一六一二）一月一日条（『慶長日記』二四六〜二四七頁）。

（54）満行寺が座頭となった背景を本史料の著者性応寺了尊は「旧冬極月朔日ニ飛檐被成御免候」と記している。史料文言から、了尊は満行寺の座頭を快く思っていなかったことが理解できる。もちろん、そこには了尊自身が座頭となる心積もりがあったことが推察される。

(55)『集成』第九巻、七九七頁。

(56)『元和日記』一七五頁。

(57)『集成』第九巻、四一五頁。

(58)『集成』第九巻、八〇四頁。

(59)前節にて、『慶長拾六辛亥暮高祖聖人三百五十年忌日次之記　付御開山三百五十年忌御法事之時御布施之事』三月一八日条の検討を行っている。

(60)本願寺史料研究所保管の西光寺文書。奥書に祐俊筆の記載がある。寛永元年（一六二四）から寛文一一年（一六七一）までの四八年間の一家衆寺院をすべて書き上げている。新しく一家衆に加わった寺院を書き加え、逝去した者については印を付している。

(61)性応寺了尊が「元和五年ヨリ寛永七年マテ衣裳ノ覚」（西本願寺所蔵文書）という記録を残しているほど、法服は重要事項であった。

(62)元和二年（一六一六）に行われた顕如二五回忌の記録。『元和日記』二二三〜二二四頁。

(63)『慶長日記』二二九〜二三〇頁。

(64)同右、二二八頁。

(65)本願寺史料研究所編『本願寺年表』（浄土真宗本願寺派、一九八一年）一一六頁。

(66)同右、一一九頁。

(67)註(33)に同じ。

第三章　廣泉寺の移転と被差別寺院

はじめに

周知のように、近世の薩摩藩では、真宗禁制政策がとられた。この真宗禁制史の研究は、星野元貞氏が指摘しているように、「政治権力が宗教に優先し、抑圧した場合、その宗教と信徒が如何なる行動をとるか等々、政治と宗教との葛藤を示唆」(1)できた点で、真宗史の大きな研究成果となっている。(2)

しかしながら、明治九年（一八七六）に真宗禁制が解かれ、開教となって以降、具体的にどのような寺院が移転し、開基していったのかについては、『本願寺鹿児島開教百年史』（以下、『百年史』と記述する）の論述、あるいは、桃園恵真氏の研究(3)のみとなっている。『百年史』では、初期開教から別院建立、そして、教線拡張の全体像を明らかにしているが、各寺院の歴史については史料的に分析を深めたものとはなっていない。注目されるのは、桃園氏の研究である。寺院の沿革を実証的に明らかにしようとされ、数カ寺については、いくつかの史料を紹介しながら考察をしている。しかしながら、明治一八年（一八八五）に、鹿児島移転がなされた廣泉寺については、「広《ママ》泉寺は古い由緒のある寺で京都正光寺の流れを汲む寺である」「久志には『二十八日講』というものがあり、これが今日の広泉寺《(ママ)》の基礎となっている」といった記述(4)があるのみで、何らの史料検討もなされていない。そこで、本章では、廣泉寺が鹿児島に移転する経緯や背景を実証的に明らかにすることを目的とする。

検討にあたって、まず、廣泉寺が鹿児島移転の際に提出した京都府知事北垣国道宛の願書を提示しておく(5)。

廣泉寺移転願

御管内下京区第廿三組本願寺門前町

真宗本願寺末

正光寺同居

廣泉寺

右寺従来無住少檀ニ而永続目途無之ニ付、今回永続見込相立鹿児島県下薩摩国川辺郡久志村六千五百五十三番地本願寺派説教所ヲ廃シ右寺移転致シ度段、双方協議相整何レモ故障無之候條御許容被成下度、依テ本山奥書並法類檀家信徒惣代連署ヲ以テ此段奉願上候也

明治十七年一月廿五日

右寺兼務

京都府下京区廿三組本願寺門前町

第十壱番戸平民

真宗本願寺末正光寺住職

大八木諦聴　㊞

同府同区同組堺町第十四番戸平民

檀家物代

藤井惣三郎　㊞

同府同区同組夷之町第廿五番戸平民

同　　　　　　　　　　末村長左衛門㊞

同府同区第廿九組大黒町第四番戸平民

同　　　　　　　　　　末村長次㊞

同府同区同組八百屋町第三十壱番戸年寄

真宗本願寺末　専修寺住職

法類惣代教導職試補　堀川教阿㊞

同府同区第廿三組柳町十九番戸平民

真宗本願寺末　正住寺住職

組寺惣代　　　　苗村興隆㊞

鹿児島県下薩摩国川辺郡久志村

第百九十四番戸平民

信徒惣代　　　　宮崎諸平㊞

鹿児島県下薩摩国川辺郡久志村

第三百七十四番戸平民

同　　　　　　　　重又兵衛㊞

同県下同国同郡同村

第百七十四番戸平民

同　　　　　　　　大山弥兵衛㊞

前書之通相違無之候條願之通御聞届相成度候也

下京区第廿三組本願寺門前町
本願寺住職
大教正　大谷光尊　㊞

組長　高橋正意　㊞

前書之通申出候ニ付依テ奥印候也

京都府知事　北垣国道殿代理
京都府大書記官　尾越蕃輔殿

以上の史料から、正光寺住職である大八木諦聴をはじめ、廣泉寺檀家惣代である三名、法類惣代である専修寺、組寺惣代である正住寺、久志正光寺信徒惣代である三名が連署する形で願書が作成されており、さらに、本願寺第二二世大谷光尊が認可申請する体裁をとっていることが分かる。注目されるのは「正光寺同居真宗本願寺末廣泉寺、右寺従来無住少檀ニ而永続目途無之ニ付、今回永続見込相立鹿児島県下薩摩国川辺郡久志村六千五百五十三番地本願寺派説教所ヲ廃シ右寺移転致シ度」の記事である。文字通りに解釈するならば、正光寺に寺地を借りている廣泉寺が無住で檀家も少なくなっており、薩摩国川辺郡久志村本願寺派説教所に移転する旨が記されている。正光寺についてでは第一章・第二章で明らかにしてきたが、廣泉寺の「正光寺同居」とはいったい何を意味して、どういった歴史的背景が包含されているのであろうか。本章では、正光寺と廣泉寺との関係性、あるいは久志村説教所との関係を明らかにし、近世後期における廣泉寺の状況や西本願寺教団内での位置を分析した上で、鹿児島移転への経緯を示していきたい。なお、検討にあたっては、西本願寺教団で最も底辺に位置づけられた「穢寺」である被差別寺院との関係を視野に入れて、教団の被差別寺院政策の側面からも総合的に検討していくものとする。

一　本願寺における廣泉寺の位置

まず、近世後期の廣泉寺の状況を示す以下の史料をあげる。(6)

真宗本願寺派
京都府管轄山城国愛宕郡
下京第廿三区西洞院北一町目東側町
廣泉寺
第十二世住職
杜田　梵震
壬申五十一歳

本山
一、本願寺末
文禄三甲午年正月二十一日　開基　興順
京都府管轄下京二十三区西洞院北一町目
東側町円成寺応達二男
天保十三壬寅年三月廿一日於本山得度
於本山学林学修
明治二己巳年六月十四日先住梵道養子
同日住職
慶応三丁卯年十月十日補任法橋権律師
滋賀県管轄近江国野洲郡吉川村
妻

吉川沖見娘
慶応元乙丑年十二月娶　　　ひさ
　　　　　　　　　　　　　壬申三十六歳
　　　　　五男
　　　　　　杜田泰千代
　　　　　　　壬申七歳
以上僧一人
外妻子二人
一、境内　百四十二坪九分
　但　沽券地二軒七分役
一、檀家　百二十五軒

本史料は、京都府によって、明治七年（一八七四）～八年（一八七五）にかけて作成された行政史料である。「壬申」の記事から、明治五年（一八七二）の調査に基づくものと考えられる。史料より、下京区西洞院北一町目東側町に寺基を有しており、文禄三年（一五九四）開基、調査時の住職は京都の園城寺からの養子である第一二世杜田梵震であることが読み取れる。境内は一二四坪九分であり、檀家は一二五軒であることから、中規模寺院であったと理解できよう。

この廣泉寺は本願寺教団において、非常に重要な役割を任されていた。明治の近代的教団形成に向けての改革では、明治三年（一八七〇）に、戒忍寺、円光寺、尊超寺、廣泉寺が改正懸に任じられており、改革の中心的役割を果たしている(7)。また、以下の史料から、寛政七年（一七九五）において、廣泉寺は本山の役僧をしていたことが明らかである(8)。

覚

一、木仏尊像御礼箱入

右者御用ニ付、御用中慥ニ預リ置候、以上

卯五月廿九日

御用掛リ

実相寺

広《ママ》泉寺

摂州住吉郡船堂村

正覚寺

以上から、御用掛を任じられていたことが分かる。このような記事は、本山と末寺の往復書簡などを留めた所謂「諸国記」に散見され(9)、近世本願寺において、廣泉寺は役僧としての地位を築いていた。近世後期においても、親鸞六〇〇回忌法要に際して、御堂衆として重要な役割を任されており(10)、近世を通じて、本山の役人としての地位にあったと推察できる。このように、廣泉寺は近世から明治維新期の本願寺において、本山役僧を任されるなど、本願寺において重要な役割をしており、檀家一二五件、境内一四二坪九分の下京区西洞院北一町目東側町に寺基を有する有力寺院であった。

ところが、以下の史料から、有力寺院からは想像できない状況が読み取れる(11)。

手次廣泉寺儀ハ維新已後、日ヲ遂フテ衰頽シ、目今什物ヲ始メ寺地モ無之、尚負債モ有之趣遺憾無限候へトモ、何分小数ノ壇越ニテ到底永続ノ見込無之候、辛ナル哉、本年三月教務所ヨリノ達書モ有之ニ付、協議ノ上、今回廣泉寺々跡ヲ以テ往古ヨリ正光寺門徒ト称フル鹿児島県下久志村へ移転致シ、今後時宜ヲ斗リ当地ニテ廣泉

寺支坊ヲ設置候迄同寺門徒ハ正光寺へ預リ置レ候儀ニ付、私共ニ於テ毛頭違存無御座為其捺印仕候也

右

廣泉寺門徒

下京区第拾九組安土町

武藤政次郎 ㊞

下京区第拾九組安土町

武藤　吉蔵 ㊞

（以下、四五名略）

本史料の年次は記されていないが、廣泉寺の移転が明治一八年（一八八五）四月であることから、おそらく明治一七年（一八八四）か一六年（一八八三）の史料であろう。「廣泉寺儀ハ維新已後、日ヲ遂フテ衰頽シ、目今什物ヲ始メ寺地モ無之、尚負債モ有之趣遺憾無限候ヘトモ、何分小数ノ壇越ニテ到底永続ノ見込無之候、辛ナル哉」とあり、廣泉寺は明治以後に経済的に衰退し、什物はおろか寺地までも失っていることが分かる。しかも、寺院経営基盤である門徒も少数になっていることを嘆いている。明治五年段階では、「境内　百四十二坪九分」「檀家　百二十五軒」であったが、約一〇年後には「什物ヲ始メ寺地モ無之」「小数ノ壇越」となっているのである。事実、前述したように移転時の廣泉寺は「正光寺同居」と記されており、寺基は有していない。また、門徒数も一二五軒から、四六軒[12]となっており、半数以下の状況になっている。

なぜ、このような状況になったのだろうか。

ひとつには、近世後期から明治維新期の本願寺には多額の借金があり[13]、その返済に末寺からの多額の上納金を充

表１　正光寺に残存している廣泉寺借用関係一覧

年（西暦）	金　額	借　主	貸　主
文久２年（1862）	金10両	廣泉寺 慶証寺 重規寺 円成寺	金光忠一郎
文久２年（1862）	金20両	廣泉寺 専光寺	橘御殿貸附所
文久２年（1862）	銀１貫500目	廣泉寺 唯念寺 専光寺	蟻谷九郎右衛門
明治４年（1871）	金50両	廣泉寺	井上勘助
明治４年（1871）	金50両	廣泉寺	西村仁兵衛

（出典）「廣泉寺借用関係文書」（正光寺文書）

てていたことが考えられるだろう。本山役人であった廣泉寺は多くの上納金を支払っていたと推察できる。では、正光寺に残存している廣泉寺関係の借用書を一覧にしてみよう（表１）。

表１は、無論、廣泉寺の借用関係史料の一部であることは言うまでもないが、近世後期の文久二年（一八六二）における借主が連名であることに着目したい。廣泉寺と同様に借主となっている寺院は、近世に京都に寺基を有しており、いずれも本願寺役僧であったり、使僧として諸国に派遣されたりしている寺院である。[14] つまり、廣泉寺ばかりでなく、京都に寺基を有し、本願寺の要職にあった寺院も本願寺に上納金をあげるために、困窮していた様子が推察できよう。しかしながら、明治四年（一八七一）の借主は廣泉寺のみであり、西本願寺役寺をしている理由だけで、前述した史料に記されているような寺地を失うほどの経済的衰退や門徒数の劇的な減少を到底、説明できない。

次節では、廣泉寺の経済的困窮の理由を近世後期の西本願寺の被差別寺院政策という視点から検討してみよう。

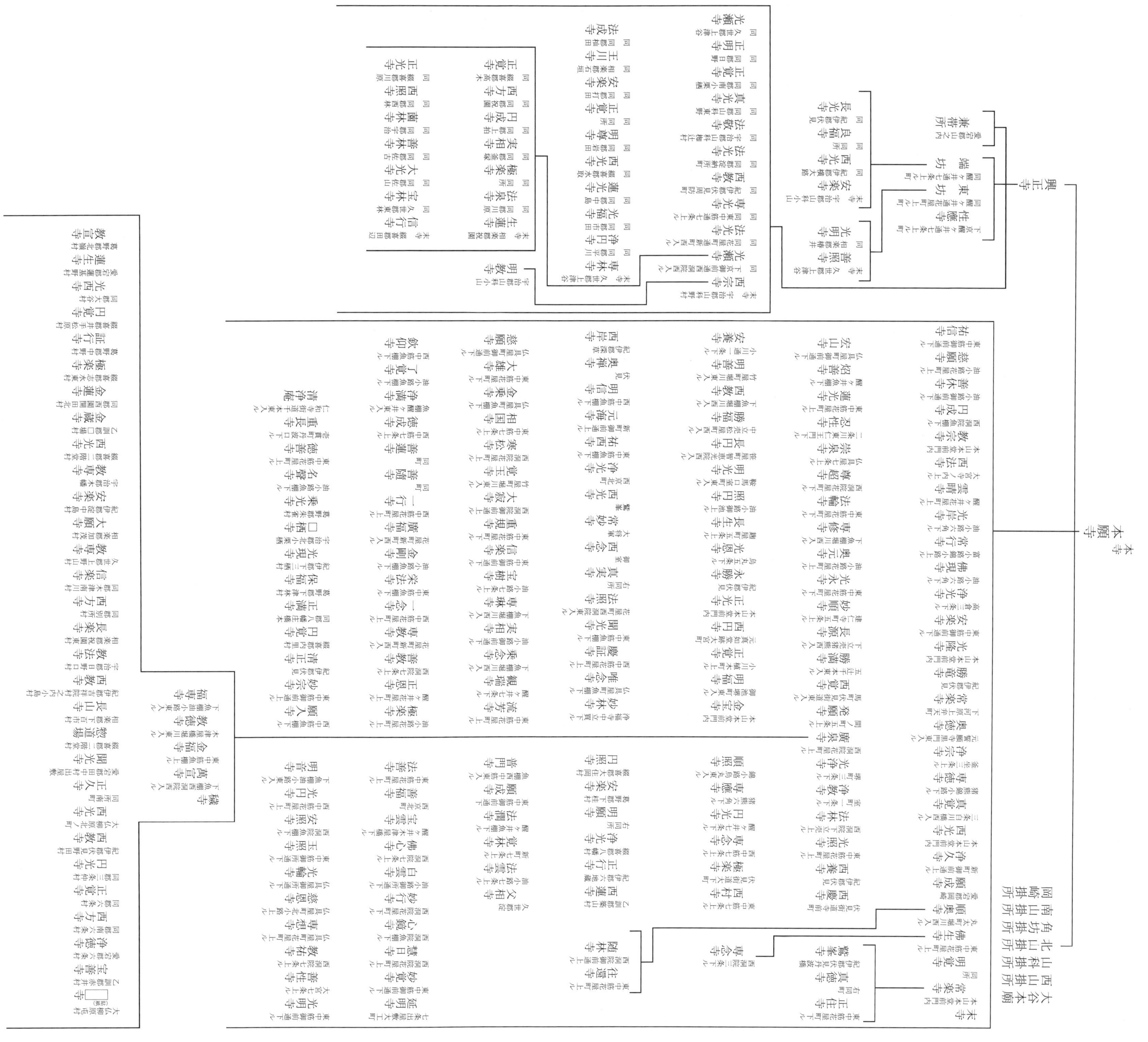

図1 「一向門徒本末組合一覧」（京都府総合資料館所蔵文書）

二　近世後期西本願寺の被差別寺院政策

以下の史料は、嘉永五年（一八五二）と推定される「諸事取調言上帳」[15]からの抜粋である。

子二月廿七日

（中略）

一、当今

　御本廟御末寺惣計、左之通ニ御座候

　（朱書）「〇」九千八百三ケ寺

　　有内興下二千七拾壱ケ寺（付箋）「興下之分相増候義ハ決而無之処、次下凡百年前之員数とハ弐百卅五ケ寺相増候、如何之訳ニ候哉勘考」

　外ニ穢寺

　（朱書）「〇」四百四拾四ケ寺　此分御末寺帳ニ有之、其余ニ茂数多有之由ニ候得共、聢与不相分

本史料は西本願寺末の寺院の総計を調べたものである。九八〇三カ寺の一般寺院のうち、興正寺末寺院が二〇七一カ寺あり、四四四カ寺の被差別寺院が存在していたことが理解できる。被差別寺院については「其余ニ茂数多有之由ニ候得共、聢与不相分」との記事があり、おそらくは四四四カ寺以上の寺院があったものと推察できる。このように、興正寺末寺院と被差別寺院を一般寺院から区別して示すということは、様々な寺務処理上において、興正寺末寺院、被差別寺院の分類が必要であったことを示している。このような寺院分類の方法は『諸事取調言上帳』

特有の処理方法であったわけではない。寛政一二年（一八〇〇）に統計されたとする一般的な寺院総計にも「御直末　七千五百十八箇寺、興下　千九百四十参箇寺、穢寺　三百九十七箇寺　合計　九千八百五十八箇寺」とあり[16]、近世後期の本願寺では日常的に一般寺院、興正寺末寺院、被差別寺院の種別がなされていたと推察できる。

どうして、このような区別の必要性があったのだろうか。

興正寺が脇門跡という地位にあり、聖教や法名、寺号など門下に下付して、一派形成の独特の位置を有していたことが[17]、このような区別の必要性を生み出したと考えられるが、被差別寺院も同様に前述した諸免物を願う際の五割増の礼金といった差別的制度をはじめとして、特有の寺務処理の必要性があったと推察できよう。しかも、被差別寺院の場合は、一八世紀以降にその多くが寺院化したことが明らかにされている。播磨国では一八世紀に被差別寺院の大半が寺院化しており[18]、同様に、摂津・河内・和泉国でも一八世紀に大半の被差別寺院が寺院化に成功している[19]。また、道場の段階の被差別寺院も多く存在すると考えられるので、文字通り「其余ニ茂数多有之由ニ候得共、聢与不相分」であったと推察できよう。

そこで、被差別寺院独自の寺務処理の必要性が近世後期の本願寺に生まれてきたものと考えられる。「四ケ之本寺」と呼ばれた独特の上寺制度があったことは周知の事実であるが、それをさらに上位から統括する本末体系を本願寺が制度化しようとしたことを以下に示したい。

折り込みの図1の史料は明治三年（一八七〇）に京都府社寺掛によって作成された浄土真宗寺院の本末一覧「一向門徒本末組合一覧[20]（以下、「本末一覧」と表記）」である。西本願寺派、東本願寺派、仏光寺派、木辺派、高田派に分類されており、京都府下の真宗寺院の本末関係を一覧することができる。本史料は、そのうち西本願寺派を抜粋したものである。

一覧の左側に興正寺派が記されており、右側に西本願寺派が記されていることが分かる。そして、その最下辺に「穢寺」、つまり、被差別寺院が記されている。「穢寺」を統括するのは、被差別寺院史研究では周知の「四ケ之本寺」と呼ばれた四カ寺である。注目されるのは、「四ケ之本寺」の上位にある寺院の廣泉寺である。一覧では、一本の長い線が明確に記されており、明らかに被差別寺院本末関係の上位にある寺院が廣泉寺であるという理解ができる。この廣泉寺は「西洞院花屋町上ル」と記されており、前節で検討した「正光寺同居廣泉寺」に相違ない。

さて、本史料（図1）は明治三年に作成されたものであるが、当然、「本末一覧」作成のためには、各寺院からの情報収集がなされねばならない。京都府では明治元年（一八六八）～二年（一八六九）にかけて、「社寺録」が作成されており、各寺院からの本末関係も書上げをさせている。[21]おそらくは、「社寺録」の作成とともに、「本末一覧」も編集されたものと推察できる。つまり、廣泉寺が被差別寺院上寺として位置づけられたのは近世であると考えられる。さらに、その時期を確定させるために、「五畿内穢寺下帳」[22]から、廣泉寺と被差別寺院との本末関係が成り立っているか否かをみたが、廣泉寺との本末関係は全く成立していなかった。「五畿内穢寺下帳」成立の時点にて、廣泉寺は被差別寺院の統括寺院としての役割を有していなかったとみるのが妥当であろう。左右田昌幸氏によると、「穢寺帳」には二系統が存在しており、伝来している「穢寺帳」のうち、「下帳」として伝来しているものは天保期・弘化期の成立としている。[23]となると、嘉永元年（一八四八）以降、「本末一覧」の調査年である明治元年までの間に本末関係が形成されたと考えられるだろう。しかしながら、この統括体系が実際に機能していたかどうかを史料的に明らかにすることはできない。しかも、明治九年（一八七六）には、真宗四派によって宗規綱領が発せられ、複雑な本末体系が整理される。つまり、廣泉寺を中心とする新たな被差別寺院統括の体系が構築されていたことは間違いないであろうが、明治九年にはこうした本末体系が解消され、本願寺末寺院として一本化されるのである。つまり、被差別寺院統括の体系が機能していたにしても、非常にわずかな期間に限られていたということになるだろう。

次に、「山城国諸記」一二二番帳、明治三年一一月九日条を提示する。[24]

一、願出

上京三拾番組
荒神口河原町東エ入
塩見小兵衛
下京三拾四番組
新門前中之町
左月　長松

穢村中御取持筋之義、堂達廣泉寺江差出右両人法華宗ニ候得共、両方杉村直左衛門夙ニ御殿之義成リ合候続ヨリ心配致し候段、依而幷度委細直左衛門能心得罷在候、御差支無御座候ハヽ、右両人江改而心配可致様御沙御願度旨廣泉寺申出願出差出候ハ左之通

本史料「穢村中御取持筋之義、堂達廣泉寺江差出」の記事から、前述したように被差別寺院の統括的な役割を任せられていることが分かる。「杉村直左衛門夙ニ御殿之義」が本史料からは詳しく分からないが、[25]「穢村中御取持筋」に関わることであることに間違いないだろう。本史料の差出人である法華宗の塩見小兵衛と左月長松がこのように奔走している理由は何であろうか。推測の域は出ないが、左右田昌幸氏や岩田教授氏によって指摘されているように、[26]当時「穢寺」と呼ばれた被差別寺院を統括するということは、統括寺院自体も「穢寺」とみなされ、他の寺院や門徒から忌諱される差別状況にあったことが要因ではないだろうか。こうした習俗的差別に起因する社会的

視線の影響で、門徒の離壇が進んでいたという仮説は充分に成り立つであろう。前節で示した「維新已後日ヲ遂フテ衰頽」「什物ヲ始メ寺地モ無之」「債モ有之趣遺憾無限候」「何分小数ノ壇越ニテ到底永続ノ見込無之」の記事は、習俗的差別による社会的視線との関係によって理解が深められるのである。

最後に、廣泉寺の困窮している状況を「永続方法見込書」（正光寺文書）と題された史料から読み取ることとする。

永続方法見込書

一、畑　壱反三畝
　但年中収穫砂糖六百五十斤　此代金三十六円廿五銭
一、山林　壱町三畝
　但年中収穫雑木　此代金三十円
一、現有金　壱千円　此利年中金百四十円
一、米　三拾五石　此代金弐百廿八円
一、麦　三石六斗　此代金拾壱円七十銭
一、大豆　三石六斗　此代金拾八円九十銭
一、芋　壱万三千廿五斤　此代金五十弐円五十銭
　但年中信徒ヨリ供養トシテ常例収納高
一、金　百五十円
　但毎年漁業人ヨリ協同供養寄付金
一、金　壱百円

但年中本堂常例賽銭
此外読経葬式法礼等不定ノ収納ハ之ニ算入セス
惣計金七百六十七円三十五銭
移転建築費之儀、説教所之侭依用候ニ付、別段該費用無之ユヘ記載致ハス

本史料から、廣泉寺移転時の明治一八年（一八八五）における財産が七六七円三五銭であることが分かる。畑や山林、その他すべての資産を合わせて移転に必要な経費を充てようとしている。「移転建築費之儀、説教所之侭依用候ニ付、別段該費用無之」より、総資産の七六七円三五銭で、建築費以外の移転に関わる諸費の一部分に充てようと考えていたことも理解できよう。

このように、廣泉寺は近世から明治維新期の本願寺において、本山役僧を任されるなど、本願寺において重要な位置にいた有力寺院であったが、本山である本願寺への上納金をはじめ、明治以降の本末関係整理による経済力低下、そして、被差別寺院の統括的役割を任されることによる門徒数の減少によって、経済的に衰退していったのではないだろうか。

三　「久志二十八日講」と正光寺・廣泉寺

近世薩摩国においては、無論、真宗寺院の建立は不可能であった。よって、地域的な信仰集団である「講」をつくっていた。「久志二十八日講」もそのひとつである。「久志」は現鹿児島県南さつま市坊津町久志の地名であり、「二十八日講」とは法会開催の定例日に因んだ講名である。さて、この「久志二十八日講」の初見は、宝暦一〇年

（一七六〇）、本願寺執事より「久志二十八日講」に宛てられた以下の史料である。[27]第一章にて提示した史料であるが再掲する。

御開山様御名、依願御染筆被下候間難有安置可有之候、就夫安心決定之上には弥々法義無油断被相続仏恩報謝之称名を相嗜、今度之報土往生之可被遂素懐事肝要之旨被為仰出候也

下間大進法印
仲　矩　㊞[28]

宝暦十庚辰年四月十六日
薩州久志
二十八日講四講中

「薩州久志二十八日講四講中」の記事がみえ、「御染筆被下候間難有安置可有之候」より、この宝暦一〇年に「久志二十八日講」の講名を免許されたと考えられる。また、「四講中」の記事であるが、明治一五年（一八八二）に本願寺に提出した「久志説教所支坊引直願書」（廣泉寺文書）によると、「正光寺門徒久志二十八日講四講中、講元藤井六次郎、同　中村李次郎、同　中村長左衛門、同　古木喜平治、四講惣世話人　中村金助」との記事があり、正光寺門徒である「久志二十八日講」に四つの講が存在していたことが分かる。この二年後、「久志同行中」から正光寺へ「親鸞御絵伝」が寄進されており、正光寺との交流が理解できる。寺伝によると、正光寺一三世教授の娘のおひさが薩摩国への布教を志し、久志に海路で渡ったと伝えている。布教の事実を示す史料は残されていないものの、おひさが布教のために身を隠したとする岩穴が今も言い伝えられている。[29]第一章で検討したように、おひさが布教を志したのは、御乳人であった嘉智宮（霊元院皇子）の薨去による。嘉智宮薨去の正徳三年（一七一三）以降、

しばらく高尾梅ケ畑に身を寄せていたとするので、[30]正徳三年以降、史料的に正光寺と「久志二十八日講」との関係が成立している宝暦一〇年の間に、薩摩国川辺郡久志との関係ができたのではないだろうか。

さらに、廣泉寺と正光寺の関係をさらに明確化していく。

「本願寺興正寺本末一件」正光寺条（京都府立総合資料館所蔵文書）に「京都府管轄下京区西桐院魚棚下北壱丁目東側町廣泉寺梵道亡二女、妻、藤枝」との記事があり、当時の住職である諦聴の妻が廣泉寺第一一世住職である杜田梵道の二女である藤枝であることが分かる。[31]つまり、廣泉寺と正光寺は縁故関係にあった。そのため、経済的に衰退した廣泉寺が「正光寺同居」という状況になったと推察できる。さて、正光寺には「正光寺廣泉寺関係枢要書」なる以下の史料が残されている。[32]

> 鹿児島県川辺郡西南方村久志廿八日講ノ儀ハ、往古ヨリ深キ縁故在之ヲ以テ真宗国禁ノ際ヨリ京都市下京区堀川通本願寺門前町正光寺門徒タル事ハ、累世住職ヲ始メ両寺門徒其他諸人ノ能ク知ル処ナリ、然ルニ去ル明治九年十月鹿児島県ハ人民信仰自由ノ権利ヲ被差許各郷ニ於テ教場ヲ設置スル分、凡一百有余ケ所トナル其内久志ノ如キハ去ル十二年教場及建設ニ、十三年春開場ノ法会ヲ修行ス、其後教場ニテハ信徒纏兼ルニ付、各郷ニ於テ教場ヲ引直シ寺院ノ支格トナル、依之久志同行中協議ノ上、総テ委任セラレ一ケ寺トスルニ付テハ京都正光寺ヲ移転スルコト難致、幸ヒ親族廣泉寺兼務ノ折柄ナレハ該寺門徒中へ及高議ニ、去ル十七年度廣泉寺ヲ久志ニ移転シ従来正光寺門徒タル廿八日講同行ヲ該寺ニ預ケル事トスル廣泉寺ハ諦聴坊守藤枝ノ出生ノ寺縁故略之、住職ハ先衲ノ代トシテ二男諦観ヲ以テ定メ我ハ所々へ孤出シ廣泉寺ヲ保護シ無魔事今日迄諦観在職ス、然ルニ予モ已ニ廿年来当県下ニ留錫シ最早余命モ無之ト被存候ヘハ、自然至没後兄弟心得違ヨリ不和ヲ生シ争論ケ間敷義無之為メ所存ヲ記載シ大行諦観両人へ附與イタシ置候間、コレヲ確証トシ双方寺務肝要タルヘシ依テ其枢要ヲ左ニ記ス

一、目今廣泉寺門徒ノ義ハ、正光寺ヨリ預ケ置クコトナシハ住職ハ勿論門徒ニ於テモ祖先ヨリ代々教授ノ恩不尠ルヲ忘却ナクハ、累年正光寺へ懇志被運度コトニ候ヘトモ、久志モ開閥ノ寺院ナレハ不能其義ニ乍併廣泉寺永続法相企テ其内ヨリ幾分歟正光寺へ懇志被運度目今タリトモ、住職ニ於テモ往古ヨリノ縁故ヲ被思出応分ノ取持相成度、尚又、正光寺ニ於テ非常ノ困難出来シ一寺ノ奥廃ニ及シトスルトキハ、各々丹精ヲ抽テ助勢ノ義深ク及依頼候

一、大八木姓ノ義ハ子々孫々迄、改姓スヘカラス、正光寺萬々一改姓候トキハ、同時ニ同苗字ニ改姓シ猥々改姓決シテ不相成候

一、廣泉寺ハ正光寺支坊同様ト心得子々孫々迄申聞セ可為寺務候

一、血脈ヲ以テ累代相続ノ義ハ、本旨ニ候ヘトモ後代ニイタリ、血脈ノモノ無之不得止他ヨリ養子候トキハ、其養父母ヲ始メ門徒中ヨリ当人へ此汝之篤ト前以申聞セ、万一不納得ナラハ相断リ更ニ他ヨリ納得スルモノヲ以テ住職ト定メ本人ノ承諾書ニ保証人ヲ加ヘテ申受候

一、市中寺院ノ向ハ追々維持六ケ敷相成候モ難被斗万々一京都ニテ維持六ケ敷トキハ、双方及協議正光寺ヲ久志へ移転シ京都ニ支坊ヲ置キ寺族一統久志へ引取リ充分ノ保護致サレ度候

但シ

廣泉寺ノ寺号ハ他へ移転スル様之尽力アリタシ、万一寺号他へ移スコト六ケ敷トキハ不得止廣泉寺ヲ廃寺シ正光寺ヲ移転スヘシ、住職ノ義ハ大行存命ナラハ正住ト定ムヘシ諦観副住職タルヘシ、大行没後ナラハ諦観正住タルヘシ、又及子孫血脈ノ者幷養子ノモノタリトモ一時ハ現住職ヲソノマ、移転シ、其上門徒一統へ篤ト遂協議ヲ示談イタシ正住ヲ定ムヘシ、寺長ヲ以テ定ルモ更ニ無妨両寺互ニ血脈ヲ

継続スヘシ

前条之件之予至没後紛義争論無之為処存ヲ記載シ大行諦観両人へ申残置候也

明治廿七年

父　大八木諦聴

二男

大八木諦観殿

（後略）

本史料の後略部分には、正光寺住職であり鹿児島廣泉寺の開基に尽力した大八木諦聴から廣泉寺門徒宛の署名、長男である正光寺副住職大八木大行宛への署名があり、本史料に同意承諾する形で次男の廣泉寺住職の大八木諦観の署名がある。以上から、本史料は父であり正光寺住職である大八木諦聴から、長男である大行、ならびに、次男である諦観への遺言的な内容を含む書状であることが理解できるだろう。

史料の前半部分には正光寺と廣泉寺の関係を示す記事が明確に語られている。「各郷ニ於テ教場ヲ引直シ寺院ノ支格トナル、依之久志同行中協議ノ上、総テ委任セラレ一カ寺トスルニ付テハ京都正光寺ヲ移転スルコト難致、幸ヒ親族廣泉寺兼務ノ折柄ナレハ該寺門徒中へ及高議ニ、去ル十七年度廣泉寺ヲ久志ニ移転シ従来正光寺門徒タル廿八日講同行ヲ該寺ニ預ケル事トスル（廣泉寺ハ諦聴坊守藤枝ノ出生ノ寺縁故略之）」より、明治九年（一八七六）に真宗禁制が解かれてから、久志に寺院建立の機運が盛り上がったことが分かる。久志同行中による協議によって、真宗寺院が建立されることになり、本来ならば正光寺に移転を願うところ、「廣泉寺兼務ノ折柄」であるので、明治一七年（一八八四）度に廣泉寺を久志に移転させ、「久志二十八日講」の同行を預けたことが明記されている。また、前述したところだが、廣泉寺が諦聴の妻である藤枝の実家であることも確認できよう。さらに、「住職ハ先衲ノ代トシテ二男諦観ヲ以テ定メ我ハ所々へ孤出シ廣泉寺ヲ保護シ無魔事今日迄諦観在職ス、然ルニ予モ已ニ廿年来当県下ニ留錫シ」とあり、本書簡が記されたのが明治二七年（一八九四）であることから、明治七年（一八七四）頃より、諦聴は鹿児島に滞在し、鹿児島開教と廣泉寺開基に向けて尽力していたことが理解できるだろう。そして、次男である諦観に廣泉寺住職を任せていることが読み取れるのである。

事実、二〇〇三年八月二九日に現廣泉寺住職大八木廣澄氏にインタビューしたところでは、「母親から伝え聞くところによると、諦聴さんと藤枝さんは亡くなるまでこの坊津で生活しておられた」「藤枝さんは和裁、書道、などなどに精通しておられて、この坊津で小学校の先生をしておられた」(33)と述べており、本史料の内容を裏付けている。

つまり、鹿児島開教に尽力した大八木諦聴は、「久志二十八日講」の寺院化に伴って、次男である諦観を住職とし、廣泉寺の寺号を京都から鹿児島に移転させたのである。そして、諦聴はもちろん、廣泉寺から嫁いだ妻の藤枝もまた、鹿児島にて、廣泉寺再興とともに残る生涯を送ることとなったのである。

さて、本史料の後半部分には、諦聴が今後の正光寺と廣泉寺のあるべき関係を五箇条に示していることが注目される。第一条では、「住職ニ於テモ往古ヨリノ縁故ヲ被思出応分ノ取持相成度、尚又、正光寺ニ於テ非常ノ困難出来シ一寺ノ奥廃ニ及シトスルトキハ、各々丹精ヲ抽テ助勢ノ義深ク及依頼候」とし、廣泉寺が正光寺を助力していくことを要請している。第二条では、「大八木姓ノ義ハ子々孫々迄、改姓スヘカラス」とし、まず「大八木」姓を大切にすることが示され、「猥々改姓決シテ不相成候」として、両寺の住職の苗字が異なることを避けることを記している。第三条では、「廣泉寺ハ正光寺支坊同様」であることが明確に示されている。これらは正光寺と廣泉寺が互いに助け合い、寺院運営にあたることの大切さを述べていると思われる。また、第四条では、「他ヨリ納得スルモノヲ以テ住職ト定メ本人ノ承諾書ニ保証人ヲ加ヘテ申受候」とし、もし「血脈」が相続されない場合については、保証人を立てた上での養子の必要性を言及するなどの「血脈」相続の重要性を論じている。最後に、第五条では、「双方及協議正光寺ヲ久志ヘ移転シ京都ニ支坊ヲ置キ寺族一統久志ヘ引取リ充分ノ保護致サレ度候」とし、正光寺が経済的に逼迫した際には、久志に正光寺を移転させるなどの対応が記されている。さらに、但し書きより、正光寺が廣泉寺に優越性を有していることも理解できるだろう。このように、正光寺と廣泉寺が互いに助力し、寺院運営にあたることをはじめ、「市中寺院」である正光寺の存続が難しくなった際の対応まで記されていることが理解できる。

以上、本節では、正光寺と廣泉寺の関係を明らかにした。概略を示すと、廣泉寺が正光寺の坊守であった藤枝の実家である関係で、廣泉寺は「正光寺同居」という状況になった。明治九年には、鹿児島の真宗禁制が解かれ、鹿児島開教に尽力していた正光寺住職大八木諦聴は、ゆかりのあった「久志二十八日講」の門徒を同居していた廣泉寺に預けることにした。そして、廣泉寺の寺号を鹿児島県坊津（久志）に移転させ、自らも久志の地で廣泉寺の寺院化、および、真宗発展に努めたのである。

おわりに

本章では、廣泉寺が鹿児島に移転する経緯や背景を明らかにしてきた。伴って、西本願寺の被差別寺院政策との関係で論じた。ここでは、あえて三章に及ぶ論証を要約することをせず、本山への届けから考察される事実を追加しておきたい。

鹿児島移転に伴っては、関係諸機関に届けを出さなければならなかった。次の史料は、久志説教所を正光寺支坊とする旨を本願寺に提出した願書である。(34)

説教所ヲ支坊ニ引直願

鹿児島県下薩摩国川辺郡久志村

説教所

右ハ明治十二年一月三十一日御役置相成候以来、永続之目途モ相立候処、該村信徒之義ハ旧藩国禁之際宝暦十年之頃ヨリ京都府下下京区御門前通正光寺第十五世貫道へ帰依仕候、密ニ教導ヲ受ケ候縁故モ在之、殊ニ年々献納ノ砌モ正光寺門徒同様ニ在之候、依テ昨年来再三寺号公称ノ志願モ在之候処、此度協議ノ上住持教導ヲ受ケ候縁故ヲ以テ該説教所所属信徒別冊ノ通、又ハ正光寺ノ檀家ト相成説教所ヲ以テ正光寺支坊トシ御法義聴聞仕度候、就テハ正光寺住職大八木諦聴ト協議ノ上相願候条御詮議之上右正光寺支坊御本刹限リ御聞届被成下度、此般名簿相添惣代連署ヲ以テ奉願候也

明治十五年十二月

鹿児島県下薩摩国川辺郡久志村百七拾番戸

信徒惣代　吉見　平

同国同郡同村百六十壱番戸

信徒惣代　吉見勇右衛門

同国同郡同村百七十四番戸

信徒惣代　大山弥兵衛

同国同郡同村三百七十四番戸

信徒惣代　重　才兵衛

同国同郡同村百九十四壱番戸

信徒惣代　宮崎諸兵衛

本山執行御中

（後略）

本史料の記事「昨年来再三寺号公称ノ志願モ在之候処、此度協議ノ上住持教導ヲ受ケ候縁故ヲ以テ該説教所所属信徒別冊ノ通、又ハ正光寺ノ檀家ト相成説教所ヲ以テ正光寺支坊トシ御法義聴聞仕度候」より、明治一四年（一八八一）には、寺号公称の願いを有していたことが分かる。しかしながら、協議の上、縁故のある正光寺の支坊として、本願書を出したことを記している。そして、「右正光寺支坊御本刹限リ御聞届被成下度、此般名簿相添惣代連署ヲ以テ奉願候也」とし、支坊申請を本刹限りの許可にと申請していることもうかがえる。「正光寺支坊」が「正光寺末寺」という本末関係に準ずるものになるという認識があったからであろう。これは、明治九年（一八七六）に、真宗四派によって宗規綱領が発せられ、複雑な本末体系が整理され、西本願寺派の寺院はすべて「本願寺末」と制定されたことによる。

この「久志説教所支坊引直願書」は、残念ながら許可がおりなかった。そこで、廣泉寺移転という事態になる。正光寺は大八木諦聴が二人の息子の大行と諦観に、正光寺と廣泉寺を継がせることへと展開したのである。九条西光寺第一一世祐従に祐俊と教誓の兄弟が存在し、祐俊が西光寺を継職し、教誓が新しい寺号である正光寺を受け継いだ。その正光寺は二五〇年を経たのちに、正光寺と廣泉寺に、同じく兄弟の大行と諦観によって継職されたのである。

註

（1）星野元貞「薩摩藩の真宗禁制と本願寺の動向」（『真宗研究』第一七輯、百華苑、一九七二年）、一六頁。

（2）藤等影『薩藩と真宗』（興教書院、一九一六年）、桃園恵真『薩摩真宗禁制史の研究』（吉川弘文館、一九八三年）、二葉憲香「幕末における薩藩の真宗―真宗伝道史の一側面―」（『伝道院紀要』第五号、浄土真宗本願寺派伝道院、一九六五年）、千葉乗隆「真宗の道場と道場主―とくに薩摩地方の講道場について―」（『龍谷大学論集』第三九一号、龍谷学会、一九六九年）、福間光超「幕末の薩摩門徒と本願寺」（『真宗研究』第一三輯、百華苑、一九六六年）、星野元貞①「薩摩藩の封建支配と真宗禁制政策―疑心暗鬼の社会醸成―」（『真宗研究』第二八輯、百華苑、一九八四年）、同②「近世真宗への視点―薩摩真宗禁制史の諸問題を中心として―」（『仏教史研究』第二一号、龍谷大学仏教史研究会、一九八五年）、鮫島重喜①「幕末薩摩藩真宗禁制政策の転回構造」（『龍谷史壇』第八八号、龍谷大学史学会、一九八六年）、同②「幕末期薩摩藩の真宗禁制史の一断面―川辺門徒『発起』考―」（『真宗研究』第三一輯、百華苑、一九八七年）などがある。

（3）桃園前掲書。

（4）同右、二八八～二八九頁。

（5）「廣泉寺移転願書（京都府知事宛）」（正光寺文書）。

（6）「本願寺興正寺本末一件」廣泉寺条（京都府立総合資料館所蔵文書）。本史料群は社寺課によって作成された本末寺院明細帳と戸籍課によって作成された興正寺の離末一件についての史料群に大別される。

（7）本願寺史編纂所編『本願寺史』第三巻（浄土真宗本願寺派宗務所、一九六九年）一二五頁。

（8）日野照正編『摂津国諸記』（同朋舎出版、一九八五年）一三八頁。以下、『摂津国諸記』とのみ表記する。

（9）同右、一五八・一六四・一六五頁。

（10）「大祖聖人六百回大御法会庭儀図」（多可郡東山大西家文書）に「御堂衆　専修寺　廣泉寺」の記事がある。なお、大西家文書閲覧に際し、大西久子氏に多大なご配意を賜わった。学恩に深謝したい。

(11) 「廣泉寺門徒移転承諾書」(正光寺文書)。

(12) 史料中の「下京区第拾九組安土町　武藤政次郎　武藤吉蔵」は一軒として数えた。略した部分中には一軒と思われる名前の重なりは存在しなかった。

(13) 宝暦・明和以降、本願寺は宗名の論争や三業惑乱等の重大事件が続発し、また、御影堂の大修理があり、多くの費用を要した。そのため、文政期には六〇万両の借金があったという。この借金も倒幕軍費と重なり、皆済の見通しがつくのは「明如上人伝」によると、明治一一年(一八七八)である。

(14) 唯念寺は、西口順子編『大和国諸記』(同朋舎出版、一九八一年)二頁、専光寺は、同上書、一四・五七・一〇九・一一三頁、慶証寺は、福間光超編『諸国江遣書状之留』(同朋舎出版、一九八二年)七三・八〇・九〇・一五三頁、円成寺は『摂津国諸記』一一九・二〇一頁に、使僧や役僧としての記事がある。しかしながら、文久二年段階で、役僧をしているかは断定できない。

(15) 種々の寺務案件の処理に際して掛役人の下役が調査し、それに基づき複数の掛役人が処理方針を決定する史料として回覧され、朱筆・付箋などが付された冊子。左右田昌幸氏は史料の年代を、嘉永五年(一八五二)と推定している。なお、本史料は、左右田昌幸「『穢寺帳』ノート」(『教学研究所紀要』第五号、浄土真宗教学研究所、一九九七年)に拠った。

(16) 『維新前後ノ本願寺』第二編、坊官ノ沿革ト其廃止条(龍谷大学所蔵文書)に寺院統計として所収されている。本史料は大正期の書写本で原本は鷲尾教導らによって記された。第一編～第三編によって構成されている。

(17) 本願寺史編纂所編『本願寺史』第二巻(浄土真宗本願寺派宗務所、一九六八年)二二一～二三〇頁に詳しい。

(18) 安達五男編『仏教と部落問題関係史料集成』第一巻(兵庫部落解放研究所、一九九五年)五二〇頁。安達五男氏によって史料解説がなされている。

(19) 寺木伸明『近世部落の成立と展開』(解放出版社、一九八六年)、二三九頁。大阪府域の被差別寺院の木仏寺号下付年代が一覧表にして示されている。

(20) 京都府立総合資料館所蔵文書。明治三年に京都府が府域における主だった宗派の本末関係を一覧表として作成している。本史料はそのうち浄土真宗を対象としたものである。

(21) 京都府行政史料(京都府立総合資料館所蔵文書)には、社寺関係の多くの取調帳があるが、明治元年(一八六八)の「社寺録」が最古のものである。「社寺録」は各寺院から書き上げさせたものをそのまま綴じる形で編集されており、宗派・住所・住職名・寺領・寺地図が記されている。

(22) 杉本昭典「史料紹介・穢寺帳」(仲尾俊博先生古稀記念会編『仏教と社会』永田文昌堂、一九九〇年)所収。

(23) 左右田昌幸「『穢寺帳』ノート」(『教学研究所紀要』第五号、浄土真宗教学研究所、一九九七年)。

(24) 本願寺史料研究所所蔵の西本願寺文書。寛文一〇年(一六七〇)~安永七年(一七七八)は、「諸国江遣書状之留」として全国の書状をまとめていたが、文書整理の必要上、国別の「諸国記」が編まれた。

(25) 「廣泉寺申出願出差出候ハ左之通」とあるように、本史料の後に添付されているはずの廣泉寺書簡が本史料を読み解く手立てであるが、残念ながら「山城国諸記」には添付されていない。もともと添付されなかったのか、後世に剥ぎ取られていたかのいずれかである。

(26) 左右田昌幸「金福寺の『略系図』をめぐって」(頼富本宏博士還暦記念論文集刊行会編『マンダラの諸相と文化』下、法藏館、二〇〇五年)、岩田教授「近世播磨国真宗教団史の一齣―源正寺の皮田門徒支配について―」(『日本の社会と佛教』永田文昌堂、一九九〇年)に詳しい。

(27) 「講名免許状」(廣泉寺文書)。藤前掲書、一四二頁より引用した。藤氏は本史料の写真版を一二二頁に掲載している。筆者は現廣泉寺での調査では見ることができなかった。

(28) 同右、一二二頁の写真版では花押である。

(29)　現廣泉寺から遠くない尊牛山中腹の岩穴に身を隠していたとする。二〇〇三年八月二九日に廣泉寺住職大八木廣澄氏へのインタビューを行った。それによると、おひさによって、久志の女性たちが感化をうけた行儀作法や言葉使いなどは明治大正までも保たれていたと言い伝えられている。この岩穴は、後世に「穴ん婆さんの岩穴」と呼ばれて、隠れ念仏の里として、訪れる人も少なくない。

(30)　「正徳三年四月六日五才ニ而、同年四月廿四日おひさ殿ニ者寺町廬山寺ニおいて剃髪在之、法名貞正と申候、其後高尾之辺梅がはたけ村ニ老池庵と申処を求メ住居在之」とある（「記録一」第四条）。

(31)　二〇〇三年八月、正光寺住職大八木正澄氏の奥様は、筆者にインタビューに際し、「藤枝さんがお嫁に来られる際には行列を作って盛大なお嫁入りだったと伝えられています」と述べている。

(32)　「正光寺廣泉寺関係枢要書」（正光寺文書）。表紙には、「父同苗諦聴、大八木大行殿、正光寺廣泉寺関係枢要書」と記されている。

(33)　藤枝さんが小学校に勤務しておられた際の給料で作られたという石垣が、今なお、改築後の石畳として使用されている。

(34)　「久志説教所支坊引直願書」（廣泉寺文書）。後略部分には、宝暦年間から正光寺と交流があった事実が記され、別冊に「正光寺支坊檀家タルヘキ名簿」が添付されている。名簿には、三九六名の檀家の署名がある。

第四部　本願寺の身分上昇志向と天皇・朝廷権威

第一章　東西本願寺の天皇・朝廷権威への接近

はじめに

慶長七年（一六〇二）三月、徳川家康は本多正信に命じて、次のような奉書を下した[1]。

本願寺御取立ニ付、貴寺安置有之候親鸞聖人自作御影、門跡御所望之処、可被指進由、内府殿御喜悦被思召候、弥早速可被進之旨、今度以御使被仰遣候、依之御紋幕被遣、自今御紋被下之候、勝手可被相用候、仍執達如件

慶長七年　三月九日　　本多佐渡守　御花押

上野国厩橋
　妙安寺御坊

本史料は、上州妙安寺に伝来する親鸞自作の木像を教如に譲渡することに対して、家康が介在した史料として知られる。注目されるのは、教如を「門跡」として家康が認知しているという点である。小泉義博氏が指摘しているように、家康が東六条に寺地を寄進した時点で、本願寺准如と同等の立場が教如に付与されたと推察できる[2]。

周知のように、永禄二年（一五五九）一二月一五日、本願寺顕如が正親町天皇の勅許によって門跡を補任されて

以降、天皇・朝廷権威のもとに国家的認知を受け、保障・安定化がなされていく。研究史において、顕如の門跡補任は、その実態的研究から本願寺領国論・寺内町論との関係へ、そして、天皇論との関係で取り上げられてきた[3]。注目されるのは、宗派化のための前提条件として「勅願寺化」「門跡成」「大仏千僧会への出仕」という一連の関係で「公的認可」の研究視角を提示した金龍静氏[4]、および、戦国期における天皇権威の浮上の中で、辻善之助氏の概念「貴族化[5]」を天皇による寺社の編成として再定義を行った脇田晴子氏の研究である[6]。いずれも門跡補任を本願寺教団の成長として政治史的に捉えたものである。特に、脇田氏は江戸時代における家職の整備は中世後期に淵源があるとし、戦国期に天皇権威を中心に進展していく事情を明らかにした点は近世史研究にも示唆を与えている。

そこで、本章では寛永二〇年（一六四三）以降の東西本願寺の禁裏への参内順をめぐる争論（以下、「参内一件」と表記）を通して、本願寺門跡の両立による東西本願寺の天皇・朝廷権威獲得への葛藤を明らかにする。本一件については、すでに高山嘉明氏が「門跡寺院統制からみえる公儀の権力構造」を課題として、弘化期から文久期に至る両本願寺の動向を、本願寺史料および公家日記などを博捜され、公儀を構成する朝幕間に政治分担が存在したことを綿密に論証されている[7]。本章は、氏が本一件の最終的な裁定を含めた後半時期を扱ったのに対して、その淵源と葛藤が表出する前半時期である寛永二〇年から享保三年（一七一八）の西本願寺の政治的動向を扱うものである。本一件の重要な起点と考えられる寛永二〇年の後光明天皇即位における東西本願寺の参内順を争う一件と一件以降の年始参内中止の状況に、西本願寺良如と寂如がどのような政治的姿勢をとったのかを実証的に明らかにしていく[8]。

論証方法としては、西本願寺に所蔵されている「参内一件」と称される史料群を中心史料として検討する。本史料群は、①「寛永年中御参内一件」、②「延宝八年御参内之儀西東争論之儀ニ付書附」、③「延宝年中御参内一件」、④「元禄十年於関東公儀被仰立年始御参内一件」、⑤「従貞享元年到享保六年御参内一件書類」、⑥「延享年中御参内一件」と表記された史料群六件と表書きのない史料群一点の計七件によって構成されている。(9) ④と⑤の表書きにはさらに「恒例門之内、御所向御願立之部」と朱書きがなされており、おそらく、江戸後期に本一件に関わる史料の整理の必要性が生じ、時期ごとの包みに封入されたものと推察できる。武家伝奏をはじめとする公家衆への書状控や返書、京都所司代や老中など幕府方への書状控や返書、当時の覚書などが伝来しており、本一件に関わる西本願寺の動向を、時期ごとに実証的に論証できるものである。そこで、本章ではまず「参内一件」の発端と経緯を明らかにし、東西本願寺の分立から生まれる諸問題を整備したとされる良如の姿勢を検討する。次に、寂如の本一件への交渉を三段階に分け、それぞれの段階における寂如の姿勢を明らかにしていく。以上から、本一件を通した西本願寺の門跡としての地位獲得の様相を明示していきたい。

一　「参内一件」の発端と良如の動向

寛永二〇年（一六四三）一〇月二一日、明正天皇の譲位を受けて御光明天皇が即位する。西本願寺良如は御光明天皇の即位に際し、参内の意志を有していた。一一月五日、参内許可を得るべく、武家伝奏の今出川経季と飛鳥井雅宣を通して申し入れを行った。その結果、一一月七日付での参内の許可を得る。(10) しかしながら、翌六日、後水尾上皇は参内の延引を申し渡した。

翌六日及暮両伝奏ゟ明日之参内様子有之仙洞様江（後水尾院）被窺之処、大猷院様御上洛之時二条御城之例可然思召候、猶板倉周防守江可申談旨院宣ニ候得共、夜陰難及相談之条、明日之参内者先延引可然由申来被任其意候事(11)

「二条御城之例」とは、去る寛永一一年（一六三四）、徳川家光が上洛した際にその対面順序をめぐって西本願寺良如と東本願寺宣如の間で争論が起きた際に、老中の土井利勝と酒井忠勝によって良如の先の対面が沙汰された一件を示している。[12] こうした先例があることから、御水尾上皇は京都所司代板倉重宗と相談すべき内容であることを前提とした上で参内の延引を申し渡している。こうした急な治定の背景には、「東信門跡ゟ両伝奏へ被仰趣ハ明日諸礼ニ参内可成と御申[13]」との東本願寺からの参内意思表示があったからに他ならない。

この事態を重く捉えた良如はすぐに政治的な動きに出る。西本願寺坊官の下間少進と家司である八木蔵人を、九年前の先例にて西本願寺の先の対面を沙汰した、若狭小浜藩の初代藩主である老中酒井忠勝のもとに接近させる。西本願寺には一一月一三日付の酒井忠勝から八木蔵人宛の書状が残っており、「今明日ニ当地罷立候、其上旁遠慮之儀も御座候付而居城迄ハ不申請御用之趣者私家来河村所右衛門と申者申次具承届候、私只今兎角可申上儀も是にてハ不及分別候委細者少進方へ口上ニ申達候[14]」との記事がみえる。少進が若州小浜の忠勝を訪れたことが明らかである。また、忠勝は江戸への出発にあたり、河村所右衛門に本一件の対応をあたらせているが、所右衛門から少進への一三日付の返事には「信門跡様御使御座候共、讃岐守何共両門跡様へ之御返事可申上様無御座候」「禁中にて之落着仕候カ、又者、周防守殿ゟ江戸御老衆へ被仰出候」とあり、[15] 忠勝の姿勢が明白に理解できる。忠勝は「両門跡」のいずれにも加担することなく、禁中にての解決、および、京都所司代を通した裁許を得るべきとの認識を示したのである。

一六日、前中納言の園基音からの書状が西本願寺に届く。書状には「仙洞江年頭之御礼之事、御門跡御参者先々可為御無用以御使僧御祝儀被仰上候事ハ不苦事ニ候んかと存候」とあり、[16] 禁裏への参内だけでなく、院への参内も停止することとなる。

このような状況を打開するために、良如は翌一七日、今出川経季と飛鳥井雅宣の両武家伝奏に対し書状を認める。西本願寺の主張を朝廷に真っ向から訴えたのである。その書状は「本願寺代々相続之次第何れの代にも譲状在之」と冒頭に表記されており、親鸞以降、当住の良如まで正統に相続されていることを主張するものであった(17)。

（前略）

一、開山以後、代々大谷本願寺と申来候、本寺のしるしにハ古今東山大谷に開山の旧跡此方の領分にて御代々の御朱印所持候、惣而開山以来兄弟の次第を不論譲状を以、我宗の証文証跡相伝いたし四百年におよひ相続仕来候、是本寺の証跡歴々分明に候、枝方末寺のしるしにハ開山以来相伝之書物一通も有間敷候、今迄ハ此御理り口上にて相すみ来り候へ共、度々前後の争ひ申され候うへハ、年月もとをくすきさり事なり候時ハ、若公儀にハ何れを本寺ともいつれを末寺とも御存知なきやうにか罷成り候、なけかしく存軽をかへりみす開山以来、本寺相承之次第を書付候ハ、此趣被達叡聞者尤可為本意也

前略部分には、まず親鸞以降の相続が順調に行われてきたことを申し述べ、教如と准如によって、本願寺が分立して以降、教如が「信浄院」「信門跡」と称し、「本寺」として社会的に活動している様子を非難している内容が記されている。「門跡」および「本寺」として、公儀にも申請していることを親鸞の教えに背く行為であるとして非難している。引用部分には、本寺としての証文証跡が明らかに相伝されていることを述べた上で、東本願寺には開山以来の相伝の書物が一通もないことを強調し、西本願寺が「本寺」であるという強い姿勢を示している。また、公儀自体にも非難の目を向けた内容となっている。

このように、良如の書状には年始参内の再興はもちろんだが、西本願寺の参内順が東本願寺よりも先の参内を要望する強い意思を示すものとなっている。親鸞以降の法灯が受け継がれているのは西本願寺であるという強い認識

にたっていると言えよう。『本願寺通紀』を編録した玄智は、良如を「宗主始構講肆、置能化職、高樹法幢、諭導緇徒、於是宗教隆興（中略）宗主節倹不侈、常住豊贍、故当兵乱之後、継承前挙、輪奐尽美、遂得化荒墟而成無上浄刹、可謂福智兼備者也[18]」と評しており、良如は教団機構の制度化の基盤を整備していったとする。しかし、一連の教団制度化の体制が整えられつつある段階で、常に問題として横たわっていたのは、東本願寺の別立との関係から生起する問題であった。特に、「凡、小院・下寺、背帰甚多、不可殫紀[19]」とする改派問題は大きく存在しており、互いに末寺を誘引し、自己勢力を拡張しようと努めた。このような中で、良如が大谷本廟の祖墳を整えたことは西本願寺にとって非常に大きな意味を持つ。良如は万治三年（一六六〇）に親鸞の四〇〇回忌にあたり、仏殿を旧地の西三〇歩に着工し、翌年堂宇が落成すると良如自刻の仏像を本尊として安置する[20]。東山大谷の旧跡が西本願寺の所有に関わるものであることを社会的に示したのである。

こうした事跡から考察すると、良如は寺内における教学面や制度面の基礎を築いたばかりでなく、東西本願寺の確執下にあった問題を整理し、教団制度化の体制を作り上げたといえる。これは良如にそうした体制作りに向けての志向があったからに他ならない。本一件への良如の姿勢もこの体制作りに一環したものであった。だからこそ、前述したような政治的動きを行っているのであり、両武家伝奏への書状にみられる強い態度をとっていたのである。

正保二年（一六四五）正月一八日、こうした良如の動きが功を奏したのか、両武家伝奏より翌一九日の参内許可が出る。しかしながら、一九日に九条道房のところまで出輿していたにもかかわらず、京都所司代板倉重宗から再び参内延引が申し渡された[21]。このような急な参内延引の仰せ渡しが良如に大きなしこりを残したことは想像に難くない。西本願寺所蔵の「延宝七年御口上覚」には「此段先門跡歎被存候得共、病者故暫及延引候処、大猷院様御他界被成候故、公儀御苦労憚被存候内、先門跡卒去被致弥及延引候、折を以願可申之旨遺言之事候[22]」とあり、本一件への西本願寺の取り組みは、「年始参内の再興」「参内順の適正化」という天皇・朝廷権威への接近と共に、良如の遺志を継ぐという性質を帯びることとなる。

二　寂如の基本的姿勢と交渉内容の変遷

寛文二年（一六六二）、寂如は良如遷化によってわずか一二歳で西本願寺法主となる。寂如の本一件への具体的行動は、口上書などの内容面から大きく三段階に分けることができる。第一段階は良如一三回忌を終えた後の延宝八年（一六八〇）を中心とした朝廷に対する交渉の段階(23)、第二段階は第一段階での朝廷への交渉が頓挫した延宝八年～宝永元年（一七〇四）における幕府への交渉を中心とする段階、第三段階は宝永期以降の寂如晩年における交渉の段階である。

まず、第一段階の経緯とその特質を考察してみよう。第一段階の具体的行動は延宝八年寂如三〇歳のことである。西本願寺には延宝八年の本一件に関する「覚書」（「延宝八年覚書」〈「延宝八申年御参内之儀西東争論之儀ニ付書附」西本願寺文書〉）が残っており、この間の事情を本史料をもとに考察していく。なお、史料引用は断りのない限り「覚書」五月三日条からの引用である。

五月三日辰刻、寂如は武家伝奏の花山院定誠のもとへ使者を訪問させる。取次の藤木縫なる人物に武家伝奏花山院定誠と千種有維宛の書付を渡した(24)。その書付の一部を抜粋してみよう(25)。

正保二年正月十八日従両伝奏明十九日諸礼参内可有之旨申来、翌日既九条殿迄先門跡被罷越候処、板倉周防守ゟ今日参内先可有延引之旨被申越候、其節之事に候故不及兎角之儀被任其意候、此段先門跡歎被存候得共、病者故被致延引候、折を以願可申之旨遺言之事ニ候、惣而当寺者開山親鸞的伝一宗本寺之儀其証処等段々子細有之事候於御守者可申上候、年始諸礼滞候事本寺之甲斐無之候被迷惑候、先門跡被申置候通為冥加と申年始参内如前々相勤候様に幾重も願存候、以上

まず、正保二年（一六四五）の経緯を述べた上で、「当寺者開山親鸞的伝一宗本寺之儀」とし、西本願寺が親鸞からの法灯を受け継ぐ唯一の本寺であるとしている。「年始諸礼滞候事本寺之甲斐無之候」の文言から、参内順の適正化を訴えていることが理解できる。

本史料の記述から受ける印象からも明らかであるように、良如が認めた書状と比べ、強硬な文言は見受けられない。これは時間的に一連の参内一件から三五年を経過していることもあるが、寂如は本一件解決にむけて、良如の強硬的な姿勢から協調的な姿勢へと方向転換を行ったと思われる。寂如は正徳五年（一七一五）、霊元上皇から元禄三年（一六九〇）に詠まれた「野沢始迎春」の宸翰懐紙を拝領していることや歴代法主御影の改訂にあたっては讃文を作成するなど[26]、文治政治を志向していた。このような寂如の法主としての姿勢からも、本一件への態度は穏健的であったと言えよう。

一方、書付を受け取った花山院定誠は、本一件に積極的に関わろうとしていなかった。定誠から藤木に託された返事には「此御書付ハ当月者千種殿月番ニ候間、致持参候而可申入候旨也（中略）此度御願之儀、御所司代之事ニ候故、戸田越前守殿へも御両殿まて被仰上候」とあり、定誠は距離を置こうとしていたと推察される。同じ武家伝奏である月番千種有能と京都所司代戸田忠昌に託すべき事柄であることを述べている。無論、西本願寺使者と定誠との面会は実現しなかった[27]。

久保貴子氏の明らかにしたところによれば[28]、定誠はこの時期、小倉事件の引き金となった霊元天皇の儲君をめぐ

る五宮擁立を積極的に画策している。西本願寺が定誠を訪問した延宝八年五月三日は五宮儲君に反対した将軍家綱が危篤となっており、朝廷内でも政治的に緊迫した状況であったと推察できる。霊元天皇に近い位置にいた定誠にとっても、種々の判断を迫られる時期でもあった。

こうして定誠との面会が実現することなく、有益な状況を作れなかった本願寺使者は月番である千種有能のもとへ出向く。定誠から「千種殿月番」との指示があったことを申し伝えるが、「病気候由ニ而御逢無之」という状況であった。有能とも面会できなかったのである。有能からの返事には「御願ニ付御口上之趣承届候、何茂申談追而可得御意候由、御口上書則御留置候也」とあり、後日、「御意」が仰せ渡しになることが示されていた。

さらに、本願寺使者は関白鷹司房輔を訪れる。両武家伝奏への訪問はすでに房輔には打診していたと推察され、その報告のために訪れたものだった。「覚書」には、「内々被仰入候通、年頭諸礼御参内之儀、御口上書以両伝奏衆へ只今被仰達候御沙汰御座候ハヽ、宜頼思召候」との房輔への口上が残っており、「御意」の仰せ渡しの際には房輔の配慮を願っていることが分かる。房輔側からの返事は「追而可被得御意候」というものだった。そして、同日未刻には、使者は京都所司代戸田忠昌のもとへ訪れる。「覚書」には、「両伝奏衆へ今朝以使者口上書被指上候間、左様御心得被成宜頼被存候」との口上が記されており、今朝方に両武家伝奏へ申し入れを行ったことを伝え、房輔同様に京都所司代の戸田忠昌にも配慮を願い出ている。その返事は「御念入被仰聞候義と存候、伝奏衆へ之御口上書之写置候、并拙者共口上覚書も御留置候也」というものであった。つまり、西本願寺からの願書に対する積極的な回答はなかったのである。

以上のように、「覚書」五月三日条には、両武家伝奏・関白鷹司房輔・京都所司代戸田忠昌への口上とともに、その返事が記されている。積極的な動きを見せた寂如であったが、いずれの返事も西本願寺側が期待した返答ではなく、「追而可得御意候」「口上覚書も御留置候」など、西本願寺の要望を等閑視したものであった。

このような朝廷の状況を映し出すかのように、延宝九年（一六八一）、当時、霊元上皇の側近、朝廷内主勢力であった花山院定誠は本一件に次のような態度をとる。おそらく、霊元上皇と本一件について密談したであろう定誠は、関白鷹司房輔に「始一両年者裏方より先ニ参内、其後者隔年前後ニ朝拝候登無左候ハヽ、六、七年も、又者、一〇年迄者裏方より先ニ参内、其後隔年ニ有之候者明春より願可相調旨御沙汰之由也」(29)と伝える。一両年中は東本願寺より先に参内させ、その後は隔年ごとに入れ替えるとの沙汰であった。西本願寺が同意しない場合は、一〇年後までは東本願寺を先に参内させるという強い意思を示すものであった。

このように、第一段階では良如の遺志を受け継ぐ形で寂如の交渉は進められた。朝廷への協調的姿勢を堅持していたものの、その交渉経緯は決して順調ではなく、東本願寺に傾斜した裁定からも理解できるように、状況の進展は見られないばかりか、悪化していたのである。

次に、第二段階の経緯と特質について検討してみる。朝廷への動きで状況を打開できない寂如は、幕府老中の板倉重種と松平信之に接近する。西本願寺には「寂如上人御代諸礼之儀、板倉石見守殿、松平山城守殿江御書附」と裏書された「口上覚」が残っており、幕府への働きかけを行っていることが理解できる。「口上覚」では、第一段階で検討した延宝八年五月三日条における武家伝奏への書付の記事「開山親鸞的伝一宗本寺之儀」をさらに詳しく記している点が注目される。その加筆部分を以下に示そう(30)。

抑当寺者開山親鸞大谷之廟所蒙勅願所之宣旨、二品親王門跡勅許、幷代々住持職之譲状其外開山以来本寺之什物古来所々建立之旧跡代々相伝明鏡之処事紛敷罷成、年始参内今年迄滞候故御歎申上候

「親鸞大谷之廟所蒙勅願所之宣旨」とは、正安四年（一三〇二）二月一〇日の大谷安堵の院宣、いわゆる「正安

の院宣」を意味すると考えられる(31)。「二品親王門跡勅許」とは、永禄二年（一五五九）一二月一五日に顕如が門跡に任じられたことを示している。そして、代々の「譲状」はもちろん、開山以来の什物・旧跡が西本願寺に存することを述べ、東西本願寺の分立以降は相伝が「紛敷」状況になっていることを訴えている。以降、寂如はこのような親鸞からの法灯が受け継がれている具体的事実や勅書の存在をより強調していく戦略に出る。

元禄一〇年（一六九七）、寂如は築地輪番西宗寺を通して老中柳沢吉保に訴え出た。この仰立書によると(32)、第一条では親鸞以降より寂如まで正統に寺務が相続されていることを記し、第二条では前述した「正安の院宣」を示しながら勅願寺となった内容を述べている。第三条では、元弘二年（一三三二）における本願寺ならびに久遠寺を祈禱所とする後醍醐天皇の皇子護良親王の令旨、いわゆる「兵部卿宮令旨」の内容を記している。このようにして、天に証如が権僧正を宣下された際の勅許の宸翰「後奈良天皇宸筆御消息」、第四条では、天文一八年（一五四九）天皇・朝廷権威付与の具体的事実をもって、西本願寺の正当性を訴えていることが分かる。なお、仰立書には各条に対応する勅書（写）が添付されており、この点は非常に注目される。すでに下付されている天皇・朝廷権威の具体的事実を示す勅書の存在をして、状況を打開していこうとしているのである(33)。

このように、第一段階の朝廷への交渉が不調に終わったことを受け、第二段階では寂如はこれまでの天皇・朝廷権威付与の具体的事実と准如継職の正当性を互いに関連付けながら、幕府への交渉を進めていることが理解できる。最後に、第三段階における経緯と特質を検討するに際して、寂如の年始参内再興に向けての動きを以下に一覧表にしてみよう(34)（**表一**）。

表一より、寂如は第二段階以降も武家伝奏や京都所司代への交渉を継続していることから、天皇・朝廷権威付与の具体的事実による交渉手法をもっても状況は好転しなかったと考えられる。正徳四年（一七一四）〜享保二年

表一　寂如期における「東西本願寺参内一件」に関わる願書（控・下書）一覧

段階	年	差出人名	宛所	備考
第1段階	延宝八年（一六八〇）四月	本願寺	花山院前大納言 千種前大納言	翌五月の書付の下書。包紙には「是ハ不参候」の記事がある。
	延宝八年（一六八〇）五月三日	本願寺	花山院前大納言 千種前大納言	両武家伝奏（花山院定誠・千種有維）への書付（控）。
	〃	（記載なし）	牧野摂津守	両伝奏へ書付を差し出したことを申し伝える内容。
	〃	（記載なし）	戸田越前守	京都所司代戸田忠昌への書付（控）。内容は同右。
第2段階	（延宝八年〈一六八〇〉～延宝九年〈一六八一〉）	本願寺	板倉石見守 松平山城守	板倉重種が老中を任じている延宝八年～延宝九年の書付（控）である可能性が高い。
	元禄一〇年（一六九七）	築地輪番西宗寺	柳沢出羽守	老中柳沢吉保への書付（控）。
	元禄一〇年（一六九七）	（記載なし）	（記載なし）	書状冒頭に「元禄一〇年関東江御願被成候写」との文言がある。幕府への書状（控）。
	（元禄一三年〈一七〇〇〉～宝永五年〈一七〇八〉）	（記載なし）	柳原大納言 高野中納言	武家伝奏（柳原資廉・高野保春）への書付（控）。両者が武家伝奏を任じている元禄一三年～宝永五年の書付と考えられる。
	元禄一六年（一七〇三）	下間刑部卿	柳原大納言 高野中納言	武家伝奏（柳原資廉・高野保春）への書付（控）。
	（元禄一五年〈一七〇二〉～宝永元年〈一七〇四〉）	築地輪番観省寺	（記載なし）	包紙に「江戸御老中歟、寺社御奉行辺へ差出候書付」との記事。観省寺が築地輪番を任じている元禄一五年～宝永元年の書付。
第3段階	宝永七年（一七一〇）	本願寺御門主内 山田図書	庭田大納言 高野大納言	武家伝奏（庭田重条・高野保春）への書付（控）。包紙に「宝暦七年」との文言がある。
	（正徳四年〈一七一四〉～享保二年〈一七一七〉）	（記載なし）	水野和泉守	京都所司代水野忠之への書付（控）。裏書に「水野和泉守江口上書案文」との文言。所司代であった正徳四年～享保二年の書付。
	（正徳二年〈一七一二〉～享保三年〈一七一八〉）	（記載なし）	庭田前大納言 徳大寺大納言	武家伝奏（庭田重条・徳大寺公全）への書付（控）。

（備考）記載年が不明な場合はその名宛人の在任期間より年次を推察し、（　）内に記した。

（一七一七）に京都所司代であった水野忠之への口上覚には「其以後御沙汰茂無御座候ニ付、御様子被聞召度候、右御願之儀者数年之御事ニ候」「両伝奏衆江茂段々被仰入置候、然処於只今否之御返答茂無之」という記事が見られることから、表一の願書以外にも交渉は行われていたと考えられるが、「否之御返答茂無之」の文言からも分かるように、やはり、朝廷が本一件を等閑視していることに変わりはなかった。(35)

このような長期に及ぶ交渉によって、その内容も西本願寺側の姿勢も変化してくるのは当然であるが、第三段階の「口上覚」を概観すると、これまでの交渉とは根本的な変容がみられるようになる。前述した京都所司代水野忠之への「口上覚」を以下に抜粋して検討してみよう。(36)

禁裏表御別条無之御参内被仰出候得共、右之訳ニ而指閊有之候、依之従御諸司御挨拶無之候而者、伝奏衆ニも御取持難被成儀と御推察被成候、先年者裏方と違隔之訳も有之候、此度御願之儀毛頭左様之義無之、従裏方諸礼参内被願上候共、従此御方御構無之、兎角叡慮次第と思召候、左様ニ候得者違隔之儀無之事ニ御座候

冒頭の「右之訳」とは、正保二年正月一九日に九条道房邸まで出輿していたにもかかわらず、京都所司代板倉重宗から再び参内延引が申し渡された件を指している。禁裏からの許可を得ていたものの、京都所司代の都合、つまり、武家方の理由によって延引が指示されたのである。これによって、代々の京都所司代としても、年始の参内許可に向けての武家伝奏への「御取持」が困難であったのではないかと述べている。ここには、これまでの書付で見られたような詳細な経緯の説明や自己を正当化する権利主張の姿勢は全く見受けられない。しかも、注目されるのはその後の記述である。東本願寺との「違隔之訳」が以前には存在したが、今は存在しないとするものである。「違隔」とは文字通り、東西本願寺の相違や両寺院間の障害を指すものと考えられる。東本願寺との関係において、今は何ら障害となるものはないと理解することができる。「裏方諸礼参内被願上候共、従此御方御構無之」の記事

から、東本願寺の参内が行われても、西本願寺としては一向に差支えがないとの解釈が成り立つことからも、まさに、西本願寺は東本願寺との参内順の要求は無論のこと、東西本願寺との確執を本一件から視野の埒外に置くことで、良如以降の年始参内の再興を依頼しているのである。その方法は「何とぞ従和泉守様伝奏衆江御挨拶被成被進候者、御願之趣早速可被及御沙汰御様子ニ御座候」の記事からも理解できるように、武家伝奏への取次を依頼するものであった。

本書付の最後には、「当御門主ニも被及御老年候得共、此節御沙汰候而御大願御成就候様ニ頼思召候」として、参内再興を寂如の「大願」に置き換えて実現を図ろうとしている。東本願寺との競合を度外視した交渉は同時期の武家伝奏への記事にも見られ、良如の強硬的な姿勢とは大きく異なっている。東西本願寺の帰参改派問題をはじめとする様々な問題の整理に努め、西本願寺の基盤を形成してきた良如に対して、寂如は良如の遺志を引き継ぎながら、時代に相応した交渉を探っているとみてとれよう。

このように、寂如は、第一段階の基本的姿勢として、良如の強硬的な姿勢から協調的な姿勢へと方向転換を行った。この姿勢は第三段階まで通底したものであった。第一段階においては朝廷への交渉を中心に進め、第二段階では幕府への交渉を中心に進めながら朝廷へも働きかけを行った。また、第二段階では、天皇・朝廷権威付与の具体的事実と准如継職の正当性を互いに関連付けながら、幕府への交渉を進めた。こうして、第二段階までは「参内順の適正化」に重点を置くが、その根幹部分は「開山親鸞的伝一宗本寺之儀」であった。この点こそが西本願寺の存続意義であった。しかしながら、交渉が実を結ばなかったためか、第三段階では寂如はこの根幹部分にあえてふれないで、東本願寺との競合を論点とするのではなく、「年始参内の再興」に重点を置くことを第一義としたのである。

おわりに

以上、良如期と寂如期における「参内一件」の展開過程の分析を通して、明らかになった諸点をまとめておく。

（一）「参内一件」は、寛永一一年（一六三四）に徳川家光上洛の際の参内順をめぐる西本願寺良如と東本願寺宣如の争論を前提として、寛永二〇年（一六四三）後光明天皇即位に際しての東西本願寺の参内順をめぐる一件を起点としていた。東西本願寺の確執が天皇・朝廷権威への接近という形で顕現した事件であった。

（二）良如は本一件に対して、背後では老中酒井忠勝へ接近し、表向きには武家伝奏に訴え出るが好転しなかった。良如の交渉姿勢は西本願寺の「本寺相承之次第」を強く訴えるものであり、「参内順の適正化」に重点をおくものであった。

（三）寂如は良如の遺志を継ぐ形で交渉を進めた。第一段階は延宝八年（一六八〇）の朝廷を中心とした交渉であった。寂如は良如の強硬的姿勢から協調的姿勢へと移行させるが、「開山親鸞的伝一宗本寺之儀」という点では良如と通底していた。当時の朝廷の主勢力は東本願寺に傾斜した裁定を行った。

（四）寂如は延宝八年～宝永元年（一七〇四）、幕府への交渉を中心として交渉を行った。この第二段階では、「開山親鸞的伝一宗本寺之儀」をさらに明確に意味づけるために、天皇・朝廷権威付与の具体的事実（「勅書」）と准如継職の正当性を関連付けながら交渉を進めた。

（五）宝永期以降の寂如晩年における第三段階では、交渉の主旨を「参内順の適正化」から「年始参内の再興」に重点を移行し、東本願寺との競合を論点とするのではなく、朝廷との関係性保持を第一義とした。

このように、西本願寺は永禄二年（一五五九）の顕如の門跡補任における国家的認知とその特権を近世においても継続して求めようとした。特に、東西本願寺の分立によって、西本願寺の門跡としての地位は、微妙な状況にあった。加えて、研究史が示すように、近世の門跡は中世門跡がそのまま近世に連続して移行したものではなく、幕藩体制のもとで、原則的には皇族・摂家からの出家に対してのみの格式として位置づけられたものであった(37)。そのため、次章で検討するが、元禄三年（一六九〇）には、霊元上皇によって宮（親王）門跡・摂家門跡との差別化を意図した西本願寺を四足門透垣外での下乗を沙汰する一件も起きている。つまり、西本願寺は門跡の近世化による地位獲得と東西本願寺の分立による国家的認知の継続の双方に取り組まねばならなかった。そのために、天皇・朝廷権威への接近は必然であったのである。

最後に、本一件を通して見出される課題を述べておきたい。本章で検討した時期は、軍事指揮権を行使する形の権力編成ではなく、儀礼を重視し上下間の秩序を保つことで権力を安定させる方向に政治手法が転換された時代である(38)。門跡についても例外ではなく、門跡の上下間の秩序を保つ方向で整備がなされた。西本願寺が身分的位置を確保するためには、寛永二〇年に始まる東本願寺との対立「参内一件」にいち早く終止符を打ち、宮門跡と摂家門跡につぐ地位獲得と国家的認知を図らねばならなかった。そのためには、「禁中並公家諸法度」第一三条目の門跡の地位が出自家格に従うという規定、および、門跡寺院間の序列が門跡個人の尊卑に従うという規定が影響力を持つのであった。

西本願寺は、貞享三年（一六八六）一一月一三日、第一五代法主として九条兼晴の第三子住如を寂如の継嗣とすることを決定する(39)。すでに、准如・良如・寂如と九条家の猶子となっており、良如がはじめて内室を摂家である九条家から迎えるなど、摂家との交渉を深めていたが、血脈でない住如を法主にむかえること自体、例のないことであった。つまり、住如継嗣の意図は、門跡としての西本願寺の地位獲得のための政治的行動を捉えることができる。
この住如継嗣の意義、および、経過については、今後の課題とする。(40)

註

（1）本願寺史料研究所編『本願寺教団史料・関東編』（浄土真宗本願寺派、一九八八年）三九六頁。
（2）小泉義博『本願寺教如の研究（上）』（法藏館、二〇〇四年）四〇八～四一一頁。
（3）本願寺の門跡補任に関わる研究史については、安藤弥「本願寺『門跡成』ノート」（『仏教史研究』四三、龍谷大学仏教史研究会、二〇〇七年）五〇～五八頁、にて詳しく論じてられている。
（4）金龍静「一向宗の宗派の成立」（浄土真宗教学研究所・本願寺史料研究所編『講座蓮如』第四巻、平凡社、一九九七年）。
（5）辻氏は大正五年（一九一六）に『本願寺論』を刊行し、本願寺教団史を概観した上で国家主義の影響、地方文化向上の役割、仏教平民化の促進、信仰の純一化と迷信排斥の四点からその貢献について論じる一方、その罪過として「一向一揆」「貴族化」「仏教の形式化」の三項を論じた。これらのうち、「貴族化」については、覚如の本願寺中心主義から始まり、蓮如の武家接近、そして、実如・証如による天皇・朝廷への接近を示し、顕如の門跡補任に至る「貴族化」の過程を明らかにした。
（6）脇田晴子『天皇と中世文化』（吉川弘文館、二〇〇三年）四四～六一頁。
（7）高山嘉明「東西本願寺の『先進』相論―その裁定からみる公儀の特質―」（『国史学研究』三四、龍谷大学国史学研究会、二〇一一年）。なお、高山氏は「『先進』相論の淵源と経過」を、弘化四年（一八四七）に提出された両本願寺の主張（「徳大寺実堅武家伝奏記録」〈『大日本維新史料』一ノ五〉）によって、第一章にて「概括」している。
（8）高山氏と筆者との問題意識は異なるものの、氏の論を補強する上でも有効であり、氏の問題意識である「公儀の権力構造」の解明にも寄与できるものと考える。なお、氏は本一件を「『先進』相論」とされているが、本章では当時の西本願寺史料名から「参内一件」「争論」の文言を使用することとする。

(9) 表書きのない史料群には正保二年（一六四五）における京都所司代板倉重宗からの書状などが封入されている。鉛筆書きで「正保二年」と小さく記されている。本史料群のみが近代になって別袋に整理されたと考えられる。なお、史料引用にあたっては、包みに記された表記名を併記する（表書きのない史料群については「正保二年」とする）。史料閲覧に際し、本願寺史料研究所大原実代子氏に大変お世話になった。深甚なる学恩に深謝したい。

(10) 「公儀江参内付願書控」（「元禄一〇年於関東公儀被仰立年始御参内一件」西本願寺文書）に「寛永廿年、後光明院様御即位之刻、良如伝奏菊亭大納言経季殿、飛鳥井大納言雅宣殿江参内之儀被申入候処、一一月五日両伝奏より明後七日可有参内之由申来候事」とある。

(11) 「公儀江参内付願書控」（「元禄一〇年於関東公儀被仰立年始御参内一件」西本願寺文書）。

(12) 同右史料に、「大猷院様御上洛之刻、裏方宣如其節大僧正并嫡流之由被申立、先江御礼申上度旨被及言上候、其砌当方良如于時正僧正本寺家督之筋目被呈書付候処、双方御吟味之上土井大炊頭殿、酒井讃岐守を以、良如先ニ御対顔可被遊旨被仰出、寛永一一年七月二五日良如二条江登城御礼被申上、裏方宣如者翌廿六日被致登城候事」との記事がある。

(13) 「下間少進口上覚」（「寛永年中御参内一件」西本願寺文書）。

(14) 「酒井忠勝書状」（「寛永年中御参内一件」西本願寺文書）。

(15) 「讃岐守口上ニ申上御返事之覚」（「寛永年中御参内一件」西本願寺文書）。

(16) 「園基音書状」（「寛永年中御参内一件」西本願寺文書）。

(17) 「武家伝奏江良如書付」（「寛永年中御参内一件」西本願寺文書）。

(18) 「大谷本願寺通紀歴世宗主伝第三」良如条。

(19) 同右。

(20) 本願寺史編纂所編『本願寺史』第二巻（浄土真宗本願寺派宗務所、一九六八年）五三〇〜五三二頁。本願寺史料研究所編『本願寺年表』（浄土真宗本願寺派、一九八一年）一三三頁。

(21) 「公儀江参内付願書控」（「元禄一〇年於関東公儀被仰立年始御参内一件」西本願寺文書）に「本寺筋目之趣両伝奏迄被捧書付候処、如先規年始参内之儀、叡慮におゐてハ御別条なく候、明十九日可有参内之由正保二年正月十八日両伝奏より申来候事、十九日為参内九条殿迄出輿有之、其節板倉周防守殿江以使者被相違之処、今日之参内先可有御延引由也」との記事がある。なお、弘化四年（一八四七）に、西本願寺から武家伝奏の徳大寺実堅に提出した本一件への回答書には「亦々裏方ヨリ先進競望被申立」の記事があり、東本願寺からの参内申請があったとしている（「徳大寺実堅武家伝奏記録」〈『大日本維新史料』第一編ノ五〉一二頁）。

(22) 「延宝七年口上覚」（「延宝年中御参内一件」西本願寺文書）。

(23) 西本願寺には、延宝七年（一六七九）八月付と九月付の口上覚（下書）が残存している。しかし、宛先は記されておらず、実際に差し出されたのかどうかは定かでない。いずれにしても、延宝六年（一六七八）の良如一七回忌以降に、本一件への動きがあったことは間違いない。また、延宝八年（一六八〇）四月付の武家伝奏の花山院定誠と千種有能への書状留が残存している。

(24) 「延宝八年覚書」（「延宝八申年御参内之儀西東争論之儀ニ付書附」西本願寺文書）五月三日条に「御両伝へ之御口上書置候、致持参候、取次ハ藤木縫殿と申仁へ右之趣申聞御書付も相渡候」との記事がある。

(25) 「延宝八年口上覚」（「延宝年中御参内一件」西本願寺文書）。

(26) 本願寺史編纂所編『本願寺史』第二巻（浄土真宗本願寺派宗務所、一九六八年）三六〜四〇頁。

(27) 「御用有之候ニ而御逢無之」の記事がある（五月三日条）。

(28) 久保貴子『近世の朝廷運営』（岩田書院、一九九八年）一〇三〜一三二頁。

(29) 「公儀江参内付願書控」（「延享年中御参内一件」西本願寺文書）。冒頭に「元禄十年関東江御頼被成候写」とあり、後年に写し残されたものと考えられる。

(30) 本史料の年次であるが、重種は、延宝元年（一六七三）以降に「石見守」を名乗っており、延宝八年（一六八〇）九月から翌年の天和元年（一六八一）まで、老中に任じられている。信之は貞享二年（一六八五）に老中を任じられる。両者が老中となる年次は合わないが、重種が天和元年には徳川光圀と対立し老中を罷免され、天和二年（一六八二）には信濃坂木藩に懲罰的転封を命ぜられたことからも、寂如の重種と信之への接近は、延宝八年九月から天和元年一一月であると考えられる。また、両者への「口上覚」は「延宝年中御参内一件」と表記された封筒に封入されていたことからもその可能性が高い。

(31) 案文に「亀山院御代勅裁也」と書かれていることから、亀山院の院宣とされてきたが、当時院政を執っていたのは後宇多院である（本願寺史編纂所編『本願寺史』第一巻（浄土真宗本願寺派宗務所、一九六一年）一五五～一五六頁、本願寺史料研究所編『増補改訂本願寺史』第一巻（本願寺出版社、二〇一〇年）二五一～二五三頁。

(32) 「大谷本願寺由緒覚書」（「元禄一〇年於関東公儀被仰立年始御参内一件」西本願寺文書）。

(33) 上田長生氏が提示した「由緒」と同様の性格と考えられる。上田長生「近世社会における天皇・朝廷権威とその解体―河内国石川郡叡福寺を中心に―」（『日本史研究』第五七一号、日本史研究会、二〇一〇年）。

(34) 年次の記載のない願書は、「宛名」「差出人名」から、その年代を推察したものを（　）内に示した。

(35) 「水野和泉守江口上覚」（「従貞享元年到享保六年御参内一件書類」西本願寺文書）。

(36) 同右。

(37) 杣田善雄「門跡の身分」（堀新・深谷克己編『権威と上昇願望』吉川弘文館、二〇一〇年）。

(38) 高埜利彦「幕藩制国家安定期」（宮地正人・佐藤信・五味文彦・高埜利彦編『新体系日本史Ⅰ国家史』山川出版社、二〇〇六年）、同「近世門跡の格式」（井上智勝・高埜利彦編『近世の宗教と社会（二）国家権力と宗教』吉川弘文館、二〇〇八年）。

（39）「大谷本願寺通紀歴世宗主伝第三」住如条。「貞享三年一一月一三日年甫一四、寂宗主鞠以為嗣」との記事がある。

（40）同右に「考槃院寂円・本徳寺寂宗・顕証寺寂峰与宗主不和、摂家称御家門及所司聯綿居間方得和解」との記事がある。

こうした本願寺内での紛糾状況もふまえて検討したい。

第二章　西本願寺の身分上昇志向と葛藤

はじめに

本章は、元禄三年（一六九〇）霊元上皇が西本願寺法主に対して、四足門透垣外で下輿、乗輿するように仰せ渡した一件（以下、「西本願寺下乗一件」と表記する）を素材として、西本願寺の天皇・朝廷権威獲得への様相を明らかにするとともに、近世国家の門跡の制度化の中に真宗系寺院の位置づけを行うことを目的とする。

杣田善雄氏は近世門跡の存在形態、および、幕府による門跡編成を、僧位僧官の補任手続きや山門住持任免権、宗学統制権などの事例を通して明らかにした(1)。高埜利彦氏が基本的には仏教以外の宗教を対象としたのに対して、仏教、特に顕密仏教寺院と幕府との関係を分析することで幕藩制国家論研究を進めた。一方、高埜氏は僧位僧官補任制度の実態、および、幕藩制国家が身分制支配として制度的に取り込んだことを明らかにした(2)。両者は、国家権力による門跡編成という視角において共通していた。門跡自体を対象とした研究としては、妙法院門跡を精緻に研究している村山修一氏をはじめ、多くの研究が蓄積されているが(3)、准門跡とされる真宗系寺院の身分的位置づけはなされていない(4)。このような研究状況の中、本稿に示唆を与えるのが蓮華光院と高田専修寺を事例に、近世門跡の格式確定への過程を検討した高埜氏の研究である。従来の近世門跡研究が幕府の自己正当化と輪王寺門跡をはじめ天台門跡を対象とする研究が大勢であったのに対し、真宗寺院まで視野に入れ、門跡の格式が元禄期から正徳期（特に、一七〇〇～一五年）にその出自の階層とパラレルな上下関係として固定し、清華門跡が真宗の准門跡に収束されていく過程を明らかにした。(5)

次に、真宗系寺院と天皇・朝廷との関連についての研究は、すでに第三部第一章にてふれているが再論しておきたい。辻善之助氏は、「貴族化」の概念を提起し、覚如の本願寺中心主義から始まり、蓮如の武家接近、そして、実如・証如による天皇・朝廷への接近を示し、顕如の門跡補任に至る「貴族化」の過程を明らかにした。(6)現在において近世仏教を「堕落」という一言で表現することは困難であるが、高埜氏の研究によって「貴族化」の論旨を宗教と天皇・朝廷権威との関連性という新しい枠組みで捉えなおすことを可能にした。(7)この「貴族化」の概念を天皇による寺社の編成として再定義を行ったのが脇田晴子氏である。氏は戦国期に天皇権威を中心に進展していく事情を明らかにする中で、本願寺が勅願寺となり、「貴族化」によって寺内町における特権を獲得していく過程を示した。(8)草野顕之氏は「貴族化」によって教団内儀式が変革し、儀式が権威化していく過程を明らかにしている。(9)そして、上田長生氏は由緒を天皇・朝廷権威の典型と設定し、近世社会固有の天皇・朝廷権威の構造と特質を明確にした。社会における天皇・朝廷権威の多様なあり方を解明し、構造的理解にむけた視角提示は注目される。(10)

さて、筆者はこれまでに被差別寺院を研究対象とし、被差別寺院門徒の信仰状況、教線、本末関係などを実証的に明らかにしてきた。(11)また、本書第一部と第二部では、被差別寺院門徒の本寺への強い信仰の方向性と上昇志向を捉えることができた。それは被差別寺院門徒に限ったことではなく、同じく社会の底辺に位置した那覇の遊女たちも同様であった。(12)このような近世民衆の信仰方向が本寺に向かうことは無論、信仰の象徴となる下付物と懇志の相互関係によって成り立つものであるから、信仰ばかりでなく経済的側面のベクトルも本寺へと向かう。では、本寺は宗教組織の頂点に立ち自己完結したのだろうか。否、これまでの研究蓄積が示すように、本寺は天皇・朝廷権威へと接近し、近世国家によって再編成された僧位僧官補任制度を通して、自己正当化をはかっていく。

以上のような整理を踏まえて、本稿は大きく二つの課題を設定する。

第一は、近世における西本願寺の天皇・朝廷権威の獲得過程の様相を明らかにすることである。前述したように、戦国期における本願寺の天皇・朝廷権威への接近は「貴族化」という言葉で語られてきた。「貴族化」における特権獲得と地位上昇は、石山合戦・東西本願寺分立という歴史的事件を経て、どのように近世を迎えたのだろうか。この点を念頭におき、天皇・朝廷権威の接近を分析していきたい。

第二に、近世国家による門跡の制度化の中に西本願寺を位置づけることである。前述したように、高埜氏は近世門跡の格式が元禄～正徳期（特に、一七〇〇～一五年）に確立したことを明らかにした。杣田氏は門跡が身分的優劣と平準が幾重にも交錯する構造にあり、新たな均等と差別の構造がたえず再生産されていたことを明らかにし、禁中并公家諸法度は門跡寺院を寺格の優劣において固定しない構成のもとにおいたとした(13)。両者の見解には近世門跡格式が固定化か流動化の違いが残されているものの、入寺・相続した門跡の出自によって格式が分類されていることでは共通している。この門跡制度化の中に、准門跡とされる西本願寺がどのように位置づけられるのかを検討したい。

方法としては、元禄三年に起きた「西本願寺下乗一件」を素材とする。本一件は西本願寺、関白近衛基熙、武家伝奏の千種有維と柳原資廉らを巻き込み、翌元禄四年（一六九一）五月一六日に落着するまで朝廷内で大きく紛糾する。久保貴子氏は本一件を霊元上皇の発言力が徐々に後退する元禄期の朝廷事情として検討し、霊元上皇と近衛基熙との確執という視点から論じた[14]。事件の大方の経緯は久保氏によって明らかにされている。氏の論じた視角は霊元上皇の政務移譲を論じる素材としての朝廷側からの分析であり、西本願寺側から論じたものではない。そこで、久保氏の研究に依拠しながら、順次史料を補足し、西本願寺の天皇・朝廷権威への接近という視角によって検討していく。

論証としては、まず「西本願寺下乗一件」の詳細を「基熙公記[15]」、「長御殿日次之記[16]」（以下、「日次記」と表記）、西本願寺所蔵の一件文書から、時系列に明らかにする。事件の発端から西本願寺の交渉状況、および、門跡としての西本願寺の朝廷内の位置が確認できる元禄三年一〇～一一月の考察、そして、霊元上皇の政務移譲との関係や西本願寺門徒の天皇・朝廷への認識が垣間見える元禄四年四～五月の考察を行う。そして、本一件の落着の様相を明らかにし、近世国家における門跡制度化の中に西本願寺の位置づけを試みたい。

一　「西本願寺下乗一件」の発端と展開

元禄二年（一六八九）一〇月一七日、本願寺第一五世住如は得度式を行う。この得度式には仙洞御所、女院御所からも多くの祝儀が贈られ、盛大に行われた[17]。

翌年、西本願寺では、得度以後、新門住如と本門寂如のはじめての参内計画がなされていた。「日次記」元禄三年（一六九〇）九月一五日条に「新門様御得度已後御参内不被遊候ニ付、御参内被遊度との御願其刻本門様ニ茂御同道被遊度思召候付、委細承知仕候」と武家伝奏の柳原資廉と千種有維からの口上が届いている。また、「勧慶日記[18]」元禄三年一〇月三日条には「右大将西本願寺弟子得度已後参内願、仍本門後見奉度も無別儀旨院宣也」との記事があり、同日、参内および参院許可の院宣が出されていることが分かる。

事件は西本願寺寂如・住如が参内した一〇月一一日に起きる。

ア「勧慶日記」元禄三年一〇月一一日条

今日、西本願寺師弟参内御眼着浄之処、東二条被出右大将ニ被申旨本願寺四足御門透垣内石壇上下輿不可然外出候様伝奏へ可申由也、右大将伝奏へ被申以伏原三位門主被申処、其後四足外也

イ「基熙公記」元禄三年一〇月一三日条

未刻武家伝奏両人来有談事及薄暮了、其中一件者昨日西本願寺参内之時、於四足御門透垣内下轅此事内々相尋先例之処、先年西本願寺参内時如此、仍又東本願寺参内時同前也（両度各仙洞御在位也）、而今度之儀可為如先々旨恵日治定故、於透垣内下轅爰為御対面主上出御清涼殿之程両伝奏相共奔走之処、東二条局以右大将被示云本願寺於透垣内下轅之由承及不可然、於仙洞者自透垣外可下旨御治定之間、於退出時者自透垣外可乗轅旨可有下知云々事

両史料から分かるように、霊元上皇は西本願寺に対し、東西両本願寺の参内時に四足門透垣内にて下乗していたとの先例があるにもかかわらず、退出の際には四足門透垣の外で乗輿するように仰せ渡しを行った。こうした治定は東二条局（松木宗条内室・東山天皇外祖母）によって右大将三条実治を通してなされた。この東二条局をはじめ、東山天皇の生母である宗子は、元禄期の朝廷において大きな権力を有していた。久保貴子氏によると、霊元上皇がもくろむ院政に宗子ら松木一族の協力が必要であったことから厚遇に処し、これまで政治的影響力のあった東福門院が没したこともあって、天皇外戚の立場が威力を発揮したとされる(19)。

無論、こうした治定は霊元上皇の意志なくては成り立たない。久保氏の研究に学びながら論じると、霊元上皇は朝廷復古をめざし、天皇もしくは上皇という天皇家の長による親政を理想としていた。天和元年（一六八一）以降、

霊元上皇は明らかにこの理想に向かって様々な画策を行っていることが分かる。院政にとって重要となる五宮（朝仁親王）擁立をはじめとする松木家の厚遇とその代償となる小倉事件、朝廷運営について考えの異なる基煕を差し置いての一条兼輝の関白就任、朝廷復古を意図した譲位による大嘗会の再興など、朝廷の再編成を意図した動きが見られるようになるという[20]。

このような朝廷復古に向けての霊元上皇の態度から推察すると、西本願寺への仰せ渡しは上皇の理想、つまり、出自において異なる宮門跡・摂家門跡と本願寺門跡の差別化を図る朝廷制度化のひとつであったと考えられる。

一方、霊元上皇と異なる朝廷運営を目指し、親幕派であった関白近衛基煕は、この一件が朝廷内を巻き込む困難要件に発展することを予期していた。「基煕公記」元禄三年一〇月一七日条には「今度之事、西本願寺欝憤之余訴関東於壇上可下輿旨従大樹被執申時於無御許容者時宜可為不快歟、又有御許容者事可見苦此間之事唯今時宜難測」と基煕は記している。西本願寺が幕府に訴えることになれば事態が混乱すること、今更「御許容」も見苦しいことなど、今後の事態の収束が難しいことを記している。当時の西本願寺法主は寂如であるが、寂如のあとを継ぐ新門住如は九条兼晴の第三子であり、徳川綱吉の夫人が九条兼晴の妹であったことから、綱吉との関係も浅からぬものがあった[21]。基煕はこうした背景を理解していたものと推察できる。基煕の危惧にもかかわらず、二一日に前関白一条冬経に、二八日には近衛基煕に、武家伝奏両人、議奏の勧修寺経慶と三条実治によって各摂家に院宣が伝えられた[22]。

基煕の本一件への姿勢を確認してみると、元禄三年一〇月一七日条では「先日既退出之時於透垣之外可乗輿旨、俄被仰出頗失面目歟、重又可為透垣之外旨於仰出者弥可愁存如此間之事、惣以御恩恵穏便之御沙汰可宜歟」と記しており、一一日に寂如が透垣外にて乗輿したことで面目を潰す結果となっていること、こうした院宣が出されれば状況が悪化することを示唆し、「穏便之御沙汰」がよいという慎重な姿勢を見せている。続いて同日条に「両本願寺参内之事一両年之間不可有沙汰歟、然者急々雖不被仰出不可有事煩惣而為仰事露顕之条大切之義候間、能々被加御思案事静被仰出可宜歟」として、基熙はこれまでの先例を重視する立場から、「一両年之間不可有沙汰歟」と唐突な治定による混乱を避けようとする姿勢が確認できる。基熙は充分に吟味した上で、事態が大きくならないよう院宣は控えたほうがよいとする立場であった。

本一件での朝廷の動向は、元禄三年時点で門跡の格式が決定していないことを示しており、「基熙公記」にみえる基熙自身の危惧から、幕府の門跡寺院の格付けへの積極的関与はみられないと考えられる。

次に、西本願寺側に視点を移してみよう。参内翌日の一二日、西本願寺に無事に参内が終了したことへの多くの公家衆からの祝儀が届いた。一三日には末寺衆からの祝儀が届いている。[23]「日次記」からは、寂如・住如による参内および参院が万端無事に終わったかに見える。

しかし、一〇月二二日条に、武家伝奏柳原資廉が卯刻と酉刻に二度訪れるという例のない記事がみえる。記事には「御用之義ニ付、池永主税可参候付申来リ伺書意趣別記ニ有之」とあり、西本願寺は「日次記」とは別に一件文書（「御下乗一件文書」）として重要事項を認めた。[24]「御下乗一件文書」から、一〇月二二日に柳原大納言の使者が本願寺に訪れた際の記事を示す。[25]

十月廿二日卯刻過、従柳原大納言様御用之義御座候間、早々池永主税致参上候様ニと本門主へ被仰越候、即刻主税致伺出候処、柳原様千種中納言様御列座ニ而、主税被下成御尋之趣、今度両門主参内之砌透垣之内石上壇迄轅ニ被召候、此義者前々ゟ例ニ而被成、又証文なとも有之被成被下候事、主税御請申上候ハ当門跡ゟ四代以前光佐と申候、此代ニ被任門跡ニ、其砌ゟ参内儀式相改被申候由伝承候

本史料から、二二日、西本願寺に対し、武家伝奏両人（柳原資廉・千種有維）によって参内の先例についての問

い合わせが行われたことが分かる。柳原資廉は先例を確認するために卯刻に西本願寺を訪問し、そして、池永主税が武家伝奏両人に対し返答を行っているのである。主税は、はじめて門跡を任じられた顕如の「参内之砌透垣之内石上壇迄轅ニ被召」との先例を武家伝奏両人に伝え、その参内儀式に倣ったことを伝えた。そして、同日、詳細を口上書として武家伝奏に提出している。おそらくこの提出時が「日次記」元禄三年一〇月二二日条酉刻に見られる二度目の柳原資廉の訪問の記事内容を示すと考えられる。なお、池永主税は、西本願寺家司であり、本願寺法主が証如以降、九条家の猶子となっている経緯により、九条家の「付ケ家老」の意味で就任していた(26)。こうした意味からも、本一件に西本願寺の代表として交渉にあたっていたと考えられる。口上書は、西本願寺の第二代能化である光隆寺知空が下書きをしており(27)、半日中に素早く対応している西本願寺の状況から、非常に緊迫した様相が垣間見える。口上書には、顕如（光佐）が永禄二年（一五五九）一二月一五日に門跡に任じられて以降、参内時は四足門透垣内石壇上にて下輿していたことが述べられていた(28)。

二三日卯刻、武家伝奏両人は、この下輿位置に関わる勅書の有無を確認するため、柳原資廉が再び西本願寺に出向き池永主税と面談する(29)。顕如の参内時の確固たる証拠を欲していたのである。そして、すぐに「光佐参内之砌四足御門地幅迄四方輿被寄候証文無之被成無之候ハ、其趣書付早々可致持候(30)」との指示が武家伝奏両人から池永主税に下される。

池永主税は再び口上書を認め、柳原資廉と面会した。しかしながら、口上書には「光佐参内之砌、四足御門迄四方輿被寄候証文無之哉と御尋被遊候趣本門主江申入候処、光佐其節大坂在寺天正一九年ゟ京都住院之義御座候、大坂居住之内急劇之仕合ニ付、右証文紛失仕候哉(31)」と、勅書が石山合戦によって紛失したことが記されていた。この勅書提出がなされないことが霊元上皇の西本願寺への対応を頑なにしていくのだが(32)、こうした状況を予想できない主税は「併被任先例参内之時節数代同前之儀ニ御座候、其段武家御支配方ニも相記御座候（中略）向後参内院参之時節も如古来願被存候」[33]と四足門透垣内石壇上での下輿を正当化していく。

このような西本願寺の姿勢は、今回の一件が単なる下輿位置の問題だけではなく、そこには証如以降、寺内町形成による領国化、一向一揆による軍事力形成とともに貴族化を図り、勅願寺勅許によって大名権力の不入権を獲得した経緯があった。[34]そして、その経緯が決して容易にできたわけではなく、証如が九条尚経の猶子になった享禄元年（一五二八）以降、永禄二年の門跡勅許まで三一年を要し、実に様々な格式上昇への動きがなされ、寺家として確固たる基盤を築いた永禄一二年（一五六九）の興正寺脇門跡勅許まで、四〇年をかけて獲得してきたことがその背景にあったに違いない。[35]また、こうした姿勢は対抗関係にあった東本願寺にしても同様であった。「基熙公記」元禄三年一〇月二九日条に「此度西本願寺失面目条、一向於光海不喜悦於壇上下輿之条勿論之故也」とあり、両本願寺にとっての四足門透垣外での下輿問題は門跡としての面目といった外面的要素に加えて、歴史的な門跡への特権獲得過程が横たわっていたのである。

以上、「西本願寺下乗一件」の発端と、霊元上皇と近衛基熙の立場、西本願寺の姿勢を明らかにしたが、その後の本一件の展開を久保氏が示した点[36]を史料的に補足しながら、確認しておきたい。

元禄四年（一六九一）、状況を打開できない西本願寺はその後も武家伝奏を通して交渉を行う。[37]四月七日、摂家筆頭であり霊元上皇の対抗勢力の中心であった基熙のもとへ、武家伝奏両人と禁裏附が西本願寺の意思を伝えに来る。西本願寺の意思とは「門跡者仰之趣違背之心底曽以無之、雖然門徒等以外欝憤之間不任意間、以御憐愍如先々於透垣之内下乗之事於被仰下者可為畏悦」[38]というもので、西本願寺自身は院宣に背くつもりはないが門徒が納得していないため透垣内での下乗を沙汰してもらえるように仲介を願うものであった。

八日、基熙は朝廷運営で対抗関係にある霊元上皇に進言を行うことに意思を固めた。霊元上皇と基熙の確執の中に本一件も取り込まれていくのである。「基熙公記」元禄四年四月八日条には、「若参関東被訴訟、其上従関東如先例可被仰出旨於被申入者不可然歟之由相存間、早速御免可宜哉」とあり、基熙は、霊元上皇に西本願寺が幕府への訴訟を起こしかねないこと、その結果、先例通りに執り行うとの裁定がでた場合は朝廷として望ましくないことを申し入れた(39)。

一一日夜、武家伝奏両人が基熙を訪れる。一一日条に「昨日有序被仰出又申入所存之処、大概有御許容御気色云々(40)」とあることから、霊元上皇は基熙の進言を承諾するかにみえたが、一三日条には「昨日又俄有御違変、兎角去年之時儀委細可談因幡守、依其返答可有御思案旨院宣云々(41)」とあり、この時点では霊元上皇は基熙の進言を受け入れることはなかった。

二九日、基熙は再び参院する。そして、院伝奏の庭田重条と院評定の押小路公音に書付を渡す。書付には「平生之義ハ依事両本願寺不和之義候へとも、於此度之義ハ東西共ニ同意之由（中略）西本願寺門徒之輩関白武家両伝奏門前ニ数百人相詰日々可被訴訟之旨世上ニ取沙汰仕候（中略）因幡守申候ハ事夥布罷成候而ハ上之御為如何ニ存候、子細ハ関東へも訴訟申候而本願寺より申来候てハ弥以御為不宜存候(42)」とあり、①今回の一件が東本願寺も巻き込んでの争論となっている点、②西本願寺門徒が関白・武家伝奏の屋敷前に数百人つめかけて騒動を起こしかねない状況である点、③京都所司代松平信興が今回の事態を憂慮している点を進言する。

五月五日、ついに上皇の態度が軟化する。「基熙公記」元禄四年五月五日条に「近来御気薄被為成拝此間ハ前而御蒙候今被遊御商量難被遂候、先日殿下被仰上之通ニ而定而宜候義今被思召候間因幡守とも被談宜様ニ可被計沙汰候(43)」との記事がある。「近来御気薄被為成」の文言より、霊元上皇の気力減退による本一件の基熙への委任が読み取れるが、事態はそれほど簡単ではない。久保貴子氏によると、本一件の基熙への委任と同時期の政務移譲は保養のためと記されているものの[44]、四月一七日、霊元上皇が朝議を預かる関白・武家伝奏・議奏に対して誓紙血判を命じていることから、これを機に自分の意見を尊重するよう基熙らに確約させようとする意図があったと考察している[45]。本一件に関して述べるならば、「被談宜様ニ可被計沙汰候」と基熙に一任されたものの、決して政治的に優位に立ったわけではなく、こうした誓詞血判の状況下で、いかに霊元上皇の納得のいく形で本一件の決着をつけるかという難題を突きつけられる状況となったのである。

二　「西本願寺下乗一件」の落着と政治的判断

元禄四年（一六九一）五月五日、政治的な駆け引きによって優位に立った霊元上皇は、基熙ら公家衆に「西本願寺下乗一件」の解決を一任した。基熙は、朝廷と幕府の関係が悪化させないよう西本願寺の立場を考慮し事態を収束させること、そして、霊元上皇の納得のいく形での落着を図るという二つの難題を同時に解決せねばならなかった。よって基熙らは、六日以降、霊元上皇と京都所司代松平信興の間を奔走することになる。

六日、武家伝奏両人と議奏の勧修寺経慶、愛宕通福は基熙宅に集まり、ひとつの方向性を決定する。それは「一旦被仰出候義ヲ容易ニ御宥免之義も難儀ニ存候間、今度之訴訟為摂家中一等御歎を申上、其上ニ而御免之由被仰出候者傍難も有間敷哉之様ニ存候故窺御内意候[46]」というものであった。一度仰せ渡しになった院宣をすぐに撤回することは好ましくないため、「摂家中一等御歎を申上」げることで「御宥免」にしようとするものであった。

八日、院伝奏の庭田重条と院評定の押小路公音を通して、霊元上皇に伺いを立てた。しかし、両者からの返事には「摂家一同御歎被申上候共、鷹司前関白以下服中之義候へハ摂家一同之御歎も急々にハ被仰上間敷思召候、就中鷹司前関白左大将御両人去蓄冬之節、院宣之趣本願寺へ被申聞候て本願寺師弟御請申之通急度被取上候御衆にて候へハ摂家一同之御歎ニ不可被加候」(47)とあり、鷹司家が当時、服喪中であったことから、鷹司房輔、鷹司兼熙を加えることができないなど、本案には差障りがあるとの返事であった。

九日、基熙は武家伝奏両人を通して京都所司代松平信興に相談を行う。しかし、両伝奏より「右之御書付因幡守拝見申候ハ丶、定而当日従案初之時儀段々相尋可申存候、此段委細ニ難申聞存候事」(48)との返事を受ける。松平信興はこうした形で西本願寺への一度仰せ渡した沙汰が撤回されるのは不適切との意思を武家伝奏に示したのである。

その後も霊元上皇と松平信興のもとへ武家伝奏両人と議奏勧修寺経慶、愛宕通福が調整に向かうが(49)、本案での解決は困難な状況であった。調整の鍵を握っているのはやはり霊元上皇であった。基熙らは、解決に向けての糸口を西本願寺から武家伝奏を通して伝えられた西本願寺の言葉「門跡者仰之趣違背之心底曽以無之、雖然門徒等以外欝憤之間不任意間、以御憐愍如先々於透垣之内下乗之事於被仰下者可為畏悦」(50)に求めた。西本願寺自身は霊元上皇の意に背くつもりはないが、門徒が納得していないため、四足門透垣内での乗輿下輿を願い出たというものであった。西本願寺は門徒を交渉上に定置させることで、交渉を有利に進めようとしたと思われるが、基熙らは霊元上皇の承諾を取り付けるため、この西本願寺の言葉に着目した。一度仰せ渡しになった院宣を撤回するにあたって、西本願寺門徒への霊元上皇の憐愍という形を取ろうと考えたのである。

一四日、武家伝奏の千種有維と柳原資廉、議奏の勧修寺経慶、高辻豊長、愛宕通福が近衛基熙のもとに来て、次の口上書を認めた(51)。

本願寺儀ニ付去ル九日両伝奏へ被仰聞候趣、委細承知仕候、仰之段無豫義御尤ニ存候、此上者指延置候外者無

御座候へ共、前々如申上候門徒之輩数百人相詰、又者関東へ訴訟仕候者歴然之義与存候、夥敷罷成候ハ、、畢竟之御為不宜義ニ存候、兎角両本願寺者各別之所ノ者ニ候、既去年被仰出候通畏之由申上候へハ思召之段者相立候事ニ候、夫故今度之願モ本願寺自身之願ニテ無之、門徒之輩御歎申候時儀候へ者是以各別之義と存候、此上にハ偏以御憐愍之御沙汰一筋ヲ以如前々御免之義被仰出候様ニ幾重ニも御詫申上候

この口上書では、霊元上皇の意志を尊重した上で、西本願寺門徒が公家屋敷に数百人詰めかけ、幕府に訴訟を起こすことが明白であることを述べている。そして、西本願寺の言葉を援用し「夫故今度之願モ本願寺自身之願ニテ無之、門徒之輩御歎申候時儀候へ者是以各別之義と存候」（傍点は筆者による）として、西本願寺自身の願いではなく、門徒の願いとして「御憐愍之御沙汰一筋」を願い出ているのである。さらに、霊元上皇の英断が朝廷発展につながることを強調している。なお、「両本願寺者各別之所ノ者ニ候」との文言は、本願寺との関係の重要性を指摘したものになっている。

この日、本口上書は庭田重条と押小路公音によって、霊元上皇に届けられる。しかし、上皇は「無許容条雖為例事」[52]という状況であった。基熙は、重条と公音に「無御対面以書付申入間、心中之事難露底如何答云、於其儀者両人計時宜可有御対面之様ニ可廻披計間可参由也」[53]として、上皇に直接面談するように助言する[54]。

一五日、庭田重条と押小路公音の両名は霊元上皇への対面を強く願い出て、対面の上での交渉が行われた。このとき、ついに上皇の内諾を取り付けることができた[55]。翌一六日、基熙、武家伝奏両人、議奏によって、再度、口上書が認められる[56]。

尤去年於壇上下乗之義、過分ニ被思召被仰出候趣其節も如申上候、御尤勿論ニ存候段、今更不及申上候、既去年被仰出候通、西本願寺師弟畏之由申上候、今度之願も西本願寺自身之願にて無之、門徒之輩御歎申候時義ニ

候へ者、御憐愍之御沙汰一筋ヲ以テ被仰出候様ニ、幾重ニも御詫申上候、自先日蒙仰之趣一々御尤之義、各兎角可申上様無之候、各申上候趣者逐一以テ不当理義と相存候へとも、当時之時義御為と存候而、自先日言上之事候、松平因幡守も理を非に被在無為ニ事済候条、肝要ニ存候由、先度関白《基煕》へ申候

前者の口上書と比べると、上皇が承諾した後者の承諾書には、西本願寺門徒が関白・武家伝奏の屋敷に数百人詰め掛け、幕府への訴訟に発展するとの旨が記されていない。こうした強い姿勢の文言は後者の記事には見られず、かなり謙った文面になっている。京都所司代である松平信興も同意であることが書き添えられ、「関白」という文言も「基煕」が書き加えられるなど[57]、上皇の承諾を取り付けるための苦労がうかがえる。

しかしながら、内容面での趣旨は貫徹されている。久保氏がすでに指摘しているように[58]、「今度之願も西本願寺自身之願にて無之、門徒之輩御歎申候時義ニ候へ者、御憐愍之御沙汰一筋ヲ以テ被仰出候様ニ、幾重ニも御詫申上候」として、上皇の権威を傷つけることなく、門徒の嘆きに対する上皇の憐愍によって、解決を図ろうとしたのである。そして、一八日、ついに西本願寺に対して、旧例の通りに、透垣内石壇上での下輿許可を治定されるに至った。

以上の本一件の落着経緯から考えると、元禄期において、門徒が天皇・朝廷権威をどのように認識していたかが垣間見える。本一件の落着方法として、公家衆たち朝廷が選んだのは、門徒への憐愍という方法であった。その方法は西本願寺からの願いにある言葉「門跡者仰之趣違背之心底曽以無之、雖然門徒等以外欝憤之間不任意間」に拠ったものであった。つまり、門徒は本寺である西本願寺に天皇・朝廷権威が付与されることを強く望むということが妥当性ある内容であったのである。本一件史料からは、門徒が本寺である西本願寺の下乗場所に憤慨し、公家屋敷に詰めかけるという事実を確認することができないが、当時、そうした状況が実際に起こりうるものとして、

認識されていたと考えられる。

こうした門徒の実態については次節にて考察するが、門徒が門跡としての本寺西本願寺を在京の宮門跡・摂家門跡と同等に扱われたいと願うのは当然であった。永禄二年（一五五九）に本願寺顕如は門跡を勅許されるが、戦国の動乱の中で門跡の威光は凋落していく。近世を向かえた門跡は近世国家において新たな位置づけを付与され再生される。戦国期と異なる平和な社会において、門跡として新参者である西本願寺が門跡としての身分的位置を確認し要求していく葛藤が始まっていたのである。

なお、本一件の落着後の五月二三日、松平信興と禁裏付、武家伝奏両人、と議奏勧修寺経慶、愛宕通福が基熙宅に集まる。京都所司代である松平信興が「西本願寺下乗一件」の最終の落着、また、霊元上皇の述べた最終の書付を確認するためである。信興は確認後に「仙洞万事於禁裏之事、無御沙汰間、関白以下諸事可申沙汰(59)」と述べている。本一件によって、朝廷内勢力図は霊元上皇から近衛基熙を中心とする合議制へと移行していったことが明らかである。

三　近世における西本願寺の身分的位置

本節では、本一件の落着に至る経緯から、西本願寺の門跡としての身分的位置とその獲得への具体的動向について検討する。第一節にて考察したように、西本願寺は武家伝奏の指示により、元禄三年（一六九〇）一〇月二二日と二三日に先例についての書付を提出する。

二八日、武家伝奏両人と議奏勧修寺経慶と三条実治が基熙を訪問し、その書付をもとに先例についての具体的な議論がなされた。「基煕公記」元禄三年一〇月二八日条に次の記事がある。

西本願寺近代之例附武家伝奏注奥雖然非分明例旨強被仰下了、尤如両本願寺与摂家門跡為同様条過分有余事歟、但近年諸方崇敬之躰同摂家門跡之躰只如此事、強不及御沙汰其分ニ被閣可宜事也、事子細参差雑記、当時禁裏御門有透垣仍下乗之所雖不知其始自後水尾院御在位始比無違変如此也、以序記其子細

一、摂家雖為雲客透垣之内於石壇上下輿於宮中御前賜食物之時雖雲客之間三方小四方等連綿也、摂家門跡当時号外様門跡　同事也

一、親王俗中法中各同摂家但依人俗親王　被入輿於門内もある也

一、清華雖納言大将凡家同事也於透垣外下輿於客中賜食物之時御前儀ハ勿論悉平

本記事より、西本願寺の提出した書付への評価は低いものであったことが分かる。また、「如両本願寺摂家門跡為同様条過分有余事歟」から、准門跡とされる西本願寺と摂家門跡との差異については然るべき事との認識が朝廷内にあったことが理解できよう(60)。しかしながら、「近年諸方崇敬之躰」であることから、基煕らは今回の下乗場所について、そのまま差し置かれるのがよいとの判断を行っていた。

公卿の下乗場所であるが、後水尾上皇の在位の頃から変化なく、摂家、および、摂家門跡は透垣内石壇上での下乗であり、清華家については透垣外での下乗であることが分かる。しかしながら、こうした格付けは天皇を核とした私的関係にあり、個人によって、下乗場所も異なっていたことが記されている。

以上、当時の朝廷内の認識から考えると、霊元上皇は西本願寺をはじめとする真宗系寺院を、清華家と同等に扱うのが妥当と考えていたと推察できよう。上皇の朝廷復古への姿勢が、こうした制度化につながったと考えられる。このような序列化については、基煕は反対の意を有していない。基煕が危惧した問題は、これまで明示してきたよ

うに、事実上「但近年諸方崇敬之躰同摂家門跡之躰只如此事」となっている先例を無視した急な治定にあり、准門跡とされる西本願寺の下乗位置については、上皇の提言自体への言及は何らしていない。高埜利彦氏は、貞享三年（一六八六）の「公家鑑」によって、「宮御門跡」「摂家門跡」「清花（華）門跡」の格式があり、西本願寺以下の真宗系寺院は「清花（華）門跡」に位置づけられることを示しているが[61]、まさに、本一件の経緯から考察すると、西本願寺をはじめとする真宗系寺院を清華家を出自とする清華門跡と同等に位置づけようとしていたと言える。

しかしながら、その落着過程から鑑みると、出自といった貴種性においてのみ、格式が決定したのではないことが理解できる。落着過程で主導権を有していたのは上皇であるが、朝廷内を調整・主唱したのは基熙であった。基熙が最も重要視した要素は、幕府との調和関係である。西本願寺門徒が公家屋敷に詰め掛けて訴訟することになれば、幕府の裁定を仰ぐことになりかねない。基熙は幕府との調和を図るためにも、門徒の意思の尊重は重要事項であった。最終的には門徒の嘆きを「格別之義」と考え、上皇が納得した「御憐愍之御沙汰一筋ヲ以テ被仰出候」とする落着方法は注目される。

本一件はこれまでに検討してきたように、西本願寺門徒が交渉上の前面に押し出されることによって、参内下輿位置という、ある意味で視覚化された重要な天皇・朝廷権威を獲得していく様相であった。前節でも指摘したように、本一件史料からは、門徒が公家屋敷に詰めかけるという事実確認はできないが、実際に起こりうると認識されていたからこそ、交渉上に位置づけられたのである。

以下、西本願寺の強力な民衆基盤である門徒の実態に迫っていきたい。

「基熙公記」元禄四年（一六九一）五月一四日条の「門徒之輩数百人相詰、又者関東へ訴訟仕候者歴然之義と存候」と記された西本願寺門徒とは、いったい、どの位置の、どの場所の門徒を指すのであろうか。おそらくは、天皇・朝廷権威を身近に認識できる院家・一家衆・在京の坊主衆と考えることができるだろうが、こうした門徒の状況を明らかにするために、元禄五年（一六九二）六月調査の「山城国御下寺開基之帳」(62)（龍谷大学所蔵文書）によって、明らかにしていきたい。

表一は元禄五年段階における山城国の西本願寺末寺の状況を表している(63)。本一件時における山城国の西本願寺末寺の状況を的確に表していると考えてよい。

「寺内」三二カ寺、「御堂衆」二五カ寺、「三十日番」一一カ寺、「京町中」三八カ寺、「山城在々」六二カ寺、被差別寺院(64)二六カ寺が存在していたことが分かる。合計一九四カ寺が存在していた。このうち、天皇・朝廷権威を身近に感じる在京の坊主衆を抽出すると、「寺内」三二カ寺、「御堂衆」二五カ寺、「三十日番」一一カ寺、「京町中」三八カ寺、被差別寺院のうち寺内町に寺基を有した四カ寺(65)となろう。つまり、一一〇カ寺が挙げられよう。それぞれの寺院に檀徒がどれほど存在したかは図りかねるが、仮に三〇の檀家を有していたとするならば、三三〇〇という檀家が存在していたことになる。「門徒之輩数百人相詰、又者関東へ訴訟仕候者歴然之義と存候」とした門徒の動向は、当時、実際に起こりうるものとして判断されていたことは間違いないであろう。

しかも、六代徳川家宣と七代家継時代に政治の主導権を持った新井白石は「東西共に十万石の格式にて将軍家に勤る也、又将軍家代替りには一向宗は不残誓詞をして献ずる事也(66)」と記しており、東西本願寺に対して六代家宣以前からの誓詞提出の例を踏襲し、厳重な罰文によって将軍家に絶対的な服従を表明させることとした。この誓詞提出は四代家綱から一四代家茂まで各代替にわたって行われていた。注目されるのは、本山だけでなく全末寺に血誓を差し出させることで、本寺と公儀に忠誠を誓わせたことである。幕府は一向一揆終結後も根強い影響力の残る本願寺教団を完全に支配下に置こうとしたと考えられる(67)。つまり幕府の東西本願寺への認識、換言するならば、当時

表一　元禄五年（一六九二）山城国における西本願寺末寺一覧

「寺内」（三二カ寺）	本照寺　教行寺　常楽寺　光善寺　慈敬寺　明覚寺　端坊　性應寺　西光寺　佛照寺　誓願寺　金宝寺　東坊　光瀬寺　専光寺
	西覚寺　炤善寺　唯泉寺　正住寺　真徳寺　崇泉寺　遍照寺　蓮光寺　信楽寺　南照寺　一行寺　法輪寺　光明寺　玄察　善祐　西教寺
「御堂衆」（二五カ寺）	西円寺　延寿寺　教宗寺　光隆寺　慶証寺　善行寺　専修寺　尊超寺　明覚寺　西宗寺　光永寺　霊光寺　正願寺　雲晴寺　覚永寺　願成寺　了渓　正光寺　園成寺　聞蔵寺　廣泉寺　正念寺　正覚寺　長安寺　性玄寺
「三十日番」（一一カ寺）	閑斎　淳知　知哲　浄円　養雷　貞順　了閑　正知　了永　了玄　善久
「京町中」（三八カ寺）	順奥寺　正覚寺　法林寺　浄宗寺　常行寺　光恩寺　志覚寺　浄教寺　明福寺　専應寺　西法寺　浄光寺　光浄寺　専念寺　発願寺　奥徳寺　西円寺　明光寺　安楽寺
	長円寺　勝満寺　光岸寺　安養寺　勝福寺　佛現寺　明善寺　長生寺　照円寺　専徳寺　順照寺　妙順寺　妙林寺　長源寺　延明寺　教栄　正覚寺兼帯道場　明光寺兼帯道場　正玄
「山城在々」（六二カ寺）	西光寺　良福寺　文相寺　受仙　光瀬寺　専琳寺　善照寺　善湖　円成寺　円照寺　浄円寺　浄光寺　明願寺　常円　松尊　西念　明尊寺　正覚寺　信行寺　玄周　光明寺　永福寺　了円　善教　薗林寺　極楽寺　実相寺　法盛寺　浄玄　越玄　教円
	西方寺　円覚寺　祐教　常貞　理宛　恵眼　慶念　玉泉寺　理右衛門　西養寺　永勝寺　西教寺　奥禅寺　正行寺　長光寺　保福寺　善悦　西蓮寺　西宗寺　道味　真光寺　且空　春庭（2）　教円　光現寺　教春　薗林寺兼帯　徳成寺兼帯　長円　光福寺
被差別寺院（二六カ寺）	金福寺　金福寺通寺宗清　金福寺通寺知西　金福寺通寺玄作　金福寺通寺正堅　金福寺通寺浄念　金福寺通寺道円　金福寺通寺教順　金福寺通寺善正　金福寺通寺心善　教徳寺　教徳寺通寺円光寺　教徳寺通寺玄正　教徳寺通寺道味　教徳寺通寺明言　教徳寺通寺（5）　万宣寺　万宣寺通寺了知　福専寺　福専寺通寺念西　福専寺通寺宗円　福専寺通寺（1）

の社会において、「広範で凝集力ある門徒」といった共通認識があることから、「門徒之輩数百人相詰、又者関東へ訴訟仕候者歴然之義と存候」とする危惧は、可能性ある出来事として理解されていたと捉えることができるであろう。

本一件は、高埜氏が論じたように門跡格式の制度化の途上で起きた事件とはいえ、格式確定において影響力を及ぼしたのは准門跡である真宗系寺院特有の広範で強力な民衆基盤とその社会的評価であった。西本願寺ばかりでなく公家衆たちも、門徒を交渉上に定置させたのは、他門跡と同等の権威を付与されたいという西本願寺の願いがあったことはもちろんだが、歴史的にも妥当な政治的判断であったのである。

さて、西本願寺が「西本願寺下乗一件」で要求した天皇・朝廷権威の付与とは、視覚的に序列が明らかになる下乗場所における宮門跡・摂家門跡と同等の扱いであった。元禄期、つまり、近世国家の成立期から安定期における准門跡西本願寺の天皇・朝廷権威への接近には次のような特質を挙げることができる。

第一に、中世における、いわゆる、本願寺の「貴族化」の継続として、近世の天皇・朝廷権威獲得が行われているということである。前述したように、辻善之助氏、脇田晴子氏によって、本願寺の「貴族化」が論じられているが、享禄元年（一五二八）証如が九条尚経の猶子になって以降、永禄二年（一五六九）の門跡勅許をはじめとする様々な天皇・朝廷権威の獲得によって、本願寺は社会での地位上昇と特権獲得を得てきた。しかし、それは決してその時点で完結されたわけではなかった。本一件において明らかなように、中世における天皇・朝廷権威の獲得が近世において容易に特権性として一般化されたわけではなく、朝廷機能の近世化とともに、その特権獲得はさらに継続しているとみてとれよう。

幕府は慶長六年（一六〇一）から元和二年（一六一六）に「諸宗寺院本山法度」を発布し、中世以来の寺院の経済的特権や政治的特権を否定した上で本寺を通じての寺院統制を作り上げ、近世国家に適合する形で門跡制度をも再編成していった。脇田晴子氏や安藤弥氏が指摘しているように、本願寺の「門跡成」は、戦国期において天皇・朝廷権威の衰退により、これを補完するために新たな宗教勢力として台頭していた本願寺を朝廷社会の中に位置づけることを意図した結果であり、中世社会において周縁部に位置した真宗や法華宗といった新興の宗教教団を中心部に位置づけ、正統化しようとしたものであった(68)。よって、近世国家において、すでに存在していた門跡との関係性も含めて、近世国家に適合する形で再編成が行われることは必須事項であった。ここにおいて、本願寺教団が天皇・朝廷権威に接近し、自己の正当化を図ることは当然のことであったのである。

第二に、東西本願寺の分立という歴史的断絶によって失効していった権威の再定義をはかろうとしていることである。近世初期の両本願寺にとっては、東西本願寺の分立という歴史的断絶を乗り越え、本願寺教団の正統として、自己を位置づけることが必要であった。両本願寺にとって中世以来の本願寺教団の特権性を引き継ぐことが必須であったのである。近世初期における両本願寺の確執は大きかったにもかかわらず、東本願寺は「西本願寺下乗一件」に対して「此度西本願寺失面目条、一向於光海不喜悦於壇上下輿之条勿論之故也(69)」という態度を取っていたのはまさにその証拠である。また、天皇・朝廷権威に対する東西本願寺の競合も第四部第一章にて論じたとおりである。

なお、これまでに述べてきた西本願寺の中世から一貫した天皇・朝廷権威への接近は、全盛時代とも称される法如期に完成をみる。閑院宮家、九条家、二条家をはじめとする公家や老中となった酒井家をはじめとする武家との関係も深くなっていく。法如期は本願寺の社会的地位が高くなり、本願寺の全盛時代とも称される所以である。

おわりに

本章の検討内容をまとめ、明らかになった課題と展望を述べていきたい。

第一節では「西本願寺下乗一件」の発端と展開を明らかにした。まず、事件をめぐる霊元上皇と近衛基熙の姿勢を確認しながら、西本願寺の動向を分析した。寛永二〇年（一六四三）以降、禁裏への参内が途絶えていた西本願寺は、武家伝奏の千種有維と柳原資廉の取次ぎによって、本願寺第一五世住如の得度を機に、第一四世寂如と新門住如の参内が計画実施された。その元禄三年（一六九〇）一〇月一一日、四足門透垣内にて下乗していた先例があるにもかかわらず、東二条局によって透垣外にて乗輿するよう仰せ渡しが行われた。こうした治定は霊元上皇が朝廷復古をめざした制度化のひとつであった。一方、親幕派であった近衛基熙は先例重視の立場から唐突な治定による混乱を懸念していた。宮門跡・摂家門跡と准門跡西本願寺との差異については反対をしていないものの、門跡の格付けについては慎重に対応するのが望ましいという立場をとっていた。西本願寺は今回の一件が証如以降の「貴族化」による歴史的な門跡としての特権獲得過程がその背景にあったため、従来通り四足門透垣内にて下乗を強く願い出る。こうした本一件への朝廷の動向から、元禄三年時点で、門跡の格式は決定していないことを示しており、禁中並公家諸法度が示すように幕府の門跡寺院への格付けへの積極的関与がないと考察した。

次に、本一件が霊元上皇と基熙の確執に取り込まれ展開していく様相を明らかにした。元禄四年（一六九一）四月、西本願寺は武家伝奏を通して、関白である基熙に事件の収拾を依頼する。当初は固辞していた基熙であるが、本一件が東本願寺を巻き込んでの争論となっている点、西本願寺門徒が騒動を起こしかねない状況、京都所司代の意思の伝達など、上皇への諫言を行う。しかしながら、上皇は西本願寺が勅書を提出しないことに疑義を抱いていた。同月一四日、上皇は政務移譲を示唆する院宣を伝え、その反応を機に誓詞血判を命じるなど朝廷内の掌握力を強める政治的戦略に出る。こうした状況下、本一件は基煕に一任される。以上、上皇の納得のいく形で、幕府と朝廷との関係が悪化しないよう事態を収束させねばならない朝廷内事情を明らかにした。

第二節では、「西本願寺下乗一件」の落着過程を分析した。基煕は朝廷と幕府の関係を悪化させないよう西本願寺の立場を考慮し事態を収束させること、そして、霊元上皇の納得のいく形での落着を図るという二つの難題を解決するために、西本願寺からの言葉「門跡者仰之趣違背之心底曽以無之、雖然門徒等以外欝憤之間不任意」に着目し、西本願寺門徒への霊元上皇の憐愍という形での落着を公家衆に相談する。基煕らは、上皇と京都所司代松平信興の間を奔走し、「今度之願も西本願寺自身之願にて無之、門徒之輩御歎申候時義ニ候へ者、御憐愍之御沙汰一筋ヲ以テ被仰出候様ニ、幾重ニも御詫申上候」として、上皇の権威を傷つけることなく、門徒の嘆きに対する上皇の憐愍によって解決を図る。

本一件の落着過程から考察すると、門徒が本寺である准門跡西本願寺に天皇・朝廷権威が付与されることを強く望むということ自体が妥当性ある内容であったと推測できる。また、西本願寺末の坊主衆・門徒衆たちが本寺である西本願寺と宮門跡・摂家門跡とが同等に扱われることを願うのは当然のことだが、西本願寺ばかりでなく公家衆たちも、門徒を交渉上に定置させたのは、織田信長による徹底した弾圧と東西本願寺の分立によって近世を迎えた西本願寺が門跡としての身分的位置を確認・要求していく葛藤が始まっていることを示すものであったと考えられる。

第三節においては、本一件の経緯から、准門跡である西本願寺の身分的位置と門徒の実態について検討した。まず、准門跡とされる西本願寺の身分的位置であるが、基熙と武家伝奏両人、議奏勧修寺経慶、三条実治が下乗場所について具体的に論議している記事から、摂家、および、摂家門跡の透垣内石壇上での下乗、清華家の透垣外での下乗が先例となっていることを史料的に示し、上皇は西本願寺をはじめとする真宗系寺院の身分的位置を清華家と同等に扱おうとしていたことを明らかにした。こうした序列化については基熙は反対していない。本一件の落着過程から鑑みると、門跡の格式はこの時期にはまだ確定していないと考えられ、高埜氏が論じたように門跡格式の制度化の途上で起きた事件といえよう[70]。また、第一節で仮説設定した本時期における幕府の門跡寺院への格付けへの積極的関与がないとすることも、本一件の過程から妥当であると考察できる。

次に、落着過程にて「格別之義」とされた門徒の実態を実証的に明らかにし、近世国家における本願寺教団の身分的位置に再検討を加えた。元禄五年（一六九二）段階における在京寺院の状況から、「門徒之輩数百人相詰」める動向が実際に起こり得る状況であったことを示した。そして、代替誓詞の提出状況からもその傍証とした。

最後に、本稿の二つの課題設定と関わって、導き出された新たな課題と展望を述べていきたい。

第一に、近世における西本願寺の天皇・朝廷権威の獲得過程の様相を明らかにするという課題についてである。これまでに述べてきたように、西本願寺の天皇・朝廷権威の獲得は中世において完結したのではなく、近世においても、すでに得てきた天皇・朝廷権威、例えば、勅書の存在を交渉上に位置づけ継続して行われた。特に、東西本願寺の分立によって、その獲得にはさらなる努力を必要としたことを示した。このように、本一件の史料検討から、朝廷機能の近世化によってさらなる西本願寺の葛藤の状況を示すことができた。しかし、門跡補任による地位上昇が、近世になってどのように変容していったのか具体的に論究できていない。また、変容してもなお、本願寺政務の第一義であった天皇・朝廷権威の獲得とは、近世国家においてどういう必要性があったのだろうか。今後はこの点をより実証的に研究を深めていく必要がある。

第二に、近世国家による門跡の制度化の中に准門跡西本願寺を位置づけるという課題についてである。これまでに述べてきたように、本一件の時点では近世門跡の格式は明確には確定しておらず、確定の途上であるか、あるいは、近世を通じて流動的であったといえよう。しかしながら、関白基熙、武家伝奏両人、議奏勧修寺経慶と三条実治の議論から明らかであるように、ゆるやかな格式は常に存在していた。また、こうした制度化への積極的な幕府の関与はみられない。

本一件において、霊元上皇は准門跡である真宗系寺院を清華家と同等に扱おうとする意図を有していた。また、落着過程で朝廷内を調整・主唱した基熙も、「如両本願寺寺摂家門跡為同様条過分有余事歟」との認識を示す。しかしながら、先例を重視し摂家門跡と同等の扱いとした。こうした落着の背景には、広範な民衆基盤にたっている本願寺教団を無視できない朝廷内の事情があった。この点は非常に注目される点であるが、こうした対応が近世を通じて一般化されたとは考えにくい。本章では、門跡の制度化の中で広範な民衆基盤をもつ准門跡としての真宗系寺院の特異性を示したにすぎない。今後は、西本願寺をはじめとする真宗系の准門跡が、宮門跡・摂家門跡と比して、どのように位置づけられるのかを具体的、かつ、総体的に明らかにしていく必要がある。

註

（1）杣田善雄『幕藩権力と寺院・門跡』（思文閣出版、二〇〇三年）。

（2）高埜利彦「近世の僧位僧官」（『論集きんせい』四号、東京大学近世史研究会、一九八〇年）。のちに、同『近世日本の国家権力と宗教』（東京大学出版会、一九八九年）に所収。

（3）村山修一①「幕末の妙法院と宮門跡の崩壊」（『人間文化』創刊号、愛知学院大学、一九八四年）、同②「妙法院門跡堯恕法親王とその時代」（『史林』史学研究会、一九七三年）、田中潤「江戸時代の青蓮院門跡と入木道」（『学習院史学』四八、学習院大学、二〇一〇年）など。

（4）安藤弥氏は、研究史の整理を行う中で、中世および近世の門跡研究史が本願寺を視界にいれていなかったことが大きな問題であるとする。安藤弥「本願寺『門跡成』ノート」（『仏教史研究』永田文昌堂、二〇〇七年）。

（5）高埜利彦「近世門跡の格式」（井上智勝・高埜利彦編『近世の宗教と社会（二）国家権力と宗教』吉川弘文館、二〇〇八年）。

（6）辻善之助①『本願寺論』（中外出版、一九三〇年）。のちに、同②『日本仏教史研究』一〜六（岩波書店、一九八三・八四年）所収。

（7）引野亨輔氏は高埜氏の研究が仏教堕落史観を克服することになったと評価している。引野亨輔『近世宗教世界における普遍と特殊―真宗信仰を素材として―』（法藏館、二〇〇七年）一七七頁。

（8）脇田晴子『天皇と中世文化』（吉川弘文館、二〇〇三年）四四〜六一頁。

（9）草野顕之「戦国期の本願寺教団と天皇」（『大谷大学史学論究』第四号、大谷大学文学部史学科、一九九一年）。のちに、同『戦国期本願寺教団史の研究』（法藏館、二〇〇四年）所収。草野氏は「貴族化」という文言は使用していないが、論旨は明らかに「貴族化」による儀式の権威化を主旨としている。

（10）上田長生「近世社会における天皇・朝廷権威とその解体―河内国石川郡叡福寺を中心に―」（『日本史研究』第五七一号、日本史研究会、二〇一〇年）。

（11）拙著『浄土真宗と部落寺院の展開』（法藏館、二〇〇七年）。

（12）知名定寛「琉球の遊女と真宗」（『南島史学』第四三号、南島史学会、一九九四年）。のちに、同『沖縄宗教史の研究』（榕樹社、一九九四年）所収。

(13) 杣田善雄「門跡の身分―宗門の頂上―」（『〈江戸〉の人と身分三　権威と上昇願望』吉川弘文館、二〇一〇年）。

(14) 久保貴子『近世の朝廷運営』（岩田書院、一九九八年）一三三〜一六六頁。

(15) 「基熙公記」閲覧に際して、陽明文庫文庫長名和修氏には大変お世話になった。深甚なる学恩に深謝したい。

(16) 本願寺史料研究所所蔵の西本願寺文書。本史料の他に「長御殿日次」（正徳二年〈一七一二〉一〇月〜天保二年〈一八三一〉二月）、「別本長御殿日次之記」（延宝六年〈一六七八〉正月〜天和三年〈一六八三〉一二月）と呼ばれる別系統の「日次記」も存在する。

(17) 本願寺史編纂所編『本願寺史』第二巻（浄土真宗本願寺派宗務所、一九六八年）四六〜四七頁。

(18) 京都大学文学部所蔵文書。「勧慶日記」は議奏勧修寺経慶の日記である。

(19) 久保前掲書、一三三〜一六六頁。

(20) 同右、一〇三〜一三二頁。

(21) 本願寺史編纂所編『本願寺史』第二巻（浄土真宗本願寺派宗務所、一九六八年）四八〜四九頁。

(22) 「兼輝公記」元禄三年（一六九〇）一〇月二一日条に「申斜右大将勧修前大納言柳原前大納言千種前中納言等入来被伝院宣云当自十一日西本願寺参内時於禁裏四足門籬内石壇上令下輿此儀過分之至所思召也、今度被定法式向後於四足門籬外可下輿旨被仰出可然思召」とあり、「基熙公記」元禄三年一〇月二八日条に「前関白被来、今日武家伝奏議奏両人右大将勧修寺為仙洞御使来、先日本願寺参内之時子細被仰下自今以後於透垣外可令下輿旨可被仰出無所存哉之由也、仍院宣承了」とある。

(23) 「日次記」元禄三年（一六九〇）一〇月一二日条によると、武家伝奏両人、関白である近衛基熙など、多くの公家衆から祝儀を述べる使者が西本願寺に来ている。一三日条には、浄光寺、西光寺など末寺衆からの祝辞が届いている。

(24) 本一件文書の表紙には「元禄三年庚午年一〇月　御参内御院参之節四ツ足御門地幅ニ而御下乗一件」と記されており、西本願寺の事件への対応や朝廷への提出文書などが記録されている。本史料閲覧に際し、本願寺史料研究所大原実代子氏には大変お世話になった。深甚なる学恩に深謝したい。
(25) 一〇月二二日条（西本願寺文書）。
(26) 本願寺史編纂所編『本願寺史』第二巻（浄土真宗本願寺派宗務所、一九六八年）二四三頁。
(27) 本一件文書の袋中に光隆寺より池永主税宛の下書きが封入されている。知空はこの時期における教学の中心人物であった。
(28) 「従当門跡四代以前光佐永禄二巳未年十二月十五日以勅書被任門跡、勅使　万里小路前内府様秀房公、伝奏　庭田大納言様重道様、勧修寺中納言晴豊様、右参内之節初而四足石上壇御門地幅之前迄四方輿参候、其已後被任先例光昭光圓光常参内之砌四方輿式轅ニ而茂同前之儀御座候」との記事がある（「四足門透垣内下輿付口上書」〈「御下乗一件文書」西本願寺文書〉）。
(29) 「日次記」元禄三年（一六九〇）一〇月二三日条。
(30) 「御下乗一件文書」一〇月二三日条（西本願寺文書）。
(31) 「先例証文付口上書」（「御下乗一件文書」西本願寺文書）。
(32) 「基熙公記」元禄四年（一六九一）五月五日条に、「先例御尋之処、自本願寺上々書付之趣者四代以前光佐門跡号被下参内之節、初而四足石上壇御門地幅之前迄四方輿参候、其已後被任先例光昭光円光常参内之砌、四方輿或轅ニ而も同前之義ニ御座候由書載之旨如此書上候へとも、於壇上而下乗之義ハ不書載候、其故重而御尋之時書上候にも、於壇上而下乗之義ハ又不書載候」との記事がある。
(33) 註(31)に同じ。
(34) 辻註(6)②前掲書、第五巻、二三五～二五三頁。
(35) 脇田前掲書、五二～六一頁、草野前掲書、四一四～四三六頁、本願寺史編纂所編『本願寺史』第一巻（浄土真宗本願寺派宗務所、一九六一年）四三六～四四八頁に詳しい。

(36) 久保前掲書、一四〇〜一四一頁。

(37) 元禄四年（一六九一）以降、同年四月七日までの武家伝奏との関係を表す記事を「日次記」から抽出してみると、正月六日条・一三日条・一四日条、二月一一日条・二四日条、四月一日条・三日条が挙げられる。

(38) 「基熈公記」元禄四年（一六九一）四月七日条。

(39) 基熈は霊元上皇への申入後「所労失前後之間所要而已不能記委細者也」（「基熈公記」元禄四年〈一六九一〉四月八日条）と記しており、霊元上皇との折衝の難しさが窺える。

(40) 「基熈公記」元禄四年（一六九一）四月一一日条。

(41) 同右、元禄四年（一六九一）四月一三日条。

(42) 同右、元禄四年（一六九一）四月二九日条。

(43) 本記事は、後日、付箋として基熈によって添付がなされたものであると考えられる。同日条の欄外に「後日加書ル ノ分如此、於此度之願者先達而被仰出之通近来御気薄被為成（中略）関白以下宜様ニ可被計申之由被仰出候」との文言があることからも理解できる。こうした史料の残存状況から推察して、霊元上皇は五月五日以降に「被談宜様ニ可被計沙汰候」との意志を基熈に示したものと思われる。

(44) 「基量卿記」元禄四年（一六九一）四月二二日条。

(45) 久保前掲書、一四一〜一四二頁。

(46) 「基熈公記」元禄四年（一六九一）五月八日条。六日の相談における本書付は愛宕通福が書き残したものである。

(47) 同右。

(48) 「基熈公記」元禄四年（一六九一）五月九日条。

(49) 詳しくは本章補論に譲るが、勧修寺経慶は本一件発生の背景にある人物である。事態の収拾に向けては議奏である勧修寺経慶も動かざるを得なかった。この様子を基熈は「今日勧修寺難儀之躰笑止之至也」「仙洞之義彼心曽以無悪言、今日対余散候亜相誠非人倫者也、両伝奏相共含笑」と評している（「基熙公記」元禄四年〈一六九一〉五月一一日条）。

(50) 「基熙公記」元禄四年（一六九一）四月七日条。
(51) 同右、元禄四年（一六九一）五月一四日条。
(52) 同右、元禄四年（一六九一）五月一五日条。
(53) 同右。
(54) 基熙は、重条と公音を「仙洞之御沙汰於諸事両人殊難儀之段推察之外之由一々流涕語了、可然々々此両人忠節感入者也」（「基熙公記」元禄四年〈一六九一〉五月一五日条）と記しており、両名の交渉を高く評価していたことが分かる。
(55) 「基熙公記」元禄四年（一六九一）五月一五日条に「此草案事於御前可申請旨申了」との記事が見られる。
(56) 「基熙公記」元禄四年（一六九一）五月一七日条。なお、基熙はこの間のことを「連日辛苦心神如無（中略）先日以来之事参差候間微細難記洩九牛一毛也」と記しているほどであった（「基熙公記」元禄四年〈一六九一〉五月一五日条）。
(57) 五月一七日条欄外に「関白ノ二字愚身可清書之由被相定間加名字了」とある。
(58) 久保前掲書、一四一頁。
(59) 「基熙公記」元禄四年（一六九一）五月二三日条。
(60) 史料中には「摂家門跡」を「当時号外様門跡」との記事がある。「外様」とは参内にあたって、清涼殿で天皇に対面する格付けをいい、これに対して「内々」とは長橋局で一献の後、常御所で天皇に対面する格付けをいうと考えられる（前掲杣田②論文）。
(61) 高埜註（5）前掲論文。

(62) 徳川家綱の一三回忌を契機に新寺古寺の調査の上、寛永年間から元禄五年（一六九二）までの新寺を「古跡」と認定することが主眼であったとされる。左右田昌幸「『穢寺帳』ノート」（『教学研究所紀要』第五号、浄土真宗教学研究所、一九九七年）二〇七～二〇九頁に詳しい。

(63) 道場については当住名を記した。「穢寺」の道場については当住名が記されておらず開基名を附した。不明道場については上寺名を記して「通寺」とのみ記した。なお、（ ）内の数字は兼帯等により、複数存在している寺院数を示す。

(64) 「山城国御下寺開基之帳」には「寺内」「御堂衆」「三十日番」「京町中」「山城在々」と貼紙を付されて記された後に、金福寺以下の被差別寺院が紙を変えて記されている。「穢寺」といった貼紙は付されていない。左右田氏によると、調査にあたった本願寺の使僧と在地の被差別寺院への意識状況が反映されたとする（左右田前掲論文、二〇九頁）。

(65) 被差別寺院の上寺のうち、金福寺、教徳寺、福専寺、万宣寺は「四ケ之本寺」と呼ばれ、寺内町に寺基を有し、特権を有していた。

(66) 『新井白石全集』第五巻（国書刊行会、一九七七年）六六四頁。

(67) この誓詞提出は権力側からの要求が前提であるが、本願寺教団としても末寺掌握と東西本願寺分立以降の権力への接近という意図があったものと考えられる。この点は本部第三章にて論じることとする。

(68) 前掲安藤論文、ならびに、脇田晴子「戦国期における天皇権威の浮上（上・下）」（『日本史研究』第三四〇・三四一号、日本史研究会、一九九〇・一九九一年）に詳しい。のちに、脇田前掲書所収。

(69) 「基熈公記」元禄三年（一六九〇）一〇月二九日条。

(70) 高埜註(5)前掲論文。

補論7　「西本願寺下乗一件」の要因と背景

はじめに

本論は、元禄三年（一六九〇）霊元上皇が西本願寺に対して、四足門透垣外で乗輿下輿するよう仰せ渡した一件（以下、「西本願寺下乗一件」と表記）の要因と背景について検討する。検討にあたっては、朝廷内人間関係、朝廷内における西本願寺の位置、霊元上皇が拘り続けた勅書の存在意義を考察していく。

さて、前章で明らかにした「西本願寺下乗一件」の発端と展開過程の要点を以下に述べておく。

元禄三年一〇月一一日、西本願寺は、武家伝奏の千種有維と柳原資廉の取次によって、本願寺第一五世住如の得度を機に、第一四世寂如と新門住如の参内が計画・実施された。その際、四足門透垣内にて下乗していた先例があるにもかかわらず、東二条局によって透垣外にて乗輿するよう仰せ渡しが行われた。こうした治定は霊元上皇が朝廷復古をめざした制度化のひとつであった。一方、親幕派であった関白近衛基熙は先例重視の立場から唐突な治定による混乱を懸念していた。宮門跡・摂家門跡と准門跡西本願寺との差異については反対をしていないものの、門跡の格付けについては慎重に対応するのが望ましいという立場をとっていた。

元禄四年（一六九一）四月、西本願寺は武家伝奏を通して、基熙に事件の収拾を依頼する。当初は固辞していた基熙であるが、本一件が東本願寺を巻き込んでの争論となっている点、西本願寺門徒が騒動を起こしかねない状況、京都所司代の意思を尊重し、上皇への諫言を行う。しかしながら、上皇は西本願寺が勅書を提出しないことに大きな疑義を抱いていた。同月一四日、上皇は政務移譲を示唆する院宣を伝え、その反応を機に誓詞血判を命じるなど朝廷内の掌握力を強める政治的戦略に出る。こうした状況下、本一件は基熙に一任される。

基熙は朝廷と幕府の関係を悪化させないよう西本願寺の立場を考慮し事態を収束させること、そして、霊元上皇の納得のいく形での落着を図るという二つの難題を解決するために、西本願寺からの言葉「門跡者仰之趣違背之心底曽以無之、雖然門徒等以外欝憤之間不任意[1]」に着目し、西本願寺門徒への霊元上皇の憐愍という形での落着を公家衆に相談する。基熙らは、上皇と京都所司代松平信興の間を奔走し、「今度之願も西本願寺自身之願にて無之、門徒之輩御歎申候時義ニ候へ者、御憐愍之御沙汰一筋ヲ以テ被仰出候様ニ、幾重ニも御詫申上候[2]」として、上皇の権威を傷つけることなく、門徒の嘆きに対する上皇の憐愍によって落着を図った。以上が、「西本願寺下乗一件」の概要である。

論証にあたっては、前述した諸点をさらに詳細に検討していく方向で進めていく。

第一に、本一件以降、朝廷内の主導権を握った近衛基熙の日記「基熙公記」と霊元上皇の腹心であった勧修寺経慶の日記「勧慶日記」を中心として、朝廷内における霊元上皇と関白近衛基熙の確執をはじめ、武家伝奏千種有維・柳原資廉と議奏勧修寺経慶の不仲について考察する。そうした朝廷内事情が本一件に影響を及ぼしているかどうかについて検討したい。

第二に、近世初頭朝廷における西本願寺の評価を、第一章で検討した「参内一件」を素材として検討する。「参内一件」に関する史料群[3]と西本願寺法主を中心とした動きを記載している「長御殿日次之記」（以下、「日次記」と表記する）を中心として検討していくものとする。近世初期において、准門跡とされる西本願寺が朝廷内の周辺部分に位置づけられていた状況を実証的に示したい。

第三に、「西本願寺下乗一件」の基点であり、解決への重要な存在であった勅書を取り上げる。高埜利彦氏が「幕府がいかに天皇・朝廷を統制したか」という研究[4]に学びながら、霊元上皇が拘り続けた西本願寺から勅書の存在意義を明らかにする。「西本願寺下乗一件」と並行して起きた「参内一件」では、中世からの勅書を何度も強調し、また、幕府への訴状では勅書を添付するほどであった西本願寺の行動から、「西本願寺下乗一件」の基点であった勅書の歴史的意義を分析し、霊元上皇の治定の背景を考察したい。

以上の三点を分析視角として、「西本願寺下乗一件」の要因と背景に迫っていくものである。

一　武家伝奏千種有維・柳原資廉と議奏勧修寺経慶の不仲

本一件の背景に、霊元上皇と近衛基熙との確執があったことは、すでに久保貴子氏によって明らかにされている。[5]本節では久保氏の明らかにした諸点に学びながら、さらに史料を加筆して補足をしたい。

本一件には東二条局をはじめ、東山天皇の生母である宗子が関わっており、基熙と武家伝奏両人は、東二条局や宗子に取り入った議奏勧修寺経慶も関与していると認識していた。すでに、久保氏が示された記事であるが次に示す。

ア　「基熙公記」元禄三年（一六九〇）一〇月一三日条

本願寺頗失面目也、抑此事一昨日於仙洞勧修寺令密語了、惣而当時之躰毎事実否不審而已

イ　同右、元禄三年（一六九〇）一〇月一五日条

午下刻武家伝奏両人来有談事等、其中先日西本願寺参内之時宜事起東二条局之意云々、伝奏有欝憤気有其増歟

史料**ア**「仙洞勧修寺令密語了、惣而当時之躰毎事実否不審而已」の記事から、基熙は勧修寺経慶の関与を疑っており、当時の朝廷事情を「不審」としている。史料**イ**においては、今回の事件が東二条局の意によるものであり、武家伝奏の両人がこうした東二条局の動きを快く思っていなかったことが分かる。それは、関白近衛基熙も同様であった。

「勧慶日記」元禄三年一〇月一六日条には「於院西本願寺下乗所御選儀連日也」とあり、院を中心として西本願寺の下乗場所について論議があったことが明らかであるが、しかしながら、この論議については「基熙公記」にはふれられておらず、基熙は認識していなかったと考えられる。このような状況からも、朝廷内で霊元上皇と近衛基熙との確執がその背景にあったことは間違いない。

筆者は霊元上皇と近衛基熙の確執に加えて、武家伝奏の千種有維・柳原資廉と議奏の勧修寺経慶の不仲も影響したのではないかと考える。以下に、その詳細を検討していこう。

武家伝奏の両人と勧修寺経慶との不仲は、「基熙公記」に散見される。例えば、次の記事がある。

ウ　「基熙公記」元禄三年一〇月一七日条

勧修寺大納言常々仙洞幷准后東二条等以利口叶内意、於千種黄門者為質直人間平生不和也

エ　同右、元禄三年一〇月二三日条

勧修寺前亜相虚言之事伝奏両人憤逆之気色也、尤之事也、但於柳原柔弱之人無指事也、於千種黄門者為直路人

　仍殊欝憤也

　両史料から、千種有維は勧修寺経慶への強い不信感を持っていることが分かる。史料ウより、霊元上皇や東二条局、宗子に取り入った勧修寺経慶を快く思っていないこと、史料エ「伝奏両人憤逆之気色也、尤之事也」の記事より、基熙や武家伝奏両人の強い憤りが読み取れる。

　では、史料エの記事「勧修寺前亜相虚言之事」とは、いったい何を指すのだろうか。久保氏はこの点を注釈にて指摘しているが(6)、史料を補足し明確化したい。「基熙公記」元禄四年（一六九一）五月五日条に「東本願寺下乗之事、既勧修寺亜相為虚言也、子細見去年記此事従武辺於紀明者勧修寺其身為大事定而可及難也、然此等之事可被仰武辺条尤不宜之事也、両伝奏猶如此所存也、凡去年以来之時宜仰言之外無他、且勧修寺亜相大儜毎事令口入故、如此条雖分明人々箝口者也」との記事があり、勧修寺経慶の「虚言」が伝奏役を任じていた東本願寺の下乗に関わることであることが分かる。そして、勧修寺経慶の「虚言」については朝廷内である程度、事実として認識されていたと理解できるが「箝口」の状況であった。これは、勧修寺経慶と東二条局との親密な関係があったからと推察することができる。朝廷内では、本一件を勧修寺経慶と東二条局らの朝政参画による混乱と捉えていたのである。しかし、それは当時、朝廷内で大きな力を有していた東二条局、および、宗子との関係上、公家衆は軽々しく公言できなかったのである。

　こうした状況を武家伝奏、特に、基熙に「直路人」(7)と評される千種有維は慷慨に堪えなかったのである。さらに「虚言」について詳細を述べると、基熙は次のように記している(8)。

　勧修寺亜相所引勘日記、東本願寺三代以来ハ不乗壇上条、分明之間可被省今迄代々古来此六字旨、昨日参院申入之故也、彼心之其語毎度相違事多之、其段候ハ既去年沙汰之時、東本願寺代々於壇上下輿之由於余前語了、又当住東本願寺参内之時、於壇上雖可下乗存謙退之義、透垣之内於壇下ニ乗之由彼心語了、三代以来於透垣之外令下乗者仍有謙退之詞哉始終相違顕然也、如此儀ヲ不被咎、反而被信用条案外之儀也

勧修寺経慶は東本願寺の乗輿下輿について、霊元上皇に「東本願寺三代以来ハ不乗壇上」と申し入れているが、去年一〇月には「代々於壇上下輿」と語っていたことから、基熙は勧修寺経慶を「彼心之其語毎度相違事多之」として批判している。また、「当住」である東本願寺法主常如は、壇上での下乗も可能であるが、「謙退之義」によって、透垣之内於壇下で乗輿したと述べていることから、三代以来の透垣外での下乗は明らかに間違いであると記している。

つまり、「虚言」とは、東本願寺の参内に際し四足門透垣内石壇上での乗輿下輿がなかったとする勧修寺経慶の霊元上皇、あるいは、東二条局への進言であると考えられる。基熙の記述が正しければ、本一件の要因として、勧修寺経慶の行動は直接的な原因と捉えることができよう。

こうした武家伝奏両人と勧修寺経慶の不仲、および、勧修寺経慶の「虚言」は、制度的にも歴史的にも容易に推察できる。武家伝奏は、西本願寺からの奏請を禁裏・院に取り次ぐ役目をしており、当時、千種有維と柳原資廉は西本願寺に最も近い朝廷内人物であった。また、勧修寺経慶は東本願寺伝奏であり、東本願寺からの奏請を禁裏・院に取り次ぐ役目をしていた。

周知のように、慶長七年（一六〇二）教如は徳川家康より寺地が寄進され、翌年、上州厩橋妙安寺安置の祖像を迎え、東本願寺が分立する。東本願寺と西本願寺との確執はこの後、近世を通じて顕現される。特に、分立以降の一〇〇年間はかなり激しい状況であった(9)。両本願寺の確執が両伝奏に影響されることは充分に考えられる。それは、基熙が日記に記しているように「今度本願寺事福優之余施賂仍人々奔走之躰也(10)」とする両本願寺の豊富な経済力が

背景にあったからに他ならない。

例えば、本一件の「日次記」元禄三年一〇月一一日条に、寂如が参内時に祝儀を贈っている人物名が記されているが、祝儀を贈られている武家伝奏・院伝奏・議奏・禁裏附など一一名の公家・武家衆のうち、武家伝奏の千種有維と柳原資廉への祝儀記事はひときわ目立つ。「仙洞御所」「本院御所」「女院御所」への祝儀に続いて、公家衆の筆頭に記されており、祝儀内容も他の公家衆に比べて多額となっている。西本願寺との深い関係が読み取れよう(11)。

このように、西本願寺の伝奏を務めた武家伝奏の両人と西本願寺の結びつきが強まるのは必然であった。それは東本願寺と勧修寺経慶も同様であったに違いない。例えば、本一件は西本願寺の願い通りに治定され落着をみるが「基熙公記」元禄五年（一六九二）五月二一日条に、「東本願寺来談従勧修寺指引之間所行向西本願寺願事無異被仰出旨被尓就此事欝憤之子細有之間段々述之処一々為談旨被密詞間此上雖不述所存仍起座」との記事があり、勧修寺経慶は一件が解決に至ったにもかかわらず、複雑な様相を示している。東本願寺が基熙に勧修寺経慶の複雑な様相の要因をすべて打ち明けることができない姿からも明らかであろう。

近衛基熙と霊元上皇の確執に、柳原資廉・千種有維と勧修寺経慶の不仲が加わり、本一件の背景となったと考えられよう。しかしながら、こうした人間関係の側面からの考察は、本一件の背景、および、要因のひとつには相違ないが、主要因には成り得ない。そこで、当時の西本願寺と朝廷との関係を、次節にてさらに考察していきたい。

二　近世初頭朝廷内における西本願寺の位置

本一件が起こった元禄三年（一六九〇）〜四年（一六九一）は、西本願寺と東本願寺との間で年始の禁裏、および、院への参内順序をめぐっての争論がおこっている渦中であった。『本願寺年表』によると、寛永二〇年（一六四三）条に「今年から年始の参内を中止」との記事があり、(12)この年始の参内中止はまさに、東本願寺との争論「参内一件」によって引き起こされたことであった。

「参内一件」の詳細は第一章で論じたので、争論の概略を元禄一〇年（一六九七）に公儀に訴え出た書状の控によって確認しておく。(13)

元禄十年関東江御願被成候写

（前略）

一、大猷院様御上洛之刻、裏方宣如其節大僧正幷嫡流之由被申立、先江御礼申上度旨被及言上候、其砌当方良如于時正僧正本寺家督之筋目被呈書付候処、双方御吟味之上土井大炊頭殿、酒井讃岐守を以、良如先ニ御対顔可被遊旨被仰出、寛永十一年七月廿五日良如二条江登城御礼被申上、裏方宣如者翌廿六日被致登城候事

一、寛永廿年、後光明院様御即位之刻、良如伝奏菊亭大納言経季殿、飛鳥井大納言雅宣殿江参内之儀被申入候処、十一月五日両伝奏より明後七日可有参内之由申来候事

一、翌六日及暮両伝奏ゟ明日之参内様子有之仙洞様江後水尾院被窺之処、大猷院様御上洛之時二条御城之例可然思召候、猶板倉周防守江可申談旨、院宣ニ候得共夜陰難及相談之条、明日之参内者先延引可然由申来被任其意候事

一、本寺筋目之趣両伝奏迄被捧書付候処、如先規年始参内之儀、叡慮におゐてハ御別条なく候、明十九日可有参内之由正保二年正月十八日両伝奏より申来候事

一、十九日為参内九条殿迄出輿有之、其節板倉周防守殿江以使者被相違之処、今日之参内先可有御延引由也、

周防守殿差図難態止被任其意候、追而願之旨趣有之処、病気差重り被及遅滞候内遷化此儀歎被存遺言有之候事

一、延宝八年五月三日、伝奏花山院前大納言殿、千種前大納言殿江諸礼参内之儀被願上候事

一、延宝九年、鷹司前関白殿江花山院殿内証被申者、始一両年者裏方より先ニ参内、其後者隔年前後ニ朝拝候登無左候ハヽ、六、七年も、又者、十年迄者裏方より先ニ参内、其後隔年ニ有之候者明春より願可相調旨御沙汰之由也、雖然本寺家督之筋目後々紛敷成り候、何連も古例之通御礼申上度念願故、不被及御請候事

右之通顕如准如以来寺務職正統無断絶、公武共裏方より先達而諸礼有之、殊更、大猷院様御僉議之上、先後之分猶以相定候処、正保二年正月より不計参内相滞候、京都為在院之身参内無之儀、良如甚歎被存候、無勅願所、将軍家御祈禱所之規模第一者顕如准如之志に背、筋目立不申当門主深被歎入候、冀大猷院様御定に復し、参内之儀等前々之通被仰付被下候様偏願被存候、以上

本史料によると、争論の発端は、寛永一一年（一六三四）七月、徳川家光が上洛した際の謁見の順序へと遡る。家光は御水尾天皇の中宮となった和子の第二皇女が即位したことを祝って上洛する。その際、謁見順序をめぐって争論が起こり、老中である土井利勝と酒井忠勝によって、西本願寺の先の謁見が沙汰されたという。本記事の内容は「本願寺通紀」に「先面宗主、而東門亜之時宗主為正僧正、東門為大、然由吾門為本家、先受其礼、領令酒井讃岐守忠勝、土井大炊頭利勝、報之本山」[14]とあることからも首肯できるものである。その九年後の寛永二〇年、西本願寺は後光明天皇が即位の際に、武家伝奏の今出川経季と飛鳥井雅宣に参内願いを提出する。この願いは一旦認められたものの、後水尾上皇は家光上洛の際の争論を例に、一旦、出された院宣を保留し、参内を延引することとなった。正保二年（一六四五）一月の参内においても、九条家まで出輿していたものの、当日になり急遽、京都所司代板倉重宗を通して、参内延引が申し渡された。家光の謁見順序

に端を発する東西本願寺の争論が、なお影響していることがうかがえる。そして、延宝九年（一六八一）花山院定誠によって関白鷹司房輔に伝えられた「沙汰」では、一両年中は東本願寺より先に参内させ、その後は隔年ごとに入れ替えるというものであった。西本願寺が同意しない場合は、一〇年後までは東本願寺を先に参内させるという強い意思を示していることが理解できる。

つまり、西本願寺の参内は、寛永二〇年の後光明天皇の即位以降、東本願寺との争論によって、全く行われていないのである。西本願寺は年始の参内許可を得るために、何度も朝廷との交渉を続けていくが、望ましい回答は得られなかった。よって、この元禄一〇年に公儀に訴え出るに至ったのである。

一方、東本願寺の参内については、「基熙公記」元禄四年五月一四日条に「東本願寺代々於壇上下輿之由於余前語了、又当住東本願寺参内之時、於壇上雖可下乗存謙退之義、透垣之内於壇下ニ乗之由彼心語了」とあることから、東本願寺の参内は継続して行われていたものと考えられる。

こうした状況から推察すると、朝廷内における西本願寺の立場は決してよいものではなかった。花山院定誠が関白鷹司房輔に伝えた「沙汰」が東本願寺に有利に傾斜していたことからも、西本願寺の当時の朝廷内の位置が推察できるだろう。この花山院定誠は、久保氏によると、小倉事件において五宮儲君を勧めた人物であるとされる。五宮の外祖父松木宗条の従兄弟にあたり、五宮を擁立することで、朝廷内における勢力拡大をもくろんだ(15)。また、小倉事件の半年後の近衛基熙を超越しての一条兼輝の関白就任においては、朝廷内で協議することなく、沙汰を直接聞いたのは花山院定誠であったという(16)。霊元上皇の側近であり、基熙が「是偏倖臣之所為歟」「近比非道之御政歟」と霊元上皇ともども非難の目を向けている人物である(17)。

つまり、花山院定誠は、霊元上皇が自己を中心とした朝廷運営を目指す中で、体制作りにおいて重用された。特に、霊元上皇の院政にとって重要な松木宗条と姻戚関係にあったことは大きな意味を持っていたのである。この花山院定誠が、延宝八年（一六八〇）「六、七年も、又者、十年迄者裏方より先ニ参内」とした、東本願寺に傾斜した言葉は、まさに、当時の朝廷内において大きな権力を有していた霊元上皇を中心とする松木家一族の後ろ盾がある言葉なのである。つまり、花山院定誠の言葉は当時の朝廷の主勢力の見解と言える。

さらに、前述した五宮擁立時における花山院定誠と西本願寺との口上でのやり取りを西本願寺文書「日次記」を通して、花山院によって冷遇されていた状況を示し、当時の朝廷内における西本願寺の位置を確認したい。

天和二年（一六八二）三月二八日、五宮儲君が決定したことを受けて、寂如は、西本願寺下間宮内卿（仲雪）を使者として、花山院定誠のもとに御祝儀の使者を遣わしたい旨を申し出る[18]。この時、花山院からの返事はなかったが、真言宗の門跡随心院が御祝儀の使者を奏したことを聞き、四月二日、下間刑部卿（頼利）を使者として、花山院のもとへ再度の訪問を行う[19]。花山院からは「随心院様より五ノ宮様へ御祝儀之御使被上候　（中略）　御門跡方急度上リ申候様子ニも無之候、兎角此方より千種大納言殿と申合御左右可申上[20]」との返事であった。しかしながら、花山院から何の指示も得られない寂如は、四月一四日、花山院のもとに再び使者を遣わす。「御祝儀御献上被成候義ニハ無之候、御使御口上ニて御祝儀被仰上候迄ニ御座候[21]」として、他の門跡との関係上、御祝儀を献上するのではなく、「御口上」であることを強調するのである。花山院は、寂如の度々の申入れに対して以前の回答を繰り返しながら「春宮之御祝儀可被差上候旨御尤ニ奉存候、併何方ゟも上リ不申候間、猶此方ゟ御左右可申上候　（中略）当月ハ千種殿月番ニ御座候、千種殿指置候て御指図難申上候間、千種殿へ参上候て可被申入候[22]」との返答を行う。数度に及ぶ西本願寺の要求を受け流しているとみてとれよう。こうした花山院の姿勢は「参内一件」への延宝八年五月三日における寂如の要求への回答にも見られる。延宝八年の本一件に関する「覚書」によると[23]、「此御書付ハ当月者千種殿月番ニ候間、致持参候而可申入候旨也（中略）此度御願之儀、御所司代之事ニ候故、戸田越前守殿へも御両殿まで被仰上候」とあり、ここにおいても西本願寺の願いに対して、積極的に関わることなく、等閑している様子が理解できる。

このように、「西本願寺下乗一件」時における西本願寺の朝廷内の政治的位置は決して高いものではなかった。こうした状況下、「参内一件」によって参内が途絶えてから約五〇年後、また、花山院定誠の「沙汰」から一〇年後に、新門住如の得度以降の初めての参内計画がなされた。その際に、四足門透垣外で乗輿下輿するように仰せ渡しが行われたのである。

西本願寺が武家伝奏の柳原資廉・千種有維と連絡を取りながら、最終的にはもう一方の朝廷勢力の中心であった関白近衛基熙に接近したことは、当時の朝廷の情勢からは必然であったのである。

以上から判断して、本一件の背景には、「参内一件」、つまり、西本願寺が東本願寺と争論しており、寛永二〇年以降、年始の参内が滞っている状況があった。そこには、当時の朝廷主勢力であった松木家一族と霊元上皇に近い花山院定誠が関わり、やがて、勧修寺経慶も加わっていく。その対抗的勢力として、近衛基熙や武家伝奏の両人が徐々に台頭していくのである。このように、本一件は東西本願寺の確執に朝廷内事情が複雑に絡まって起きた事件であると言えよう。

三　勅書の意味と霊元上皇治定の背景

高埜利彦氏は江戸幕府の朝廷支配の実態を明示した。具体的には、①天皇・朝廷が伝統的に果たしてきた官位叙任や元号宣下などの国制的機能を幕府による国家統治に用いたこと、②幕府は統制下においた天皇・朝廷・公家・門跡が保持してきた祈禱や祭祀の機能を活用したこと、③幕府の統制下にあった門跡や公家は、仏教・修験道や神道・陰陽道などの本山・本所としての機能を果たしたことを、時期区分を設定し解明した(24)。こうした朝廷機能の近世化において、門跡は仏教諸宗派の本山としてはもちろん、国家安全の祈禱所としての機能を持ち合わせた。このような理解に立ち、「西本願寺下乗一件」、および、「参内一件」を概観すると、西本願寺の門跡としての地位を確立する葛藤がみえてくる。以下に考察してみよう。

「西本願寺下乗一件」において、事態が複雑化したのは四足門透垣内での下乗に関わる勅書が提出されなかったことが大きかった。この勅書について、本願寺池永主税は武家伝奏柳沢資廉に以下の口上書を提出する(25)。

口上覚

昨日口上書被指上候ニ付、光佐参内之砌、四足御門迄四方輿被寄候証文無之哉と御尋被遊候趣、本門主江申入候処、光佐其節大坂在寺天正十九年ゟ京都住院之義ニ御座候、大坂居住之内急劇之仕合ニ付、右証文紛失仕候哉、指当分明無御座候、併被任先例参内之時節数代同前之儀ニ御座候、其段武家御支配方ニも相記御座候而有成哉被存候条向後参内院参之時節も如古来願被存候

本願寺門跡使
池永主税

十月廿三日

柳原大納言様
千種中納言様

御当番衆中

周知のように、元亀元年（一五七〇）に始まった本願寺と織田信長の石山合戦は、天正八年（一五八〇）、顕如が信長との講和により大坂を退出、同年四月一〇日紀伊鷺森に移ることで終結するが[26]、口上書ではこうした歴史的背景によって「右証文紛失仕候哉、指当分明無御座候」と述べている。「証文」、つまり、勅書提出がなされなかった要因が記されているわけであるが、こうした理由如何にかかわらず、霊元上皇は西本願寺からの勅書提出がなかったこと自体に強い疑義を抱いていたのである[27]。勅書とは、天皇・朝廷権威、つまり、国家安全を祈禱する証となる性質を有していた。とするならば、霊元上皇が公家衆の諫言に容易に同意しないのは、門跡としての重要な機能である国家安全祈禱所としての証に疑義がある西本願寺に、宮門跡や摂家門跡同様の四足門透垣内下乗を与えることはできないという論理設定ができるだろう。

さらに、前節にて明らかにしてきたように、「西本願寺下乗一件」と並行して起こっていた「参内一件」において、寂如は年始参内の再興に向け、様々な朝廷への働きかけを行うが[28]、西本願寺に残存している朝廷への提出した書付の控えを一覧すると、ある共通点があることに気づく。それは、「開山親鸞的伝一宗本寺之儀」「本寺家督之筋目」という文言に代表される親鸞以降の法灯が受け継がれていることを強調する内容[29]、もうひとつは中世において、すでに下付されてきた朝廷からの勅書の内容の書き上げを行っていることである。例えば、後者では次の記事がある[30]。

一、東山大谷本願寺者開山親鸞聖人之旧跡ニ而、四百余年累代本寺之住持職伝来候也、文永九年従亀山院蒙勅願所之宣旨、且将軍家御代々之御朱印有之事

一、光厳院御宇元弘二年本願寺幷西山久遠寺将軍家可為御祈禱所旨蒙令旨候、自夫以来毎朝天下安全之御祈禱

修し来候事

一、後奈良院御宇、震筆之勅書同女房之奉書を以被任二品親王正親町院より御檜扇爪紅之御末広、三緒之御袈裟拝領之事

まず、文永九年（一二七二）より勅願所、祈禱所となっていることを述べている。文永九年は大谷に廟堂が建立された年である。蓮如の「抑当寺之事は忝も亀山院・伏見院両御代より勅願所之宣をかうぶりて異于他在所なり」（帖外五九）の言葉に起因するものと推察できるが、勅願寺としての初見史料は宗外文書に本願寺の文言がはじめて見られる兵部卿宮令旨、つまり、史料の次条である元弘二年（一三三二）における本願寺ならびに久遠寺を祈禱所とする後醍醐天皇の皇子護良親王の令旨となる。また、最後の条では天文一八年（一五四九）に証如が権僧正を宣下された際の内容、および永禄二年（一五五九）に顕如が門跡となったことを記している。[31]

こうした勅願寺をはじめとする朝廷からの勅許を盾とした交渉内容は、「参内一件」において、武家伝奏に差し出した書状に数多く見られる。[32]さらに、付言するならば、「参内一件」において転機となった元禄一〇年（一六九七）における築地輪番西宗寺から柳沢吉保への願書には、正安四年（一三〇二）の院宣、元弘二年の兵部卿令旨、天文一八年の御奈良院消息などの写しが添付されていた。

このように、中世における勅願寺となった事実を盾とした交渉方法によって、近世における年始の参内許可を得ようとしているのである。「参内一件」において、参内順の適正化を訴え出ることが主意であるならば、前者の「開山親鸞的伝一宗本寺之儀」「本寺家督之筋目」を強調する交渉方法だけで充分であったはずである。なぜ、度重なる願書の中に、すでに下付された勅書の内容を書き上げ、元禄一〇年の幕府への訴訟に至っては、勅書の写しを添付するほどの必要性があったのだろうか。ここには、幕府、および、朝廷における門跡認知の方向が国家の安全

を祈願するという役儀にあったと考えることができるだろう。換言すると、西本願寺は朝廷または幕府によって門跡としての地位を周知されるために、このような勅願寺、祈願所としての証となる勅書を提出したと言えるのである。

近世初期における西本願寺の天皇・朝廷権威への接近の背景には、東西本願寺の分立という歴史的事件があったとともに、朝廷機能の近世化によって、両本願寺は国家安全の祈禱所としての門跡の性質をより強調していくことによって、宮門跡・摂家門跡と並ぶ権威性を獲得しようとする動きが見られるのである。いわば、両本願寺にとって朝廷との交渉の必要性が近世を通じて通奏低音となる所以である。

おわりに

以上、論じてきたところを要約し、今後の課題を述べておきたい。本論は、「西本願寺下乗一件」の要因と背景を明らかにすることを目的とし、三つの研究視角によって考察を進めた。

第一に、本一件の背景として、朝廷内人間関係を考察した。すでに久保氏によって本一件の背景に霊元上皇と近衛基熙の確執があったことが指摘されているが、この二人の確執に加えて、武家伝奏の千種有維・柳原資廉と議奏勧修寺経慶の不仲が存在したことを指摘した。「基熙公記」の記事にある勧修寺経慶の「勧修寺前亜相虚言之事」を詳細に分析し、武家伝奏の強い憤りを明らかにした。特に、基熙に「直路人」と評される有維は「殊欝憤也」という状況であったことを史料的に明らかにし、両者が東西本願寺の伝奏役であったことから、東西本願寺の確執が伝奏役にも影響を及ぼしたと推察した。

第二に、近世初頭における西本願寺の位置を「参内一件」によって検討し、准門跡とされる西本願寺が当時の朝廷内において周辺部分に位置づけられていた状況を実証的に明らかにした。寛永二〇年（一六四三）の御光明天皇の即位以降、東本願寺との争論によって西本願寺の参内は全く行われていない一方、東本願寺の参内は継続して行われていた。加えて、霊元上皇の腹心であった花山院定誠が関白鷹司房輔に伝えた沙汰では、東本願寺に有利に傾斜していたことから、近世初頭における西本願寺の朝廷内の政治的位置は高くなかったことを指摘した。さらに、霊元上皇の五宮擁立時における花山院定誠と西本願寺の口上のやりとりを通して、西本願寺の朝廷内における位置づけを確認した。

第三に、高埜利彦氏の明らかにした「朝廷機能の近世化」の概念を援用し、霊元上皇が西本願寺に疑義を抱いていた根幹である勅書について検討した。勅書が実質的に天皇・朝廷権威を表すものであり、国家安全を祈禱する証となると仮説設定し、「参内一件」における勅書提出の意味や「西本願寺下乗一件」において上皇が勅書提出に拘った意味を検証した。また、西本願寺は近世において国家安全の祈禱所としての門跡の性質をより強調していくことで、宮門跡・摂家門跡と並ぶ権威性を獲得しようとしたことを明示した。

最後に、残された課題についてである。本論においては、「西本願寺下乗一件」の要因と背景を分析したわけであるが、俯瞰すれば近世における西本願寺の天皇・朝廷権威への接近という研究視角から論じたものである。西本願寺が国家安全の祈禱所としての性質を強調し、宮門跡・摂家門跡と並ぶ権威を獲得しようとする様相を指摘したが、国家安全の祈禱所としての性質を強調することは、当然、幕府への接近ということが視野に入ってこよう。つまり、天皇・朝廷権威への接近という研究視角からだけでなく、実質的権力を有していた幕府への接近との双方を検討することにより、近世における西本願寺の政治的戦略を総体的に考察していく必要があることが明らかになった。この点については、次章にて「誓詞」を事例として検討する。

註

(1)「基熙公記」元禄四年(一六九一)四月七日条。
(2)同右、元禄四年(一六九一)五月一七日条。
(3)本史料群は「寛永年中御参内一件」「正保二年」「延宝八年御参内之儀西東争論之儀ニ付書附」「延宝年中御参内一件」「元禄一〇年於関東公儀被仰立年始御参内一件」「従貞享元年到享保六年御参内一件書類」「延享年中御参内一件」と表記された封筒に封入されており、年次ごとに類別されている。後世に整理されたものと推察される。引用に際しては、封筒名を明記する。
(4)高埜利彦『近世日本の国家権力と宗教』(東京大学出版会、一九八九年)。同『近世の朝廷と宗教』(吉川弘文館、二〇一四年)。
(5)久保貴子『近世の朝廷運営』(岩田書院、一九九八年)一三三〜一六六頁。
(6)同右、一六四頁。
(7)「基熙公記」元禄三年(一六九〇)一〇月二三日条。
(8)同右、元禄四年(一六九一)五月一四日条。
(9)「御堂衆略譜」に「元和年中大権現家康公日光山御法会ノ時、一老西光寺祐従コレヲツトム。此時裏方ヨリ本願寺ト云札ヲ立ケレハ西光寺コレヲ打チ破ルトナン」との記事があるほどである(千葉乗隆編『真宗史料集成』第九巻、同朋舎メディアプラン、二〇〇三年、七九九頁)。
(10)「基熙公記」元禄三年(一六九〇)一〇月一七日条
(11)元禄四年(一六九一)一月一三日条の、禁裏・院中への「御礼」に際しても、他の公家衆と比べ特筆できる関係が見られる。
(12) 本願寺史料研究所編『本願寺年表』(浄土真宗本願寺派、一九八一年)一二七頁。
(13) 「公儀江参内付願書控」(「延享年中御参内一件」西本願寺文書)。冒頭に「元禄十年関東江御頼被成候写」とあり、後年に写し残されたものと考えられる。
(14) 「大谷本願寺通紀歴世宗主伝第三」良如条。
(15) 久保前掲書、一一一頁。
(16) 同右、一一八頁。
(17) 同右、一一一頁。
(18) 「日次記」(西本願寺文書)天和二年(一六八二)三月二八日条。
(19) 同右、天和二年(一六八二)四月二日条。
(20) 同右。
(21) 同右、天和二年(一六八二)四月一四日条。
(22) 同右。
(23) 「延宝八年覚書」(「延宝八申年御参内之儀西東争論之儀ニ付書附」西本願寺文書)延宝八年(一六八〇)五月三日条。
(24) 高埜利彦『近世の朝廷と宗教』(吉川弘文館、二〇一四年)。
(25) 「先例証文付口上書」(「御下乗一件文書」西本願寺文書)。「西本願寺下乗一件」に関わる史料として、「元禄三年庚午年一〇月　御参内御院参之節四ツ足御門地幅ニ而御下乗一件」と題された和綴じ史料がある。前章と同様に、本史料名を「御下乗一件文書」と表記する。
(26) 本願寺史編纂所編『本願寺史』第一巻(浄土真宗本願寺派宗務所、一九六一年)五三七頁。

（27）「基熙公記」元禄四年（一六九一）五月五日条。
（28）寂如の取り組みは、大きく三段階に分けられる。詳細は第四部第二章を参照されたい。
（29）たとえば、「延宝八年口上覚」（「延宝八年御参内之儀西東争論之儀ニ付書附」西本願寺文書）にこうした文言が散見される。
（30）「公儀江参内付願書控」（「元禄一〇年於関東公儀被仰立年始御参内一件」西本願寺文書）。
（31）真宗聖教全書編纂所編『真宗聖教全書』五〇遺部下（大八木興文堂、一九四一年）三九九頁。
（32）寛永二〇年（一六四三）武家伝奏の今出川経季、飛鳥井雅宣に提出した「本願寺代々相続之次第」、延宝八年（一六八〇）武家伝奏の花山院定誠、千種有能に提出した「大谷本願寺之由来」などが挙げられる。

第三章　東西本願寺誓詞の政治史的考察

はじめに

次の史料は、西本願寺末寺が第四代家綱から第一四代家茂まで将軍代替ごとに本山西本願寺に提出した誓詞文書である。

一、就御当家御代々御厚恩不浅被思召候、御公儀軽存間敷旨、今度従御本寺被仰付御尤至極奉存候、其趣門徒中迄堅相守候様可申付候事

一、対御公儀江不義之輩御座候而如何様ニ頼申候共、雖為門徒入魂之仁一味仕間敷候、其旨有之儘御本寺江言上可仕事

一、惣而従御本寺之御下知法式堅相守、寺役無懈怠門葉勧化之儀疎略仕間敷事

右条目於違犯者忽洩如来之本願、別而蒙祖師之冥罰、永可堕地獄者也、仍誓詞如件

この誓詞文言は、第一四代家茂に至るまで大きな変化はなく(1)、江戸期を通じて儀礼化・慣例化していたと考えられる。代替誓詞は、東本願寺においても、西本願寺と文言に多少の違いはあるものの同様に行われており、本山で

ある両本願寺自身は京都所司代に出向き、幕府への誓詞提出を行っていた。

近世国家における宗教統制の注目される事例と考えられるが、代替誓詞についての幕府の法令が見当たらないためか、その本格的な研究はほとんど行われてこなかった。柏原祐泉氏は幕府の宗教統制を論じる中で、慶安四年（一六五一）、東本願寺が誓詞提出を行ったことを紹介し[2]、安達五男氏は金福寺末の被差別寺院を検討する中で、多くの誓詞関係史料を見出し、本寺の下寺に対する統制を論じた[3]。筆者は本願寺の本末制度・触頭制度を論じる中で、誓詞記事を検討し、その統制機能を論じた[4]。しかしながら、近年、青木忠夫氏は東西本願寺の誓詞提出の実態を明らかにし、政治的意義を明らかにしている。また、代替誓詞が東西本願寺教団に限られたという注目される見解を述べている[5]。

では、なぜ東西本願寺の誓詞提出が行われたのだろうか。研究史を振り返ると、この論点に関して二つの視点が認められよう。第一に、本願寺教団は一向一揆終結後も依然として民衆を基盤とした影響力を有しており、警戒すべき対象であり教団への支配力を強化する必要性があったという点である。これは薩摩国において真宗が禁止された理由と同様のものである[6]。第二に、東西本願寺の分立による組織的混乱の中で、帰属する末寺を自派に把握し組織的な安定を図るという点である。柏原氏・安達氏・拙稿ともに前者の立場に立っており、青木氏は前者と後者の双方にその意味を見出している。

本章では、誓詞提出が一方的な近世国家権力による宗教統制ではなく、本願寺教団内からの近世国家権力への接近も一要因であったことを示す。特に、東西本願寺の分立以降、両本願寺が自己の正統化のための近世国家権力や天皇・朝廷権威への接近があったことを明示するものである。青木氏が提示した「代替誓詞が東西本願寺教団に限られた」という見解をさらに実証的に推し進めたい。そして、近世政治史における東西本願寺教団に関わる多様な様相を明らかにしたい。

さて、研究方法であるが、すでに、青木氏が明らかにしているように、両本願寺の代替誓詞提出は第四代家綱の将軍宣下（慶安四年八月・以下、「慶安誓詞」と表記）からであり、それ以降、各代にわたって行われ、第一四代家茂の代替（安政五年〈一八五八〉一二月）で終了している。[7] 第一回誓詞である「慶安誓詞」の提出時における経緯を明らかにすることが課題解決への近道であることは言うまでもないが、本章では第二回誓詞である第五代綱吉の将軍宣下（延宝八年〈一六八〇〉五月・以下、「延宝誓詞」と表記）における誓詞提出の状況から、「慶安誓詞」提出状況を考察していく。本章で扱う西本願寺における「延宝誓詞」の提出時の史料記事は、「参内一件」（西本願寺所蔵文書）と称される史料群のうち、「延宝八年御参内之儀西東争論之儀ニ付書附」と表記された封筒内の「延宝八年覚書」（以下、「覚書」と表記する）に記されていたものである。[8] 本史料群「参内一件」とは、寛永二〇年（一六四三）、後光明天皇即位に際して、東西本願寺の参内順をめぐる一件（「参内一件」）の顛末についての史料を収録したものであるが、こうした天皇・朝廷権威への接近の中に誓詞関係の記述があったことは注目に値する。それは、誓詞提出が「参内一件」と同様の性質上の、しかも、一連の出来事であったことが推察されるからである。本章においては、このような状況を鑑み、「参内一件」との関係性にも言及していくこととする。また、天保八年（一八三七）における西本願寺末寺の誓詞提出（以下、「天保誓詞」と表記）の一様相を提示し、本寺への誓詞提出を「上からの編成」として捉えるのではなく、在地側からの秩序化に利用される側面があったことを提示するものである。

一　「延宝誓詞」の提出と西本願寺の動向

延宝八年（一六八〇）五月、近世国家にとって重大な出来事が起きる。将軍徳川家綱が病に倒れ、八日に没したのである。「別本長御殿日次之記」[9]（以下、「日次記」と表記）延宝八年五月一二日条・一三日条には、京都所司代戸田忠昌のもとへ西本願寺使者が七名出向くという例のない記事がみえる。[10]家綱後嗣である綱吉養子の通達、あるいは、家綱没後の対応などの伝達があったものと考えられる。一三日辰刻には花山院定誠より、「禁裏院中御祝義被遣候義、当月者千種殿当番にて今日千種殿ゟ定而可申参候」[11]との仰せ渡しがあり、後嗣である綱吉への祝儀については追って連絡を待つようにとの指示であった。ところが、西本願寺は巳刻には千種有維のもとへ使者を走らせ、祝儀が他寺院から届いていないかを確認させる。返事は「禁裏院中江御祝儀物未何方ゟも上り不申」[12]というものであった。午刻、今度は花山院定誠のもとへ、祝儀が届いていないかを確認させる。返事は同様に「禁裏院中江御祝儀物被指上候義、未何方ゟも上り不申」[13]とのことであった。この西本願寺の執拗なまでの祝儀に対する拘りは何であろうか。この拘りの要因こそが本章検討の重要事項となる。

さて、西本願寺は綱吉が家綱後嗣となったことにより、祝儀は無論のこと、綱吉への挨拶のために江戸参向を行う意思を有していた。その意思は忠昌を通して伝えられたと考えられるが、「日次記」延宝八年五月二四日条に、「意趣者戸田越前守殿被仰候ハ、今度江戸御参向之儀、御窺之処ニ江戸御老中ゟ思召も御座候而、此度御下向之儀御延引可被遊候」との記事があり、老中からの指示で、西本願寺の江戸参向については延引が申し付けられたことが分かる。

約一カ月後の七月二日卯刻、西本願寺第一四世寂如は忠昌のもとへ使者を遣わす。使者は「御代替為御祝儀江戸御参向被成度思召候間、御願之通御窺被成可被進候、御延引ニ不罷成様ニ宜頼思召候」[14]と、忠昌の奏者大矢兵左衛門に伝える。すでに願い出ていた江戸参向がこれ以上延引になることなく、参向計画が進行するように働きかけを行ったのである。辰刻には忠昌より「御代替ニ付、御参向御願被成候旨得其意存候、御首尾能様ニ相窺可進候」[15]との返事があり、万端無事に進むように承諾するとのことであった。その際、西本願寺は家綱代替の際の先例を確認される。使者は「厳有院様御代替之時分先御門跡御病気候故使者ヲ以先御祝儀被仰上候而、翌年ニ御参向被成候様ニ承伝候、併久敷儀ニ御座候処聢トハ考不申候由申候処、尤ニ候左様ニ候ハヽ、罷帰度吟味候而只今申候通ニ候ハヽ、重而不及申越候、若相ちかひ候儀も候ハヽ、今日中ニ成共可申越旨被仰聞候」[16]と答え、家綱代替の際には、良如が病気であったために、まずは祝儀のみを届けさせ、翌年に江戸へ参向した旨を伝えた。しかしながら、事実関係が確かでないためか、事実と異なる場合は今日中に連絡することを伝えている。同日申刻、事実関係を確認し、「兵左衛門被申候ハ先御門跡様ニハ其砌ハ御参向不被成候哉と被申候ニ付、此方ゟ申候ハ其節先御門跡御病気故先以使者御祝儀被仰上候、其後も御病気ニ付、中一年隔り候而翌二年ニ御参向被成候、尤御参向被成候義者相違無御座候、其刻御代替御祝儀被仰上候」[17]として、使者がまず祝儀を届けた上で、その二年後に良如が挨拶のために江戸参向を行ったと訂正し伝えた。寂如の江戸参向実現に向けて「尤御参向被成候義者相違無御座候」と、慎重に対応していることが理解できよう。

七月一〇日巳刻前、今度は京都所司代側より戸田忠昌の意向を伝えるために、忠昌の使者である酒井周安[18]が西本願寺を訪れる。「覚書」延宝八年七月一〇日条に次の記事がある。

七月十日巳ノ刻前

酒井周安被致伺書ニ而、昨夜戸田越前守殿為御内証御心付被仰聞候、裏御門跡先日越前守殿屋敷へ御出ニ而、今度御代替ニ付誓詞ヲ被指上度旨被仰聞候故、江戸へ窺ニ遣候間、表御門跡様ニも御願被成可然存候

東本願寺第一五世常如が綱吉代替にあたり誓詞提出を願い出ていたこと、京都所司代から誓詞提出についての伺書が江戸へ提出されようとしていることを伝えたのであった。こうした内容は、九日夜に忠昌から「内証」にて伝えられたものであり、西本願寺への配慮であったとしている。忠昌は東本願寺の動向から、西本願寺も同様に誓詞提出が申請されるべきとの認識を持っていたのである。

西本願寺は常如が綱吉代替にあたっての誓詞提出、つまり「延宝誓詞」提出について、忠昌を訪問したことに驚きを隠せなかった。西本願寺は「今晩ニ而も明朝ニ而も、越前守殿御際之時分御所様御成被成御直ニ可被仰入候」とするほどであったが、周安の指示により、周安を介してその意思を忠昌に伝える。その意思とは次のようなものであった[19]。

大猷院(家光)様御他界之後、厳有院(家綱)様御代替之刻、板倉周防守(板倉重宗)殿屋敷へ先御門跡様御成被成御誓詞被遊候、其時者先々奥門跡(興正寺)准秀先御門跡様之御令弟様方御同道ニ而此御衆も誓詞被成候、其後院家衆始々而諸国之御下寺之衆追々ニ御本寺へ被召登於御本寺誓詞被仰付其誓詞于今御本寺ニ有之候、右之通ニ候間、今度越前守殿へ御成被成、御直ニ可被仰と思召候者此度誓詞可被指上義越前守殿迄可被仰入様ニ候へ共、ヶ様之義御進被成而被仰候事も如何敷、其上御移徒将軍宣下も相済不申候内御遠慮被成候処、越前守殿御心付対而御満足被成候、如何様共宜様ニ江戸へ御申達頼思召候旨、可被仰入と思召候

本記事に法主である寂如の複雑な心境が表れていることに間違いはないであろう。結論としては京都所司代戸田忠昌の西本願寺への配慮に感謝しており、誓詞提出については忠昌に一任することを了承するものであるが、寂如

の強い憤りを示すものとなっている。

第一に、家綱代替の際の先例を申し伝えていることである。先例とは、当時京都所司代であった板倉重宗に良如と興正寺准秀がともに誓詞を提出したということ、その後、院家をはじめとする諸国の西本願寺末寺に誓詞を提出させたということである。こうした先例を伝えていることから、西本願寺自身の誓詞提出への強い執着を感じ取ることができる。「覚書」同日条には、「本徳寺殿、顕証寺殿、御同道被成誓詞被成様ニ思召候」とも記されており、興正寺はもちろんであるが、寂如は兄弟である寂円住持の本徳寺、同じく寂淳住持の顕証寺とともに、誓詞提出を考えていた。

第二に、本来ならば誓詞提出については西本願寺側から「可被仰入」としているが、「御移徒」「将軍宣下」も済んでいない間は遠慮している状況であり、直ちに誓詞提出を願い出るのは「如何敷」ことであると述べている。西本願寺側から誓詞提出を申請しなかったことへの理解を求めているのである。ここには、無論、東本願寺に先を越された複雑な心境が表れていると見てとれよう。

さて、同日の戌刻、周安より「先刻被仰聞候通越前守殿へ御直ニ申達候処、明十一日卯ノ刻過御成被成候様ニと越前守殿被仰候」(20)にとの書付が届く。明朝に寂如と忠昌の直接の会談が行われることになったのである。「覚書」延宝八年七月一一日条に次の記事がある。

七月十一日卯ノ刻過　戸田越前守殿へ御成　　　御供　刑部卿

辰刻越前守殿へ御逢被成候而、御あいさつ過而越前守殿被仰候者昨晩周安ニ被仰聞候通承知仕候由也、御門跡様被仰候者毎度之心入共殊昨日周安以御心付御応意別而御満足被成候、然者被仰談度義之由被仰候処、近習之衆御退候、然処御門跡様被仰候者、御代替ニ付誓詞之義御先代ニも板倉周防守殿ゟ被申越先御門跡周防守殿御宅へ御出奥門跡其外御令弟達御同道ニ而誓詞被指上候、其後諸国之御末寺被召登此方ニ而誓詞被仰付事ニ候、左様ニ候へ者本願寺者亀山院之勅願所ニ而、公家武家之御禱所ニ而、至于今毎日勤行御禱被成候、誓詞不被指上候とても、三法ヲカケ天子将軍之儀聊御疎意不被思召候、然共此度誓詞之義越前守殿まて可被仰入様ニも思召候へ共、将軍宣下も未無之内、其上ケ様之義、進而被仰上事御遠慮被成候故御延引申候処、御心付之段別而不儀思召候、如何様共江戸へ宜御窺頼思召候、扨者奥門跡ニ者未幼少候よし先御門跡令弟両人有之候、当御門跡之令弟も両人有之候間、右之衆ニも誓詞被指上候様ニ可被成候、次諸国末寺召登先年之通此方ニ而誓詞可申付候旨被仰候処、御尤至極奉存候旨如仰御延引と申時分ニ而無御座候間、二、三日以前裏御門跡御出被成誓詞被成被指上度由被仰聞候故江戸へ窺ニ遣申候、左様ニ候得共其御門跡ニも誓詞之義不被仰聞候も如何敷存候ニ付周安以御内証卒度申上候、誓詞可被成義とも不存候、併被仰聞候通追付江戸へ相窺可申候間御返事次第可被成候、御令弟様方之義者其節之事ニ而可有御座候、諸国御末寺衆誓詞之義御門跡様御誓詞被成被下指上候者可被仰付由御尤ニ存候、右御心付申候段堅御無沙汰不被成候而可被下候、役人之義ニ候へハ、ケ様之御心付申事ニ而無御座候へ共、御応意御座候故周安まて卒度御心付申上候間、左様御心得被成可被下旨、呉々も申候由右之引次ニ越前守殿へ御門跡様被仰候ハ今度江戸御参向御願之義、先日以使申達候定而江戸へ御窺可被遂由被仰候処、如仰先日被仰越候通御参向御願之義、江戸へ窺遣候旨御申候ニ付、弥宜御頼被成候由被仰入御退出被遊候也

今朝越前守殿へ能御時分御成被成御首尾右之通宜而御満足思召候

寂如は会談にて西本願寺側から誓詞提出の申請をしなかったことへの理解を求めた。まず、「慶安誓詞」では、京都所司代板倉重宗の屋敷にて興正寺など良如の兄弟等と誓詞提出を行った経緯が述べられた。そして、文永九年

（一二七二）、大谷に廟堂が建立されて以降、亀山天皇より勅願所の宣旨を受けたことを申し述べ[21]、これまで朝廷や幕府に対して「御疎意」はなかったことを強調している。本願寺が国家の祈禱所としての役割を果たしてきたことを主張しているのである。そして、今回の「延宝誓詞」の提出については、「此度誓詞之義越前守まて可被仰入様にと思召候」としているが、将軍宣下も終わってないうちは「御遠慮」として、差し控えていたことを述べている。次に、このように主張を繰り返しながらも、今回の誓詞への執着は強く、興正寺法主が幼少であるため、良如の兄弟衆や寂如の兄弟衆にも誓詞提出がなされるべきこと、諸国末寺への誓詞提出への指示を行うことについて打診を行っている。忠昌は「御尤至極奉存候」と同意しており、西本願寺も東本願寺同様に、誓詞提出の願いを行うべきとの認識を示した。忠昌は役人として公の立場を固辞しながらも、「卒度御心付申候」と寂如に助言をしているのである。史料最終部分では、延引となっている江戸参向について、再度の願いを申し出るなど、寂如は今回の訪問を「御首尾右之通宜而御満足思召候」と非常に満足している様子がうかがえる。

以上から考えて、寂如は誓詞提出の意思を強く有していたと考えられる。西本願寺は東本願寺に追随する形で誓詞提出への準備がなされているのである。ここには近世国家権力による宗教統制というよりも、在地側である両本願寺の社会的位置づけの確保のために、誓詞提出が行われようとしていると読み取れる。無論、史料記事「御先代にも板倉周防守殿ゟ被申越先御門跡周防守殿御宅へ御出」より、「慶安誓詞」において京都所司代より誓詞提出の指示があったと考えられるが、「延宝誓詞」提出においては権力側の働きかけ以上に、在地側の意向の強さが理解できるのである。本史料から鑑みると、誓詞提出が第一回目の「慶安誓詞」提出時点から、継続一貫した幕府の体系的な宗教統制として意図されたものではないといえる。第二回目の誓詞提出、つまり、「延宝誓詞」提出時点においても、継続的で強固な制度は見受けられない。だからこそ、このような西本願寺の驚きがあったのであり、東本願寺に追随する形での誓詞提出がなされようとしていたのである。

さらに付言するならば、「慶安誓詞」において西本願寺の「令弟」とともに誓詞提出を行った先例が繰り返し強調されている点であるが、ここには、西本願寺の組織的安定を図る意図があったと考えられる。本徳寺は明応年中に蓮如に常随していた下間空善が播磨に下向し、英賀に東かりや道場を建立する。蓮如より本尊が下付され、のちに本徳寺となる。東西本願寺の分立に際し、西本願寺派に属していたが、本多忠政の入封により元和四年（一六一八）、東本願寺派船場本徳寺が創設される。以降、亀山本徳寺を中心とする播磨真宗寺院の転派問題は、寛文八年（一六六八）に起こった貞照院事件の決着まで持ち越される。また、顕証寺についても、東西本願寺分立に際し、久宝寺寺内町内部での対立から東西に分裂したことは周知のところであろう。寛文九年（一六六九）に良如第一一子寂淳が顕証寺に入寺するが、こうした入寺も西本願寺派の組織的安定を意図したものと考えられる。以上の東西本願寺分立の影響下において、寂如は顕証寺寂淳と本徳寺寂円の重鎮とともに誓詞提出を願ったと考えられるのである。誓詞提出には、こうした西本願寺の社会的認知と組織的強化が意図されていたと考察できよう。[22]

さて、江戸参向についてであるが、「覚書」延宝八年七月一九日条に、「今度大納言様御本丸へ、去ル十日御移徙之為御祝儀此方ゟ之御使者之義者、周安被存候通、内々越前守殿へ被仰談候処、可有御指図候由ニ付御延引被成」との記事がある。西本願寺は忠昌の指示によって、再度の「延引」が仰せ渡された。ところが、同日条に「一昨十七日周安以被仰進候故、宮内卿今朝敷足被仰付候にて、裏御門跡ゟ右被為御祝儀、使者粟津庄兵衛と弐人十二、三日比江戸へ参急御案内申十八日御祝儀指上ケ可申御座候」との記事があり、寂如は常如が祝儀のために使者を江戸へ参向させ、一八日に祝儀を献上したことを知る。京都所司代に伺いを立てながら慎重に江戸参向への準備を進めていた寂如にとって、あまりの驚きと憤慨を感じたに違いない。寂如はこの間のことを「不審」としている。[23][24]なお、こうした交渉はその後も続けられ、西本願寺の祝儀献上は東本願寺よりも約一カ月後の八月二三日であり[25]、江戸下向は翌天和元年（一六八一）の二月から四月のことであった[26]。

二　「慶安誓詞」並びに「延宝誓詞」提出の背景と両本願寺の状況

本節では前節にて明らかにしてきた、「慶安誓詞」が幕府の継続一貫した体系的な宗教政策ではないという点、「延宝誓詞」提出時点において継続的で強固な制度は見受けられないという点を、さらに補強すべく「慶安誓詞」並びに「延宝誓詞」提出時の両本願寺の状況を明らかにしていく。

慶長七年（一六〇二）教如は徳川家康より寺地が寄進され、翌年、上州厩橋妙安寺安置の祖像を迎え、東本願寺が分立する。これ以降、教如の影響力が一段と増す中で、東西本願寺の対立は激化していく[27]。良如期に至っても、なお「凡、小院・下寺、背帰甚多、不可殫紀[28]」とする改派問題は大きく存在しており、互いに末寺を誘引し、自己勢力を拡張しようと努めた。こうした末寺獲得によって、組織的な安定と拡大を両本願寺は志向した。

一方、組織的な安定は近世国家権力によって承認されることによって実現しえた。近世国家権力は、「仏法為本」を旨とする宗教を弾圧し、相対する「王法為本」を容認する宗教のみが存続した[29]。特に、江戸幕府においては慶長から元和期に「諸宗寺院本山法度」を発布し、本山の地位を承認するとともに寺院統制を行わせた[30]。しかし、東西本願寺の分立による混乱が一因となったためか、本願寺への法度は出されていない[31]。

また、本願寺は中世以降、実如・証如によって天皇・朝廷へと接近がなされ、永禄二年（一五五九）には顕如が門跡を勅許される。門跡は宗派の最上位であるが、戦国の動乱の中で中世寺社勢力は没落し、中世門跡がそのまま近世門跡に移行したわけではなく、近世国家によって新たな位置づけがなされた(32)。具体的には、門跡は宗派の本山として機能したほか、国家安全の祈禱を行うなど、儀礼や秩序を重視した門跡の近世化が計られる(33)。門跡の新参者である両本願寺にとって、近世国家権力によって認知・承認されることは第一優先事項であった。特に、幕藩諸制度が確立していく家綱・綱吉政権期の時期は、自己の正統化を求めて朝廷への接近を行う。ここでいう朝廷とは、まさしく近世国家権力自身が欠如する宗教的権能を有していた国家権力の一部である。自己の正統化とは何か。これこそが東西本願寺の分立によって、両本願寺が近世国家における正統な継承を有しているという存在意義を主張するものであったのだ。

さて、両本願寺のはじめての誓詞提出は四代家綱の将軍宣下（慶安四年〈一六五一〉八月）であり、二回目の提出は五代綱吉の将軍宣下（延宝八年〈一六八〇〉五月）である。前述したように、この時期は両本願寺が自己の正統化を求めて、天皇・朝廷権威に接近している時期でもある。特に、両本願寺の序列を視覚的に明らかにする朝廷への参内順や席次においては強い軋轢が生じた。この具体的な状況は第一章にて論じているため、ここでは再論しないが、誓詞提出時の背景を理解するために、「参内一件」について二点を加筆する必要がある。

第一に、良如が交渉時に強調した「本寺相承之次第」についてである。年始参内が中止された寛永二〇年（一六四三）一一月一七日、良如は武家伝奏の今出川経季と飛鳥井雅宣に書状を提出した。その書状の冒頭には、「本願寺代々相続之次第何れの代にも譲状在之」と表記されており、親鸞以降、当住の良如まで正統に相続されていることを主張するものであった。中心部分となる顕如以降の記事を以下に示す(34)。

一、顕如にハ三人の子あり、此時ハ兄二人をさし置、第三の子に家を与へられて准如上人と名付らる、顕如より譲状明白也、兄二人と申ハ一人は今の信浄院門跡の父、又一人は今の興正寺門跡祖父にて御座候、右開山より十一代めの顕如上人まてハ代々何れの子に家をゆつれんも、其兄うらみなく其弟もそねみなく、其家督の人を本寺とあかめて、さらに新儀者企なく、いつれも末学と成て、今にその家々諸国に有之、然処に末寺として、本寺の寺号をなのられ候事、開山より十一代顕如上人の代まて更に其例なき事候、然間顕如上人文禄元年往生より後、しはらく世間の書状の取かハしにも信浄院とか信門跡と了然申候へ、然るを末寺としていつとなく枝方の門下に対し本寺の名をよはせ、それより公儀へ申拡め本寺の名を両寺にいたされ候儀、開山のおきめにそむき申され候、其上諸宗にも末寺として、本寺の名を付申事、其例有間敷候、ほしひままのふるまひなけき存候、先年信浄院仕置れたるりき物にも此方の准如上人をさして本願寺影堂留守職とかかれ候、自判今に此方に所持候

（中略）

一、勿論本寺の儀に御座候へハ参内の刻、いつも此方先へ参来り候、然処ニややもすれハ公儀御礼の前後を争ひ申され候へとも、公儀明白に被仰付十ケ年以前二条於御城諸礼次第穿鑿におよひ候、其時此方ハ正僧正、信浄院ハ大僧正たる故か、枝方より先へ御礼可申旨御理り申され候へ共、本寺と云家督たるによりて此方先へ御礼申上候、東照権現以来も終ニ信浄院先へ御礼申され候例無之候

一、開山以後、代々大谷本願寺と申来候、本寺のしるしにハ古今東山大谷に開山の旧跡此方の領分にて御代々の御朱印所持候、惣而開山以来兄弟の次第を不論譲状を以、我宗の証文証跡相伝いたし四百年におよひ相続仕来候、是本寺の証跡歴々分明に候、枝方末寺のしるしにハ開山以来相伝之書物一通も有間敷候、今迄ハ此御埋り口上にて相すみ来り候へ共、度々前後の争ひ申され候うへハ、年月もとをくすきさり事なり候時ハ若公儀にハ何れを本寺ともいつれを末寺とも御存知なきやうにか罷成りとなけかしく存軽をかへりみす開山以

来、本寺相承之次第を書付候ハ、此趣被達叡聞者尤可為本意也

本史料の箇条書きの第一条目では、親鸞以降の相続が「家督の人」を本寺として、兄弟においても混乱なく順調に相続されてきた歴史的経緯を述べた上で、教如と准如による本願寺の分立以降、教如が「信浄院」「信門跡」と称し、「本寺」として社会的に活動している状況を非難していることが理解できる。「門跡」および「本寺」として、公儀にも「申拡め」ていることを親鸞の教えに背く行為であるとしている。また、西本願寺には「本願寺影堂留守職」と記された譲状があることを述べている。本条では、西本願寺が「本寺」であるとする強い姿勢を読み取ることができる。次条においては参内順序について直接の言及がなされており、寛永一一年（一六三四）、徳川家光への対面においては、東本願寺より先に対面が計画されていたが、「本寺と云家督たるによりて」西本願寺の先の対面が沙汰されたことを述べている。こうした対面順は、家康以降、常に西本願寺からであったことが述べられている。最後の条においては、東本願寺には開山以来の相伝の書物が一通もないことを申し述べ、「今迄ハ此御理り口上にて相すみ来り候へ共、度々前後の争ひ申され候うへハ、年月もとをくすきさり事なりし時ハ若公儀にハ何れを本寺ともいつれを末寺とも御存知なきやうにか罷成り候」として、現段階では口上での落着状況ではなく、公儀の認識としても「何れを本寺ともいつれを末寺とも御存知なきやうに」なっていると厳しく批判している。

つまり、本書状では、西本願寺が「本寺」であるという「本寺相承之次第」を強く訴え出ているのである。また、本史料の内容は、寛永二〇年の時点で、近世国家における本願寺教団の承認が流動的であり、東本願寺を門跡として認知していく一方、西本願寺との深い軋轢が起こっている状況を示すものとなっている。

第二に、「東西本願寺参内一件」において東本願寺に傾斜した裁定を行った点についてである。第一章で明らかにしたように延宝九年（一六八一）、当時、霊元上皇の側近であり、朝廷主勢力であった花山院定誠は本一件に対

して、「延宝九年鷹司前関白殿江花山院殿内証被申者、始一両年者裏方ゟ先ニ参内、其後者隔年前後ニ朝拝候登無左候ハヽ、六、七年も、又者、十年迄者裏方ゟ先ニ参内、其後隔年ニ有之候者明春ゟ願可相調旨御沙汰之由也」[35]という態度をとる。一両年中は東本願寺より先に参内させ、その後は隔年ごとに入れ替えるとの指示内容である。西本願寺が同意しない場合は一〇年後までは東本願寺を先に参内させるという強い意思を示すものであった。また、この沙汰の一年前の延宝八年五月三日には、西本願寺は武家伝奏の花山院定誠と今出川経季、関白鷹司房輔、京都所司代戸田忠昌に積極的に働きかけを行うが、「追而可得御意候」「口上覚書も御留置候」と、西本願寺を等閑視したものであった[36]。西本願寺は、公儀によって本願寺を相承する「本寺」としての地位を東本願寺に奪われかねない状況に陥っていたのであった。

さらに、この沙汰から九年後の元禄三年（一六九〇）一〇月一一日には、年始の参内が滞ってから約五〇年後に、東本門寂如と新門住如のはじめての参内が執り行われるのだが、この際、霊元上皇は寂如と住如に対し、これまで東西本願寺の参内時に四足門透垣内にて下乗していた先例があるにもかかわらず、退出時には四足門透垣外で乗輿するよう仰せ渡しを行った。この仰せ渡しは翌年五月に解決するまで、朝廷内人間関係を巻き込みながら大きく紛糾することとなる[37]。

このような状況を鑑みたとき、東西本願寺の分立によって、両本願寺が自己の正統化を計るため、近世における門跡の制度化に積極的に関わろうとしていることが理解できるだろう。前節にて検討してきた綱吉代替における祝儀献上に並々ならぬ拘りを有していたこと、また、誓詞提出や江戸参向において、西本願寺が京都所司代と緊密に連絡を取りながら慎重に進めていたのは、明らかにその競合の対象として東本願寺が存在したからに他ならない。「延宝誓詞」の提出が一方的な上からの近世国家の宗教統制ではなく、下からの両本願寺による形成があったと考えられよう。そして、その背景には、こうした東西本願寺の確執と競合、組織的強化という意図があったのである。このように考察を深めていくと、青木氏の代替誓詞が東西本願寺教団に限られたという注目される見解が、現実味を帯びてくるのではないだろうか。

三　西本願寺末寺の「天保誓詞」提出の一様相

前章までにおいて、西本願寺の「延宝誓詞」提出の状況と動向を考察し、「延宝誓詞」提出が東西本願寺の確執と両本願寺の社会的認知と組織的強化という意図を背景に、在地側からの要請が大きな要因であったことを指摘した。本章では、西本願寺末寺における「天保誓詞」提出の一様相を示し、第二部第一章の検討を補足し、誓詞が「上からの編成」と「下からの形成」によって成り立っていた事例を示したい。本事例は誓詞提出が儀礼化・慣例化された段階の事例であり、限られた地域における一事例であることをふまえ、慎重に考察するものとする。

西本願寺末寺の誓詞提出は、国ごとに、本末関係によって、本寺より末寺へと上寺からの指示で制度化されていたと考えられる。文化八年（一八一一）に編纂された「諸事心得之記」[38]によると、「御末寺江誓詞被仰付候御連署左之通」「山城国中御触左之通」という項目が見られ、本末関係を通して、国ごとに制度化されている。安政五年（一八五八）の第一四代家茂代替において、播磨国内の金福寺末寺には、翌年に上寺である金福寺を通して、以下のような廻文が流されている[39]。

（前略）

今般就御公儀御代替ニ付去ル嘉永六寅年之通誓詞可差上条被仰出候間来ル四月朔日ゟ四月限ニ不残上京可被申

候、尤留主居無僧ニ至迄上京可有之候、今度之儀者格別之以御慈悲不日ニ御用相済ニ取斗茂被為在候間得其意急々上京可被致候、委細者別書ニ調メ申渡候間可得其意候、以上

未二月　　　　京　西六条　金福寺

（後略）

本史料より、金福寺末寺に誓詞提出の指示があったことが明らかであるが、後略部分にはすでに安達氏が指摘しているように、[40]「木仏寺号御礼」「寺内人別書」「門徒家内書」「自剃刀住寺看住者御元書」などの書類を持参し、本寺の確認を受けることが記されている。また、負担する費用も明確に指示がなされており、誓詞御礼や三季冥加上納金額が明記されている。青木氏によると東本願寺派の場合、時期は不詳であるが、三等衆は金百疋、飛檐は金二両、平僧は銀五匁であったという。また、天保代替における三季の御礼は東本願寺派では、一家衆は銀二両宛年に三度、飛檐衆は銀一両宛、平僧衆は銀二匁宛であったという。[41]金福寺末寺には、「自庵自剃刀住持願立入用銀弐百六拾匁五歩」「看住前同行入用銀　七拾九匁」などが指示されており、被差別寺院においても、自庵と看坊との差異を設けながら、誓詞御礼の金額が定められていた。こうした誓詞提出への入用金は、惣門徒によってまかなわれていたと考えられ、多くの負担を強いられていたと推察できる。また、路銀や宿泊費などを含めると、さらに負担は大きかった。

こうした史料から、本寺からの統制が儀礼化・慣例化されており、本寺からの制度的側面が強かったことが明確であるが、本山である本願寺の誓詞提出が東西本願寺の確執と両本願寺の社会的認知と組織的強化という意図を背景に有していたように、末寺においても、上からの一方的な統制が全末寺血誓提出を成功させたとはいえない。そこには、在地のさまざまな要因が絡んでいた。例えば、「天保誓詞」提出の際に、氷上郡金福寺末法中の八カ寺が

本寺への誓詞ではなく、法中内における独自の誓詞を取り交わしている(42)。

誓詞規定

一、今般御公儀御代替ニ付、誓詞被仰付奉敬承候、就中、此度厚御教諭奉蒙難有奉恐承候、依之各寺心得方簾々左之通従

一、御本山被仰出候御下知、謹而可奉敬、勿論従前々被仰出御法度之趣弥堅相守門徒教導無懈怠出精可仕事

一、御本山三季上納之儀年々無懈怠相勤可申儀者勿論中山上寺之届無相違可致事

一、御本山御使僧、弥大切ニ崇敬可仕事、附り、中山幷ニ銘々差支之節代僧差向有之候共、不如法之儀無之様相用可申事

一、僧分者不及申門徒中ニ至迄中山軽存間鋪事

一、銘々寺壇不和合之節相速遂吟味難為住職非分之輩者、其旨中山江訴曲事可被申附事

一、葬式仏事無懈怠可相勤事

一、門徒布施物不冥加之者有之候ハヽ、相速ニ教示可致事

附人僧分同行宜からすして、みだりに信施越費候ハヽ仏祖之冥罰可蒙事、門徒中においても不施不信之輩者可為同断事

一、於門徒中勝手に葬式取行ひ候者も間々有之由惣而寺法制禁ニ候間、右等之輩者已来宗判相除可申事

一、博奕懸之諸勝負者、御公儀御法度之事ニ候得者、弥堅相守可申儀勿論門徒入魂之仁ニ被勤候共、不実之行ひ致間鋪事

一、毎月両親命日等堅固ニ可相勤可申事

一、他国之僧入込候節者、早速手次寺江相届、其差図ヲ請可申事

右之条々堅相守可申候、若一ケ条ニ而茂背相用不申輩者、現世者法中附合被相除忽洩如来之本願蒙祖師冥罰永可堕地獄者也、仍而誓詞規定如件

第一条は序条であり、第二～四条までは本山への誓詞的内容、第五～六条は「中山」である金福寺への忠誠を誓う内容である。第七～一二条は寺院、あるいは、門徒が寺法を遵守すべき在地の誓約内容を具体的に記している。これらの各条を遵守しない場合は、法中から除外するという強い姿勢を述べている。法中でのこうした独自の誓詞は在地における秩序維持への要請から成り立つものと考えられよう。それは以下の事実によっても理解できる。

この誓詞提出から二年後の天保一〇年（一八三九）、寺法に背く寺院を法中から除外するという儀定書が出された。儀定書には「先年従御本寺血誓被仰出候趣ニ付以来互ニ御寺法之趣太切ニ相守候処、今度西中村正福寺海了子死去之節坂本村仏照寺是越取置致し、依之七日市村照蓮寺ゟ銘々中へ打出候故一統令儀定[43]」と記されており、葬式への取り決めに背く寺院に対して、その寺院を法中から除外する旨の儀定が取り交わされたのである。

このように、法中での秩序維持への要求から、代替誓詞提出を機会として、法中での独自の誓詞規定が策定されたと考えられよう。つまり、誓詞提出自体は本山である両本願寺によって指示されたことであるが、その内実を見ると、在地の状況に応じて、制度の維持や利用が行われたのである。西本願寺と公儀の関係ばかりでなく、本寺である本願寺と末寺との関係においても、「上からの編成」と「下からの形成」が相互規定的に、双務的に進行していたと言えるだろう。

おわりに

以上、「延宝誓詞」を中心に将軍代替における東西本願寺誓詞の分析を通して、明らかになった諸点をまとめておく。

（一）両本願寺による第一回目の誓詞（「慶安誓詞」）、および、第二回目の誓詞（「延宝誓詞」）の提出は、後光明天皇即位に際して、東西本願寺の参内順をめぐる一件（「参内一件」）の最中であった。また、両本徳寺は末寺を誘引し、組織的安定を図ろうとしていた時期であった。「延宝誓詞」提出の背景にはこうした両本願寺の葛藤があった。

（二）延宝八年（一六八〇）五月、綱吉代替にあたって、西本願寺寂如は祝儀のための江戸参向を京都所司代戸田忠昌に働きかける。しかし、西本願寺側は参向延引が申し付けられ、その後も忠昌との交渉を継続して行う。

（三）綱吉代替の「延宝誓詞」提出は、延宝八年七月に、東本願寺常如から京都所司代戸田忠昌に誓詞提出の願いが出されたことが契機となる。その後、忠昌の使者である酒井周安より西本願寺に誓詞提出の意向伺いがあった。西本願寺寂如は誓詞提出の意向があること、忠昌に一任することを伝えた。

（四）延宝八年七月一一日、寂如と忠昌は直接会談し、「慶安誓詞」では興正寺や良如の「令弟」とともに誓詞提出したこと、将軍宣下が終わっていない間は遠慮していた状況を伝え、誓詞提出を申請しなかったことへの理解を求めた。西本願寺は東本願寺に追随する形で、「延宝誓詞」の申請を行った。

（五）以上から、「延宝誓詞」提出時点において継続的で強固な制度が見受けられないことから、両本願寺への誓詞提出指示が継続し一貫した幕府の体系的な宗教統制として計画されたものではないことが明らかになった。

（六）「天保誓詞」における氷上郡金福寺末法中による独自の誓詞規定を通して、法中での秩序維持への要求から代替誓詞を機会として独自の誓詞規定が策定されたことを明らかにした。こうした事例から、在地の状況に応じて制度の維持や利用が行われた。

このように、「延宝誓詞」提出時の西本願寺の動向、および、「慶安誓詞」並びに「延宝誓詞」提出の背景と両本願寺の状況を明らかにすることで、誓詞提出は東西本願寺の確執と両本願寺の社会的認知と組織的強化を意図した在地側の要請が大きな要因であったことを示した。加えて、西本願寺末寺である氷上郡金福寺末の法中の事例をもとに、末寺の誓詞提出の段階においても、在地側の秩序化の要請があったことを明らかにした。つまり、誓詞提出は「上からの編成」と「下からの形成」の相互規定的・双務的関係性があったのである。青木氏が仮説的ではあるが主張している誓詞提出が東西本願寺に限られていたという見解は充分に射程内に捉えられるのではないだろうか。

最後に、今後の課題を敷衍しておく。

第一に、本願寺内の誓詞関係史料の分析を通して、さらに各代替における誓詞提出状況を詳しく検討していく必要性についてである。本寺には各代替時における各地からの血誓、諸記録が残存していると考えられる。こうした本寺の史料を検討し、さらに誓詞提出の状況を考察していきたい(44)。

第二に、両本願寺末寺の誓詞提出の様相を、「上からの編成」と「下からの形成」によって成り立っていた事例をさらに集め、検証していく必要性がある。本稿で検討した事例が単なる一事例にすぎないのか、多様な地域でみられる事例なのかを考察していきたい。安達氏によると、氷上郡金福寺末法中の独自の誓詞規定は同郡本照寺末正覚寺文書にも同様の性格の史料が見られるという[45]。在地側の多様な状況が自主的な誓詞提出を行った事例をさらに検証していくことが必要である。この点は朝尾直弘氏が身分制論において、「地縁的・職業的身分共同体」という概念で指摘された研究視角[46]と関連させ、さらに精緻に考察していきたい。

第三に、東西本願寺の分立と門跡の近世化による両本願寺の身分的地位確保を、幕府権力と朝廷権威の双方の分析を通して総体的に捉える必要性についてである。周知のように、本願寺は永禄二年（一五五九）、顕如の門跡補任によって国家的認知とその特権を得る。門跡の新参者である両本願寺は、門跡機能の近世化によって身分的地位の確保に、より力を注がねばならなかった。「禁中並公家諸法度」によると「摂家門跡、親王門跡之外之門跡者、可為准門跡事」とあり、規定上は本願寺門跡は「准門跡」であるが[47]、摂家門跡・宮門跡を意識した身分的地位の確保のために、近世国家の確立期から安定期、特に寛永期から元禄期（一六二四〜一七〇三）にかけて、献身的に天皇・朝廷権威への接近を図る。こうした天皇・朝廷権威への接近と、国家安全祭祀などの朝廷機能を自己内に巧みに取り込みながら実質的に権力を有した幕府への接近の双方を、総体的に検討することで、東西本願寺分立後の両本願寺の身分的地位確保への葛藤が見えてこよう。

註

（1）第一回目の誓詞である第四代家綱誓詞の第一条では「東照権現様、台徳院様、大猷様」と三代を列記していたが、第二回目以降では「御当家御代々」としていた。青木忠夫『本願寺教団の展開—戦国期から近世へ—』（法藏館、二〇〇三年）二五一頁。

(2) 赤松俊秀・笠松一男編『真宗史概説』(平楽寺書店、一九六三年) 三三二頁。
(3) 安達五男『被差別部落の史的研究』(明石書店、一九八〇年) 二四二〜二四八頁。
(4) 拙稿「播磨国部落寺院の『講』の自律性―本末・触頭制度との関係を中心に―」(『人権教育研究』第一巻、日本人権教育研究学会、二〇〇一年) 三七〜三八頁。のちに、同『浄土真宗と部落寺院の展開』(法藏館、二〇〇七年) 所収。
(5) 青木前掲書、二三九〜二七八頁。
(6) 桃園恵真氏は、薩摩国における真宗禁制の諸説を整理・批判し、島津家一五代貴久の実父である忠良による政治的・政策的な意図によるものと考察している。桃園恵真『薩摩真宗禁制史の研究』(吉川弘文館、一九八三年) 一二〜三九頁。
(7) 青木前掲書、二四一頁。
(8) 本史料群は、①「寛永年中御参内一件」、②「延宝八年御参内之儀西東争論之儀ニ付書附」、③「延宝年中御参内一件」、④「元禄十年於関東公儀被仰立年始御参内一件」、⑤「従貞享元年到享保六年御参内一件書類」、⑥「延享年中御参内一件」と表記された史料群六件と表書きのない史料群一点の計七件によって構成されている。なお、史料引用にあたっては、包みに記された表記名を併記する。
(9) 本願寺史料研究所所蔵史料。本史料の他に「長御殿日次」「長御殿日次之記」と呼ばれる「日次記」も存在する。
(10) 「是ハ公方様御他界ニ付」との記事がみえる。
(11) 「日次記」延宝八年 (一六八〇) 五月一三日条。
(12) 同右。
(13) 同右。
(14) 『覚書』(「延宝八申年御参内之儀西東争論之儀ニ付書附」西本願寺文書) 七月二日条。

(15) 同右。
(16) 同右。
(17) 同右。
(18) 酒井周安の詳細は「覚書」には記されていない。京都所司代にて任を有する一人であると考えられる。
(19) 「覚書」(「延宝八申年御参内之儀西東争論之儀ニ付書附」西本願寺文書) 七月一〇日条。
(20) 同右。
(21) 蓮如の「抑当寺之事は忝も亀山院・伏見院両御代より勅願所之宣をかうぶりて異于他在所なり」(帖外五九) の言葉に起因するものと推察できるが、勅願寺としての初見史料は宗外文書に本願寺の文言がはじめて見られる兵部卿宮令旨、つまり、元弘二年 (一三三二) における本願寺ならびに久遠寺を祈禱所とする後醍醐天皇の皇子護良親王の令旨となる。
(22) 亀山本徳寺貞照院 (良如息女) が亀山本徳寺配下の寺院五〇余坊を従え、東本願寺派に転じて船場本徳寺に所属した事件。詳しくは『播州真宗年表』(真宗文化研究会、一九九八年) 七一頁。
(23) 「覚書」(「延宝八申年御参内之儀西東争論之儀ニ付書附」西本願寺文書) 延宝八年 (一六八〇) 七月一九日条に「此度ニ不限、裏方よりハ御届も無之、ケ様ニ御使罷下候事有之様ニ存候、此方ニハ周安被存候通、度々ニ越前守殿へ被仰達御指図之上被遣候」との記事がある。
(24) 同右、「御門跡様御不審思召候」との記事がある。
(25) 「日次記」延宝八年 (一六八〇) 閏八月一四日条に、「今度将軍宣下為御祝義江府江御使者下間少進御下被成候処ニ、去八月二三日首尾能御祝義献上」との記事がある。
(26) 本願寺史料研究所編『本願寺年表』(浄土真宗本願寺派、一九八一年) 一四二頁。
(27) 本願寺史編纂所編『本願寺史』第二巻 (浄土真宗本願寺派宗務所、一九六八年) 一～一一頁。小泉義博『本願寺教

如の研究』上・下（法藏館、二〇〇四・二〇〇七年）に詳しい。

(28)「大谷本願寺通紀歴世宗主伝第三」良如条。

(29) 近世国家権力と宗教の問題の研究は、高埜利彦氏の研究を起点として、近年、活発化している。高埜利彦『近世日本の国家権力と宗教』（東京大学出版会、一九八九年）。こうした問題関心から編集したものとして、井上智勝・高埜利彦編『近世の宗教と社会（二）国家権力と宗教』（吉川弘文館、二〇〇八年）がある。

(30) 杣田善雄「近世前期の寺社行政」（『日本史研究』二二三、一九八一年）、のちに、同『幕藩権力と寺院・門跡』（思文閣出版、二〇〇三年）所収。

(31) 本願寺への法度は出されていない理由として、東西本願寺の分立によって末寺の状況を把握できる状況ではなかったことや（青木前掲書、二五〇頁）、家康が岡崎城時代に苦しめられた経緯から本願寺への法度提出に慎重になった（圭室文雄『江戸幕府の宗教統制』〈評論社、一九七一年〉二〇頁）という指摘がある。

(32) 杣田善雄「門跡の身分」（堀新・深谷克己『〈江戸〉の人と身分：権威と上昇願望』吉川弘文館、二〇一〇年）に詳しい。

(33) 高埜利彦①「幕藩制国家安定期」（宮地正人・佐藤信・五味文彦・高埜利彦編『新体系日本史Ⅰ国家史』山川出版社、二〇〇六年）、同②「近世門跡の格式」（井上智勝・高埜利彦編『近世の宗教と社会（二）国家権力と宗教』吉川弘文館、二〇〇八年）に詳しい。

(34)「武家伝奏江良如書付」（「寛永年中御参内一件」西本願寺文書）。

(35)「公儀江参内付願書控」（「延享年中御参内一件」西本願寺文書）。

(36) 久保貴子氏の明らかにしたところによれば、定誠は小倉事件の引き金となった霊元天皇の儲君をめぐる五宮擁立を積極的に画策している。延宝六年（一六七八）には「得此時花山院前大納言阿天気、先以愛宕二位女之腹也定仁和寺令入寺」（「基熙公記」延宝九年〈一六八一〉九月一八日条）とあるように、五宮擁立の妨げとなる二宮を仁和寺門跡の附弟に定めた。定誠は五宮の外祖父松木宋条の従兄弟にあたり、五宮擁立によって朝廷内の勢力拡大をもくろんでいた。また、小倉事件の半年後の近衛基熙を超越しての一条兼輝の関白就任においては、朝廷内で協議することなく、沙汰を直接聞いたのは花山院定誠であったという（久保貴子『近世の朝廷運営』岩田書院、一九九八年、一〇三～一一三頁）。

(37) 詳しくは第二章と補論にて論じている。また、久保前掲書、一三八～一四二頁に概要が記されている。

(38) 西本願寺の末寺・門徒からの本尊・聖教の下付、官位昇進などの願書の受理に際し、本山役人の実務担当者の取扱い心得を集記したもの。

(39) 「公儀代替ニ付血誓廻文」（安達五男編『仏教と部落問題関係史料集成』第一巻、兵庫部落解放研究所、一九九五年、史料一一八）。なお、青木忠夫氏によると、被差別寺院の誓詞提出への参加は宝暦代替であるとされているが、播磨国被差別寺院である正福寺が誓詞提出を行ったとする史料が残存している（同、史料一〇九）。

(40) 安達註(3)前掲書、二四六頁。

(41) 青木前掲書、二七〇頁。

(42) 安達五男編『仏教と部落問題関係史料集成』第一巻（兵庫部落解放研究所、一九九五年）史料一六四。

(43) 同右、史料一六六。

(44) 各代替における誓詞関係史料については、残念ながら本願寺史料研究所の閲覧許可が得られなかった。逸早い史料の公開を望みたい。

(45) 安達註(3)前掲書、二四八頁。

(46) 朝尾直弘「近世の身分制と賤民」（『部落問題研究』六八、一九八一年）、のちに、同『朝尾直弘著作集』第七巻（岩波書店、二〇〇四年）に所収。

(47) 門跡寺院は寺院法度の対象であるが、門跡自体は出自において禁中並公家諸法度の対象である。本願寺門跡の位置づけはなお、検討が必要である。高埜氏もまた、この検討の必要性を述べている（高埜②論文、二〇一頁）。また、橋本政宣氏は本法度の特質や各条文の校定と注解を行い、座次問題についても詳しく論究している。橋本政宣「禁中并公家中諸法度の性格」（『近世公家社会の研究』吉川弘文館、二〇〇二年）。

終章　今後の課題と展望

本書は、第一部・第二部にて、被差別寺院の上昇志向を扱い、第三部では本願寺有力寺院の上昇志向を論じた。第四部では本寺である本願寺の上昇志向を取り上げている。それぞれの身分階層に応じて考察してきたものを、序章で論じた研究視角と照らして再論し、今後の課題と展望を明らかにしたい。

第一部においては、渡辺村真宗寺院の上昇志向とその葛藤を論じた。近世における渡辺村門徒の上昇志向は「類村類寺」とする「かわた」村・被差別寺院間での突出した地位確保（身分内上昇）であった。この身分上昇を実現するためには、可視的な身分標識が必要であった。宗教的儀式において〈集団〉を代表する住持の衣体や着座位置は実効的な〈集団〉の身分を顕現するものである。よって、渡辺村門徒は「浅黄唐草緞子五条袈裟」「色衣」などの特別な法衣の御免により、被差別寺院間での特別な地位を得た。しかし、渡辺村独自の住持の衣体が「類村」（同身分集団間）によって追随されると、さらに身分が明確となる別格の着座位置を望んだのである。このような上昇志向の背景には、一般寺院の僧階から身分外とされた被差別寺院の教団内の位置づけ、ひいては、近世社会での位置づけが存在した。

次に、本書の研究視角によって、第一部の論旨を明確化しておく。第一に、渡辺村の上昇志向は本願寺からの経済力・労働力の期待とバーターの関係にあった。つまり、「下からの形成」としての被差別寺院の上昇志向と、「上からの編成」としての被差別寺院の経済力を集約する統制体系が双務的に進行したのである。これが「御用」と「御免＝〈所有〉」の関係であった。第二に、本願寺教団に国家的序列として具体化された法衣や色衣の体系が、宗教上の上昇志向として浸透している点が指摘できる。慶長一六年（一六一一）の親鸞三五〇回忌において、各身分階層の色彩観が五正色およびその中間色のようなはっきりした色合いから、不正色への系統性がみられることは、国家的序列として具体化された法衣や色衣の体系が顕如の門跡勅許を契機として、本願寺教団に内在化した証拠である。渡辺村門徒の「褐色《カチイロ》」への不服には、こうした天皇・朝廷権威を背景とした本願寺教団の法衣式の体系が存在したことは明らかである。徳浄寺了忍が「色衣御免」内願において、「褐色《カチイロ》」を「空色」と記したのはまさに、渡辺村門徒の矜持があったからにほかならない。第三に、天皇・朝廷権威の大衆化という点が指摘できる。岸部屋伊右衛門は、西本願寺が容易に色衣許可を与えなかったことから九条家へと内願を行う。岸部屋伊右衛門宅には九条家からの御免書が存在した。本来、衣体内願を申し込むべき対象機関は西本願寺であるにもかかわらず、九条家によって色衣の承認を得ようとしたのであった。九条家役人と結びつきながら、寺院としての格式を得ようとする姿に天皇・朝廷権威の大衆化をみることができる。

第二部においては、第一部の研究内容を補強すべく、被差別寺院の信仰の様相を中心とした上昇志向を明らかにした。被差別民衆が本願寺法主を「善知識」として信仰し、信仰上において法主に接近しようとする様相が見られた。例えば、「丹州寄講」では消息、および、御印書が宗教的象徴として大切に護持され、その消息と御印書は三〇〇〇年に一度花が咲くという伝説上の「優曇華」を例えられるほど、なみなみならぬ篤信と法主への人神的信仰が存在した。こうした状況は加東郡久米村門徒も同様であった。一家衆である名塩教行寺の消息を契機として、道場が再興され、さらに、合力的結合のもとに直末寺院としての木仏下付・寺院化がなされた。法主への接近は宗教的象徴物＝〈所有〉ばかりでなく、本末関係にも顕著に表れたのである。同様に、加古郡明福寺は「四ケ之本寺」である金福寺の末寺であったが、連枝寺院である本照寺との関係を通して直末寺院化を図った。このような、上寺からの離末、直末寺院化の願望は他の被差別寺院も同様であった。

以上の信仰内実から、被差別民衆が被差別寺院として固有の体系に位置づけられることに抗しながら、本願寺あるいは親鸞の血筋をひく寺院との関係性を得ようとする態度を強く指摘することができる。西教寺の場合は一家衆の教行寺からの消息を大切に護持しているし、明福寺は一家衆の本照寺との本末関係を望んでいた。法主からの消息は何物にも代えがたい宗教的象徴物＝〈所有〉であった。法主との関係の証が被差別民衆にとって重要であったことが理解できよう。このように真宗信仰は本願寺法主＝本願寺門跡に向かっている。しかし、被差別寺院には御剃刀が認められないなど、法主への接近は限られていた。このような「穢寺」「穢僧」への忌諱意識を被差別寺院門徒が乗り越えようとしたのは、現世での上昇志向はもちろんだが、来世での身分上昇を約束する性質が信仰にあったからにほかならない。ここにおいて、信仰と〈所有〉が連関し、より強い方向性ある身分上昇の力学が働くこととなったのである。

第三部においては、西本願寺役寺の上昇志向について明らかにした。本願寺門前正光寺は、九条家と親密な関係を持っていたことから、正光寺俊嶺叔母のおひさが嘉智宮の御世話卿となり、嘉智宮の薨去に際して「位牌」「すみよし御服」「御挑灯」「菊御紋御幕」が下付され、特定の位の者にしか使用が許されなかった「菊金紋挟箱」「網代輿」が許可された。以降、正光寺は九条家や嘉智宮・霊元上皇の位牌を安置・読経し、精神的かつ宗教的な関係を築いていくことで、九条家あるいは天皇家との結びつきをつくり上げ、様々な天皇・朝廷権威に基づく〈所有〉物を手にした。このように、正光寺は〈所有〉の貴種化によって身分上昇が図られ、正徳二年（一七一二）の「正光寺寺地取上一件」では格別の裁定を得る。無論、このような九条家との関係性には経済的基盤が必要である。その経済的基盤に、真宗禁制であった薩摩国の篤信者による「久志二十八日講」、琉球の「中山国二十八日講」の存在があったことは注目に値する。真宗禁制の薩摩・琉球の篤信者たちの信仰を具現化するための免物下付、その下付に関わる懇志が取り次ぎ寺院である正光寺に集まるのは当然の帰結であった。また、その篤信者の多くが遊女などを含む社会の底辺に位置する民衆であったという指摘も傾聴に値する。(1) 補論では幕末期西本願寺教団で被差別寺院を統括する本末体系が組織されたことを示した。この統括寺院が正光寺と縁戚関係にある廣泉寺であった。廣泉寺は寺院運営が困難な状況になり、明治期になり正光寺住持によって鹿児島移転が行われる。移転の背景には被差別寺院の上寺となることで「穢寺」としての社会的視線を受けざるをえない状況、あるいは、明治九年（一八七六）に真宗四派による宗規綱領が発せられたことによる末寺の喪失、そして、真宗禁制の薩摩・琉球の篤信者の存在などの要素が背景にあると考えられる。

以上を属性と身分という視角から捉えると、正光寺の天皇・朝廷権威獲得の背景には薩摩の「かくれ念仏」や那覇の遊女の存在があり、廣泉寺移転の背景には京都の被差別寺院門徒の存在があった。この両者には異なる様々な属性があり、近世身分社会のなかを力強く生き抜いてきたのであるが、明らかな共通項があった。それが〝信仰〟であることは言うまでもない。信仰自体は宗教の概念であって、身分に直結しないが、「かくれ念仏」「穢寺」という忌諱・差別された状況に統制的側面が加わると、真宗教団内での身分的位置づけが発生する。その身分的位置は、本願寺法主への接近やそれを具現化する宗教的象徴物の下付によって、より高次な信心へと移行し昇華していく。そして、現世と来世での身分上昇を願い、本願寺法主につながろうとする信仰のベクトルは取り次ぎ寺院・本寺本願寺を通して天皇・朝廷権威を得ようとするベクトルへと変化していったのである。

第四部においては、「参内一件」「西本願寺下乗一件」を通して、本願寺法主の上昇志向を明らかにした。「参内一件」は、寛永一一年（一六三四）の徳川家光上洛時の参内順をめぐる西本願寺良如と東本願寺宣如の争論、ならびに、寛永二〇年（一六四三）後光明天皇即位に際しての東西本願寺の参内順をめぐる一件を起点とし、東西本願寺の確執が天皇・朝廷権威への接近という形で顕現した事件であった。この事件の背景には、東西本願寺の近世門跡としての地位獲得への葛藤があった。本願寺分立後、東西本願寺の門跡としての地位は微妙な状況にあったため、天皇・朝廷権威への接近は必然であったのである。「西本願寺下乗一件」は本願寺第一五世住如の得度を機に、第一四世寂如と新門住如の参内が計画実施された際、東二条局によって透垣外にて乗輿するよう仰せ渡された一件である。西本願寺は治定の撤回を要求し、宮門跡・摂家門跡と同様の地位確保を得ようとする。この際に交渉上に定置させられたのが西本願寺の門徒たちであった。公家衆で調整を行った落着過程では、門徒への霊元上皇の憐愍という形での解決を推し進め、上皇の権威を傷つけることなく収束へと向かわせた。本一件の落着過程から考察すると、西本願寺門徒が本寺である西本願寺に天皇・朝廷権威が付与されることを強く望むということ自体が妥当性ある内容であった。また、西本願寺末の坊主衆・門徒衆たちが本寺である西本願寺と宮門跡・摂家門跡とが同等に扱われたいと願うのは当然であるが、朝廷内公家衆たちが、門徒を交渉上に定置させたのは、織田信長による徹底した弾圧と東西本願寺の分立によって近世を迎えた本願寺が門跡としての身分的位置を確認・要求していく葛藤が始まっていることを示すものであった。第四部での考察によって、第三部までに論じてきた本願寺法主につながる信仰のベクトルが取り次ぎ寺院・本寺本願寺を通して天皇・朝廷権威を得ようとするベクトルへと変化していった状況を検証できた。

以上、研究視角と照らして再論してきたが、本書の内容を通時的にみていくと、補論を除くと、第四部の本願寺の上昇志向が一七世紀半ばから一八世紀半ばを扱っているのに対して、第一〜三部の末寺の上昇志向は一八世紀半ば以降の幕末期に集中している（唯一、被差別寺院における直末寺院化の動きや連枝寺院との関係を重要視していく時期は一七世紀半ばから一八世紀半ばに動いている）。これは本願寺分立によって危機感を抱いた東西本願寺が、門跡勅許をはじめとする中世以降の権威や特権を近世においても、安定的に得ようとしたからにほかならない。また、幕末期に末寺の身分上昇が集中していることは、全国的に農工業における商品経済が進展し、貨幣経済が深く浸透していったことが背景となっている。

最後に、課題と展望を述べておく。

本書は、深谷克己氏の「身分・身分制とは、社会における個人や集団の固定的先験的な価値づけのことである。人の側からいうと、当事者の身体的な機能をはじめとして、当事者を取り巻く環境的な事象・物象のすべてに身分コードを張り付けることである」(2)という規定に関連して、宗教上の身分が社会的身分として、換言すると、教団内の身分が社会的に認知される身分標識として、近世社会において機能していることを指摘することにあった。そして、宗教上の上昇志向が天皇に結節される点を述べたのである。しかしながら、本書での考察は実証的ではあるものの、仏教教団のひとつである真宗西本願寺派を中心とした検討にすぎない。本書での議論が説得力を有するには、被差別寺院史を近世身分制研究全体・近世仏教史研究全体に位置づけ、近世国家の中で本書での検討がどういった意味があるのかを示さねばならない。本書では、こうした点を充分に意識し、「身分上昇」を鍵概念として、支配権力と社会動向の双方に目を配りながら、被差別民の思想や行動を社会構造から明らかにすることはできたものの、近世国家の宗教的権威については課題をのこしたままである。この点を明らかにすることは非常に困難ではあるが、具体的事例をより多く集めて、事例研究を繰り返し重ねていく必要がある。そうすることで、大桑斉氏が述べる近世国家が宗教性を不可欠の要素としていたとすることを実証できるだろう(3)。この点が本書の主たる課題である。さらに、この課題から考えられる個別の論点を示したい。

第一に〈人〉と〈集団〉との関係性である。本書では微力ながら、支配される民衆の日常性に宗教性が貫徹していたことを示してきた。特に、被差別民にとっての宗教が大きな意義を有していたことは前述したとおりである。渡辺村の事例においては「御用」と「御免」がバーターの関係であり、〈集団〉としての上昇志向や信仰の興隆があったことを明らかにした。しかし、大和屋又兵衛・播磨屋五兵衛の確執において、〈人〉としての上昇志向と〈集団〉としての上昇志向の関係性を充分に検討できたわけではない。五兵衛は寺院の自庵化をめざし、又兵衛は惣道場での地位を確保しようとした。いずれにしても、渡辺村寺檀争論では〈人〉がいかに〈集団〉から浮かび上がるかという様相を示すのであり、〈人〉と〈集団〉は相補的であったと言える。しかし、近世社会全般において、〈人〉と〈集団〉は相補的であったと一般化できるだろうか。近世社会は〈集団〉を基礎とした社会であることに異論はないが、近代にその基礎が〈家〉に転化していく。〈集団〉から〈家〉への関係性の中で、〈人〉と〈集団〉がどのように関わるのかを事例研究を重ねる必要がある。

第二に、権力と差別をめぐる問題である。本書では各階層における上昇志向を扱ったため、視点としては常に下位階層から上位階層を論じている。第三部第二章補論のみが上位階層から下位階層を論じたものであるが、権力を有する上位階層が下位階層に対して、どのような行動・態度をとり、どのような政策を行ったのかという検討は充分ではない。本願寺あるいは有力寺院から被差別寺院を含めた末寺への政治的機能、朝廷から本願寺への政治的機能に焦点をあてて、どのような関係が生成されていたかを検討する必要がある。特に、差別の問題は研究史では等閑視される傾向にある。権力による差別政策と共同体による差別意識、さらに差別に抗する被差別民の様相、三者の関係性を明らかにしていくことが求められる。ここでは横田冬彦氏の研究が参考になろう(4)。氏は、近世の戸籍制度〈宗旨人別帳〉を、対キリシタン政策として創出されたものとし、宗旨人別帳が別帳化されることで、制度としての意図を越えて、身分が武士と平人と「其外」として区別されたとした。氏は、「其外」の身分を「平人でないという意味で賤民とされ、この戸籍身分は内婚制をともなうことによってそれぞれが〈身分集団〉を構成し、〈種姓〉を再生産する社会的なしくみになった」と述べている(5)。つまり、〈家〉を単位とした戸籍制度や檀家制度の成立によって、〈種姓〉を再生産する社会的仕組みが組織化されたとしたのである。権力と差別をめぐる問題を、近世社会の種姓的構造の特質を通して照射することは、近世身分制研究・近世仏教史研究と被差別寺院史研究の共通土壌を構築する上で、非常に有効な研究となり得ると考えている。

註

(1) 知名定寛「琉球の遊女と真宗」(『南島史学』第四三号、南島史学会、一九九四年)。のちに、同『沖縄宗教史の研究』(榕樹社、一九九四年)所収。
(2) 深谷克己「士農工商と近世身分制」(大橋幸泰・深谷克己編『〈江戸〉の人と身分(6) 身分論をひろげる』吉川弘文館、二〇一一年)二一～二二頁。
(3) 大桑斉「近世国家の宗教性」(『日本史研究』六〇〇号、日本史研究会、二〇一二年)。
(4) 横田冬彦「兵農分離社会の種姓的構造」(『部落問題研究』一五九、部落問題研究所、二〇〇二年二月)。

（5）　横田冬彦「近世の身分制」（『岩波講座日本歴史』第一〇巻近世一、岩波書店、二〇一四年）三〇六頁。

あとがき

本書は拙著『浄土真宗と部落寺院の展開』（法藏館、二〇〇七年）以降に発表した論文を中心に纏めたものである。本書収録にあたっては、一書としての統一性を図るために、論旨の変更は伴わないものの、若干の改変および統合を行っている。また、誤記については可能な限り修正を行った。以下に、その初出を示す。

序　章　本書の課題と研究視角（新稿）

第一部　被差別寺院の身分上昇志向

第一章「近世大坂渡辺村真宗寺院の特質と身分上昇志向」（『政治経済史学』第五六一号、政治経済史学会、二〇一三年）

第二章「近世被差別民の身分上昇志向と天皇・朝廷権威—大坂渡辺村真宗寺院における『色衣御免』を通して—」（『法政論叢』第五〇巻第二号、日本法政学会、二〇一四年）

補論1「天皇・朝廷権威の獲得と本願寺法衣の変遷」（『近大姫路大学教育学部紀要』第五号、近大姫路大学教育学部、二〇一三年）

第三章「幕末期西本願寺教団における『御用』と『御免』—大坂渡辺村寺院・門徒を事例に—」（『人権教育研

究』第一四巻、日本人権教育研究学会、二〇一四年）

補論2　「幕末期西本願寺の部落寺院への対応とその姿勢―大坂渡辺村徳浄寺の寺檀争論を中心に―」（『近大姫路大学教育学部紀要』第六号、近大姫路大学教育学部、二〇一四年）

第二部　被差別寺院の信仰の様相

第一章　「幕藩制国家における『かわた』村の真宗信仰―『丹州寄講』の展開過程を中心として―」（『近大姫路大学教育学部研究紀要』第三号、近大姫路大学教育学部、二〇一一年）

補論3　「本願寺番衆尊宝寺の政治史的考察」（『日本歴史』第七一〇号、日本歴史学会、二〇〇七年）

第二章　「丹波国部落寺院における毛坊主を中心とした合力的結合―『日本歴史』第七一九号、朴澤直秀氏の書評をうけて―」（『憲法論叢』第一五号、関西憲法研究会、二〇〇八年）

第三章　「『かわた』村民衆の真宗信仰と上昇志向―播磨国部落寺院を事例として―」（『近大姫路大学教育学部紀要』第四号、近大姫路大学教育学部、二〇一二年）

補論4　「中世末・近世初期摂津国名塩教行寺についての政治史的考察」（日本法政学会五〇周年記念論文集編集委員会編『現代政治学の課題』成文堂、二〇〇六年）

補論5　「元禄八年光善寺教行寺異義事件についての一考察―『光善寺教行寺箇条書の破文』を中心として―」（『法政論叢』第四二巻第一号、日本法政学会、二〇〇五年）

補論6　「近世初期における真宗信仰の一様相―『光善寺教行寺箇条書の破文』を中心に―」（『法政論叢』第四六巻第一号、日本法政学会、二〇〇九年）

第三部　西本願寺役寺の身分上昇志向と内実

第一章　「近世における西本願寺末正光寺と九条家との関係」（藤井徳行編『日本の民主的基盤形成の探究』法律文化社、二〇一〇年）

第二章　「近世西本願寺末正光寺の『貴族化』と朝廷権威」（『法政論叢』第四七巻第一号、日本法政学会、二〇一〇年）

第二章　「近世初頭における本願寺定衆の役割と位置―九条西光寺を事例として―」（『教育実践学論集』第一二号、兵庫教育大学大学院連合学校教育学研究科、二〇一一年）

第三章　「近世後期における本願寺部落寺院政策の政治的展開」（『法政論叢』第四三巻第一号、日本法政学会、二〇〇六年）

「明治期鹿児島県における真宗移転寺院の政治史的考察―京都府下京区廣泉寺の移転を事例として―」（『法政論叢』第四四巻第一号、日本法政学会、二〇〇七年）

第四部　本願寺の身分上昇志向と天皇・朝廷権威

第一章　「近世西本願寺門跡の地位獲得と葛藤」（『日本歴史』第七七一号、日本歴史学会、二〇一二年）

第二章　「元禄期における准門跡西本願寺の朝廷権威の獲得―元禄三年『西本願寺下乗一件』を中心として―」（『政治経済史学』第五四一号、政治経済史学会、二〇一一年）

補論7　「元禄三年『西本願寺下乗一件』の要因と背景」（『憲法論叢』第一八号、関西憲法研究会、二〇一一年）

第三章　「将軍代替における東西本願寺誓詞の政治史的考察―『延宝誓詞』提出における西本願寺の分析を通して―」（『法政論叢』第四九巻第一号、日本法政学会、二〇一二年）

終　章　今後の課題と展望（新稿）

いまあらためて、近世国家における宗教と身分、特に真宗と被差別寺院について研究を行うようになった経緯を振り返ってみると、その原点はかつて勤務していた小学校現場での教育にあったことを確信する。「地域改善対策特定事業に係る国の財政上の特別措置に関する法律（地対財特法）」のもとで「教育の充実」に努力し、特に地域に対する誇りと愛情を育てる学習をいかに構築するかに取り組んだ。小学校一年生から六年生までのわずか七名の子どもたちが、地域の歴史を調べ、そのまとめとして作成した絵地図の中央には公民館と真宗寺院が描かれていた。子どもたちの遊び場でもあり、学習の場でもあった公民館と、地域の人々の信仰を集めていた厳かな真宗寺院が双子のように提示されていた。この真宗寺院は、近世においては惣道場であり、「穢寺帳」に記載された被差別寺院であった。著者は、あの七名の子どもたちと保護者の皆さん、地域の方々から、人間としての真の〈優しさ〉が何であるか、真の〈強さ〉が何であるかを学んだ。

兵庫教育大学修士課程に入学し、小学校教師と大学院生の二足のわらじを履いて、被差別寺院史研究を志したのは一九九九年の四月のことであった。藤井德行先生には実証主義政治史学の方法論を徹底的にご教示いただいた。藤井ゼミのほとんどが近代日本政治史を専攻していたにもかかわらず、著者ひとりが近世史の門をたたき、近世被差別寺院史を実証主義政治史学の方法論をもって研究を進めた。史料収集に努めること、原史料にあたることを徹底的に行い、播磨国被差別寺院の調査に邁進した。しかしながら、「なぜ、被差別部落に真宗檀徒が多いのか」という課題に繋がり得る史料は容易に見つかるはずはなかった。被差別寺院の本末関係史料を検討していた際だろうか。藤井先生から決定的史料のない事象にも、多くの周辺史料を博捜しながら、マクロ的に論理展開をしていく考証をご教示いただいた。おそらくは先生の雄編「明治元年・所謂『東北朝廷』成立に関する一考察」（『近代日本政治史の新研究Ⅰ』北樹出版、一九八一年）を想起されたのではないかと推察している。こうした中で、近世の国家を自然と意識するようになっていった。「この史料を検討しないで何を信用するんだ」と厳しくご指導いただいたことが忘れられない。いまも公私にわたる援助を頂戴している。また、先生と常にご一緒した日本法政学会で、寺崎修先生や藤田弘道先生と故中村菊男先生や故手塚豊先生のお話をうかがうことがどんなに有意義で刺激的な時間であったことだろう。

さらに、二〇〇〇年に藤井徳行先生を会長として設立した日本人権教育研究学会が私を育ててくれた。岩田一彦先生、河村昭一先生、名須川知子先生には、設立の間もない学会にあって、何度も貴重なご助言を頂戴した。常に研究の体系性を考え、正確な言葉で論文を書くことの大切さをご教示いただいた。小学校での勤務を終えた後、理事会のために兵庫教育大学まで車を走らせ、会議の席上で先生方とお弁当を食べながら談笑したことが忘れられない。いつも私のことを気遣っていただき、優しいお言葉をかけていただいた。そして、現会長である古橋エツ子先生には、法学研究の立場から有益なご助言をいただいている。先生から受けた薫陶は測りがたく、人間としての価値が誠実さと信念にあることを先生の背中から学ばせていただいている。

また、日本法政学会・日本人権教育研究学会でご一緒する、小南浩一氏・津田博氏・小河達之氏の諸先輩方にも感謝の意を表したい。学会を通して先輩方と意見交換を行い、親交を深めることができたのは何事にも代えがたい財産であった。こうした学友に恵まれたことは研究に向かう自分自身の大きな支えとなった。

二〇〇九年に、近大姫路大学（二〇一六年四月より「姫路大学」に名称変更）教育学部に奉職して以降、心温かい教職員の方々に囲まれ、研究や教育に取り組ませていただいている。拙著の鍵概念ともなっている「身分上昇志向」への関心は本学の研究活動の中で深まったものである。人文学・人権教育研究所の研究活動はかけがえのない勉強の場となり、特に同じ研究分野の竹本敬市先生・松下正和先生にはさまざまな点でご示唆とご助言を頂戴している。また、教育学部若手研究会の先生方には、異なる分野からの刺激に満ちた研究交流を頂戴している。こうした研究交流が「国家」「社会」などの問題を考証するのにどれほど有効であったことだろう。

そして、何より史料閲覧に際して、ご高配を賜った真宗寺院、ならびに門信徒の皆様に、衷心より感謝の意を申し述べたい。何度も何度もおうかがいし、寺伝を丁寧に教えていただいた正光寺ご住職様・坊守様には感謝の言葉も見つからない。坊守様にはご高齢にもかかわらず、著者の調査にいつも寄り添っていただいた。以後、変わらぬご厚情を頂戴している。廣泉寺ご住職様には「穴ん婆さんの岩穴」と呼ばれる真宗禁制の布教の地までお連れいただき、薩摩国における真宗伝播の歴史ばかりでなく、坊津の文化もご教示いただいた。あの美しい久志の海は忘れることができない。「丹州寄講」の消息閲覧に際してご高配を賜った金勝寺様、地域社会における寺院の役割をご教示いただいた明福寺様、前著の頃から引き続きご厚情を頂戴している西教寺様・西誓寺様に心から感謝の意を申し述べたい。そして、柔和な笑顔でいつもご教示いただいた尊宝寺の故若宮章隆様にも感謝の念をお伝えしたい。本書を手に取って微笑んでくださる姿が目に浮かぶようだ。

また、本願寺史料研究所所長の赤松徹眞先生をはじめ、研究員の皆様の学恩に深謝したい。本務のお忙しい中で、関係史料の閲覧にご協力を戴いた。特に、本書第四部は貴研究所の史料閲覧なくしては成り立たなかった。貴研究所の西本願寺史料が被差別寺院史研究ばかりでなく、どれほど人権の歴史研究として重要であるかを、今、強く実感している。差別のない「御同朋の社会」の実現のためにも、関係史料の公開を念じて止まない。

なお、本書に収めた研究の途上において、科学研究費補助金（基盤研究〈C〉）、および、五年間に及ぶ学校法人近畿大学弘徳学園（二〇一六年四月より「学校法人弘徳学園」に名称変更）共同研究費の助成を受けた。また、出版に際しては、大阪大学懐徳堂記念会より出版助成の交付を受けている。ここに記して謝意を表す次第である。さらに、史料掲載にあたって、桃山学院大学名誉教授の寺木伸明先生、京都府連の平井斉己様、ならびに、京都部落問題研究資料センターの平野貴子様にご助言を頂戴した。あわせて感謝の意を表したい。

最後に、個人的なことで恐縮だが、教育者の先達である父幸作と母絹恵・いつも理解者であり続けてくれる妻恵にも感謝したい。そして、自分の能力の限界点を作らずに、常に努力を続ける万葉・伊織・学士・望来の四人の子どもたちに本書を捧げたい。

二〇一六年二月

和田幸司

和田幸司（わだ　こうじ）

1965年兵庫県に生まれる。2005年兵庫教育大学大学院連合学校教育学研究科博士課程修了。現在、姫路大学（旧近大姫路大学）教育学部教授。博士（学校教育学）。
主な著書・論文に、『浄土真宗と部落寺院の展開』（法藏館、2007年）、「小学校歴史学習『近世身分』の授業改善—『単位社会集団』を中心概念として—」（『近大姫路大学教育学部紀要』第8号、近大姫路大学教育学部、2015年）、「近世身分の種姓的特質—『火打村一件』を中心として—」（『政治経済史学』589号、政治経済史学会、2016年）など。

近世国家における宗教と身分

二〇一六年三月三一日　初版第一刷発行

著　者　和田幸司

発行者　西村明高

発行所　株式会社法藏館
京都市下京区正面通烏丸東入
郵便番号　六〇〇―八一五三
電話　〇七五―三四三―〇〇三〇（編集）
〇七五―三四三―五六五六（営業）

装幀者　佐藤篤司

印刷・製本　亜細亜印刷株式会社

ISBN978-4-8318-6231-0 C3021